501 GRANDES ESCRITORES

Grijalbo

Título original: *501 Great Writers*

Primera edición: marzo de 2010

Edición del proyecto	Jodie Gaudet
Redacción	Rebecca Gee, Fiona Plowman
Adjunto de redacción	Philip Contos, Andrew Smith
Búsqueda iconográfica	Sunita Sharma-Gibson
Diseño	Rod Teasdale
Dirección editorial	Jane Laing
Edición	Tristan de Lancey

Fotomecánica: Compaginem

ISBN: 978-84-253-4382-7

Reproducción en color por Pica Digital Pte Ltd. En Singapur
Impreso por Toppan Leefung Printers Ltd. en China

GR 43827

ÍNDICE DE ESCRITORES

PRÓLOGO

Por John Sutherland, escritor y crítico literario

Ninguna generación anterior había tenido disponible en Internet tanta información sobre literatura, y tantos textos literarios, como la nuestra. Si busca «un dato» o «una gran obra», probablemente bastará con un par de pulsaciones en el teclado para que aparezcan en la pantalla. Los datos, por supuesto, quizá no sean demasiado fiables, ni los textos demasiado amenos, pero no se puede tener todo al mismo tiempo. Si busca un buen libro, fiable y agradable al tacto, estoy firmemente convencido de que en los próximos —probablemente bastantes más de «algunos»— años, usted va a necesitar una obra como esta.

La literatura universal es, para muchos de nosotros, el mayor placer de la vida. Y una de sus ventajas es que, a diferencia de otros productos de consumo —como las hamburguesas, por ejemplo—, no desaparece una vez que se ha consumido. La literatura es el más duradero de los productos perdurables. La mejor sobrevive a sus creadores y a cada generación de lectores. La literatura incluso sobrevive a las bibliotecas que la conservan. Nuestras colecciones del depósito legal y universitarias —tan «memoriosas» como el inamnésico Funes de Borges— incluyen prácticamente cada obra literaria que haya sido publicada. Y la masa literaria crece de manera alarmante. No es solo la literatura nacional la que crece: también se incrementa la traducción de libros más allá de las fronteras nacionales en cantidades cada vez mayores.

El territorio es enorme y se hace cada vez más grande. Hubo una época —la de Shakespeare, por ejemplo— en la que una compilación de 501 grandes escritores podría haber representado bastante bien todo el ámbito literario. Ya no es así. La lista de «libros que se deben leer» se incrementa en más de 501 obras a la semana. ¿Cómo se puede ser literariamente culto cuando hay tanto que leer?

Cuanto mayor sea este territorio, más necesarias serán las ayudas para la lectura exigente. Los mapas y los vademécum se pueden tener entre las manos. Son libros que nos ayudan con los libros. Este es uno de ellos. No nos dice qué leer, pero señala el camino hacia una lectura inteligente.

La literatura es, como he escrito, muy, muy grande. Y el tiempo, en nuestro mundo multimedia enloquecido y apresurado, es escaso. Podremos vivir más que nuestros antepasados, pero vivimos mucho más rápido.

Lo que viene a continuación es la guía más fiable, elaborada por los guías más fiables. Fiable en cuanto a los temas y en cuanto a lo que se dice sobre esos temas. Cada entrada es un trampolín para una lectura complementaria, además de ser un depósito de información esencial, impecablemente precisa y de fácil asimilación, que ha sido magníficamente empaquetada. Un buen libro acerca de los mejores libros y sus creadores.

John Sutherland

Londres, junio de 2008

INTRODUCCIÓN

Por Julian Patrick, editor general

«Un buen prólogo —dijo una vez el escritor alemán Friedrich Schlegel— debe ser simultáneamente la raíz cuadrada y el cuadrado de su libro». Resulta difícil dejar de pensar en términos numéricos al referirnos al alcance de este libro, según el citado epígrafe. Esta obra, *501 grandes escritores*, es continuación de una serie anterior que incluyó *1001 libros que hay que leer antes de morir*. Se puede haber eliminado del título la referencia a nuestra condición de mortales, pero el problema de la selección no es menos dificultoso porque el énfasis se desplaza de una sola obra a un conjunto de obras y un nombre; a 501 nombres, para ser exactos.

Schlegel estaba interesado en el poder del prólogo para destilar el texto que presenta. Esta relación se hace extensiva aquí a la naturaleza de cada entrada, que tiene el propósito de presentar un autor, de transmitir de una forma extremadamente compacta un sentido vívido de por qué se debe considerar que un escritor determinado es «grande» y por qué se debe considerar que él o ella valen la pena ser leídos. Esta tarea ha resultado un desafío mayor y más gratificante por el enfoque histórico y el carácter universal de nuestra lista. Vivimos en medio de —y lo somos nosotros mismos— personas aisladas. Y aunque nuestra lista se haya centrado, inevitablemente, en las lenguas europeas, es consecuencia de un esfuerzo diversificado y de cooperación que incluyó muchos colaboradores y un debate prolongado.

Cada entrada presenta una combinación de un comentario biográfico con una muestra selectiva de obras, y pretende sugerir más que reglar. Al igual que sucede con otros textos cortos —aforismos, máximas—, cada entrada puede funcionar como esos juguetes japoneses descritos por Marcel Proust, que parecen ser solo pequeñísimos trozos de papel, pero que, cuando se colocan bajo el agua, se desdoblan para revelar su riqueza oculta de colores y formas. O, si esto resulta demasiado extravagante, también se puede pensar que vivimos en la era de la «biobibliografía», lo cual significa que la vida y la lista de obras son indisociables.

Por lo tanto, aquí, como en el evocador 1001, haber añadido el 1 puede indicar aún la posibilidad de lo adicional, y señalar así que una lista como esta no puede ser nunca exhaustiva o completa. No hace falta añadir que una lista, una colección de este tipo, solo se puede recopilar a través de un proceso de sustracción y de un acuerdo consensuado. Un círculo, tal vez, cuya cuadratura nadie pudo encontrar. No presentamos la esencia, en esencia, sino una serie de indicadores o modos de apoyar sus hábitos de lectura para convertirlos en una iniciativa personal más sistemática y con menos hallazgos casuales afortunados. Son miradas rápidas a unos caminos por los que un día quizá se decida a iniciar el viaje.

Toronto, mayo de 2008

HOMERO

Homero, siglo VIII a.C.

Estilo y género: Poeta épico griego cuyas obras loaban hechos míticos y heroicos con un enfoque aristocrático, Homero usó un dialecto poético artificial, la repetición de frases y escenas, y dio prioridad a los diálogos y símiles extensos.

Obras destacadas

Poesía

Ilíada, siglo VIII a.C.

Odisea, h. 700 a.C.

Aunque los griegos de la Antigüedad lo llamaban sencillamente «el Poeta», hoy Homero ocupa el peldaño más alto de la literatura occidental, y su poesía pone de manifiesto una comprensión de la naturaleza humana nunca superada. Sin embargo, no sabemos prácticamente nada de él.

Los propios griegos de la Antigüedad carecían de datos concretos acerca de la persona que reverenciaban como fundador no solo de la poesía épica, sino de la literatura como un todo. Los detalles sobre la vida de Homero fueron deducidos a partir de fragmentos supuestamente autobiográficos de sus poemas. La leyenda de su ceguera, por ejemplo, se deriva de su propia descripción de un bardo ciego llamado Demódoco. Muchos eruditos del pasado prefieren tratar la poesía homérica como producto de una larga tradición poética oral. Algunas particularidades lingüísticas señalan el origen jonio de la poesía homérica, que ha sido fechada entre finales del siglo VIII y principios del siglo VII a.C.

ARRIBA: Retrato idílico de Homero que fue pintado por Rembrandt en 1663.

DERECHA: Odiseo enfrentado a las Sirenas, en un mosaico del siglo III d.C., Túnez .

Posteriormente, los griegos atribuyeron a Homero varios poemas antiguos, pero solo dos —la *Ilíada* y la *Odisea*— pueden considerarse verdaderamente homéricos. Aun suponiendo que estos poemas no hayan sido compuestos por un mismo autor, ambos pertenecen claramente a la misma tradición de poesía oral y sobresalen entre la antigua poesía griega épica por su calidad y extensión. La *Ilíada*, que se desarrolla durante el décimo y último año de la mítica guerra de Troya, relata las complejas consecuencias de la disputa entre Aquiles y Agamenón, dos jefes griegos del sitio de Troya. La *Odisea*, que transcurre después de la caída de Troya, narra el arduo regreso a casa de Odiseo, otro héroe griego, y su lucha para recuperar su trono en Ítaca. Aunque hay ciertas diferencias en el lenguaje y en la visión religiosa, ambos poemas se destacan por su control narrativo, la brillantez retórica de sus diálogos y su sensibilidad ante el alcance de la experiencia humana. **TP**

ARRIBA: *El saqueo de Troya* por el pintor francés Jean Maublanc.

Homero: ¿hombre o mujer?

Nunca hubo duda en la Antigüedad de que Homero fuese un hombre. Posteriormente, sin embargo, en alguna ocasión, se han oído voces que discrepaban de esa certeza. Samuel Butler, novelista victoriano y traductor en prosa de la *Odisea* al inglés, lanzó la teoría de que la autoría de dicha obra podía atribuirse a una joven mujer siciliana, idea que Robert Graves adoptó y desarrolló en su novela *La hija de Homero*. Más recientemente, se ha sugerido que la persona que supervisó la redacción de los poemas, y tal vez su composición, fuera una mujer. El debate sigue abierto.

SAFO

Safo, h. 630 a.C. (Lesbos, Grecia); h. 580 a.C. (se desconoce el lugar de su muerte, que muy probablemente fue Lesbos).

Estilo y género: Safo fue una poetisa del siglo VI a.C. en Lesbos, llamada por Platón «la décima Musa». Sus obras sobreviven en fragmentos llenos de vitalidad.

Obras destacadas

Poesía

Poemas y fragmentos, 1997

Fiel a su reputación de poetisa y amante prominente, la obra de Safo entrelaza la lírica palmaria con el encanto erótico. Muy respetada durante toda la Antigüedad, sus poemas fueron recogidos en nueve volúmenes para la desaparecida biblioteca de Alejandría. Incluso desarrolló una forma de verso —llamado sáfico— a partir de su estructura métrica, que incluía tres versos largos y uno corto al final, como un suspiro de deseo. Su popularidad se percibe en los fragmentos de sus poemas que aparecen entre la prosa de muchos filósofos griegos, pero también en trozos de papiro hallados en el desierto.

La vida de Safo es un enigma, lo cual no ha impedido que desde Ovidio hasta Mary Robinson o la poetisa lesbiana Olga Broumas hayan escrito apasionadamente acerca de ella. La biografía aceptada, generalmente una combinación de interpretaciones poéticas y antiguos rumores, sostiene que fue una aristócrata que formaba parte de una comunidad artística y religiosa de mujeres de Lesbos, que fue exiliada a Sicilia después de un golpe de Estado y que tuvo una hija llamada Cleis. Según la leyenda, se suicidó después de ser rechazada por el barquero Faón.

El siglo XIX presentó una versión aséptica de Safo como directora de un colegio de señoritas, y los clasicistas del siglo XX argumentaron que sus celebrados poemas, que lamentaban las bodas de sus queridas amigas, eran solo cantos nupciales tradicionales. Pero Safo sigue siendo una figura icónica por su mirada sensual hacia lo femenino, representada en el famoso Fragmento 31, donde la poetisa se imagina en un triángulo amoroso mirando con nostalgia a una mujer que coquetea con un hombre. Los poemas de Safo provocan un estremecimiento en la columna vertebral de cualquier hombre o mujer que haya amado alguna vez. **SM**

«Dicen que una flota de barcos es la cosa más bella; yo digo que es aquello que amas.» Fragmento 16

ARRIBA: Probable retrato, en un fresco, de Safo; su verdadera apariencia se desconoce.

ESQUILO

Esquilo, h. 525 a.C. (Eleusis, cerca de Atenas, Grecia); h. 455 a.C. (Gela, Sicilia).

Estilo y género: Con un lenguaje ricamente descriptivo e imágenes complejas, Esquilo hizo innovaciones audaces en las formas dramáticas y dio prioridad a los temas políticos y religiosos.

El epitafio de Esquilo decía sencillamente que había luchado en su Atenas natal contra los persas en la batalla de Maratón (490 a.C.). Lo que no mencionaba era la brillantez de sus logros literarios, porque sus innovaciones formales desempeñaron un papel definitivo en el desarrollo primario de la tragedia griega, y su poesía resulta notable por la fuerza y la belleza constantes de sus imágenes.

Esquilo nació cuando Atenas aún era gobernada por un tirano y fue testigo de la fundación de la democracia ateniense y los albores de la Grecia clásica. En casi medio siglo compuso cerca de ochenta obras de teatro, de las que solo conocemos siete. Cada una de estas siete obras revela la influencia de la época de transición en la que fueron escritas y evidencia las preocupaciones políticas de una democracia en ciernes. Asociada a esta conciencia política hay una profunda sensibilidad religiosa que, si bien reconoce la responsabilidad individual, considera la actividad humana como algo vinculado indisolublemente a la voluntad divina: el progreso humano solo es posible a través del sufrimiento ordenado por los dioses. Este es el tema central de la trilogía de la *Orestíada*, su obra maestra.

La trascendencia de los temas abordados por Esquilo es comparable con la majestuosidad de su estilo. Se recrea con la acumulación de adjetivos compuestos y con la mezcla de imágenes, y valora más la grandiosidad misteriosa que la claridad. Además de ser un poeta de primera línea, fue el autor más innovador de la tragedia griega y responsable de la introducción del segundo actor —hasta entonces la tragedia incluía un solo actor acompañado por un coro—. Esquilo marcó el comienzo de la «edad de oro» de la tragedia clásica y sentó las bases para sus sucesores, Sófocles y Eurípides. **TP**

«Zeus ha decretado que la sabiduría proviene del sufrimiento [...]» *Agamenón*

Obras destacadas

Teatro

Los persas, 472 a.C.

Siete contra Tebas, 467 a.C.

Las suplicantes, h. 463 a.C.

Orestíada (Agamenón; Las coéforas; Las Euménides), 458 a.C.

ARRIBA: Busto de Esquilo, sin fecha; Museos Capitolinos, Roma.

PÍNDARO

Píndaro, h. 520 a.C. (Cinoscéfalos, Grecia); h. 440 a.C. (Argos, Grecia).

Estilo y género: La poesía lírica de Píndaro, considerada la más excelente de la Grecia antigua, ha sido celebrada por su lenguaje elaborado y elíptico, su estructura métrica compleja y por revelar una conciencia de autor.

Obras destacadas

Poesía

Píticas, 498-446 a.C.

Olímpicas, 488-460 a.C.

Nemeas, 485-444 a.C.

Ístmicas, 480-454 a.C.

El retórico romano Marco Fabio Quintiliano describió a Píndaro como «el más grande y con una ventaja considerable» entre los poetas líricos. Unos dos mil años más tarde, el veredicto de Quintiliano sigue vigente, porque muy pocos han sido capaces de rivalizar con Píndaro en cuanto a nobleza de expresión, inventiva en el uso del lenguaje y dominio de la forma.

Como ocurre con muchos autores de la Antigüedad, los detalles de su vida son oscuros. Nació en la localidad de Cinoscéfalos hacia el final del Período Arcaico y se mantuvo activo como poeta durante el principio del Período Clásico. Por su linaje, mantuvo un punto de vista aristocrático inflexible durante una carrera en la que trabajó bajo el patronazgo de algunas de las familias más prominentes de Grecia.

Ediciones posteriores ordenaron su poesía en 17 libros, de los cuales solo han sobrevivido cuatro. Estos incluyen las odas triunfales, poemas líricos corales escritos para celebrar las victorias de los atletas en los Juegos Olímpicos, Píticos, Nemeos e Ístmicos. Las odas apenas describen los juegos y se concentran en alabar a cada atleta junto con su familia y su ciudad de procedencia. Píndaro elogia los logros de los atletas colocándolos junto a episodios seleccionados cuidadosamente entre los mitos, en los que figuran por lo general héroes de la propia ciudad del vencedor. Sin embargo, muchas de estas odas contienen también una nota de advertencia para que el atleta victorioso evite provocar la envidia de los dioses. La poesía de Píndaro manifiesta un alto nivel de conciencia de sí mismo. Se compara constantemente con los atletas que elogia y les recuerda la relación recíproca que comparten. La victoria atlética ofrece una oportunidad al poeta. La poesía, a cambio, le proporciona al atleta un monumento. **TP**

«No busques [...] la inmortalidad; agota las posibilidades que estén a tu alcance.» *Odas Píticas*

ARRIBA: Grabado de Píndaro del siglo XIX, por J. W. Cook.

SÓFOCLES

Sófocles, h. 496 a.C. (Colona, Grecia); h. 406 (Atenas, Grecia).

Estilo y género: Sófocles fue un autor trágico cuya obra es audaz, condensada y sobria —si se compara con la de Esquilo—; utilizaba el contraste de personajes, temas y ambientes, y hacía uso de la ironía con un gran efecto dramático.

Durante su dilatada vida, el ateniense Sófocles escribió 123 obras y rivalizó con Esquilo y Eurípides. Siete de sus tragedias que aún se conservan exploran la grandeza y el sufrimiento de seres humanos excepcionales que poseían capacidades casi divinas y que debían optar entre el desastre inevitable o un pacto que traicionaría la naturaleza heroica que los separaba de los simples mortales. Aristóteles elogió la maestría de su sentido del tiempo y su incomparable tensión dramática.

En *Áyax* la locura inducida por las deidades hizo que Áyax —el guerrero más poderoso entre los griegos— se deshonrase en Troya, y su sentido del honor lo condujo al suicidio. *Edipo rey* muestra cómo la misma inteligencia que le confiere poder al monarca estimula su búsqueda incesante de la verdad, que finalmente lo conduce a la enajenación, a cegarse a sí mismo y al exilio. Estos dilemas trágicos revelan un conflicto entre los valores del pasado, que concedía privilegios individuales, y los valores del mundo contemporáneo, la democracia ateniense del siglo V a.C., que servía los intereses de la comunidad y desalentaba las conductas extremas.

La intransigencia heroica conduce a un aislamiento total y terrible, incluso de los dioses, en un mundo regido por un destino misterioso y cruel. *Las traquinias* es una obra que nos revela cómo Zeus ni siquiera salva a su hijo Heracles —modelo del heroísmo griego— de una muerte agónica que lo priva tanto de su carne como de su fabulosa masculinidad. Sin embargo, la elección libre e individual del sufrimiento por encima de la aceptación de las limitaciones humanas concede a los héroes de Sófocles majestuosidad y poder en un mundo donde el pasado no aporta conocimiento, el futuro no da esperanzas y el presente solo provoca sufrimiento. **DS**

«Sófocles mostró a los hombres como deberían ser; Eurípides, como eran.» Aristóteles, *Poética*

Obras destacadas

Teatro

Áyax, h. 450-440 a.C.
Antígona, h. 442 a.C.
Las traquinias, h. 430-420 a.C.
Edipo rey, h. 430-420 a.C.
Electra, h. 410 a.C.
Filoctetes, 409 a.C.

ARRIBA: Retrato de Sófocles, sin fecha, a partir de descripciones contemporáneas.

EURÍPIDES

Eurípides, 480 a.C. (Salamina, Grecia); 406 a.C. (Pella, Macedonia, Grecia).

Estilo y género: Eurípides fue el *enfant terrible* de la tragedia griega del siglo V a.C. Sus protagonistas, marcados por las cicatrices de la guerra, dan muestra de un escepticismo sofístico y sutil sobre mitos y héroes.

Eurípides, fascinado por dioses y monstruos, podría ser considerado el original dramaturgo moderno. Aunque evitó la política —a diferencia de Sófocles, su competidor y contemporáneo de más edad—, dejó clara su desilusión con la cultura ateniense y vistió a sus héroes con harapos. En *Las troyanas* llegó incluso a criticar abiertamente la política exterior de la ciudad-estado al comparar la matanza en la isla de Milo con la destrucción de Troya, aunque vista excepcionalmente desde la perspectiva de los troyanos.

En 1971, para protestar contra la guerra de Vietnam, Michael Cacoyannis filmó *Las troyanas* a partir de la traducción de 1937 realizada por Edith Hamilton, que visionaba un Eurípides pacifista en una época belicosa. En realidad, sus otras obras sobre el mito de la fundación heroica de Grecia (*Helena*, *Ifigenia en Áulide* y *Hécuba*) preguntan: «¿Para qué sirve la guerra?». Obras como *Las bacantes*, sátira sobre la familia fundadora de Grecia, reflejan una oposición a la tradición iconoclasta. Sus dioses, como el carismático Baco de la obra, con sus intenciones asesinas, *son* monstruos. Más que eso, son políticos.

Eurípides ve a dioses y a seres humanos ocupados en una danza furtiva, egoísta, honda y dolorosamente embarazosa por el poder. Eurípides, aunque considerado un poeta de menor magnificencia que sus predecesores, supo ver la cara menos amable de las palabras y de los personajes. Varias veces, a la heroína de *Medea* le atribuye la *sophrosyne* (templanza o moderación), la máxima cualidad griega de la sabiduría masculina. Eurípides nos dice que la *sophrosyne* es distinta para las mujeres, y también que el pensamiento, como todos los regalos de los dioses, es una espada de doble filo. Sus obras son aún lo bastante afiladas para lacerar. **SM**

«[Eurípides es], con todos sus defectos, el más trágico de los poetas.» Aristóteles

Obras destacadas

Teatro

Medea, 431 a.C.
Hipólito, 428 a.C.
Electra, h. 420-410 a.C.
Las troyanas, 415 a.C.
Ifigenia en Áulide, 410 a.C.
Las bacantes, 407-406 a.C.

ARRIBA: Grabado de Eurípides del siglo XIX, por J. W. Cook.

ARISTÓFANES

Aristófanes, h. 446 a.C. (Atenas, Grecia); h. 385 a.C. (en lugar desconocido).

Estilo y género: Para los antiguos, Aristófanes fue el autor más representativo de la vieja comedia griega por su estilo, que fundía la obscenidad y la invectiva personal con una sátira política brillante y una parodia sutil de la literatura coetánea.

La primera descripción de Aristófanes aparece en *El banquete* de Platón: un hombre que disfrutaba de los placeres de la vida y era, como sus comedias, a la vez divertido y serio. Sin embargo, buena parte de la biografía de Aristófanes no ha podido ser todavía verificada.

Los acarnenses, la obra más antigua que se ha conservado, plasma las preocupaciones y los argumentos fantásticos característicos de las obras «políticas» de la comedia antigua ateniense del siglo v a.C.: un héroe comprensivo y frustrado por el statu quo, que emplea toda su inteligencia picaresca e ingenio para superar a sus enemigos con medios sobrenaturales. El campesino pobre Diceópolis burla a los demagogos halcones de la guerra atenienses al asegurarse una paz en privado con los espartanos y, por lo tanto, recibe todos los placeres que le estaban vedados por la guerra del Peloponeso: alimentos, vino y sexo. Estos intereses genéricos de la comedia antigua sitúan el mundo cotidiano del ahora mismo frente al pasado mitológico elevado, austero y distante de la tragedia griega, su género rival. La comedia *Los acarnenses* también presume de contar con uno de los fragmentos más escabrosos de la literatura antigua, cuando el héroe regatea por las hijas de un mercader por medio de una serie de juegos de palabras explícitas sobre la vagina.

Aristófanes hizo añicos la ilusión dramática, conservada a cualquier precio por la tragedia, con un abuso *ad hominem*. Para estimular la risa, el poeta acudió a la mofa de políticos, ciudadanos particulares, otros poetas y del propio público. A la representación notoria de Sócrates en *Las nubes* como un charlatán excéntrico representante del creciente movimiento sofista, se atribuyó la responsabilidad de la condena a muerte del filósofo. **DS**

«Deméter [...] puedo decir muchas cosas graciosas y muchas que son serias.» Coro, *Las ranas*

Obras destacadas

Teatro

Los acarnenses, 425 a.C.
Las nubes, 423 a.C.
Las avispas, 422 a.C.
Las aves, 414 a.C.
Lisístrata, 411 a.C.
Las ranas, 405 a.C.

ARRIBA: Grabado, sin fecha, del comediógrafo ateniense Aristófanes.

PLATÓN

Platón, 427 a.C. (Atenas, Grecia); 347 a.C. (Atenas, Grecia).

Estilo y género: Platón fue un maestro y filósofo, fundador de la Academia ateniense. Su obra tomó la forma de diálogos sobre temas tan diversos como la política, el amor, el conocimiento y el juicio de Sócrates.

Obras destacadas

Diálogos

Eutifrón, h. 380 a.C.
Protágoras, h. 380 a.C
Apología de Sócrates, h. 360 a.C.
Critón, h. 360 a.C.
Fedón, h. 360 a.C.
La República, h. 360 a.C.
El banquete o El simposio, h. 360 a.C.
Las leyes, h. 360 a.C.

Platón es, junto con Sócrates —su maestro— y Aristóteles —su discípulo—, uno de los fundadores de la tradición filosófica occidental. Pero mientras que Sócrates no dejó nada escrito y las obras de Aristóteles que se han conservado son, a menudo, poco más que meras anotaciones, disponemos de más de treinta textos filosóficos completos de Platón que testimonian la riqueza de su pensamiento y lo sitúan como uno de los grandes prosistas griegos.

Platón, cuyo nombre verdadero pudo haber sido Aristocles, descendía de familias distinguidas por línea paterna y materna. Una tradición dice que Aristón, su padre, reivindicaba ser descendiente de Codro, mítico rey de Atenas. Aristón murió cuando Platón era aún pequeño, y su madre Perictione se casó con

ARRIBA: Retrato al óleo de Platón, Escuela francesa, siglo XVII.

DERECHA: Platón y sus discípulos, en un mosaico de la villa de Siminio, Pompeya.

ARRIBA: Pintura que representa la caverna de Platón, Escuela flamenca, siglo XVII.

Pirilampes, amigo de Pericles, el gran estadista de la democracia ateniense. A pesar de sus relaciones de alto nivel, Platón eludió seguir una carrera política y se dedicó a la filosofía. Las causas por las que eligió esta profesión no están claras, pero la condena a muerte de Sócrates, su amigo y maestro, pudieron ser determinantes en su rechazo tanto de la política como de la propia democracia como sistema político viable.

«¿Y cuál, Sócrates, es el alimento del alma? Sin duda —dije—, el conocimiento [...]» *Apología*

Apenas se conocen detalles precisos acerca de su vida adulta. Probablemente viajó mucho, quizá a Egipto y con certeza al sur de Italia y Sicilia. A su regreso a Atenas, en 387 a.C. fundó la Academia, escuela dedicada a la investigación y la enseñanza de la filosofía, las matemáticas y la teoría política. El resto de su vida la dedicó en su mayor parte a enseñar y a escribir, aunque realizó dos viajes más a Sicilia en

Platón, creador de mitos

En un famoso fragmento de *La República*, Platón pone en boca de Sócrates que la mayoría de las formas de la poesía, y especialmente la mitológica de Homero y de los poetas trágicos, se deben prohibir en la ciudad ideal. La razón para hacerlo es que la poesía mitológica es responsable de la corrupción del carácter de los hombres a través de su representación de las conductas inmorales.

A menudo, se complace con la adaptación de mitos reales para acomodarlos a sus fines filosóficos. Su *Mito de Er*, por ejemplo, es una nueva redacción de los mitos griegos del averno para exponer su punto de vista sobre la recompensa o el castigo del alma después de la muerte. En otros casos, sin embargo, simplemente inventa el mito.

El mejor ejemplo de ello es el *Mito de la Atlántida*, que inventó para poder promover ciertas ideas políticas. El mito describe la organización política de la isla de Atlántida. Se trata de una ficción de principio a fin, pero muchas personas se han visto seducidas por la precisión descriptiva de Platón, lo cual ha conducido a más de una búsqueda infructuosa de su ubicación.

DERECHA: **Aristóteles y Platón, detalle de *La Escuela de Atenas* (1510-1511) de Rafael.**

367 a.C. —o poco después—, y en 361 a.C. El objetivo de estos viajes fue la educación de Dionisio II, tirano de Siracusa, y convertirlo en un rey-filósofo. Ambas cosas fueron sendos fracasos lamentables.

La forma inspiradora del diálogo

En un relato apócrifo recogido por Diógenes Laercio se dice que la primera obra compuesta por Platón fue una tragedia, pero que la quemó después de oír hablar a Sócrates. La mayoría de sus obras fueron escritas en forma de diálogos en prosa —la única excepción, *Apología*, pretende ser un alegato de la defensa durante el juicio de Sócrates—. La forma dialogada representa una opción tanto estilística como filosófica. Estilísticamente, le permite a Platón presentar un debate filosófico en una forma interesante y llena de vitalidad que da rienda suelta a sus considerables capacidades artísticas. *El banquete*, para mencionar solo un ejemplo, no es solamente un debate acerca de la naturaleza del amor, es también una proeza dramática. Para Platón, el conocimiento solo es valioso cuando se alcanza por medio del esfuerzo individual, y, por eso, cada diálogo incluye varios puntos de vista con el objetivo de despertar la indagación filosófica en el lector.

Platón contribuyó al desarrollo de todas las ramas de la filosofía, y en especial de la epistemología y la teoría política. Su doctrina epistemológica se construye en torno a una cosmología dualista, según la cual el mundo cotidiano es un pálido reflejo de un mundo aparte de «formas» perfectas e inmutables, que no es accesible a la percepción sensorial y solo se puede aprehender a través de la contemplación filosófica. La teoría política de Platón se basa en la idea de que la estructura del Estado debe reflejar la estructura del alma. La justicia estatal, como en el individuo, existe en el funcionamiento armónico de sus partes: la clase dirigente, la clase militar y la clase económica. Estas teorías se desarrollan magistralmente en *La República*.

La concepción dualista platónica de la realidad fue restablecida a finales de la Antigüedad por los neoplatónicos y a través de ellos influyó profundamente en la filosofía cristiana. **TP**

CATULO

Cayo Valerio Catulo, h. 84 a.C. (Verona, Italia); h. 54 a.C. (Roma, Italia).

Estilo y género: Catulo, escritor osado y moderno, trazó el mapa entre el odio y el amor con una lírica personal de una intimidad sorprendente y en pequeños poemas épicos de frescura deslumbrante.

Obras destacadas

Poesía

Carmina, 1472

Cayo Valerio Catulo fue el primer escritor moderno. Cultivó la amistad con Julio César y asumió un año odioso de servicio político en Bitinia, en Asia Menor, para volver después a Roma, donde —según sus sátiras— se dedicó díscolamente al sexo, la bebida y la poesía, y creó el círculo literario de los neotéricos o «poetas nuevos», según el modelo clásico griego en boga.

Sin embargo, fue su apasionada relación con Lesbia, nombre en clave de Clodia, esposa del cónsul Metelo, lo que aseguró su reputación por su osadía. Sus epilios, que condensaron la narrativa épica en pocas páginas, demostraron su audacia literaria. Inventó una expresión poética para las pasiones que corrían tanto por las venas de sus héroes como por las suyas. **SM**

VIRGILIO

Publio Virgilio Marón, 15 de octubre de 70 a.C. (Andes, [act. Pietole], cerca de Mantua, Italia); 21 de septiembre de 19 a.C. (Brindisi, Italia).

Estilo y género: Para Dante, Virgilio es el maestro supremo y creador del *bello stilo.* Dryden dijo que las *Geórgicas* eran «el mejor poema del mejor poeta».

Obras destacadas

Poesía

Églogas (también conocidas como *Bucólicas*), 42-37 a.C.

Geórgicas, h. 36-29 a.C.

Eneida, 19 a.C. (publicada en doce libros, pero incompleta a la muerte de Virgilio)

Por lo general, se considera que Virgilio es uno de los poetas clásicos romanos más importantes y su obra ha tenido una influencia extraordinaria en la literatura europea. Su primera obra, *Églogas*, se desarrolla en la idílica Arcadia, aunque los pastores y campesinos que habitan este paraíso debaten acontecimientos políticos contemporáneos. Incluyó un mayor sentido de la realidad de la vida campesina en su obra posterior, *Geórgicas*, que describe el trabajo cotidiano en una granja. Tal vez, su mejor obra sea, sin embargo, la *Eneida*. Virgilio relata el viaje de Eneas desde la Troya saqueada hasta que funda Roma, en un intento por reivindicar el origen heroico de la ciudad y aportar a la cultura romana una obra comparable con la *Ilíada* y la *Odisea*. **PG**

DERECHA: Representación de Venus cuando pide a Vulcano armas para Eneas (1734), por Charles-Joseph Natoire.

HORACIO

Quintos Horacio Flaco, 8 de diciembre de 65 a.C. (Venosa, Italia); 27 de noviembre de 8 a.C. (Roma, Italia).

Estilo y género: Horacio fue un autor satírico romano cuya obra destila tolerancia, fe en la moderación y un reconocimiento de la brevedad de la vida.

La vida de Horacio —quien acuñó la frase *carpe diem*— estuvo llena de oportunidades. Su padre, aunque fue esclavo, hizo suficiente fortuna como subastador para enviar a su hijo a la escuela en Roma y posteriormente a estudiar en Atenas. Horacio se alistó en el ejército republicano de Bruto y combatió en la batalla de Filipos (42 a.C.). Después diría, con amarga ironía, que tiró su escudo y huyó del campo de batalla. Al volver a casa, Horacio encontró confiscadas sus propiedades, pero consiguió un puesto de contable en la administración estatal que le permitió sobrevivir.

Su poesía impresionó a Virgilio, con quien trabó amistad y lo introdujo en el círculo del patrocinador cultural Mecenas. A partir de entonces, Horacio dejó de tener preocupaciones económicas y se relacionó con los principales poetas y estadistas de Roma. Mecenas le entregó a Horacio una granja en las montañas Sabinas, cerca de Roma, que sería fuente de inspiración para muchos de los pasajes más bellos de su obra. *Epodos* y *Odas* incluyen poemas breves en varias formas métricas líricas cuyos temas tratan del amor y la amistad, el vino, las alegrías del campo y del cambio de las estaciones, la grandeza de Roma y el carácter del ciudadano ideal. Los poemas corteses e ingeniosos de las *Sátiras* se burlan delicadamente de la insensatez y vicios de los hombres. El «Poema II, vi» es la famosa sátira sobre la vida urbana y campestre, conocida por la fábula del ratón de ciudad y el ratón de campo.

«Es dulce y decoroso morir por la patria.»

Odas, III

Después de la muerte de Virgilio en el año 19 a.C., Horacio se convirtió en poeta laureado del emperador Augusto y fue encargado por este para componer el *Canto secular*, representado por un coro de 27 chicas y 27 chicos para pedir a los dioses que garantizasen la prosperidad de Roma y del reinado de Augusto. **PG**

Obras destacadas

Poesía

Sátiras, 35-30 a.C.

Epodos, 30 a.C.

Odas (Carmina), 23-13 a.C.

Epístola

Arte Poética o Epístola a los Pisones, 18 a.C.

ARRIBA: Horacio (h. 1500-1504), según Luca Signorelli, capilla de San Brizio, Orvieto.

OVIDIO

Publio Ovidio Nasón, 20 de marzo de 43 a.C. (Sulmona, Italia); 17 d.C. (Tomis, act. Constanța, Rumania).

Estilo y género: La poesía de Ovidio se caracteriza por la autoconciencia literaria, los temas mitológicos, la concisión y la fluidez musical de sus versos.

Reconocido como el último de los grandes poetas del reinado de Augusto, Ovidio sobrepasó a todos sus predecesores en ingeniosidad, refinamiento y encanto. Después de abandonar la carrera política, se dedicó a la poesía y frecuentó los círculos de artistas en Roma, donde alcanzó un éxito inmediato con sus primeras incursiones en las elegías amorosas.

Aunque nunca abandonó el género elegíaco, tal vez sea más conocido por su gran poema mitológico *Las metamorfosis*, su única obra dentro de la tradición épica. Con el motivo unificador del cambio de los cuerpos, el tema central del amor y las narraciones insertadas que se reproducen a sí mismas constantemente, *Las metamorfosis* constituye la culminación de todo el virtuosismo docto de Ovidio. El poema es simultáneamente un catálogo de mitología y un análisis erudito de las convenciones y del patrimonio literarios.

En 8 d.C., cuando estaba en la cumbre del éxito, Ovidio fue exiliado a Tomis (act. Constanța), en los límites más lejanos del Imperio, por causas aún desconocidas. Se sospecha que detrás de la acusación formal de inmoralidad en su poesía se ocultaba el castigo por un escándalo de adulterio que comprometía a la propia nieta del emperador. Desterrado del centro de atención, Ovidio volvió a sus raíces elegíacas para lamentarse del alejamiento de la sociedad destinataria y ardorosa aduladora de su poesía, lo cual marcó un cambio brusco en el tono y en el estilo de su obra, que se hizo menos juguetona y más reflexiva e introspectiva. Sin embargo, la obra escrita en el exilio delata el mismo empecinamiento con su propia fama, y con la perdurabilidad de su poesía, que había caracterizado sus escritos en Roma. La poesía de Ovidio, posteriormente, seguirá estando presente en el canon occidental. **MP**

«Heme aquí, Nasón, el poeta. Yo, que retocé entre amores tiernos, fui víctima de mi [...] talento.» *Tristia*

Obras destacadas

Poesía

Amores, h. 25-16 a.C.

Pónticas, después de 8 a.C.

El arte de amar, h. 1 a.C.

Las metamorfosis, h. 8 d.C.

Tristia, después de 8 d.C.

ARRIBA: Ovidio (h. 1500-1504), según Luca Signorelli, capilla de San Brizio, Orvieto.

APULEYO

Lucio Apuleyo, h. 124 (Madaura, Numidia, cerca de la actual Mdaourouch, Argelia); h. 170 (Numidia).

Estilo y género: La prosa de Apuleyo es una combinación de magia, farsa, religión y mitología, de estilo vivaz y a menudo picaresco, que ha sido muy pulido.

En teoría, Apuleyo llevó una vida privilegiada. Heredó una cantidad considerable de dinero tras la muerte de su padre, magistrado provincial, que despilfarró rápidamente. Se matriculó en la Universidad de Cartago y después en la de Atenas, donde estudió la filosofía platónica. Después de ser iniciado en los misterios de Isis, estudió oratoria latina en Roma y comenzó una carrera próspera en los tribunales. Este éxito le permitió viajar por Asia Menor y Egipto, y estudiar filosofía y religión. Sin embargo, en esta época, fue acusado de practicar la brujería y la hechicería para ganar el afecto y la fortuna de la viuda con la que se casó. Al presentar el alegato de su propia defensa, esencialmente un discurso sobre el uso de la magia, probablemente consiguió su absolución. Después revisó y publicó una versión del alegato, que tituló *Apología*.

Apuleyo es conocido principalmente por su novela picaresca en episodios, ordenada en 11 libros, titulada *Metamorfosis* —popularmente: *El asno de oro*—, la única novela latina que se conserva completa. Narra las aventuras escandalosas del griego Lucio, quien experimenta con la magia y tiene la fatalidad de convertirse en asno. Con esa apariencia, vive numerosas aventuras, cae en manos de unos ladrones, comparte sus fantásticas hazañas y recupera finalmente su aspecto humano gracias a la intervención de la diosa Isis. Hay varias digresiones. La más extensa es la muy conocida fábula de Amor y Psiqué (Libros IV–VI), que a finales de la Antigüedad y en la Edad Media se interpretó a veces como una alegoría del alma (Psiqué) en relación con el amor (Cupido). *El asno de oro* fue utilizado más tarde por William Shakespeare como fuente de inspiración para su comedia *Sueño de una noche de verano*. **PG**

«La familiaridad engendra menosprecio [...]; lo excepcional provoca admiración.»

Obras destacadas

Novela

El asno de oro (Metamorfosis), fecha desconocida

Retórica

Apología, h. 158

ARRIBA: *El asno de oro* de Apuleyo es la única novela latina conservada completa.

SAN AGUSTÍN

Aurelius Augustinus o **Agustín de Hipona,** 13 de noviembre de 354 (Suq-Ahras, Argelia); 28 de agosto de 430 (Annaba, Argelia).

Estilo y género: El análisis de san Agustín sobre la vertiente emocional de la experiencia cristiana ante el pecado no ha sido superado.

El padre de san Agustín era pagano, pero su madre, santa Mónica, fue una cristiana devota que influyó considerablemente en su hijo. Tras la lectura del *Hortensius* de Cicerón, empezó a interesarse por la filosofía. Se convirtió a la religión maniquea, algunos de cuyos principios conservó aun después de haber fundado su propia escuela retórica en Roma. Durante este período tuvo un hijo —Adeodato— con una mujer que sería su concubina durante más de 15 años. Le ofrecieron una cátedra en Milán, donde sucumbió a la influencia del neoplatonismo y de las prédicas de san Ambrosio.

Después de un angustioso conflicto interior, san Agustín renunció a todas sus creencias y se dedicó por entero al servicio de Dios y al ejercicio del sacerdocio, que incluía la castidad. Según su testimonio, había vivido una vida pecaminosa hasta su conversión al cristianismo cuando contaba 32 años de edad. En las *Confesiones* realiza una descripción conmovedora de sus luchas personales en busca de la verdad espiritual, ofrecida como ejemplo para los demás.

Tras su regreso al norte de África, Agustín transformó la casa familiar en una fundación monástica para sí y para un grupo de amigos. Allí comenzó a trabajar en los 22 libros de *La ciudad de Dios*, obra a la que dedicó casi 14 años y que escribió para recuperar la confianza de sus correligionarios cristianos, deteriorada después del saqueo de Roma por los visigodos en 410. En esta obra presenta la alegoría de dos ciudades, una celestial poblada por los justos de la tierra y los santos del cielo, que viven según la voluntad de Dios; y otra terrenal, guiada por principios mundanos y egoístas. San Agustín murió a los 75 años, cuando los invasores vándalos asediaban la ciudad de Hipona (la actual Annaba). **PG**

Obras destacadas

Autobiografía

Confesiones, 397-398

Teología

La ciudad de Dios, h. 413-426

«Concédeme castidad y continencia, pero todavía no.»

Confesiones, VII, vii

ARRIBA: Detalle de la imagen de san Agustín (h. 1490), por Filippino Lippi.

CHRÉTIEN DE TROYES

Chrétien de Troyes, h. 1130 (lugar desconocido); h. 1190 (lugar desconocido).

Estilo y género: Chrétien de Troyes fue un autor medieval de novelas de aventuras caballerescas con argumentos complejos entrelazados, y episodios misteriosos y mágicos centrados en el amor y el matrimonio.

Como sucede con otros autores medievales, apenas se tienen datos acerca de la vida de Chrétien de Troyes. Su dedicatoria en *El caballero de la carreta* a Marie, condesa de Champagne, sugiere que pudo haber estado vinculado a su corte en Troyes, Francia. Lo cierto es que su obra influyó en la literatura europea occidental durante toda la Edad Media.

Su carrera fue paralela a una serie de cambios significativos en la literatura francesa. En la segunda mitad del siglo XII, las epopeyas tradicionales, o cantares de gesta, contaban las batallas y el destino de poblaciones enteras en estrofas intensas y repetitivas, mientras que las novelas medievales narraban las andanzas de un solo caballero o estaban centradas en los lances de dos amantes.

Aunque Chrétien de Troyes se encuentra al inicio de la tradición de las novelas de caballerías, podría decirse que su obra nunca fue superada. Sus cinco novelas —dos de ellas inconclusas— están ambientadas en la Bretaña de las leyendas en torno al rey Arturo, inspiradas en la rica tradición popular artúrica de Inglaterra, Francia y Gales.

Obras destacadas

Novelas de caballerías

Erec y Enide, h. 1170

Cligès, h. 1176

El caballero del león, h. 1177-1181

Lanzarote del lago o El caballero de la carreta, h. 1177-1181

Perceval o El cuento del Grial, h. 1190

ARRIBA: ***Perceval y el Santo Grial*, 1286.**

ABAJO: Representación de una escena de la historia de Perceval, siglo XIII.

ARRIBA: *La llegada del Grial* (1350), en una miniatura francesa de *Perceval*.

Este autor desplazó del centro de atención la figura del rey Arturo —quien se volvió un tanto sedentario y hasta éticamente ambiguo— para fijarse sobre todo en los caballeros y sus aventuras lejos de la corte.

Aunque el universo de sus composiciones está lleno de maravillas (caballeros heroicos, doncellas idealizadas, anillos mágicos), no se dejó arrastrar por la pura fantasía. Las relaciones humanas, ya sean eróticas o políticas, fueron siempre la preocupación fundamental de Chrétien de Troyes. En más de una ocasión, se burla delicadamente de los elaborados códigos sociales de la estética cortesana. Así, *El caballero del león* comienza con la inesperada partida de Arturo de una cena para acostarse con Ginebra. En otra novela, un Lancelot que ha sido derribado de su caballo y que permanece absorto en sus ideas y ofuscado por amor, no es consciente de que ha aceptado el desafío de un caballero rival. Si un ideal se mide por el grado de pensamiento que provoca, y no por su capacidad para inspirar una devoción ciega, entonces el ideal de la caballería está muy vivo en las novelas de Chrétien de Troyes. **CT**

El Santo Grial

Chrétien de Troyes fue el primer autor que vinculó el Grial con Arturo y sus caballeros. En su inconclusa *Perceval* o *El cuento del Grial* —quizá su última obra—, no aparece como el cáliz de Cristo sino como un *graal* o bandeja para pescado, transportada en una procesión ante el héroe Perceval. La novela se centra más en la rivalidad dinástica que en el misticismo: Perceval debe escoger entre su lealtad a Arturo y las exigencias de su familia, enemiga del rey. Si bien algunos personajes proclaman que el Grial es un icono sagrado, el autor demuestra que es solo el símbolo de su causa política.

DANTE ALIGHIERI

Dante Alighieri, h. 29 de mayo de 1265 (Florencia, Italia); 13 o 14 de septiembre de 1321 (Ravena, Italia).

Estilo y género: Dante, considerado el padre de la poesía en lengua vernácula italiana, escribió el poema épico más importante de la Edad Media, la *Divina Comedia*.

Obras destacadas

Poesía

La vida nueva, 1292-1295

El banquete, 1304-1307

Divina Comedia: Infierno; Purgatorio; Paraíso, 1308-1321

Ensayo

De vulgari eloquentia, 1303-1305

En su *Tratado en alabanza de Dante* (h. 1355), Giovanni Boccaccio dijo que Dante «fue nuestro poeta de estatura media, había alcanzado la madurez y se había vuelto un tanto corpulento; su modo de andar era solemne y suave; iba siempre vestido con las ropas más virtuosas, con un atuendo que, a su edad, era de lo más refinado. Su rostro era alargado, y su nariz, aquilina; sus ojos eran grandes y pequeños a la vez; la mandíbula, grande; y el labio superior, prominente. Su tez era oscura, y su pelo y su barba, espesos, negros y crespos. Su rostro era melancólico y pensativo».

Estos últimos rasgos de la descripción de Boccaccio recuerdan a un Dante aislado en su soledad, pero con una sed insaciable de conocimientos y alimentado por un orgullo que le impidió obedecer las órdenes de los poderosos y fue condenado al exilio.

La primera pieza literaria atribuible a Dante con alguna certeza es *La vida nueva*. Consta de 42 capítulos en prosa y 31 poemas de métrica variable, y narra su amor por Beatriz desde el primer encuentro hasta la muerte de esta. En el último capítulo

ARRIBA: Retrato de Dante Alighieri, Escuela italiana, siglo XVI.

DERECHA: Dante conversa con Justiniano en el Canto VI del *Paraíso*.

ARRIBA: Dante y Virgilio andan entre los adivinos y los falsos profetas, cuyas cabezas han sido invertidas como castigo.

encontramos las famosas líneas donde anuncia la *Divina Comedia*, obra que el autor afirma que ha sido concebida para honrar a su amada Beatriz: «Así es que, si el Sumo Hacedor quiere que mi vida dure algunos años, espero decir de ella lo que jamás se ha dicho de ninguna».

También escribió en italiano vernáculo *El banquete:* una colección de cuatro tratados destinados a invitar a la mesa acogedora de la sabiduría a todos los que se sintieran excluidos. El libro es un ejercicio académico acerca de la filosofía medieval; un intento por reconciliar la doctrina cristiana con la escuela del pensamiento aristotélico clásico.

En su obra *De vulgari eloquentia*, parcialmente inacabada en latín, el gran poeta florentino analiza la importancia del uso de la lengua vernácula, a la que caracteriza de «ilustre», «fundamental», «docta» y «judicial». Los tres libros recogidos en *La monarquía* (1313-1318) también fueron escritos en latín. En ellos, a través de la metáfora de dos soles, Dante describe sus ideales políticos y aboga por una nítida separación entre el poder imperial (política) y la esfera de influencia del Papa (religión).

«Orgullo, envidia, avaricia [...], las antorchas que han inflamado los corazones.» *Infierno, VI*

El gran amor de Dante

Beatriz Portinari quedó inmortalizada en la obra de Dante y se ha convertido en una de las grandes musas de la literatura, al mismo nivel que la Laura de Petrarca o la Dama Oscura de Shakespeare.

Dante solo tenía 9 años, y Beatriz 8, cuando se conocieron. Él alega haberse enamorado a primera vista, a pesar de que nunca volvió a hablar con ella y dedicó una parte considerable de su producción literaria a celebrar sus virtudes. Según cuenta Dante en *La vida nueva*, se volvieron a encontrar solo una vez más antes de la muerte de Beatriz a los 24 años, aunque, como miembros de familias florentinas prominentes, él pudo haberse tomado ciertas licencias poéticas.

A pesar de su matrimonio con Gemma di Manetto Donati, derrochó alabanzas a Beatriz en *La vida nueva*, y fue ella quien lo guió a través de los cielos en el *Paraíso*, tras asumir un papel que en el *Infierno* fue desempeñado nada menos que por Virgilio. Esta adoración por una mujer que Dante alega haber visto solo dos veces, ha llevado a los estudiosos de su obra a argumentar que Beatriz pudo haber sido nada más que un símbolo de pureza. O bien, pudo simplemente haberle aportado una oportunidad para demostrar sus habilidades en los convencionalismos del amor cortesano. Aun así, esta relación sigue siendo considerada una de las grandes historias de amor no correspondido de la literatura.

DERECHA: ***Escenas de* la *Divina Comedia de Dante* (1842-1844), por Carl Vogel von Vogelstein.**

La *Divina Comedia*

Dante se convirtió en el modelo a seguir para los escritores italianos gracias a la *Divina Comedia* (iniciada en 1308). El adjetivo «divina» fue realmente añadido en el siglo XVI por la valoración de la obra que hiciera Giovanni Boccaccio. Tiene 14.233 versos divididos en tercetos rimados. Cien cantos se dividen en tres cánticos de 33 cantos cada uno, más un canto inicial.

El personaje principal epónimo del poema, Dante, describe su camino «a mitad del viaje de nuestra vida»; es decir, cuando contaba 35 años. La obra se desarrolla en el año 1300 durante el *triduum*, esto es, el período de tres días de oración que precede a la Pascua.

En los tres reinos subterráneos (Purgatorio, Infierno y Paraíso), Dante y su guía Virgilio —considerado el poeta más importante de la Antigüedad clásica y heraldo de la cristiandad— se encuentran con personalidades del pasado y del presente. Dante aprovecha estos personajes como hitos. En el Infierno, representan los pecados capitales que pueden causar la condena eterna. En el Purgatorio, el alma tiene la capacidad de ascender a la felicidad celestial por medio de la purificación de los pecados menos graves cometidos. Cuando se llega a la última región, el Paraíso, Dante cambia a su acompañante Virgilio por su amada Beatriz y viaja a través de los nueve cielos del Paraíso con ella para alcanzar la experiencia suprema de ver el rostro de Dios.

La *Divina Comedia* marca un cambio de dirección de la crítica de las luchas políticas que dividían Florencia hacia un debate teológico complejo acerca de la naturaleza del pecado y las claves para su redención. Contiene desde expresiones dialécticas hasta neologismos y desde el latín hasta la lengua coloquial; en este sentido, es el equivalente italiano a *Los cuentos de Canterbury* de Geoffrey Chaucer, al discutir la preeminencia del latín como la lengua del arte y abogar a favor del potencial literario de los dialectos italianos.

Esta diversidad idiomática y temática de la que Dante hace gala queda unificada en un texto sublime, producto de un genio de la poesía. **CC**

FRANCESCO PETRARCA

Francesco Petrarca, 20 de julio de 1304 (Arezzo, Italia); 18 o 19 de julio de 1374 (Arquà, Italia).

Estilo y género: Petrarca celebró el potencial humano y justificó la búsqueda del éxito individual en términos religiosos, a la vez que lamentaba la agonía del amor.

Obras destacadas

Poesía

Cancionero, h. 1335-h. 1374

Secretum meum, h. 1342-h. 1358

Triunfos, 1351-1374

Epístolas

Rerum familiarium, h. 1325-1366

Rerum senilium, 1361-1373

Por lo general, los eruditos consideran que Petrarca desempeñó un papel decisivo en la fundación del movimiento humanista en Europa. Sus obras son una respuesta a la doctrina eclesiástica anterior, la cual estimulaba la aceptación pasiva del destino en la vida. Petrarca, por el contrario, sostenía que los individuos pueden y tienen derecho a escoger su propio camino. Petrarca reconcilió esta nueva filosofía con las creencias religiosas tradicionales al sugerir que Dios no habría conferido la inteligencia a la humanidad sin esperar que la usara para mejorar la condición humana. Estas ideas fueron esenciales para el auge creador del Renacimiento.

El humanismo de Petrarca fue inspirado por el redescubrimiento en Europa occidental de los textos clásicos. Él mismo sacó a la luz una colección de cartas de Cicerón antes desconocidas, *Cartas a Ático*. Buena parte de la fama de Petrarca se basa

ARRIBA: Retrato de Petrarca en el Museo de Versalles.

DERECHA: Manuscrito de los sonetos de Petrarca, siglo XV.

IZQUIERDA: *Triunfo del tiempo*, de Jacopo del Sellaio, inspirado por los *Triunfos* de Petrarca.

en sus escritos en latín, inspirados en ejemplos clásicos como, por ejemplo: las epístolas *Familiares*, *Seniles* y *A la posteridad* (h. 1372). En *Secretum meum (El secreto)*, Petrarca dialoga con san Agustín sobre temas como el conflicto entre el esfuerzo por alcanzar la pureza del alma y las tentaciones de la carne; la reflexión acerca de la muerte; el flujo constante del tiempo; las inclinaciones incalificables como la pereza, que forman parte de una crisis espiritual en curso sin ninguna solución.

Otro de los grandes logros de Petrarca fue el *Cancionero*, inspirado por Laura, el amor de su vida. (No hay mucha información sobre esta mujer, pero estaba casada y ambos mantuvieron escaso contacto.) Petrarca trabajó en este texto entre 1335 hasta el año de su muerte, y lo volvió a redactar varias veces. En el centro de esta colección se encuentra la historia de un alma inquieta, en debate permanente entre la belleza de lo ideal y la miseria de la realidad, cuyo resultado es el soliloquio constante del poeta.

Su obra poética sentó las bases estructurales del soneto petrarquista, con su forma de rima característica y sus preocupaciones por el amor inalcanzable como uno de los patrones principales de la composición de sonetos. **CC**

El alpinista

Además de sentar las bases del humanismo europeo, recuperar obras clásicas e influir en la estructura formal del soneto, Petrarca también se erigió —erróneamente— como la primera persona, después de Filipo de Macedonia, que escaló montañas por placer, tras subir el monte Ventoux, al sur de Francia, en 1336. Desde entonces, su ascenso ha sido interpretado como una alegoría de la búsqueda de una vida mejor, aunque, en una carta donde describe el viaje a un amigo, afirmó: «Mi única motivación fue el deseo de ver qué tenía que ofrecer una altura tan elevada».

HAFIZ

Khwajeh Shams al-Din Mohamed Hafiz-e Shirazi, h. 1310-1325 (Shiraz, Irán); h. 1389 (Shiraz, Irán).

Estilo y género: Hafiz, poeta cortesano del amor espiritual y maestro coránico con saberes universales, encarnó la sutileza erudita de la Persia medieval.

Obras destacadas

Poesía

Diván, 1410

Hafiz, al igual que su contemporáneo Petrarca, creó una poesía cristalina en la que enaltecía el amor divino y sexual. Durante más de cincuenta años, escribió a partir de la inspiración divina, aunque muchos de sus 500 *gazal* cantan la riqueza y la belleza de Shaj-e Nabat, que ocupa en su obra el lugar que ocupaba Laura en la obra de Petrarca.

Además de ser poeta en la corte de Abu Ishaq, primero, y de Sha Shuja, después, en Shiraz, fue maestro divino. Su erudición religiosa queda reflejada en su nombre, porque *Hafiz* significa «alguien que ha memorizado el Corán». Heredó la gran tradición poética de Rumi y Nezami. Sin embargo, Hafiz introdujo en su obra la interrelación entre lo erótico y lo espiritual. **SM**

GIOVANNI BOCCACCIO

Giovanni Boccaccio, junio o julio de 1313 (probablemente en Florencia, Italia); 21 de diciembre de 1375 (Certaldo, cerca de Arezzo, Italia).

Estilo y género: Boccaccio es considerado, junto con Dante y Petrarca, una de las «tres coronas» de la literatura italiana.

Obras destacadas

Poesía

Filostrato, 1335-1340

Cuentos

Decamerón, 1349-1353

Biografías

De Casibus Virorum Illustribus, 1355-1374

De mulieribus claris h. 1362

Entre las numerosas obras de Boccaccio, se destaca, por su originalidad, el *Decamerón*, una colección de cien relatos. La peste que hacía estragos entre la población de Florencia en 1348 sirve de telón de fondo a una narración en la que siete chicas y tres chicos buscan refugio en las afueras de la ciudad. Durante diez días, se cuentan unos a otros diez historias cortas diarias. En el prólogo dirigido a las «mujeres imprecisas» que han experimentado el amor, se señala el valor simbólico de este sentimiento portador de vida frente a los horrores de la peste. En cada narración, el lector se enfrenta con los vicios y las virtudes de la humanidad a través de una galería de personajes y de situaciones que ejemplifican el heroísmo, la abnegación, la insensatez, la inteligencia y la modestia. **CC**

GEOFFREY CHAUCER

Geoffrey Chaucer, h. 1340-1345 (Londres, Inglaterra); 25 de octubre de 1400 (Londres, Inglaterra).

Estilo y género: Chaucer es el poeta medieval inglés más influyente y se conoce por su estilo conversacional y su sentido del humor.

Geoffrey Chaucer era hijo de un comerciante de vinos y formaba parte de una clase burguesa en ascenso, culta y que ocupaba altos cargos en el gobierno. Él mismo ocupó puestos importantes y, aunque su inteligencia aumentó su éxito, ser cuñado de Juan de Gante —tío del rey Ricardo II y personaje destacado en la obra de teatro de Shakespeare— no le perjudicó.

Chaucer vivió durante uno de los períodos más turbulentos de la historia de Inglaterra. En el exterior, la guerra de los Cien Años entre Inglaterra y Francia ardía con furia y, en el interior, comenzaban a manifestarse síntomas de descontento. Chaucer estaba familiarizado y quizá simpatizaba con la herejía popular de los seguidores de John Wycliffe, y estuvo en Londres durante la revuelta campesina de 1381, cuando los rebeldes ejecutaron al arzobispo de Canterbury y saquearon el palacio de Juan de Gante. Chaucer fue testigo de los primeros atisbos del Renacimiento en el continente.

El *Decamerón* (1349-1353) de Boccaccio tuvo una gran influencia en la que se considera hoy la obra más importante de Chaucer, Los *cuentos de Canterbury*. Chaucer tomó prestada la escena de unos peregrinos que intercambiaban narraciones durante un viaje y cambió el enfoque para desarrollar una relación matizada psicológicamente entre la narración y el narrador. El resultado es una conversación llena de vitalidad entre un elenco de personajes bien construidos que ha conservado su frescura, su capacidad para hacer reflexionar y su contenido estimulante durante cientos de años. Aunque los poemas visionarios y su tragedia épica *Troilo y Crésida* son sofisticados y brillantes por derecho propio, la franqueza y el encanto de *Los cuentos de Canterbury* ha llevado a muchos autores a considerar que este fue el origen de todo. **SY**

«No hay trabajador, fuere lo que fuere, / que pueda trabajar bien y a toda prisa.»

Obras destacadas

Poesía

El libro de la duquesa, h. 1369-1372

La casa de la fama, h. 1380

Troilo y Crésida, h. 1381-h. 1386

Cuentos

Los cuentos de Canterbury, h. 1387-1400

ARRIBA: Retrato de Chaucer en un manuscrito del siglo XV, British Museum, Londres.

FRANÇOIS VILLON

François de Montcorbier, h. 1431 (París, Francia); h. 1463 (en lugar desconocido).

Estilo y género: La vida violenta y libertina de Villon —de una taberna, burdel y prisión a otra— demostró ser una atracción irresistible para las generaciones posteriores. Se le reconoce como autor de *Los legados* y *El testamento*.

Obras destacadas

Poesía

Los legados, h. 1456

El testamento, h. 1462

Apenas sabemos nada de la vida de este villano y célebre poeta, y lo que se sabe no siempre coincide con la vida acerca de la que escribió, supuestamente en primera persona, en sus poemas. Era sobrino de Guillaume de Villon, clérigo acaudalado, que se interesó por él y le costeó estudios universitarios en el Collège de Navarre de París. Allí llevó una vida disoluta. En 1455 mató a un sacerdote a puñaladas durante una riña y, en 1456, robó en el colegio con un grupo de amigos; abandonó la ciudad, y luego se le perdonaron sus crímenes. En 1462 fue condenado a muerte después de otra reyerta violenta en París, pero apeló y la condena fue rebajada a diez años de exilio. Se desconoce su destino y dónde murió con apenas una treintena de años.

La mayor parte de la obra de Villon son poemas breves escritos en un argot característico de delincuentes de bajos fondos casi indescifrable, aunque dejó dos poemas más extensos conocidos como *Los legados* y *El testamento*, que resultan admirables por su ingenio y su humor sarcástico. El primero está fechado durante su primer exilio y fue escrito supuestamente durante una mísera Navidad en 1456, mientras tiritaba en una buhardilla y echaba de menos a una mujer «traicionera e insensible» de la que se había enamorado. A continuación, hace un testamento donde deja a sus amigos objetos muy peculiares que incluyen rótulos de posadas, mechones de pelo y su propia dudosa reputación. También deja una serie de legados obscenos e injuriosos a sus enemigos. El segundo poema, más extenso que el anterior, es otra mofa de un testamento dictado supuestamente a modo de arrepentimiento por el poeta a un secretario, donde deja de nuevo legados sardónicos mientras reflexiona acerca de la muerte y de su propia juventud desperdiciada. **RC**

«¿Dónde están las nieves de ayer?»

Balada, 1461

ARRIBA: Grabado de François Villon (1810), por Stich von Rullmann.

NICOLÁS MAQUIAVELO

Niccolò di Bernardo dei Machiavelli, 3 de mayo de 1469 (Florencia, Italia); 21 de junio de 1527 (Florencia, Italia).

Estilo y género: Maquiavelo, autor prolífico de poesía, teatro y novelas cortas, ha llegado a ser conocido casi exclusivamente por sus escritos políticos.

La carrera de Maquiavelo como funcionario florentino de alto nivel lo impelió a ser autor de *El príncipe*, uno de los tratados políticos más famosos que se hayan escrito y que dedicó a Lorenzo de Médicis, duque de Florencia. En una carta a un colega, describió la obra como un «capricho», restando importancia a su apasionada descripción de los problemas relacionados con el ejercicio del poder. Por medio de una combinación de citas eruditas, reiteraciones en latín y refranes comunes, revisó algunos conceptos clave de la política (mérito, fortuna y oportunidad) e ilustró sus argumentos con ejemplos tomados de los mundos clásico y moderno.

En el centro de sus reflexiones, tanto en *El príncipe* como en sus otros escritos políticos, se halla la crisis italiana provocada por la competencia intensa entre los distintos gobernantes. En ese marco turbulento, es más fácil comprender por qué Maquiavelo justifica la necesidad de una conducta discutible por parte de los gobernantes para conservar la estabilidad. Mientras que las acciones despiadadas no se deben emprender si hay otra alternativa, es preferible en última instancia que el gobernante sea temido a que sea amado.

La influencia de *El príncipe* ha eclipsado sus otras obras, incluida su comedia en cinco actos *La mandrágora*. Nicias, anciano esposo de la bella Lucrecia, es muy infeliz por la falta de herederos. En su insensatez, cae en la trampa que le tiende el joven y fuerte Callimaco, enamorado de la joven. Este hace creer a Nicias que su esposa quedará embarazada si toma un brebaje de mandrágora, pero que la planta matará al primer hombre que después duerma con ella. Callimaco se ofrece a asumir la supuesta condena por la tarea de alcoba, y Nicias acepta feliz, aunque pierde la esposa, que se queda con su rival. **CC**

«Difícilmente se conspira contra el que goza de gran estima.» *El príncipe*

Obras destacadas

Escritos políticos

Discursos sobre la primera década de Tito Livio, 1512-1517

El príncipe, 1513, publ. 1532

El arte de la guerra, 1519-1520, publ. 1521

Teatro

La mandrágora, 1518, publ. 1524

ARRIBA: Retrato de Maquiavelo, por Santo di Tito, palazzo Vecchio, Florencia.

ERASMO DE ROTTERDAM

Desiderius Erasmus Roterodamus, 27 de octubre de 1466 (Rotterdam, Holanda); 12 de julio de 1536 (Basilea, Suiza).

Estilo y género: Erasmo popularizó frases aún en uso como «un mal necesario», «lágrimas de cocodrilo», «rara avis», «más vale prevenir» y «empezar de cero».

Obras destacadas

Teología

Manual del caballero cristiano, 1503

Elogio de la locura, 1509

Ecclesiastes, 1535

Retórica

Adagios, 1500

De ultraque verborum ac rerum copia, 1512

Bajo la presión de sus tutores, Erasmo se hizo monje agustino, pero le fue permitido viajar por toda Europa. Durante su vida, se concentró en la producción de nuevas ediciones comentadas del Nuevo Testamento en latín y griego, que fueron el punto de partida de la exégesis moderna de la Biblia. Rechazó puestos académicos y prefirió una actividad literaria independiente como la redacción de *Elogio de la locura*, sátira dirigida contra los teólogos, y *Adagios*, libro de proverbios. Aunque escribió sobre temas eclesiásticos y de interés humano en general, parece haber considerado estos últimos escritos como si se tratase de un entretenimiento de escasas consecuencias. Sin embargo, su fama se asienta precisamente sobre esos trabajos. **PG**

LUDOVICO ARIOSTO

Ludovico Ariosto, 8 de septiembre de 1474 (Reggio Emilia, Italia); 6 de julio de 1533 (Ferrara, Italia).

Estilo y género: En su estilo sutil, y en ocasiones paródico, se alternan acontecimientos emocionantes y temerarios con majestuosos pasajes históricos y proféticos.

Obras destacadas

Poesía

Orlando furioso, 1516-1532

La fama de Ariosto se debe a *Orlando furioso*, imitación de los poemas épicos y una de las grandes obras del Renacimiento italiano. El poema combina las leyendas de caballería de Carlomagno con la invasión de Francia por los sarracenos en una parodia ingeniosa de la novela medieval. Fue concebido para ensalzar la Casa de Este y su legendario antepasado Ruggero, y para continuar la historia del amor de Orlando por Angélica, iniciada por Matteo Maria Boiardo en *Orlando enamorado* (h. 1472-1486). Las tres narraciones principales que se desarrollan son: el amor de Orlando por Angélica, la guerra entre francos y sarracenos, y el amor de Ruggero, sarraceno, por Bradamante, cristiana. El poema sirvió de «modelo» a *La reina de las hadas* de Edmund Spenser, publicada en 1590. **PG**

FRANÇOIS RABELAIS

François Rabelais, h. 1494 (cerca de Chinon, Indre-et-Loire, Francia); 9 de abril de 1553 (París, Francia).

Estilo y género: Era conocido por su humor, sátira subida de tono y descripciones irreverentes de la vida religiosa. Su último legado fue el término literario «rabelesiano».

François Rabelais ejercía como médico, pero su fama más duradera proviene de su célebre prosa y de su talento como humorista y escritor satírico, con argumentos subidos de tono. Era hijo de un abogado importante y estudió medicina en la universidad. Hombre de contrastes, también se ordenó sacerdote, fue padre de dos hijos con una viuda y se estableció después en Lyon como médico. Fue en esa ciudad donde escribió el primero de los libros de la serie que se conoce colectivamente como *Gargantúa y Pantagruel*. Estas obras tienen como centro al gigante Gargantúa y a su hijo Pantagruel —cuyo principio rector era «Come, bebe y alégrate»—, y las aventuras de sus pícaros amigos que emprenden un viaje en busca de la Divina Botella. Rabelais publicó cuatro libros de la serie y un quinto vio la luz póstumamente, aunque hay estudiosos que cuestionan que este haya sido escrito por él. Una creación característicamente ficticia fue la abadía de Telema, fundada por Gargantúa, donde los monjes vivían bajo la regla del «Haz lo que quieras» y disponían de sirvientas y de piscina.

El tratamiento humorístico y sarcástico de Rabelais de las instituciones cristianas no le granjeó precisamente el afecto de la Iglesia. Sus obras fueron incluidas en el índice de libros prohibidos y fue sospechoso de herejía. Por suerte, contó con el apoyo de la poderosa familia Du Bellay y con la aprobación del rey Francisco I de Francia. Viajó a Roma varias veces con el obispo de París, Jean du Bellay, y residió en Turín en la década de 1540, aunque parece que hubo épocas en las que tuvo que ocultarse. Se dice que su testamento solo tenía una línea: «Nada tengo, debo mucho y dejo el resto a los pobres». Sus últimas palabras fueron: «Me voy en busca de un gran tal vez». **RC**

> «Siempre deseamos las cosas prohibidas.»
>
> *Gargantúa y Pantagruel*

Obras destacadas

Prosa

Pantagruel, 1532
Gargantúa, 1534
El tercer libro, 1546
El cuarto libro, 1552

ARRIBA: Retrato de François Rabelais en una litografía del siglo XIX.

PIERRE DE RONSARD

Pierre de Ronsard, 11 de septiembre de 1524 (Couture-sur-Loir, Loir-et-Cher, Francia); 27 de diciembre de 1585 (Saint-Cosme, cerca de Tours, Indre-et-Loire).

Estilo y género: Aclamado en Francia como «príncipe de los poetas», Ronsard representa el entusiasmo renacentista por los mundos clásicos de Grecia y Roma.

Obras destacadas

Poesía

Los amores, 1552
Himnos, 1555-1556
La Franciada, 1572 (inacabada)
Les Derniers Vers, 1586 (publicada póstumamente)

Pierre de Ronsard pasó los primeros años de su vida en los círculos sociales más prominentes. Hijo menor de una familia de la nobleza, siendo niño fue designado paje real y realizó un viaje a Edimburgo con la princesa Magdalena, prometida del rey Jacobo V de Escocia. Parecía destinado a tener una carrera de éxito como diplomático o en el ejército, pero estos planes se frustraron cuando se descubrió que se estaba quedando sordo.

Decidió aprender latín y griego, leyó los clásicos —la *Ilíada* de Homero le llevó apenas tres días—, fundó un grupo literario llamado La Pléyade y comenzó a producir un torrente de poesía. Sus obras incluyeron odas y sonetos; poemas sobre el amor, la naturaleza, los recuerdos de la muy amada campiña de su infancia, la muerte, la justicia o el vino; o poesías que loaban los grandes personajes de la Antigüedad. La primera edición de una selección de sus obras se publicó en 1560, según se ha dicho, a instancias de María, la reina de Escocia, entonces también reina de Francia.

Ronsard fue católico romano ferviente y estuvo inevitablemente involucrado en las guerras civiles religiosas que comenzaron en la década de 1560, y en consecuencia, sus obras fueron criticadas ferozmente por los protestantes más exaltados. Planeó una gran epopeya nacional, *La Franciada*, según el modelo de la *Eneida* de Virgilio, pero no conseguía la fluidez deseada y finalmente desistió. Fue muy admirado por el rey Carlos IX de Francia, que convocó al poeta para que redactara versos en celebración de su boda con Isabel de Austria en 1571. Aquejado por una enfermedad incurable, Ronsard pasó inválido sus últimos años y ansiando la muerte, pero también escribiendo de manera compulsiva. Sus últimos poemas (*Les Derniers Vers*) fueron publicados póstumamente. **RC**

«Vencida por los años dirás [...]: Ronsard cantó los días de mi feliz belleza.» *Sonetos para Helena*

ARRIBA: Ronsard, ya sordo, se dedicó a la poesía y se ganó el favor de la realeza.

LUÍS VAZ DE CAMÕES

Luís Vaz de Camões, h. 1524 (probablemente en Lisboa, Portugal); 10 de junio de 1580 (Lisboa, Portugal).

Estilo y género: El gran poeta nacional de Portugal, Camões compuso himnos acerca de la creación por su país de un imperio mundial católico romano.

1500s

Los datos biográficos de Camões son escasos; al parecer descendía de una familia aristocrática arruinada y sus conocimientos de la cultura clásica sugieren que tuvo una buena educación. Su poema más famoso describe la hazaña de Vasco de Gama, que dobló el cabo de Buena Esperanza y llegó hasta la India. El propio Camões pasó muchos años en África e India, y en su poesía dejó testimonios amargos de las dificultades por las que atravesó para ganarse la vida y de la mala suerte y de las injusticias que sufrió. Prestó servicios en expediciones navales y parece ser que llegó hasta Macao y naufragó frente a las costas de China. En otra ocasión, un amigo lo encontró varado y sin un céntimo en Mozambique, y pagó el pasaje de regreso a Lisboa.

Los elegantes poemas líricos de Camões expresan un sentimiento de profunda soledad y nostalgia, y alaban a las mujeres deseadas. Se le atribuyó la autoría de muchos más poemas que los que realmente había escrito. Su gran epopeya *Los Lusíadas* se publicó en Lisboa, en 1572. El título proviene de Lusitania, el antiguo nombre romano de Portugal. La obra hace un recuento de toda la historia del país hasta el momento en que Vasco de Gama zarpa en 1497. Los dioses olímpicos observan la expedición con interés, aunque Venus la favorece y Baco está en contra. El poema describe cómo llegan las naves a India y luego regresan sin contratiempos, acompañadas por ninfas encantadoras, una de las cuales predice futuros éxitos portugueses. Camões, muy a favor del catolicismo, justifica el imperialismo de Portugal.

«Tal como el amor es aquella rosa, fragancia celestial exhala.» «Rosa y espina»

Los Lusíadas fue dedicada al rey Sebastián I y el autor recibió a cambio una pensión del Estado. También escribió obras de teatro y sus escritos tuvieron una profunda influencia en la literatura portuguesa y brasileña posterior. **RC**

Obras destacadas

Poesía

Los Lusíadas, 1572

Rimas, 1595

ARRIBA: Retrato portugués al óleo, Museo Nacional de Arte Antiguo.

MICHEL DE MONTAIGNE

Michel Eyquem de Montaigne, 28 de febrero de 1533 (Château de Montaigne, Dordoña, Francia); 13 de septiembre de 1592 (Château de Montaigne, Dordoña).

Estilo y género: Montaigne, escéptico, estadista y amigo de reyes, estaba enamorado de la libertad, y detestaba la crueldad, la corrupción y la injusticia.

Obras destacadas

Ensayo

Ensayos, 1588

Diario

Diario de viaje, 1580-1581 (publicado por vez primera en 1774)

Michel de Montaigne ejerció en su juventud la abogacía en Burdeos, donde fue consejero del Parlamento ciudadano y se casó con Françoise de la Chassaigne, hija de otro consejero. En 1571 se aisló en el campo para concentrarse en sus escritos. Desde allí publicó, aumentó, revisó y reimprimió sus *Ensayos* y creó este nuevo género literario. Puso en tela de juicio sus propias creencias y el mundo circundante a través de millares de meditaciones —en las que incluyó abundantes citas tomadas de los clásicos— sobre temas que iban desde la educación hasta la embriaguez y que se convertirían en un testimonio no solo de la evolución de su filosofía sino de su propia crianza, porque, en su infancia, su padre había insistido en que solo hablase en latín. Quizá esa fue la causa de que optara, irónicamente, por escribir en la lengua vernácula y coloquial francesa.

Un tema recurrente en toda su obra, como novelista y ensayista, es el poder nocivo de las costumbres. Pensaba que la evaluación del mundo que hacía la gente quedaba reducida a los límites del propio entorno, y que lo que se atribuye a la «naturaleza» es, en realidad, producto de unas miras estrechas basadas en la poca información que la mente puede asimilar. Por consiguiente, como es imposible que la mente abarque tanto, los individuos deben intentar solo comprenderse a sí mismos dentro de su entorno más inmediato. Después del éxito de público de las primeras ediciones de los *Ensayos* —en cuya época visitó al rey de Francia para regalarle un ejemplar—, Montaigne decidió presentar su propio autorretrato por escrito. Aunque este resulta en cierta medida narcisista —quizá a los lectores les importe muy poco que los rábanos podían sentarle mal—, la teoría que subyace bajo este ejercicio es que escribir acerca de la propia existencia

> «Todos corren a otro lugar, y al futuro, pues nadie ha llegado hasta sí mismo.» *De la fisonomía*

ARRIBA: Retrato de Montaigne, siglo XIX, por Jean-Baptiste Mauzaisse.

IZQUIERDA: Escudo de armas de Montaigne legado al escritor Pierre Charron (1541-1603).

podría contribuir al enriquecimiento de los lectores de cualquier lugar, porque los seres humanos están hechos de un mismo material. Fue durante este período, entre los años 1580 y 1581, cuando escribió un relato en el que documentó sus viajes por Europa y anotó las diferencias que encontró entre sus distintos pueblos.

El impacto de la obra de Montaigne no se limitó a sus lectores. Verdaderamente, la literatura y la filosofía tienen una deuda enorme con la obra del ensayista francés por sus reflexiones acerca de la condición humana. Aunque sus *Ensayos* se convirtieron en la obra de toda una vida y revisó constantemente sus escritos hasta que murió en 1592, una severa autocrítica le llevó a pensar que los lectores no querrían invertir su tiempo en la contemplación de «un tema tan frívolo e ingrato». **JS**

Influencia de Montaigne

Nunca sabremos hasta qué punto Montaigne influyó directamente en Shakespeare. Sin embargo, parecería que la impronta del ensayista francés reposa divinamente en el bardo inglés. La conclusión de Montaigne de que la mente humana era poco capaz para concebir algo, se asemeja a la opinión de Fondón en *Sueño de una noche de verano* cuando dice: «¡Qué tontos son los mortales!». Los ecos de Montaigne resuenan también en *Hamlet* y en *La tempestad*. Su influencia directa también se puede observar en Blaise Pascal, Ralph Waldo Emerson y Friedrich Nietzsche, entre otros.

TORQUATO TASSO

Torquato Tasso, 11 de marzo de 1544 (Sorrento, Italia); 25 de abril de 1595 (Roma, Italia).

Estilo y género: Tasso fue un poeta y erudito que intentó aunar el estilo clásico de la poesía épica de Virgilio con el tema de la Primera Cruzada en *Jerusalén libertada.*

Obras destacadas

Poesía

Rinaldo, 1562

Jerusalén libertada, 1574

Teatro

Aminta, 1573

Crítica

Discursos del poema heroico, 1594

Tras una vida azarosa, con estancias en hospitales y prisiones, Torquato Tasso comenzó a recibir la atención del mundo literario por su poema *Rinaldo*, en 12 cantos. Publicado en 1562, describe las acciones del paladín Rinaldo da Montalbano, asunto que, inequívocamente, pertenece a la tradición de la obra de Ludovico Ariosto. Más original es *Aminta*, tragedia pastoril en cinco actos ambientada en la Antigüedad clásica, y en la que Tasso narra el amor no correspondido del pastor Aminta por la ninfa Silvia. En su desesperación, Aminta salta por un precipicio y, cuando Silvia recibe la noticia (falsa) de su muerte, lamenta haberlo rechazado antes, con lo que asegura un final feliz cuando se entera de que Aminta ha logrado sobrevivir.

Similar a esta composición es la colección de aproximadamente dos mil piezas titulada *Rimas y prosas*, en las que se aprecia la influencia de Francesco Petrarca. La poesía de Tasso tiene un tono autobiográfico complejo que delata su angustia y sus dudas sobre sí mismo.

La fama de Tasso está estrechamente vinculada a *Jerusalén libertada*. El tema principal de la obra es la Primera Cruzada emprendida para liberar el Santo Sepulcro de Jerusalén, hecho histórico mezclado con episodios imaginarios e idílicos. En un escenario espléndido, coronado con una lujosa narración apoyada en la investigación meticulosa sobre las armas, las batallas y el vestuario, se tejen hilos de la trama, que a simple vista parecen intrascendentes, aunque están muy bien desarrollados. En particular, el tema del amor en sus varias formas. Tasso viene a decir en esta obra que la humanidad es insignificante en comparación con la naturaleza, y que los seres humanos son, al final, impotentes ante las fuerzas misteriosas que gobiernan el mundo. **CC**

«Nadie merece más el nombre de Creador que Dios y el poeta.»

Discursos del poema heroico

ARRIBA: Retrato de Torquato Tasso en una ilustración francesa sin fecha.

DERECHA: ***Torquato Tasso lee un poema a Leonora de Este,*** **por Luigi Mussini.**

MIGUEL DE CERVANTES

Miguel de Cervantes Saavedra, 29 de septiembre de 1547 (Alcalá de Henares, España); 23 de abril de 1616 (Madrid, España).

Estilo y género: Cervantes, genio de la novela con un sentido delicioso de lo absurdo, describió la realidad de su tiempo sazonada de aventuras y misterio.

Obras destacadas

Prosa

La Galatea, 1585

El ingenioso hidalgo don Quijote de la Mancha, 1605

Novelas ejemplares, 1613

Segunda parte del ingenioso hidalgo don Quijote de la Mancha, 1615

Los trabajos de Persiles y Segismunda, 1617

Poesía

Viaje del Parnaso, 1614

Teatro

Ocho comedias y ocho entremeses nuevos, nunca representada, 1615

Cervantes, poeta y dramaturgo español, y autor de *El ingenioso hidalgo don Quijote de la Mancha*, la primera novela moderna, es una de las figuras más importantes de la literatura universal. La grandeza del *Quijote* reside en la atracción que ha ejercido durante siglos sobre la cultura, muestra de lo cual son sus traducciones a más de sesenta lenguas. Don Quijote y Sancho Panza son dos de los personajes más reconocibles y apreciados de la literatura mundial. La novela sigue apareciendo regularmente en los puestos más altos entre las mejores obras de ficción.

La biografía de Cervantes es tan entretenida como cualquiera de sus novelas. No estudió nunca en una universidad y la primera obra que publicó —acerca de la muerte de la reina Isabel de Valois— se considera fechada en 1569. Ese mismo año viajó a Italia, se alistó como soldado y prestó servicio en la batalla de Lepanto (1571) contra la flota turca. Sobrevivió a tres heridas de bala diferentes y una de ellas le dejó la mano izquierda lisiada para siempre. En 1575, cuando regresaba a España, su nave

ARRIBA: Retrato de Cervantes (1600), por Juan de Jáuregui y Aguilar (h. 1566-1641).

DERECHA: *Don Quijote sale por primera vez* (1863), por Gustave Doré.

ARRIBA: *Sancho Panza y el vendedor de nueces* (1735), tapiz del taller de Beauvais, inspirado en Charles Joseph Natoire.

fue capturada por corsarios berberiscos. En Argel fue vendido como esclavo junto con su hermano Rodrigo y permaneció cautivo cinco años, durante los cuales realizó cuatro osados intentos para recuperar su libertad. Fueron los esfuerzos de su familia y de unos frailes trinitarios los que consiguieron su liberación y pusieron fin a un período de su vida que evocaría con frecuencia en su creación literaria.

«Que cada uno es como Dios le hizo y aun peor muchas veces.» *Don Quijote*

Una vez en España, Cervantes fue capaz de lanzar su carrera como escritor con la publicación de *La Galatea*, su primera novela. En esta obra se limitó a mantener las convenciones del género pastoril en boga, con el tema central del amor visto a través de pastores y pastoras. La novela, a pesar del modesto éxito que obtuvo, llamó la

Conviviendo con el *Quijote*

La popularidad imperecedera del *Quijote* ha aumentado, en parte, por su influencia en todo el arte universal al haber inspirado a numerosos artistas.

- Artistas tan diferentes como Honoré Daumier, Gustave Doré y Salvador Dalí han convertido a Don Quijote en su musa. Pero Pablo Picasso ha sido quien ha creado con la imagen de Don Quijote y Sancho Panza un verdadero icono: en 1955 completó una serie de ilustraciones que han sido profusamente reproducidas.
- Hay varias versiones cinematográficas que se han basado en la novela, producidas en castellano, alemán, francés, ruso, japonés e inglés por directores como Eric Rohmer, Arthur Hiller, Rafael Gil y Terry Gilliam, lo que refleja el atractivo de la narración.
- La primera novela moderna siempre ha sido una posible candidata para inspirar su reproducción, pero algunos de los mejores autores han buscado abiertamente dentro de esta novela para crear su propia obra. En *Joseph Andrews*, de Henry Fielding, se declara con la mayor frescura en su portada que ha sido escrita a la manera de Cervantes. Otro clásico literario, *El idiota*, de Fiódor Dostoievski, toma explícitamente como modelo al noble caballero errante para crear al príncipe Mishkin.
- El compositor Richard Strauss creó el poema sinfónico *Don Quijote*, donde hace referencias claras a varios de los momentos más destacados del libro, como los episodios de los molinos de viento y de los rebaños de ovejas.

DERECHA: *Don Quijote* (1955), dibujo a plumilla por Pablo Picasso.

atención del mundo literario. Animado por la respuesta del libro, Cervantes escribió dos comedias que le reportarían ciertos beneficios económicos: *El cerco de Numancia* (1582), pieza que habla del heroísmo, y *El trato de Argel* (1580), autobiográfica.

El origen de Don Quijote

Pero Cervantes no pudo ganarse la vida como escritor y se vio obligado a buscar otra ocupación remunerada. Mientras trabajaba como recaudador de impuestos en Andalucía y, al no cumplir con las cifras previstas en los cobros por la Hacienda estatal, fue encarcelado en Sevilla, y durante su cautiverio empezó a escribir el *Quijote*.

Esta obra monumental de ficción, publicada en 1605, es la narración divertidísima de las fantásticas aventuras de Don Quijote, héroe trágico obsesionado con los libros de caballerías. Vestido con una vieja armadura, Don Quijote sale a lomos de su flaco caballo, Rocinante, a proteger a los indefensos y a destruir a los malvados, todo por su verdadero amor, una campesina a la que da el nombre de Dulcinea del Toboso. Después del fracaso de una primera expedición, Don Quijote regresa a casa y llama a su servicio como escudero a su vecino, Sancho Panza. Lo que viene a continuación es un viaje épico, al que se añaden numerosos incidentes absurdos, condensados en el memorable ataque de Don Quijote contra los molinos de viento, que en su delirio confundía con gigantes.

Cervantes abonó su reputación como escritor con las *Novelas ejemplares*, *Viaje del Parnaso* y la segunda parte del *Quijote*. Esta entrega se ocupa con mayor detenimiento de Sancho Panza, al que engañan haciéndole creer que es el gobernador de una ínsula inexistente. Sancho «gobierna» con sabiduría sorprendente, pero descubre que su responsabilidad resulta agotadora y vuelve al lado de su amo. La novela concluye cuando Don Quijote renuncia a la caballería poco antes de morir. El *Quijote* es un logro monumental que dio lugar al término popular «quijotesco» y ha influido a generaciones de autores de la talla de Daniel Defoe, Fiódor Dostoievski o James Joyce. Sigue siendo una insuperable obra maestra de la literatura. **SG**

EDMUND SPENSER

Edmund Spenser, h. 1552 (Londres, Inglaterra); 13 de enero de 1599 (Londres).

Estilo y género: La poesía de Spenser «es docta, pero sin ser difícil; así es como, en efecto, pueden percibirla los menos, comprenderla los más, aunque juzgada solo por los eruditos» (epístola introductoria a *El calendario del pastor*).

Obras destacadas

Poesía

El calendario del pastor, 1579
La reina de las hadas, 1590, 1596, 1609
Colin Clout vuelve a casa otra vez, 1595
Amorcillos, 1595
Epithalamion, 1595

Edmund Spenser se educó en Londres en la Merchant Taylor School y se matriculó, en 1569, en el Pembroke College de Cambridge. Gracias a su amigo y colega Gabriel Harvey, obtuvo un puesto entre el personal de la casa del conde de Leicester y conoció a Philip Sidney.

En 1579 publicó con un gran éxito las nueve églogas de *El calendario del pastor* y comenzó a escribir la epopeya romántica alegórica *La reina de las hadas*. Prestó servicios con las tropas inglesas en Irlanda como secretario de lord Grey, delegado de la reina, y le fue «concedido» el castillo de Kilcolman en el condado de Cork. Allí escribió la elegía dedicada a Sidney y preparó para la imprenta *La reina de las hadas*, cuyos tres primeros libros entregó a su impresor londinense en 1589. Tenía la esperanza de entrar a formar parte de la corte a través de su poesía, pero nunca lo logró.

Spenser regresó a regañadientes a Kilcolman, que consideraba casi como lugar de exilio, y escribió la alegoría pastoril *Colin Clout vuelve a casa otra vez*, que dedicó a Walter Raleigh. Aunque el poema celebra las glorias de la reina Isabel I y sus damas, contiene también un ataque amargo contra las envidias e intrigas de la corte. En 1594 Spenser se casó con Elizabeth Boyle; y describió su noviazgo en la serie de sonetos *Amorcillos* y festejó su boda en *Epithalamion*. En octubre de 1598, Kilcolman fue incendiado durante una insurrección, y la familia se vio obligada a huir para refugiarse en Cork. Spenser expresó sus puntos de vista sobre la situación irlandesa en un controvertido panfleto en prosa titulado *Informe sobre el estado actual de Irlanda* (1596). Murió en Londres a los 46 años. La mayoría de los poetas de su época asistieron a su funeral y depositaron elegías en su tumba. **PG**

«Es la mente la que hace un bien del mal [...], nos hace desdichados o felices, ricos o pobres.»

ARRIBA: Versión coloreada de un grabado de Edmund Spenser realizado en 1590.

PHILIP SIDNEY

Philip Sidney, 30 de noviembre de 1554 (Penshurst, Inglaterra); 17 de octubre de 1586 (Arnhem, Países Bajos).

Estilo y género: Sidney fue poeta, estadista, patrono de las artes y soldado, conoció la fama en vida y se le consideró la quintaesencia del «caballero».

Durante su vida, Philip Sidney gozó de un gran afecto público y llegó a personificar el símbolo del caballero isabelino. Nació en el seno de una familia influyente y se educó en la escuela de Shrewsbury y en Christ Church, Oxford, que abandonó antes de graduarse. Fue un miembro ilustre de la corte de Isabel I hasta 1580, cuando perdió su favor por una carta a la reina que fue mal interpretada, y se vio obligado a alejarse de la corte durante un tiempo.

Además de su animada vida cortesana, Sidney gozó también de la fama de ser considerado uno de los grandes poetas de su época. Su obra ejerció notable influencia en el desarrollo de la poesía inglesa. *Astrophil y Stella* es una de las mejores y una de las primeras de las famosas series de sonetos ingleses. El poeta se inspiró en su amor por Penélope Devereaux, que fue casada contra su voluntad con lord Rich en 1581. Sidney basó su poema en el modelo italiano que Petrarca hizo famoso, pero alteró la estructura de la rima. Después de su despido de la corte, Sidney escribió *La Arcadia* para su hermana Mary. Esta novela romántica, con desarrollos de temas narrativos basados en una descripción sumamente idealizada de la vida pastoril, fue muy influyente y muy popular. William Shakespeare y los dramaturgos John Day y James Shirley la mencionan en sus escritos, y se dice que el rey Carlos I de Inglaterra la citó poco antes de su ejecución.

Sin embargo, la obra más influyente de Sidney es *Defensa de la poesía*, que puso énfasis en la importancia social del poeta y en su papel artístico específico. El uso del lenguaje y las complejas teorías humanistas entrelazadas en su obra fueron tomadas prestadas por Percy Bysshe Shelley, William Wordsworth y Samuel Taylor Coleridge. **TP**

«Cada cosa excelente, una vez aprendida, sirve para medir el resto del conocimiento.»

Obras destacadas

Poesía

La Arcadia, 1580

Astrophil y Stella, 1581

Ensayo

Defensa de la poesía, h. 1581

ARRIBA: Retrato póstumo de Sidney (h. 1620), por John de Critz el Joven.

LOPE DE VEGA

Félix Lope de Vega y Carpio, 25 de noviembre de 1562 (Madrid, España); 27 de agosto de 1635 (Madrid, España).

Estilo y género: Lope de Vega, dramaturgo inmensamente prolífico, captó en sus obras la atmósfera de la sociedad española durante el apogeo del poder imperial.

Conocido como «el Fénix de los Ingenios», se cree que Lope de Vega escribió aproximadamente 1.800 piezas de teatro, de las que han sobrevivido unas 400. También escribió suficiente prosa y poesía para llenar 21 tomos de texto. Nació en el seno de una familia humilde. En su juventud, asistió a una escuela jesuita donde lo prepararon para el sacerdocio, pero abandonó el seminario para seguir a una mujer casada. Con 20 años, se ganaba la vida como dramaturgo en Madrid mientras complementaba sus ingresos al servicio de varios nobles, para los que actuaba a veces de alcahuete. En 1588 Lope de Vega participó con la Armada Invencible en su desafortunada batalla naval contra los ingleses. Trabajó después para los duques de Alba y de Sessa. Para que su nombre pareciera más aristocrático se hizo llamar Vega y Carpio.

La vida amorosa de Lope de Vega se puede seguir a través de sus poemas. Fue encarcelado y posteriormente desterrado por sus feroces ataques por escrito contra la actriz Elena Osorio, después de que ella pusiera fin a su relación. Luego huyó con una joven de 16 años de origen aristocrático, cuya familia les obligó a casarse. Después de la muerte de su esposa, tuvo una relación durante 21 años con otra actriz, Micaela de Luján, a la vez que contrajo matrimonio con la hija de un carnicero rico. Tras la muerte de su amante y de su esposa, comenzó a escribir obras religiosas y se ordenó sacerdote, aunque volvió a verse envuelto en otros enredos amorosos. Muchas de las obras teatrales de Lope de Vega son comedias de capa y espada. Con mucho interés por el amor, por las relaciones entre amos y sirvientes, y con comentarios ingeniosos acerca de las costumbres de la flor y nata de la sociedad, su obra deja una impresión llena de vitalidad sobre la vida de la España de su época. **RC**

«Dante me hace enfermar.»

Últimas palabras de Lope de Vega

Obras destacadas

Teatro

Obras dramáticas (publicadas desde 1604)

Poemas

«Dragontea», 1598

«La corona trágica», 1627

«El laurel de Apolo», 1630

Prosa

Arcadia, 1598

Crítica

Arte nuevo de hacer comedias en este tiempo, 1609

ARRIBA: Retrato al óleo (h. 1630) de Lope de Vega, atribuido a Eugenio Caxes.

CHRISTOPHER MARLOWE

Christopher Marlowe, bautizado el 26 de febrero de 1564 (Canterbury, Inglaterra); 30 de mayo de 1593 (Deptford, Inglaterra).

Estilo y género: Marlowe desarrolló el verso blanco como medio de expresión poderoso para «la escena teatral».

Christopher Marlowe ha alcanzado notoriedad tanto por su historia personal como por sus éxitos como uno de los principales dramaturgos del período isabelino. Parte de su mística se deriva de la falta de datos biográficos fidedignos. Se dice que estuvo involucrado en el espionaje al servicio del Estado. La Universidad de Cambridge estuvo a punto de negarle su título de maestría —alegando que se había convertido al catolicismo y que pensaba emigrar a Europa continental— antes de que el comité asesor de la monarquía interviniera y solicitase que se le otorgara su grado académico por los «buenos servicios» prestados a la reina. Algunos creen que su muerte prematura en una riña por el pago de una factura pudo estar relacionada con su supuesta actividad de espionaje.

Junto a esas peculiaridades, acaso resultaba inevitable que se le atribuyese la autoría de algunas de las obras teatrales de Shakespeare, y es que la obra firmada por Marlowe es de una excelencia indiscutible. *Tamerlán el Grande*, en particular, fue una de las primeras grandes obras en verso blanco y tuvo un éxito enorme cuando se representó por primera vez en Londres. La figura de proporciones inmensas de Tamerlán conquista un vasto imperio en la «Primera parte», pero, después de profanar un ejemplar del Corán y proclamarse superior a Dios en la «Segunda parte», enferma enseguida y muere. En *La trágica historia del doctor Fausto*, el erudito protagonista es igualmente arrogante: pacta con el Diablo la entrega de su alma a cambio del conocimiento y el poder. La reflexión de Fausto sobre las consecuencias de su ambición, mientras cuenta los segundos que faltan hasta la medianoche, cuando el Diablo vendrá a reclamar su alma, es una de las escenas más impactantes del teatro isabelino. **AS**

«Las estrellas se mueven lentas, pasa el tiempo..., / Vendrá el Diablo y Fausto será condenado.»

Obras destacadas

Teatro

Tamerlán el Grande, Parte I, h. 1586

Tamerlán el Grande, Parte II, h. 1587

El judío de Malta, h. 1589

La trágica historia del doctor Fausto, h. 1589

ARRIBA: Retrato del Corpus Christi (1585) que se cree representa a Marlowe.

WILLIAM SHAKESPEARE

William Shakespeare, bautizado el 26 de abril de 1564 (Stratford-upon-Avon, Warwickshire, Inglaterra); 23 de abril de 1616 (Stratford-upon-Avon, Warwickshire).

Estilo y género: Shakespeare fue un poeta y dramaturgo cuyos versos exploraron el espíritu de su época y la condición humana con un lirismo deslumbrante.

Obras destacadas

Teatro

Romeo y Julieta, 1597
Enrique IV, Parte I, 1598
Julio César, h. 1599
Sueño de una noche de verano, 1600
Enrique V, 1600
Como gustéis, h. 1600
El mercader de Venecia, 1600
Noche de Epifanía, 1601
Otelo, 1602-1604
Hamlet, 1603
Medida por medida, 1604
El rey Lear, h. 1604-1608
Macbeth, h. 1606
Antonio y Cleopatra, 1606-1607
La tempestad, 1611

Poesía

Venus y Adonis, 1593
Sonetos, publicados en 1609

Es un lugar común que William Shakespeare es el tesoro nacional inglés y uno de los escritores más grandes de todos los tiempos. Algunos lo cuestionan, pero lo que está al margen de toda discusión es que tuvo un dominio extraordinario de la lengua para su época, o para cualquier otra. Lo que tenía que decir, y cómo lo decía, se hizo sumamente popular durante su vida y se ha reinventado desde entonces en formas incontables para nuevos públicos.

Shakespeare, el individuo —tal como se deduce de la mezcla pintoresca de testimonios documentales fragmentados o relatos populares—, debió de ser una superestrella fascinante. Nació en el período artísticamente estimulante de la Inglaterra isabelina y ascendió desde su origen provinciano hasta ser aclamado por la realeza. A lo largo del camino fue también actor y anduvo junto a una multitud de escritores destacados de su época, como por ejemplo su antagonista Ben Jonson (1572-1637). Shakespeare ha sido analizado por sus supuestas inclinaciones homosexuales o bisexuales, se le ha acusado de no

ARRIBA: El retrato de Chandos —quizá sea Shakespeare, aunque es indemostrable.

DERECHA: *Las tres brujas* por Henry Fuseli, inspirado en el *Macbeth* de Shakespeare.

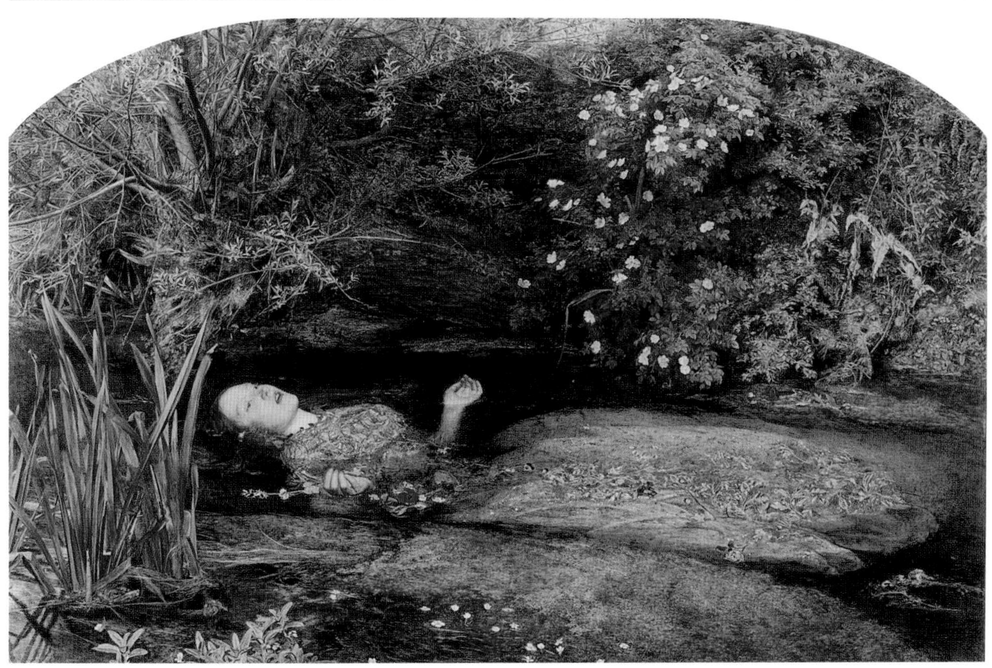

ARRIBA: Famoso cuadro de Ofelia (h. 1851-1852) por John E. Millais, inspirado en *Hamlet*.

haber escrito sus obras y se ha informado a menudo que murió después de una borrachera descomunal.

En cuanto a su obra, tenía un conocimiento profundo del ser humano, que trasladó a personajes y situaciones, desde reyes escoceses enloquecidos por el poder hasta la Isabela moralmente comprometida de *Medida por medida*, desde las intrigas del mundo antiguo de *Antonio y Cleopatra* hasta la compañía cómica teatral de *Sueño de una noche de verano*. Probablemente extrajo mucho material de su propia vida. Nació en el seno de una familia de clase media en el pueblo de Stratford-upon-Avon. John, su padre, era fabricante de guantes y alcalde local, y se había endeudado. Shakespeare era el tercero de ocho hijos. Tres hermanos murieron jóvenes, y solo uno lo sobrevivió al morir cuando tenía poco más de 50 años. Su propio hijo Hamnet, uno de los tres que tuvo con Anne

«No perteneció a una época, sino a la eternidad.»

Ben Jonson sobre Shakespeare

¿Genio o impostor?

Durante siglos, ha habido muchos debates acalorados acerca de si Shakespeare escribió las obras teatrales que consideramos suyas o lo hicieron otros. Uno de los principales sospechosos fue Francis Bacon (1561-1626), autor consumado y, en una ocasión, presidente de la Cámara de los Lores de Inglaterra. Un erudito victoriano padeció una crisis nerviosa tratando de demostrarlo. El amigo y rival de Shakespeare, Ben Jonson, es otro sospechoso, junto con una gran cantidad de eminentes caballeros con títulos nobiliarios, que incluyen a Edward de Vere, conde de Oxford.

También les han atribuido autorías shakespeareanas al poeta y dramaturgo Christopher Marlowe, a Walter Raleigh e incluso a la propia reina Isabel. La trama común que atraviesa todas estas teorías es, básicamente, el esnobismo, la creencia en que un hombre con los orígenes de Shakespeare no pudo haber sido capaz de escribir piezas de teatro que contuvieran una gama tan amplia de alusiones eruditas. También está la teoría perenne del amor por las conspiraciones.

La mayoría de los especialistas rechazan estas conjeturas, aunque reconocen que hay algunos pasajes que pudieran haber sido escritos parcial o incluso totalmente por otros. La colaboración entre los autores era algo frecuente en tiempos de Shakespeare.

DERECHA: ***Sueño de una noche de verano*** **(sin fecha), por Gustave Doré.**

Hathaway —la mujer con la que se casó a los 18 años de edad al dejarla embarazada de su primer hijo— murió en la infancia, hecho que se ha relacionado con ciertos pasajes de profunda tristeza de muchas de sus obras, incluida *La undécima noche*.

El misterio de la vida de Shakespeare

Una bruma envuelve la cronología de la vida y las obras de Shakespeare. Probablemente, de niño se hizo amante del teatro cuando llegaban a Stratford numerosas compañías teatrales ambulantes. Quizá recibió una educación clásica sólida en la impresionante escuela secundaria del pueblo. El caso es que, de repente, en la década de 1590, aparece en Londres como actor y dramaturgo ya establecido. Tal vez, comenzó a escribir piezas de teatro en esa década, contándose entre las primeras la trilogía de *Enrique VI* y *Ricardo III*. Sus éxitos poéticos iniciales incluyen *Venus y Adonis*. A principios de la década de 1600, llevaba las riendas de King's Men, la principal compañía de teatro de Inglaterra, llamada de este modo debido al patrocinio del rey Jacobo I.

Shakespeare continuó alcanzando éxitos con una serie de obras teatrales originales que fueron en aumento y con sus expresivos sonetos (1609). Versificó la mayoría de sus obras de teatro en pentámetros yámbicos, que adquirieron un tono mágico. Según se dice, era un hombre de ingenio vivo que podía escalar hasta los lugares más altos de la poesía, sondear las profundidades del humor subido de tono y dar la vuelta a inversiones ingeniosas y memorables como: «He perdido el tiempo y ahora el tiempo me pierde a mí» *(Ricardo II)*. Usó el lenguaje para explorar personalidades complejas, crear atmósferas variadas y controlar tramas argumentales laberínticas, llenas de identidades engañosas.

Quizá, en 1610, Shakespeare comenzó una vida de retiro cómodo y apacible en una de sus propiedades en Stratford, pero no existe ninguna certeza. Según se dijo, murió allí de una fiebre provocada por una noche de borrachera con Ben Jonson y otros. Pero la causa exacta de su muerte sigue siendo otra incógnita de una vida llena de enigmas. **AK**

JOHN DONNE

John Donne, entre el 24 de enero y el 19 de junio de 1572 (Londres, Inglaterra); 31 de marzo de 1631 (Londres, Inglaterra).

Estilo y género: Donne fue uno de los grandes poetas metafísicos de su época, y supo combinar magistralmente ingenuidad, pasión, erudición e ingenio.

Obras destacadas

Poesía

Poemas, 1633 (obra póstuma)

Sermones

LXXX Sermones, 1640 (póstuma)

L Sermones, 1649 (póstuma)

XXVI Sermones, 1660 (póstuma)

Prosa

Pseudo-mártir, 1610

Ignacio, su cónclave, 1611

ARRIBA: Retrato de John Donne (h. 1595), procedente de la Escuela inglesa.

John Donne nació en el seno de una familia católica prominente en una época en que era peligroso practicar abiertamente el catolicismo. Su padre fue un ferretero próspero y su madre era hija del dramaturgo John Heywood y sobrina de Tomás Moro. Fue educado en Oxford y posteriormente en la Universidad de Cambridge, pero le impidieron graduarse en ambas instituciones debido a su fe. A la edad de 20 años, ingresó en Lincoln's Inn para estudiar derecho. Su interés por los estudios no le impidió tener una juventud disoluta y aventurera. En 1596 navegó en la expedición contra Cádiz y en 1597 partió de nuevo con Walter Raleigh para buscar tesoros entre los buques naufragados cerca de las Azores. Sus poemas «La tormenta» y «La calma» rememoran esas experiencias.

El 1601 fue miembro del Parlamento por Brackley, pero su carrera administrativa enormemente prometedora se vio truncada cuando se casó en secreto con la adolescente Anne More. La boda se celebró contra la voluntad del padre de la joven y Donne fue encarcelado poco tiempo. Los siguientes 14 años de su vida transcurrieron en circunstancias profesionales adversas y vinieron marcados por dificultades económicas. Donne al fin obtuvo el favor de Jacobo I, quien le recomendó que siguiera la carrera eclesiástica, que desempeñó con éxito hasta su muerte en 1631. El contenido convincente de sus sermones le reportó elogios y fama. Sus escritos religiosos también le ayudaron a alcanzar un doctorado en la Universidad de Cambridge y, por último, un decanato muy apreciado en la catedral de San Pablo. Sus sermones se publicaron póstumamente en tres tomos.

> «Nadie es una isla [...] La muerte de cualquier hombre me disminuye.» *Meditación XVII*

Es difícil fechar muchos de sus poemas. Se acepta generalmente que escribió su poesía amorosa y sus sátiras en la época

IZQUIERDA: Retrato de Donne con sudario, semanas antes de su muerte en 1631.

de juventud y que su poesía más devota, al igual que sus sermones, proceden de su período como clérigo. Aunque sus escritos circularon extensamente mientras vivió, el grueso de su obra se publicó después de su muerte.

Los primeros poemas de Donne son francamente sensuales y se debieron inspirar en parte por la estrecha relación que mantuvo con una esposa que le dio once hijos, aunque muchos murieron siendo aún niños. El debate del escritor con la fe católica y su posterior conversión al anglicanismo encontró su expresión en obras en prosa tan polémicas como *Pseudo-mártir* (1610) e *Ignacio, su cónclave* (1611). **GM**

Una fusión de sangre

En la mejor tradición metafísica, parte de la poesía amorosa de Donne combina dos ideas dispares para crear un «concepto» elaborado —una metáfora ingeniosa— que une lo emocional con lo intelectual. En *La pulga*, poema que aborda el tema del amor no correspondido, describe cómo un insecto diminuto ha chupado sangre de dos jóvenes. Este leve incidente que provoca la fusión de las sangres viene a simbolizar simultáneamente el matrimonio, la unión sexual y la procreación. El poeta inglés emplea este concepto para abogar a favor de la validez de su unión.

BEN JONSON

Benjamin Jonson, h. 11 de junio de 1572 (Londres, Inglaterra); 6 de agosto de 1637 (Londres, Inglaterra).

Estilo y género: Jonson, poeta y dramaturgo isabelino, fue el mayor rival contemporáneo de Shakespeare. Es muy conocido por sus obras teatrales.

De estatura enorme, tanto en términos de su reputación literaria como de su presencia física, Ben Jonson fue un personaje pintoresco y enérgico, de origen relativamente humilde, que acabó conviertiéndose en el primer poeta laureado de Gran Bretaña. Comenzó como albañil, pero pronto comprendió que aquel no era su oficio y se unió al ejército y participó en acciones en Flandes, donde mató a un enemigo en un combate cuerpo a cuerpo. Entonces se unió a una compañía de actores ambulantes y se convirtió en actor y autor. En una ocasión, lo encarcelaron por participar en una obra sediciosa, *La isla de los perros*, y de nuevo por matar a un actor en un duelo. En tales circunstancias, podría pensarse que hubiera deseado pasar inadvertido, pero continuó ejerciendo la crítica abierta y sin temor de sus contemporáneos, incluido William Shakespeare.

Every Man in His Humour, representada por la compañía de lord Chamberlain en 1598, convirtió a Jonson en una celebridad. Con *Seyano*, su fama pareció más una ignominia cuando fue convocado ante el comité asesor de la monarquía para defenderse de una acusación de «papismo y traición». Más tarde, lo encarcelaron de nuevo por su intervención en *¡Al este, eh!*, cuyas referencias contra los escoceses ofendieron a Jacobo I. Su reputación imperecedera se asienta en *Volpone o el Zorro* y *El alquimista*, entre otras obras, en las que la agudeza de su ingenio se combina con una técnica escénica sagaz y una sátira magistral. La fama llevó a Jonson a encabezar el círculo literario de donde salieron tantos autores eminentes. Su contemporaneidad con Shakespeare ha provocado todo tipo de comparaciones. Estas tienden a contrastar el genio no instruido o el ingenio natural de Shakespeare con la erudición, el clasicismo y el oficio técnico de Jonson. **GM**

«El lenguaje es lo que mejor muestra al hombre. Habla para que yo pueda verte.» *Discoveries*

Obras destacadas

Teatro

Every Man in His Humour, 1598
El poetastro, 1601
Seyano, 1603
¡Al este, eh!, 1604
Volpone o el Zorro, 1606
El alquimista, 1610

Poesía

El bosque, 1616
Underwoods, 1640

Prosa

Timber or Discoveries, 1640

ARRIBA: Copia de un retrato del siglo XVII, por Gerrit van Honthorst.

TIRSO DE MOLINA

Gabriel Téllez, h. 1579 (Madrid, España); 12 de marzo de 1648 (Soria, España).

Estilo y género: Tirso de Molina, dramaturgo y poeta barroco español, es célebre por la profundidad de sus caracterizaciones, su alcance y su ingenio. Sus obras teatrales incluyen tragedias, comedias y piezas religiosas.

Tirso de Molina es uno de los grandes dramaturgos del Siglo de Oro español y quizá solo ocupa un segundo lugar en maestría por detrás de Lope de Vega. De producción prolífica, afirmó haber escrito cuatrocientas obras de teatro, desde comedias como *El vergonzoso en palacio* hasta tragedias como *La venganza de Tamar*, aunque menos de noventa han llegado hasta nosotros. Su obra más conocida es *El burlador de Sevilla y convidado de piedra*, en la que creó el mito universal del seductor don Juan Tenorio. Es casi una ironía, puesto que Tirso era sacerdote. Fue capaz de mezclar ingenio y patetismo, y de crear personajes compasivos en escenarios realistas. En 1625 algunas de sus obras fueron condenadas por ser consideradas obscenas. **CK**

Obras destacadas

Teatro

El vergonzoso en palacio, 1611

El condenado por desconfiado, 1624

El burlador de Sevilla y convidado de piedra, 1630

La venganza de Tamar, 1634

JOHN WEBSTER

John Webster, h. 1580 (Londres, Inglaterra); h. 1630 (Londres, Inglaterra).

Estilo y género: Webster, dramaturgo isabelino y jacobeo conocido por sus tragedias, abordó el lado oscuro de la naturaleza humana en temas como la venganza y la violencia macabra.

Se sabe poco de la vida de John Webster. Quizá tenía formación como abogado, hipótesis respaldada por el uso de escenas de juicios en sus piezas de teatro y su sentido de la justicia o, más bien, de la falta de esta. Aparece documentado como autor por primera vez en 1602, y escribió y fue coautor de obras históricas y de tragicomedias con dramaturgos destacados como Thomas Dekker. Sin embargo, se le recuerda sobre todo por dos tragedias de ambiente italiano, *El diablo blanco* y *La duquesa de Amalfi*, en las que se explora el lado oscuro de la naturaleza humana. El público percibe que el mal nunca está lejos en una sociedad completamente corrupta. Para Webster, incluso un ejemplar de la Biblia se puede usar como arma homicida. **CK**

Obras destacadas

Teatro

El diablo blanco, 1612

La duquesa de Amalfi, 1623

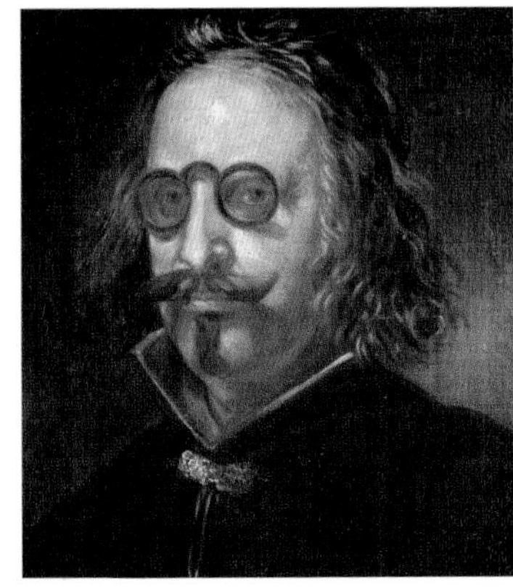

FRANCISCO DE QUEVEDO

Francisco de Quevedo y Villegas, 17 de septiembre de 1580 (Madrid, España); 8 de septiembre de 1645 (Villanueva de los Infantes, España).

Estilo y género: Quevedo es famoso por sus sátiras e ingenio, pero fue también un sabio erudito y autor de poemas de amor, novelas y tratados de filosofía y teología.

Obras destacadas

Prosa

Historia de la vida del Buscón, llamado Don Pablos, ejemplo de vagabundos y espejo de tacaños, 1626

Sueños y discursos, 1627

Teología

La cuna y la sepultura, 1612

La providencia de Dios, 1641

Escritos políticos

La política de Dios, 1617-1620

La vida de Marco Bruto, 1632-1644

ARRIBA: Óleo sobre lienzo del siglo XVII, Escuela española, Madrid.

Francisco de Quevedo, junto a Luis de Góngora, su adversario implacable, fue uno de los poetas más importantes del Siglo de Oro español. Sus padres, que descendían de la nobleza castellana y fueron miembros prominentes de la corte real española, murieron cuando tenía 6 años. Quevedo era un personaje extremadamente original que cobró celebridad por su poesía, su prosa y su trabajo en la corte. Mantuvo correspondencia con el humanista Justo Lipsio y conoció a Miguel de Cervantes.

Según fuentes contemporáneas, Quevedo tenía una naturaleza impulsiva y una veta mezquina, y era temido por sus comentarios mordaces sobre el aspecto de otras personas. A pesar de sus propias discapacidades —tenía un pie deforme y era miope—, atacaba a los demás por su apariencia y escribía sátiras feroces o los parodiaba. Era malhumorado y, en más de una ocasión, desafió a duelo a un adversario por la más mínima provocación. Sin embargo, al que consideró el mayor de sus rivales fue a Góngora, cuya poesía, estilo de vida y aspecto físico Quevedo satirizó de modo inmisericorde. Góngora no se arredró y respondió de igual forma.

La vida cortesana española podía resultar tempestuosa, en función de las relaciones de amistad y lealtad, que dependían a su vez de quien detentara el poder. Después de un período en el exilio —a consecuencia de haber tomado partido por el bando equivocado durante una discrepancia política—, Quevedo volvió a participar de la vida cortesana bajo el nuevo reinado de Felipe IV. Tras su regreso, fue incluso más impúdico —bebedor, fumador y cliente de burdeles— que antes. El rey, de similares hábitos, le tenía en gran estima. En 1632 Felipe IV ayudó a Quevedo a alcanzar la cima de sus ambiciones políticas al nombrarlo secretario privado. **REM**

«Pierdes el tiempo, muerte, en mi herida, / pues quien no vive no padece muerte [...]»

PEDRO CALDERÓN DE LA BARCA

Pedro Calderón de la Barca, 17 de enero de 1600 (Madrid, España); 25 de mayo de 1681 (Madrid, España).

Estilo y género: Calderón fue dramaturgo en una época en la que el Imperio español se hallaba en la cima. Sus temas se entrelazan sutilmente y se inspiran en la corte real.

Calderón de la Barca nació y murió en Madrid. Pasó la mayor parte de su vida en las cortes de los reyes Felipe III y Felipe IV, quien se rodeó de sus autores favoritos y en 1637 nombró a Calderón caballero de la Orden de Santiago.

Sus padres —su madre era supuestamente de ascendencia flamenca— se habían trasladado a Madrid desde el norte de España. Ambos murieron jóvenes y Calderón quedó huérfano a la edad de 15 años. En un principio, pensó en hacerse sacerdote e ingresó en una escuela jesuita de Madrid, pero luego cambió de opinión y optó por estudiar derecho en la Universidad de Salamanca. Aunque las fuentes varían en este punto, parece que pudo haber prestado servicios militares durante poco tiempo. Luchó del lado del rey en la revuelta popular catalana de 1640 y se ha afirmado que participó también en las campañas contra los italianos y los neerlandeses.

Durante su etapa en la universidad, Calderón comenzó a darse a conocer como autor y, al regresar a Madrid, su estilo asequible y su fértil imaginación le aseguraron el éxito. Escribió obras para el teatro cortesano, además de farsas y zarzuelas, y sus piezas teatrales se representaron en los corrales de teatro, lo cual permitió que su nombre fuese conocido por un público más amplio. Su éxito fue tan arrollador que, a la muerte de Lope de Vega, fue considerado el dramaturgo español más importante. No se casó nunca, aunque tuvo un hijo ilegítimo. En 1651 recuperó su primera vocación, se ordenó sacerdote y fue nombrado capellán real. Siguió escribiendo sobre temas religiosos y laicos, incluidos autos sacramentales para las fiestas anuales del Corpus Christi en Madrid. Sus comedias han sido descritas como obras fundamentalmente serias. «¿Qué es la vida? —preguntó en una de ellas—. Un frenesí. ¿Qué es la vida? Una ilusión, una sombra, una ficción.» **RC**

«Supera a todos los dramaturgos modernos con la excepción de Shakespeare.» Percy Bysshe Shelley

Obras destacadas

Teatro

El príncipe constante, 1629

El médico de su honra, 1635

La vida es sueño, 1635

El alcalde de Zalamea, 1640

La hija del aire, 1653

ARRIBA: Retrato de Calderón del siglo XVII, por Antonio Pereda y Salgado.

PIERRE CORNEILLE

Pierre Corneille, 6 de junio de 1606 (Ruán, Francia); 1 de octubre de 1684 (París).

Estilo y género: A Corneille se atribuye la invención de la tragedia clásica francesa, y es famoso por cuatro piezas teatrales conocidas como la «tetralogía clásica». Sus obras suelen giran en torno a un dilema moral espinoso.

El Cid, su famosa obra de teatro basada en los relatos sobre el héroe homónimo medieval español, fue una producción decisiva. Ha sido vista como un hito del teatro francés por la reinterpretación excepcional de la tragedia clásica. Aunque tuvo un gran éxito, la obra encendió una controversia artística apasionada en las altas esferas y no recibió la aprobación de la Academia Francesa.

Pero la obra de Corneille, a pesar de este contratiempo y de revelarse como una forma menos fácil para el público, siguió ganando popularidad. También fue muy admirada por dramaturgos importantes como Molière, y, finalmente, en 1647, Corneille fue aceptado como miembro de la Academia. Para aquel entonces, ya había escrito comedias sumamente ingeniosas como *El mentiroso*.

Corneille ha llegado a ser particularmente conocido por su «tetralogía clásica» de las décadas de 1630 y 1640: *El Cid*, *Horacio*, *Cinna* y *Polieucto*. Aportó a la escena una personal reinterpretación de lo que era considerado como la camisa de fuerza teatral de moda en su época —consistente en observar las tres supuestas «unidades» clásicas de tiempo, lugar y acción—, al ofrecer una comprensión psicológica expresa unida a una claridad equilibrada de la imagen.

Sus obras contraponen a menudo los intereses personales con las cuestiones éticas, y presentan un heroísmo que eleva el espíritu. Quizá su sentido del orden artístico se deba a su nacimiento en el seno de una familia de juristas, y a que se preparó como abogado y prestó servicios como magistrado y funcionario local durante toda su vida. Continuó produciendo obras hasta sus últimos años, pero fue eclipsado posteriormente por Jean Racine, en cuyas obras tuvo gran influencia. **AK**

«Cuando no hay peligro en la lid, no hay gloria en el triunfo.» *El Cid*

Obras destacadas

Teatro

Medea, 1635
El Cid, 1637
Horacio, 1640
Cinna, 1641
Polieucto, 1643
El mentiroso, 1643
Andrómeda, 1650
Nicomedes, 1651
Edipo, 1659

ARRIBA: Copia del retrato de Corneille, por Charles Le Brun, Versalles, Francia.

DERECHA: Frontispicio de *El Cid*, publicado por Augustin Courbé en 1637.

LE CID

TRAGI-COMEDIE

A PARIS,
Chez AVGVSTIN COVRBE, Imprimeur & Libraire de Monſeigneur frere du Roy, dans la petite Salle du Palais, à la Palme.

M. DC. XXXVII.
AVEC PRIVILEGE DV ROY.

JOHN MILTON

John Milton, 9 de diciembre de 1608 (Londres, Inglaterra); 8 de noviembre de 1674 (Chalfont St. Giles, Buckinghamshire, Inglaterra).

Estilo y género: T. S. Eliot pensaba que Milton fue «ciertamente un gran poeta», aunque hallaba hostil al hombre y a su poesía dominada por el sonido.

John Milton sigue siendo el poeta más intenso de la lengua inglesa. El niño que llegaría a convertirse en un prosista polémico despiadado—algo no menos importante que la propensión a la misoginia en su obra y que su personalidad inquebrantable—, fue bien educado por sus ambiciosos padres, primero en casa con tutores y después en la St. Paul's School y Cambridge. Terminó siendo autodidacta, a partir de los 20 años, cuando pospuso y luego abandonó la carrera eclesiástica.

A pesar de su dilación aparente —el tema de la «elección prolongada y el comienzo tardío» recorre su obra—, antes de cumplir los 30 años ya había compuesto tres poemas brillantes: «L'Allegro», «Il Penseroso», «Lycidas» y la farsa *Comus*. Cuando se graduó tenía una maestría en latín y griego, podía leer y escribir en francés e italiano, sabía suficiente hebreo para hacer una paráfrasis en griego del Salmo 114, y defendió más tarde la ejecución de Carlos I en un latín tan enérgico que llegó a ser conocido en Europa no solo como un polemista de éxito, sino como un gran estilista casi ciceroniano en latín, además de ser el primer intelectual inglés que gozó de fama mundial.

Obras destacadas

Poesía

El paraíso perdido, 1667

El paraíso recobrado, 1671

Sansón agonista, 1671

Poemas

«La mañana del nacimiento de Cristo», 1629

«Lycidas», 1637

Teatro

Comus, representada en 1634; publicada en 1637

ARRIBA: Grabado de John Milton, Escuela inglesa, siglo XIX.

DERECHA: *Satanás tentando a Eva*, por John Martin; escena inspirada en *El paraíso perdido* de Milton.

ARRIBA: *Satanás, el pecado y la muerte* (1735-1740), boceto inacabado inspirado en *El paraíso perdido*.

Milton escribió casi exclusivamente prosa entre 1640 y 1656, durante el ascenso gradual del republicanismo revolucionario, que defendió, y solo volvió a la poesía cuando comenzó a redactar *El paraíso perdido*. En 1642, dos meses antes del comienzo de la guerra civil en Inglaterra, se casó con Mary Powell, hija de una familia realista que debía dinero al padre de Milton. Supuestamente, debido al conflicto, su esposa lo dejó para irse al hogar de su familia en Oxford y no regresó hasta tres años después. Durante su separación, Milton comenzó a escribir cuatro ensayos breves sobre el divorcio, en los que argumentó que la verdadera base del matrimonio es el compañerismo y que la incompatibilidad temperamental es una causa más justificada para un divorcio que el adulterio. Mary murió de parto y le dejó tres hijas y un hijo que murió poco después.

«Estar ciego no es lamentable, lo lamentable es ser incapaz de soportar la ceguera.»

Satanás sobrehumano

El Satanás de Milton es un nuevo tipo de personaje en la poesía épica, muy diferente al Diablo monstruoso representado en la literatura medieval y renacentista. Su Lucifer es supra e infrahumano.

[...] confiaba en igualarse el Altísimo,
si el Altísimo se le oponía; y para llevar
a cabo su ambicioso intento
contra el trono y la monarquía de Dios,
movió el cielo en una guerra impía, una
lucha temeraria,
que le fue inútil. El Todopoderoso
lo arrojó de la bóveda celeste,
envuelto en abrasadoras llamas y con
horrendo estrépito
cayó en el abismo de la perdición, para vivir
entre diamantinas cadenas y en fuego eterno,
el que osó retar con sus armas al
Omnipotente..

El paraíso perdido, Libro I.

En su poema, «El matrimonio del cielo y el infierno», William Blake hizo su famoso comentario: «La razón por la cual Milton escribía maniatado al tratar de los ángeles, y en plena libertad al referirse a los demonios y al infierno, radica en que era un auténtico poeta, de parte del Diablo sin saberlo». Desde el punto de vista de Blake, Satanás era un símbolo del deseo, de la energía y de las fuerzas creativas vitales que permiten en la humanidad vivir su vida al máximo.

DERECHA: ***Satanás despertando a los ángeles rebeldes*** **(1808), por William Blake.**

Milton se volvió a casar dos veces y su tercera esposa le sobrevivió casi cincuenta años. Sufrió graves trastornos oculares y perdió la visión del ojo izquierdo en 1648, hasta quedar completamente ciego en 1652. Nunca pudo ver a su segunda esposa, Katherine Woodcock, y necesitó que le leyeran durante el resto de su vida.

El paraíso perdido y *Sansón agonista*

Milton escribió *El paraíso perdido* durante 1656, pero ya antes, desde finales de la década de 1630, cuando empezó a preverse que el protectorado de Oliver Cromwell iba a ser sustituido muy pronto por el regreso de la monarquía, estuvo planificando la redacción de un poema épico. Ningún poema extenso en inglés tiene una amplitud espacial tan grande y ninguno presenta personajes tan intensamente trabajados. Milton relata la rebelión de Satanás contra Dios, su expulsión del cielo, la caída de Adán a causa de la tentación y el amor puro de este por Eva. El propio Milton se presenta como poeta: «[...] cantaré [...] a pesar de haberme deparado tan aciagos días. / ¡Oh! ¡Y qué aciagos, viéndome rodeado de dañinas lenguas, de tinieblas, de peligros y de soledad!». Satanás es atractivo, seductor y malo, un retrato sublime de hipocresía teatral tan astuta que solo un dios puede detectarla, aunque el propio Satanás es franco y no se hace ilusiones acerca del personaje en el que se ha convertido: «Todos los caminos me llevan al infierno. Pero ¡si el infierno soy yo!».

Milton crea a Eva con un carácter enormemente complejo: narcisista, persuasiva en su debate con Adán, crédula cuando conoce a Satanás en forma de serpiente, y convincente cuando Adán opta por caer con ella. Cuando han perdido su paraíso, reciben entonces una promesa: «[...] porque dentro de ti hallarás otro mucho más venturoso y bello».

Al final de *El paraíso perdido*, Milton pone énfasis en la interiorización, al igual que en su redefinición de la tragedia en *Sansón agonista* une lo personal con lo político y lo histórico para producir una imagen inolvidable de soledad humana frente al vacío de lo desconocido. **JP**

1808

ANDREW MARVELL

Andrew Marvell, 31 de marzo de 1621 (Winestead, Inglaterra); 16 de agosto de 1678 (Londres, Inglaterra).

Estilo y género: Marvell fue poeta, autor de panfletos y político, y prestó servicios con Oliver Cromwell. Sus escritos están teñidos de dualidades.

Obras destacadas

Poemas

«Una oda horaciana», 1650

«The Coronet», h. 1650-1652

«A su esquiva amada», h. 1650-1652

«The Mower Against the Gardens», h. 1650-1652

«El jardín», h. 1650-1652

Prosa

The Growth of Popery and Arbitrary Government, 1677

Andrew Marvell nació en Yorkshire y fue educado en el Trinity College de Cambridge, y después de haber viajado mucho por el continente europeo, se convirtió en tutor de la hija de Thomas Fairfax en 1648. Mientras estuvo a su servicio, se cree que escribió buena parte de su poesía. En algún momento indeterminado, conoció al gran poeta John Milton e hizo uso de su influencia política para sacarlo de la prisión.

En 1657, por recomendación de Milton, fue nombrado ayudante del secretario de lengua latina del Consejo de Estado durante el liderazgo de Oliver Cromwell, lo cual supuso un giro inesperado en su carrera política puesto que Marvell se había alineado anteriormente con los realistas. En 1659 fue elegido miembro del Parlamento por Hull, escaño que ocupó hasta su muerte. En las últimas dos décadas de su vida, estuvo muy activo políticamente. Escribió numerosas sátiras políticas mordaces y participó en embajadas a lugares tan alejados de su país como Rusia.

Las tensiones evidentes en la vida pública de Marvell impregnaron también su arte. Examinó, con una habilidad increíble, la naturaleza imparable del tiempo frente al placer, una reflexión que era fruto de su propia experiencia, por haber sufrido la muerte temprana de sus padres. También abordó los conflictos entre los placeres mundanos y la responsabilidad moral del alma. Quizá lo más importante para su propio ser dividido es la exploración del papel del individuo como esteta en unión con la naturaleza y su lado racional contrastante e inevitable. Para Marvell, por su experiencia vital y por sus empeños artísticos, las dos partes estarían siempre en conflicto. Murió de fiebre palúdica en 1678, y se le recuerda como patriota leal. Su poesía no se publicó hasta 1681. **JS**

«La sociedad es todo menos ruda, / con esta deliciosa soledad.» El jardín

ARRIBA: Grabado de *Old England's Worthies* (h. 1880), por lord Brougham.

JEAN DE LA FONTAINE

Jean de la Fontaine, 8 de julio de 1621 (Château Thierry, Francia); 13 de abril de 1695 (París, Francia).

Estilo y género: La Fontaine hizo suya la fábula moral. Sus versos sobre animales y héroes antiguos estaban cargados de un humor vibrante.

Cualquier escolar francófono ha oído hablar de las *Fábulas* de Jean de la Fontaine. Estos cuentos morales breves y elegantes han sido recitados por los niños durante los últimos trescientos años. Pero la moral que se extrae de las famosas *Fábulas* no es sabiduría hogareña, sino un comentario satírico sobre la sociedad para la que fueron escritas.

La Fontaine nació en Château Thierry, al este de París, y era hijo de un funcionario público. Estudió teología y derecho, y tal vez medicina, pero nunca ejerció ninguna de estas carreras. Empezó a escribir a la edad de 33 años y, a fin de financiar la publicación de su obra, ocupó diversos cargos en el gobierno, aunque también recibió ayuda económica de una serie de patrocinadores aristócratas. Uno de ellos, Nicolas Bouquet, superintendente de finanzas de Luis XIV, le creó problemas en años posteriores cuando, al caer en desgracia, La Fontaine siguió dándole su apoyo, lo cual avivó las suspicacias del rey, quien personalmente le bloqueó su ingreso en la Academia Francesa durante un año.

El primer éxito de La Fontaine como autor le llegó gracias a sus *Cuentos y novelas en verso*, colección de narraciones insidiosas sobre sacerdotes lascivos, libertinas y cornudos. Cuando se acercó a la religión en la vejez, lamentó el tono licencioso de los *Cuentos* y renegó de ellos. Tuvo escarceos con todas las formas de escribir que estaban de moda, desde la novela amorosa extensa hasta la elegía, pero fueron sus 240 *Fábulas* las que le otorgaron un lugar entre lo más granado de la literatura francesa. En una época en la que la mayoría de los autores empleaban un estilo formal y comedido, estos cuentos de animales y héroes antiguos, escritos en un lenguaje fabulosamente rico y lleno de arcaísmos y coloquialismos, rebosan de vida e ingenio. **CW**

«[...] los que nos elogian, solo buscan sacar provecho de esas alabanzas [...]» *La zorra y el cuervo*

Obras destacadas

Prosa

Cuentos y novelas en verso, 1664-1674

Fábulas, 1668-1694

Los amores de Psique y Cupido, 1669

ARRIBA: Retrato de La Fontaine, por el estudio de Hyacinthe Rigaud (1679-1743).

1600s

MOLIÈRE

Jean-Baptiste Poquelin, 15 de enero de 1622 (París, Francia); 17 de febrero de 1673 (París, Francia).

Estilo y género: Dramaturgo francés del siglo XVII, Molière es reconocido como uno de los grandes comediógrafos de todos los tiempos.

Obras destacadas

Teatro

El médico fingido, h. 1648
Las preciosas ridículas, 1659
La escuela de los maridos, 1661
El casamiento forzado, 1664
Tartufo, 1664 (reescrita en 1667 y 1669)
Don Juan, 1665
El misántropo, 1666
El médico a palos, 1666
El avaro, 1668
El burgués gentilhombre, 1670
Los enredos de Scapin, 1671
Las mujeres sabias, 1672

Molière era hijo de un tapicero adinerado de la corte francesa. Ya a temprana edad, hallaba más placer en burlarse de los aristócratas que en ser considerado uno de ellos. Con la herencia que le correspondió del patrimonio de su madre creó un grupo de teatro llamado L'Illustre Théâtre, que hizo giras por las provincias y le dio la oportunidad de empezar a poner a punto su arte. Cuando regresó a París, Jean-Baptiste Poquelin ya había adoptado el nombre de Molière.

En 1658 presentó una obra ante Luis XIV, pero el rey y su corte no quedaron impresionados con la tragedia puesta en escena por la compañía. Al terminar, Molière se acercó al rey y pidió permiso para representar «una de las pequeñas piezas con las que solía obsequiar en las provincias». La compañía representó entonces una farsa del propio Molière, *El doctor enamorado*, que gustó mucho y se concedió a los actores el uso del teatro del Hôtel du Petit Bourbon. Fue allí donde Molière puso en escena su primer gran éxito en París, *Las preciosas ridículas*, obra que enfureció a los miembros de la corte, quienes creyeron que se refería a ellos y pidieron su clausura. Sin embargo, el rey le

ARRIBA: Detalle de un retrato de Molière, por Jean-Baptiste Mauzaisse, Versalles.

DERECHA: *Crispín y Scapin* o *Scapin y Silvestre* (h. 1863-1865), por Honoré Daumier.

propuso utilizar el Palais Royale, donde podría permanecer durante el resto de su vida y donde su compañía de teatro fue nombrada después «la Compañía del Rey».

En los 13 años siguientes, Molière escribió piezas cómicas que continuaron hiriendo el orgullo de la aristocracia, los profesionales de la medicina y el clero. Su *Tartufo* fue una de las más controvertidas. Las desavenencias con su joven esposa parecen haber inspirado también algunos de sus textos, como el de su obra maestra *El misántropo*.

Molière murió después de haber desempeñado en el escenario el papel de protagonista, irónicamente, en *El enfermo imaginario*. Su compañía le pidió que no continuase, pero él respondió: «Hay cincuenta pobres trabajadores que solo tienen su jornal para vivir. ¿Qué será de ellos si se suspende la función». Se dice que era tan buen actor que el público no se percató de que estaba enfermo. **JM**

ARRIBA: ***Molière cenando con Luis XIV*** **(1857), por Jean-Auguste-Dominique Ingres.**

Molière y la religión

Molière pasó buena parte de su vida envuelto en la polémica por su costumbre de burlarse de las clases dominantes. Cuando, en 1664, escribió *Tartufo*, que es una mirada satírica a la hipocresía de la Iglesia, el arzobispo de París amenazó con excomulgar a cualquiera que representara, asistiera como público o incluso leyese la obra. Molière tardó cinco años y redactó al menos dos veces la obra antes de que se le otorgara permiso oficial para su representación pública. Consiguió un gran éxito, pero le granjeó al célebre autor muchos enemigos.

MADAME DE SÉVIGNÉ

Marie de Rabutin-Chantal, marquesa de Sévigné, 5 de febrero de 1626 (París, Francia); 17 de abril de 1696 (Grignan, Drôme, Francia).

Estilo y género: La correspondencia de madame de Sévigné la convirtió en una de las escritoras más famosas del género epistolar de todos los tiempos.

Obras destacadas

Novela epistolar

Cartas a la hija, 1869

La marquesa de Sévigné, aristócrata borgoñesa extraordinariamente instruida, describió su París natal de forma perspicaz y muy agradable en su correspondencia. Se había casado con un noble, que gastó la mayor parte de su dinero antes de que lo mataran en un duelo por otra mujer en 1651. La vida de madame de Sévigné y la de quienes la rodearon quedaron plasmadas en centenares de cartas llenas de comentarios para sus amigas y para su hija, madame de Grignan. Escribió acerca de la vida cotidiana y pública de París, «de todo, desde el control de la natalidad hasta los peinados», superando así los corsés de la correspondencia erudita de la época. Su vivacidad y su oficio literario colocaron al género epistolar en un lugar digno dentro de la tradición francesa. **RC**

JOHN BUNYAN

John Bunyan, bautizado el 30 de noviembre de 1628 (Harrowden, Inglaterra); 31 de agosto de 1688 (Londres, Inglaterra).

Estilo y género: Bunyan es famoso por la alegoría de *El viaje del peregrino,* que representa el progreso espiritual de un cristiano hacia la salvación.

Obras destacadas

Alegorías

El viaje del peregrino, 1678

La guerra santa, 1682

John Bunyan fue encarcelado en dos ocasiones por predicar sin autorización, y en su primer cautiverio empezó a escribir *El viaje del peregrino*. Esta novela alegórica, que narra la búsqueda de la salvación espiritual por un cristiano, fue publicada por primera vez en 1678 y se ha convertido en una de las obras más influyentes de la literatura inglesa. La originalidad de Bunyan no reside en el uso que hace de la alegoría cristiana, sino en la simplicidad de su lenguaje, sus descripciones vívidas y el eco estilístico de la versión magistral de la Biblia del rey Jacobo I. Samuel Johnson dijo que la fuerza de este libro radicaba en que «el hombre más culto no puede hallar nada que pueda ser más alabado, y los niños no encuentran nada más divertido». **AS**

JOHN DRYDEN

John Dryden, 19 de agosto de 1631 (Aldwinkle, Northamptonshire, Inglaterra); 12 de mayo de 1700 (Londres, Inglaterra).

Estilo y género: Dryden alcanzó en su poesía efectos grandiosos con el uso del pareado heroico, tanto en la versificación satírica como en la heroico-burlesca.

Pocas figuras han tenido un impacto mayor en la literatura de la Restauración inglesa como John Dryden. Escribió en una época de extrema tensión entre la monarquía y el Parlamento, y consideró prudente loar ambas partes de la línea divisoria política. Tras la muerte de Oliver Cromwell compuso *Estrofas heroicas* (1658), en las que alabó la vida del hombre responsable de la ejecución de Carlos I. Posteriormente, celebró la restauración de Carlos II con *Astraea Redux* (1660).

En 1671 fue nombrado poeta laureado, aunque fue destituido en 1688 —rompió así con la condición vitalicia de esa tradición—, cuando se negó a prestar juramento de lealtad al nuevo gobierno tras la Revolución Gloriosa que destronó a Jacobo II. En uno de esos extraños giros que da la vida, el puesto fue concedido a Thomas Shadwell, dramaturgo que había sido blanco de uno de sus poemas satíricos más despiadados, *MacFlecknoe*.

Dryden también alcanzó fama como destacado dramaturgo, crítico literario y traductor, pero su influencia poética mostró ser sumamente duradera debido a su popularización de uno de los recursos poéticos más famosos de la época: el pareado heroico, formado por un par de versos pentámetros yámbicos rimados. Uno de los más célebres de estos pareados aparece en su *Absalón y Ajitofel*: «Los grandes ingenios están con la locura muy aliados, / y delgados canceles sus límites mantienen separados». Esta forma poética fue la base de la versificación de una poesía épica heroica, pero se usó también para la forma heroica burlesca, en la que buena parte de la sátira se deriva de la idea de que el sujeto no es merecedor de tanta adulación. *MacFlecknoe* es, sin duda, el mejor ejemplo del uso que hizo Dryden de esta forma poética. **AS**

«Todo se somete a la decadencia; y, cuando el hado llama, los reyes obedecen.» *MacFlecknoe*

Obras destacadas

Poesía

Absalón y Ajitofel, 1681
Religio Laici, 1682
MacFlecknoe, 1682
La oda para la fiesta de santa Cecilia, 1687, 1687

ARRIBA: Grabado de John Dryden, por William Falthorne (1616-1691).

SAMUEL PEPYS

Samuel Pepys, 23 de febrero de 1633 (Londres, Inglaterra); 26 de mayo de 1703 (Londres, Inglaterra).

Estilo y género: Pepys es famoso por sus diarios, que empezó a escribir en 1660, porque son un testimonio importante de los acontecimientos históricos que vivió.

Obras destacadas

Diarios

Los diarios de Samuel Pepys, 1825

Quizá no hay otro testimonio sobre el siglo XVII inglés más encantador e históricamente esclarecedor que el que se relata en los diarios de Samuel Pepys. Este miembro influyente del Parlamento y administrador de asuntos navales, que llevó una vida intensa y fue encarcelado varias veces —aunque sería absuelto—, empezó a escribir sus diarios el 1 de enero de 1660 y los prolongó durante nueve años, hasta el 31 de marzo de 1669, cuando una pérdida progresiva de la vista le obligó a dejar de escribirlos.

Los diarios son un relato personal de la vida de Pepys, con las trivialidades de su entorno doméstico y las relaciones tirantes con su esposa, además de una declaración sincera de sus relaciones con distintas mujeres. Narra, por ejemplo, un incidente ocurrido el 25 de octubre de 1668, cuando su esposa lo sorprendió abrazando a Deborah Miller, quien, irónicamente, había sido empleada para hacer compañía a su mujer. Junto a estas entradas tan personales, hay fascinantes descripciones del ambiente social y político de su época, y de los acontecimientos históricos importantes. Por ejemplo, los diarios aportan un testimonio de primera mano de la gran peste de 1665 y del incendio de Londres en 1666, que fueron escritos con un enorme sentimiento de compasión y con perspicacia, además de una viva descripción de la coronación de Carlos II y de varios sucesos de la Segunda Guerra Anglo-Neerlandesa (1665-1667). Los diarios fueron escritos en un tipo de taquigrafía que era habitual en su época, y fueron concebidos claramente como un registro personal y no para la publicación. No obstante, Pepys hizo encuadernar los volúmenes para conservarlos, lo que evidencia que era consciente de que algún día serían leídos por otros. **TP**

«Soy tan feliz como cualquier hombre [...], ¡porque el mundo entero parece sonreírme!»

ARRIBA: Retrato de Pepys por Godfrey Kneller, Royal Society of Arts, Londres.

MADAME DE LA FAYETTE

Marie-Madeleine Pioche de La Vergne, condesa de La Fayette, bautizada el 18 de marzo de 1634 (París, Francia); 25 de mayo de 1693 (París, Francia).

Estilo y género: Ha sido aclamada como fundadora de la tradición francesa de la novela histórica seria que usa el pasado para esclarecer el presente.

Madame de La Fayette pertenecía a una rama de la pequeña nobleza francesa, y se casó con un miembro de una familia aristocrática en 1655. Su esposo era conde de La Fayette. Vivieron al principio en la propiedad rural y allí tuvieron dos hijos, pero, después de algunos años, ella se trasladó a París, donde se convirtió en una de las anfitrionas más imponentes de la sociedad capitalina. Fue amiga íntima de madame de Sévigné y muchas figuras literarias famosas se reunían en sus fastuosos salones, incluido el poeta Jean de Segrais, que colaboró con ella en *Zaïde* (obra de ambiente morisco); el insinuante Gilles Ménage, supuestamente tutor suyo y de madame de Sévigné; y el más notable de todos, el duque de La Rochefoucauld, famoso ya entonces por sus máximas maravillosamente desilusionadas.

Su esposo, el conde de La Fayette, siguió viviendo en la propiedad rural, aunque la visitaba con frecuencia en París. La tragedia de un matrimonio sin amor es el tema de varias de sus novelas, incluida la más famosa, *La princesa de Clèves*, que por su penetración psicológica ha sido considerada la primera novela moderna, y que presenta un retrato de La Rochefoucauld, quien estuvo estrechamente ligado a su proceso de creación. La heroína de la novela es un personaje fascinante de la corte francesa en el siglo XVI que está casada con un hombre al que no ama. Frente a la amenaza de verse involucrada en las intrigas y seducciones cortesanas, finalmente conserva su virtud intacta abandonando la corte para pasar sus últimos años sola. Los lectores pensaron que la narración venía a decir que el matrimonio y el amor verdadero eran incompatibles, y en cartas dirigidas a la revista *Mercure galant* muchos opinaron que la heroína era un personaje real de su propia época. **RC**

> «La vergüenza es la más violenta de las pasiones.»
>
> *La princesa de Clèves*

Obras destacadas

Novelas

Zaïde, 1670

La princesa de Clèves, 1678

ARRIBA: Grabado coloreado por Amedée Felix Geille, inspirado en Friedrich Bouterwek.

JEAN RACINE

Jean Racine, 22 de diciembre de 1639 (La Ferté-Milon, Francia); 21 de abril de 1699 (París, Francia).

Estilo y género: En su época, Racine fue un importante dramaturgo francés —rival de Molière y de Corneille— y también ejerció como historiador.

Obras destacadas

Teatro

La Tebaida, 1664
Alejandro, 1665
Andrómaca, 1667
Berenice, 1670
Fedra, 1676
Ester, 1689
Atalía, 1691

Se puede considerar que Jean Racine es uno de los dramaturgos franceses más importantes del siglo XVII. Durante su vida, alcanzó mucho éxito con sus obras dramáticas, y fue recompensado financieramente y por la crítica para convertirse en una de las primeras figuras literarias francesas que pudo mantenerse gracias a sus escritos. Su estilo fue notablemente distinto al de sus rivales principales Molière (1622-1673) y Corneille (1606-1684), y se caracterizó por un tono clásico rígido. El enfoque directo y sencillo de Racine agradaba al público y se ganó el favor de los críticos —uno de los más importantes, Nicolás Boileau-Despréaux (1636-1711), fue muy amigo suyo.

La abuela de Racine, Marie des Moulins, fue quien lo crió y lo educó en el convento de Port-Royal, dirigido por miembros del controvertido movimiento jansenista. Allí recibió una amplia instrucción en griego clásico y en literatura y lengua latinas —particularmente, en mitología—, que tanto influirían en su posterior carrera literaria. Sus maestros lo estimularon para que estudiase derecho, pero Racine se inclinó por los círculos artísticos y literarios de París. Cuando empezó a escribir poesía llamó la atención de Boileau-Despréaux, y el crítico animó al joven escritor para que continuase su camino literario. Más tarde, vio la luz su primera pieza de teatro, *Amasis*, que nunca se puso en escena. Poco después conoció a Molière.

En 1664 fue Molière quien produjo la segunda obra teatral de Racine, *La Tebaida*. Al año siguiente, la misma compañía de Molière representó *Alejandro*, obra que obtuvo una respuesta entusiasta del público. Entonces, Racine decidió acercarse a una compañía de teatro rival con una mejor reputación en la puesta en escena de tragedias. Canceló la representación de *Alejandro* en el escenario de Molière y la reestrenó con la compañía del Hôtel de Bourgogne menos de dos semanas después de su estreno.

ARRIBA: Retrato de Jean Racine (h. 1700), por Jean Baptiste Santerre.

ARRIBA: *Racine lee Atalía a Luis XIV* (1819), por Julie Philipault.

En otro acto de traición, Racine robó la primera actriz de Molière, Thérèse du Parc, que se trasladó a la compañía del Bourgogne. Molière, de este modo, rompió todos sus vínculos con Racine y nunca se reconciliaron.

Racine continuó produciendo obras dramáticas —y una comedia— y ganándose la aclamación del público. Muchas de sus obras, como *Berenice* y *Fedra*, se basaban principalmente en temas clásicos. En aquella época ya se había ganado bastantes enemigos y, en parte por esta causa, dejó de escribir teatro para ocupar el cargo de historiador de Luis XIV. Durante los 12 años siguientes, trabajó en la corte y se casó, antes de dejarse persuadir por madame de Maintenon (1635-1719) —esposa del rey— para escribir dos piezas teatrales para los niños de la escuela de Saint-Cyr: *Ester* y *Atalía* tuvieron buena acogida, pero fueron las últimas que escribió antes de morir unos años después, en 1699. **TP**

Primeras actrices

Según algunos, Racine tuvo una vida privada un tanto azarosa, lo cual motivó, en parte, que dejase de escribir para el teatro en 1677. Uno de los escándalos se produjo cuando le robó la primera actriz, Thérèse du Parc, a la compañía de actores de Molière y mantuvo una relación turbulenta con ella. La actriz, casada, murió en circunstancias extrañas y se acusó a Racine de haberla envenenado. Finalmente, fue absuelto, porque al parecer un intento de aborto pudo causar la muerte de la actriz. Después se dice que mantuvo otra relación con La Champmeslé, primera actriz en su obra *Berenice*.

APHRA BEHN

Aphra Johnson, julio de 1640 (Harbledown, Inglaterra); 16 de abril de 1689 (Londres, Inglaterra).

Estilo y género: Behn fue la primera escritora profesional inglesa. Tanto en su vida —como espía y lesbiana— como en su obra, se adelantó a su época.

Obras destacadas

Teatro

El vagabundo, 1677-1681

Golpe de suerte, 1686

Novela

Oroonoko, o la historia del esclavo real, 1688

Como Christopher Marlowe, Behn está envuelta en el misterio propio de una espía. Sin embargo, a diferencia de él, Behn escribió numerosas obras entre 1670 y 1689, incluidas 18 piezas de teatro, dos novelas y varios poemas, hoy famosos por su ingeniosa exploración del deseo lésbico. Sus piezas teatrales gozaron de éxito en la época —y no solo porque encarnaran el ambiente optimista de la Restauración—, y se ganó la fama principalmente gracias a *Oroonoko* o *la historia del esclavo real,* que es la primera narración escrita que indaga en la esclavitud africana y está estructurada en forma de reportaje. Oroonoko es un personaje de su tiempo y adelantado a él, igual que su autora, la astuta y decidida Behn. **SM**

CARLOS DE SIGÜENZA Y GÓNGORA

Carlos de Sigüenza y Góngora, agosto de 1645 (Ciudad de México, México); 22 de agosto de 1700 (Ciudad de México, México).

Estilo y género: Escribió poesía y ejerció como historiador, cartógrafo real y geólogo; fue la figura intelectual más importante del México colonial.

Obras destacadas

Escritos científicos

Libra astronomica y philosophica, 1691

Escritos filosóficos

Manifiesto philosóphico contra los cometas, 1681

Poesía

Las Glorias de Querétaro, 1668

Novela

Los infortunios de Alonso Ramírez, 1690

El padre de Sigüenza, tutor de la familia real española, enseñó a su hijo matemáticas y astronomía. El joven hizo los votos como jesuita en 1662, aunque fue expulsado del colegio por no obedecer la disciplina. A pesar de ello, fue después capellán de un hospital. Erudito reverenciado por sus conocimientos, en 1671 publicó un almanaque y, en 1693, editó *El Mercurio Volante,* primer periódico del Virreinato de la Nueva España. Como geógrafo real, fue la primera persona nacida en la Colonia que preparó un mapa de la Nueva España, y, en la década de 1680, comenzó a escribir sus famosas historias de México. Sus obras incluyen poesía, filosofía y astronomía, y ejerció una gran influencia en los novelistas latinoamericanos posteriores. **REM**

JOHN WILMOT

John Wilmot, conde de Rochester, 1 de abril de 1647 (Ditchley, Inglaterra); 26 de julio de 1680 (Woodstock, Inglaterra).

Estilo y género: Wilmot, cortesano de la Restauración inglesa, escribió sátiras sobre la vida decadente de la Inglaterra del siglo XVII.

Si el segundo conde de Rochester daba luz, también proyectaba sombras. Estuvo inmerso en la política —a menudo mezquina y sexual— en la corte de Carlos II. A temprana edad, se convirtió en favorito del rey, al que sirvió de cortesano y «caballero ayudante de cámara». El joven conde se rodeó muy pronto de ciertos personajes de la corte que hicieron bandera del libertinaje moral y sexual durante la Restauración. (Con poco más de 20 años, contrajo sífilis, que, sumada a su consumo excesivo de alcohol, le arrebataría la vida con solo 33 años.) A pesar de su salud precaria, continuó frecuentando burdeles y teniendo numerosas amantes. Pasó la mayor parte de su vida escamoteando dinero y en raras ocasiones pagó sus deudas.

Rochester era famoso por su ingenio, que se expresó a menudo en una poesía satírica mordaz acerca de los miembros de la corte inglesa, incluidos el rey y sus amantes. Su sátira sobre las damas de la corte, *Signior Dildo*, llamó la atención del monarca, pero Rochester cometió el error de entregarle una copia de *Satyr on Charles II*, y tuvo que partir hacia un exilio temporal. No fue la primera ni la última vez que enfadó al rey.

La desilusión de Rochester aumentó a medida que empeoraba su salud, y sus poemas reflejan su pesadumbre y su dependencia del alcohol. Su poesía no se publicó en vida, pasó de mano en mano en forma manuscrita y se copió a menudo en los libros personales de amistades y conocidos. Incluso algunas de sus improvisaciones poéticas se conservaron gracias a sus amistades, quienes las transcribieron tal como las recordaron. En su lecho de muerte, se arrepintió de sus pecados y de su ateísmo. Su familia quemó buena parte de sus papeles; en particular, cualquiera que pudiese ser licencioso, por lo que, lamentablemente, muchos de sus escritos se han perdido. **IJ**

«El hombre difiere más del hombre que el hombre de la bestia.» *A Satyr Against Reason and Mankind*

Obras destacadas

Poesía

Signior Dildo, 1673

Satyr on Charles II, 1679

Upon His Drinking Bowl, 1685

Teatro

Valentinian, 1685

The Farce of Sodom, or the Quintessence of Debauchery, 1685

ARRIBA: Retrato de John Wilmot, por Peter Lely (1618-1680).

DANIEL DEFOE

Daniel Foe, h. 1660 (Londres, Inglaterra); 26 de abril de 1731 (Londres, Inglaterra).

Estilo y género: Defoe inventó la novela de aventuras. Sus protagonistas, capaces y con sentido práctico, han llegado a tipificar la ética del trabajo protestante, por no decir su moral.

Obras destacadas

Novelas

Robinson Crusoe, 1719

Vida, aventuras y piratería del célebre capitán Singleton, 1720

El coronel Jack, 1722

Moll Flanders, 1722

Diario del año de la peste, 1722

Un nuevo viaje alrededor del mundo, 1724

Lady Roxana o la cortesana afortunada, 1724

Daniel Defoe fue prolífico en el sentido amplio de la palabra. Como panfletista, ensayista y escritor de libros, es quizá uno de los autores más leídos de esta era. Se le atribuye la autoría de, como mínimo, más de trescientos títulos. Su revista *The Review*, que editó casi sin ayuda de nadie, revolucionó el periodismo inglés. Trabajó como propagandista y espía en Londres y en Escocia, con tanto éxito que ha sido llamado «el servicio secreto con un solo hombre». Tuvo ocho hijos, seis de los cuales llegaron a edad adulta. Como economista, colaboró al principio en el trazado de los planos del Imperio británico del siglo siguiente. Y su primera novela, *Robinson Crusoe*, publicada cuando tenía 49 años, no solo ha inspirado a numerosos imitadores, sino que nunca ha dejado de publicarse.

A pesar de la amplia variedad de géneros que abordó Defoe, su obra se caracteriza por la claridad singular de su foco de atención: el comercio, que, ejercido justamente de acuerdo con principios pacíficos y racionales, aporta el mejor medio para poder mejorar la condición humana. Esto no quiere decir que Defoe escribiera puramente como un científico taciturno, aunque una característica notable de su técnica es el inventario obsesivo de las posesiones materiales. Sus mejores obras se caracterizan por sus lúcidos perfiles psicológicos y por la sensibilidad ante el hecho de que los problemas debidos a las circunstancias económicas no son de fácil solución. Los protagonistas de sus novelas, masculinos y femeninos, tienden a ser mercenarios empujados a sus papeles por situaciones fuera de control. Aun así, no intenta justificar sus acciones, ni se nos dan motivos para juzgarlos con dureza. En su obra, Defoe cumplió con la doble tarea de dar voz tanto a la naciente sociedad capitalista como a la gente que cruelmente había dejado a un lado. **SY**

«El primer autor inglés que escribió sin imitar y sin adaptar obras anteriores.» James Joyce

ARRIBA: Daniel Defoe, grabado por Michael Van der Gucht (1660-1725).

DERECHA: Cubierta de la edición de 1881 de *Robinson Crusoe*.

ROBINSON
CRUSOE

JONATHAN SWIFT

Jonathan Swift, 30 de noviembre de 1667 (Dublín, Irlanda); 19 de octubre de 1745 (Dublín, Irlanda).

Estilo y género: Swift fue un clérigo que escribió sátiras despiadadas sobre el panorama religioso y político irlandés en publicaciones que provocaron risa e indignación.

1600s

La vida de Jonathan Swift estuvo llena de expectativas frustradas. Quedó huérfano de padre desde su nacimiento, y de niño transitó de un lugar a otro hasta que finalmente se graduó en el Trinity College de Dublín. Pasó después a ser secretario de Thomas Temple en el sur de Inglaterra y fue entonces cuando empezó a escribir poesía, aunque sería con su prosa con lo que obtendría sus éxitos más significativos. Aunque insatisfecho por su educación en Irlanda, tierra que describió como un «país vil», regresó allí como capellán del presidente del Tribunal de Justicia después de la muerte de Temple en 1699. Publicó sus primeras obras satíricas en 1704 y en ellas denunció la necedad y el fanatismo religioso.

A medida que su reputación literaria iba en aumento, crecían también los recelos que inspiraba entre las clases dirigentes por obras satíricas como el *Argumento contra la abolición del cristianismo.* Visitó frecuentemente Inglaterra, donde hizo amistad con algunas de las principales figuras literarias de la época, y solo se asentó en Irlanda en 1713, cuando fue nombrado deán de la catedral de San Patricio, en Dublín. Allí compuso la extraordinaria sátira sobre la irracionalidad humana, *Los viajes de Gulliver* —ahora lectura favorita de los niños—, y dio argumentos a quienes le consideraban un simple misántropo. El panfleto posterior *Una modesta proposición*, en el que abogaba irónicamente por la cría de niños pobres en Irlanda como alimento para solucionar simultáneamente las altas tasas nacionales de natalidad y la hambruna, reforzaron ese punto de vista. Un tumor cerebral fue consecuencia de que padeciera demencia durante los últimos años de su vida; fin trágico, aunque perversamente apropiado, para este pensador sumamente minucioso y exasperante. **PS**

Obras destacadas

Novela

Los viajes de Gulliver, 1726

Prosa

Cuento de un tonel, 1704

La batalla entre libros antiguos y modernos, 1704

Argumento contra la abolición del cristianismo, 1711

Cartas del pañero, 1724

Una modesta proposición, 1729

«No me sorprende [...] que el hombre sea malvado, pero me sorprende que no se avergüence»

ARRIBA: *Estudio para un retrato de Jonathan Swift*, siglo XVIII, por Charles Jervas.

DERECHA: *Gulliver en Liliput*, ilustración por Frédéric Théodore Lix.

ALEXANDER POPE

Alexander Pope, 22 de mayo de 1688 (Londres, Inglaterra); 30 de mayo de 1744 (Twickenham, Inglaterra).

Estilo y género: Los rasgos de su obra son la sátira inteligente, el sarcasmo ingenioso, los temas sexuales y la observación de la naturaleza humana.

Alexander Pope estaba acostumbrado a las burlas de sus rivales literarios. Tenía mala salud y era un individuo adulto jorobado, con menos de 1,52 m de estatura y católico entre una mayoría anglicana. Aprendió a desviar los insultos con un fino sentido del humor y una lengua sarcástica y afilada. Aunque su padre había pasado de ser tendero a comerciante rico gracias a su propio trabajo, Pope se inventó un origen ilustre con antepasados aristocráticos y heroicidades, a lo cual añadió crédito cuando heredó la enorme fortuna familiar.

Pope, discapacitado para practicar deportes en la infancia, amaba los libros y comenzó a escribir desde muy joven. Afirmó haber redactado su primer trabajo serio, una «Oda a la soledad», a la edad de 12 años. Influido por el conde de Rochester, escribió poemas de tema sexual, que enmascaró detrás de ingeniosas comedias sobre las costumbres sociales. Su poema más famoso, *El rizo robado*, es una narración grotesca sobre un mechón de cabello, regalo tradicional entre amantes. La historia, basada en hechos reales, aborda la enemistad entre dos familias, está escrita con un estilo de altos vuelos y su tema prosaico es conducido deliberadamente a una situación dramática. Lleno de simbolismo, el poema tiene dos lecturas: como comedia ligera o como punto de vista mordazmente subversivo de Pope acerca de la sociedad de su época.

«Conócete a ti mismo[...] / el estudio propio de la humanidad es el ser humano.»

Sus otros trabajos, incluidos los «ensayos éticos», hacían burla del sistema jerárquico de clases y de la rigidez de las reglas sociales. Muchas de sus cartas fueron también escritas para ser publicadas. En 1717 Pope era un poeta famoso y favorito de muchas mujeres de la alta sociedad. Se compró una villa en Twickenham —entonces una aldea a las afueras de Londres—, que se convirtió en un lugar de visita obligada. Murió a los 56 años. **LH**

Obras destacadas

Poesía

Ensayo sobre la crítica, 1711
El rizo robado, 1712-1714
El bosque de Windsor, 1713
Eloísa a Abelardo, 1717
La Dunciada, 1728
Ensayo sobre el Hombre, 1733-1734

ARRIBA: Detalle de *Alexander Pope y su perro Bounce* (h. 1718), por Jonathan Richardson.

SAMUEL RICHARDSON

Samuel Richardson, 19 de agosto de 1689 (Mackworth, Derbyshire, Inglaterra); 4 de julio de 1761 (Londres, Inglaterra).

Estilo y género: Llamado a menudo «padre de la novela», exploró los temas morales contemporáneos por medio de un uso innovador del género epistolar.

Resulta difícil imaginar la popularidad de la obra de Richardson en el siglo XVIII, cuando los sufrimientos, los dilemas y los infortunios de los personajes de sus novelas mantienen tantos paralelismos con los personajes de las telenovelas actuales. Sin embargo, su capacidad para crear caracteres psicológicamente convincentes ha resistido el paso del tiempo, y sus narraciones románticas en forma de epistolario son una lectura gratificante.

Richardson es famoso por sus novelas *Pamela*, *Clarissa* e *Historia de sir Charles Grandison*, aunque su oficio fue el de impresor y no empezó a escribir novelas hasta pasados los 50 años. La novela, como género literario, era una forma incipiente cuando hizo su debut con *Pamela*. Pretendía ofrecer a una clase media instruida una forma de entretenimiento y también un medio de educación moral. El tono ético de esta y de sus posteriores novelas resulta fascinante por la mirada al mundo interior de la vida del siglo XVIII inglés, incluso teniendo en cuenta que la historia de la protagonista, la criada Pamela, y sus esfuerzos para proteger su «virtud» ante las insinuaciones de su señor fueron tema de sátiras, como en *Shamela* (1741) e *Historia de las aventuras de Joseph Andrews y de su amigo Mr. Abraham Adams* (1742), de Henry Fielding.

La obra más importante de Richardson es *Clarissa*. Se trata de una serie de cartas escritas por varios personajes, lo cual aporta una visión panorámica más amplia de los acontecimientos y una mejor comprensión de los sentimientos y de las motivaciones de los protagonistas que en obras anteriores. Su capacidad para crear personajes creíbles —en diálogo y acción—, y escenarios verosímiles, permite aún una lectura absorbente y señala una de las primeras incursiones de la novela en la ficción romántica de calidad. **CK**

«Mientras más se lee, más place.» Denis Diderot acerca de Richardson

Obras destacadas

Novelas

Pamela o la virtud recompensada, 1740

Clarissa, o la historia de una señorita, 1747-1748

Historia de sir Charles Grandison, 1753-1754

ARRIBA: ***Samuel Richardson*** **(1747), retrato pintado por Joseph Highmore.**

VOLTAIRE

François-Marie Arouet, 21 de noviembre de 1694 (París, Francia); 30 de mayo de 1778 (París, Francia).

Estilo y género: Voltaire, autor de ensayos, teatro y poesía, fue un polemista satírico que transmitió su ingenio mordaz a sus escritos críticos.

La obra de Voltaire, que personifica la Ilustración, rebosa ingenio en su análisis crítico-filosófico de los temas morales y sociales, y expone su defensa de los derechos civiles, la libertad religiosa y la necesidad del progreso social. Su fama como opositor a la tiranía y la intolerancia no ha disminuido.

El joven François-Marie Arouet —su nombre de cuna— se educó en el colegio jesuita de Louis-le-Grand, donde afloraron sus primeros atisbos de desilusión con la religión. A pesar de haberse graduado en derecho, optó por ser escritor. Al principio de su carrera logró enfadar a las autoridades por su burla atrevida del duque de Orleans, fue desterrado de París y, finalmente, encarcelado en la Bastilla.

Durante esta época, escribió la tragedia *Edipo* —éxito rotundo cuando se representó después de su excarcelación— y adoptó el seudónimo de «Voltaire». Trabajó en un poema épico sobre la vida del popular rey francés Enrique IV, cuya publicación no fue autorizada inicialmente, debido a su adhesión a la

Obras destacadas

Prosa

Zadig, 1747

Cándido, 1759

El ingenuo, 1767

Poesía

La Henriada, 1723

Teatro

Edipo, 1718

Alzira, 1736

Mahoma, 1741

La princesa de Navarra, 1745

Otras obras

Cartas filosóficas, 1733

Elementos de la filosofía de Newton, 1738

El siglo de Luis XIV, 1751

Tratado sobre la tolerancia, 1763

Diccionario filosófico, 1764

ARRIBA: *Retrato de Voltaire*, posterior a 1718, por Nicolas Largillière.

DERECHA: Ilustración de *Cándido*, al estilo de Jean Michel Moreau el Joven.

ARRIBA: *Voltaire conversa con los campesinos en Ferney*, por Jean Huber (1721-1786).

tolerancia religiosa. *La Henriada* deleitó a los librepensadores de la alta sociedad parisiense y trajo consigo su incorporación como poeta de la corte.

Su talento fue reconocido junto al de los más grandes pensadores franceses de la época, pero su pluma le creó de nuevo problemas cuando insultó a Chevalier de Rohan, miembro de una de las familias más prominentes de Francia. Después de una estancia en prisión, Voltaire aceptó el destierro y partió hacia Londres en 1726.

«Todos los hombres nacen iguales. La diferencia entre ellos no está [...] en su virtud.»

Estuvo dos años en Inglaterra, donde aprendió el dominio de la lengua inglesa y la filosofía de John Locke y el pensamiento científico de Isaac Newton. La alta estima en que tenía el liberalismo de las instituciones inglesas y su tolerancia religiosa lo llevaron a escribir *Cartas filosóficas* cuando regresó a su país.

El ataque apenas velado contra la clase dirigente francesa aumentó la indignación y se vio obligado a abandonar París

Voltaire y sus enemigos

Para Voltaire, reñir con la gente era un modo de vida. Entre los 20 y 39 años de edad, entró y salió de la Bastilla varias veces por sus ataques contra la aristocracia y la monarquía. Parecía haber logrado alcanzar la paz con la flor y nata de la sociedad francesa cuando tuvo una ocurrencia desacertada sobre la integridad de ciertas personas mientras jugaba a cartas. Por temor a la respuesta habitual a una de sus salidas ingeniosas, se retiró sigilosamente a la mansión rural de la duquesa de Maine.

Después de sucumbir finalmente a las reiteradas invitaciones de Federico II para que se uniera a su corte en Berlín, no tardó demasiado en disgustar al rey al ridiculizar a Maupertuis, presidente de la Academia de Ciencias de Federico en el panfleto *Diatriba del doctor Akakia*. Tanto enfadó al rey, que puso a Voltaire bajo arresto domiciliario en Frankfurt cuando iba de regreso a Francia. Voltaire nunca llegó a su país. Había rumores de que Luis XV no lo dejaría entrar en París como castigo por sus pretéritas indiscreciones.

Voltaire no reservó su cólera solo para atacar a las clases altas. Chocó con frecuencia con Jean-Jacques Rousseau por cuestiones filosóficas. Para vengarse de las críticas de este a sus obras, publicó un panfleto anónimo para informar al público de que Rousseau había abandonado a sus hijos.

Voltaire levantó pasiones incluso después de morir. En 1814 un grupo de fanáticos religiosos robó sus restos de la tumba y los arrojó a un foso.

DERECHA: Grabado de la Escuela francesa en la portada de *Elementos sobre la filosofía de Newton*.

para refugiarse en el castillo de madame du Chatelet, en Cirey, Champagne.

Durante ese período, escribió varios dramas teatrales, incluido *Alzira*, pieza que abrazaba los principios de una moral superior en quienes predicaban la tolerancia frente a la represión, además de presentar las ciencias naturales a un público nuevo con *Elementos sobre la filosofía de Newton*.

Nuevas indiscreciones provocaron más roces con la corte francesa en medio del éxito de sus puestas en escena de *Mérope* y *La princesa de Navarra*. El huir constante para protegerse agotó a Voltaire y le inspiró la novela *Zadig*. La historia del filósofo babilónico homónimo, que sufre persecución y mala suerte, lo cual le hace dudar al final sobre la capacidad humana para influir sobre sus propios resultados, es algo más que un parecido casual con las propias experiencias del autor.

En julio de 1750, Voltaire llegó a Berlín, invitado por Federico II. Durante su estancia en el palacio real, completó su obra histórica *El siglo de Luis XIV*, estudio exhaustivo de aquel reinado, apoyado en los testimonios de quienes lo habían vivido. Un desencuentro inevitable con Federico II lo obligó a abandonar Prusia, para instalarse finalmente en Ferney, Suiza.

En tierras helvéticas escribió su obra maestra satírica *Cándido*. La novela narra la historia de un joven durante su odisea por el mundo con su maestro, el Dr. Pangloss, discípulo del optimismo filosófico de Gottfried Liebnitz. Las extraordinarias atrocidades humanas y las privaciones de las que Cándido es testigo, lo obligan a descartar la creencia de su maestro en que «todo era para mejor en este mundo». La miseria infinita se ve aliviada por el ingenio y la sátira que acompaña cada tragedia, y enmascaran convenientemente las críticas dirigidas contra el Estado y la Iglesia.

Voltaire dedicó buena parte del resto de su vida a continuar la lucha por la tolerancia religiosa y la abolición de la tortura, lo que dio lugar a que interviniese a favor de las víctimas del fanatismo. Considerado como un héroe de la Revolución francesa, su cuerpo fue finalmente depositado en el Panteón parisino, en el año 1791. **SG**

ELÉMENS

DE LA

PHILOSOPHIE DE NEUTON,

Mis à la portée de tout le monde.

Par M[r]. DE VOLTAIRE.

A AMSTERDAM,

Chez JACQUES DESBORDES.

M. DCC. XXXVIII.

HENRY FIELDING

Henry Fielding, 22 de abril de 1707 (Sharpham Park, Somerset, Inglaterra); 8 de octubre de 1754 (Lisboa, Portugal).

Estilo y género: Fielding fue novelista, dramaturgo y juez ,y es famoso por sus piezas de teatro satírico, su humor y sus novelas extensas y picarescas.

A pesar de su notable éxito tardío como novelista, al principio de su carrera Henry Fielding escribió para el teatro. Sus piezas —desde la comedia *Pulgarcito* hasta las sátiras políticas *Pasquin* y *The Historical Register*— dominaron los escenarios londinenses en la década de 1730. Sin embargo, su carrera como dramaturgo se vio truncada cuando la censura introducida por la Ley de Licencia Teatral lo empujó al periodismo político, la traducción y la jurisprudencia.

El 1741 Fielding publicó *Shamela*, una atrevida parodia de la obra *Pamela*, de Samuel Richardson. Fielding desarrolló una forma opulentamente burlesca y dio un giro radical al género cómico en su segunda novela, *Historia de las aventuras de Joseph Andrews y de su amigo Mr. Abraham Adams*, a la que se refirió como «poema épico cómico en prosa».

Pero Fielding es conocido sobre todo por *La historia de Tom Jones, el expósito*, novela que combina su interés por la naturaleza humana con un argumento que Samuel Taylor Coleridge calificó como uno de los más perfectos que se haya concebido. La obra, con su narrador entrometido, un gran elenco de personajes y una descripción panorámica de la vida inglesa en la década de 1740, narra la suerte del héroe desde sus orígenes humildes y misteriosos hasta que revela su verdadera identidad y consigue ser amante correspondido.

En 1748, cuando practicaba un periodismo político comprometido y redactaba folletos sobre cuestiones jurídicas importantes, fue nombrado juez de paz en Westminster. Desde esta posición, fundó, en Londres, el primer cuerpo policial efectivo, por lo que aún se le honra en el Nuevo Scotland Yard. Final apropiado, quizá, para alguien que había quedado —dentro del espíritu de *Tom Jones*— bajo custodia por disposición judicial al tratar de raptar a una heredera. **ST**

«Convierte el dinero en tu dios y te atormentará como un diablo.»

Obras destacadas

Novelas

Shamela, 1741

Joseph Andrews, 1742

Tom Jones, 1749

Amelia, 1751

ARRIBA: Aguafuerte (1762) de Henry Fielding, basado en un grabado de William Hogarth.

SAMUEL JOHNSON

Samuel Johnson, 18 de septiembre de 1709 (Lichfield, Staffordshire, Inglaterra); 13 de diciembre de 1784 (Londres, Inglaterra).

Estilo y género: Johnson aplicó un tono serio y moral a sus ensayos, ligero y satírico a sus novelas cortas, e ingenioso de viejo gruñón a sus epigramas.

Samuel Johnson es quizá una de las figuras señeras de la literatura inglesa del siglo XVIII, tanto por su personalidad como por su obra. Procedía de una familia empobrecida y se vio obligado a abandonar sus estudios después de un año en la Universidad de Oxford por no poder pagar las matrículas. Su título de «doctor Johnson» se debía a los grados académicos honorarios que le confirieron más tarde durante su vida tanto Oxford como el Trinity College de Dublín.

Más conocido por su obra precursora *A Dictionary of the English Language* y su novela corta *La historia de Rasselas, príncipe de Abisinia*, Johnson se estableció en el escenario literario londinense gracias a sus ensayos morales y filosóficos en la revista *The Rambler*, que fueron seguidos por sus sátiras en la serie de ensayos *The Idler*, que se burlaban de todo, desde la política y el matrimonio hasta la obsesión de los ingleses por el estado del tiempo. El *Diccionario* fue un empeño exigente al que dedicó nueve años. No había nada novedoso en la idea de producir una colección de todas las palabras de la lengua inglesa, pero su trabajo aportó profundidad en la investigación, exhaustividad y el empleo de citas de otros autores para ejemplificar las definiciones. Junto a la necesaria objetividad, Johnson imprimió su propio carácter en la obra. Al «patrocinador» lo define así: «Habitualmente, un desgraciado que da apoyo con insolencia y al que se paga con adulación». El «lexicógrafo» es «un escritor de diccionarios; un esclavo inofensivo».

No obstante, una parte significativa de la fama de Johnson se debe al trabajo de su biógrafo, James Boswell: en *Vida de Samuel Johnson* narró las mejores anécdotas conocidas sobre el biografiado, y sentó prácticamente las bases del género moderno de la biografía. **AS**

> «La cortesía recíproca de los autores es una de las escenas más risibles en [...] la vida.»

1700s

Obras destacadas

Ensayos

The Rambler, 1750-1752

The Idler, 1758-1760

Novela corta

La historia de Rasselas, príncipe de Abisinia, 1759

Poesía

Londres, 1738

La vanidad de los deseos humanos, 1749

Diccionario

A Dictionary of the English Language, 1755

ARRIBA: Retrato al óleo de Samuel Johnson (1775), por Joshua Reynolds.

JEAN-JACQUES ROUSSEAU

Jean-Jacques Rousseau, 28 de junio de 1712 (Ginebra, Suiza); 2 de julio de 1778 (Ermenonville, Francia).

Estilo y género: Rousseau fue un filósofo y novelista suizo que se hizo famoso por sus puntos de vista intransigentes ante la sociedad y la naturaleza humanas.

La profunda influencia que ejerció Rousseau, como filósofo de la política y como novelista, fue más allá de la Ilustración con la que estuvo en conflicto. Adquirió importancia primero como teórico social con su *Discurso sobre las ciencias y las artes*, escrito en 1750 para un concurso de ensayística, que ganó. El *Discurso*, y las obras que le siguieron, anunciaron una línea de pensamiento radicalmente fresca. Sus puntos de vista religiosos; su defensa de un mundo interior auténtico, vivido preferentemente en lugar de la conformidad con el entorno social externo; su argumento de que el ser humano en estado natural es inherentemente virtuoso y moral porque las instituciones políticas, e incluso las culturales, son inherentemente corruptoras; su énfasis en la libertad y en la igualdad individuales; su apertura a las sensaciones, llamaron la atención de filósofos como Diderot y Voltaire, y lo convirtieron finalmente en una figura importante en las luchas ideológicas que condujeron a la Revolución francesa.

Obras destacadas

Ensayo

Discurso sobre las ciencias y las artes, 1750

Novela

Julia, o la nueva Eloísa, 1761

Escritos políticos

El contrato social o *Principios de derecho político*, 1762

Escritos filosóficos

Emilio o *De la educacion*, 1762

Autobiografías

Las ensoñaciones del paseante solitario, 1782

Confesiones, Parte I, 1782

Confesiones, Parte II, 1789

ARRIBA: Retrato de Jean-Jacques Rousseau, por Maurice Quentin de la Tour (1704-1788).

DERECHA: Página de una de las colecciones de plantas disecadas de Rousseau.

ARRIBA: Ilustraciones del *Emilio* de Rousseau, Escuela francesa, siglo XVIII.

«El hombre ha nacido libre, y, sin embargo, en todas partes se encuentra encadenado.» Así comienza *El contrato social*, una de las obras más conocidas de Rousseau, en la que abogó a favor de la relación estrecha entre libertad y justicia, y por la soberanía de la voluntad colectiva. En su libro *Emilio*, tratado narrativo sobre la educación, manifestó sus opiniones filosóficas acerca del individuo, la naturaleza y la sociedad. Ambas obras fueron recibidas como una afrenta por las clases dirigentes religiosas y políticas, y fueron quemadas en Ginebra y prohibidas en París. Podría decirse que Rousseau nunca se recuperó de la vehemencia de esos ataques.

Su último libro, *Las ensoñaciones del paseante solitario*, está dedicado a la introspección y la autodefensa. Estructurado en torno a diez paseos, Rousseau debate, celebra las virtudes de la soledad, copia música y estudia botánica. Quedó inconcluso al morir, pero ofrece un retrato final conmovedor. **ST**

Mostrarlo todo

Rousseau consideró que su vida y sus escritos estaban interrelacionados, y se le atribuye a menudo la invención de la autobiografía moderna. En sus *Confesiones*, moldea el ser como algo irreductiblemente único, aunque sujeto a transformaciones. Con gran sensibilidad, no solo explora los acontecimientos de su vida, sino también sus propios sentimientos; no solo aborda las circunstancias externas, sino su efecto formador durante el desarrollo en la infancia, en sus creencias como adulto y en sus tendencias sexuales. Presenta su texto como «la historia de mi alma».

LAURENCE STERNE

Laurence Sterne, 24 de noviembre de 1713 (Clonmel, Irlanda); 18 de marzo de 1768 (Londres, Inglaterra).

Estilo y género: Sterne fue un novelista y clérigo inglés, famoso por sus novelas excéntricas y humorísticas; en particular, *Tristram Shandy*.

Obras destacadas

Novelas

Vida y opiniones del caballero Tristram Shandy, 1759-1767 (en entregas de nueve volúmenes)

Viaje sentimental por Francia e Italia, 1768

Laurence Sterne pasó su infancia en Irlanda y en Yorkshire, y fue educado en Cambridge para seguir una carrera eclesiástica; buena parte de su vida adulta la dedicó a su parroquia rural, y, en su última década, a escribir novelas ingeniosas y excéntricas. La primera obra que publicó fue un panfleto titulado *Un romance político*, pero fue *Vida y opiniones del caballero Tristram Shandy* la que lo hizo célebre. Esta obra fue criticada por su carácter subido de tono —jugaba con las convenciones narrativas—, pero en general fue considerada un triunfo literario. A pesar de sus pretensiones biográficas, tenía poco que decir acerca de la «vida y opiniones» del protagonista —aunque sí mucho que comentar sobre clases sociales, sexualidad y flaquezas familiares en el siglo XVIII—, y muy poco que ver con el argumento y los personajes. Las ganas conscientes de jugar de Sterne —como insertar dos páginas negras para conmemorar la muerte del «pobre Yorick»— inspiraron importantes ficciones experimentales del siglo XX, como el *Ulises* de James Joyce.

Sterne murió un año después de publicar *Viaje sentimental por Francia e Italia*. Enigmáticamente, su personaje principal y narrador, Parson Yorick, no solo había aparecido —y fallecido— en *Tristram Shandy*, sino que también figuraba como el otro yo del propio Sterne, quien firmó cartas y publicó sermones con ese nombre. Su última novela, producto de un viaje de siete meses por Francia e Italia, tiende a divagar, es desordenada y casi desprovista de argumento, y presenta una descripción irónica, y a veces ridículamente graciosa, de los excesos del culto a la sensibilidad. Como señalara Virginia Woolf, su «camino» pasa «a menudo a través de su propia mente, y sus aventuras principales [son]... las emociones de su propio corazón». **ST**

> «Comparados [con Sterne] los demás parecen rígidos, sosos, intolerantes [...]» Nietzsche

ARRIBA: ***Retrato de Laurence Sterne,*** **Escuela inglesa, siglo XIX.**

DIDEROT

Denis Diderot, 5 de octubre de 1713 (Langres, Haute-Marne, Champagne-Ardenne, Francia); 31 de julio de 1784 (París, Francia).

Estilo y género: Diderot fue editor y colaborador de la Enciclopedia, filósofo, escritor, librepensador y figura principal de la Ilustración francesa.

Denis Diderot fue uno de los grandes librepensadores de la Ilustración francesa cuyas ideas radicales y escritos innovadores desafiaron el pensamiento convencional de la época. Sus contribuciones al pensamiento de la Ilustración y a los fundamentos del liberalismo moderno prácticamente no han sido igualadas, pero sus creencias, complejas y enérgicas, fueron también incomprendidas o simplemente rechazadas. Abarcó en sus obras numerosos géneros literarios, desde piezas de teatro hasta novelas, traducciones y ensayos que abordan muchos temas, pero significativamente los relacionados con la religión y la política. Durante 25 años, trabajó como editor y colaborador de la monumental Enciclopedia. **TP**

Obras destacadas

Ensayos / Artículos enciclopédicos

Carta sobre los ciegos para uso de los que ven, 1749

Encyclopédie, ou dictionnaire raisonné des sciences, des arts et des métiers, 1751-1772

Teatro

El hijo natural, 1757

El padre de familia, 1758

Novelas

Jacques, el fatalista, 1796 (obra póstuma)

La religiosa, 1796 (obra póstuma)

1700s

TOBIAS SMOLLETT

Tobias George Smollett, 19 de marzo de 1721 (Dalquhurn, West Dumbartonshire, Escocia); 17 de septiembre de 1771 (Livorno, Toscana, Italia).

Estilo y género: Las novelas de Smollett personifican el espíritu de la Ilustración escocesa y oscilan entre la representación grotesca y la solución realista.

Tobias Smollett escribió teatro, crítica, estampas satíricas y libros de viajes, pero se le conoce sobre todo por sus novelas picarescas, *Las aventuras de Roderick Random* y *Las aventuras del peregrino Pickle*. Nacido en Escocia, en el seno de una familia terrateniente, quiso dedicarse a la medicina, pero en 1739 se estableció en Londres para emprender una carrera literaria.

Se le considera el progenitor de la novela moderna, en la que aparecen héroes con dialectos característicos que anticipan personajes literarios modernos como la Molly Bloom de James Joyce. Sus novelas también celebran el punto de vista individual, en una forma que anticipa la experimentación narrativa de Virginia Woolf con el fluir de la conciencia o monólogo interior. **SD**

Obras destacadas

Novelas

Las aventuras de Roderick Random, 1748

Las aventuras del peregrino Pickle, 1751

La vida y aventuras de sir Launcelot Greaves, 1760

Humphry Clinker, 1771

Libro de viaje

Viajes a través de Francia e Italia, 1766

GIACOMO CASANOVA

Giacomo Girolamo Casanova, 2 de abril de 1725 (Venecia, Italia); 4 de junio de 1798 (Dux, Bohemia [act. Duchov, República Checa]).

Estilo y género: Casanova narró lo mundano y lo lascivo de la sociedad de su tiempo en sus escritos autobiográficos, calificados de obscenos y eróticos.

Obras destacadas

Autobiografías

Mi fuga de las prisiones de Venecia, 1787

Historia de mi vida, publicada póstumamente en 1960

Es demasiado fácil asociar el nombre de Casanova solamente con el estereotipo del hombre que convirtió la búsqueda de la satisfacción sexual en una forma de arte. Conocido por sus contemporáneos como un individuo «sano y robusto», su autobiografía *Historia de mi vida* —escrita en francés con la esperanza de llegar a un público más numeroso— lo presenta como un bohemio en busca de aventuras.

Sus viajes satisficieron esa necesidad, pero también lo expusieron a los riesgos relacionados de la época. Por consiguiente, el escritor, al principio desconocido y sin dinero, terminó pasando las noches en pensiones de mala fama e inclinado al robo y a la violencia. A esto se sumaba su apetito sexual, tan incontrolado que ensombrece cualquier obra de literatura erótica contemporánea. La variedad de sus encuentros amorosos fue ecléctica. Una vez que se introdujo en los círculos aristocráticos venecianos a través de un noble local, la vida de Casanova sufrió grandes cambios que le trajeron, en general, poca angustia y mucha fama.

Uno de los incidentes más famosos de su vida temeraria fue su detención por las autoridades de Venecia, y su posterior e increíble fuga de la famosa prisión de Piombi, que revivió en algunos pasajes de la autobiografía con un sentido del ritmo y de la argumentación dignos de la mejor película de acción. De hecho, acomodó algunas de estas empresas de su existencia en lo que convirtió en su libro de mayor éxito durante su vida, *Mi fuga de las prisiones de Venecia.* A pesar de vivir exiliado de su amada Venecia, su reputación le precedió en cada visita que realizó a diversas cortes europeas, donde el autor desplegó su ingenio con respecto a la sexualidad, las finanzas e incluso la medicina. **FF**

«Se puede aprender mucho de las mujeres inexpertas.»

Historia de mi vida

ARRIBA: Retrato de Casanova, por Anton Raphael Mengs (1728-1779).

GOTTHOLD LESSING

Gotthold Ephraim Lessing, 22 de enero de 1729 (Kamenz, Alemania); 15 de febrero de 1781 (Brunswick, Alemania).

Estilo y género: Su Alemania natal era todavía un puzzle de estados independientes, pero Lessing contribuyó a la creación de una literatura alemana inconfundible.

Gotthold Lessing era hijo de un pastor luterano; pronto demostró dotes excepcionales para el estudio y aprendió griego, latín y hebreo en la escuela. Continuó estudiando teología en la Universidad de Leipzig, pero estaba mucho más interesado en la literatura, el arte y la filosofía. Para consternación de su familia, comenzó a escribir piezas de teatro, que se representaron en Leipzig. En una de ellas, *Los judíos*, condenó el antisemitismo.

Lessing vivió después en varias ciudades alemanas, incluida Berlín, donde alcanzó fama como crítico literario brillante. Gran admirador de William Shakespeare, ha sido llamado «padre de la crítica alemana» y considerado el primer dramaturgo alemán de importancia.

Trabajó también como traductor y estuvo empleado durante algún tiempo por Voltaire, hasta que discutieron. Sus obras teatrales han sido descritas como «drama burgués» y toman significativamente en serio la vida y los personajes de la clase media en lugar de concentrarse en la aristocracia, como era costumbre. Su pieza *Minna de Barnhelm*, aparecida en 1767, fue la primera comedia alemana ambientada en el mundo contemporáneo germano.

Lessing también escribió sobre pintura y filosofía. Defendió, dentro del espíritu de la Ilustración de su época, un cristianismo de la razón y no el dogmatismo clerical. Apoyó también la tolerancia hacia las demás religiones principales del mundo. En 1770 lo nombraron bibliotecario de la corte del duque de Brunswick, lo cual le proporcionó un ingreso fijo y eso le permitió casarse. Contrajo matrimonio con una viuda llamada Eva König, pero, lamentablemente, ella y su bebé varón murieron dos años después. Pasó sus últimos años infeliz y pobre. Fue enterrado en una fosa para indigentes. **RC**

«Se puede beber mucho, pero nunca lo suficiente.»

Prólogo a *Lieder*

Obras destacadas

Teatro

Los judíos, 1749

Minna de Barnhelm, 1767

Nathan el sabio, 1779

Ensayo

Laocoonte o los límites en la pintura y la poesía, 1766

ARRIBA: Retrato del autor alemán Gotthold Lessing (h. 1769).

BEAUMARCHAIS

Pierre-Augustin Caron de Beaumarchais, 24 de enero de 1732 (París, Francia); 18 de mayo de 1799 (París, Francia).

Estilo y género: Beaumarchais, creador del personaje de Fígaro, es tenido por mucho más que un dramaturgo. Fue educador, inventor, corredor de bolsa y editor.

Obras destacadas

Teatro
El barbero de Sevilla, 1775
Las bodas de Fígaro, 1785

El sirviente astuto, intrigante y lleno de recursos, y que constantemente demuestra ser más listo que su patrón, es un arquetipo que se remonta a los escenarios romanos, pero su ejemplo supremo es Fígaro, personaje creado para dos piezas teatrales de Beaumarchais que sirvieron de argumento para óperas de Gioacchino Rossini (*El barbero de Sevilla*) y Wolfgang Amadeus Mozart (*Las bodas de Fígaro*), que desde entonces han deleitado al público. Sus piezas se burlan de las clases superiores y muestran un sentimiento de compañerismo por los estamentos más bajos.

Caron fue hijo de un relojero parisino. De joven inventó un nuevo mecanismo de escape y, en 1756, se casó con la primera de sus tres esposas, una viuda rica, Madeleine Francquet, clienta de su padre. Era dueña de la propiedad rural de Beaumarchais, que aportó a su marido un apellido nuevo y de mayor grandeza; murió no mucho después de la boda. Para entonces, Beaumarchais, que era un instrumentista cualificado, ya se había ganado una plaza como profesor de música de las infantas de Luis XV.

En la corte, llamó la atención de un financiero rico, que le dio empleo en varias transacciones relacionadas con la trata de esclavos, y en la década de 1770 suministró armas a los estadounidenses durante su guerra para independizarse de los británicos. Luis XV y Luis XVI lo enviaron a Inglaterra y Austria en misiones secretas, y en la década de 1780 publicó la primera edición de las obras de Voltaire en 70 tomos, que le costaron una fortuna. Fue considerado sospechoso durante la Revolución francesa por sus vínculos con la corte, trató de vender mosquetes neerlandeses a los ejércitos revolucionarios y pasó un tiempo en prisión hasta que fue excarcelado gracias a la mediación de una antigua amante. **RC**

«Entre todas las cosas serias, el matrimonio es la mayor farsa.» *Las bodas de Fígaro*

ARRIBA: Retrato de Beaumarchais por Paul Soyer, basado en una obra de Jean-Baptiste Greuze.

RESTIF DE LA BRETONNE

Nicolas-Edme Rétif, 23 de octubre de 1734 (Sacy, Yonne, Francia); 2 de febrero de 1806 (París, Francia).

Estilo y género: Las novelas —sexualmente explícitas y a veces autobiográficas— y los ensayos de Restif abordan la vida campesina y de los bajos fondos.

Por su mezcla fuera de lo común de erotismo y fervor altruista por una reforma social le pusieron a Restif de La Bretone los motes de «Rousseau de los bajos fondos» y «Voltaire de las sirvientas». Nació con el apellido Rétif en una granja de la aldea de Sacy, en Borgoña. Fue el octavo de 14 hijos, y el mayor de la segunda esposa de su padre. Más tarde, añadió a su apellido el nombre de la granja —La Bretonne— para homenajear sus raíces campesinas. Después, modificó aún más la ortografía de su apellido con una ese —Restif— para dejar constancia de que la estabilidad era un elemento clave de su carácter. Era alguien «*qui est porté à rester, à ne pas avancer*» («con tendencia a permanecer, no a avanzar»).

A Restif no le interesó aquel mundo que se transformaba con rapidez en el que se encontró inmerso cuando se mudó a París, donde trabajó como tipógrafo y donde —según dijo— había tenido tantas mujeres como libros en su cuenta. Escritor compulsivo, escribió aproximadamente 250 volúmenes de cuentos, piezas de teatro, ensayos instructivos y fantasías utópicas. En *Le Pornographe* abogó por la libertad sexual y por la creación de burdeles administrados por el Estado. En *Monsieur Nicolas* plasmó su autobiografía en 16 tomos. Buena parte del resto de su obra posee tintes autobiográficos y se centra a menudo en la nostalgia por la inocencia y la seguridad de sus años de infancia en el campo junto a su adorada y encantadora madre, y a un padre cariñoso, aunque severo, a quien homenajeó en *La vida de mi padre*. Publicó también una gran cantidad de ensayos a favor de la reforma social. Las novelas de Restif, ambientadas como estaban entre las clases campesinas y los bajos fondos de París, no tuvieron buena acogida entre los lectores y los críticos más intelectuales. **RC**

«Voy a diseccionar al hombre común tal como Rousseau diseccionó la grandeza.»

Obras destacadas

Novelas

La vida de mi padre, 1779

Les Parisiennes, 1787

Autobiografía

Monsieur Nicolas, 1794-1797

Otras obras

Le Pornographe ou La prostitution réformée, 1769

ARRIBA: Detalle de un retrato de Restif, Escuela francesa, siglo XVIII.

MARQUÉS DE SADE

Donatien-Alphonse-François de Sade, 2 de junio de 1740 (París, Francia); 2 de diciembre de 1814 (Charenton, Francia).

Estilo y género: Sade fue un controvertido autor francés de obras sexuales y filosóficas que exploraron el lado más oscuro de la naturaleza humana.

Obras destacadas

Cuentos

Los crímenes del amor, 1800

Novelas

Justine o los infortunios de la virtud, 1791

Juliette o el vicio ampliamente recompensado, 1797

Las ciento veinte jornadas de Sodoma o la escuela del libertinaje, 1905

El marqués de Sade nació en el seno de una familia aristocrática, y su rango y su riqueza le garantizaban un futuro privilegiado, pero estuvo destinado a pasar la tercera parte de su vida en prisión. Fue encarcelado a petición de su suegra después de avergonzar a su familia con un escándalo público. Con una *lettre de cachet* (orden real de detención y encarcelamiento) fue enviado a prisión sin juicio previo y sin saber cuándo —y si alguna vez— sería excarcelado. Así, el marqués es —para algunos— símbolo de la opresión del Antiguo Régimen, pero sobre todo alguien que vivió una vida aventurera dedicada a la búsqueda del placer.

En la prisión, Sade canalizó sus energías hacia la escritura. En la Bastilla redactó *Las ciento veinte jornadas de Sodoma* en trozos de papel de 10 cm que fueron unidos con pegamento para formar un rollo que se podía ocultar fácilmente. Cuando tuvo lugar la toma de la Bastilla el 14 de julio de 1789, el manuscrito inacabado se perdió, pero apareció un siglo después. Sade fue excarcelado durante la Revolución francesa y publicó con su nombre *Los crímenes del amor* y, de forma anónima, *Jus-*

ARRIBA: Detalle de un grabado coloreado del marqués de Sade (h. 1830).

DERECHA: *Teresa, filósofa* (1748) fue una de las obras eróticas preferidas de Sade.

IZQUIERDA: Grabado por Eustache l'Orsay que representa al marqués de Sade en una pose característica.

tine o los infortunios de la virtud. Los cuentos cortos en *Los crímenes del amor* tratan los mismos temas que sus novelas (vicio, ateísmo, delincuencia), pero tienen finales moralistas. No obstante, la colección es parte del mejor trabajo de Sade.

Fue detenido con acusaciones falsas y condenado a muerte en 1793 durante el período conocido como el Terror. Sin embargo, cuando llegó el día de su ejecución, no pudieron encontrarlo, tal vez debido a un error burocrático o a un soborno. Al día siguiente, ejecutaron a Robespierre, lo que puso fin al Terror.

Sade fue exonerado, aunque quedó en la miseria. Publicó una versión ampliada de *Justine* junto con una novela sobre su hermana libertina, *Juliette o el vicio ampliamente recompensado*, que es la versión más completa de su filosofía disoluta.

En 1801 su editor lo traicionó y fue detenido como autor de obras obscenas. Lo enviaron a un manicomio porque se dijo que sufría «demencia libertina». Allí pasó el resto de su vida. **IJ**

Sade en el manicomio de Charenton

Charenton era una institución progresista donde Sade disfrutó de una libertad relativa. Marie Constance Quesnet, amante y compañera de muchos años, vivió a su lado bajo la falsa identidad de que era su hija. En 1805 el manicomio abrió un teatro, que dirigía Sade, como parte de un programa de terapias. Sade era un apasionado pero frustrado dramaturgo, pues sus piezas teatrales carecieron del fuego de sus novelas. El teatro del manicomio siguió la corriente de los intelectuales de París, hasta que surgieron objeciones y se suspendieron las representaciones en 1813.

PIERRE CHODERLOS DE LACLOS

Pierre-Ambroise-François Choderlos de Laclos, 18 de octubre de 1741 (Amiens, Francia); 5 de septiembre de 1803 (Taranto, Apulia, Italia).

Estilo y género: Laclos fue autor de una de las primeras novelas psicológicas: una de las más célebres, prohibidas y excepcionales del género epistolar.

A los 40 años, Pierre Choderlos de Laclos era miembro del ejército francés y había sido destacado en un aburrido puesto militar en la bahía de Vizcaya. Para pasar el tiempo, comenzó a escribir una novela ambientada en el corazón de la sociedad parisina. El libro, *Las amistades peligrosas*, adquirió un éxito literario sensacional.

En la obra, una pareja de aristócratas, el vizconde de Valmont y la marquesa de Merteuil, buscan nuevas diversiones para estimular sus vidas ociosas y frívolas, y se desafían para seducir a algunos inocentes recién llegados a la sociedad parisiense. Escrita en forma de epistolario entre estos dos personajes principales, *Las amistades peligrosas* revela los mecanismos psicológicos de cada personaje con eficiencia sorprendente, y demuestra las intenciones malévolas de Valmont y Merteuil y la confusión moral de sus víctimas. El editor ficticio que «recopiló» las cartas reivindica un fin didáctico y moral para el libro, pero la virtud no triunfa al final; por el contrario, el lector se ve abocado a admirar la fría inteligencia de los personajes. Desde la primera edición, fue considerada una obra escandalosa, y sería prohibida en Francia, en 1824, por inmoral.

Laclos produjo otras obras, pero ninguna ha podido igualar esta joya, ejemplo perfecto de la novela epistolar. Su *Carta a los señores miembros de la Academia Francesa* fue una condena directa al ejército, que le hizo perder su grado. Entró en la política en la década de 1780, movimiento peligroso en aquellos tiempos turbulentos, aunque sobrevivió a la Revolución francesa. Bajo Napoleón Bonaparte volvió al ejército y alcanzó el grado de general después de combatir en varias campañas. Murió de disentería y malaria cuando iba de camino hacia un destino en Nápoles, Italia. **CW**

Obras destacadas

Ensayo

De l'éducation des femmes, 1783

Novela epistolar

Las amistades peligrosas, 1782

Ópera

Ernestine, 1776

Otras obras

Carta a los señores miembros de la Academia Francesa, 1786

«Lo que usted llama felicidad no es más que un alboroto de los sentidos» *Las amistades peligrosas*

ARRIBA: Detalle de un retrato al pastel de Laclos con uniforme, siglo XVIII.

DERECHA: *Pareja abrazada*, por Georges Barbier, de *Las amistades peligrosas* (1930).

GEORGE BARBIER
MXMXXX

JOHANN WOLFGANG VON GOETHE

Johann Wolfgang von Goethe, 28 de agosto de 1749 (Frankfurt del Main, Alemania); 22 de marzo de 1832 (Weimar, Alemania).

Estilo y género: Goethe superó a todos en poesía, teatro, narrativa, ciencia, filosofía, pintura y política, y elevó a la cumbre la cultura literaria alemana.

Johann Wolfgang von Goethe fue una figura destacada del movimiento *Sturm und Drang* («tormenta e ímpetu») y del clasicismo de Weimar, que tendía a imitar a los clásicos griegos, y su influencia se extendió por toda Europa como representante emblemático del romanticismo.

Nació en un medio relativamente privilegiado y tuvo tutor privado antes de cumplir con los deseos de su padre y estudiar derecho en Leipzig. En la universidad prefirió asistir a clases de poesía en lugar de recitar antiguas leyes, perfeccionó su estilo literario y quemó varias obras que consideró inaceptables antes de comenzar a madurar su comedia *Los cómplices*. Su mala salud precipitó su regreso a Frankfurt antes de graduarse, pero, después de una convalecencia prolongada, viajó a Estrasburgo, donde concluyó sus estudios. Fue allí donde experimentó un despertar intelectual después de conocer al crítico literario y filósofo Johann Gottfried Herder, quien lo estimuló a observar el lenguaje y la literatura de modo científico, y a explorar los conceptos de «identidad nacional» y «canción popular», y el

Obras destacadas

Novelas

Las desventuras del joven Werther, 1774

Los años de aprendizaje de Wilhelm Meister, 1795-1796

Las afinidades electivas, 1809

Poesía

Elegías romanas, 1790

Hermann y Dorotea, 1798

Teatro

Götz de Berlichingen, 1773

Clavijo, 1774

Los cómplices, 1787

Egmont, 1788

Fausto: Parte I, 1808

Fausto: Parte II, 1832

Libro de viaje

Viaje a Italia, 1816-1817

ARRIBA: Detalle de *Goethe durante su viaje a Italia* (1788), por J. H. S. Tischbein.

DERECHA: *Despedida de Dorotea,* por H.M. von Hess, de *Hermann y Dorotea.*

ARRIBA: *Encuentro de Fausto con Margarita* (1860), por el pintor francés James Tissot.

genio de individuos como Martín Lutero para compararlo con el de otros intelectuales no alemanes como Shakespeare. Goethe viajó por Alsacia y se familiarizó con la tradición oral de las aldeas de habla alemana y con las raíces populares de su lengua natal, y ahondó así su deseo de escribir una obra germánica que contase con la aprobación de Herder. Esta le llegó gracias a su pieza de teatro *Götz de Berlichingen*, historia de un caballero imperial del siglo XVI. Su publicación fue significativa para la historia de la literatura, porque desencadenó un resurgimiento en toda Europa del teatro basado en la historia de naciones específicas, tal como se reflejó en la obra de Walter Scott, Victor Hugo y Alejandro Dumas.

«La decadencia de una literatura muestra la decadencia de una nación.»

Luego Goethe alcanzó nuevas alturas con la publicación de *Las desventuras del joven Werther*, novela que captó la atención

Omnipresencia de Fausto en la cultura popular

Pocas obras literarias han inspirado o han sido un punto de referencia tan constante para tantas mentes creadoras como el *Fausto* de Goethe. Desde su publicación, ha actuado como fuente de inspiración para incontables obras literarias, cinematográficas, artísticas y musicales.

Música

- El álbum *In Rainbows* de Radiohead incluye temas subyacentes de la leyenda de Fausto. En particular, las canciones «Faust Arp» y «Videotape», tema final, que incluye la frase: «Cuando Mefistófeles está justo debajo / y tiende la mano para agarrarme».
- Durante la gira *Zooropa* de U2, a principios de la década de 1990, el cantante Bono introdujo un personaje escénico al que llamó Señor MacFisto, versión libre del nombre de Mefistófeles.

Cine

- En la película *O Brother!* (2000), de los hermanos Coen, un personaje, Tommy Johnson, aparece brevemente e insiste en que ha vendido su alma al Diablo a cambio de poder tocar la guitarra. Además de las comparaciones con *Fausto*, refleja también la historia del pacto entre Robert Johnson, legendario cantante de blues de la región del Delta, cuando vendió su alma al Diablo para poder tocar.
- *El motorista fantasma* es un filme de 2007 basado en el superhéroe homónimo de la serie de cómics Marvel. Su personaje, Johnny Blaze —protagonizado por Nicolas Cage—, firma sin darse cuenta un contrato con Mefistófeles —Peter Fonda— para curar el cáncer de su padre y, a cambio, renuncia a su alma.

DERECHA: Cartel de una representación de *Werther* de Jules Massenet en París, en 1893.

de una generación y vinculó íntimamente al autor con el movimiento *Sturm und Drang*. Werther era un joven enfrentado con el mundo e incapaz de expresarse y de encontrar la felicidad. Su amor obsesivo por Lotte, ya comprometida, y su imposibilidad para superar el dolor de su rechazo, contribuyeron a que se suicidase de manera violenta. Goethe convirtió a Werther en el símbolo de las almas torturadas, una criatura demasiado sensible para el medio áspero en el que vivía y predestinado a la incomprensión. Se desarrolló todo un culto hacia la novela y centenares de jóvenes se identificaron con el personaje de Werther, muchos se vistieron con la chaqueta azul y los pantalones amarillos de su héroe, e incluso algunos llegaron a protagonizar suicidios por imitación.

Con su estrella en ascenso, Goethe aceptó un cargo como funcionario de la corte y consejero privado de Carlos Augusto, joven duque de Sajonia-Weimar-Eisenach en 1776. Durante diez años, sirvió diligentemente como asesor y ascendió a la nobleza, pero el genio creador quedó estancado por las funciones de Estado. Su amistad con el poeta y dramaturgo Friedrich Schiller marcó un período de productividad renovada. Para Goethe, significó añadir *Los años de aprendizaje de Wilhelm Meister*, novela sobre la realización personal, y el éxito de *Hermann y Dorotea*, narración acerca de los alemanes ordinarios y los efectos de la Revolución francesa.

Su obra maestra sin precedentes, *Fausto*, tragedia en la que Goethe estuvo trabajando durante casi toda su vida adulta, salió a la luz finalmente en sus últimos años. La primera parte presenta a Fausto, quien, en su búsqueda de la felicidad pacta con el Diablo, que asume la forma de Mefistófeles. Esto lo conduce al borde de la degradación moral después de que una relación amorosa con Margarita acabe en el infanticidio y la ejecución. La segunda parte —envuelta en un manto de alusiones clásicas, política, historia y psicología— presenta la redención de Fausto a través del amor divino de Margarita. Se trata de una obra de una asombrosa complejidad y audacia literaria, y podría decirse que alcanza la cumbre de la literatura alemana. **SG**

THEÂTRE NATIONAL DE L'OPERA COMIQUE
Drame lyrique
d'après
GOETHE
par M.M
Edouard Blau
Paul Milliet
et Georges Hartmann
WERTHER
Musique
de
J. MASSENET
En vente au MENESTREL 2bis Rue Vivienne
HEUGEL & Cie Editeurs pour tous Pays. PARIS
Sté DES IMPies LEMERCIER, PARIS

RICHARD SHERIDAN

Richard Brinsley Sheridan, 30 de octubre de 1751 (Dublín, Irlanda); 7 de julio de 1816 (Londres, Inglaterra).

Estilo y género: Sheridan fue un dramaturgo y político radical *whig*, famoso por sus comedias populares con diálogos ingeniosos y personajes caricaturescos.

Obras destacadas

Teatro

Los rivales, 1775

La escuela del escándalo, 1777

El crítico, 1779

Pizarro, 1799

Libreto

La dueña, 1775

Richard Sheridan fue enterrado en el Rincón de los Poetas de la abadía de Westminster, en Londres, aunque su carrera como dramaturgo duró solo hasta aproximadamente los 30 años. La política fue su primera vocación y ejerció de parlamentario hasta su muerte.

El padre de Sheridan era actor y gerente del Smock Alley Theater, y su madre, novelista y dramaturga, pero el joven Richard pasó la mayor parte de su juventud con una niñera. Sus padres, que huían constantemente del país para escapar de los acreedores, lo matricularon en una escuela inglesa con la esperanza de que aprendiera a «arreglárselas solo». Allí conoció a la cantante Elizabeth Ann Linely, con quien se casó en contra de los deseos de su padre, que lo repudió.

Sheridan empezó a escribir piezas de teatro para mantener a su nueva familia. Su primera obra, *Los rivales*, no tuvo éxito hasta que la reescribió y le asignaron el papel principal a un actor famoso. Sheridan consolidó su posición con *La dueña*, que abordaba el tema de los padres tiránicos y los matrimonios secretos; *La escuela del escándalo*, en la que se burla del sentimentalismo superficial; y *El crítico*, una sátira sobre el periodismo. Cuando obtuvo seguridad económica, se introdujo en la política como *whig* radical y se hizo amigo del político James Charles Fox y del político y escritor irlandés Edmund Burke.

«Por supuesto, nada es antinatural si no es físicamente imposible.» *El crítico*

Sheridan fue también un gran orador. Como en sus discursos —que defendían una política radical y revolucionaria—, sus obras teatrales denuncian y se burlan de los problemas políticos y sociales por medio de un diálogo ingenioso y de personajes originales. La más famosa de todas es la señorita Malaprop, origen etimológico del termino inglés *malapropism*, que designa el mal uso involuntario y —por lo tanto, cómico— de una palabra. **SD**

ARRIBA: Retrato al pastel (1788) de Richard Sheridan por John Russell (1745-1806).

FANNY BURNEY

Frances Burney, madame d'Arblay, 13 de junio de 1752 (King's Lynn, Inglaterra); 6 de enero de 1840 (Londres, Inglaterra).

Estilo y género: Burney fue una novelista inglesa, famosa por la agudeza de sus narraciones acerca de las mujeres y la sociedad del siglo XVIII.

En el transcurso de su vida extensa y rica en experiencias, Fanny Burney escribió cuatro novelas importantes, ocho obras de teatro, una biografía y varios tomos de diarios y cartas. Su padre, Charles Burney, fue un músico, profesor y erudito a quien dedicó una memoria reverente, su última obra. Aunque su familia la consideró una niña común y corriente, Fanny resultó ser una escritora prolífica. Escribió una primera novela manuscrita a los 10 años, que quemó después con varios poemas y cuentos, en un esfuerzo inútil para poner freno a «esta pasión por escribir», como la describió en sus memorias.

Sus primeros escritos los redactó en secreto, por lo que no debe sorprender que publicase su primera novela, *Evelina*, de forma anónima, y solo revelase la verdadera autoría a su padre cuando la obra contó con el favor del público. Algunos personajes destacados de la cultura —como el escritor y pensador Edmund Burke y el pintor Joshua Reynolds— dijeron haberla leído en una sola noche, mientras los críticos la describieron como «una de las producciones más vivaces, entretenidas y agradables de su género». Burney se creó así una fama, confirmada por el éxito de sus obras posteriores.

Las cartas y diarios de Burney, que narran su época como asistenta de cámara en la corte de la reina Carlota, su boda con un aristócrata francés emigrado y su período de residencia en Francia, han tenido un interés perdurable para los historiadores. Sin embargo, como novelista, se la reconoció más por su influencia en escritoras como Jane Austen y Maria Edgeworth que por sus propios méritos literarios. Aun así su obra revela algo mucho más sutil y más complejo de lo que sugiere la frase «escritora satírica jovial del período del rey Jorge III». **ST**

«Escrito por quien conoce lo más alto y bajo de la humanidad.» H. Thrale sobre *Evelina*

1700s

Obras destacadas

Novelas

Evelina, 1778

Camila, o un retrato de juventud, 1796

ARRIBA: Grabado por Evert A. Duyckinck basado en un retrato de Edward Burney.

WILLIAM BLAKE

William Blake, 28 de noviembre de 1757 (Londres, Inglaterra); 12 de agosto de 1827 (Londres, Inglaterra).

Estilo y género: Poeta, escritor y artista cuya obra se considera visionaria y progresista, los poemas de Blake están repletos de temas filosóficos y políticos.

William Blake es reconocido, actualmente, como uno de los talentos artísticos más creadores y visionarios de su época. Estuvo sumamente interesado en el misticismo y en el cristianismo, aunque se opuso a la religión de carácter oficial. Su fascinación por lo espiritual comenzó a la temprana edad de 10 años, cuando dijo haber experimentado la visión de un árbol cargado de ángeles en Peckham Rye, en Londres. Según su propio testimonio, visiones como esta le acompañarían durante toda su vida y le inspiraron la espiritualidad profunda que volcó en sus escritos e ilustraciones.

Estudió durante siete años con el grabador James Basire en Londres y en la Royal Academy. En 1782 se casó con Catherine Boucher, que lo ayudó a imprimir muchos de sus grabados y se convirtió en un apoyo emocional y espiritual inquebrantable. Un año después de su matrimonio, publicó su primera colección de poemas, *Esbozos poéticos*, y en 1784 inauguró un taller de impresión con su hermano Robert.

William continuó su trabajo como ilustrador y desarrolló nuevas técnicas de grabado e impresión, que utilizó para ilustrar la mayoría de sus obras escritas, incluidas *Cantos de inocen-*

Obras destacadas

Poesía

Esbozos poéticos, 1783
Cantos de inocencia, 1789
El matrimonio del cielo y del infierno, 1790-1793
Cantos de experiencia, 1794
El libro de Urizen, 1794
Milton, un poema, h. 1804-1811
Jerusalén, la emanación del gigante Albión, 1804-1820

Poemas

«Tiriel», 1789
Poemas de *El manuscrito Pickering* (h. 1802-1804)
«El viajero mental»
«La vitrina de cristal»
«Augurios de inocencia»

ARRIBA: Detalle de un retrato al óleo (1807) del poeta y artista William Blake.

DERECHA: La acuarela *Newton* (1795) revela la suspicacia de Blake ante la ciencia.

cia y *Cantos de experiencia*. Después de terminar esta última, publicó ambas obras juntas, para formar un cuerpo poético contrastante.

Cantos de inocencia exalta el mundo natural con entusiasmo infantil. *Cantos de experiencia* —escrito hacia el final de la Revolución francesa— presenta un tono más sombrío y aborda la pérdida de la inocencia como consecuencia inevitable de la comprensión adulta de la vida.

A partir de 1800, Blake trabajó en *Milton, un poema*. Parte de su prólogo se convirtió en un himno conmovedor, *Jerusalén*; y también en un libro extenso, visionario y profético, *Jerusalén, la emanación del gigante Albión*.

Durante toda su vida, Blake trabajó inmerso profundamente en la espiritualidad, y creyó con firmeza en la igualdad racial y entre ambos sexos, y en una humanidad abarcadora. Rechazó completamente la religión oficial, y algunos de sus comentarios provocaron indignación en su época.

Prefirió concentrase en el poder y los confines de la imaginación creadora. Su obra y su percepción del mundo tuvieron una influencia enorme sobre varias generaciones de escritores, artistas y músicos. **TP**

ARRIBA, IZQUIERDA: Blake ilustraba a menudo sus propias obras, como *Piedad* (1795).

ARRIBA: *El cordero*, plancha n.º 7 de *Cantos de inocencia y de experiencia* (1794).

El juicio de Blake

En 1803 Blake tuvo que sacar a la fuerza de su jardín en Felpham, West Sussex, al soldado John Schofield, que se hallaba borracho. Al parecer, estaba alterando el orden y orinando. Schofield alegó después que Blake había dicho: «Maldito sea el rey. Los soldados son todos esclavos», y lo acusó de agresión y de alta traición. La causa se juzgó en Chichester, pero Blake fue absuelto por falta de pruebas. Después del juicio, Blake se estableció de nuevo en Londres, y, más tarde, incluyó un dibujo de Schofield «con grilletes forjados por su propia mente» para ilustrar un pasaje de su obra maestra, el libro profético *Jerusalén*.

MARY WOLLSTONECRAFT

Mary Wollstonecraft, 27 de abril de 1759 (Londres, Inglaterra); 10 de septiembre de 1797 (Londres, Inglaterra).

Estilo y género: Mary Wollstonecraft fue una escritora y pedagoga inglesa que ha sido reconocida como la primera gran escritora feminista.

1700s

Obras destacadas

Escritos filosóficos

Vindicación de los derechos del hombre, 1790

Vindicación de los derechos de la mujer, 1792

Novela

María, o los agravios de la mujer, 1798 (publicada póstumamente)

Mary Wollstonecraft era la segunda de siete hijos de una familia campesina. Inteligente y vivaz, comenzó pronto a estudiar y a expresar las injusticias inherentes a la sociedad patriarcal. Fue sobre todo autodidacta, trabajó como institutriz, fundó su propia escuela y publicó un tratado sobre la educación de las niñas en 1787. Vivió en París durante la Revolución francesa, viajó por la península Escandinava y tuvo una relación desafortunada en París con Gilbert Imlay, aventurero estadounidense con el que concibió una hija. En Londres se adhirió al círculo relacionado con el editor Joseph Johnson, en el que se hallaba William Blake, el pintor suizo Henry Fuseli, el librero Tom Paine, y el político y escritor William Godwin, con quien se casó en 1797. Este matrimonio fue trágicamente efímero, pues Mary Wollstonecraft tuvo una segunda hija —la futura Mary Shelley— y murió poco después debido a las complicaciones del parto.

Su obra no ha quedado del todo ensombrecida por su vida extraordinaria. Tanto *Vindicación de los derechos del hombre* como *Vindicación de los derechos de la mujer* le reportaron mucha fama. El tema central de esta última fue dramatizado en *María,* novela que indaga en los destinos de una mujer «encarcelada» a perpetuidad por el matrimonio, y de otra atrapada por su clase social y la pobreza. La polémica relación que estableció Wollstonecraft entre la política y la vida privada también provocó hostilidad. En el clima conservador de finales de la década de 1790, fue considerada escandalosamente poco convencional, una «hiena con enaguas». Este sentimiento fue alentado involuntariamente por las memorias de Godwin con su narración a toda prueba de su vida —incluidos dos intentos de suicidio— y de su obra. Hoy, no obstante, Wollstonecraft disfruta de un seguro y bien merecido lugar en la historia. **ST**

«¿No fue el mundo una inmensa cárcel, y las mujeres nacidas esclavas? *María*

ARRIBA: Detalle de un retrato de Mary Wollstonecraft (h. 1793), por John Keenan.

DERECHA: ***Las mujeres marchan a Versalles el 5-6 de octubre de 1789,*** **Escuela francesa.**

FRIEDRICH SCHILLER

Johann Christoph Friedrich von Schiller, 10 de noviembre de 1759 (Marbach, Alemania); 9 de mayo de 1805 (Weimar, Alemania).

Estilo y género: Schiller fue un dramaturgo, poeta y filósofo romántico cuyos escritos sobre estética reavivaron el movimiento clasicista en Europa.

Obras destacadas

Teatro

Los bandidos, 1781
Don Carlos, 1787
Guillermo Tell, 1804
Wallenstein, 1796-1799
María Estuardo, 1800

Escritos filosóficos

Cartas sobre la educación estética del hombre, 1795

Friedrich Schiller fue el único varón de una familia con diez hijas. Aunque sus padres querían que fuese pastor de la iglesia, decidió estudiar medicina. Además, su amor por las obras de Jean-Jacques Rousseau y de Johann Wolfgang von Goethe le llevó a escribir *Los bandidos,* su primera pieza de teatro, en la que explora el conflicto entre dos hermanos aristócratas; uno es un estudiante rebelde, el otro es un intrigante que se las ingenia para heredar las propiedades del padre. La obra —donde desarrolla los temas de la libertad individual, la opresión política y la tiranía de los convencionalismos sociales— causó sensación cuando se representó por primera vez en 1782 en el Teatro Nacional, en Mannheim. Sin embargo, sus sentimientos protorrevolucionarios le parecieron excesivos a Carlos Eugenio, duque de Württemberg, y la obra fue suspendida en Stuttgart. Schiller fue detenido temporalmente y se le prohibió escribir piezas para teatro.

Schiller abandonó Stuttgart, pero no renunció a su visión política de la realidad. En la siguiente obra teatral, *Don Carlos, infante de España*, abordó la relación entre el rey Felipe II y su hijo. Tras su llegada a Weimar en 1789, Schiller conoció a Goethe, y aceptó un cargo de profesor de historia y filosofía en Jena. Entre 1793 y 1801, después de leer al filósofo Immanuel Kant, escribió una serie de ensayos en un intento por definir la actividad estética y su relación con la experiencia ética. Sus ensayos siguen influyendo en la filosofía moderna y en la crítica literaria. Schiller se interesó a lo largo de su vida por los ideales de la libertad humana en el arte, la filosofía y la historia. En1802, tres años antes de su muerte, fue incluido entre la nobleza, de ahí que se añadiese la palabra *von* a su nombre completo. **SD**

«No te pierdas en un tiempo distante, haz que se haga tuyo este instante [...]»

ARRIBA: Detalle de un retrato de Friedrich Schiller, Escuela alemana, siglo XIX.

MADAME DE STAËL

Anne-Louise-Germaine Necker, 22 de abril de 1766 (París, Francia); 14 de julio de 1817 (París, Francia).

Estilo y género: Germaine de Staël, novelista e intelectual, es una de las principales figuras del prerromanticismo francés.

Germaine de Staël era hija de Jacques Necker, famoso ministro de Finanzas de Luis XVI. Intelectual, comentarista política, conversadora y novelista, fue —con George Byron, Goethe y Walter Scott— una de las plumas más conocidas de su época, frecuentó los salones del París del siglo XVIII y ejerció una influencia política extraordinaria. En sus novelas vertió agudas observaciones políticas, pasó la mayor parte de su vida adulta exiliada lejos de París y suscitó en repetidas ocasiones la ira de Napoleón por sus puntos de vista críticos.

La publicación de *Delphine* en 1802, que dedicó a la «Francia silenciosa», le valió los primeros diez años de exilio, pero la experiencia de vivir en distintas capitales europeas aportó a su obra una perspectiva internacionalista característica y se le atribuyó haber desarrollado una nueva «ciencia de las naciones». Al principio, madame de Staël huyó a Alemania, donde conoció importantes figuras políticas e intelectuales como Goethe, Schiller y los hermanos Schlegel —August W. Schlegel sería el tutor de sus hijos—. *Alemania*, obra que Napoleón ordenó convertir en pulpa de papel porque «no era nada francesa», nació de esa experiencia.

La obra más influyente de madame de Staël, sin embargo, aportó ingenio y distinción a Italia, otra nación europea —según ella— pasada de moda. *Corinne* es una combinación de guía y novela, donde retrata el amor desventurado entre Corinne —retrato casi autobiográfico de una mujer genial con talento para la improvisación— y su igual, un viajero escocés, con una apreciación cálida del panorama cultural e histórico italiano. *Corinne* se ha convertido en un clásico del feminismo por poner al descubierto y condenar los privilegios patriarcales que se hallan entre los prejuicios nacionales. **ST**

«Sus obras son mi deleite y ella misma también [...] Debió de haber nacido hombre.» Lord Byron

Obras destacadas

Novelas

Delphine, 1802

Corinne, 1807

Otras obras

De la Littérature, 1800

Alemania, 1810

ARRIBA: Detalle de un retrato de madame de Staël, por A-L. Girodet de Roucy-Trioson.

1700s

FRANÇOIS CHATEAUBRIAND

François-Auguste-René, vizconde de Chateaubriand, 4 de septiembre de 1768 (St.-Malo, Francia); 4 de julio de 1848 (París, Francia).

Estilo y género: Novelista, apologista del cristianismo y destacado diplomático, Chateaubriand tuvo una poderosa influencia en la literatura francesa del siglo XIX.

Obras destacadas

Novela

Atala, 1801

Novela corta

René, 1802

Ensayo

El genio del cristianismo, 1802

Autobiografía

Memorias de ultratumba, 1848-1850

François Chateaubriand procedía de una familia noble bretona venida a menos y pasó la mayor parte de su infancia en su propiedad rural con su hermana Lucille. Más tarde, escribió una novela corta, *René*, que trata sobre los sentimientos incestuosos entre un joven y su hermana, y ha sido considerada un texto autobiográfico muy explícito.

El «padre del romanticismo francés» inició la moda del siglo XIX por los cuentos sobre amores desventurados y héroes melancólicos torturados con desaliento por vagas nostalgias insatisfechas. Aparte de sus escritos, Chateaubriand fue un luchador comprometido del lado de los realistas durante la Revolución francesa y, en la década de 1790, pasó un tiempo en Estados Unidos e Inglaterra. De regreso a París con nombre falso desde 1800, obtuvo gran éxito con su novela *Atala*, sobre una joven cristiana que ha jurado conservar su virginidad, pero se enamora de un indio americano en Luisiana y la desolación la lleva al suicidio.

Como reacción ante los ataques de la Ilustración contra la religión, escribió *El genio del cristianismo*, que recibió la aprobación de Napoleón Bonaparte cuando estaba restituyendo el catolicismo como religión del Estado francés. En consecuencia, Chateaubriand fue designado primer secretario de la embajada de su país en Roma. Después de la restauración borbónica en 1814, lo hicieron vizconde y comenzó también una prolongada relación con madame Récamier. En la década de 1820 fue embajador en Berlín y después en Londres, ministro de Relaciones Exteriores y embajador en Roma. En su obra más perdurable, la autobiografía *Memorias de ultratumba*, escrita para ser publicada póstumamente, repasa la historia francesa de su época, su amor por las mujeres y las bellezas de la naturaleza, teñido todo de una profunda melancolía. **RC**

«El escritor original es [...] aquel a quien nadie puede imitar.»

El genio del cristianismo

ARRIBA: Detalle de un retrato (1811), por Anne-Louis Girodet de Roucy-Trioson.

FRIEDRICH HÖLDERLIN

Johann Christian Friedrich Hölderlin, 20 de marzo de 1770 (Lauffen del Neckar, Alemania); 7 de junio de 1843 (Tubinga, Alemania).

Estilo y género: Hölderlin resucitó en su poesía el espíritu lírico de la antigua Grecia y desarrolló inquietantemente su creatividad sumido en la demencia.

La educación de Friedrich Hölderlin estuvo marcada por la muerte temprana de su padre. Su madre, hija de un pastor protestante, tenía la esperanza de que su hijo siguiese la estela del abuelo. Estudió filosofía y teología con una beca en Tubinga, donde fue condiscípulo de Hegel y Schelling. En 1794 fue a Jena y conoció al legendario Goethe. Al igual que otros escritores alemanes que querían eludir una carrera eclesiástica, durante diez años tuvo empleos poco seguros y trabajó como tutor particular en casas de familias adineradas.

La mayor parte de los críticos consideran que, cualquiera que haya sido su estado mental previo, Hölderlin había perdido la cordura por completo en 1806. Fue trasladado a la fuerza a Tubinga, donde quedó internado y pasó los siguientes 39 años de su vida en una torre —llamada actualmente Torre de Hölderlin— frente al río Neckar, hasta su muerte en 1843. Allí continuó escribiendo y optó por firmar sus poemas con el nombre de «Scardanelli». La poesía posterior a 1806 que se ha conservado fue descartada por los críticos, en general, por considerarla fruto de un loco, hasta el siglo XX, cuando empezó a ser valorada como su obra más fascinante.

Antes de su estancia en la torre, publicó aproximadamente setenta poemas en varias revistas, además de un volumen de traducciones de Sófocles y la novela epistolar *Hiperión o el eremita en Grecia*, revelación convincente del papel desempeñado por la antigua Grecia en la construcción de la imaginación de la Alemania moderna. En el siglo XX, eruditos tan dispares como el filósofo Martin Heidegger y el poeta John Ashbery han destacado la influencia poderosa y desconcertante de Hölderlin, que se ha asegurado un sitio singular en la historia de la poesía moderna. **JK**

> «Si tienes cerebro y corazón, exponlos uno a uno.»
>
> «Un buen consejo» (1797)

Obras destacadas

Novela

Hiperión, o el eremita en Grecia, 1797-1799

Poesía

Poemas de Friedrich Hölderlin, 1826

ARRIBA: Detalle de un retrato al pastel (1792) de Hölderlin, por Franz Karl Hiemer.

WILLIAM WORDSWORTH

William Wordsworth, 7 de abril de 1770 (Cockermouth, Inglaterra); 23 de abril de 1850 (Rydal Mount, Inglaterra).

Estilo y género: En los poemas románticos de Wordsworth está muy presente su región natal de los lagos, al noroeste de Inglaterra.

Obras destacadas

Poesía

Baladas líricas, 1798, 1800

Poemas, 1807

La excursión, 1814

El preludio, 1850

Ensayo

Essays upon Epitaphs, 1810

Los primeros años de la vida de Wordsworth fueron felices, a pesar de la muerte de sus padres y las prolongadas separaciones de sus queridos hermanos; en particular, de su hermana Dorothy. Su infancia en el Distrito de los Lagos, al noroeste de Inglaterra, le dejó una profunda impresión, que analizó extensamente en su poema épico «El preludio», iniciado durante un largo invierno alemán en 1799, ampliado en 1805 a 13 libros, y revisado de nuevo en 1850 antes de publicarse pocos meses después de su muerte. Este extraordinario poema sigue el curso de su vida hasta 1798. Abarca su estancia en Cambridge, un viaje a pie a través de Francia y los Alpes en 1790, el tiempo que pasó en Londres, y su estancia prolongada en Francia entre 1791 y 1792, que estimuló su apoyo entusiasta a la Revolución francesa —«Dicha fue vivir aquella alborada, / pero, ser joven, ¡era el mismo cielo!»—, aunque omitió mencionar su relación con Annette Vallon en Orleans, que tuvo como consecuencia el nacimiento de su hija Caroline. El título del poema no lo escogió Wordsworth, aunque es un «preludio» a su regreso a la tierra natal con Dorothy a finales de 1799, y a todo lo que vino des-

ARRIBA: Detalle de un retrato de Wordsworth (1840), por H. W. Pickersgill.

DERECHA: *Retrato de William y Mary Wordsworth* (1839), por Margaret Gillies.

ARRIBA: *Vista septentrional de la abadía de Tintern* en *Picturesque Illustrations of the River Wye* (1818), de Anthony Fielding.

pués: su residencia en Dove Cottage, en Grasmere —actualmente museo—, su matrimonio con Mary Hutchinson, la estabilidad de la vida familiar y la «restitución» del poder de su imaginación después de períodos de dolor y desorientación.

Sus primeras obras, como «El preludio», narran esas experiencias de un «correr salvaje entre las montañas» y de travesuras infantiles —desde hurtar embarcaciones hasta despojar los nidos de los pájaros—, que nutrieron el desarrollo de su imaginación. La naturaleza dejó sus «impresiones», y algunas de ellas quedarían latentes. «Hasta que estaciones más maduras las inspirasen / a impregnar y elevar el alma.» A finales de la década de 1790, Wordsworth había hallado los que serían sus temas característicos —la «música tranquila y triste de la humanidad»— y su voz poética.

> «El impulso de un bosque primaveral le enseñará más sobre el hombre que todos los sabios».

La colaboración con Coleridge

Baladas líricas, que pertenece a uno de los períodos más fértiles de la vida de Wordsworth, fue en sus orígenes un proyecto de colaboración con Coleridge para recaudar fondos para el viaje a Alemania de Wordsworth en 1798. La primera edición, que se publicó de forma anónima, incluyó como primer poema «La balada del viejo marinero» de Coleridge y, al final, «La abadía de Tintern» de Wordsworth.

Una segunda edición de 1800 añadió un tomo de poemas, principalmente de Wordsworth —que lo acreditaba como su autor— e incluyó un extenso prólogo. Fue un manifiesto crítico que defendía la condición experimental del proyecto y que se convirtió en un documento influyente en la historia de la teoría y la crítica literarias. El objetivo declarado de los poetas era, en primer lugar, «escoger incidentes y situaciones de la vida cotidiana para narrarlos o describirlos [...] con una selección del lenguaje que realmente usan las personas y [...] volcar sobre ellos un cierto color de la imaginación». El prólogo incluía dos de las frases más famosas de Wordsworth: que la poesía es «el desbordamiento espontáneo de sentimientos intensos» y que su origen se halla en «la emoción recordada con tranquilidad».

DERECHA: Manuscrito de «Los narcisos» realizado por Mary, esposa de Wordsworth.

En el famoso prólogo a *Baladas líricas*, Wordsworth defendió su interés por la vida y el lenguaje de las comunidades rurales, y argumentó que eran el vínculo instructivo entre «las pasiones esenciales del corazón» y «las formas bellas y eternas de la naturaleza». Por eso, se tiende a considerarlo un poeta de la naturaleza, pero su interés por el mundo natural es más complejo de lo que parece.

Más allá de los detalles topográficos, lo que busca Wordsworth es ver con el corazón y con la mente. Según afirma en «Versos compuestos pocas millas más allá de la abadía de Tintern»: «[...] con el ojo calmado por el orden / y el poder de la alegría, contemplamos / la vida de las cosas». Su estilo relajado y meditabundo, desarrollado a partir de su encuentro creativo con Samuel Coleridge, ha influido decisivamente en la poesía inglesa más tardía.

Etapa final de su vida y éxitos

Wordsworth vivió lo suficiente para revisar su obra poética, que se publicó en varias ediciones, aumentadas durante su vida para atemperar su radicalismo original y para llegar a ser poeta laureado.

En el punto culminante de su colaboración creadora con Coleridge en la década de 1790 —aunque posteriormente estuvo sometida a tensiones crecientes—, la valoración que hizo este de Wordsworth, como un poeta capaz de escribir «el primer poema auténticamente filosófico», contribuyó de manera significativa a consolidar su vocación poética. Nunca escribió el gran poema filosófico que Coleridge tenía en mente. «El recluso», que había sido concebido como un poema integral sobre el ser humano, la naturaleza y la sociedad, estaba —según Wordsworth reconoció finalmente— más allá de sus posibilidades para terminarlo. Por otra parte, «El preludio», al que se refirió como el «poema para Coleridge» y que iba a servir de prólogo o preliminares para aquella gran obra, es un sustituto adecuado: un monumento perdurable a su amistad y al éxito de Wordsworth como uno de los grandes poetas de la lengua inglesa. **ST**

To the Printer

(after the Poem (in the set under the title of "Moods of my own mind") beginning ~~"~~ "The Cock is crowing" please to insert the two following properly number'd & number the succeeding ones accordingly)

~~I wandered like a cloud~~

I wandered lonely as a Cloud
That floats on high o'er Vales and Hills,
When all at once I saw a crowd
A host of dancing Daffodils;
Along the Lake beneath the trees,
Ten thousand dancing in the breeze.

The Waves beside them danced, but they
Outdid the sparkling Waves in glee —
A Poet could not but be gay
In such a laughing company:
I gaz'd — and gaz'd — but little thought
What wealth the shew to me had brought.

For oft when on my couch I lie
In vacant or in pensive mood,
They flash upon that inward eye
Which is the bliss of solitude
And then my heart with pleasure fills,
And dances with the Daffodils.

Who fancied what a pretty sight
This Rock would be if edged around
With living Snowdrops? circlet bright!

WALTER SCOTT

Walter Scott, 15 de agosto de 1771 (Edimburgo, Escocia); 21 de septiembre de 1832 (Abbotsford, Roxburgh, Escocia).

Estilo y género: Scott fue un novelista y poeta romántico que quedó fascinado por la historia y las leyendas de Escocia, sobre las que basó muchas de sus narraciones.

Obras destacadas

Poesía

La dama del lago, 1810

Novelas

Waverley, 1814

Guy Mannering, 1815

Rob Roy, 1817

Ivanhoe, 1819

Kenilworth, 1821

Woodstock, 1826

Walter Scott fue el autor consumado de gallardas novelas románticas como la popular *Ivanhoe*, y narraciones como *Waverley*, ambientadas en torno a la historia de Escocia. Sus obras dramáticas y descriptivas reavivaron el interés por las Tierras Altas escocesas entre el público general de Inglaterra y en el exterior, además de popularizar el género de la novela histórica.

Scott produjo una gran cantidad de novelas, además de poesía y crítica literaria, y su ficción en prosa fue particularmente popular a lo largo su vida. Durante un período posterior a la Primera Guerra Mundial, su obra fue atacada y tildada de veleidosa, mal estructurada y carente de humor, aunque Scott, a partir de entonces, ha sido aclamado como maestro de la novela histórica. **TamP**

NOVALIS

Georg Friedrich Philipp von Hardenberg, 2 de mayo de 1772 (Oberwiederstedt, Alemania); 25 de marzo de 1801 (Weissenfels, Alemania).

Estilo y género: Novalis, fundador del romanticismo alemán, fue un poeta, filósofo y místico polifacético, que aportó formas de expresión literaria más libres.

Obras destacadas

Poesía

Himnos a la noche, 1800

Fragmentos

Blüthenstaub, 1798

Glauben und Liebe, oder Der König und die Königin, 1798

Novela

Enrique de Ofterdingen, 1802 (publicada póstumamente)

Novalis fue un protegido del dramaturgo y poeta Friedrich Schiller, a quien conoció cuando ambos estudiaban en la Universidad de Leipzig. Novalis se convirtió en una de las figuras más importantes del movimiento romántico alemán primigenio, y su poesía y su prosa expresan un sentido místico del significado simbólico de la vida. En 1795 se comprometió con la joven de 13 años Sophie von Kühn, cuya muerte por tuberculosis, dos años más tarde, lo afectó profundamente y motivó la escritura de la que sería su obra más famosa, *Himnos a la noche*: una serie de poemas en los que anhela la muerte para poderse reunir con su amada. Buena parte de la obra de Novalis quedó inacabada al morir —también de tuberculosis— a los 28 años. **HJ**

SAMUEL COLERIDGE

Samuel Taylor Coleridge, 21 de octubre de 1772 (Ottery St. Mary, Devon, Inglaterra); 25 de julio de 1834 (Londres, Inglaterra).

Estilo y género: Coleridge fue un poeta romántico inglés conocido por su obra maestra sobrenatural «La balada del viejo marinero».

Samuel Coleridge fue una figura brillante y precoz cuya imaginación quedó cautivada pronto por el espíritu revolucionario de su época. En 1795, durante una puja para recaudar fondos para establecer una comuna «pantisocrática» en Pensilvania, se le podía ver dando conferencias en Bristol sobre temas de actualidad —la trata de esclavos, la guerra con Francia— y haciéndose notorio como orador público apasionado y político radical; una imagen de la que acabaría renegando al final de su vida.

Durante este período, Coleridge conoció a Wordsworth y, aunque su amistad zozobraría más tarde, dio origen a los poemas por los que Coleridge es más conocido: «La balada del viejo marinero» y el sumamente simbólico «Kubla Khan», presuntamente redactado durante una alucinación inducida por opio en una granja apartada. Sin embargo, su innovación más perdurable fueron sus poemas «conversacionales», como «Helada a medianoche» y «La sombra de este tilo, mi cárcel». El estilo de estos poemas meditativos, que sigue el movimiento espontáneo del pensamiento imaginativo, tuvo una influencia profunda en Wordsworth y en la poesía inglesa posterior.

Por lo tanto, tan variados fueron los dones y las indagaciones de Coleridge —no solo como poeta, crítico literario y pensador religioso, sino como periodista, dramaturgo y filósofo— que sus logros son difíciles de resumir. A largo plazo, resulta tal vez irónico constatar que su impacto haya sido mayor en el mismo terreno que dejó a otros, la poesía. La promesa de su esplendor precoz fue minada por la enfermedad y una desilusión creciente —ambas exacerbadas por una dependencia progresiva del opio—, pero fue siempre, como lo describiera su amigo Charles Lamb al final de su vida: «un arcángel un poco lastimado». **ST**

«Es el único hombre que he conocido [...] con la imagen del genio.» William Hazlitt

Obras destacadas

Poesía

«La balada del viejo marinero», 1798

«Kubla Khan», 1816

«Helada a medianoche», 1798

Autobiografía

Biographia Literaria, 1817

ARRIBA: Detalle de un retrato de Samuel Coleridge (1804), por James Northcote.

JANE AUSTEN

Jane Austen, 18 de diciembre de 1775 (Steventon, Hampshire, Inglaterra); 18 de julio de 1817 (Winchester, Inglaterra).

Estilo y género: Austen es una novelista de popularidad imperecedera en cuyas novelas abundan las observaciones sociales agudas y los comentarios irónicos.

Los argumentos de las novelas de Jane Austen, con heroínas llenas de vida, atractivas y generalmente empobrecidas que son recompensadas con matrimonios felices y prósperos, no tuvieron nada que ver con la vida de la autora. Nació en el seno de la familia de un clérigo y se crió marginada de la aristocracia rural de Hampshire, nunca se casó y murió relativamente joven. Podría decirse que la película *La joven Jane Austen* es uno más entre los intentos recientes de vincular la vida y la obra de la autora, aunque es también un testimonio de la fuerza perdurable de su narrativa.

Austen, al aconsejar a un novelista en ciernes, sugirió que «tres o cuatro familias de un poblado rural es en lo que hay que trabajar». Esta fórmula se encuentra en el centro de todas sus novelas, que sintonizan cuidadosamente con la política social de un círculo reducido y, en particular, con un grupo de mujeres en una época en la que las costumbres hereditarias patriarcales convertían un buen matrimonio en una forma de supervivencia.

Sus novelas, que en apariencia tratan sobre la moral y las costumbres, revelan, no obstante, su don extraordinario para

Obras destacadas

Novelas

Sentido y sensibilidad, 1811

Orgullo y prejuicio, 1813

Mansfield Park, 1814

Emma, 1815

Persuasión, 1818 (publicada póstumamente)

ARRIBA: Retrato de Jane Austen (h. 1810) por su hermana Cassandra.

DERECHA: Grabado de las hermanas Bingley (1894) para *Orgullo y prejuicio*.

la sátira y el comentario social agudo y muestran también una tendencia hacia lo cómico y lo irreverente.

Austen infravaloró su técnica al describírsela a su sobrino como «un trocito de marfil (de 5 cm de ancho) que trabajo con un pincel tan fino que produce poco efecto después de mucho esfuerzo».

Pero esa atención meticulosa por lo cotidiano —que constituye precisamente su gran fuerza— dejó a sus novelas al margen de las tendencias culturales de su propia época y, posteriormente, de las del siglo XIX.

Lo que Margaret Oliphant calificó de «fina veta de cinismo femenino» no era lo que Mark Twain tuvo en mente cuando comentó: «Cada vez que leo *Orgullo y prejuicio* quiero desenterrarla y golpearle el cráneo con su propia tibia». Sin embargo, en el siglo XX, Austen alcanzó la importancia cultural merecida, y se ha convertido en un verdadero icono. **ST**

ARRIBA: Salón Pump en Bath (1806), por John Claude Nattes.

Homenaje de Kipling

En 1924 Rudyard Kipling publicó en la revista *The Storyteller* el cuento *The Janeites*, verdadero homenaje a la obra e influencia de Jane Austen.

Narra la historia de unos soldados británicos durante la Primera Guerra Mundial que viven en las trincheras y buscan escapar de los horrores de la guerra leyendo las obras de Austen.

Al igual que el propio hijo de Kipling, casi todos estos soldados mueren en la guerra. El único que sobrevive para contar su historia dice: «No hay quien alcance a Jane si estás en un lugar difícil».

E.T.A HOFFMANN

Ernst Theodor Wilhelm Hoffmann (**Wilhelm** fue sustituido por **Amadeus** en 1813), 24 de enero de 1776 (Königsberg, Alemania); 25 de junio de 1822 (Berlín, Alemania).

Estilo y género: Hoffmann, autor de cuentos fantásticos y grotescos, fue uno de los representantes más importantes del movimiento romántico alemán.

«Consejero del Tribunal de Justicia; excelente en sus funciones, como poeta, como músico, como pintor; dedicado a sus amigos.» El epitafio de E. T. A. Hoffmann resume la increíble vida de este genio del romanticismo. Hoy se le recuerda más por sus cuentos fantásticos —como «El hombre de arena»— que se convirtieron en superventas en su Prusia natal —la ciudad de Königsberg es hoy la rusa Kaliningrado— y en toda Europa.

En 1806, después de la derrota de Prusia frente a Napoleón, fue ocupada Varsovia, donde Hoffmann ejercía de funcionario de justicia; se negó a jurar lealtad al nuevo gobierno y decidió apostar por su vocación artística. Trabajó primero como director musical y, después, como dramaturgo en Bamberg. También escribió crítica musical para un diario de Leipzig, donde había publicado su novela corta *Caballero Gluck*.

Hoffmann fue restituido como funcionario judicial en Berlín tras la derrota de Napoleón, aunque, para entonces, la publicación de su colección de cuentos *Piezas fantásticas* (1814) ya le había dado fama literaria. *Piezas nocturnas*, publicada en 1817 con el mismo éxito, incluyó «El hombre de arena», cuento de terror en el que un joven perturbado mental se enamora de un autómata y acaba suicidándose. *Opiniones del gato Murr* constituye una parodia poco favorecedora de la aristocracia prusiana y de la burguesía berlinesa. Las sátiras de Hoffmann enfurecieron a sus superiores en más de una ocasión, y solo la muerte, en 1822, lo salvó de acatar medidas disciplinarias por burlarse de un comisario de policía en *Maese Pulga*. Sus novelas cortas inspiraron la ópera de Jacques Offenbach *Los cuentos de Hoffmann*. Su propia ópera, *Ondina*, había sido estrenada con éxito en Berlín en 1814 y ha sido considerada la primera ópera romántica alemana. **FGH**

Obras destacadas

Novelas

Los elixires del diablo, 1815

Opiniones del gato Murr, 1819-1821

Maese Pulga, 1822

Cuentos

Caballero Gluck, 1809

El hombre de arena, 1817

La princesa Brambilla, 1820

Ópera

Ondina, 1814

«Qué propensa es la humanidad a construirse techos artificiales para evitar mirar al cielo.»

ARRIBA: Grabado de Hoffmann (1821), por Johann Passini (1798-1874).

HEINRICH VON KLEIST

Bernd Heinrich Wilhelm von Kleist, 18 de octubre de 1777 (Frankfurt del Oder, Alemania); 21 de noviembre de 1811 (Berlín-Wannsee, Alemania).

Estilo y género: Las obras teatrales y las novelas cortas de Kleist tratan el amor, la violencia y la ilusión con una intensidad solo comparable con su vida.

Heinrich von Kleist nació en el seno de una familia noble prusiana y a los 15 años era miembro de la guardia de élite del rey. Sin embargo, su sed de saber y su aversión a la subordinación dieron al traste con su carrera militar. Viajero incansable y discípulo problemático de la Ilustración, halló sueños rotos en cada esquina. La fantasía —inspirada en Rousseau— de ser granjero en Suiza puso fin a su breve matrimonio cuando su esposa se negó a acompañarlo; y su intento de pasar desde Königsberg —hoy Kaliningrado— a Dresde acabó en una cárcel napoleónica por sospechas de espionaje. Sus piezas de teatro tuvieron poco éxito en vida y Goethe simplemente se negó a comprenderlo. Murió tras establecer un pacto suicida con Henriette Vogel, su alma gemela. **JK**

Obras destacadas

Teatro

La familia Schroffenstein, 1803

Pentesilea, 1808

Novelas cortas

La marquesa de O, 1808

Michael Kohlhaas, 1808

El desafío, 1811

Ensayo

Acerca del teatro de marionetas, 1810

STENDHAL

Henri Beyle, 23 de enero de 1783 (Grenoble, Francia); 23 de marzo de 1842 (París, Francia).

Estilo y género: Stendhal combinó sus ideas atrevidas y su hedonismo irónico con numerosos recursos literarios para sondear la condición humana y la sociedad.

En el centro de la novela *Rojo y negro* de Stendhal hay un joven cuyas batallas filosóficas reflejan la preocupación del autor por sus propias contradicciones. Su vida combinó la política —la carrera militar— con la literatura y períodos alternos de estancia en Italia y en París como niño mimado de los salones y del ingenio librepensador. Profundamente afectado por la muerte de su madre cuando contaba 7 años, la búsqueda del amor y de la felicidad se convirtió en su tema literario recurrente, y la interpretó en la realidad en una serie de relaciones sentimentales y un gran amor condenado al fracaso. En sus novelas se expresa en un estilo que combina el lirismo, la sátira, el cinismo, la esperanza y la perspicacia psicológica en una composición convincente. **AK**

Obras destacadas

Novelas

Armancia, 1827

Rojo y negro, 1830

La cartuja de Parma, 1839

Otras obras

Sobre el amor, 1822

Vida de Rossini, 1823

Paseos por Roma, 1829

THOMAS DE QUINCEY

Thomas de Quincey, 15 de agosto de 1785 (Manchester, Inglaterra); 8 de diciembre de 1859 (Edimburgo, Escocia).

Estilo y género: De Quincey, célebre escritor, ensayista y crítico, describió minuciosamente sus alucinaciones en *Confesiones de un comedor de opio inglés*.

Obras destacadas

Autobiografías

Confesiones de un comedor de opio inglés, 1822

Memorias de los poetas de los lagos, 1830-1840

Ensayo

El asesinato considerado como una de las bellas artes, 1827

La brillantez de Thomas de Quincey se hizo evidente desde una edad temprana. Tenía un don particular para los clásicos. A los 15 años hablaba y escribía griego con fluidez, y parecía estar predestinado a realizar una carrera académica magnífica. En 1800 ingresó en la escuela secundaria de Manchester con el fin de prepararse para obtener una beca en la Universidad de Oxford. Sin embargo, se fugó 18 meses después y vivió en la indigencia hasta que regresó junto a su familia e inició los estudios universitarios, que abandonó en 1807 sin graduarse.

Fue durante sus años en Oxford cuando comenzó a consumir opio; al principio, para aliviar dolores neurálgicos, aunque aumentaría gradualmente las dosis que usó durante toda su vida. Conoció y se hizo amigo de Samuel Taylor Coleridge en 1807 y se relacionó por mediación suya con los poetas Robert Southey y William Wordsworth. De Quincey se trasladó a la región de los lagos del noroeste de Inglaterra en 1809 y vivió durante unos diez años en Dove Cottage, la casa de Wordsworth. Una vez agotados sus medios económicos, se dedicó al periodismo durante los treinta años siguientes. En 1822 publicó *Confesiones de un comedor de opio inglés*, colección de narraciones autobiográficas en las que detalla los efectos de su adicción. Fue un éxito inmediato y su obra más famosa. Después, continuó escribiendo artículos, de los que publicó centenares sobre una amplia variedad temática. Desde 1853 hasta su muerte, trabajó en sus obras completas, que se publicaron con el título *Selections Grave and Gray, from the Writings, Published and Unpublished by Thomas de Quincey*.

> «He luchado con fervor religioso contra este embeleso fascinante [...]» *Confesiones*

La obra de De Quincey, que influyó en autores contemporáneos a su época como Edgar Allan Poe y Charles Baudelaire, sigue atrayendo a muchos lectores. **TamP**

ARRIBA: Litografía de Thomas de Quincey, Escuela inglesa, siglo XX.

LORD BYRON

George Gordon Byron, 22 de enero de 1788 (Londres, Inglaterra); 19 de abril de 1824 (Missolonghi, Grecia).

Estilo y género: Lord Byron, poeta romántico y satírico legendario, es casi tan famoso por su estilo de vida exótico y dramático como por su obra.

Lord Byron compuso algunas de las obras románticas más famosas e influyentes del siglo XIX. Su carácter y estilo de vida igualaron la literatura que produjo. En la vida privada de Byron se puede hallar todo un catálogo de turbulentas relaciones y varias acusaciones que abarcan desde el incesto hasta la pederastia. A pesar de estas imputaciones, sigue siendo la quintaesencia de la encarnación del héroe y del escritor romántico.

Byron llegó a Cambridge en 1805 y publicó enseguida su primera colección importante de poemas, *Horas de ocio*. El libro tuvo una mala acogida entre la crítica, y publicó la sátira *Bardos ingleses y críticos escoceses* como venganza. Inició un gran periplo por el Mediterráneo y comenzó a trabajar en *La peregrinación de Childe Harold*, cuyos dos primeros cantos se publicaron en 1812 y tuvieron un éxito inmediato. Fueron seguidos por *El corsario*, que vendió aproximadamente 10.000 ejemplares el primer día de su publicación. Durante ese mismo período, inició una relación escandalosa con lady Caroline Lamb, y se casó con Anne Isabella Milbanke, con quien tuvo a su hija Ada el mismo año, aunque la pareja se separó poco después. Para entonces, la vida privada de Byron había empañado su reputación entre la alta sociedad. Los rumores de una relación incestuosa con su hermanastra y las acusaciones por deudas lo acosaron hasta que, en 1816, abandonó Inglaterra, adonde nunca regresó.

«Es malo, malo, y peligroso conocerlo.» Lady Caroline Lamb acerca de lord Byron

Se instaló en Ginebra con Percy Bysshe Shelley, Mary Wollstonecraft Shelley y Claire Clairmont, y escribió *El prisionero de Chillon* antes de viajar a Italia, donde comenzó a trabajar en *Don Juan*. Vivió en Génova hasta 1823, cuando partió por mar hacia Grecia para combatir contra los turcos. Murió de fiebre en 1824, en Missolonghi, antes de participar en una nueva acción militar. **TamP**

Obras destacadas

Poesía

Bardos ingleses y críticos escoceses, 1809

La peregrinación de Childe Harold, 1812-1818

El corsario, 1814

El prisionero de Chillon, 1816

Beppo, 1818

Don Juan, 1819-1824 (incompleto)

Teatro

Manfredo, 1817

ARRIBA: Retrato de Byron con atuendo albanés (1813), por Thomas Phillips.

1700s

JAMES FENIMORE COOPER

James Fenimore Cooper, 15 de septiembre de 1789 (Burlington, Nueva Jersey, EE.UU.); 14 de septiembre de 1851 (Cooperstown, Nueva York, EE.UU.).

Estilo y género: Cooper, autor de novelas históricas y de aventuras marítimas y coloniales, fue crítico con las corrientes políticas y sociales de la época.

James Fenimore Cooper fue uno de los primeros novelistas estadounidenses de importancia, disfrutó de éxito internacional durante su vida y gozó del elogio en ambas costas del Atlántico. Sus novelas históricas, intensamente arrolladoras —en particular, sus descripciones de la vida en la frontera del oeste sin colonizar y de Estados Unidos—, dieron lugar a que lo considerasen el «novelista nacional» de su país. Aunque se trata de obras de ficción, sus libros constituyen todavía una fuente importante de información sobre este período destacado de la historia norteamericana.

Obras destacadas

Novelas

Precaución, 1820
El espía, 1821
Los pioneros, 1823
El último mohicano, 1826
El cazador de ciervos, 1841

ARRIBA: Detalle de un grabado de Cooper, por Julien Léopold Boilly.

DERECHA: Ilustración tomada de *El último mohicanos* (1826).

A pesar de ser un autor prolífico, la fama de Cooper se mantiene principalmente gracias a *El último mohicano*, que se hizo popular entre varias generaciones por sus adaptaciones cinematográficas. *El último mohicano* fue uno de los cinco libros que integran la serie Longstocking, que protagoniza un personaje llamado Natty Bumppo, un pionero del área de la Frontera que, con su individualismo tosco y su bravura, personifica el espíritu aventurero de la época, y que se convirtió rápidamente en héroe público. A través de estos libros, Cooper dibujó un cuadro romántico e históricamente inexacto de las relaciones entre las tribus autóctonas norteamericanas y los colonos blancos.

Al parecer, la casualidad llevó a Cooper a la escritura. En una ocasión, cuando leía en voz alta un libro a su esposa, lo puso a un lado y dijo: «Yo podría escribirte un libro mejor que este»; y ella le impulsó a hacerlo. Su primera novela, *Precaución*, fue bien acogida y refleja la influencia de las novelas históricas de Walter Scott, Amelia Opie y Jane Austen. Su segunda obra, *El espía*, ambientada durante la guerra de Independencia norteamericana, tuvo un éxito inmediato. Fue seguida por *Los pioneros*, primera de la serie Longstocking.

Cooper situó con frecuencia sus narraciones dentro del contexto de la historia estadounidense y abordó temas como los desafíos de la vida en la Frontera y el conflicto sobre la tierra, el desalojo de los nativos americanos por los colonos blancos, y las vivencias de los colonos leales a la corona británica durante la guerra de Independencia.

Durante la década de 1820, y en la cumbre de su fama, Cooper viajó a Europa con su familia y se quedó durante siete años. En este período escribió *Nociones de los americanos* (1829), y trabajó en cuatro libros de viajes. Regresó a Estados Unidos en 1833 y publicó al año siguiente *Carta a sus compatriotas*, en la que criticó el provincianismo. Estas obras, además de una serie de demandas judiciales que ganó contra periodistas, afectaron su popularidad, pero, a pesar de todo, su producción fue apreciada considerablemente y sigue siendo uno de los grandes autores estadounidenses. **TamP**

ARRIBA: **Edición de *El cazador de ciervos* (1925) publicada por Scribner's.**

Ciudadano impopular

La obra de Cooper no estuvo exenta de críticas. Mark Twain escribió un ensayo cáustico, *Las ofensas literarias de Fenimore Cooper*, en 1895. Los blancos principales de los ataques de sus críticos fueron el exceso de romanticismo, la ausencia de personajes femeninos creíbles y logrados, y el didactismo sobre sus puntos de vista personales, sociales y políticos. Con el paso de los años, los comentarios mordaces de Cooper sobre la política estadounidense y su percepción de una crisis de la democracia en el país —que detallara en su sátira crítica *El demócrata americano*, de 1838—, lo hicieron impopular en algunos círculos. Sin embargo, no se le despojó nunca de su posición como verdadero primer gigante literario y su popularidad se mantuvo incólume a pesar de los ataques de sus detractores.

FRANZ GRILLPARZER

Franz Grillparzer, 15 de enero de 1791 (Viena, Austria); 21 de enero de 1872 (Viena).

Estilo y género: Considerado el mejor dramaturgo austríaco, Grillparzer escribió también poesía lírica y prosa. La temática de sus obras gira en torno al mundo clásico, la historia medieval y una creencia firme en el individualismo.

Obras destacadas

Teatro

La antepasada, 1817
Safo, 1818
El Toisón de oro (trilogía), 1819
  El huésped
  Los argonautas
  Medea
Fortuna y fin del rey Ottokar, 1825
Las olas del mar y del amor, 1831
El sueño es una vida, 1834
¡Ay del que miente!, 1838

Franz Grillparzer es uno de los mejores autores austríacos. Aunque es más conocido como dramaturgo, escribió también poesía lírica, prosa y novelas cortas. Ambientó sus obras de teatro en épocas remotas de la historia, como la Antigüedad griega y la Edad Media, pero relacionándolas siempre con su propia época.

Escribió la primera pieza de teatro cuando era aún estudiante, pero fue *La antepasada*, tragedia del destino representada por primera vez en 1817, la que lo hizo famoso. Con la segunda obra, *Safo*, inspirada en la antigua Grecia, acrecentó su reputación y fue traducida a varios idiomas. Para escribir la trilogía *El Toisón de oro —El huésped*, *Los argonautas* y *Medea—*, de 1819, se basó en las leyendas griegas de Jasón y Medea.

En busca de inspiración en otro período histórico, Grillparzer produjo una serie de tragedias históricas, incluidas *Fortuna y fin del rey Ottokar*, que terminó en 1823, pero que no se pudo representar —o publicar— hasta 1825 por problemas con la censura. Las dificultades creadas por la censura de los tribunales austríacos le causaron una depresión, que se vio agravada por el fracaso de la relación con su prometida Katharine Fröhlich. A pesar del agravamiento de su estado mental, continuó y escribió sus dos mejores obras, *Las olas del mar y del amor* y *El sueño es una vida*. Como continuación de sus temas trágicos, en *Las olas del mar y del amor* —considerada como la mejor tragedia de amor que jamás se haya escrito en alemán— retoma la historia de dos amantes, Eros y Leandro.

«Cuando [...] una multitud fluye al interior [...] es tarea del poeta convertirla en público.» *Poemas*

Posteriormente, Grillparzer escribió la comedia *¡Ay del que miente!*, que tuvo una mala acogida, lo cual le llevó a renunciar a la publicación de más obras de teatro, aunque después de su muerte se encontraron tres piezas terminadas entre sus papeles. **HJ**

ARRIBA: Detalle de un retrato grabado de Franz Grillparzer (1820).

PERCY BYSSHE SHELLEY

Percival Bysshe Shelley, 4 de agosto de 1792 (Horsham, West Sussex, Inglaterra); 8 de julio de 1822 (en el mar, cerca de Livorno, Italia)

Estilo y género: Shelley fue el *enfant terrible* del movimiento romántico alemán. Vivió una vida agitada, pero produjo una poesía brillante y rigurosa.

1700s

Shelley nació en el seno de la clase dirigente inglesa, pero se mantuvo en continua rebelión contra ella en su corta vida. Después de su expulsión de Oxford en 1811 por la publicación de un panfleto ateo, se fugó con Harriet Westbrook, de 16 años, y dejó atrás su herencia. Vivió continuamente en una situación familiar improvisada e inestable. En 1814 abandonó a Harriet por Mary Godwin, quien sería después su segunda esposa. Shelley estuvo activo brevemente en la política radical, pero siempre mantuvo su compromiso con esta tendencia.

En 1818 se trasladó a Italia para escapar de sus acreedores y de un clima intelectual hostil. Había conocido a lord Byron en 1816, y ambos se convirtieron en las figuras más influyentes del círculo de exiliados nómadas que había huido de Gran Bretaña y optado por el hogar italiano. En el poema *Julian y Maddalo* detalla la complejidad de sus relaciones. Tanto Shelley como Mary padecieron períodos prolongados de depresión, agudizados por la muerte de sus hijos. No obstante, la producción literaria de Shelley fue intensa en estos años, y escribió una serie de grandes obras poéticas que mantienen el equilibrio entre su idealismo filosófico y político y su abatimiento personal.

Cumbres de sus poemarios son «A una alondra» y «Oda al viento del oeste». En el manifiesto poético póstumo *Defensa de la poesía* declaró que los poetas son «los legisladores no reconocidos del mundo». Buena parte de su propia poesía no encontró público durante su vida, pero aboga intensamente por el poder de la canción para traer un orden feliz al mundo. Como por arte del destino, se ahogó cuando viajaba a bordo de una embarcación a la que había cambiado el nombre por el de *Ariel* en homenaje al duendecillo travieso de *La tempestad* de William Shakespeare. **TM**

«Los poetas son los legisladores no reconocidos del mundo.» *Defensa de la poesía*

Obras destacadas

Poesía

«Reina Mab», 1813
«Mont Blanc», 1816
«Ozymandias», 1818
«A una alondra», 1820
«Oda al viento del oeste», 1820
«Adonais», 1821
«Epipsychidion», 1821
«Julian y Maddalo», 1824
«El triunfo de la vida», 1824

Ensayo

Defensa de la poesía, 1840 (publicado póstumamente)

ARRIBA: Detalle del *Retrato de Percy Bysshe Shelley* (1819), por Amelia Curran.

JOHN CLARE

John Clare, 13 de julio de 1793 (Helpstone, Northamptonshire, Inglaterra); 20 de mayo de 1864 (Northampton, Inglaterra).

Estilo y género: Clare fue un poeta rural inglés cuyos orígenes humildes y su caída en la locura ensombrecieron sus éxitos literarios.

Obras destacadas

Poesía

Poemas descriptivos sobre la vida en el campo, 1820

El trovador aldeano y otros poemas, 1821

El almanaque del pastor y otros poemas, 1827

La musa rural, 1835

John Clare fue el más auténtico de los «poetas campesinos» que se hicieron populares durante la década de 1820. Provenía de una familia de orígenes muy humildes. Nació en la zona rural de Northamptonshire y era hijo de un trabajador agrícola, adquirió una formación básica en la escuela y tuvo que ayudar a su padre en el trabajo desde los 7 años de edad. Fue un lector voraz y sin criterio, comenzó a escribir poemas a los 13 años, y, en 1817, intentó publicar un volumen mientras trabajaba de jardinero.

Aunque no pudo obtener suscriptores, llamó la atención de los editores de John Keats, que le publicaron *Poemas descriptivos sobre la vida en el campo*, en 1820, obra que obtuvo un éxito inmenso y le permitió ganar lo suficiente para casarse. Publicó entonces *El trovador aldeano y otros poemas*, pero volvió a trabajar para mantener a su creciente familia numerosa. Tardó en preparar su siguiente selección de poemas, *El almanaque del pastor y otros poemas*, un nuevo fracaso comercial y para la crítica, principalmente, debido a que escribía lo que pensaba que querían sus editores y el público en lugar de hacerlo libremente. Pero las tensiones de sus fracasos literarios afectaron su frágil equilibrio psicológico. En 1837, dos años después de su última publicación, *La musa rural*, fue ingresado en un manicomio en Essex, del que se fugaría, para volver a ser internado en un establecimiento psiquiátrico en Northampton. Allí pasó el resto de su vida, escribiendo ocasionalmente, pero padeciendo alucinaciones.

«Anhelo el paisaje que el hombre no ha pisado [...] ni la mujer ha sonreído ni llorado.»

Sus poemas fueron, en gran parte, ignorados durante su vida, pero pasaron una reevaluación crítica en el siglo XX, y actualmente se consideran como extraordinarias e insuperables evocaciones poéticas del paisaje y de la vida rural. **PS**

ARRIBA: Detalle de un grabado del poeta inglés John Clare.

DERECHA: *La esclusa*, por John Constable; la vida rural que Clare describió en verso.

JOHN KEATS

John Keats, 31 de octubre de 1795 (Londres, Inglaterra); 23 de febrero de 1821 (Roma, Italia).

Estilo y género: Keats fue un poeta romántico inglés, coetáneo de Lord Byron y Shelley, cuyos versos intensos buscaban captar «la verdad de la imaginación».

La breve vida de John Keats estuvo dominada por la inseguridad económica, pero, a pesar de esto, abandonó una prometedora carrera de médico para dedicarse a la poesía. Su padre murió cuando Keats tenía solo 8 años, y la tuberculosis mató a su madre, a su hermano y, finalmente, al propio Keats, cuando empezaba a despuntar como poeta, a la edad de 25 años.

En los últimos meses de su vida, Keats realizó un viaje a Italia en un intento por aliviar los síntomas de su enfermedad, y dejó atrás a su prometida, Fanny Brawne, a sabiendas de que no regresaría. La brevedad y la intensidad de su carrera literaria han convertido a Keats, sin duda, en la quintaesencia del poeta romántico.

Desde sus primeros sonetos hasta su poema inconcluso «Hiperión», la obra de Keats fue siempre muy rigurosa intelectualmente. En el siglo XIX, su poesía —en particular, «La bella dama sin piedad» e «Isabel o la maceta de albahaca»— influyó en varios grupos de intelectuales, incluidos los prerrafaelitas y los simbolistas. En el siglo XX, las odas de Keats siguieron ejer-

Obras destacadas

Poesía

Poemas, 1817

Endimión, 1818

Lamia y otros poemas, 1820

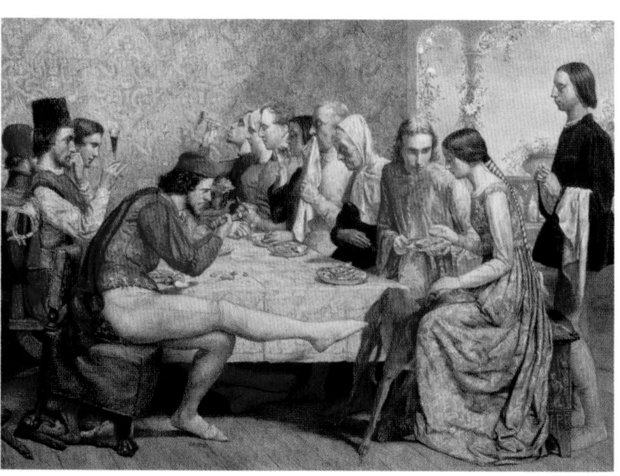

ARRIBA: Miniatura de John Keats pintada por su amigo Joseph Severn en 1819.

DERECHA: *Isabel* por J.E. Millais (1848-1849), inspirado en el poema de Keats de 1818.

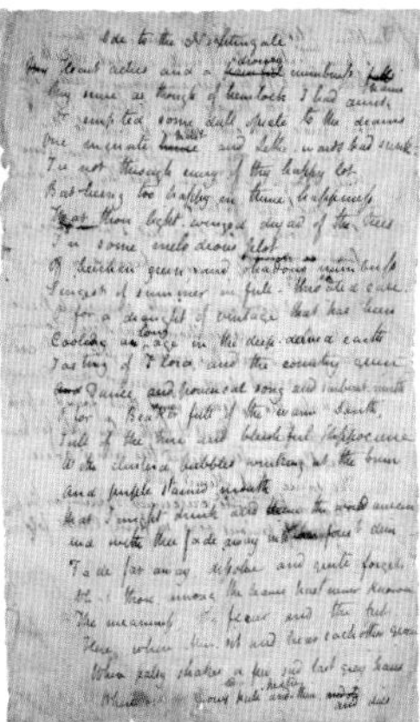
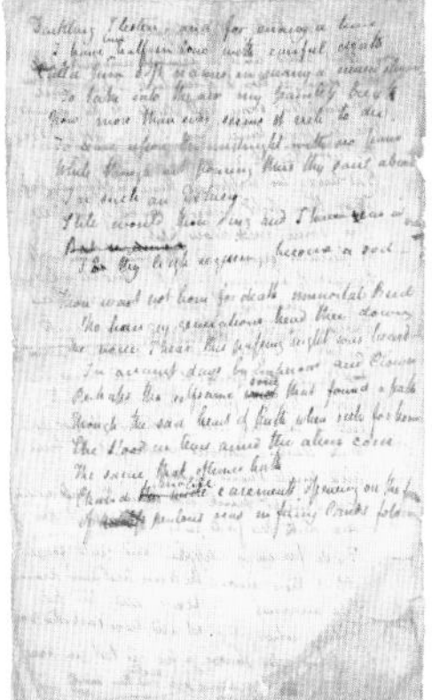
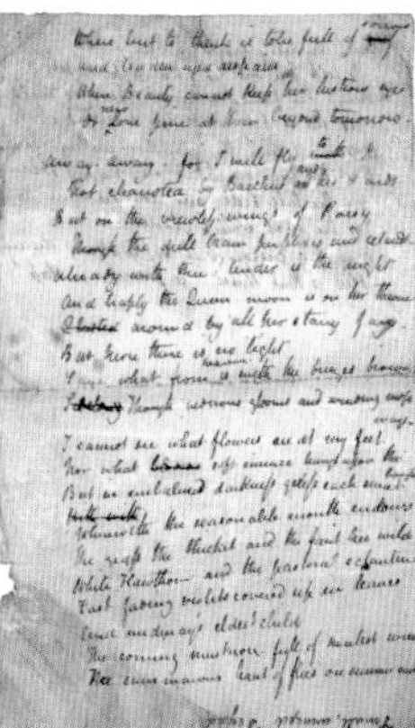
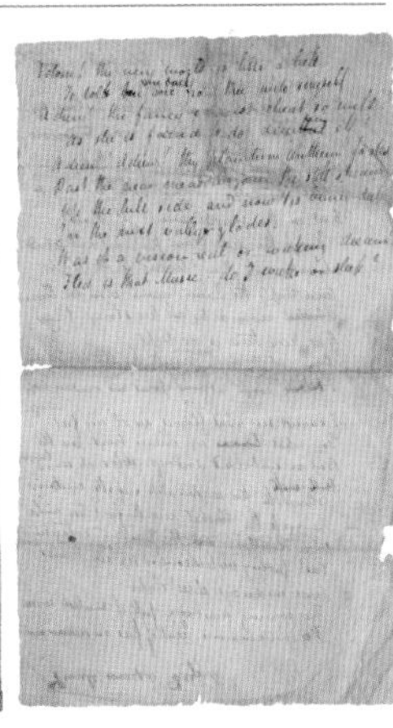

ciendo una influencia enorme entre escritores y críticos. Los enigmáticos versos finales de su «Oda a una urna griega» —«La belleza es verdad, y la verdad, belleza... Nada más / se sabe en esta tierra y no hace falta saber más»— se encuentran entre los más comentados —y debatidos— de la poesía inglesa.

Keats fue una persona llena de vida, inteligente y muy comprensiva, y estableció estrechas relaciones con otros escritores y figuras culturales influyentes como Leigh Hunt. Conoció a Hazlitt, Wordsworth y Shelley. Su amigo John Hamilton Reynolds recordaba que tenía «la mayor fuerza poética entre todos desde Shakespeare».

A pesar del reconocimiento creciente de su talento, los primeros libros de poesía que publicó —*Poemas* y *Endimión*— provocaron desdén con comentarios acerca de su origen humilde, sus pretensiones «arribistas» y sus «rimas de barrio obrero». Shelley, en su poema elegíaco *Adonais*, en homenaje a Keats, dijo en su defensa que «donde abunda el cancro» no resulta extraño que la «tierna flor» de su genio fuese «infestada siendo aún capullo».

También el propio Keats rechazó dichos ataques diciendo que se trataba de «una sencilla cuestión del momento. Creo que después de mi muerte me incluirán entre los poetas ingleses». Y tenía razón. **ST**

ARRIBA: Manuscrito de la «Oda a un ruiseñor» (1819) de Keats.

Un hombre epistolar

Las cartas de Keats son la expresión refinada de una inteligencia crítica excepcional, y contienen reflexiones sobre la poesía, incluida su famosa definición de la «capacidad negativa» —cualidad que poseen los «hombres de éxito»— y axiomas sugerentes: «Yo pienso que la poesía debe sorprender por su exceso delicado y no por la singularidad. Debe suponer para el lector una formulación con palabras de sus propios pensamientos más elevados y semejar casi un recuerdo...». Y concluye: «Si la poesía no brota de forma tan natural como las hojas en los árboles, es preferible que no nazca».

MARY SHELLEY

Mary Wollstonecraft Godwin, 30 de agosto de 1797 (Londres, Inglaterra); 1 de febrero de 1851 (Londres, Inglaterra).

Estilo y género: Mary Shelley, hija de los grandes escritores Mary Wollstonecraft y William Godwin, prácticamente inventó la ciencia ficción con *Frankenstein.*

1700s

Mary Shelley sobrevivió a su esposo —el poeta Percy Bysshe Shelley— casi treinta años, período en el que conservó su legado y crió a su hijo escribiendo novelas sobre gente rica, a pesar de la oposición de su familia. Aunque su producción literaria entre 1822 y 1851 fue considerable, se la recuerda principalmente por *Frankenstein, o El moderno Prometeo.*

Mientras el cine de terror de la compañía Hammer Film Productions perpetuaba la fama del doctor Frankenstein, de su monstruo y de la novia no literaria de este, la atención se dirigió hacia otras obras de Mary Shelley. Ha sido restituida dentro de su medio literario, no solo por la famosa sesión narrativa en Villa Diodati junto al lago Ginebra que inspiró la novela *El vampiro* de John Polidori, sino también dentro del ambiente doméstico de sus padres, los reformistas sociales y escritores Mary Wollstonecraft y William Godwin.

Mary Wollstonecraft murió de parto, pero su legado feminista se puede apreciar en las novelas de su hija Mary Shelley, centradas en la cuestión espinosa de lo que constituye la humanidad dentro del estilo gótico de la época. Shelley, que abortó varias veces y muchos de cuyos hijos murieron en la infancia, transmitió su experiencia como madre en *Mauricio o La cabaña del pescador*, novela corta inédita.

El legado de Godwin se percibe en el deseo del monstruo de tener una educación y en los debates políticos de la novela apocalíptica *El último hombre*, en la que un lord Byron apenas disimulado gobierna una Gran Bretaña asolada por una epidemia. La novela está enmarcada dentro de una visita a la cueva de la Sibila, donde la narración se encuentra en unas hojas arrastradas por el viento. La obra de Mary Shelley es igualmente profética y fue también desatendida. **SM**

> «Yo presento al público mis últimos descubrimientos en las hojas de Sibila». *El último hombre*

Obras destacadas

Novelas

Frankenstein, o El moderno Prometeo, 1818

El último hombre, 1826

Cuentos infantiles

Mauricio, o La cabaña del pescador, 1998 (publicado póstumamente)

ARRIBA: Detalle de un retrato de 1818 de la novelista gótica Mary Shelley.

DERECHA: Ilustración por Theodor M. von Holst del *Frankenstein* de Mary Shelley.

HEINRICH HEINE

Christian Johann Heinrich Heine, 13 de diciembre de 1797 (Düsseldorf, Alemania); 17 de diciembre de 1856 (París, Francia).

Estilo y género: Heine fue un poeta romántico y periodista político judío-alemán que combinó su ingenio devastador con una versatilidad lírica incomparable.

Ningún autor alemán ha tolerado la tensión entre el arte y la política con el mismo ingenio punzante y desenfado trágico que Heinrich Heine. Nació en 1797 en el seno de una familia judío-alemana. El joven poeta fue heredero del romanticismo estético y nostálgico, al que quiso devolverle su dimensión política. Muchos de sus poemas líricos fueron musicalizados por Robert Schumann y otros compositores, y gracias a ellos Friedrich Nietzsche consideró a Heine como el primer artista en lengua alemana.

Heine, que trabajó de joven como comerciante, se graduó en derecho en 1825. Se convirtió al luteranismo en un intento por sortear la exclusión institucional de los judíos en Alemania, pero su condición de intruso siguió marcando decisivamente sus innovaciones literarias. Como poeta, desmitificó el alemán literario al infundirle el lenguaje cotidiano. Como periodista, convirtió la novela por entregas —desdeñada por las figuras consagradas del mundo literario de su época— en una forma de arte cargada de política. Bajo la presión de las leyes de prensa alemanas, Heine partió al exilio en París después de la revolución de julio de 1831. Cuatro años más tarde, su obra, con la de otros miembros del movimiento Joven Alemania, fue explícitamente prohibida en Prusia y Austria, pero los desesperados esfuerzos de las autoridades para reprimirlas no pudieron evitar que su voz llegase hasta los activistas revolucionarios de la Europa de la Restauración.

«Me importa poco que mis poemas sean celebrados o censurados.»

Las palabras proféticas que, en el año 1849, le dirigió su admirador húngaro Karl-Maria Kertbeny, se cumplieron: «Usted perecerá con Europa, pero la juventud noble y sana lo llevará al mundo nuevo, donde ocupará un lugar en el nicho de los dioses tutelares». **JK**

Obras destacadas

Poesía

Libro de canciones, 1827
Antología poética, 1844
Alemania, un cuento de invierno, 1844

Otras obras

Viaje por el Harz, 1826
Cuadros de viaje, 1826-1831
Französische Zustände [artículos sobre la situación política de Francia y Alemania], 1832
La escuela romántica, 1836

ARRIBA: ***Retrato de Heinrich Heine*** **(1831), por Moritz Daniel Oppenheim (1800-1882).**

ALEXANDR PUSHKIN

Alexandr Serguéievich Pushkin, 6 de junio de 1799 (Moscú, Rusia); 10 de febrero de 1837 (San Petersburgo, Rusia).

Estilo y género: La obra literaria de Pushkin es bellamente lírica, con argumentos detallados y temas políticos abordados con astucia y tensión dramática.

La vida de Alexandr Pushkin estuvo llena de contrastes. Casi inmediatamente después de haber publicado su primer poema, se le consideró un genio de la literatura; sin embargo, algunos siempre lo despreciaron por el color de su piel. Su bisabuelo fue un esclavo africano, favorito del zar Pedro I el Grande, quien lo encumbró a la aristocracia.

Su «Oda a la libertad» —escrita a los 20 años— alarmó tanto al zar Alejandro I que lo obligó a exiliarse lejos de Moscú, aunque el destierro se disimuló bajo el disfraz de una misión administrativa. Sus escritos políticos fueron tan convincentes que, durante el levantamiento decembrista de 1825, los rebeldes llevaban ejemplares de su obra. Pushkin no formaba parte de ese movimiento, pero destruyó sus trabajos por temor a ser acusado.

La vida amorosa del poeta fue tormentosa debido a sus relaciones con mujeres casadas. En 1831 contrajo matrimonio con Natalia Goncharova, con la que tuvo cuatro hijos. Vivieron siempre por encima de sus posibilidades mientras trataban de mantener la falsa imagen de un estilo de vida colmado de riqueza. En 1834 conocieron a George d'Anthès, militar que envidiaba a Pushkin y adoraba a Natalia. Pushkin soportó durante dos años las provocaciones de D'Anthès, que afirmaba públicamente —aunque no había pruebas— que había seducido a Natalia, hasta que se retaron a un duelo en el que Pushkin murió con 37 años.

Irónicamente, el argumento de su obra más célebre, *Eugenio Oneguin*, gira en torno al duelo entre dos enamorados rivales. Después de su muerte, las autoridades temieron el resurgimiento de la rebelión por el desconsuelo del pueblo ruso. Pushkin no fue honrado públicamente como gran figura literaria hasta tres décadas más tarde. **LH**

«Haz planes para vivir. Mira, todo es polvo y vamos a morir.»

«Ya es hora, amigo»

Obras destacadas

Poesía

Ruslan y Ludmila, 1820
Oda a la libertad, 1820
Eugenio Oneguin, 1825-1832
El jinete de bronce, 1833

Teatro

Boris Godunov, 1831
Mozart y Salieri, 1830

Novela

El negro de Pedro el Grande (inacabada), 1827

ARRIBA: Retrato de Pushkin copiado por A. P. Yelagina de un original de V. A. Tropinin.

HONORÉ DE BALZAC

Honoré de Balzac, 20 de mayo de 1799 (Tours, valle del Loira, Francia); 18 de agosto de 1850 (París, Francia).

Estilo y género: Balzac, novelista y dramaturgo, es uno de los fundadores del realismo.

Honoré de Balzac fue un escritor prolífico durante toda su vida y publicó con seudónimo algunas de sus obras —como la escandalosa *El vicario de las Ardenas*, que firmó como Horace de Saint-Aubin, y en la que figura un sacerdote casado y se hacen alusiones al incesto—, además de otras anónimas. Sin embargo, el grueso de su obra, con el título genérico *La comedia humana*, apareció con su nombre y es una de las hazañas más complejas y asombrosas de la literatura realista. Se trata de un conjunto de casi un centenar de novelas que describen en colores vivos y descarnados los detalles de la vida urbana y provinciana francesa después de la caída de Napoleón Bonaparte. En ellas se abordan temas tan universales como el amor, la política y los convencionalismos sociales a través de unos personajes que reaparecen en muchas de las novelas.

Balzac trabajó durante tres años en el bufete de abogados de un amigo de la familia antes de decidirse a ser escritor. Su primera —aunque inconclusa— obra fue la ópera cómica *El corsario*, seguida después, en 1820, por la tragedia *Cromwell*. En 1832, después de escribir varias novelas, concibió la idea de *La comedia humana*. Al año siguiente publicó *Eugenia Grandet*, que fue su primera novela de éxito, y después, en 1835, volvió a triunfar con *Papá Goriot*.

Balzac escribió con intensidad hasta su muerte, y el tono de su obra evolucionó, pasando de transmitir un desaliento sombrío a comunicar un ánimo positivo, aunque sus observaciones sobre la humanidad siguieron estando arraigadas firmemente en el realismo. Su obra tuvo una honda influencia en el desarrollo de la literatura, e influyó directamente en escritores de la talla de Gustave Flaubert, Marcel Proust, Émile Zola, Charles Dickens y Henry James. **TamP**

Obras destacadas

Novelas

El vicario de las Ardenas, 1822

La comedia humana

- *La piel de zapa*, 1831
- *Eugenia Grandet*, 1833
- *Papá Goriot*, 1835
- *Las ilusiones perdidas*, 1837-1839

«Brillará [...] entre las estrellas más radiantes de su tierra natal.» Victor Hugo acerca de Balzac

ARRIBA: *Honoré de Balzac con su hábito de monje* (1829), por Louis Boulanger.

ALEJANDRO DUMAS

Dumas Davy de la Pailleterie, 24 de julio de 1802 (Villers-Cotterêts, Aisne, Francia); 5 de diciembre de 1870 (Puys, Dieppe, Seine-Maritime, Francia).

Estilo y género: Dumas escribió novelas seriadas que reanimaron la novela histórica francesa con sus narraciones apasionantes de caballerosidad y proeza.

Alejandro Dumas sigue siendo uno de los autores franceses más internacionales. Muchas de sus novelas históricas han sido adaptadas al cine con gran éxito. Fue uno de los primeros escritores que cultivó la novela seriada, aunque le ayudó la suspensión de la censura de prensa en 1830, que permitió un aumento súbito de la circulación de las publicaciones periódicas y de una demanda del público de narraciones de aventuras emocionantes. Dumas, prácticamente en solitario, reactivó la novela histórica francesa, con una hábil combinación de realidad y ficción, y atrajo numerosos lectores.

Uno de sus primeros éxitos fue la obra de teatro *Enrique VIII y su corte*, a la que siguieron otras piezas teatrales y una producción prolífica de novelas y artículos. En 1838 reescribió una obra que dio inicio a su primera serie de novelas con *El capitán Paul*. Sobre la base de este éxito, contrató a numeroso personal para que escribiera bajo su supervisión.

También utilizó colaboradores para armar sus novelas. El más famoso fue Auguste Maquet, que, aunque no apareció acreditado en las portadas de las obras de Dumas, esbozó las series y trabajó en los argumentos de *Los tres mosqueteros* y *El conde de Montecristo*, mientras Dumas aportaba los detalles y los diálogos.

Dumas llevó un estilo de vida caracterizado por el derroche y el capricho —malgastó su fortuna varias veces— y por sus múltiples aventuras amorosas. Debido a sus problemas crediticios y a que no le era grato a Napoleón III, huyó a Bruselas en 1851, viajó a Rusia y, finalmente, a Italia, donde fundó el periódico *Indipendente*. Pasó después cuatro años en Nápoles como conservador de museos, y solo regresó a Francia en 1864, donde continuó trabajando y gastando el dinero que ganaba. **TamP**

«La sabiduría [...] se encierra en estas dos palabras: ¡confiar y esperar!» *El conde de Montecristo*

Obras destacadas

Novelas

El capitán Paul, 1838

Los tres mosqueteros, 1844

El conde de Montecristo, 1845-1846

Teatro

Enrique VIII y su corte, 1829

1800–19

ARRIBA: Retrato de Dumas (h.1825-1830), atribuido a Eugène Delacroix.

VICTOR HUGO

Victor-Marie Hugo, 26 de febrero de 1802 (Besançon, Francia); 22 de mayo de 1885 (París, Francia).

Estilo y género: La interpretación progresista de los valores literarios tradicionales por Victor Hugo es fruto del ambiente político en el que escribió.

1800–19

Obras destacadas

Novelas

Han de Islandia, 1823

El jorobado de Notre Dame, 1831

Los miserables, 1862

Teatro

Cromwell, 1827

Hernani, 1830

Ruy Blas, 1838

Poesía

Los castigos, 1853

La leyenda de los siglos, 1859-1883

Victor Hugo, reverenciado en Francia como poeta, pero recordado fuera de ella por sus novelas, fue la figura más destacada del romanticismo francés. Se graduó en derecho y le cautivó la obra de Chateaubriand, a quien quiso emular. Con 21 años publicó su primera novela, *Han de Islandia*, a raíz de la cual el periodista Charles Nodier lo introdujo en un círculo literario de autores románticos.

Victor Hugo escribió poemas y piezas de teatro, como el drama en verso *Cromwell* —nunca representado—, que incluía un prólogo extenso y provocador donde instaba a los artistas a abandonar las reglas formales de la tragedia clásica, y que se convirtió en una verdadera declaración de principios del romanticismo literario.

Con la pieza teatral *Hernani* trazó un rumbo nuevo para la literatura francesa, y la novela *El jorobado de Notre Dame* le dio aún más fama. En esta narra la historia del archidiácono corrupto Claude Frollo, cuyas intenciones de secuestrar a la gitana Esmeralda son frustradas por Quasimodo, campanero jorobado que se transforma de captor en salvador. Dominada por la arquitectura gótica de la catedral de París, la novela fue un

ARRIBA: Detalle de un retrato de Victor Hugo, por Léon Bonnat (1833-1922).

DERECHA: Cartel de la publicación de *Los miserables* (1886), por Jules Chéret.

éxito internacional y desencadenó una campaña nacional para conservar los valores arquitectónicos.

Le siguió un período de intensiva creación cuando Hugo utilizaba sus obras de teatro para exponer sus ideas poéticas y sociales. Hacia 1848 había sido elegido miembro de la Asamblea Nacional francesa, pero sus críticas contra Napoleón III lo obligaron a exiliarse. Durante esta etapa, obtuvo gran éxito con *Los miserables*, narración épica sobre la injusticia social y sobre la naturaleza del bien y del mal. El protagonista de la novela es el delincuente rehabilitado Jean Valjean, quien, a pesar de haber pagado su deuda con la sociedad, es perseguido despiadadamente por el detective Javert, que se niega a que Valjean olvide su pasado. Ambientada en los bajos fondos de París, y con la Francia revolucionaria como telón de fondo, es una historia que aún cautiva al público. Tras tributarle un funeral de Estado, Victor Hugo fue enterrado en el Panteón de París. **SG**

ARRIBA: Lon Chaney es Quasimodo en *El jorobado de Notre Dame* (1923).

La batalla por *Hernani*

Las diferencias de opinión entre los románticos y los clasicistas quedaron claras en el estreno de *Hernani* en París, en febrero de 1830. En previsión de la reacción hostil de los tradicionalistas, Victor Hugo situó a sus adeptos en el Théâtre Français. En la medida en que los defensores de la vieja escuela silbaban, los adalides de la nueva aplaudían. Se produjeron peleas en el teatro, pero la representación continuó sin que disminuyera el entusiasmo. A pesar de su inferioridad numérica, el ejército romántico se aseguró de que sus ovaciones ahogasen los abucheos y dio el triunfo a Hugo.

RALPH WALDO EMERSON

Ralph Waldo Emerson, 25 de mayo de 1803 (Boston, Massachusetts, EE.UU.); 27 de abril de 1882 (Concord, Massachusetts, EE.UU.).

Estilo y género: Emerson abordó en su obra la creencia en la divinidad del individuo y la potencialidad de la naturaleza como fuente de instrucción ética.

Obras destacadas

Poesía

Himno de Concord, 1837

Poemas, 1847

Ensayos

Naturaleza, 1836

El intelectual americano, 1837

Confía en ti mismo, 1841

Hombres representativos, 1850

La conducta de la vida, 1860

Ralph Waldo Emerson se convirtió en el intelectual más importante de su época y sigue siendo el pensador estadounidense más influyente. Su reivindicación de una nueva literatura nacional que atendiese al nuevo tipo de sociedad que cobraba forma en Estados Unidos inspiró a muchos grandes autores, como Herman Melville, Walt Whitman y Emily Dickinson. *Confía en ti mismo*, su ensayo más leído, exhorta al lector a prestar atención a sus propias «leyes interiores» antes que a las expectativas sociales o a las creencias religiosas. Es el individuo, por encima de las instituciones, lo verdaderamente sagrado.

Emerson nació en el seno de una antigua familia de puritanos, y estaba destinado a ser predicador. Su padre era pastor unitario, y al morir Emerson fue educado por su madre, profundamente religiosa, y por una tía excéntrica e intelectual. Su desarrollo como filósofo se puede medir a partir de una serie de rupturas con la ortodoxia religiosa. En 1832 renunció a su oficio de pastor en Boston por no estar de acuerdo con el sacramento de la comunión. Seis años después lanzó en la Harvard Divinity School un ataque contra la divinidad de Cristo e insistió en que Dios se había encarnado en cada hombre y en cada mujer. Emerson se estableció en Concord, donde desarrolló su carrera como ensayista, poeta y conferenciante.

«Todo aquel que sea un ser humano debe ser un inconformista.» *Confía en ti mismo*

Emerson insistió en la importancia de vivir cerca de la naturaleza, y como orador, alcanzó una fama considerable entre el público y realizó varias giras para dar conferencias por Estados Unidos y Europa. Aunque estuvo interesado principalmente en las cuestiones éticas y religiosas, habló abiertamente sobre numerosos asuntos políticos. La oposición feroz que ejerció contra la esclavitud es una muestra de su gran compromiso con la libertad individual. **CT**

ARRIBA: Detalle de un retrato de Emerson. Escuela estadounidense, siglo XIX.

NATHANIEL HAWTHORNE

Nathaniel Hathorne, 4 de julio de 1804 (Salem, Massachusetts, EE.UU.); 19 de mayo de 1864 (Plymouth, New Hampshire, EE.UU.)

Estilo y género: Hawthorne fue un novelista cuyas imágenes vívidas de Estados Unidos fueron las primeras en obtener reconocimiento a escala mundial.

Hawthorne fue uno de los autores que lanzaron el desafío de «escribir la gran novela estadounidense», que continúa vigente para todos los novelistas del país como un reto a sus capacidades. Cuando se publicó su primera novela, *La letra escarlata*, los estantes de Estados Unidos estaban abarrotados solo con los libros que habían conseguido atravesar el Atlántico. La novela se agotó en apenas unos días. Quizá parte de su éxito se deba a que no insistía tanto en lo que los europeos habían descubierto en el Nuevo Mundo como en lo que habían traído con ellos.

La letra escarlata, donde se narra la historia de un adulterio en las colonias de Massachusetts, es una obra decididamente estadounidense, como aclara el autor cuando comienza por apuntar que la primera tarea de cualquier sociedad utópica es ubicar un sitio para el cementerio y otro para la prisión. Vinculado ideológicamente con el trascendentalismo de sus contemporáneos Ralph Waldo Emerson y Walt Whitman, Hawthorne evoca en la novela la belleza del escenario impoluto de Massachusetts, y su retrato compasivo de la marginada Hester Prynne ha sido elogiado como un antecedente del movimiento feminista.

Cuando era un joven escritor que luchaba para abrirse camino, Hawthorne trabajó en una oficina de aduanas, que sería más tarde escenario del prólogo autobiográfico de *La letra escarlata*. Pasó también una breve temporada en la comunidad utópica de Brook Farm, experiencia que llevó a la ficción en su tercera obra, *La novela de Blithedale*. Como toda su narrativa, esta novela bordea la alegoría, pero se centra también en las causas indescriptibles que impiden que brote cualquier razonamiento con claridad. Hawthorne pudo haber contribuido a inventar la novela estadounidense, pero estaba haciendo señales para ir incluso más allá. **SY**

> «El estilo de Hawthorne es la pureza misma.»
>
> Edgar Allan Poe

Obras destacadas

Novelas

La letra escarlata, 1850

La casa de las siete torres, 1851

La novela de Blithedale, 1852

El fauno de mármol, 1860

ARRIBA: Retrato del estadounidense Nathaniel Hawthorne (1840), por Charles Osgood.

1800–19

GEORGE SAND

Amantine-Aurore-Lucile Dupin, 1 de julio de 1804 (París, Francia); 8 de junio de 1876 (Nohant, Indre, Francia).

Estilo y género: George Sand fue una escritora librepensadora de ficción sobre temas pastoriles, personajes nada convencionales y diálogos realistas.

1800–19

Obras destacadas

Novelas

Rosa y blanco, 1831

Indiana, 1832

Lélia, 1834

La charca del diablo, 1845

Autobiografía

Un invierno en Mallorca, 1842

Novelista librepensadora célebre, George Sand se hizo famosa por su estilo de vida y por su obra. Optó por usar un nombre masculino como seudónimo, vistió a menudo con ropas de hombre y pedía a la gente que la llamase «mi hermano». Su comportamiento, inusual para la época, no impidió que su obra fuese leída y admirada tanto por hombres como por mujeres. Su contemporánea Elizabeth Barrett Browning escribió un poema titulado *A George Sand: Un deseo*, donde describe a la autora como «una mujer de gran cerebro y un hombre de gran corazón».

A George Sand la educó principalmente su abuela, cuya personalidad enérgica imprimió carácter en la escritora y en muchos de sus personajes literarios. Vivieron en la propiedad familiar en Nohant, al sur de París, en una zona que aparece citada de forma destacada en su obra. También pasó dos años en un convento a petición de la abuela. Esta murió en 1821, y al año siguiente George Sand, con 18 años, se casó con un barón varios años mayor que ella, con quien tuvo dos hijos. Su matrimonio fue muy infeliz y, nueve años más tarde, George Sand abandonó esposo e hijos para vivir en París.

Comenzó su carrera escribiendo artículos para publicaciones periódicas, incluido el diario *Le Figaro*. Su primera novela, *Rosa y blanco*, se publicó bajo el nombre de Jules Sand. Fue escrita con su amante de entonces Jules Sandeau. George Sand se hizo famosa tanto por sus relaciones amorosas como por su obra. Se había posicionado en contra de la institución matrimonial y creía en el amor libre. Mantuvo relaciones sentimentales con Frédéric Chopin, y en el libro *Un invierno en Mallorca* narra los meses que pasaron juntos en la isla. Su obra y su modo de vida desempeñaron un papel decisivo para adelantar la emancipación de la mujer en Francia. **LH**

> «Solo hay una felicidad en el mundo: amar y ser amada.»
>
> Carta a Lina Calamatta, 1862

ARRIBA: Detalle del *Retrato de George Sand,* por Auguste Charpentier (1813-1880).

ELIZABETH BARRETT BROWNING

Elizabeth Barrett Moulton-Barrett, 6 de marzo de 1806 (Coxhoe Hall, condado de Durham, Inglaterra); 29 de junio de 1861 (Florencia, Italia).

Estilo y género: Esta poetisa tuvo una imaginación fértil que le sirvió de antídoto contra las restricciones sociales de su época y contra su mala salud.

Debió de ser un infortunio para Elizabeth Barrett Moulton nacer en el seno de una familia victoriana. Cuando tenía casi 40 años, su padre seguía controlándola tan de cerca que tuvo que casarse en secreto con el poeta Robert Browning antes de volver al hogar familiar a pasar su noche de bodas sola. Ya era una poetisa famosa, y la fama de su esposo solo la pudo eclipsar mucho después de fallecida. Su correspondencia es excepcional y cautivadora porque permite apreciar la evolución de una asociación creadora notable.

Browning convenció a su esposa para que publicase los sonetos que le había escrito durante su noviazgo. Se editaron con el título *Sonetos del portugués* y fueron probablemente la mayor secuencia producida en un período en el que la composición de sonetos era muy popular. Los Browning se escaparon a Italia, donde EBB —como ella decidió llamarse— vivió en el ambiente intelectual idealista de un grupo de exiliados británicos y estadounidenses que escogieron Florencia como hogar. Sus simpatías republicanas son más evidentes en el poema *Las ventanas de la casa Guidi*, en el que promueve la causa del nacionalismo italiano en una época revolucionaria. Fue en Florencia donde manifestó su interés por el espiritismo.

Su mayor logro poético fue la novela en verso *Aurora Leigh*. Es parcialmente autobiográfica porque narra el audaz desarrollo artístico de una poetisa que se ve reprimida por las restricciones de la sociedad victoriana. La propia EBB había superado muchos obstáculos para poder expresarse, y más aún para encontrar un público que escuchase su voz apasionada. Su salud siguió siendo delicada en Italia, pero disfrutó de una felicidad auténtica, aunque breve. Murió entre los brazos de su esposo en 1861. **TM**

«¿De qué modo te amo? Déjame contar las formas.»

Sonetos del portugués

Obras destacadas

Poesía

Ensayo sobre la mente y otros poemas, 1826

Sonetos del portugués, 1850

Las ventanas de la casa Guidi, 1851

Aurora Leigh, 1856

ARRIBA: Retrato de Barret Browning (1853), por Thomas Buchanan Read.

HENRY WADSWORTH LONGFELLOW

Henry Wadsworth Longfellow, 27 de febrero de 1807 (Portland, Maine, EE.UU); 24 de marzo de 1882 (Cambridge, Massachusetts, EE.UU.).

Estilo y género: Longfellow escribió una poesía melodiosa con rimas memorables y temas patrióticos. Amaba el lenguaje, la historia y la mitología.

Obras destacadas

Poesía

The Wreck of the Hesperus, 1842

Evangelina, 1847

El canto de Hiawatha, 1855

Paul Revere's Ride, 1861

Henry Wadsworth Longfellow, uno de los primeros poetas estadounidenses reconocidos, sigue influyendo considerablemente en la lengua inglesa. Muchas de las frases acuñadas por él han trascendido al lenguaje cotidiano, como «barcos que surcan la noche» y «en cada vida ha de caer algo de lluvia». Fue a escuela con Nathaniel Hawthorne —su amigo cercano— y, de adulto, se movió en varios círculos literarios, donde hizo amistad, entre otros, con Charles Dickens y Alfred, lord Tennnyson.

Longfellow nació en el seno de una familia adinerada; su padre era abogado. Escribió su primer poema a los 13 años y se lo publicaron en el periódico local. Después de terminar la escuela, viajó por Europa para aprender idiomas. Fue un lingüista brillante y, a su regreso a Estados Unidos, dio clases en varias universidades, incluida Harvard. Se casó en 1831, pero su esposa murió cuatro años después. Se volvió a casar en 1843 y tuvo cinco hijos, pero su segunda esposa, con la que había sido muy feliz, murió trágicamente en 1861 cuando ardió su vestido.

La poesía que creó Longfellow se inspiró en la rica historia de América del Norte. Fue partidario apasionado de los derechos de los nativos americanos y de la abolición de la esclavitud. Escribió su poema épico *El canto de Hiawatha* como tributo a una cultura que estaba siendo terriblemente menoscabada. También tradujo obras clásicas de la literatura, incluida la *Odisea* de Homero y la *Divina Comedia* de Dante. Fue tan famoso en vida que, después de su fallecimiento, su setenta aniversario se celebró como fiesta nacional. También ha sido honrado con un monumento en el Rincón de los Poetas —sitio reservado habitualmente para autores británicos— en la abadía de Westminster de Londres. **LH**

«Toda tu fuerza está en tu unión, / Todo tu peligro está en tu discordia [...]» *El canto de Hiawatha*

ARRIBA: Detalle de un retrato del poeta Henry Wadsworth Longfellow.

GÉRARD DE NERVAL

Gérard Labrunie, 22 de mayo de 1808 (París, Francia); 26 de enero de 1855 (París, Francia).

Estilo y género: Nerval fue un poeta, traductor y cuentista romántico francés, cuyos experimentos literarios anunciaron la llegada del simbolismo.

Nerval encarnó el arquetipo del «poeta maldito». Había sido bautizado con el nombre de Gérard Labrunie, pero adoptó su seudónimo a partir de la creencia de que era descendiente del emperador romano Nerva. Era hijo de un médico del ejército de Napoleón y su madre murió cuando él tenía dos años; lo crió un tío abuelo en la campiña francesa. Cuando su padre regresó de la guerra de la Independencia Española en 1814, se fueron a París. Allí hizo amistad con un grupo de amigos bohemios, entre los que se encontraban Charles Baudelaire, Théophile Gautier y Alejandro Dumas, todos ellos miembros del Club des Haschichins (Club del Hachís), que experimentaba con drogas.

Nerval se distinguió por primera vez en la década de 1820 con una traducción brillante del *Fausto* (1808) de Goethe, con la que el propio autor se mostró satisfecho y que el compositor Hector Berlioz usó como libreto para la ópera *La condenación de Fausto*, en 1846. Sin embargo, Nerval perdió todo el dinero en una operación empresarial. Se enamoró de la cantante y actriz Marguerite *Jenny* Colon, pero esta no correspondió sus sentimientos. A partir de 1841 perdió su estabilidad emocional, e incluso se ha afirmado que sacaba a pasear una langosta como mascota. Sufrió una depresión nerviosa y lo internaron en una institución psiquiátrica, donde estuvo ingresado de nuevo entre 1853 y 1854. Relató su experiencia con la locura en *Aurelia o El sueño y la vida*.

El simbolismo de su poesía —visible en los sonetos *Las quimeras*— y su fascinación con los sueños —que consideró viajes a otra vida en un mundo invisible— influyeron en Marcel Proust, Antonin Artaud, Louis Aragon, André Breton y T. S. Eliot, entre otros. Se suicidó ahorcándose de una barra de la reja de una alcantarilla. **RC**

Obras destacadas

Cuentos
Las hijas del fuego, 1854

Poesía
Las quimeras, 1854

Otras obras
Aurelia, 1855

«Esta vida es un tugurio y un sitio de mala fama. Me avergüenza que Dios me vea aquí.»

ARRIBA: Fotografía del escritor francés Gérard de Nerval en París (1852).

Obras destacadas

Cuentos

La máscara de la muerte roja, 1838

La caída de la casa Usher, 1839

El pozo y el péndulo, 1842

El corazón delator, 1843

El barril de amontillado, 1846

Poesía

El cuervo, 1845

Annabel Lee, 1849

EDGAR ALLAN POE

Edgar Poe, 19 de enero de 1809 (Boston, Massachusetts, EE.UU.); 7 de octubre de 1849 (Baltimore, Maryland, EE.UU.)

Estilo y género: Poe fue un poeta, cuentista y ensayista, cuyos relatos de misterio y de lo macabro redefinieron el estilo del «gótico estadounidense».

Poe, según su compatriota William Carlos Williams, fue el primer autor realmente estadounidense. Sin embargo, debe decirse que Poe no adquirió la fama de escritor en su propio país hasta décadas después, cuando disfrutaba de una notable reputación en Francia. Su talento como narrador había sido reconocido incluso por sus contemporáneos; Robert Louis Stevenson atribuía a sus escritos: «Una cierta nota discordante, una tacha que no nos preocupamos de nombrar o de examinar por mucho tiempo». Quizá lo que da fuerza a esta cualidad extraña es la dificultad para identificar si es un efecto cultivado deliberadamente por el autor o si es producto de un trastorno mental.

Poe probó suerte con varios géneros conocidos y podría decirse que inventó otros, como, por ejemplo, la ciencia ficción, la ficción detectivesca y los cuentos de terror. Sin embargo, la versión íntegra de sus obras completas cabe en un solo volumen;

ARRIBA: Detalle de un retrato fotográfico de Edgar Allan Poe (h. 1848).

DERECHA: Ilustración de Arthur Rackham, «Fortunato y Montresor» de *El barril de amontillado*.

y que este pueda contener algunas de las obras literarias más influyentes de los últimos dos siglos es un claro testimonio de su dominio de la estructura narrativa y de la descripción mesurada y precisa. Cuando el protagonista de *El corazón delator* decide asesinar a alguien porque no le gustan sus ojos, apenas hay comentarios al respecto; pero, aun así, este cuento corto traza un cuadro de la demencia enormemente colorido y terrorífico debido a su manera de narrarla con toda naturalidad. Esta peculiaridad cobra mayor fuerza en su poesía —sobre todo en *El cuervo* y *Annabel Lee*—, por su lenguaje sencillo y una narración con una estructura de sus rimas casi coral, de profunda complejidad psicológica. Los mejores cuentos de Poe —entre ellos, *La caída de la casa Usher* y *El pozo y el péndulo*— poseen esta cualidad, sugieren que hay algo más en la narración de lo que realmente ocurre, y dejan a los lectores con una sensación de que preferirían no saber qué es. **SY**

ARRIBA: Ilustración para *El cuervo* (siglo XIX), por Gustave Doré.

Un detective anticipado

El personaje recurrente C. Auguste Dupin, creado por Poe, es uno de los primeros ejemplos del género de la «ficción detectivesca». En los cuatro cuentos donde aparece Lupin —los más famosos son *La carta robada* y *Los crímenes de la calle Morgue*— este utiliza la observación y la lógica para ayudar a la policía de París a solucionar problemas difíciles de resolver. Pero, donde algunos de sus sucesores, como Sherlock Holmes, usan la razón para desmitificar lo desconocido, el Dupin de Poe suele dejar al lector con respuestas más inquietantes que las preguntas planteadas en primer lugar.

NICOLÁI GÓGOL

Nicolái Vasilievich Gógol, 31 de marzo de 1809 (Sorochintsi, región de Poltava, Ucrania); 4 de marzo de 1852 (Moscú, Rusia).

Estilo y género: Gógol combina humor satírico, observación minuciosa, surrealismo, sátira política, situaciones absurdas y personajes fuera de lo común.

Nicolái Gógol, escritor experimental, es conocido sobre todo por su relato extraordinariamente original *Diario de un loco*. Sus escritos, influidos por los maestros rusos y por Walter Scott, inspiraron a Lev Tolstói, Fiódor Dostoievski, Vladimir Nabokov y Franz Kafka. La obra de Gógol era surrealista muchas décadas antes del inicio de este movimiento. *La nariz*, por ejemplo, relata las aventuras de una nariz que ha sido desprendida de un rostro e intenta llevar una vida independiente.

Gógol nació en el seno de una familia adinerada y creció en una propiedad dividida por el abismo que separa la riqueza de la pobreza. Decidido a ser poeta, se trasladó a San Petersburgo, donde también barajó la idea de ser actor. Ocupó puestos administrativos de baja categoría hasta 1831, cuando empezó a dar clases de historia. Ese año, conoció al poeta Alexandr Pushkin, al que admiraba. Se hicieron buenos amigos y este influyó en el gusto literario de Gógol hasta convencerlo de que perseverara con su primer libro publicado, la colección de cuentos titulada *Las veladas de Dikanka*. Pushkin también le publicó en su revista. Tres años después, Gógol empezó a dedicarse exclusivamente a la literatura.

Obras destacadas

Novelas

Taras Bulba, 1835

Almas muertas, 1842

Cuentos

Las veladas de Dikanka, 1831-1832

Diario de un loco, 1835

La nariz, 1836

Teatro

El inspector, 1836

Los jugadores, 1843

ARRIBA: Retrato de Nicolái Gógol, por Otto Moeller, 1845.

DERECHA: Ilustración por el pintor ruso León Bakst para *La nariz*, 1904.

Los primeros años que pasó Gógol en San Petersburgo inspiraron su brillante obra de teatro *El inspector*, que se representa como una farsa absurda y es de contenido subversivo por su sátira mordaz de la burocracia. El zar asistió a su estreno y, debido a sus comentarios despectivos, Gógol empezó a temer por su propia seguridad. Abandonó Rusia durante 12 años para viajar por toda Europa y Oriente Medio. Se estableció en Roma, donde escribió *Almas muertas*, que fue todo un éxito, y regresó a Rusia como autor célebre. Al final de su vida, imbuido de fanatismo religioso, el pope ortodoxo Konstantinovski lo convenció de que su obra era blasfema, lo cual llevó al autor a quemar algunos de sus manuscritos. En el momento de su muerte, se le consideró demente; sin duda, una ironía cruel con el autor de *Diario de un loco*. Sobre sus últimos años de vida corrieron numerosos rumores, y ganó fama la leyenda de que no estaba muerto cuando lo enterraron. **LH**

ARRIBA: **Escenografía de la ópera *Almas muertas* (1976), de Rodion Shchedrin.**

Almas muertas

Al parecer, Pushkin sugirió a su amigo Gógol la idea para el argumento de *Almas muertas*. Gógol empezó a escribir el libro en 1835, aunque no lo terminó hasta su exilio voluntario en Roma. Pushkin le propuso la historia de un hombre que viaja por Rusia para comprar siervos muertos, las «almas» del título. La obra es una comedia en la que se denuncia el rígido sistema jerárquico de clases y la corrupción que este generaba. Corrupción que el propio Gógol detectó tanto en Rusia como en Roma, donde el Papa ejercía un poder absoluto.

ALFRED TENNYSON

Alfred, lord Tennyson, 6 de agosto de 1809 (Somersby, Lincolnshire, Inglaterra); 6 de octubre de 1892 (Aldworth House, Surrey, Inglaterra).

Estilo y género: La poesía lírica de lord Tennyson contiene temas dramáticos de altos vuelos, asuntos medievales y emociones intensas.

Obras destacadas

Poesía

Poemas principalmente líricos, 1830
La dama de Shalott, 1832
Los comedores de loto, 1833
In Memoriam A. H. H., 1850
Oda por la muerte del duque de Wellington, 1852
La carga de la brigada ligera, 1854
Los idilios del rey, 1859-1885

Lord Tennyson, uno de los poetas más representativos de la época victoriana, era hijo de un pastor protestante y tuvo once hermanos. Aunque Tennyson fue a Cambridge —donde ganó una medalla de oro por su poesía—, dejó la universidad tras la muerte de su padre para mantener económicamente a su madre. Su título le fue concedido por la reina Victoria en 1884. Había sido amigo de Alberto, príncipe consorte, a cuya memoria dedicó *Los idilios del rey*, colección sobre el ciclo del rey Arturo.

Se hizo famoso con *In memoriam A. H. H.*, poema elegíaco dedicado a su amigo Arthur Henry Hallam, el cual murió el mismo año en que Edward, hermano de Tennyson, fue internado en un manicomio. Este poemario exquisito de una época tan triste en la vida de Tennyson, ha sido considerado su obra cumbre, acorde con la moda de luto profundo que se asocia tanto con el período de la reina Victoria, y permitió que lo seleccionaran para suceder a Wordsworth como poeta nacional laureado en 1850.

Ese mismo año se casó con Emily Sellwood, el amor de su niñez. Tuvieron dos hijos: Hallam y Lionel. La familia residió en Londres y en Freshwater, isla de Wight. Su presencia y la de sus amigos —incluidos la fotógrafa Julia Margaret Cameron, la familia Prinsep y el pintor y escultor G. F. Watts— convirtió Freshwater en un destino de moda. Más tarde, Virginia Woolf escribió en 1923 una comedia titulada *Freshwater*, cuyos personajes incluyen a Tennyson y su círculo.

«Es mejor haber amado y perdido / que no haber amado nunca.» *In memoriam A. H. H.*

Los poemas de Tennyson todavía son muy apreciados, entre los cuales destacan obras maestras como *La dama de Shalott* y *Los comedores de loto*. Como poeta laureado, estuvo encargado también de la composición de poemas que evocasen momentos importantes de la historia nacional, como su *Oda por la muerte del duque de Wellington*. **LH**

ARRIBA: *Retrato de Alfred, lord Tennyson,* por C. Laurie, grabado, siglo XIX.

ELIZABETH GASKELL

Elizabeth Stevenson, 29 de septiembre de 1810 (Londres, Inglaterra); 12 de noviembre de 1865 (Holybourne, Hampshire, Inglaterra).

Estilo y género: Las novelas de Gaskell son certeras crónicas sociales, con descripciones fascinantes y observaciones minuciosas sobre la naturaleza humana.

Elizabeth Stevenson se casó con William Gaskell, un pastor unitario, y vivió la mayor parte de su vida en el norte de Inglaterra, donde escribió mientras ayudaba a su esposo en el desempeño de su ministerio entre los pobres. Fue este paisaje, con sus industrias y el abismo que separaba la abundancia de la miseria, lo que describió en sus novelas. Abordó los derechos de las mujeres —o la carencia de ellos— y defendió a las clases trabajadoras —sus personajes hablan dialectos locales— con comentarios sutiles sobre los diferentes niveles sociales en la Inglaterra victoriana.

Su primera novela, *Mary Barton*, desencadenó una reacción hostil entre algunos críticos por su compasión hacia las clases trabajadoras. Sin embargo, no se dejó intimidar y volvería a tratar el tema de la relación entre patrones y trabajadores en *Norte y Sur*. La tercera novela, *Ruth*, también provocó escándalo en la sociedad de la época por su indagación en la suerte que corrían las mujeres seducidas —y, por lo tanto, «perdidas»— y su posterior experiencia al ser marginadas por la sociedad. La mirada aguda de Gaskell para observar las comunidades de las poblaciones pequeñas y sus convencionalismos morales hace que su trabajo sea valioso para los historiadores sociales, además de los reconocidos méritos literarios. La última obra, *Hijas y esposas: una historia cotidiana,* es considerada su mejor novela.

Gaskell fue muy respetada por autores como John Ruskin, William y Mary Howitt, y Charles Dickens. Este último le publicó una serie de cuentos de fantasmas de estilo gótico en su revista *Household Words*, que eran estilísticamente diferentes a sus novelas. Hizo amistad con Charlotte Brontë, de quien escribió la primera biografía, que sigue considerándose la definitiva sobre esta autora. **TamP**

«[...] la novelista más impactante y refinada de una época [...]»

The Athenaeum, revista literaria, 1865

ARRIBA: Detalle de una litografía de Elizabeth Gaskell (basada en un dibujo de George Richmond).

Obras destacadas

Novelas

Mary Barton, 1848

Cranford, 1851-1853

Ruth, 1853

Norte y Sur, 1854-1855

Hijas y esposas: una historia cotidiana, 1864-1866

Biografía

Vida de Charlotte Brontë, 1857

HARRIET BEECHER STOWE

Harriet Elizabeth Beecher, 14 de junio de 1811 (Litchfield, Connecticut, EE.UU.); 1 de julio de 1896 (Hartford, Connecticut, EE.UU.).

Estilo y género: Beecher Stowe fue autora de obras polémicas, con un estilo realista y perspicaz, escritas desde sus firmes convicciones cristianas.

1800–19

Obras destacadas

Novelas

La cabaña del tío Tom, 1852

Cuentos de la vieja ciudad, 1869

Ensayo

Una llave para la cabaña del tío Tom, 1853

La obra de Harriet Beecher Stowe es recordada principalmente por la defensa de la abolición de la esclavitud que mantuvo en sus novelas. Su influencia entre el público, al que pedía que apoyase el movimiento abolicionista, fue tan grande que, según su hija Hattie, cuando su familia conoció finalmente al presidente Abraham Lincoln en 1862, este la saludó con estas palabras: «¡Así que usted es esa pequeña mujer que escribió el libro que dio inicio a esta gran guerra!».

La obra de Beecher Stowe es muy extensa. Algunos de sus libros abordaron temas profundamente cristianos, pero las novelas en las que defiende el movimiento abolicionista se consideran lo mejor de su obra. Entre las pioneras se halla *La cabaña del tío Tom*, publicada primero, en 1851, por entregas en el semanario abolicionista *The National Era*, y al año siguiente en forma de libro. Aunque controvertida, vendió millares de ejemplares en pocos días, sobre todo en Gran Bretaña. El libro se tradujo a varios idiomas. En 1853 Beecher Stowe viajó a Inglaterra, donde la recibieron con entusiasmo, y dio conferencias sobre la abolición de la esclavitud. También cosechó notables apoyos en los estados norteños de Estados Unidos, pero en los estados sureños la novela provocó protestas generalizadas y fue prohibida en muchos lugares. En el Sur, la acusaron de mentir y de imprecisión. Como respuesta, publicó *Una llave para La cabaña del tío Tom*, donde explicó de modo irrefutable cuál había sido el proceso de su investigación. La obra de Beecher Stowe ha dejado un testimonio perdurable y conmovedor de este período de la historia estadounidense. Aparte de sus temas abolicionistas, describe también con realismo crítico la gente, la cultura y la estructura social de su época. **TamP**

«No lo escribí yo. Lo escribió Dios. Yo solo seguí su dictado.»

«Introducción», *La cabaña del tío Tom*

ARRIBA: Grabado de Harriet Beecher Stowe, Escuela inglesa, siglo XIX.

WILLIAM THACKERAY

William Makepeace Thackeray, 18 de julio de 1811 (Calcuta, India); 24 de diciembre de 1863 (Londres, Inglaterra).

Estilo y género: En la obra de Thackeray encontramos una sátira aguda y mordaz, argumentos complejos muy meditados, y magníficas caracterizaciones.

William M. Thackeray, aunque nació en la India —donde su padre trabajaba en la Compañía Británica de las Indias Orientales—, fue educado en Inglaterra. Mientras estudiaba derecho, se interesó por la literatura y se presentó a un concurso de poesía, en el que fue derrotado por lord Tennyson. Comenzó entonces a trabajar de periodista, y acabó convirtiéndose en uno de los novelistas más populares del siglo XIX y asiduo de los círculos literarios londinenses.

A los 25 años se casó con Isabella Shawe, con la que tuvo tres hijas: Jane, que murió en la infancia; Minny, que murió de parto a los 35 años; y Anny, la mayor y novelista de éxito. Isabella padeció una enfermedad mental después del nacimiento de su hija más pequeña y pasó el resto de su vida atendida por una enfermera. Para hacer frente a los gastos de la enfermedad de su esposa, y con dos hijas que mantener, Thackeray escribió febrilmente para revistas. Cosechó fama en la revista *Punch* con sus «Snob Papers», y se dice que fue quien introdujo la palabra «esnob» en el lenguaje cotidiano. Sus novelas, publicadas por entregas mensuales, fueron enormemente populares —en particular, *La feria de las vanidades* y *The Newcomes*— y obtuvo ingresos excepcionalmente elevados. En 1859 fundó *Cornhill Magazine* con George Smith. El primer número vendió más de 100.000 ejemplares. Después de una racha de mala salud, Thackeray murió repentinamente a los 53 años en su casa el día de Nochebuena de 1863. El público manifestó masivamente su luto por el deceso de este gigante de la literatura, que fue amigo leal y bondadoso, y padre amantísimo. Más de 2.000 personas asistieron a su funeral. El pintor John Everett Millais recordó más tarde su indignación por la gran cantidad de prostitutas, vestidas vulgarmente, que habían asistido. **LH**

«Después de los jóvenes, los ancianos son los más egoístas.» *Los virginianos*

1800–19

Obras destacadas

Novelas

Barry Lyndon, 1844

La feria de las vanidades, 1847-1848

Rebecca and Rowena, 1850

The Newcombes, 1853-1858

Los virginianos, 1857-1859

Ensayo

El libro de los esnobs, 1848

ARRIBA: Detalle de un retrato de Thackeray, por William Drummond (h. 1800-1850).

Obras destacadas

Novelas

Los papeles póstumos del Club Pickwick, 1836-1837
Oliver Twist, 1837-1839
Nicholas Nickleby, 1838-1839
La tienda de antigüedades, 1840-1841
Cuento de Navidad, 1843
David Copperfield, 1850
Casa desolada, 1852-1853
Grandes esperanzas, 1860-1861
El misterio de Edwin Drood, 1870

Cuentos

Esbozos por Boz, 1836

CHARLES DICKENS

Charles John Huffam Dickens, 7 de febrero de 1812 (Portsmouth, Inglaterra); 9 de junio de 1870 (Gad's Hill Place, Kent, Inglaterra).

Estilo y género: Las caracterizaciones grotescamente cómicas, los argumentos intrincados y la conciencia social atraviesan la obra de ficción de Dickens.

Hasta tal punto llega la fama y difusión de la obra de Charles Dickens, que la palabra inglesa *Dickensian* se ha abierto paso en el lenguaje cotidiano y se emplea para describir lo grotesco, lo ingenioso, lo absurdo, la carencia social o, incluso, para englobar la totalidad del siglo XIX.

Dickens escribió novelas, cuentos, artículos de prensa y obras de teatro, sin olvidar las numerosas cartas que se han recopilado y editado. También escribió con Wilkie Collins y Elizabeth Gaskell, y editó las revistas *Household Words* y *All The Year Round*. Comenzó su carrera como corresponsal en los tribunales de Londres, lo que condujo a sus sátiras sobre la profesión jurídica en algunas de sus novelas. Las primeras obras de ficción son una serie de composiciones literarias sobre la vida londinense que publicó en revistas con el seudónimo de «Boz» a partir de 1833. Estas composiciones se convirtieron en la comidilla de Londres, un ardid de publicidad involuntaria porque los lectores deseaban saber quién era Boz en realidad. En *Los papeles póstumos del Club Pickwick*, Dickens reveló su identidad, y con su siguiente novela, *Oliver Twist*, su nombre empezó

ARRIBA: Fotografía de Charles Dickens en 1868, dos años antes de su muerte.

DERECHA: Ilustración por Hablot K. Browne *(Phiz)* para *Nicholas Nickleby*.

a resultar familiar. Escribió sus novelas para entregas mensuales y las publicó tal como las había escrito.

La conciencia social que traspasa la obra de Dickens es uno de los aspectos más destacables. Sus libros ponen de relieve cuestiones sociales de importancia vital para la época: los malos tratos a los niños, la pobreza, la violencia contra las mujeres y la prostitución, las condiciones en los asilos para pobres a cambio de alojamiento y comida, el desempleo y la escasez de educación para las clases trabajadoras, por mencionar solo algunos de los aspectos que denunció. Dickens demostró su talento periodístico en sus obras de ficción porque tuvieron una influencia directa en los lectores y promovieron un cambio verdadero. Defensor ferviente de sus campañas, trabajó junto con varios compañeros filántropos en proyectos como las re-

ARRIBA: *La tumba de la pequeña Nell* por G. Cattermole, inspirada en *La tienda de antigüedades*.

«Los hijos de los más pobres no se crían, se llevan a rastras.»

Casa desolada

Obsesionado por la infancia

La mayor parte de la obra de Dickens estuvo afectada directamente por su infancia. Su padre no administraba bien el dinero —era empleado de la Armada; irónicamente, en la oficina de nóminas— y fue a menudo incapaz de mantener a su familia. La infancia del autor se vio perturbada por los acreedores y los alguaciles. Cuando tenía 12 años, su padre fue encarcelado por deudas, y toda la familia, excepto él y su hermana mayor —que estaba en un internado—, fueron conducidos a la cárcel de deudores de Marshalsea. El pequeño Dickens tuvo que abandonar la escuela para trabajar en una fábrica donde ganar dinero para su familia. Durante tres meses, trabajó y vivió solo en pensiones, pero fue una época que le obsesionó durante el resto de su vida.

Este episodio influyó mucho en sus libros. La fábrica producía betún para el calzado y el trabajo de Dickens era etiquetar las botellas. En todas sus novelas se mencionan las botellas de betún. Por lo general, es solo una referencia casual, pero estas botellas y lo que representaban para él siempre están presentes. Las personas que Dickens conoció, y la pobreza de la que fue testigo a diario mientras caminaba por Londres entre cada jornada de trabajo, la cárcel de Marshalsea y la pensión, lo impulsaron a su ferviente actividad por la reforma social. También lo llevaron a la creación de personajes con empatía como Nancy —la prostituta— en *Oliver Twist*—, o Jo —el joven barrendero de calles— en *Casa desolada*.

DERECHA: Ilustración de Bob Cratchit de *Cuento de Navidad*, por Arthur Rackham.

formas sanitaria y educacional, el rescate de «mujeres perdidas» y la ayuda para fundar el hospital infantil de Great Ormond Street. En *La vida y aventuras de Nicholas Nickleby* puso al descubierto lo que había averiguado acerca de los internados de Yorkshire, centros adonde eran enviados los niños no deseados, y en los que padecían abusos y el olvido. Tal como era su intención, esta novela condujo a periodistas de investigación hasta Yorkshire para descubrir si dichos lugares existían en realidad. Lo que encontraron provocó protestas públicas y políticas y, a los pocos años de publicada la novela, todos estos internados habían cerrado.

Crisis en la vida familiar

Dickens se casó joven y tuvo diez hijos con su esposa Catherine Hogarth, de la que se separó públicamente en 1858. A los 46 años, se había enamorado de Ellen Ternan, actriz de 18 años. La popularidad de Dickens era tan grande que la prensa se abstuvo de escribir acerca de esta relación, conocedora de que una publicación que lo desdeñase perdería lectores. En vez de eso, comenzaron a circular rumores malintencionados y totalmente inciertos sobre Catherine, acusándola de ser alcohólica y no cuidar de sus hijos.

La popularidad de Dickens fue internacional y abarcó desde los lectores más humildes hasta la reina de Inglaterra. Cuando publicó *Cuento de Navidad*, escrita en menos de seis semanas, dijo que estaba dando un golpe a favor del «hijo del pobre». La primera impresión de 6.000 ejemplares se agotó en cinco días. A los 31 años, ya se había convertido en el escritor inglés con mayor éxito desde William Shakespeare.

A pesar del volumen inmenso de su obra, Dickens solo tenía 58 años cuando murió. Dejó inconclusa *El misterio de Edwin Drood*. Su hija Katey afirmó que había muerto por un exceso de trabajo. Su fallecimiento provocó manifestaciones públicas de duelo dentro y fuera de Gran Bretaña. Se había hecho tan extraordinariamente famoso —casi una figura mítica—, que se dijo que un chico, al enterarse de que había muerto, preguntó si Papa Noel se iba a morir también. **LH**

ROBERT BROWNING

Robert Browning, 7 de mayo de 1812 (Londres, Inglaterra); 12 de diciembre de 1889 (Venecia, Italia).

Estilo y género: Browning fue un poeta victoriano que perfeccionó el monólogo dramático que luego caracterizaría la obra de grandes poetas como Eliot y Pound.

Obras destacadas

Poesía

Sordello, 1840

Hombres y mujeres, 1855

Dramatis Personae, 1864

El anillo y el libro, 1868-1869

Asolando, 1889

Poemas

«Desde un balcón» 1855

«Fray Lippo Lippi», 1855

«Apología del obispo Blougram», 1855

«Andrea del Sarto», 1855

Robert Browning materializó su aprendizaje poético en la biblioteca bien surtida de su padre. El entusiasmo adolescente por lord Byron y la admiración duradera por Shelley dieron forma no solo a su obra, sino a su aspecto de dandi, que parecía fuera de lugar en la década de 1830. Sus primeros poemas fueron doctos y preciosistas, y fueron motivo para que muchos críticos acusaran al joven poeta de oscuridad intencionada. Estas acusaciones lo perseguirían durante toda su carrera.

En 1845 comenzó su correspondencia con Elizabeth Barrett, seis años mayor que él y ya poetisa muy respetada. Aunque ella vivía confinada por su mala salud y un padre draconiano, ambos poetas dejaron que su amor floreciese en un famoso intercambio de cartas sinceras. Se casaron en secreto en 1846 y huyeron a Italia, donde formaron parte de la extensa comunidad de expatriados de Florencia. Fue allí donde Browning desarrolló su talento notable para el ventrilocuismo poético y compuso los monólogos dramáticos que forman parte de la colección *Hombres y mujeres*, que incluye los poemas «Fray Lippo Lippi, «Apología del obispo Blougram» y «Andrea del Sarto», en los que se entrelaza de manera brillante el lenguaje peculiar de sus hablantes con la textura distintiva de los versos blancos del poeta. Browning quedó destrozado interiormente tras la muerte de su esposa en 1861, pero supo reaccionar con un estoicismo sorprendente.

«Considero la vida solo como algo / que pone a prueba la fortaleza del alma.» «Desde un balcón»

Abandonó Florencia de inmediato para regresar a Londres, donde publicó la aclamada *Dramatis Personae* en 1864. Se dedicó a la creación de su obra maestra, *El anillo y el libro*, durante la segunda mitad de esa década. Es una algarabía de voces y opiniones que compiten como si una gran novela victoriana hubiese sido escrita en verso. **TM**

ARRIBA: Fotografía de Robert Browning, maestro del monólogo dramático.

GEORG BÜCHNER

Karl Georg Büchner, 17 de octubre de 1813 (Goddelau, Alemania); 19 de febrero de 1837 (Zurich, Suiza).

Estilo y género: Büchner, dramaturgo, poeta y novelista, produjo obras que exploran el espíritu revolucionario y las luchas de la clase trabajadora.

A Georg Büchner lo llaman con frecuencia «el padre del teatro moderno», algo extraño porque ninguna de sus obras fue representada durante su breve vida, y su producción dramática fue escasa. Escribió una comedia romántica, *Leoncio y Lena*, y dos tragedias históricas, *La muerte de Danton* y *Woyzeck*. Esta última la dejó inconclusa cuando murió de tifus con 23 años. Más tarde, fue adaptada en una famosa ópera por el compositor Alban Berg y estrenada en 1925.

Habían pasado casi sesenta años desde su muerte cuando se representó *Leoncio y Lena* en su Alemania natal. La tardanza se debió posiblemente a su fallecimiento prematuro, pero fue también una señal de lo adelantado que estuvo para su época. Büchner describe personajes de la clase trabajadora, y sus obras son notables por su espíritu revolucionario. *La muerte de Danton* representa la desilusión del político Georges Danton con la Revolución francesa, mientras que *Woyzeck* trata sobre la suerte de un soldado eslavo perseguido.

La obra de Büchner refleja sus propias inclinaciones políticas. Nacido en el seno de una familia de clase media, estudió zoología y anatomía comparada en Estrasburgo. También se radicalizó y fundó un grupo revolucionario, la Sociedad Pro Derechos Humanos. En 1834 escribió y distribuyó ilegalmente un panfleto político, por lo que fue enseguida denunciado a las autoridades, aunque negó la autoría. Asustado, huyó a Francia y de allí pasó a Suiza. Permaneció el resto de su vida en el exilio y nunca volvió a participar en actividades políticas, aunque siguió escribiendo ficción, que usó como válvula de escape para su crítica de los convencionalismos sociales. El estilo innovador y el contenido de su obra lo han aclamado como precursor del naturalismo y del expresionismo. **CK**

«Los individuos no son más que espuma sobre una ola; la grandeza, la más pura casualidad.»

Obras destacadas

Novela corta

Lenz, 1836 (publicada en 1839)

Teatro

La muerte de Dantón, 1835, (primera representación en 1902)

Leoncio y Lena, 1836 (publicada en 1895)

Woyzeck, 1836-1837 (publicada póstumamente en 1879)

ARRIBA: Grabado sobre acero de Georg Büchner, por A. Limbach.

MIJAÍL LERMONTOV

Mijaíl Yurievich Lermontov, 15 de octubre de 1814 (Moscú, Rusia); 27 de julio de 1841 (Piatigorsk, Rusia).

Estilo y género: El poeta romántico Lermontov fue uno de los primeros prosistas rusos cuya obra asumió una posición contraria a la autocracia de los zares.

1800–19

Obras destacadas

Novela

Un héroe de nuestro tiempo, 1840

Poesía

Borodino, 1837

El demonio: poema oriental, 1841

El sueño, 1841

Teatro

Un hombre extraño, 1831

Mijaíl Lermontov, cuando tenía tres años, perdió a su madre. Su padre era un oficial pobre del ejército y Lermontov mantuvo con él unas relaciones irascibles y difíciles. Comenzó a escribir mientras estudiaba en la universidad en Moscú. Su obra de teatro *Un hombre extraño* denunció la tiranía del régimen zarista y la situación de los siervos. Después de la universidad, fue a la escuela de cadetes y entró al servicio de la caballería.

Lermontov se dio a conocer después de que Alexandr Pushkin muriese en un duelo en 1837. Firmó un poema que elogiaba el amor a la libertad de aquel poeta y atacó a los aristócratas de la corte que apoyaban la tiranía zarista como «verdugos que matan la libertad, el genio y la gloria». Fue prontamente exiliado al Cáucaso, donde quedó fascinado por el folclore local y la obra de los poetas georgianos. Fue el primer destierro que sufrió por sus opiniones liberales, y motivo de inspiración para la que sería una novela sumamente influyente, conocida por sus bellas descripciones de la región caucásica: *Un héroe de nuestro tiempo*. En ella pasa revista a la Rusia de su época, a la que atribuye «todos los vicios de nuestra generación en pleno florecimiento». Su antihéroe al estilo de Byron es inteligente y sumamente cultivado, pero su falta de libertad canaliza sus energías por rumbos de autodestrucción. Sus admiradores asumieron el personaje como una figura muy típica de la Rusia de los zares, y Lermontov, que describió su propia poesía como «unos versos de hierro sumidos en la amargura y el odio», comenzó a ser aclamado en los círculos liberales como sucesor de Pushkin. Desterrado de nuevo a zonas de combate en el Cáucaso, luchó con valor en varias batallas antes que una riña con otro oficial terminase en un duelo que le costó la vida. **RC**

«Las pasiones son meras ideas al manifestarse.»

Un héroe de nuestro tiempo

ARRIBA: Detalle del *Retrato de Lermontov* (1837), por Piotr Yefimovich Sabolotski.

ANTHONY TROLLOPE

Anthony Trollope, 24 de abril de 1815 (Londres, Inglaterra); 6 de diciembre de 1882 (Londres, Inglaterra).

Estilo y género: Los argumentos de Trollope abordan la injusticia social, la naturaleza humana, el amor... con protagonistas femeninas fuertes y liberadas.

Anthony Trollope, autor de 47 novelas, trabajó siempre para la Dirección General de Correos. Se levantaba a las cinco y media de la mañana para escribir sin parar durante tres horas antes del trabajo. Fue amigo de muchos artistas y escritores, incluido Thackeray, que publicó su obra en la revista *Cornhill Magazine*.

En sus novelas manifestó sus opiniones políticas y denunció lo que consideraba la hipocresía de la sociedad contemporánea. Aunque sus primeras novelas no tuvieron excesivo éxito, al llegar a los 30 años ya era muy conocido.

Una niñez tempestuosa había provocado que Trollope padeciera una depresión grave. Su padre —hombre imprevisible y difícil— disponía de escasos medios económicos, pero insistió en que sus hijos fueran a las escuelas más caras. La discrepancia entre sus circunstancias imaginables y la realidad de su hogar dieron lugar a un acoso escolar muy serio, y Trollope reconoció más tarde haber tenido tendencias suicidas. Frances Trollope, su madre, salvó la situación financiera familiar al convertirse en una escritora de éxito, lo que influyó en el futuro de su hijo. Anthony llegó a ocupar un cargo de importancia en Correos, lo cual le permitió viajar a África, Oriente Medio, Australia, Nueva Zelanda, el Caribe, Estados Unidos y por toda Europa, a lugares que la mayoría de sus contemporáneos ni siquiera sabían que existían. Sin embargo, a pesar de la gran variedad de lugares en los que escribió, Trollope se identifica firmemente con su Inglaterra natal y se le conoce mejor por su serie de crónicas de «Barsetshire», acerca de un condado inglés ficticio.

Además de cambiar el rostro de la literatura inglesa, también modificó el paisaje inglés, porque introdujo en Gran Bretaña su hoy icónico buzón postal. **LH**

Obras destacadas

Novelas

Las torres de Barchester, 1857

Doctor Thorne, 1858

La última crónica de Barset, 1867

Phineas Finn, 1869

The Eustace Diamonds, 1873

«No hay camino más fácil y respetable hasta la riqueza que el del matrimonio.» *Doctor Thorne*

ARRIBA: Fotografía de Anthony Trollope, Escuela inglesa, siglo XIX.

CHARLOTTE BRONTË

Charlotte Brontë, 21 de abril de 1816 (Thornton, Yorkshire, Inglaterra); 31 de marzo de 1855 (Haworth, Yorkshire, Inglaterra).

Estilo y género: Brontë, novelista victoriana, ayudó a crear un nuevo arquetipo femenino en la literatura: la mujer poco convencional, independiente y fuerte.

Obras destacadas

Novelas

Jane Eyre, 1847

Shirley, 1849

El profesor, 1857 (obra póstuma)

Charlotte Brontë sigue siendo famosa por su novela *Jane Eyre*, que combina la imaginación del estilo gótico y un romanticismo arrollador con comentarios sociales cincelados minuciosamente. Mujer poco convencional, independiente e inteligente que superó la adversidad, sus novelas *Jane Eyre* y *Shirley* se publicaron con el seudónimo «Currer Bell» pues Charlotte Brontë supuso que un nombre masculino le daría a sus obras más posibilidades de ser tenidas en cuenta. Más tarde reveló su verdadera identidad, pero, aunque publicó otras obras, ninguna tuvo un éxito comparable al de *Jane Eyre*. La vida de Charlotte Brontë terminó trágicamente a principios de 1855 cuando estaba embarazada por primera vez, y después de la muerte de sus dos hermanas Emily y Anne. **TamP**

HENRY THOREAU

Henry David Thoreau, 12 de julio de 1817 (Concord, Massachusetts, EE.UU.); 6 de mayo de 1862 (Concord, Massachusetts, EE.UU.).

Estilo y género: El estilo vigoroso de Thoreau va unido a su inspiración filosófica en la naturaleza, y su oposición a la esclavitud y la injusticia.

Obras destacadas

Ensayos

Desobediencia civil, 1849

Esclavitud en Massachusetts, 1854

Walden o la vida en los bosques, 1854

Una vida sin principios, 1863

Estudiante, maestro, ermitaño, naturalista, disidente y hombre de letras, Henry Thoreau desempeñó muchos papeles en su vida. Tuvo un sentido práctico fuerte y estuvo comprometido con la filosofía. En 1845 construyó una cabaña junto al lago Walden, en Concord, y vivió solo allí dos años. Después demostró su oficio como autor en *Walden o la vida en los bosques*, hoy reconocido como clásico estadounidense. Aunque apreciaba la soledad, y en Walden buscó la forma de vivir completamente con sus propios medios, fue ferozmente político. Su vida aislada en el campo no supuso un retiro de la sociedad sino un intento para encontrar un modo de vida más justo, y formó parte de su campaña de desobediencia civil contra un gobierno corrupto y egoísta. **CT**

EMILY BRONTË

Emily Jane Brontë, 30 de julio de 1818 (Thornton, Yorkshire, Inglaterra); 19 de diciembre de 1848 (Haworth, Yorkshire, Inglaterra).

Estilo y género: La novelista romántica Emily Brontë se adentró en los rincones agrestes del alma, como los páramos de Yorkshire donde vivió y escribió.

Emily Brontë firmó con el seudónimo masculino «Ellis Bell» su primera narración publicada, que trataba sobre una heroína testaruda. Fue Chalotte, su hermana mayor, la que decidió que ella, Emily y Anne, su otra hermana —hijas de un clérigo de Yorkshire que para entonces había fallecido— asumieran seudónimos masculinos para contrarrestar el machismo victoriano cuando decidieron publicar una antología de sus poesías. Además de *Cumbres borrascosas*, los poemas reunidos en *Poemas de Currer, Ellis y Acton Bell*, son las únicas obras publicadas por Emily.

Los versos de Emily Brontë evidencian una mente inquieta e inquisitiva que explora los límites sombríos de las relaciones humanas con la naturaleza y la divinidad. No obstante, ha sido considerada, en general, principalmente una novelista romántica, y *Cumbres borrascosas* es aclamada unánimemente como el máximo exponente de la narrativa romántica victoriana. Esto es algo anómalo, dado que la exploración realizada por Emily acerca de la denigrante opresión clasista y sexista, expresada en la narración de una historia gótica de fantasmas, sugiere que no existe nunca una posibilidad de un desenlace feliz de la historia. Quizá el personaje más extraordinario de la novela no sea uno de los principales protagonistas románticos, sino las cumbres geográficas de clima gótico que son evocadas desde el propio título. Estos páramos fueron el mundo imaginario y literal de Emily, y dieron forma no solo al escenario de la novela sino también a su dramatismo.

Desde una casa parroquial aislada en Haworth, Yorkshire, Emily Brontë creó una novela que ha asumido la categoría de mito moderno, quizá como una forma de consuelo para sus lectores por la obra que dejó de escribir al morir prematuramente a los 30 años. **SM**

«No sé de qué estarán hechas las almas, pero la suya es igual a la mía.» *Cumbres borrascosas*

Obras destacadas

Novela

Cumbres borrascosas, 1847

Poesía

Poemas de Currer, Ellis y Acton Bell, 1846

ARRIBA: Emily Brontë en un retrato del grupo familiar, por Branwell Brontë.

IVÁN TURGUÉNIEV

Iván Serguéievich Turguéniev, 9 de noviembre de 1818 (Oriol, región de Oriol, Rusia); 3 de septiembre de 1883 (París, Francia).

Estilo y género: Turguéniev, controvertido escritor realista ruso, describe en sus obras detallistas la vida cotidiana y la situación difícil del campesinado.

Obras destacadas

Novelas

Primer amor, 1860

En vísperas, 1860

Padres e hijos, 1862

Aguas primaverales, 1870

Cuentos

Apuntes de un cazador, 1852

Teatro

La fortuna del idiota, 1848

Un mes en el campo, 1850

Iván Turguéniev se considera —con Dostoievski y Tolstói—uno de los más grandes novelistas rusos, aunque sus relaciones personales con los otros dos fueron difíciles y, durante 17 años, él y Tolstói se negaron a dirigirse la palabra. Nació en el seno de una familia terrateniente adinerada, y lo educó severamente una madre que a menudo le golpeaba. Era un joven tímido y asistió a la universidad en Moscú, en San Petersburgo y después en Berlín. Volvió a Rusia en 1841 para trabajar —ante la insistencia de su madre— como funcionario público.

Se hizo famoso primero con una colección de cuentos, *Apuntes de un cazador*, publicado en 1852, en los que vertió su experiencia como cazador en la propiedad de su madre en Spasskoie, donde fue testigo de los abusos contra los campesinos y de las injusticias del sistema de servidumbre ruso. La necesidad de mejorar estas condiciones fue una de sus preocupaciones más duraderas. Al parecer, su libro influyó en la decisión del zar Alejandro II de emancipar a los siervos, aunque las opiniones liberales del autor en esa época lo hicieron sospechoso para el régimen y pasó 18 meses bajo arresto domiciliario.

Turguéniev continuó escribiendo novelas, cuentos y obras de teatro con las que obtuvo el favor del mundo literario ruso, y en las que reflejó a menudo su propia frustración amorosa, porque mantuvo una prolongada relación con una mujer casada, Pauline García-Viardot, cantante de ópera. Las obras más famosas de Turguéniev son la pieza teatral *Un mes en el campo* y la novela *Padres e hijos*, que le dieron fama internacional. La reacción adversa contra esta última lo obligó a abandonar su patria y trasladarse a Alemania, Londres y, finalmente, París. García-Viardot estuvo junto a su lecho de muerte cuando falleció de cáncer a los 64 años. **RC**

> «Nihilista es la persona que no se inclina ante ninguna autoridad [...]» *Padres e hijos*

ARRIBA: *Retrato de Iván S. Turguéniev* (1879), por Ilia Efimovich Repin (1844-1930).

GEORGE ELIOT

Mary Ann Evans, 22 de noviembre de 1819 (South Farm, Arbury, Warwickshire, Inglaterra); 22 de diciembre de 1880 (Londres, Inglaterra).

Estilo y género: Eliot fue una destacada autora de novelas perspicaces y filosóficas del siglo XIX que describen la humanidad en todas sus formas y caracteres.

Mary Ann Evans se convirtió en una de las grandes autoras victorianas con el seudónimo masculino de «George Eliot». Lo adoptó porque creyó que su trabajo sería considerado con más seriedad si el público creía que el autor era un hombre. Finalmente, reveló su identidad, y su fama como autora no se vio demasiado afectada.

Eliot creció en el seno de una familia convencional, conformista y religiosa. Después de la muerte de su madre, asumió las responsabilidades del hogar y, en 1841, se trasladó junto con su padre a una casa en las cercanías de Coventry. Allí conoció a Charles Bray y su esposa, en cuya casa se reunían intelectuales con una mentalidad más abierta. La evolución de su escepticismo religioso le causó problemas con su familia, aunque siguió frecuentando la iglesia hasta el fallecimiento de su padre en 1849. Tras la muerte de este, viajó a Suiza con los Bray antes de trasladarse a Londres, donde trabajó como editora adjunta de la revista trimestral *Westminster Review*, para la que seleccionó y escribió artículos durante tres años.

En 1851 conoció a George Henry Lewes, crítico y editor infelizmente casado. Ambos escandalizaron a la sociedad de la época cuando empezaron a vivir juntos en 1854. Eliot decidió por entonces dedicarse a escribir, y Lewes propició la publicación de una colección de cuentos, *Escenas de la vida clerical*. Sus personajes viven con los cambios sociales e históricos como telón de fondo, y se nos revelan con observaciones psicológicas penetrantes, en un estilo que iba a marcar el resto de su obra. Publicó su primera novela, *Adam Bede*, en 1859, con éxito inmediato. Durante los siguientes 15 años continuó escribiendo libros realistas y de comprensión aguda, como *El molino del Floss*, *Silas Marner* y *Middlemarch*. **TamP**

«La desesperación suele ser el ansia dolorosa de una esperanza improbable.» *Middlemarch*

Obras destacadas

Novelas

Adam Bede, 1859

El molino del Floss, 1860

Silas Marner, 1861

Middlemarch, 1871-1872

Cuentos

Escenas de la vida clerical, 1858

ARRIBA: Retrato de George Eliot, seudónimo de Mary Ann Evans (1864).

WALT WHITMAN

Walter Whitman, 31 de mayo de 1819 (West Hills, Huntington, Long Island, Nueva York, EE.UU.); 26 de marzo de 1892 (Camden, Nueva Jersey, EE.UU.).

Estilo y género: Whitman contribuyó a dar forma a la identidad de Estados Unidos a través de su uso del verso libre y de temas sobre la democracia.

Obras destacadas

Poesía

Hojas de hierba, 1855, 1856, 1860, 1867, 1870, 1876, 1881, 1891

Poemas

«Canto a mí mismo», 1855

«Canto el cuerpo eléctrico», 1855

«En el trasbordador de Brooklyn», 1856

«Mannahatta», 1860

«¡O Capitán! ¡Mi Capitán!», 1867

«Oigo a América cantar», 1867

«Una araña paciente y silenciosa», 1871

Walt Whitman era hijo de madre cuáquera y de padre radical, creció en Brooklyn y tuvo escasa formación escolar. Sus años como tipógrafo, maestro de escuela itinerante y colaborador en revistas ocuparon su adolescencia y juventud hasta los 30 años, mientras sus escritos reflejaban ya su pensamiento poco ortodoxo. Dejó la dirección editorial en la *Aurora*, de Nueva York, y en el diario *Eagle*, de Brooklyn, porque su radicalismo vociferante resultaba impopular. Un viaje a través de Estados Unidos hasta Nueva Orleans en 1848, fue determinante para el desarrollo de su proyecto poético, y regresó profundamente cambiado, con una conciencia nueva acerca de las implicaciones de la nación estadounidense en ciernes y de las responsabilidades de sus cronistas. Esto se expresó en su aspecto físico y en la forma de vestir, como manifestación de su idealismo democrático, acompañado por un individualismo feroz que encontró su mayor vía de escape en *Hojas de hierba*, colección poética que se autopublicó en 1855.

Aunque esta colección pasó casi inadvertida, los elogios de Ralph Waldo Emerson estimularon a Whitman a continuar y, en su tercera edición, la colección había crecido a 156 poemas. Durante la guerra civil estadounidense envió despachos de prensa al *New York Times* y cuidó soldados heridos de ambos bandos, incluido su hermano George. Estas experiencias resultaron ser transformadoras y los poemas de *Toque de tambor*, añadidos a la edición de 1865 de *Hojas de hierba*, son extraordinarios. Aunque no fue especialmente popular entre sus coetáneos, ejerció gran influencia en los poetas posteriores. Después de padecer un derrame cerebral en 1873, se quedó a vivir en Camden, Nueva Jersey, donde, a medida que su fama comenzaba a crecer, su salud empezaba a menguar. **PS**

«Y escucho y contemplo a Dios en cada objeto, aunque no lo comprenda [...]» «Canto a mí mismo»

ARRIBA: ***Retrato de Walt Whitman*** **(1887), por Thomas Cowperthwait Eakins (1844-1916).**

DERECHA: Retrato fotográfico de cuerpo entero del poeta Walt Whitman en 1879.

HERMAN MELVILLE

Herman Melville, 1 de agosto de 1819 (Nueva York, Nueva York, EE.UU.); 28 de septiembre de 1891 (Nueva York, Nueva York, EE.UU.).

Estilo y género: Melville combinó realismo narrativo y fijación religiosa, templados con humor y escepticismo, para narrar aventuras marítimas.

Obras destacadas

Novelas

Typee, un edén caníbal, 1846

Omoo: aventuras en los Mares del Sur, 1847

Mardi, 1849

Moby Dick, 1851

Pierre, o las ambigüedades, 1852

Billy Budd, marinero, 1924

Cuentos

Cuentos de Piazza, 1856

Bartleby, el escribiente, 1857

ARRIBA: Detalle de un retrato del novelista estadounidense Herman Melville.

Herman Melville, cuando murió, era un extraño en el panorama literario estadounidense. Había publicado su última novela, *El hombre de confianza y sus máscaras,* en 1857, e intentó posteriormente seguir una infortunada carrera de conferenciante. En 1866 se retiró de la vida pública y ocupó un puesto en la Aduana de Nueva York, donde trabajó hasta su jubilación en 1885. Su obra parecía destinada al olvido, y, tras su muerte, nadie pensaba que Melville ocuparía un lugar privilegiado en la historia de la literatura estadounidense. Sin embargo, después del llamado «renacer de Melville» en la década de 1920, su prestigio recuperó la grandeza y las proporciones de la ballena blanca, *Moby Dick,* su creación más famosa.

Melville nació en el seno de una familia neerlandesa-neoyorquina muy refinada. Pasó sus primeros diez años en confortables casas unifamiliares de Manhattan, pero en 1830 la familia se trasladó a una vivienda más humilde en Albany, después de la quiebra del negocio paterno. La escalada del infortunio lo obligó a adentrarse en el mundo de los adultos. A los 12 años, después de la muerte de su padre por unas fiebres en 1832, ocupó un puesto de empleado en un banco. Encontró refugio en la biblioteca de su progenitor hasta que pudo volver a estudiar años más tarde.

Su verdadera educación para la vida comenzó con su primer viaje por mar en 1839. Siempre había sido un espíritu inquieto y su familia pensó erróneamente que un viaje breve a Liverpool, Inglaterra, lo curaría de sus ansias de conocer mundo. Por el contrario, lleno de júbilo por su recién encontrada libertad, hizo una serie de viajes prolongados durante los cinco años siguientes. Trabajó en barcos que partieron a Tahití, Hawai, Lima y Río de Janeiro. Su experiencia a bordo dio forma a la inspiración de la mayoría de sus obras de ficción. *Typee* y *Omoo,* sus dos primeras novelas, narran en forma de ficción el mes que

ARRIBA: *El ballenero «Acushnet»*..., por Louis Dodd, con el barco en el que Melville navegó.

pasó entre los pueblos del valle del Typee en las islas Marquesas, tras desertar del ballenero donde había estado navegando. El éxito de *Typee* lo convirtió en una celebridad menor. Los lectores quedaron fascinados por su relato animado de la vida en la isla, que consideraron un documento objetivo sobre sus viajes.

Pero Melville nunca volvió a vender tantos ejemplares como con *Typee* y *Omoo*. Su tercera novela, *Mardi*, añadió dimensiones filosóficas y alegóricas al sello característico de su repertorio sobre abandonos de barcos. Los dos libros que vinieron a continuación fueron escritos a la carrera en busca de ganancias económicas, aunque la frescura de su realismo dice mucho de la expansión de su horizonte literario.

«Deja que el desfile ambiguo de los acontecimientos revele su propia ambigüedad.» *Pierre*

En agosto de 1850, Melville conoció a Nathaniel Hawthorne durante un picnic en la cima de Monument Mountain, en Massachusetts, y sintió una admiración que sería duradera por su colega escritor, con el que compartía el interés por el lado oscuro de la personalidad humana. Unas semanas más tarde, Melville se trasladó a una pequeña propiedad en las afueras de Pittsfield, donde continuó trabajando en la que sería su obra maestra, *Moby Dick*. Hawthorne continuó apoyándolo, y su obra siguiente, *Pierre*, es una novela romántica extraordinaria de estilo gótico que indaga las relaciones entre la fe y la sexualidad. En ella se puede entrever al propio Melville en un estado de ánimo humorístico sombrío, donde reescribe la historia de su familia y la lucha por su carrera en una narración aleccionadora sobre los peligros del idealismo. En la medida en que su fama disminuía, Melville produjo buena parte de lo mejor de su obra, incluida *Billy Budd, marinero*. **CT**

Moby Dick

Cuando la mayoría de los lectores terminan de leer esta novela épica de Melville, piensan que también han estado luchando con una ballena. Se trata de una amalgama ambiciosa de enciclopedismo, dramatismo y romanticismo donde el personaje de Ismael, trotamundos incansable, aparece enfrentado al del capitán Ahab, individuo con una idea fija casi psicótica de alcanzar un único objetivo.

Ahab es el capitán del ballenero *Pequod*, en el que embarcan Ismael y el arponero Queequeg, su compañero polinesio. Algún tiempo después de que la nave ha abandonado el puerto, Ahab les revela que ha renunciado al propósito comercial del viaje para iniciar su propia búsqueda: la persecución y muerte de una gran ballena blanca culpable de que haya perdido una pierna. Ismael, como narrador, ofrece al lector un curso exhaustivo de mastozoología —ciencia que estudia los mamíferos como las ballenas—. Es una historia que utiliza la mejor retórica y la trascendencia que caracteriza las tragedias de Shakespeare. El capitán, considerado por algunos lectores como un tirano egoísta, y por otros como un valeroso radical político y religioso, es la quintaesencia del timador. Para él, la ballena es símbolo de cada cuestión filosófica que ha eludido siempre la comprensión humana: la inescrutable otredad de Dios, el problema del mal radical y la imposibilidad de alcanzar la verdad. A pesar de que Ahab comprende que la ballena quizá no sea otra cosa que un envase vacío que él mismo ha fabricado, lleva a su tripulación a una lucha desesperada con la bestia, de la que solo Ismael escapa con vida.

DERECHA: Ilustración de la ballena (h. 1851) por A. Burnham Shute para *Moby Dick*.

THEODOR FONTANE

Heinrich Theodor Fontane, 30 de diciembre de 1819 (Neuruppin, Brandeburgo, Alemania); 20 de septiembre de 1898 (Berlín, Alemania).

Estilo y género: Fontane fue un novelista realista que describió las vidas de las clases altas en la Prusia del siglo XIX con humor, compasión y sensibilidad.

Theodor Fontane siguió los pasos de su padre y se formó como boticario, pero a los 20 años de edad empezó a escribir poesía y cuentos para mitigar el aburrimiento de su oficio. Su primera novela corta, *Amor fraternal*, se publicó en forma de serie en el periódico *Figaro* de Berlín en 1839, aunque no puso en evidencia su futura grandeza.

Se alistó en el ejército prusiano en 1844 y, después de cumplir su servicio militar en 1849, se dedicó por completo al periodismo y a escribir. Pasó varios años en Londres como corresponsal extranjero y visitó París como corresponsal de guerra. Allí fue detenido por error acusado de espionaje. También escribió poesía, crítica teatral y artículos sobre viajes. Publicó su primera novela, *Antes de la tormenta*, a los 48 años. Después, escribió otras 16 novelas, que le convirtieron en el más grande novelista realista de Alemania. Fontane era capaz de escribir con igual habilidad tanto de la burguesía berlinesa como de la Alemania parroquial del siglo XIX.

Creía que las «narraciones sobre mujeres eran por lo general mucho más interesantes» y describió sus vidas con gran sensibilidad. Su novela *La adúltera* se consideró tan escandalosa que tardó dos años en encontrar editor, pero *Effi Briest* —narración sobre una mujer que se niega a someterse a los convencionalismos— es probablemente su obra más apreciada. Está ambientada en la Alemania del período del canciller Otto von Bismarck y relata la vida de Effi Briest, una joven de 17 años, y su matrimonio con un barón aburrido que le dobla la edad, pero a quien su familia ha considerado una pareja socialmente apropiada. Fontane describe con gran sensibilidad cómo la estrecha mentalidad que marca las convenciones sociales puede conducir a una tragedia personal. **HJ**

«[*Effi Briest* es] una de las seis novelas más importantes que se han escrito jamás.» Thomas Mann

Obras destacadas

Novelas

Antes de la tormenta, 1878

La adúltera, 1882

Irreversible, 1891

La señora Jenny Treibel, 1893

Effi Briest, 1895

Novela corta

Amor fraternal, 1839

ARRIBA: Detalle de una fotografía de Theodor Fontane (h. 1880-1890).

CHARLES BAUDELAIRE

Charles Pierre Baudelaire, 9 de abril de 1821 (París, Francia); 31 de agosto de 1867 (París, Francia).

Estilo y género: Baudelaire, crítico, poeta y traductor francés, fundó el movimiento simbolista, cuya poesía fue sumamente controvertida.

Obras destacadas

Poesía

Las flores del mal, 1857

Las flores del mal, 1861 (con otros poemas)

Pequeños poemas en prosa / El esplín de París, 1869

Novela

La Fanfarlo, 1847

Crítica

Curiosidades estéticas, 1868 (publicada póstumamente)

El arte romántico, 1868 (publicada póstumamente)

Charles Baudelaire desempeñó un papel significativo en el desarrollo de las literaturas de Francia e Inglaterra, no solo como autor notorio de una colección de poemas incendiarios, sino como crítico cuyas controvertidas teorías literarias hoy se aceptan ampliamente.

Sus primeros años estuvieron marcados por un estilo de vida disoluto que él llamó *vie libre*. Fue durante este período cuando contrajo la enfermedad venérea que pudo haberlo dejado impotente para el resto de su vida.

Su padre —ex sacerdote— murió cuando era pequeño, y su madre se volvió a casar con un oficial del ejército que llegaría a ser general. Fue una figura de carácter disciplinario que lo envió interno al Collège Royal de Lyon y después al Collège Louis-le-Grand de París, de donde fue expulsado por indisciplina en 1839. Durante los dos años siguientes llevó una vida decadente en París, donde dilapidó gran parte de la herencia paterna y

ARRIBA: Retrato de Charles Baudelaire, por el Estudio Goupil.

DERECHA: Ilustración por Charles Maurin para *Las flores del mal* (1891).

acumuló deudas. Por consiguiente, su familia insistió en que su dinero se transfiriese a cargo de un fideicomisario que redujese sus gastos a niveles más moderados.

Fue durante esos años bohemios cuando Baudelaire formó parte de los medios literarios y artísticos, y escribió varios de los poemas incluidos en la colección *Las flores del mal*, que llamaron mucho la atención cuando fueron publicados en 1857. Ya por aquella época había adquirido fama por sus reseñas críticas del Salón de 1845 y el de 1846; por su única novela terminada, *La Fanfarlo* (1847); y por sus traducciones y críticas literarias de Edgar Allan Poe y Thomas De Quincey.

A principios de la década de 1860 Baudelaire concentró buena parte de su energía en escribir prosa poética. Fue entonces cuando se deterioró su estado de salud física y mental, en gran medida por la reaparición de la sífilis que lo había afectado de joven. Tras dos años de estancia sin éxito en Bélgica, una caída grave lo dejó incapacitado para leer y escribir, y pasó el último año de su vida en un hogar de ancianos de París. **GM**

ARRIBA: Baudelaire (de perfil y con sombrero) en *Música en el jardín de las Tullerías* (1862), por Édouard Manet.

Poemas indecentes

La colección de poesía *Las flores del mal* de Baudelaire es para muchos sinónimo de escándalo. Su tratamiento audaz del sexo y de la muerte atrajo la atención de las autoridades, la edición se retiró y el autor fue multado después de que un tribunal determinara que seis de sus poemas eran indecentes. En ellos, Baudelaire empleó las formas líricas para explorar el gusto por el vicio y el pecado, el sentido exasperado del hastío existencial, el libertinaje de la vida en París, además de sus ansias románticas y carnales. En su captación poética del ideal, en sus intentos proféticos para alcanzar lo trascendente, anticipó mucho de lo que vendría con el movimiento simbolista.

GUSTAVE FLAUBERT

Gustave Flaubert, 12 de diciembre de 1821 (Ruán, Francia); 8 de mayo de 1880 (Croisset, Francia).

Estilo y género: Flaubert tuvo tiempo para escoger las palabras con un cuidado impecable y publicar a su propio ritmo.

En su novela *El loro de Flaubert* (1986), Julian Barnes incluye una lista de algunos de los calificativos que se aplican a Flaubert: «El ermitaño de Croisset. El primer novelista moderno. El padre del realismo. El asesino del romanticismo [...] El burgués con fobia a la burguesía». Todos son válidos, porque Flaubert es una leyenda, uno de los grandes innovadores de la novela realista, pero es también un tanto contradictorio.

El joven Flaubert, hijo de un cirujano acaudalado, se rebeló contra su vida acomodada —lo expulsaron de la escuela por alborotador a los 18 años— y mantuvo un desprecio constante por la burguesía. Tras la muerte de su padre y de su hermana, y después de que un ataque epiléptico lo obligase a dejar los estudios, se trasladó a Croisset, donde vivió con su madre hasta cumplir 50 años. Viajó y escribió, pero no trabajó nunca y disfrutó de las prebendas de una vida adinerada.

El escándalo que siguió a la publicación de su primera novela, *Madame Bovary*, lo catapultó a la fama. La historia minuciosamente realista del adulterio de Emma Bovary y de su suicidio era una crítica al tipo de novelas románticas que le inculcaron a

Obras destacadas

Novelas

Madame Bovary, 1857

Salambó, 1862

La educación sentimental, 1869

La tentación de san Antonio, 1874

Cuentos

Tres cuentos, 1877

Otras obras

Dictionnaire des idée reçues, 1911 (publicado póstumamente)

ARRIBA: *Retrato de Gustave Flaubert* (1881), por Eugène Giraud (1806-1881).

DERECHA: *El lecho de muerte de madame Bovary*, por Albert-Auguste Fourie, h. 1889.

IZQUIERDA: Un grabado del siglo XIX que representa a Emma Bovary.

la propia Emma el deseo de una vida amorosa de centellas y furores con un hombre inmensamente diferente al médico provinciano devoto aunque aburrido con el que se había casado. *Madame Bovary* es también una crítica al aspecto formal. El narrador no interviene nunca para informar al lector que siente lástima por Emma —o para juzgarla—, sino que deja esa decisión en sus manos. De hecho, esto puede haber sido lo que escandalizó más a sus detractores.

Flaubert solo publicó cada cinco o seis años, dato revelador del por qué de su famosa frase sobre «la palabra exacta». Creía que cada pensamiento merecía su expresión más perfecta y que «cuanto más bella sea la idea, más sonora la oración». Aunque su obra tuvo un éxito enorme, su estilo de vida extravagante lo arruinó. **CQ**

Madame Bovary

Madame Bovary se publicó por primera vez por entregas en la *Revue de Paris*, editada por Maxime du Camp, amigo de Flaubert, quien censuró la obra. A pesar de eso, se acusó a la novela de haber «escandalizado a la moral pública y a la religión». El autor y la revista lograron evadir una sanción, aunque Flaubert estaba dispuesto a ir a la cárcel antes que censurar su propia obra. Además de su cita de «Madame Bovary soy yo», lo más que pudo decir acerca de este escándalo fue: «No me gustaría morir sin antes haber vaciado unos cuantos cubos más de mierda sobre las cabezas de mis congéneres.»

FIÓDOR DOSTOIEVSKI

Fiódor Mijailovich Dostoievski, 11 de noviembre de 1821 (Moscú, Rusia); 9 de febrero de 1881 (San Petersburgo, Rusia).

Estilo y género: Novelista ruso cuya narrativa intensamente dramática sobre la confusión moral señala el comienzo de la ficción psicológica moderna.

En la década de 1840, Fiódor Dostoievski se encontró atrapado por el liberalismo optimista de la intelectualidad rusa y se afilió a una sociedad llamada Círculo Petrashevski, por lo que fue detenido y sentenciado a muerte; pero cuando estaba a punto de ser ejecutado lo indultaron y lo enviaron a Siberia para cumplir cuatro años de trabajos forzados. Llevó estas experiencias a la ficción en su novela *Recuerdos de la casa de los muertos*. Cuando volvió a San Petersburgo, en 1859, ya tenía sentimientos profundamente encontrados acerca del movimiento cultural que había dejado detrás, y regresó con una fascinación creciente por la ortodoxia rusa y el tradicionalismo. La influencia de este sistema de creencias sobre su narrativa se fue haciendo más fuerte con los años.

Lo que hace que los escritos de Dostoievski sean tan convincentes es que plantean grandes interrogantes, pero nunca se decide finalmente entre la fe y la política. Por tanto, lo que se deduce de su obra no es tanto un sistema coherente de creencias sino un deseo apremiante de creer. Es por eso que los argumentos filosóficos y los elementos alegóricos que caracterizan sus novelas

Obras destacadas

Novelas

El doble: poema de Petersburgo, 1846
Recuerdos de la casa de los muertos, 1862
Memorias del subsuelo, 1864
Crimen y castigo, 1866
El jugador, 1867
El idiota, 1868
Los demonios, 1872
Los hermanos Karamazov, 1880

ARRIBA: Retrato fotográfico del novelista ruso Fiódor Dostoievski.

DERECHA: Marian Marsh y Peter Lorre en la película *Crimen y castigo* (1935).

—que resultarían torpes en manos menos expertas— han permanecido frescos y persuasivos durante más de un siglo.

ARRIBA: Ilustración de Boris Grigoriev basada en *Los hermanos Karamazov*.

Este aspecto de la ficción de Dostoievski se manifiesta con toda claridad en la novela *Crimen y castigo*, que relata el período posterior a un asesinato pésimamente concebido y mal llevado a cabo. Con su enfoque compasivo de un tema sensacionalista, la obra contribuyó a reinventar totalmente las novelas policíacas. Como en *Los hermanos Karamazov*, su otra obra maestra, la narración es incesantemente apasionante y terriblemente lenta, y aumenta paso a paso la tensión sin colapsarse bajo el peso de su propia ambivalencia. Dostoievski fue capaz de lograrlo al mantener las cosas en un movimiento constante, incluso en el plano oracional, y sus novelas empujan al lector hacia adelante en un flujo de lo

«Las novelas de Dostoievski son remolinos [...], trombas que [...] nos absorben.» Virginia Woolf

Existencialismo y *Memorias del subsuelo*

En el título de su antología *El existencialismo de Dostoievski a Sartre*, Walter Kaufman asocia a Dostoievski con el existencialismo —enfoque filosófico moderno que se centra en lo ético y lo individual sobre lo universal y lo metafísico—, frente a la filosofía del «esencialismo». Kaufman afirma que la primera manifestación del existencialismo está en Dostoievski. En particular, en *Memorias del subsuelo*, que representa, en palabras de Kaufman, «una voz completamente nueva» que tuvo una influencia directa en Friedrich Nietzsche, Jean-Paul Sartre y en la mayoría de los filósofos importantes del siglo XX.

Esa novela es una respuesta al «egoísmo racional» de Chernichevski, contemporáneo de Dostoievski, que toma como premisa inicial que los seres humanos actúan siempre a partir de la percepción de sus propios intereses. El narrador anónimo responde que él no actúa por interés propio, que opta conscientemente por lo contrario de lo que sabe que es beneficioso para él. La primera parte es una declaración de estos principios. La segunda es un relato en el que el narrador resulta tan repulsivo que muchos lectores lo leen como si estuviese desvirtuando irónicamente la primera. Pero lo que se pretende transmitir es que no importa lo que pensemos del individuo del subsuelo, ya que este ha optado por ser quien es, nos guste o no.

DERECHA: Retrato de Fiódor Dostoievski (1872), por Vasili G. Perov (1833-1881).

inevitable mientras que lo arrastran hacia atrás en un reflujo de pavor. A diferencia de los protagonistas de la tragedia clásica, sus personajes son completamente responsables de sus propios sufrimientos y son conscientes de su culpabilidad. Lamentablemente para ellos, esta conciencia solo les sirve para abocarlos más a la fatalidad.

Dostoievski parecía estar fascinado con el tipo de personaje amoral, alguien con una visión del mundo que los psicólogos modernos diagnosticarían como trastorno antisocial de la personalidad. Comparados con las personas sencillamente inmorales —que optan de manera egoísta por conseguir sus propios objetivos a corto plazo—, sus personajes amorales —como Svidrigailov en *Crimen y castigo*, y Smerdiakov en *Los hermanos Karamazov*— no se ven obligados por motivaciones tan sólidas. Parecen tener únicamente la idea más vaga de las implicaciones éticas de su conducta, y la mejor explicación de sus acciones parece ser sencillamente que quieren hacer daño a las personas que los rodean solo para ver qué sucede.

En *Los demonios*, Dostoievski crea a Stavrogin, quien tal vez sea su personaje más puramente amoral. Se trata de una figura decorativa indiferente en una organización radical no muy distinta al Círculo Petrashevski. La diferencia está en que los radicales de *Los demonios* son bastante menos inocentes. La novela está ambientada en la década de 1860, después de que los intelectuales hubiesen abandonado muchos de los ideales utópicos que caracterizaron el ambiente cultural de su juventud, a cambio de un materialismo nihilista práctico. Muchos lectores han sugerido que los propagandistas cínicos y los economistas inflexibles que pueblan esta novela son una prueba de que Dostoievski ya veía los peligros que culminarían con el ascenso de los bolcheviques medio siglo después. Si fuese cierto, no sería la única vez que predijo el futuro. De hecho, quizá no haya muchos autores del siglo XIX que puedan ser identificados de forma tan rotunda con el ambiente intelectual del siglo XX. Pero, si Dostoievski fue capaz de ver el futuro, se debe a su férrea fijación con los dilemas a los que se enfrentó en su presente inestable e incierto. **SY**

WILKIE COLLINS

Obras destacadas

Novelas

La dama de blanco, 1860

Sin nombre, 1862

La piedra lunar, 1868

William Wilkie Collins, 8 de enero de 1824 (Londres, Inglaterra); 23 de septiembre de 1889 (Londres, Inglaterra).

Estilo y género: Collins trata en sus obras temas dramáticos en los que intercala humor en atmósferas de misterio a veces siniestro.

Wilkie Collins fue muy leído y admirado a lo largo de su vida, y es famoso por *La piedra lunar* y *La dama de blanco*. Sus obras están llenas de una imaginación fértil —como el ensueño inducido por las drogas—, inspirada por su propia adicción al opio y al láudano, que consumía debido al dolor que le provocaba la gota. Llevó una vida bohemia que compartió con dos mujeres: Caroline Graves, viuda con una hija; y Martha Rudd, con la que tuvo tres hijos. No se casó con ninguna, pero convivía abiertamente con ellas en casas separadas. Su obra refleja la negación del conformismo, y trata temas como lo ilegítimo, el divorcio e incluso la vivisección. Tuvo un círculo amplio de amigos literatos. El más notable fue Charles Dickens. **LH**

JULES VERNE

Obras destacadas

Novelas

Cinco semanas en globo, 1863

Viaje al centro de la Tierra, 1864

De la Tierra a la Luna, 1865

Veinte mil leguas de viaje submarino, 1870

La vuelta al mundo en ochenta días, 1873

Kerabán, el testarudo, 1883

Jules Gabriel Verne, 8 de febrero de 1828 (Nantes, Francia); 24 de marzo de 1905 (Amiens, Francia).

Estilo y género: Verne es autor de narraciones de aventuras basadas en hechos científicos y merece el título de «padre de la verdadera ciencia ficción».

Jules Verne se formó como abogado antes de dedicarse a escribir narraciones de aventuras realistas cuyos argumentos giran en torno a tecnologías aún por inventar. Sus novelas predijeron el submarino, en *Veinte mil leguas de viaje submarino*; el viaje espacial, en *De la Tierra a la Luna*; o el helicóptero, en *Robur el conquistador*. Sin embargo, como afirmó él mismo, no fueron inventos suyos sino extrapolaciones de desarrollos científicos contemporáneos a su obra. No obstante, algunas de sus ideas tienen un tono admirablemente convincente. Su cohete lunar poseía las mismas dimensiones que la nave *Apolo* de las misiones espaciales estadounidenses. Sus argumentos apasionantes lo han convertido en uno de los autores más traducidos. **JM**

DERECHA: Cubierta de *Kéraban, el testarudo,* publicada por Hetzel en 1883.

VOYAGES EXTRAORDINAIRES
PAR
JULES VERNE
KÉRABAN-LE-TÊTU
ÉDITION J. HETZEL

HENRIK IBSEN

Henrik Johan Ibsen, 20 de marzo de 1828 (Skien, Noruega); 23 de mayo de 1906 (Oslo, Noruega).

Estilo y género: Ibsen plasmó en sus obras de teatro la vida de la clase media, la hipocresía masculina y la inutilidad del idealismo.

Obras destacadas

Teatro

Brand, 1866
Peer Gynt, 1867
Emperador y Galileo, 1873
Las columnas de la sociedad, 1877
Casa de muñecas, 1879
Los espectros, 1881
Un enemigo del pueblo, 1882
Hedda Gabler, 1890
Solness, el constructor, 1892

Henrik Ibsen, dramaturgo de finales del siglo XIX, fue responsable de la introducción en la escena teatral del drama realista moderno. Su amor por el teatro lo llevó primero a Bergen y después a Cristianía —actual Oslo— a trabajar de director y dramaturgo. A pesar de haber adquirido una valiosa experiencia práctica, no logró sintonizar intelectualmente con el público, al que consideraba banal y mezquino.

Luego vivió un período de exilio voluntario de 27 años que lo llevó a Roma, Dresde y Munich. Aparentemente liberado de las limitaciones impuestas por su país de origen, escribió el grueso de sus piezas dramáticas lejos de allí. Comenzó con *Brand*, en la que un predicador deja de lado sus creencias religiosas y sus principios morales por el bienestar de su familia. La filosofía del «todo o nada» de Brand, que finalmente se queda aislado, resultó ser inmensamente popular. Ocurrió igual con la obra siguiente, *Peer Gynt*, personaje egoísta y sin rumbo, que es, con mucho, la antítesis de Brand.

La pieza que llamó la atención internacional fue *Casa de muñecas*, por su desenlace controvertido y su falta —para el público victoriano— de un final feliz. Su ambiente doméstico ordinario es el escenario donde Nora, la heroína, se desilusiona con su esposo —a quien llega a considerar un extraño—, hasta que lo abandona a él y a sus hijos. Ibsen tentó aún más el rechazo en *Los espectros*, con el tema de la enfermedad venérea y la idea central de que ignorar una verdad desagradable solo provoca consecuencias funestas al final. En sus obras posteriores cambió el foco de atención, pasando de la presión social sobre la mujer a los conflictos psicológicos interpersonales de control y dominación, tal como fueron explorados en *Hedda Gabler* y *Solness, el constructor*. **SG**

«El hombre más fuerte [...] es aquel que se halla prácticamente solo» *Un enemigo del pueblo*

ARRIBA: Fotografía del hirsuto Ibsen pocos años antes de morir (h. 1900).

DERECHA: «Peer ante el rey de los trolls». *Peer Gynt*, Acto II, por Arthur Rackman.

Rackham

LEV TOLSTÓI

Lev Nikolaievich Tolstói, 9 de septiembre de 1828 (Yasnaia Poliana, Rusia); 20 de noviembre de 1910 (Astapovo, Rusia).

Estilo y género: Autor, ensayista, dramaturgo y filósofo ruso, Tolstói es considerado como uno de los mejores novelistas de todos los tiempos.

Lev Tolstói nació en el seno de una familia noble rusa. Después de quedar huérfano a la edad de 9 años, fue educado por sus tías y varios tutores privados. Abandonó la universidad antes de licenciarse, pero creía firmemente en la educación y, cuando regresó a la propiedad de sus padres, en Yasnaia Poliana, se esforzó por alfabetizar a sus trabajadores, aunque sin éxito. A menudo viajaba a Moscú y San Petersburgo con su hermano y seguía el estilo de vida de cualquier joven noble ruso, pero pronto abandonó esas costumbres y empezó a mostrar un profundo desprecio por sí mismo. En 1851 se unió al ejército y al año siguiente publicó *Infancia*, el primer volumen de una trilogía autobiográfica, seguido de *Adolescencia* y de *Juventud*. Durante la guerra de Crimea, luchó en Sebastopol; y sus artículos, de estilo franco y directo, le dieron fama entre los círculos literarios de San Petersburgo y atrajeron la atención del zar.

Obras destacadas

Novelas

Guerra y paz, 1865-1869
Ana Karenina, 1873-1877
La muerte de Ivan Ilich, 1886
La sonata a Kreutzer, 1889
Resurrección, 1899

Ensayos

Confesión, 1882
¿Qué es el arte?, 1897-1898
Infancia, 1852
Adolescencia, 1854
Juventud, 1857

ARRIBA: Retrato de Lev Tolstói, realizado aproximadamente en 1887.

DERECHA: Chéjov y Tolstói en la propiedad de la condesa Paniva, cerca de Yalta, en 1901.

Tolstói solo escribió tres novelas completas: *Guerra y paz*; *Ana Karenina*, que para Vladimir Nabokov es «una de las mayores historias de amor de la literatura mundial»; y *Resurrección*. Tolstói fue reconocido en su época como filósofo moral y sus escritos políticos tuvieron numerosos seguidores dentro de Rusia. Creía en una existencia sencilla, en el trabajo duro para conseguir los bienes básicos y sin posesiones materiales.

Escribió sobre la postura anticapitalista, sobre la idea de protesta no violenta —posteriormente adoptada por Gandhi— y sobre la reforma religiosa. En 1901 la Iglesia ortodoxa rusa le excomulgó por tratar de encontrar una versión nueva y más sencilla del cristianismo, pero esto solo sirvió para granjearse mayor popularidad entre sus seguidores.

En los últimos años de su vida Lev Tolstói vivió según sus creencias, deshaciéndose de todos sus títulos y posesiones para disgusto de su esposa y demás familiares. Murió siendo un ermitaño. **JM**

ARRIBA: Una ilustración del venerado Tolstói rodeado de niños rusos.

Guerra y paz

- *Guerra y paz*, considerada por la revista *Time* como la mejor novela de todos los tiempos, es una saga histórica centrada en las vidas de cuatro familias aristocráticas, con la invasión de Rusia por Napoleón como telón de fondo.
- Comenzó como una novela por entregas publicada en una revista, pero se convirtió en una obra realmente asombrosa que le llevó siete años completar y que incluía 580 personajes (algunos reales y otros ficticios).
- Explora el valor de la familia y cómo la victoria en la vida y en la guerra se basa solo en la suerte y las circunstancias.

EMILY DICKINSON

Emily Elizabeth Dickinson, 10 de diciembre de 1830 (Amherst, Massachusetts, EE.UU.); 15 de mayo de 1886 (Amherst, Massachusetts, EE.UU.).

Estilo y género: Dickinson utilizaba el lenguaje coloquial de forma poética, con frases breves, una puntuación muy especial y textos de contenido profundo.

Obras destacadas

Poesía

Obra escogida, 1924

Flechas de melodía, 1945

Cartas

Correspondencia de Emily Dickinson, 2005

Emily Dickinson llevó una vida excéntrica y poco usual para una mujer del siglo XIX —sin que se la llegara a confinar en un sanatorio mental—, y ello ha contribuido a mantener viva su leyenda. Fue muy poco conocida en vida, y solo ganó fama tras su muerte. Dickinson escribió más de 1.700 poemas, que dejó inéditos, y un gran número de cartas. Gran parte de su poesía puede parecer insondable, y a veces permite varias interpretaciones, lo cual ha suscitado el debate entre los intelectuales.

Dickinson procedía de una familia acaudalada. Su padre era un abogado de carácter severo y estrictas creencias religiosas, lo que probablemente desencadenó el frágil estado emocional de Emily. Al parecer decidía los libros que sus hijas debían leer o los amigos que podían tener. Emily Dickinson mantuvo un carácter infantil incluso cuando ya era adulta, como si se negara a crecer. A la edad de 20 años, decidió dejar de vestir ropa de color, insistiendo en que cada una de sus prendas fuera blanca;

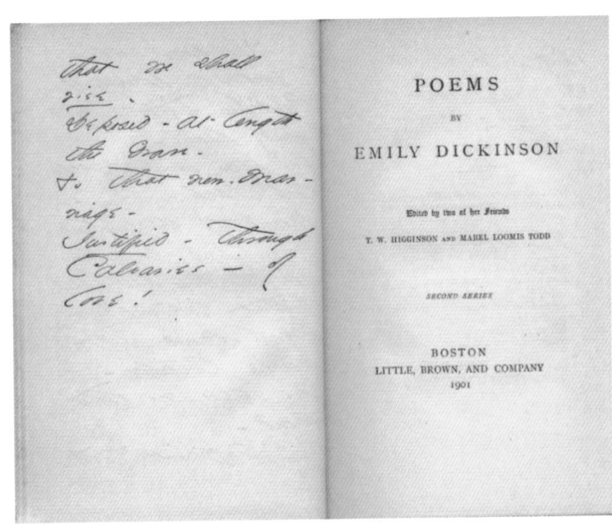
That we shall
rise.
Deposed - at length
the Grave -
To that new Marr-
iage -
Justified - through
Calvaries - of
Love!

POEMS
BY
EMILY DICKINSON

Edited by two of her Friends
T. W. HIGGINSON AND MABEL LOOMIS TODD

SECOND SERIES

BOSTON
LITTLE, BROWN, AND COMPANY
1901

ARRIBA: Retrato de la joven y solitaria Emily Dickinson (h. 1850).

DERECHA: El final de «Renunciation», del primer volumen de los poemas de Dickinson.

para cuando llegó a la treintena se había convertido en una persona que vivía casi totalmente recluida, hasta el punto de que se negó a abandonar el hogar incluso para asistir al funeral de su padre.

Su poesía es el reflejo de la frustración que Dickinson sentía hacia el mundo y hacia su propia incapacidad para vivir en él, plasmada en estos versos: «Sentí una hendidura en mi mente / como si mi cerebro se hubiera quebrado». Sus numerosos períodos de depresión también pueden apreciarse a través de sus poemas, reflejo de un conmovedor atisbo del mundo de la enfermedad mental.

Tras la temprana muerte de Emily debido a la enfermedad de Bright, su hermana pequeña Lavinia descubrió la gran cantidad de poesía que había dejado. Emily había pedido que todos sus poemas fueran destruidos, pero Lavinia no pudo resignarse a hacerlo. Publicó el primer volumen (de tres) de los poemas de su hermana en 1891.

A partir de ese momento, Emily Dickinson, apodada «la monja de Amherst», se ha convertido en una figura de culto. El lugar donde nació se ha transformado en un santuario para los amantes de la poesía de todo el mundo. **LH**

ARRIBA: Hogar de la familia Dickinson en Amherst, Massachusetts, actualmente convertido en el Emily Dickinson Museum.

Amistades íntimas

A pesar de escribir una poesía tan apasionada y sexual, parece ser que Emily no tuvo relaciones amorosas genuinas. Sin embargo, a pesar de su vida de reclusión, tuvo varios amigos íntimos, con quienes mantuvo correspondencia habitualmente, algunos de los cuales podrían haber sido sus amantes. Una de las mejores amigas de Emily fue su querida cuñada Susan (esposa de Austin Dickinson). Se carteó regularmente con el escritor, abolicionista y reformista social Thomas Wentworth Higginson (1823-1911) y con la escritora Helen Hunt Jackson (cuyo apellido de soltera era Fiske; 1830-1885), ferviente activista a favor de la igualdad de derechos para los nativos americanos.

CHRISTINA ROSSETTI

Christina Georgina Rossetti, 5 de diciembre de 1830 (Londres, Inglaterra); 29 de diciembre de 1894 (Londres, Inglaterra).

Estilo y género: Poetisa idealista que perteneció al círculo de los prerrafaelitas, aunque no compartía la imaginación pagana de algunas de sus famosas obras.

Obras destacadas

Poesía

El mercado de los duendes: sonetos y canciones, 1862

Muy pocas poetisas del siglo XIX han sobrevivido a la criba que supuso el canon del siglo XX. No es este el caso Elizabeth Barrett Browning —conocida sobre todo porque protagonizó una romántica fuga junto al poeta Robert Browning—, ni el de Christina Rossetti, ineludible por sus 1.100 poemas, entre los cuales destacan «In the Deep Midwinter» y *El mercado de los duendes,* de extensión similar a una novela y publicado por primera vez con ilustraciones de su hermano, el poeta y pintor Dante Gabriel.

Christina era la más joven de los cuatro importantes hermanos Rossetti. Se relacionó con muchos de los amigos de estos, que componían la élite artística de la Inglaterra de la década de 1860, incluyendo a Whistler, Charles Dodgson (Lewis Carroll) y el poeta W. H. Swinburne. En *El mercado de los duendes,* Rossetti exploró la adolescencia femenina victoriana en el punto álgido del descubrimiento sexual; como la poesía de Swinburne, su elaboración es de inspiración medieval, tanto en el lenguaje como en las referencias.

A pesar de que el ímpetu creativo de Rossetti parece tener su origen en sus estrictas creencias cristianas, sus obras incluyen muchos poemas impregnados de la misma erótica femenina que *El mercado de los duendes*, algunos dedicados a Safo o escritos utilizando la voz de esta. Rossetti recuperó la forma del soneto con un don muy similar al de su hermano para la utilización de la imaginería visual, y exploró la profunda dicotomía entre lo espiritual y lo sensual, simbolizando ambos mundos gracias a un impresionante uso del mundo natural. Aunque nunca se casó y tan solo estuvo comprometida durante un breve período de tiempo, Christina Rossetti utilizó la estructura de los sonetos para expresar sentimientos de amor (metafísico). **SM**

«Mejor [...] olvidar y sonreír que [...] recordar y sentir pesar.» «Remember»

ARRIBA: Litografía de Christina Rossetti a partir de un dibujo de D. G. Rossetti.

LEWIS CARROLL

Charles Lutwidge Dodgson, 27 de enero de 1832 (Daresbury, Cheshire, Inglaterra); 14 de enero de 1898 (Guildford, Surrey, Inglaterra).

Estilo y género: Carroll es autor de dos de los libros infantiles más populares del mundo, y también escribió poesía, panfletos y artículos.

«Lewis Carroll», el seudónimo adoptado por Charles Dodgson, es sinónimo de algunos de los escritos más imaginativos de todo el siglo XIX. Hoy en día se ha convertido en figura de culto, con sociedades y clubes de todo el mundo dedicados a mantener viva su obra. Irónicamente, Carroll ha asumido una identidad casi completamente separada del Charles Dodgson real, y existen numerosos mitos infundados relacionados con el «personaje». El nombre de Lewis Carroll también se ha visto mancillado por diversas acusaciones —no probadas— de pedofilia, basadas en el afecto que Dodgson sentía por las niñas pequeñas y en las fotografías que tomó de niños, que incluyen estudios de desnudos.

En 1851 Dodgson ingresó en el Christ Church College de Oxford, lo que supuso el comienzo de una relación con la universidad que duraría de por vida y que culminó en su nombramiento como catedrático de matemáticas, puesto en el que permaneció aun después de sus éxitos literarios.

En 1856 Henry Liddell, el nuevo decano del Christ Church, llegó a Oxford con su esposa y sus tres hijas pequeñas, Lorina, Edith y Alice. Dodgson se convirtió en un gran amigo de la familia y fue en una de sus múltiples excursiones con las niñas cuando empezó a contarles una historia acerca de una niña y sus aventuras. Alice Liddell le convenció para que escribiera la historia y Dodgson se la mostró a su amigo, el escritor George MacDonald. En 1863 Dodgson envió el manuscrito a la editorial Macmillan y, en 1865, se publicó *Alicia en el País de las Maravillas*. La obra logró un éxito inmediato y fue seguida por *Alicia a través del espejo* (1871) y por el poemario *La caza del Snark* en 1876. Ninguna de sus obras posteriores alcanzó las cotas de popularidad a las que llegó la historia de Alicia. **TP**

«Todo tiene una moraleja, si se es capaz de encontrarla.»

Lewis Carroll

Obras destacadas

Narraciones para niños

Alicia en el País de las Maravillas, 1865

Alicia a través del espejo, 1871

Poesía paródica

«*La caza del Snark*», 1876

ARRIBA: Fotografía de Lewis Carroll tomada por Oscar Gustav Rejlander.

MARK TWAIN

Samuel Langhorne Clemens, 30 de noviembre de 1835 (Florida, Missouri, EE.UU.); 21 de abril de 1910 (Redding, Connecticut, EE.UU.).

Estilo y género: Twain, con una escritura campechana, muestra su escepticismo frente a la religión, héroes pícaros e inocentes y una aguda sátira social.

Traje blanco, bigote, cigarro puro: las señas de identidad de Mark Twain —adoptadas para aparecer en público ante sus seguidores— son tan conocidas como sus personajes más queridos, Tom Sawyer y Huckleberry Finn. Twain fue el hombre de letras más destacado de la primera gran era comercial de Norteamérica. Publicó más de treinta libros, así como numerosos ensayos y cientos de historias cortas, fue todo un icono en vida y todavía se yergue en el centro de la tradición literaria norte-

Obras destacadas

Novelas

Las aventuras de Tom Sawyer, 1876

El príncipe y el mendigo, 1882

Las aventuras de Huckleberry Finn, 1884

Cuentos

La famosa rana saltarina del condado de Calaveras, 1867

Otras obras

Los inocentes en el extranjero, 1869

Roughing It, 1872

ARRIBA: Fotografía de estudio de Mark Twain tomada en la cúspide de su fama.

DERECHA: Ilustración extraída de *Las aventuras de Tom Sawyer*.

americana: sus sátiras sociales, compasión y agudo ingenio aún sirven de inspiración para los escritores.

Twain nació con el nombre de Samuel Clemens en Florida, Missouri, aunque pasó sus años de formación en Hannibal, a orillas del Mississippi. A pesar de que se trasladó en 1853, a pocos meses de cumplir 18 años, el espíritu fronterizo del Medio Oeste y la vida del río siempre impregnaron su obra. Adoptó su famoso seudónimo diez años después, mientras trabajaba como periodista entre las minas de plata de Virginia City, Nevada. Sus dos primeros libros, *Los inocentes en el extranjero* y *Roughing It*, fueron grandes éxitos comerciales; el primero describía sus viajes por Europa, y el segundo, el período que pasó en la frontera de Nevada.

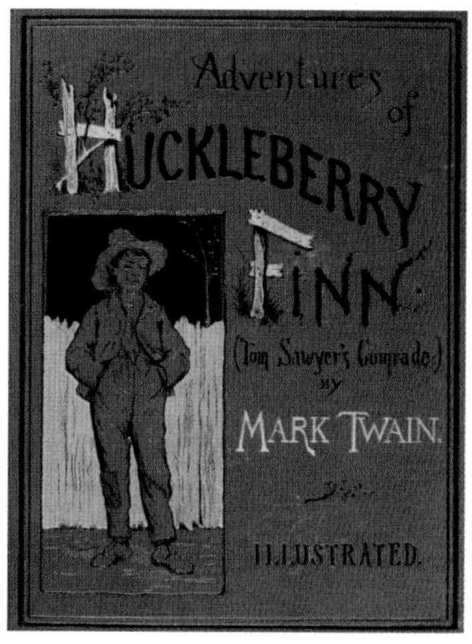

ARRIBA: Cubierta de la primera edición de *Las aventuras de Huckleberry Finn*.

Creación de Tom Sawyer y Huckleberry Finn

Mientras que la fama de Twain como humorista y periodista iba en aumento, hasta el punto de que llegó incluso a alcanzar las costas europeas, su carrera como novelista comenzaría con un regreso a la Hannibal de su juventud. Aunque en principio lo escribió como un libro para muchachos, *Las aventuras de Tom Sawyer* resultó atraer a un público mucho más amplio. Junto con su secuela, *Las aventuras de Huckleberry Finn*, supuso su obra más popular y aclamada por la crítica. Ambos libros rebosan nostalgia, pero también muestran el agudo y escéptico ingenio de Twain, así como su penetrante capacidad para captar el ambiente provinciano con detalles coloristas.

Si bien mantenía la conducta de un fanfarrón de Missouri en sus creaciones literarias, los valores políticos de Twain estaban más cercanos a la liberal Nueva Inglaterra, donde pasó gran parte de los últimos años de su vida. Sus obras ponen de manifiesto sus creencias políticas, finamente cubiertas con el velo de la ficción, así como sus opiniones acerca de la sociedad contemporánea. Su punto de vista sobre los problemas raciales a los que se enfrentaba Norteamérica era particularmente progresista. No obstante, no era ningún ingenuo idealista; a pesar de sus creencias igualitarias, su mejor obra está impregnada de un sano desdén hacia la burda estupidez y deshonestidad humanas. **CT**

Huckleberry Finn

Las aventuras de Huckleberry Finn, que Hemingway describió como el libro «del que proviene toda la literatura norteamericana», sigue siendo la quintaesencia de la literatura estadounidense sobre el paso de la infancia a la madurez. El momento en que Huck se da cuenta de que preferiría ir al infierno antes que vender a su amigo Jim, el esclavo fugitivo, a las autoridades, conserva aún su impresionante fuerza. El inocente punto de vista de Huck sirve a Twain para poner de manifiesto la hipocresía y mezquina vanidad de la sociedad sureña.

GUSTAVO ADOLFO BÉCQUER

Gustavo Adolfo Bécquer, 17 de febrero de 1836 (Sevilla, España); 22 de diciembre de 1870 (Madrid, España).

Estilo y género: Poeta maestro de la lírica popular, con sus formas sencillas, de estrofas breves y métrica asonante introdujo la poesía moderna en España.

Obras destacadas

Poesía

Rimas, 1871

Prosa

Cartas desde mi celda, 1864

Leyendas, 1871

Bécquer pertenecía a una familia sevillana de origen flamenco venida a menos y con antepasados pintores, y tuvo que desempeñar los más variados oficios como autor en Madrid para sobrevivir. Al morir, dejó una obra dispersa que sus amigos recopilaron y publicaron, incluidas las 78 *rimas* con las que principia la poesía española contemporánea, según dijo Juan Ramón Jiménez, por la influencia que tuvo en él mismo y en otros poetas españoles (Lorca, Alberti, Aleixandre) o hispanos (como Rubén Darío). La de Bécquer es una poesía desnuda, que habla del amor, la soledad, el desengaño. Además, fue un gran prosista, como prueban sus *Leyendas*. **FV**

MACHADO DE ASSIS

Joaquim Maria Machado de Assis, 21 de junio de 1839 (Río de Janeiro, Brasil); 29 de septiembre de 1908 (Río de Janeiro, Brasil).

Estilo y género: Escritor brasileño que se hizo eco de las tendencias europeas contemporáneas, empleó la ironía en su crítica social hacia la burguesía.

Obras destacadas

Novelas

Memorias póstumas de Blas Cubas, 1881

Quincas Borba, 1891

Don Casmurro, 1900

Machado de Assis, uno de los más grandes novelistas de Brasil, también escribió teatro, poemas y ensayos críticos. Hijo de un humilde pintor de brocha gorda, recibió una pobre educación, pero consiguió llegar a formar parte de la élite literaria. Machado aprendió por sí solo francés e inglés y, en 1897, fundó y fue nombrado presidente de la Academia Brasileña de las Letras. En sus primeras novelas, poemas y obras teatrales siguió el canon romántico, pero con su novela *Memorias póstumas de Blas Cubas,* Machado entró en una nueva fase de escritura, rompiendo con numerosas convenciones literarias de su tiempo. Sus novelas recibieron influencias de Laurence Sterne y Xavier de Maistre, y han sido comparadas, por su profundidad psicológica, con la obra de Henry James. **REM**

ÉMILE ZOLA

Émile-Édouard-Charles-Antoine Zola, 2 de abril de 1840 (París, Francia); 28 de septiembre de 1902 (París, Francia).

Estilo y género: Zola fue novelista y periodista; se le considera el fundador de la ficción naturalista y se vio implicado en el famoso «caso Dreyfus».

El día del funeral de Émile Zola, las calles estaban atestadas de gente; pero el camino hasta alcanzar un lugar tan destacado en el corazón de París no le resultó nada fácil al autor. Tanto la infancia en Aix-en-Provence como su juventud en París estuvieron marcadas por la pobreza. En 1865 se publicó su primera novela, *La confesión de Claude*, pero el realismo del libro suscitó el interés de la policía y desencadenó la expulsión de Zola de su puesto de trabajo en la editorial Hachette.

Su carrera como escritor y periodista se vio dominada por una novela de una asombrosa ambición y la titánica extensión de veinte volúmenes, que dibujaba el mapa de una época de grandes cambios en Francia: *Los Rougon-Macquart* narraba la historia de dos familias durante el Segundo Imperio (1852-1870). Empleando una embriagadora mezcla de romántico lirismo y sórdido realismo, la novela por tomos abordaba desde el destino de los campesinos rurales hasta el surgimiento de los impresionistas. La intención de Zola fue estudiar de qué modo la herencia y el entorno influían en el comportamiento. Por el camino, se ganó la ira de numerosos sectores; desde su amigo de la infancia, Paul Cézanne, que creyó ver un retrato suyo poco atractivo en *La obra*, hasta los detractores de Zola por sus críticas al gobierno en *La debacle*.

La controversia política regresó en 1898, cuando Zola defendió al oficial del ejército Alfred Dreyfus, acusado —falsamente— de alta traición. Su famosa defensa, publicada en el periódico *L'Aurore*, comenzaba con la frase «*J'accuse*...», y condujo a la persecución y huída de Zola a Inglaterra. Dreyfus y Zola fueron finalmente absueltos, pero algunas personas siguen creyendo que la muerte de Zola por asfixia fue obra de conspiradores contrarios a Dreyfus. **AK**

«La vida moderna en todos sus aspectos, ¡ese es el tema!»

La obra

Obras destacadas

Novelas

La confesión de Claude, 1865

Los Rougon-Macquart (1871-1893), incluye, entre otros:

- *Nana*, 1880
- *Germinal*, 1885
- *La obra*, 1886
- *La bestia humana*, 1890
- *La debacle*, 1892

Artículo periodístico

¡Yo acuso . . . !, 1898

ARRIBA: Retrato de Émile Zola tomado en 1875.

STÉPHANE MALLARMÉ

Étienne Mallarmé, 18 de marzo de 1842 (París, Francia); 9 de septiembre de 1898 (París, Francia).

Estilo y género: Mallarmé, destacado poeta simbolista, ha influido decisivamente con su obra en la poesía francesa, alemana y americana modernas.

Stéphane Mallarmé lideró el desarrollo de la poesía moderna y adoptó en sus obras lo que en la época se consideraba un enfoque radical, que situaba la fonética y las cualidades simbólicas, así como la forma visual de sus palabras, muy por encima de su significado literal. Sus poemas combinaban los estímulos visuales y auditivos de tal modo que las líneas que separan la literatura del arte quedaban totalmente desdibujadas. Hizo caso omiso de la sintaxis convencional, y creó obras que resultan enigmáticas y, en ocasiones, difíciles de digerir.

Mallarmé escribió poesía desde muy joven, tras estudiar las obras de Charles Baudelaire, que fueron la principal influencia de su primer estilo. Aprendió inglés y devoró las obras de Edgar Allan Poe. Mallarmé, que trabajaba como profesor de inglés en colegios franceses y se dedicaba a su poesía durante el tiempo libre, dejó pocas obras terminadas. Era un gran perfeccionista, y deliberaba acerca de cada poema hasta alcanzar una exacta comunión de estilo, contenido y sonido.

Obras destacadas

Poesía

Poesías, 1887

Divagaciones, 1897

Poemas

«La siesta de un fauno», 1876

«Palabras inglesas», 1878

«Los dioses antiguos», 1879

«Herodías», 1896

«Una tirada de dados nunca abolirá el azar», 1897

Ensayo

Los impresionistas y Édouard Manet, 1876

ARRIBA: Impresión en bromuro de plata de Stéphane Mallarmé (h. 1895).

DERECHA: Detalle del *Retrato de Stéphane Mallarmé* (1876), por Édouard Manet.

ARRIBA: Ilustración de 1876 por Édouard Manet para «La siesta de un fauno».

Dos de sus obras más famosas, «Herodías» y «La siesta de un fauno», iniciadas a principios de la década de 1860, tardaron varios años en ser publicadas pero ejercieron gran influencia en la época; la segunda, en particular, inspiró piezas musicales como el *Preludio a la siesta de un fauno* (1894) para orquesta de Claude Debussy.

Mallarmé, que llegó a ser una figura muy destacada dentro de la vanguardia francesa, organizaba reuniones a las que asistía un amplio círculo de intelectuales, filósofos, artistas y escritores, entre los que se encontraban W. B. Yeats y Paul Valéry. Dicho grupo pasó más tarde a conocerse con el nombre de Les Mardistes. Trabó amistad con Édouard Manet y, a través de él, con el círculo de pintores impresionistas y postimpresionistas que trataban de lograr reconocimiento en París. En 1876 publicó *Los impresionistas y Édouard Manet*, una importante y muy favorable crítica de su estilo.

El año anterior a su muerte, Mallarmé publicó su poema más complejo, «Una tirada de dados nunca abolirá el azar», que fue más tarde ilustrado por Odilon Redon y llegó a ser uno de los poemas más influyentes del autor. **TamP**

Pérdida de la madre

La madre de Mallarmé falleció cuando él tenía cinco años. El escritor, más adelante, relató que se sentía tan mortificado por no experimentar una tristeza mayor, que se arrojó al suelo y comenzó a arrancarse el cabello en un esfuerzo por convencer de su genuino sufrimiento a quienes le rodeaban. Explicó que su falta de emociones era debida al hecho de haber sido criado por una nodriza. El dolor que sintió al separarse de su nodriza estuvo mezclado con el de la pérdida de su madre, con quien nunca había llegado a tener un vínculo real.

HENRY JAMES

Henry James, 15 de abril de 1843 (Nueva York, Nueva York, EE.UU.); 28 de febrero de 1916 (Londres, Inglaterra).

Estilo y género: James escribió novelas psicológicamente muy complejas, que confrontaban los valores de la Norteamérica coetánea con su herencia europea.

Obras destacadas

Novelas

Retrato de una dama, 1881
Las bostonianas, 1886
Lo que Maisie sabía, 1897
Las alas de la paloma, 1902
Los embajadores, 1903
La copa dorada, 1904

Novelas cortas

Los papeles de Aspern, 1888
Otra vuelta de tuerca, 1897

En el relato corto «The Private Life» (1893), de Henry James, aparecía un autor con la inquietante capacidad de estar en dos lugares al mismo tiempo. El personaje podía estar sentado ante su escritorio, escribiendo, incluso cuando al mismo tiempo se hallaba en la planta baja entreteniendo a unos invitados con sus anécdotas literarias y sus opiniones. El propio James, aunque solitario y soltero empedernido, y con una obra prolífica, fue un consumado asistente a fiestas y reuniones.

James leyó vorazmente obras del canon literario europeo y pasó tres años en Europa durante su juventud bajo el auspicio de los experimentos educativos de su padre. Abandonó sus estudios en la facultad de derecho de Harvard para dedicarse a escribir a tiempo completo y, tras disfrutar de un temprano éxito como crítico, comenzó a concentrarse en la ficción. Se trasladó a Europa en 1875 y se afincó en Londres, aunque viajó durante largos períodos por todo el continente, sobre todo por Italia. Fue su modelo de emigración y exploración lo que dio forma a las aventuras de sus grandes heroínas, como Isabel Archer en *Retrato de una dama* y Milly Theale en *Las alas de la paloma.*

James se caracteriza por la sátira social en las novelas que escribió desde la década de 1880 en adelante, y por la oscuridad lingüística y psicológica de sus grandes obras posteriores. Escribió para el teatro y fue un maestro del relato corto, desde el atractivo misterio de *Los papeles de Aspern* hasta la claustrofóbica historia de fantasmas de *Otra vuelta de tuerca.* En 1915, como gesto de lealtad a su país de adopción, James renunció a su nacionalidad norteamericana y se convirtió en ciudadano británico. Murió al año siguiente, habiéndose establecido firmemente como europeo de pleno derecho. **TM**

«Verano y tarde: las dos palabras más bellas de la lengua inglesa.» *Retrato de una dama*

ARRIBA: Retrato de un joven Henry James tomado cuando tenía 20 años.

DERECHA: Henry James descansando en su jardín de Rye, East Sussex, Inglaterra.

BENITO PÉREZ GALDÓS

Benito Pérez Galdós, 10 de mayo de 1843 (Las Palmas de Gran Canaria, España); 4 de enero de 1920 (Madrid, España).

Estilo y género: Pérez Galdós dio un giro radical a la narrativa española al introducir el realismo, y trazó un amplio fresco de la sociedad de la época.

Obras destacadas

Novelas

La Fontana de Oro, 1870
Episodios nacionales, 1873-1878; 1898-1912
El amigo Manso, 1882
Miau, 1888
Fortunata y Jacinta, 1886-1887
Ángel Guerra, 1891
Tristana, 1892
Misericordia, 1897

ARRIBA: Fotografía de Pérez Galdós tomada a principios de la década de 1900.

DERECHA: Azulejos con un retrato fidedigno de Benito Pérez Galdós.

Benito Pérez Galdós es considerado «el Tolstói español» y ha sido comparado con Dickens y con Balzac. Vivió en las islas Canarias hasta los 19 años, cuando se trasladó a Madrid para estudiar derecho; no obstante, pronto abandonó la carrera para dedicarse al periodismo.

El éxito de su primera novela, *La Fontana de Oro* (1870), le impulsó a comenzar la serie de los *Episodios nacionales* (1873-1912), 46 novelas en las que hizo una crónica de la historia de España desde las guerras napoleónicas (1805) hasta la restauración de los Borbones, que tuvo lugar en 1874. En ellas se mezclan hechos históricos con personajes de ficción y son el resultado de un meticuloso trabajo de investigación y documentación con memorias, artículos periodísticos y relatos de testigos.

A partir de la década de 1880 y coincidiendo en el tiempo con los *Episodios nacionales*, Pérez Galdós empezó otra gran serie, las «Novelas españolas contemporáneas». Escrita en la cumbre de su carrera literaria, su obra maestra, *Fortunata y Jacinta*, se desarrolla en cuatro volúmenes —una longitud similar a *Guerra y paz* de Tolstói— y ofrece una visión de todo el espectro social madrileño a través de las vidas de un acaudalado pero débil joven, su esposa Jacinta, su amante de clase baja, Fortunata, quien también es la madre de su hijo, y el marido de Fortunata. La idea española de «quedar bien», la necesidad de aparentar ser alguien financiera o mentalmente seguro, aparece a menudo en sus obras.

Pérez Galdós también escribió una veintena de controvertidas obras de teatro con las que a menudo logró un gran éxito. En el año 1912 se quedó ciego, pero continuó dictando relatos durante el resto de su vida. La calidad y cantidad de sus últimas obras, no obstante, se vio tristemente reducida a causa de su ceguera. **REM**

Benito Perez Galdos

GERARD MANLEY HOPKINS

Gerard Manley Hopkins, 28 de julio de 1844 (Stratford, Essex, Inglaterra); 8 de junio de 1889 (Dublín, Irlanda).

Estilo y género: La obra de Hopkins quedó inédita durante su vida, pero sus versos complejos y experimentales fueron luego celebrados por el movimiento modernista.

Obras destacadas

Poemas (publicados póstumamente)

«El naufragio del Deutschland», 1918

«God's Grandeur», 1918

«The Windhover», 1918

«Pied Beauty», 1918

Gerard Manley Hopkins fue profundamente católico y uno de los mejores poetas cronistas ingleses del mundo natural. Hopkins se convirtió al catolicismo cuando era estudiante en Oxford, en la década de 1860, en un momento en que la universidad estaba inmersa en una gran controversia religiosa. Se hizo jesuita y pasó la mayor parte de su solitaria y corta vida enseñando y predicando en ingratos destinos rurales por todo el país antes de su prematura muerte; fue un período en el que produjo su poesía más profunda, que incluye los denominados sonetos «terribles».

Hopkins, con sus versos, profundizó en su propio ser acaso para explorar los detalles de su fe personal. Se avergonzaba de su poesía de tal modo que, en cierta ocasión, llegó a quemar todo lo que había escrito. Sus esporádicos intentos de ser publicada no tuvieron éxito; cuando envió su obra maestra, «El naufragio del Deutschland», a una publicación jesuita, fue rechazada por su excentricidad tanto religiosa como estilística.

Cuando murió, sus manuscritos pasaron a ser custodiados por su amigo íntimo Robert Bridges, y no se realizó ninguna edición del poemario hasta 1918. Su obra es un logro extraordinario; tan llena de energía lingüística y rítmica como los fenómenos naturales que con tanta frecuencia describía. Tanto en verso como en prosa, Hopkins desarrolló una teoría acerca de la esencia de todas las cosas y el modo en que dicha esencia afecta al que la observa; cualidades concedidas por Dios que instauraban el orden dentro del caos aparente del mundo natural. También ofrecía una forma muy útil de descifrar las felices sorpresas, los ecos y los imaginativos saltos de los versos de Hopkins, a los que dotaba de una intrincada estructura. **TM**

«¡Belleza y audacia y actos salvajes, oh, aire, orgullo, pluma, aquí / Confluyen!» «The Windhover»

ARRIBA: Retrato de Gerard Manley Hopkins (1863), cuando tan solo contaba 19 años.

PAUL VERLAINE

Paul-Marie Verlaine, 30 de marzo de 1844 (Metz, Francia); 8 de enero de 1896 (París, Francia).

Estilo y género: Verlaine, escritor y poeta lírico decadentista, trató el erotismo, la sexualidad, las adicciones y la religión.

Una de las obras más admiradas de Paul Verlaine fue su estudio *Los poetas malditos* —donde se incluyó—. Verlaine abordó en su poesía el erotismo, tanto heterosexual como homosexual. Nació en un confortable entorno de clase media, trabajó en una empresa aseguradora y más tarde se codeó con los círculos literarios de moda en París y comenzó a escribir poesía.

Tenía un don para utilizar el francés coloquial para comunicar matices delicados, y su primer gran éxito le llegó en 1869 con su segundo libro de poemas, *Fiestas galantes*; el título hace referencia a las reuniones que los aristócratas del siglo XVIII mantenían en el campo y se inspira en las pinturas de artistas como Antoine Watteau. Inconstante, impredecible y en ocasiones violento, se enamoró de una muchacha de 16 años y se casó con ella y tuvo un hijo, aunque más tarde los abandonó por el poeta Arthur Rimbaud. En 1873 ambos protagonizaron en Bruselas una violenta disputa y Verlaine, borracho, disparó a Rimbaud en la muñeca.

Tras pasar dos años en prisión en Bélgica, donde escribió *Romanzas sin palabras*, regresó a la fe católica romana en que había sido educado y se retiró a un monasterio trapense. Regresó a Francia en 1877, donde trató de dedicarse a cultivar la tierra, pero sin éxito. Siendo entonces una figura reconocida en París, escribió poesía, relatos cortos y estudios de escritores contemporáneos mientras vivía una vida cada vez más triste de embriaguez y decadencia. En 1885 acabó de nuevo en prisión por atacar a su madre. Además, su adicción a la absenta, la sífilis y otras enfermedades hacían que sus estancias en el hospital fueran muy frecuentes. Desde 1895 comenzó a recibir una pensión del Estado, pero aun así falleció en medio de la pobreza a los 51 años. **RC**

«¡Tomemos la elegancia y retorzámosle el pescuezo!»

Antaño y hogaño

Obras destacadas

Poesía

Fiestas galantes, 1869

Romanzas sin palabras, 1873-1874

Sabiduría, 1880-1881

Los poetas malditos, 1884

Antaño y hogaño, 1885

Amor, 1888

1840–59

ARRIBA: Imagen coloreada de Verlaine (h. 1890), a partir de un original en sepia.

ANATOLE FRANCE

Jacques-Anatole-François Thibault, 16 de abril de 1844 (París, Francia); 12 de octubre de 1924 (Saint-Cyr-sur-Loire, Francia).

Estilo y género: France escribía con irónica inteligencia acerca de temas que incluían acontecimientos de su tiempo, historia y religión.

Obras destacadas

Novelas

Thais, la cortesana, 1890

La azucena roja, 1894

Anatole France, hijo de un librero literato, trabajó como crítico, escribió poesía y, finalmente, se entregó de pleno a la escritura de novelas y relatos cortos, escritos con un tono escéptico, mundano e irónico, que prestaba escasa atención a los valores burgueses. En 1877 contrajo matrimonio, pero en 1888 conoció al amor de su vida, Arman de Caillavet. Este romance inspiró su novela *Thais, la cortesana*, acerca de una cortesana egipcia que termina por convertirse en santa, así como una historia de amor en Florencia, *La azucena roja*. Experimentó una creciente desilusión por la sociedad y la política francesas, y en la década de 1890 fue uno de los defensores del oficial del ejército Alfred Dreyfus, víctima del antisemitismo. En 1921 recibió el premio Nobel de Literatura. **RC**

JOSÉ MARIA EÇA DE QUEIRÓS

José Maria Eça de Queirós, 25 de noviembre de 1845 (Póvoa de Varzim, Portugal); 16 de agosto de 1900 (París, Francia).

Estilo y género: Eça de Queirós fue un controvertido intelectual que satirizó y criticó a la élite social portuguesa, así como la hipocresía religiosa.

Obras destacadas

Novelas

El crimen del padre Amaro, 1876

El primo Basilio, 1878

La reliquia, 1887

La ilustre casa de Ramírez, 1900

La ciudad y las sierras, 1901

Cuentos

El mandarín, 1880

Eça de Queirós fue el hijo ilegítimo de una mujer perteneciente a la baja aristocracia y un juez que no se casó con ella hasta que el niño no cumplió los cuatro años, y siguió sin reconocerlo como hijo hasta que el autor andaba por la cuarentena. Esta temprana sensación de abandono se refleja en toda su obra: los padres rara vez aparecen. Eça de Queirós estudió derecho en la Universidad de Coimbra, donde formó un grupo de presión para impulsar un cambio artístico y social. Era conocido como el «Zola portugués». Formaba parte del influyente grupo literario de pensadores *Os vencidos da vida* («Los derrotados por la vida»). Su esposa, católica conservadora, impidió la publicación póstuma de parte de la obra de Eça de Queirós. **REM**

HENRYK SIENKIEWICZ

Henryk Adam Aleksander Pius Sienkiewicz, 5 de mayo de 1846 (Wola Okrzejska, Polonia ocupada por Rusia); 15 de noviembre de 1916 (Vevey, Suiza).

Estilo y género: Sienkiewicz escribió novelas de gran alcance histórico, utilizó el sentimentalismo y el humor basado en la filosofía de lo absurdo.

Henryk Sienkiewicz fue el auténtico creador de la novela polaca moderna, gracias a su ficción de impresionante alcance histórico, seña de identidad para un pueblo que se hallaba bajo un gobierno extranjero.

Sienkiewicz nació en una familia de la nobleza polaca y comenzó su carrera trabajando para varios periódicos y escribiendo relatos breves. Estudió derecho y medicina, pero dejó ambas carreras para dedicarse a la historia. Defendió los derechos de las clases trabajadoras y estableció un fondo fiduciario para artistas y una escuela para niños; pero también fue un elegante «dandy», famoso por sus numerosos amoríos. Mientras vivía en Suiza, durante la Primera Guerra Mundial, Sienkiewicz fundó la organización que más tarde se convertiría en el Gobierno Polaco Provisional (dos años después de su muerte).

Las novelas de Sienkiewicz retratan movimientos masivos de la especie humana a escala individual. Sus famosas *Los caballeros teutónicos* y *Trilogía polaca* describen los levantamientos, las invasiones y las expulsiones que caracterizaron la historia de Polonia durante los siglos XIV y XVII. Después de viajar por Estados Unidos durante tres años y gracias a la publicación de *Quo Vadis?*, su popularidad pasó a ser internacional. En 1905 se le concedió el premio Nobel. *Quo Vadis?* trata acerca de la legendaria crueldad del emperador Nerón, que prende fuego a Roma y culpa de ello a los primeros cristianos. El tratamiento que da a algunos de estos hechos puede parecer poco creíble para un lector moderno; no obstante, su humor basado en la filosofía de lo absurdo y su vibrante recreación de la vida diaria en medio de la decadencia de Roma —que en ocasiones alcanza una emocionante tensión— hacen que se disfrute realmente de su lectura. **ER**

«Eros sacó al mundo del caos. Si hizo bien o no es otra cuestión.» *Quo Vadis?*

Obras destacadas

Novelas

Trilogía polaca, 1884-1888

Quo Vadis?, 1895

Los caballeros teutónicos, 1900

1840–59

ARRIBA: Fotografía del popular novelista polaco Henryk Sienkiewicz (h. 1870).

BRAM STOKER

Abraham Stoker, 8 de noviembre de 1847 (Clontarf, Dublín, Irlanda); 20 de abril de 1912 (Londres, Inglaterra).

Estilo y género: Stoker escribió historias de terror impregnadas de elementos folclóricos, pesadillas, maldiciones y acontecimientos sobrenaturales.

Obras destacadas

Novelas

El paso de la serpiente, 1891

Drácula, 1897

La joya de las siete estrellas, 1904

Cuentos

Under the Sunset, 1881

Bram Stoker es famoso en el mundo entero por su novela gótica de terror *Drácula*, y comenzó a escribir ficción a una edad ya tardía. Cuando era un niño, fue incapaz de caminar hasta los 7 años, aunque superó esta discapacidad y llegó a ser un destacado atleta del Trinity College de Dublín. Stoker soñaba con ser un escritor, pero siguió los pasos de su padre y trabajó durante diez años en la Administración pública. También trabajó como crítico teatral para el *Dublin Mail*, gracias a lo cual entabló amistad con el actor inglés Henry Irving, de quien fue desde 1878 su representante a lo largo de 27 años, durante los cuales llegó a escribir hasta cincuenta cartas diarias y le acompañó en sus giras por Norteamérica.

Aun así, Stoker se las ingenió para escribir la novela *El paso de la serpiente* —inquietante narración de un turbulento romance, ambientada al oeste de Irlanda— y su eterna obra maestra, *Drácula*. La historia del vampiro Conde Drácula es narrada a través de los diarios, cartas y escritos privados de los personajes principales: Jonathan Harker, su esposa Mina, el Doctor Seward y Lucy Westenra, así como de ocasionales extractos de periódicos que dotan a la historia de cierto aire de realismo. El vampiro de Transilvania —que posee poderes sobrenaturales, necesita beber sangre humana para seguir viviendo y solo puede morir si su corazón es atravesado por un cuchillo de caza, liberando de este modo su hechizo— se ha convertido en uno de los personajes más perdurables, tanto de la literatura como del cine. Más tarde, Stoker escribió otras novelas de terror, como *La joya de las siete estrellas*, en la que un arqueólogo trata de revivir una antigua momia egipcia. Ninguna fue capaz, no obstante, de cautivar la imaginación del público hasta el punto que lo hizo *Drácula*. **SG**

«Cuán bendecidas las existencias de quienes no albergan miedo ni temor alguno.» *Drácula*

ARRIBA: Fotografía de Bram Stoker tomada en la década de 1890.

DERECHA: Antiguo grabado de Vlad el Empalador, conocido como Conde Drácula.

Van deme quaden thyrāne Dracole wyda·

ARRIBA: Huysmans, uno de los líderes del movimiento decadentista (h. 1905).

JORIS-KARL HUYSMANS

Charles-Marie-Georges Huysmans, 5 de febrero de 1848 (París, Francia); 12 de mayo de 1907 (París, Francia).

Estilo y género: Las obras de Huysmans muestran un refinado esteticismo amenizado por su humor sardónico, inventiva verbal y fantasía surrealista.

Obras destacadas

Novelas

En familia, 1881
Aguas abajo, 1882
A contrapelo, 1884
Allá abajo, 1891
La catedral, 1898

Joris-Karl Huysmans nació en París y su padre era holandés. Fue un intelectual y esteta convencido del valor supremo del arte, y corrosivamente cínico con respecto a todo lo demás. Se ganó la vida durante treinta años gracias a una sinecura como funcionario, e inició su carrera literaria bajo la influencia del realismo abrazado por Émile Zola; luego descubrió su voz propia durante la década de 1880 y llegó a convertirse en uno de los fundadores del movimiento decadentista que surgió a finales del siglo XIX.

Des Esseintes es el antihéroe de la novela *A contrapelo* y reflejo del esteta decadente, un sensualista obsesionado consigo mismo, dedicado a la búsqueda de las sensaciones refinadas y la indulgencia de gustos perversos, sin tener en cuenta la moralidad o las convenciones sociales. Además de encontrar este personaje, Huysmans halló también su estilo propio, destacable por sus discursos de brillante ejecución, sus torrentes de fantasía verbal o sus clímax cómicos, confeccionados a base de desgracias que van en aumento, todo ello enriquecido por su vocabulario rebuscado y su erudición.

Allá abajo, su obra más popular, incluye descripciones detalladas de ritos satánicos y pedofilia homicida. Pero Huysmans también generó humor a partir de la observación de los pequeños detalles de la vida diaria. El autor finalmente encontró un lugar de descanso para atenuar su angustia en el seno del catolicismo.

«[...] La vida de Huysmans no fue sino una triste fábula con moraleja.» Colin Wilson

La historia de la transición de su cínico interés por el satanismo y lo oculto hasta su reticente compromiso con la fe puede apreciarse en el cuerpo de sus últimas novelas, en concreto en las acciones de su alter ego, Durtal. Huysmans murió víctima de un cáncer, enfermedad que soportó con admirable estoicismo. **RG**

AUGUST STRINDBERG

Johan August Strindberg, 22 de enero de 1849 (Estocolmo, Suecia); 14 de mayo de 1912 (Estocolmo, Suecia).

Estilo y género: Strindberg, padre del teatro sueco moderno, trató en sus obras el conflicto entre sexos y clases y la desaparición de las tradiciones.

August Strindberg, escritor, pintor, fotógrafo experimental y alquimista, fue un innovador y uno de los principales dramaturgos escandinavos del siglo XIX. Su estilo cambió desde el naturalismo inicial hasta el simbolismo, aunque más tarde adoptó el expresionismo, con lo que logró llevar el teatro hasta la modernidad.

Sus obras se centran en las tensiones entre clases y en la batalla entre ambos sexos, lo que llevó a algunos a sugerir que Strindberg era un misógino. Strindberg se casó tres veces y llevó una existencia itinerante; vivió en Suecia, Dinamarca, Alemania y Francia. La Suecia de su tiempo, como gran parte del resto de Europa, estaba sufriendo la metamorfosis que la llevaría de ser una nación agrícola a un país industrializado, con los consecuentes cambios sociales y políticos que condujeron al surgimiento del socialismo.

Strindberg escribió sesenta obras teatrales, además de novelas, relatos breves y ensayos. Captó la atención del público por primera vez con su novela *La habitación roja*. No obstante, es más conocido por sus obras teatrales, especialmente por la ampliamente representada tragedia *La señorita Julia*, que narra la historia de un romance que se consuma la noche de San Juan entre una mujer joven de clase alta y el criado de su padre, con trágicas consecuencias, dentro del marco de la claustrofóbica sociedad de la época.

Strindberg describe una sociedad en la que el viejo orden se está desmoronando, en la que todo se halla en un limbo posnietzscheano donde Dios ha muerto y los personajes se ven motivados por los duraderos sentimientos del amor o la lujuria, lo que los deja al borde de la histeria, puesto que tampoco resultan ser fines gratificantes en sí mismos: en una palabra, las preocupaciones de las mentes europeas modernas. **CK**

«La superstición y los prejuicios aprendidos en la infancia no se arrancan de raíz.» *La señorita Julia*

Obras destacadas

Novela

La habitación roja, 1879

Teatro

El padre, 1887

La señorita Julia, 1888

El camino de Damasco (trilogía), 1898-1902

La danza de la muerte, 1900

El sueño, 1902

Sonata de espectros, 1907

ARRIBA: Retrato del excéntrico escritor sueco August Strindberg (1881).

GUY DE MAUPASSANT

Henri René Albert Guy de Maupassant, 5 de agosto de 1850 (Château de Miromesnil, Normandía, Francia); 6 de julio de 1893 (París, Francia).

Estilo y género: Maupassant escribió relatos breves y se caracteriza por su economía de estilo y su don para la observación de la sociedad.

A menudo se atribuye a Guy de Maupassant la creación del relato breve francés. Maupassant, guiado por Gustave Flaubert, desarrolló su propio método económicamente descriptivo para narrar historias, a menudo creando un retrato social de su personaje central y colocándolo junto a figuras y presiones socialmente contrastantes.

En 1870 Maupassant luchó en la guerra franco-prusiana, luego escenario de «Bola de Sebo», un relato breve publicado en 1880 que alcanzó gran éxito. La historia narra el viaje durante la guerra de un grupo de normandos de orígenes muy diferentes. Bola de Sebo es uno de ellos, un cortesano voluminoso pero atractivo y de buen corazón que es utilizado por sus hipócritas compañeros de viaje, quienes terminan por deshacerse de él. El autor cuestiona las creencias religiosas, morales y la conciencia de clase de los pasajeros del carruaje, para finalmente poner de manifiesto su conducta dirigida a su interés personal. Maupassant continuó escribiendo prolíficamente y logró ganarse muy bien la vida produciendo numerosos volúmenes de sus populares historias breves. El primero de ellos fue el ensalzado *La casa Tellier*, seguido de otras recopilaciones y de un puñado de muy bien recibidas novelas, en especial *Pierre y Jean*. Maupassant albergaba un gran temor a la enfermedad y a la muerte, y desarrolló un intenso deseo de permanecer solo y de no ser molestado por la sociedad a la que azotaba verbalmente. Contrajo sífilis cuando era joven, y su salud física y mental se deterioró enormemente cuando cumplió la cuarentena. Irónicamente, teniendo en cuenta su intenso interés por la psiquiatría, Maupassant fue declarado loco en 1891; aquel fue el final de un prolífico período de producción literaria. **LK**

«El patriotismo es un tipo de religión; es el huevo en que se incuban las guerras.»

Obras destacadas

Novelas

Una vida, 1883

Bel-Ami, 1885

Pierre y Jean, 1888

Cuentos

«Bola de Sebo», 1880

Las veladas de Médan, 1880

La casa Tellier, 1881

Mademoiselle Fifi y otros cuentos de guerra, 1882

ARRIBA: Retrato al óleo de Maupassant (1876), por François N. A. Feyen-Perrin.

ROBERT LOUIS STEVENSON

Robert Lewis Balfour Stevenson, 13 de noviembre de 1850 (Edimburgo, Escocia); 3 de diciembre de 1894 (Vailima, Samoa).

Estilo y género: Stevenson fue un poeta y novelista escocés que escribió ficción para niños, ensayos, relatos breves y narraciones basadas en hechos reales.

Robert Louis Stevenson fue un aventurero y viajero que aplicó a sus obras un gran sentido de lo romántico. En los años que siguieron a la Primera Guerra Mundial sus novelas pasaron a ser consideradas demasiado frívolas. Tan solo recientemente se ha reconocido el auténtico valor de su escritura ampliamente imaginativa y ecléctica.

Stevenson estudió ingeniería en la Universidad de Edimburgo antes de estudiar derecho pero, aunque aprobó todos sus exámenes, nunca ejerció la profesión. Comenzó a viajar con frecuencia, en parte buscando un clima más templado que beneficiara a sus débiles pulmones, pero también animado por su espíritu aventurero. Visitaba Francia con frecuencia y era bienvenido dentro de los círculos artísticos y literarios del país. Sus primeras obras publicadas fueron relatos de viajes, como *Un viaje tierra adentro*, que detallaba su travesía en canoa desde Amberes, Bélgica, hasta el norte de Francia.

En 1876 Stevenson conoció a Fanny Vandegrift Osbourne, una mujer casada de nacionalidad estadounidense. La siguió hasta Norteamérica, donde ella se divorció de su marido y, en 1880, contrajeron matrimonio. Entre 1880 y 1887 la pareja, junto con los hijos de Fanny, viajaron por toda Inglaterra; en dicho período Stevenson escribió quizá sus obras más famosas, *La isla del tesoro* y *El extraño caso del Dr. Jekyll y Mr. Hyde*. Tras la muerte del padre de Stevenson en 1887 se trasladaron a Estados Unidos y al año siguiente partieron rumbo al Pacífico Sur. En 1890 el escritor compró una amplia franja de tierra en Upolu, una de las islas de Samoa, y comenzó a construir una casa allí. Se hizo muy popular entre los lugareños, por cuyos derechos luchó, y cuando falleció en 1894 fue enterrado cerca del monte Vaea, en un lugar desde el que se divisa el mar. **TP**

«Ninguna obligación obviamos tanto como la de ser felices.»

ARRIBA: Fotografía de Stevenson en color sepia realizada durante la década de 1880.

Obras destacadas

Novelas

La isla del tesoro, 1883

El extraño caso del Dr. Jekyll y Mr. Hyde, 1886

Raptado, 1886

El señor de Ballantrae, 1889

El dique de Hermiston, 1896 (inconclusa)

Libro de viajes

Un viaje tierra adentro, 1878

LEOPOLDO ALAS, «CLARÍN»

Leopoldo Alas y Ureña, 25 de abril de 1852 (Zamora, España); 13 de junio de 1901 (Oviedo, España).

Estilo y género: Clarín escribió sensibles novelas acerca del aislamiento psicológico y físico, y sobre la búsqueda de un significado más profundo de la vida.

Leopoldo Alas, aunque estudió derecho y trabajó como profesor de leyes y política económica en la Universidad de Oviedo hasta su muerte, es más conocido por su trabajo como periodista y por sus críticas literarias. Empleó con frecuencia el seudónimo «Clarín», publicó miles de artículos sobre ficción, poesía y teatro en periódicos y revistas nacionales, y llegó a ser muy respetado y temido por su lengua afilada. La defensa que Clarín realizaba del naturalismo literario, el anticlericalismo y el liberalismo en estos *paliques* le granjeó numerosos enemigos.

Además de estos artículos, que finalmente fueron compilados en treinta volúmenes, *Solos de Clarín*, escribió varias novelas. Las dos más importantes, que se encuentran entre las mejores novelas españolas del siglo XIX, son *La Regenta* y *Su único hijo*. En la primera, una joven mujer se encuentra atrapada en la red del abúlico amor de su anciano marido, y es tratada injustamente y rechazada por la sociedad misógina y estrecha de miras de la Restauración. El declive psicológico y físico de Ana Ozores —a menudo denominada la «Madame Bovary española»— es un reflejo de lo que Clarín consideraba el propio deterioro y los problemas del país. En *Su único hijo* el autor explora con gran sensibilidad la insatisfacción que siente el protagonista hacia su matrimonio y su vida; el título hace referencia irónicamente a las dudas que le asaltan acerca de si su único hijo es realmente suyo o lo concibió su mujer con otro hombre. Estas novelas hacen mayor hincapié en la confusión interior y la búsqueda psicológica que en los aspectos físicos o del comportamiento de sus personajes. En ocasiones de forma inescrutable, sus obras de ficción parecen al mismo tiempo alentar la búsqueda de Dios y la búsqueda del humanismo. **REM**

Obras destacadas

Novelas

La Regenta, 1884-1885

Su único hijo, 1890

Doña Berta, 1892

¡Adiós Cordera!, 1892

El gallo de Sócrates, 1900

Ensayo

Solos de Clarín, 1881

La literatura en 1881, 1882

Ensayos y revistas, 1892

«Aquel que podría demostrar toda existencia, la deja vacía.»

El gallo de Sócrates

ARRIBA: Retrato de un joven Clarín, cuyas opiniones le granjearon muchos enemigos.

ARTHUR RIMBAUD

Jean Nicholas Arthur Rimbaud, 20 de octubre de 1854 (Charleville, Francia); 10 de noviembre de 1891 (Marsella, Francia).

Estilo y género: Rimbaud fue uno de los primeros auténticos *enfants terribles*, poeta disidente y vagabundo, de salvaje estilo de vida y una obra subversiva.

La vida de Arthur Rimbaud es objeto de controversia y su considerable reputación tan solo se basa en la escasa obra que produjo entre los 16 y los 19 años. Fue un estudiante brillante que se rebeló contra el convencionalismo de sus raíces provincianas y burguesas, y huyó de casa en diversas ocasiones. Es posible que durante una de aquellas escapadas se uniera a la Comuna de París de 1871. Más célebre fue su romance con el poeta Paul Verlaine, mucho mayor que él, que terminó cuando este le disparó en la mano con una pistola.

La apariencia descuidada de Rimbaud, su escandalosa conducta y su iconoclasia a menudo escandalizaban a aquellos que conoció durante sus viajes por Europa, pero tras su ruptura con Verlaine llegó mucho más allá, viajando primero a Oriente Medio y después hasta Abisinia (la actual Etiopía). Por aquel entonces ya había abandonado hacía tiempo su interés por la literatura y se dedicaba a hacer dinero como comerciante y traficante de armas. Regresó a Francia únicamente cuando enfermó de cáncer, y, en 1891, seis meses después de que tuvieran que amputarle una pierna, falleció a la edad de 37 años.

La obra de Rimbaud, a pesar de que no fue muy conocida en vida, ha tenido una influencia importantísima en los escritos de las siguientes generaciones, y muchos la consideran como precursora del surrealismo de las décadas de 1920 y 1930. Su poesía rechaza el modelo clásico y resulta disonante en su uso de diversos niveles, tonos y registros del lenguaje, en su tratamiento subversivo de temas clásicos y en su uso de un lenguaje soez y chabacano. Por ejemplo, en «Venus Anadyomène», la diosa Venus se convierte en una mujer gorda y fea, cuya poco ceremoniosa salida de un sucio baño nos permite vislumbrar por un momento la úlcera que tiene en el ano. **GM**

«Juventud holgazana, sometida [...] por mi excesiva sensibilidad perdí mi vida.»

Obras destacadas

Poesía

«Venus Anadyomène», 1870

«El barco ebrio», 1871

Una temporada en el infierno, 1873

Iluminaciones, 1886

ARRIBA: Imagen de Arthur Rimbaud cuando contaba 17 años.

OSCAR WILDE

Oscar Fingal O'Flahertie Wills Wilde, 16 de octubre de 1854 (Dublín, Irlanda); 30 de noviembre de 1900 (París, Francia).

Estilo y género: Wilde, dramaturgo, novelista, poeta, esteta, defensor de las causas en que creía y escritor de relatos breves, hizo gala de un gran ingenio.

Aunque la vida privada de Oscar Wilde parece eclipsar su obra, no cabe duda alguna de su vasto talento literario. Hasta que fue encarcelado en 1895 por escándalo público, el autor irlandés era famoso en Gran Bretaña por sus obras de teatro, su refinada forma de vestir, su hedonismo y su filosofía estética. Tras dos años en prisión, se arruinó y acabó estableciendo su residencia en el Hotel d'Alsace, en París, bajo el seudónimo de «Sebastian Melmoth». Wilde falleció a la edad de 46 años, tan solo tres años después de haber salido de la cárcel.

Wilde procedía de una familia angloirlandesa de clase alta y estudió a los clásicos en el Trinity College de Dublín y en el Magdalen College de Oxford, donde se implicó en el movimiento estético. En 1879 se trasladó a Londres y, durante esa época dio conferencias sobre estética en varios países.

La poesía de Wilde fue publicada por primera vez en 1881, y en la década siguiente publicó relatos breves semejantes a cuentos de hadas, como *El príncipe feliz*; obras teatrales populares que satirizaban las costumbres y la hipocresía de la sociedad victoriana, como *El abanico de lady Windermere*; y su única novela, *El retrato de Dorian Gray*, que resultó muy controvertida debido a su temática homoerótica.

A pesar de que contrajo matrimonio y tuvo dos hijos, mantuvo un gran número de aventuras amorosas homosexuales; la más conocida de ellas fue con lord Alfred Douglas, cuyo padre (el quinto marqués de Queensberry) mandó arrestar a Wilde. La subsiguiente serie de juicios, en los que Wilde defendió el amor entre personas del mismo sexo, llevaron a su encarcelamiento.

Su última obra, *De Profundis*, está basada en una carta que escribió a Douglas desde la prisión. Su título hace referencia al salmo bíblico 130, y significa «desde lo más profundo». En esta obra, Wilde habla sobre su vida, la humillación de su procesamiento, su sufrimiento en prisión y sus creencias religiosas. **CK**

Obras destacadas

Novela

El retrato de Dorian Gray, 1890

Cuentos

El fantasma de Canterville, 1887

El príncipe feliz y otros cuentos, 1888

Teatro

El abanico de lady Windermere, 1892

Salomé, 1893 y 1894

Una mujer sin importancia, 1893

La importancia de llamarse Ernesto, 1895

Poesía

Poemas, 1881

La balada de la cárcel de Reading, 1898

Ensayo

De Profundis, 1905

ARRIBA: Retrato de Wilde en 1882, durante la gira que realizó por Norteamérica.

DERECHA: «El clímax», ilustración por Aubrey Beardsley para *Salomé* de Wilde.

GEORGE BERNARD SHAW

George Bernard Shaw, 26 de julio de 1856 (Dublín, Irlanda); 2 de noviembre de 1950 (Ayot St. Lawrence, Hertfordshire, Inglaterra).

Estilo y género: Las piezas teatrales de Shaw tienen humor lacónico, matices políticos, personajes femeninos perfectamente delineados y finales infelices.

Obras destacadas

Teatro

La profesión de la señora Warren, 1893
Las armas y el hombre, 1894
Hombre y superhombre, 1903
La comandante Bárbara, 1905
Pigmalión, 1913
Santa Juana, 1923

Ensayo

Ensayos fabianos sobre el socialismo, 1889

George Bernard Shaw era hijo de padre alcohólico y madre cantante profesional, y creció con un tartamudeo y muy poca confianza en sí mismo. La madre de Shaw se marchó a Londres cuando él tenía 16 años, pero no tardó en seguirla y vivió con ella hasta cumplir 42 años. Muchos de sus argumentos se centran en relaciones disfuncionales, a menudo entre padres e hijos.

Shaw comenzó como crítico teatral y artístico antes de convertirse en uno de los dramaturgos más destacados del mundo. Era vegetariano, abstemio y socialista comprometido, y a menudo se le criticaba por sermoneador. A pesar de ello, contaba con un fascinante círculo de amigos de la más variada procedencia, entre los que se contaban Michael Collins —el líder del IRA—, las actrices Ellen Terry y la señora de Patrick Campbell, lord Alfred Douglas (amante de Oscar Wilde) y la hija de Charles Dickens, Kate Perugini. Fue orador habitual del Speaker's Corner de Londres, apoyó con firmeza la emancipación de la mujer y las Actas de Gobierno de Irlanda, e hizo campaña a favor de la igualdad de salarios para hombres y mujeres.

Las obras teatrales de Shaw incluyen *La profesión de la señora Warren*, un compasivo retrato de la prostitución, y *Pigmalión*, más conocida como la inspiración de *My Fair Lady* (con el final feliz que Shaw le había negado). En 1884 fundó la Sociedad Fabiana junto con Beatrice Potter y Sidney Webb. En 1925 Shaw recibió el premio Nobel de Literatura y en 1938 un Oscar por la película realizada a partir de *Pigmalión*.

«Un gobierno que roba a Pedro para pagar a Pablo siempre contará con el apoyo de Pablo.»

En 1898 Shaw contrajo matrimonio con una acaudalada dama de origen irlandés, Charlotte Payne-Townsend. El indomable dramaturgo falleció en la casa que ambos compartían a la edad de 94 años, tras caer de una escalera de mano cuando podaba un árbol. **LH**

ARRIBA: Retrato de un joven George B. Shaw realizado en pastel por Louise Jopling.

DERECHA: Shaw durante una protesta contra la visita del zar de Rusia en 1909.

JOSEPH CONRAD

Józef Teodor Konrad Korzeniowski, 3 de diciembre de 1857 (Berdichev, Ucrania polaca ocupada por Rusia); 3 de agosto de 1924 (Bishopsbourne, Kent, Inglaterra).

Estilo y género: Conrad fue un novelista que vivió en equilibrio entre las certezas morales del siglo XIX y la desesperación existencial del siglo XX.

Joseph Conrad, sorprendentemente, no aprendió inglés hasta los 21 años. La escritura también le llegó tarde: pasó 16 años de su vida entrando y saliendo de la Marina antes de publicar su primer libro, *La locura de Almayer*, en 1895.

Las experiencias que Conrad vivió en el mar formaron la base de gran parte de su ficción, especialmente de su obra *El corazón de las tinieblas*, que se inspiraba en su propio desastroso viaje por el río Congo. El libro (adaptado por Francis Ford Coppola para el cine: *Apocalypse Now*) sigue manteniendo toda su impresionante fuerza y su profética exploración de los males del colonialismo, la hipocresía de la humanidad y la naturaleza elusiva de cualquier verdad aislada, objetiva y comunicable. Todos estos temas irían apareciendo a lo largo de toda la obra de Conrad, a pesar de padecer de mala salud y de no obtener éxito comercial alguno. No obstante, logró impresionar a muchos de sus colegas literarios, como H. G. Wells, Henry James y Ford Madox Ford, con quien colaboró.

Sus mejores obras —*Lord Jim, El agente secreto, El copartícipe secreto*— trataban de hombres que, en un momento de crisis, deben tomar una decisión moral que tiene consecuencias de

Obras destacadas

Novelas cortas

El corazón de las tinieblas, 1902
El copartícipe secreto, 1911

Novelas

La locura de Almayer, 1895
Lord Jim, 1900
Nostromo, 1904
El agente secreto, 1907
Bajo la mirada de Occidente, 1911

ARRIBA: Fotografía no fechada del escritor Joseph Conrad en Inglaterra.

DERECHA: *Apocalypse Now* (1979), película inspirada en *El corazón de las tinieblas*.

vida o muerte. En sus primeras novelas, de temática marinera, dichas decisiones a menudo contradicen el código no escrito del mar. Pero Conrad también sugiere que tal código es inviable en una época en la que el capitalismo, la anarquía y el relativismo moral estaban cobrando importancia. Esta visión tan pesimista está incluso más presente en las últimas novelas, de contenido político, *Nostromo* y *Bajo la mirada de Occidente*. Ambas tratan acerca de las revoluciones y los revolucionarios, aunque están profundamente exentas de idealismo (o de finales felices).

El febril estilo narrativo de Conrad anticipó recursos de la novela moderna, como la existencia de múltiples narradores y los marcos temporales confusos. Al comentar este aspecto, E. M. Forster manifestó con desprecio que la escritura de Conrad era «difusa tanto en su centro como en sus márgenes», pero es precisamente esta cualidad —la revelación de que no existen significado o verdad algunos que sean finales, centrales o aprehensibles— la que hace que la gente siga leyendo a Conrad más de cien años después. **COG**

ARRIBA IZQUIERDA: Joseph Conrad y su mujer en su casa con su hijo John.

ARRIBA: Dibujo de Henry James y Joseph Conrad por Max Beerbohm en 1904.

Matices de negro

En 1977 Chinua Achebe escribió un ensayo en que llamaba racista a Conrad y describía *El corazón de las tinieblas* como «ofensivo y deplorable» hacia los africanos de raza negra. Ciertamente, el lector moderno hallará fragmentos desagradables, pero queda claro que Conrad tenía una opinión incluso peor de los colonizadores blancos. En su primera novela contrastaba la «sinceridad salvaje» de los malayos con la «patente hipocresía» de los europeos. No se trata tanto de racismo como de escepticismo global: en otras palabras, todos somos tan malos como cada uno de los demás.

SELMA LAGERLÖF

Selma Ottilia Lovisa Lagerlöf, 20 de noviembre de 1858 (Mårbacka, Suecia); 16 de marzo de 1940 (Mårbacka, Suecia).

Estilo y género: Lagerlöf fue la primera mujer en obtener el Nobel de Literatura, que recibió gracias a su vívida imaginación y su percepción espiritual.

La obra de Selma Lagerlöf está impregnada de mitos y leyendas nórdicos y del paisaje del norte de Suecia. Su primera novela, *La saga de Gösta Berling*, es una obra maestra del romanticismo sueco. Lagerlöf comenzó a escribirla cuando era profesora de escuela, envió los primeros capítulos a un concurso literario y recibió como premio un contrato editorial. La novela pasó inadvertida en Suecia hasta que una posterior traducción al danés fue muy bien recibida por la crítica.

Como la mayoría de las novelas de Lagerlöf, *La saga de Gösta Berling* es la descripción lírica de la vida en la Suecia del siglo XIX e incluye una amplia colección de personajes. Se inspira en el mito y la leyenda para contar la historia de Gösta Berling, un sacerdote deshonrado por la bebida que se une a una banda de 12 caballeros. Berling finalmente se enamora de una mujer llamada Elizabeth y de este modo logra redimirse.

El éxito de *La saga de Gösta Berling* junto con el apoyo financiero que le prestaron la Academia Sueca y la familia real del país, permitieron a Lagerlöf dejar de enseñar y dedicarse ple-

Obras destacadas

Novelas

La saga de Gösta Berling, 1891

Los milagros del Anticristo, 1897

Jerusalén, 1901-1902

El maravilloso viaje de Nils Holgersson, 1906

El anillo de los Löwensköld, 1925

Charlotte Löwensköld, 1925

Anna Svärd, 1928

ARRIBA: Fotografía de Lagerlöf tomada en 1909, año en que ganó el premio Nobel.

DERECHA: Escena de *Herr Arnes Pengar* (1919), basada en *El tesoro* de Lagerlöf.

namente a la escritura. En 1897 viajó a Italia, donde escribió *Los milagros del Anticristo*, una historia sobre la vida en Sicilia. Tras un viaje a Egipto y a Palestina en 1900, publicó *Jerusalén*, inspirada en una historia real acerca de un grupo de campesinos suecos que emigran a Tierra Santa. En 1906 Lagerlöf escribió la obra por la que llegó a ser más conocida a nivel internacional: el libro para niños *El maravilloso viaje de Nils Holgersson*.

En 1909 Lagerlöf se convirtió en la primera persona de origen sueco y la primera mujer que recibió el premio Nobel de Literatura. Continuó escribiendo y, en la década de 1920, publicó la trilogía de Varmland: *El anillo de los Löwensköld*, *Charlotte Löwensköld* y *Anna Svärd*. Cuando se aproximaba la Segunda Guerra Mundial, Lagerlöf ayudó a varios escritores alemanes a escapar de los nazis mediante visados suecos ,y donó la medalla del premio Nobel a Finlandia para ayudar a su gente durante el asedio por parte de la Unión Soviética. Falleció de un infarto en 1940. **HJ**

ARRIBA: La autora femenina más famosa de Suecia, Lagerlöf, trabajando en su estudio.

Un mágico viaje

Lagerlöf escribió *El maravilloso viaje de Nils Holgersson* como un libro de geografía para las escuelas suecas. Narra la historia de Nils Holgersson, un niño travieso que se encoge hasta alcanzar el tamaño de un elfo y vuela por toda Suecia a lomos de un ganso. El libro explora la geografía, la naturaleza y el clima del país y, a través de una serie de excitantes aventuras, Nils aprende el verdadero significado de la amistad y la bondad, antes de regresar a casa. Se trata de una obra tan querida que Nils Holgersson aparece en los billetes de 20 coronas suecas.

ARTHUR CONAN DOYLE

Arthur Ignatius Conan Doyle, 22 de mayo de 1859 (Edimburgo, Escocia); 7 de julio de 1930 (Crowborough, Sussex, Inglaterra).

Estilo y género: Conan Doyle es admirado por su vívida imaginación, su imaginería gótica, sus descripciones de atmósferas y sus audaces narraciones de aventuras.

Arthur Conan Doyle, el creador de Sherlock Holmes, es menos famoso que el personaje que inventó: su detective violinista y consumidor de cocaína es una «marca» reconocible en todo el mundo. También escribió no ficción, ensayos, novelas y otras series que incluían otros dos personajes que esperaba que llegaran a ser tan famosos como Holmes, pero ninguna de sus obras fue tan bien acogida como sus novelas policíacas.

Conan Doyle atribuía su imaginación a las «vívidas narraciones» de su madre, la forma que ella tenía de evadirse de la vida que llevaba junto al alcoholizado padre del autor. Conan Doyle comenzó a escribir relatos breves mientras estudiaba medicina. Viajó al Ártico, a África y a Europa antes de abrir una consulta médica en Londres, y no dejó de escribir durante todos esos viajes. En 1887 *Estudio en escarlata* presentó a Sherlock Holmes, personaje inspirado en un antiguo tutor de Conan Doyle, el Doctor Joseph Bell. El compañero de Holmes, el Doctor Watson, era el álter ego del autor, quien en ocasiones firmaba autógrafos con el nombre de «Dr. John Watson».

En 1906 la esposa de Doyle, Louisa, falleció de tuberculosis y en 1907 Conan Doyle se casó con una mujer de la que llevaba años enamorado. A pesar de ello la muerte de Louisa le hizo caer en una depresión y suscitó en él un interés por la espiritualidad y las sesiones de espiritismo. Pasó a formar parte de la Society for Psychical Research (sociedad para la investigación parapsicológica) y fue nombrado portavoz de la misma. La Primera Guerra Mundial mató a muchos miembros de su familia, incluyendo a su único hijo. Se retiró a un mundo de espiritualidad y fe en la existencia de hadas y duendes, y se enfrentó a la Iglesia católica y a los medios desde los que se ridiculizaban sus creencias y públicamente se hacía burla de ellas. **LH**

«Por norma general, [...] cuanto más extravagante es algo, menos misterioso resulta ser al final.»

Obras destacadas

Novelas

Sherlock Holmes

- *Estudio en escarlata,* 1887
- *El signo de los cuatro,* 1890
- *Las aventuras de Sherlock Holmes,* 1891-1893
- *El sabueso de los Baskerville,* 1902
- *El valle del terror,* 1915

El mundo perdido, 1912

1840–59

ARRIBA: Fotografía del escritor escocés Arthur Conan Doyle tomada en 1925.

KNUT HAMSUN

Knut Pedersen, 4 de agosto de 1859 (Vågå, Gudbransdal, Noruega); 19 de febrero de 1952 (Nørholm, Noruega).

Estilo y género: Hamsun, ganador del premio Nobel, incomodó a más de uno a causa de su apoyo al nacionalsocialismo durante la Segunda Guerra Mundial.

Nacido en el centro de Noruega, la mentalidad independiente de Knut Hamsun resultó evidente desde temprana edad. Pocas veces iba al colegio, ya que prefería en su lugar la compañía del paisaje y el aire que rodeaban la granja situada al norte a la que su familia se había mudado. El nombre de la granja era Hamsund, y la deuda que Hamsun sintió hacia ella resulta evidente por el cambio de nombre. Abandonó el hogar a una edad temprana y, a los 17 años, trabajó como aprendiz para un cordelero. Cuando contaba 20 años escribió una novela corta, *Frida*, pero no logró que se la publicaran. Sin dinero ni amigos, Hamsun se adentró en un período en el que estuvo a punto de morir de inanición, experiencia que le sirvió para documentar su obra más importante, la novela que escribió en 1890, *Hambre*.

Cuando tenía 23 años, Knut Hamsun viajó a Norteamérica, donde trabajó en diversos lugares, incluyendo un almacén de madera, y como subastador. Le diagnosticaron una tuberculosis terminal y regresó a Noruega, no sin antes curarse a sí mismo —como él afirmaba— sacando la cabeza por la ventanilla de un tren.

A pesar de la salud mejorada de Hamsun, el éxito literario se resistía a llegar y pasó dos años más en condiciones de extrema pobreza. Fue necesario que volviera a viajar a Estados Unidos y más tarde a Copenhague antes de que *Hambre* fuera finalmente publicada. Resultó un éxito enorme e instantáneo, que marcó un giro positivo en la suerte de Hamsun. Dicha buena fortuna culminó con la publicación de *Bendición de la tierra* en 1917 y con el premio Nobel en 1920. En aquel momento era un premio muy popular, pero el hecho de que Hamsun regalara la medalla del Nobel al ministro de propaganda nazi Joseph Goebbels en 1943 le hizo merecedor de una condena unánime. Falleció a la edad de 93 años en Noruega. **PS**

«Cuando sucede algo bueno lo llamamos Providencia, cuando sucede algo malo, destino.»

Obras destacadas

Novelas

Hambre, 1890

Misterios, 1892

Tierra nueva, 1893

Un vagabundo toca con sordina, 1909

Bendición de la tierra, 1917

Augusto, 1930

ARRIBA: Retrato de Knut Hamsun tomado en 1914, en el punto culminante de su fama.

ANTON CHÉJOV

Anton Pavlovich Chéjov, 29 de enero de 1860 (Taganrog, Rusia); 15 de julio de 1904 (Badenweiler, Alemania).

Estilo y género: Chéjov escribió obras teatrales trágicas y tragicómicas, así como relatos en los que la vida interior de los personajes se impone sobre la trama.

Obras destacadas

Cuentos

Al atardecer, 1887

La dama del perrito, 1899

Teatro

Ivanov, 1888

La gaviota, 1896

Tío Vania, 1899

Tres hermanas, 1900

El jardín de los cerezos, 1904

1860–79

Anton Chéjov llevó el teatro del siglo XIX a la modernidad. Desdeñó el melodrama y la acción, y escribió obras centradas en las vidas emocionales de los personajes y en el ámbito doméstico, y que llegaron a influir en destacados autores del siglo XX como Tennessee Williams y Eugene O'Neill.

Chéjov nació cuando Rusia se encontraba todavía bajo el dominio del zar, pero la servidumbre ya había sido abolida y la Revolución de Octubre se presentía. Chéjov era hijo de un antiguo siervo convertido en tendero que más tarde terminaría arruinado. Se formó y trabajó como médico, y escribió obras cortas para varios periódicos a fin de costearse los estudios. Su trabajo le puso en contacto tanto con los campesinos como con la nobleza, y su profunda comprensión de la naturaleza humana y su actitud filantrópica documentaron su obra.

Fue un escritor prolífico de relatos breves, aunque es más conocido por sus obras de teatro, en especial por *La gaviota, Tío Vania, Tres hermanas* y *El jardín de los cerezos*. Todas ellas se centran en la aburrida vida de provincias y en las menguantes fortunas de la burguesía, destruida por la frustración y por las relaciones de amor con frecuencia no correspondido. Comenzó a escribir obras teatrales después de que, tras ganar un premio por su relato breve *Al atardecer,* le encargaran la escritura de la exitosa obra *Ivanov*. Su hoy día aclamada *La gaviota* fue abucheada la noche de su estreno y vapuleada por la crítica, de modo que Chéjov prometió no volver a poner una obra en escena jamás. Pero un año después, el influyente director Constantin Stanislavski llevó la obra a los escenarios con gran éxito. Luego también dirigiría las obras más tardías de Chéjov, y supervisó los cambios de argumento necesarios para poder representar varias piezas en una. **CK**

«La medicina es mi esposa legal y la literatura es mi amante.»

Carta a A. S. Suvorin, 1888

ARRIBA: Detalle de un cuadro al óleo de Chéjov pintado por Osip E. Braz en 1898.

RABINDRANATH TAGORE

Rabindranath Tagore, 7 de mayo de 1861 (Calcuta, India); 7 de agosto de 1941 (Calcuta, India).

Estilo y género: Tagore fue un dramaturgo, poeta, novelista, compositor y pintor cuyo innovador uso del lenguaje coloquial bengalí le permitió crear obras de gran lirismo.

Rabindranath Tagore ganó el premio Nobel de Literatura en 1913, y ha sido ampliamente leído en Occidente. Procedía de una rica e influyente familia de Calcuta, y durante su infancia aprendió sánscrito e inglés, así como su bengalí nativo. Comenzó a escribir poesía desde muy joven, estudió durante un breve período en Inglaterra y, en 1890, publicó *Manasi*, una compilación de su poesía que causó una considerable impresión. A partir de 1891 pasó diez años gestionando las propiedades de su familia en la entonces Bengala Oriental, y aprendió mucho acerca de los campesinos locales y de sus vidas. Todo ello influyó más tarde en su poesía y en sus relatos breves. También compuso música, escribió obras teatrales, novelas y ensayos, y hacia el final de su vida comenzó a pintar.

Tagore rompió con la tradición clásica bengalí al utilizar un lenguaje coloquial y abandonar los modelos tradicionales en sánscrito. Las traducciones al inglés de sus obras lo dieron a conocer exitosamente en Occidente, donde se ganó admiradores como W. B. Yeats y André Gide. Su esposa y dos de sus hijos fallecieron a principios de la década de 1900, lo que impregnó gran parte de su obra posterior de una profunda tristeza. Creía en la cooperación armónica de las tradiciones culturales india y occidental y, en 1901, fundó un colegio y más tarde una universidad en la Bengala Occidental denominados «La Morada de la Paz» para llevar adelante este ideal. Allí vivió hasta 1921, aunque viajó mucho por Europa y América leyendo su poesía, ofreciendo conferencias y defendiendo la independencia de la India. El Imperio británico le nombró caballero en 1915, pero renunció a dicho nombramiento cuatro años después como protesta por la matanza de Amritsar, perpetrada por las tropas británicas. **RC**

«No alzamos las manos al vacío para pedir cosas más allá de la esperanza.» «El jardinero»

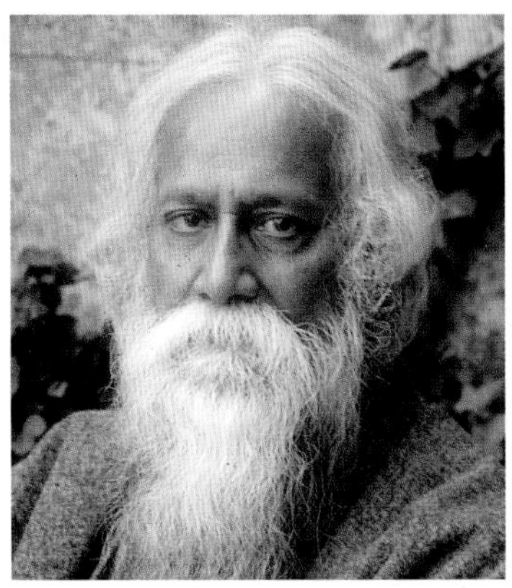

Obras destacadas

Novelas

El nido roto, 1901

La casa y el mundo, 1916

Teatro

El genio de Valmiki, 1881

Poesía

Manasi, 1890

Gitanjali, 1912

El jardinero, 1913

1860–79

ARRIBA: Fotografía de Tagore en 1939, cuando tenía 69 años de edad.

ITALO SVEVO

Obras destacadas

Novelas

Una vida, 1892

Senectud, 1898

La conciencia de Zeno, 1923

Cuentos

La historia del buen anciano y la bella muchacha, 1926

Aron Hector Schmitz, 19 de diciembre de 1861 (Trieste, Italia); 13 de septiembre de 1928 (Motta di Livenza, Italia).

Estilo y género: Svevo fue el primer novelista moderno italiano, dramaturgo y escritor de relatos breves de gran ingenio y con personajes introspectivos.

El tema más desarrollado dentro de las novelas de Italo Svevo fue el de la ineptitud, entendida como la incapacidad total de responder ante la crueldad con que actúa la gente de negocios y de saber enfrentarse al engaño en el terreno emocional, sexual o en cualquier otro. Los personajes de Svevo están siempre distraídos, fascinados por las pequeñas cosas de la vida, y son expertos en hacer el ridículo. Pero en modo alguno se trata de una crítica: el rechazo de la eficiencia por parte de Svevo, y de la existencia de seres bien definidos y seguros de sí mismos, permite la creación de unos protagonistas que se encuentran atrapados para siempre en la indecisión pero que, precisamente por eso, son capaces de saborear la vida de un modo más auténtico. **FF**

DERECHA: Fotografía de Italo Svevo, en 1892, sujetando las páginas de *A Life*.

ARTHUR SCHNITZLER

Obras destacadas

Novelas

Camino a campo abierto, 1908

Relato soñado, 1925

Cuentos

El teniente Gustl, 1900

Arthur Schnitzler, 15 de mayo de 1862 (Viena, Austria); 21 de octubre de 1931 (Viena, Austria).

Estilo y género: Schnitzler fue un maestro de la franqueza sexual que se concentró en los temas del amor y la muerte en medio de la hedonista Viena *fin de siècle*.

Arthur Schnitzler, cuyos padres eran judíos de clase media, abandonó sus estudios de medicina para convertirse en escritor. Retrató la decadencia de la Viena de fin de siglo en obras como *La ronda*, famosas por su franqueza sexual, derivada de su propia vida privada. No obstante, la obra de Schnitzler va más allá de la búsqueda del placer. Estaba muy interesado en las teorías de Sigmund Freud y fue uno de los primeros escritores en emplear la técnica del libre fluir de la conciencia en su obra *El teniente Gustl*. Su firme postura contraria al antisemitismo le hizo con frecuencia víctima de la censura en un momento en que el sentimiento antisemita estaba en alza, y sus obras fueron prohibidas cuando el partido nazi llegó al poder. **CK**

EDITH WHARTON

Edith Newbold Jones, 24 de enero de 1862 (Nueva York, Nueva York, EE.UU.); 11 de agosto de 1937 (Saint-Brice-sous-Forêt, Val-d'Oise, Francia).

Estilo y género: Wharton describió en su obra las costumbres de las capas más altas de la sociedad norteamericana, con agudo sentido de la ironía dramática.

Obras destacadas

Novelas

La casa de la alegría, 1905

Ethan Frome, 1911

La edad de la inocencia, 1920

1860–79

Los padres de Edith Newbold Jones pertenecían a la clase alta ociosa, y la infancia de Edith se caracterizó por los privilegios y limitaciones exclusivos de su antiguo linaje neoyorquino. Su profunda ambivalencia hacia este hecho, combinada con un matrimonio infeliz con Teddy Wharton en 1885 —de quien se divorció en 1913—, ofreció a la autora la temática que la definió y que centró sus preocupaciones.

Los mejores personajes de Wharton se sienten asfixiados por los códigos y buenas maneras sociales que son propios de su privilegiada casta. En *La casa de la alegría*, Lily Bart se ha vuelto adicta a las asechanzas de la riqueza, pero, conforme va rechazando propuestas de matrimonio bastante lucrativas, es gradualmente apartada de la clase social ociosa a la que pertenecía. Termina en una pensión barata, eliminada por la cultura que la rechazó. Wharton examina la misma tensión dentro de un entorno radicalmente diferente en *Ethan Frome*, una claustrofóbica novela ambientada en un distrito marginal de Nueva Inglaterra. Ethan desea escaparse con Mattie Silver, la antítesis de su achacosa y malhumorada esposa Zeena, aunque no es capaz de decidirse a hacerlo por miedo a lo que pensarán sus vecinos.

Wharton escribió más de cuarenta libros —tanto de ficción como de no ficción— y fue la primera mujer que ganó el premio Pulitzer de Ficción. Frecuentó los círculos literarios de la época y entabló una gran amistad con Henry James, entre otros. Viajó mucho y, tras su divorcio y un apasionado romance, decidió marcharse de Estados Unidos y establecerse en Francia. Durante la Primera Guerra Mundial, Wharton visitó la línea del frente y trabajó con refugiados, que a cambio inspiraron su escritura. Falleció en Francia a la edad de 75 años. **IW**

«La única manera de no pensar en el dinero es tenerlo en gran cantidad.» *La casa de la alegría*

ARRIBA: Wharton, famosa por sus descripciones de la alta sociedad.

GABRIELE D'ANNUNZIO

Gaetano Rapagnetta, 12 de marzo de 1863 (Pescara, Abruzzo, Italia); 1 de marzo de 1938 (Gardone Riviera, Brescia, Lombardía, Italia).

Estilo y género: D'Annunzio fue un poeta, dramaturgo y novelista simbolista italiano, polémico por sus obras decadentes, violentas y sensuales.

La mejor prueba de la compleja personalidad de «*Il Vate*» (el bardo), como Gabriele d'Annunzio se llamaba a sí mismo, es la casa donde pasó los últimos años de su vida, la Vittoriale degli Italiani («santuario de las victorias italianas»). El poeta, uno de los principales representantes del simbolismo europeo, transformó su casa en un templo del exceso. D'Annunzio era conocido como un Casanova de los tiempos modernos y justificaba dicho estatus legendario con libros como *El placer* y *El fuego*. Escandalosa en el momento de su publicación, esa última obra estaba fuertemente influida por el concepto del *Übermensch*, o «Superhombre», de Friedrich Nietzsche, y es también una descripción perfecta del erotismo abierto que todo lo abarca. **FF**

Obras destacadas

Novelas

El placer, 1889

El inocente, 1892

Las vírgenes de las rocas, 1895

El fuego, 1900

Poesía

Primo Vere, 1879

Poema paradisíaco, 1893

KONSTANTINO KAVAFIS

Konstantinos Petrou Photiades Kavafis, 29 de abril de 1863 (Alejandría, Egipto); 29 de abril de 1933 (Alejandría, Egipto).

Estilo y género: Las obras de Kavafis plasmaban la literatura griega y europea con temas ligados a la homosexualidad y la nostalgia.

En los poemas elegíacos y coléricos de Kavafis, como el famoso *Esperando a los bárbaros*, el autor auguraba la aniquilación de la comunidad griega de Alejandría que traería la Segunda Guerra Mundial. Pocos de sus poemas fueron divulgados más allá de la pequeña comunidad griega de la zona, con excepción de *Ítaca*, publicado, en 1911, en *Criterion*, la influyente revista de T. S. Eliot. Kavafis, que se negó a entrar en el mercado literario, resonaba con el clasicismo de Eliot y Ezra Pound. No obstante, fueron escritores como Thom Gunn los que se hicieron eco de la virtuosa comunión de lo personal y lo político en los poemas coloquiales, y no obstante clásicos, de Kavafis sobre el deseo homosexual. Kavafis consiguió que el mundo clásico resulte contemporáneo. **SM**

Obras destacadas

Poesía

Esperando a los bárbaros, 1904

Ítaca, 1911

Poiimata, 1935 (publicada póstumamente)

MIGUEL DE UNAMUNO

Miguel de Unamuno y Jugo, 29 de septiembre de 1864 (Bilbao, España); 31 de diciembre de 1936 (Salamanca, España).

Estilo y género: Unamuno fue un ensayista, novelista, poeta y filósofo que exploró la vigorosa y angustiosa tensión que existe entre la razón y la fe.

Obras destacadas

Novelas

Niebla, 1914

Abel Sánchez: una historia de pasión, 1917

San Manuel Bueno, mártir, 1933

Poesía

De Fuerteventura a París, 1925

Romancero del destierro, 1928

Cancionero, 1953

Filosofía

Sentimiento trágico de la vida en los hombres y en los pueblos, 1913

La agonía del cristianismo, 1925

Escritor político y filosófico, de bello verso y profunda prosa, Miguel de Unamuno pasó su vida intelectual buscando el equilibrio entre la fe cristiana y la razón, y los vínculos entre la existencia y la inmortalidad. Nació en Bilbao de padres vascos, fue el tercero de seis hijos y él mismo tuvo diez hijos con su esposa, a la que conocía desde la infancia.

Tras obtener un doctorado en filosofía por la Universidad de Madrid, Unamuno enseñó griego y literatura en la Universidad de Salamanca, donde más tarde fue elegido rector. En 1914 tuvo que dejar el puesto a causa de su apoyo a los Aliados durante la Primera Guerra Mundial. Aunque se reincorporó en 1924, Unamuno fue obligado a exiliarse a Fuerteventura sin su familia tras oponerse a la dictadura del general Miguel Primo de Rivera. Huyó a París, donde escribió *De Fuerteventura a París* y completó el *Romancero del destierro*, que sería el último libro de poesía que publicaría a lo largo de su vida. Sus amigos y sus obras le ayudaron a que la opinión pública conociera su destierro y, cuando Alfonso XIII reemplazó al dictador en 1930, Unamuno regresó a España. Al parecer, según una leyenda que circula por Salamanca, el día que regresó, el profesor comenzó la

ARRIBA: El escritor español Miguel de Unamuno fotografiado en 1920.

DERECHA: Unamuno abandona la universidad tras un enfrentamiento con el general Millán-Astray en 1936.

IZQUIERDA: Retrato de Unamuno por Joaquín Sorolla y Bastida (h. 1920).

clase con la frase: «Como decíamos ayer...», como si nunca se hubiera marchado.

Unamuno es considerado un predecesor de la filosofía existencialista. Una crisis religiosa entre los años 1896 y 1897 le hizo darse cuenta de que no podía encontrar una explicación racional para Dios y para el significado de la vida. Pasó de las filosofías universales y académicas a examinar las batallas que libra el individuo contra cuestiones como la muerte o la inmortalidad. Llegó a la conclusión de que el racionalismo nunca ofrecería lo que la fe podía dar. «La fe que no duda es una fe muerta», llegó a afirmar. Obras como *Sentimiento trágico de la vida en los hombres y en los pueblos* tratan de estas y otras cuestiones. Su pensamiento influyó en autores como Juan Ramón Jiménez y Graham Greene, entre otros. **REM**

La muerte de Unamuno

Unamuno temía que la identidad de España fuera aplastada por las influencias externas e inicialmente apoyó el golpe de Estado de Franco. Sin embargo, muy pronto, la dureza del régimen hizo que se opusiera al mismo, y en 1936, tras una breve disputa pública en la Universidad de Salamanca con el fascista José Millán-Astray, Unamuno fue obligado a salir del edificio a punta de pistola. Aunque, al parecer, Franco dio permiso para que le dispararan, Unamuno permaneció en arresto domiciliario para evitar una protesta internacional. Falleció de un ataque al corazón dos meses más tarde.

W. B. YEATS

William Butler Yeats, 13 de junio de 1865 (Sandymount, condado de Dublín, Irlanda); 28 de enero de 1939 (Menton, Provence-Alpes-Côte d'Azur, Francia).

Estilo y género: Yeats, poeta y dramaturgo del «renacimiento literario irlandés» de finales del siglo XIX, desarrolló temas célticos, políticos y místicos.

W. B. Yeats vivió en Londres la mitad de su adolescencia, aunque visitaba a la familia de su madre en Irlanda, cuyos paisajes del oeste le servirían de inspiración en muchos de los mejores poemas de su primera etapa, como «La isla del lago Innisfree». A partir de 1880 se estableció en Dublín, donde comenzó a asistir a la Metropolitan School of Art; allí desarrolló su interés por la poesía y exploró los atractivos del misticismo y lo sobrenatural. A partir de 1887 trabajó en Londres y en Dublín, comprometido con el ideal de un movimiento literario exclusivamente de Irlanda.

Su encuentro con el poeta y líder feniano John O'Leary en 1885 fue vital a la hora de dirigir su atención hacia una tradición irlandesa de poesía, canciones y relatos ya existente. La obra de Yeats avanzó en esa dimensión nacionalista, unida a una implicación política, que se vio incentivada por su relación con la revolucionaria Maud Gonne en 1889, a quien propuso en vano matrimonio. En 1889 cofundó el Irish Literary Theatre, del que más tarde surgiría el Abbey Theatre de Dublín.

Obras destacadas

Teatro

La condesa Cathleen, 1892

Purgatorio, 1938

Poesía

La isla del lago Innisfree, 1893

La rosa secreta, 1893

El viento entre los juncos, 1899

Easter 1916, 1916

Los cisnes salvajes de Coole, 1919

En memoria del comandante Robert Gregory, 1919

La torre, 1928

Nuevos poemas, 1938

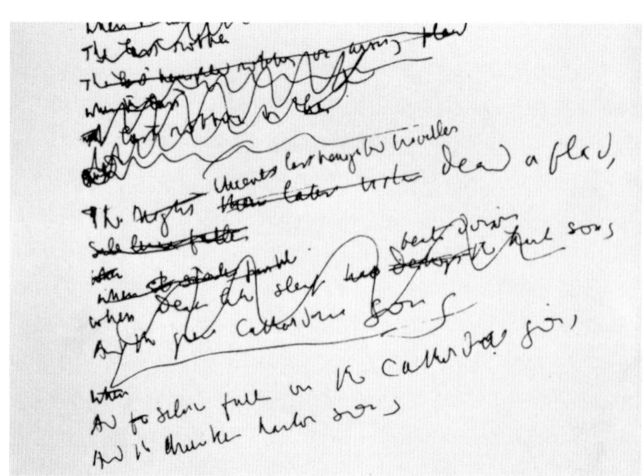

ARRIBA: Retrato de William Butler Yeats tomado el 15 de julio de 1911.

DERECHA: Mitad inferior de la página 2 del manuscrito de «Bizantium», escrito por Yeats.

Sus últimos libros de poemas incluyen *El viento entre los juncos* y *Los cisnes salvajes de Coole*. En ellos, Yeats deja patente su calidad de escritor simbolista con impulsos visionarios trascendentales. La reputación de Yeats se debe en parte a su potente adaptación al inglés de mitos y leyendas irlandeses, pero también a su decidida manera de reflejar la historia política irlandesa. *Easter 1916* sigue siendo una de las más grandes elegías políticas jamás escritas y *En memoria del comandante Robert Gregory* refleja una faceta intensamente personal en la poesía de Yeats acerca de la pérdida y el duelo.

En 1917 contrajo matrimonio con George (Georgie) Hyde-Lees y adquirió una torre normanda cerca de Coole Park , en el condado de Galway, que se convirtió en su hogar. Tras el establecimiento del Estado Libre Irlandés en 1922, Yeats fue elegido senador y al año siguiente obtuvo el premio Nobel de Literatura. **SR**

ARRIBA: Soldados franceses llevan el ataúd de Yeats para su nueva inhumación en Irlanda.

La torre simbólica

La torre en ruinas conocida como Thoor Ballylee que Yeats adquirió en 1917 era un torreón normando que cobró gran importancia simbólica en la imaginación del autor y en los poemas de *La torre*. Se trataba de un potente recordatorio de siglos de dominación colonial inglesa sobre Irlanda, pero también era un emblema romántico de la vocación solitaria del poeta, que enlazaba con los poemas escritos años atrás por Percy Bysshe Shelley y Lord Byron. A lo largo de los violentos tumultos políticos de la década de 1920, la torre sirvió como refugio y lugar de vigilancia.

RUDYARD KIPLING

Joseph Rudyard Kipling, 30 de diciembre de 1865 (Bombay, India); 18 de enero de 1936 (Londres, Inglaterra).

Estilo y género: Kipling escribió historias ricas y coloridas que evocan los sentidos, con un humor amable y palabras poco comunes, aliteraciones y onomatopeyas.

Obras destacadas

Novela

Kim, 1901

Cuentos

El libro de la selva, 1894

Historias para niños, 1902

Poesía

If, 1910

1860–79

El nacimiento y los pocos años de infancia que Rudyard Kipling pasó en la India dieron forma al estilo de todas sus obras literarias. Escribió para adultos y niños, y creó historias impregnadas del color y la energía de los años de formación que pasó al cuidado de una niñera india. Cuando tenía 5 años, lo enviaron a un colegio de Inglaterra, lo que recordaría como un trauma. Tan pronto como le fue posible, regresó a la India, donde trabajó como periodista. Sus *Historias para niños* y su obra más famosa, *El libro de la selva*, estaban inspiradas en el amor que sentía por el paisaje indio y su fauna.

El padre de Kipling era catedrático de arquitectura, y por parte de la familia de su madre, Rudyard estaba emparentado con los artistas Edward Burne-Jones y Edward Poynter, así como con el primer ministro Stanley Baldwin. El tránsito por el hogar familiar de aquellos personajes influyeron en la vida y en la obra de Kipling.

Con sus palabras, pensamientos e imágenes literarias, Kipling definía los mundos en que vivió, tanto antes como durante la Primera Guerra Mundial. A pesar de su privilegiada procedencia, su vida se tornó en tragedia. Su hija Josephine, para quien había escrito las *Historias para niños*, falleció a la edad de 6 años, y su hijo John murió durante la Primera Guerra Mundial a la edad de 18. El dolor de Kipling le llevó a escribir algunas de sus obras más destacadas, y fue él quien acuñó por primera vez la frase que se utiliza en la mayoría de funerales de guerra en Gran Bretaña: «Their Name Liveth For Evermore» («Su nombre vivirá siempre»). En el año 1907 Kipling recibió el premio Nobel de Literatura. Su tumba se encuentra en el Rincón de los Poetas de la abadía de Westminster, en Londres. **LH**

«Regresa, soldado británico; ¡regresa a Mandalay!»

«Mandalay»

ARRIBA: Fotografía de Rudyard Kipling, tomada por E. O. Hoppé hacia 1912.

H. G. WELLS

Herbert George Wells, 21 de septiembre de 1866 (Bromley, Kent, Inglaterra); 13 de agosto de 1946 (Londres, Inglaterra).

Estilo y género: Wells, que ha sido considerado uno de los padres de la ciencia ficción, fue novelista, periodista, sociólogo e historiador.

H. G. Wells, hijo de un tendero, acumuló experiencias como ayudante de pañero, profesor, graduado en biología, candidato parlamentario por el Partido Laborista y miembro de la Sociedad Fabiana, y luego las aplicó a su escritura. Autor prolífico de relatos breves y ensayos, es sobre todo conocido por sus novelas de ciencia ficción, en especial por *La máquina del tiempo*, *La isla del Doctor Moreau*, *El hombre invisible*, *La guerra de los mundos* y *El primer hombre en la Luna*. Por ello, comparte el título de «padre de la ciencia ficción» con Jules Verne.

Wells era capaz de prever avances tecnológicos y cambios sociales con extraña precisión: el desarrollo de los tanques, las bombas atómicas, la ingeniería genética, los viajes espaciales, la liberación sexual, la Unión Europea, el surgimiento del fascismo [...] Es sabido que durante la Segunda Guerra Mundial, Winston Churchill accedió a que los técnicos del ejército construyeran una de las creaciones de Wells, un «teleférico» —el arma se introdujo de forma insuficiente hacia el final de la guerra y sus resultados apenas fueron relevantes.

Wells fue un narrador de historias magistral, y siempre defendió la idea de que si existe esperanza para la humanidad es gracias a su capacidad de invención y de aprender lecciones de la historia. Pero las obras de Wells tampoco carecían de humor; en sus novelas satíricas *Kipps* y *La historia de Mr. Polly,* Wells examina a las clases sociales y la desilusión conyugal, inspirándose en los primeros años de su vida. Inevitablemente, Wells resultó ofensivo para algunos; era tan libertino en su vida amorosa como extravagante en la amplia gama de temas que exploró a través de su escritura. Actualmente, su obra sigue siendo considerada a la vez entretenida, fascinante e influyente. **CK**

«No hay inteligencia allí donde no hay cambio ni necesidad de cambio.» *La máquina del tiempo*

Obras destacadas

Novelas

La máquina del tiempo, 1895

La isla del Doctor Moreau, 1896

El hombre invisible, 1897

La guerra de los mundos, 1898

El primer hombre en la Luna, 1901

Kipps, 1905

La historia de Mr. Polly, 1910

1860–79

ARRIBA: Fotografía de H. G. Wells (h. 1925), uno de los padres de la ciencia ficción.

RAMÓN DEL VALLE-INCLÁN

Ramón María del Valle-Inclán y de la Peña, 28 de octubre de 1866 (Vilanova de Arousa, Pontevedra, España); 5 de enero de 1936 (Santiago de Compostela, España).

Estilo y género: Dramaturgo, poeta y novelista de la Generación del 98, Valle-Inclán escribió obras subversivas que satirizaban la situación social y económica del país.

Ramón María del Valle-Inclán exhibía de forma deliberada un comportamiento misterioso, dejó crecer su cabello y su barba, llevaba un sombrero oscuro y un largo abrigo negro acampanado, y desplegaba un porte elegante y aristocrático que contradecía su origen gallego. Influenciado por el simbolismo francés y las técnicas modernistas, sus primeras obras conocidas fueron cuatro novelas cortas denominadas *Sonatas*. Relatan las estaciones del año en la vida de un personaje llamado Don Juan Manuel de Montenegro, un mujeriego de origen gallego —en parte, un personaje autobiográfico— que aparece retratado junto con sus seis salvajes hijos por medio de una prosa lírica y evocadora. El humor y la parodia delicada, las alusiones intertextuales y la nostalgia por un pasado decadente y aristocrático se combinan para hacer que estas grandes historias cobren vida.

La segunda fase literaria de Valle-Inclán se aleja de esta tradición modernista y de su búsqueda de la belleza con una violenta trilogía acerca de las guerras carlistas del siglo XIX. Su tercera transición se vio marcada por su invención del «esperpento»: una grotesca caricatura que utilizaba para satirizar y criticar determinados ideales españoles del siglo XIX. En concreto atacaba las actitudes de la realeza y de la Iglesia católica, el militarismo y el concepto de honor masculino. Satirizó los puntos de vista de la burguesía y las clases dirigentes distorsionando de forma sistemática y deliberada las figuras y los valores heroicos. Su escritura es absurda y expresionista, y las mejores obras teatrales de este período son *Luces de bohemia* y *Los cuernos de Don Friolera*. *El ruedo ibérico* es una serie inacabada de nueve novelas que tratan acerca de la destrucción social y la corrupción política en España. **REM**

«Las imágenes más bellas en un espejo cóncavo son absurdas.» *Luces de bohemia*

Obras destacadas

Novela corta

Sonatas, Memorias del marqués de Bradomín, 1902-1905

Novelas

Tirano Banderas: novela de Tierra Caliente, 1926

El ruedo ibérico, 1927-1936

Teatro

Luces de bohemia, 1920

Los cuernos de Don Friolera, esperpento, 1921

Poesía

Claves líricas, 1930

ARRIBA: Retrato de Valle-Inclán, maestro de la sátira grotesca, hacia el final de su vida.

LUIGI PIRANDELLO

Luigi Pirandello, 28 de junio de 1867 (Agrigento, Sicilia, Italia); 10 de diciembre de 1936 (Roma, Italia).

Estilo y género: Pirandello fue un dramaturgo y novelista que desafió las tradiciones y creía que la identidad personal no era más que una mera representación.

El siciliano Luigi Pirandello nació en una zona residencial de Agrigento denominada Caos, de modo que con frecuencia decía irónicamente que había nacido en medio del caos. Fue un escritor prolífico, en cuya vida privada la suerte no le acompañó. Se arruinó cuando la mina de azufre de su padre se inundó en 1903, y pasó largos períodos cuidando de su esposa, que padecía una enfermedad mental, antes de ingresarla en un sanatorio.

Antes de la Primera Guerra Mundial, Pirandello escribió varios ensayos críticos y novelas de gran importancia, como *El difunto Matías Pascual*, obra maestra cómica en la que el héroe abandona su identidad después de leer la noticia de su propia muerte y, a partir de ahí, va flotando a la deriva entre la euforia y la desesperación. Las intensas emociones que suscitó la guerra instaron a Pirandello a escribir piezas teatrales; de su pluma salieron 44 obras y, en la década de 1920, fue reconocido internacionalmente como dramaturgo.

Cuando su obra más importante, *Seis personajes en busca de un autor,* se estrenó en Roma, Pirandello fue abucheado y obligado a abandonar el teatro. En ella trastocaba los esquemas tradicionales acerca del espacio teatral e insinuaba que la vida es un reflejo del arte, puesto que no es sino una serie de representaciones en las que se llevan diferentes máscaras; tema que Pirandello desarrollaría más adelante en su cómico estudio sobre la locura, *Enrique IV*. Muchos críticos consideran que estas obras influyeron en el «teatro del absurdo». Pirandello ha sido criticado por su interesada relación con los fascistas italianos, pero él fue el primero en reconocer que iba a necesitar llevar una máscara para poder continuar realizando su trabajo en el teatro. Recibió el premio Nobel de Literatura en 1934. **TM**

«[...] un personaje puede reír incluso durante su muerte. Él no puede morir.» *Seis personajes...*

Obras destacadas

Novelas

El difunto Matías Pascal, 1904

Uno, ninguno y cien mil, 1926

Teatro

Seis personajes en busca de un autor, 1921

Enrique IV, 1922

Esta noche se improvisa, 1930

1860–79

ARRIBA: Luigi Pirandello, ganador del premio Nobel, en la década de 1930.

RUBÉN DARÍO

Rubén Darío, 18 de enero de 1867 (Metapa, [act. Ciudad Darío], Nicaragua); 6 de febrero de 1916 (León, Nicaragua).

Estilo y género: Darío, padre del modernismo, renovó la lírica en castellano con métricas, asociaciones y contenidos nuevos. Influyó en la poesía española posterior.

Obras destacadas

Poesía

Azul, 1888

Prosas profanas, 1896

Cantos de vida y esperanza, 1905

El canto errante 1907

Poema del otoño y otros poemas, 1910

Prosa

Los raros, 1906

Del nicaragüense Rubén Darío dijo Valle Inclán que era una mezcla de niño grande y bueno y poeta maldito. Esa era la personalidad del poeta que inició el modernismo en las letras castellanas. Llevó una vida ambulante por América, conoció a Verlaine en París y a los autores de la Generación del 98 en España. Fue corresponsal de periódico, cónsul y embajador, autor dramático... Y siempre poeta. En *Azul*, la métrica era tradicional y todo lo demás nuevo: la adjetivación, el léxico aristocratizante, la musicalidad y colorido de los versos, la sensibilidad panteísta. Una revolución que ahondaría en *Prosas profanas*, con el alejandrino francés, estrofas inusitadas, y que en parte abandonaría en *Cantos de vida y esperanza*, su obra más personal. **FV**

MÁXIMO GORKI

Alexéi Maxímovich Péshkov, 28 de marzo de 1868 (Nizhni Nóvgorod, Rusia); 18 de junio de 1936 (Moscú, Unión Soviética).

Estilo y género: Gorki fue un escritor que defendió a los más pobres y a las clases trabajadoras como revolucionario, marxista y fundador del realismo social en literatura.

Obras destacadas

Novelas

La madre, 1906

Los Artamonov, 1925

Teatro

Los bajos fondos, 1902

Los hijos del sol, 1905

Alexéi Maxímovich Péshkov adoptó el seudónimo «Máximo Gorki» (el amargo) en 1892. Creció en medio de la pobreza y durante toda su vida defendió la causa de los más necesitados. Es uno de los fundadores del realismo social, y sus obras describen las brutalidades de la pobreza, así como el valor y el orgullo de aquellos que se ven afectados por ella. Su posición política le llevó a prisión en varias ocasiones. Escribió novelas de temática fuertemente política, además de obras de teatro como *Los bajos fondos* y *Los hijos del sol*, escrita mientras se hallaba preso. Gorki vivió durante una temporada en Italia, pero regresó a Rusia en 1932. Falleció en extrañas circunstancias, y Genrij Yagoda, jefe de policía de Stalin, estuvo implicado en su muerte. **TamP**

DERECHA: Máximo Gorki en una reunión de revolucionarios rusos (1907), por Achille Beltram.

JOHN MILLINGTON SYNGE

Edmund John Millington Synge, 16 de abril de 1871 (Rathfarnham, condado de Dublín, Irlanda); 24 de marzo de 1909 (Dublín, Irlanda).

Estilo y género: Synge abordó con una prosa lírica sobria y con realismo la vida del campo en Irlanda, y es uno de los más destacados dramaturgos del país.

Obras destacadas

Teatro

La sombra del valle, 1903

Jinetes hacia el mar, 1904

El botarate del mundo occidental, 1907

La boda del hojalatero, 1908

Diario

Las islas Aran, 1907

1860–79

J. M. Synge estudió música en Alemania, pero la timidez y las dudas acerca de sus propias capacidades le llevaron a iniciar la carrera literaria. Tras viajar a Francia e Italia, visitó las islas Aran, situadas al oeste de Irlanda, animado por el escritor W. B. Yeats. Synge escribió acerca de las gentes de Aran y logró acabar con el estereotipo romántico de la vida de los campesinos irlandeses. Sus escritos se publicaron en el *New Ireland Review* en 1898, y más tarde en forma de libro, *Las islas Aran*, en 1907.

Su primera obra teatral, *La sombra del valle*, una comedia negra de un solo acto, se estrenó en 1903. Se basaba en un cuento popular irlandés acerca del anciano marido de un matrimonio sin amor que finge su propia muerte para poner a prueba la fidelidad de su joven esposa. Los nacionalistas irlandeses calificaron la obra como denigrante para las mujeres irlandesas, pero se representó en la inauguración del Abbey Theatre de Dublín, en 1904.

Tras *La sombra del valle*, escribió *Jinetes hacia el mar*, considerada como una de las más brillantes tragedias cortas del teatro moderno. Tiene como escenario las islas Aran y es la historia de Maurya, una madre que ha perdido cinco hijos en el mar y teme perder al sexto cuando este abandona la isla para asistir a una feria de caballos en Galway. La obra de Synge *La boda del hojalatero* —una comedia en la que aparece un sacerdote atado dentro de un saco—, fue considerada demasiado incendiaria como para ser representada durante su vida. Causó disturbios el estreno, en 1907, de *El botarate del mundo occidental* —una sátira cómica que narra la historia de un joven desconocido que asegura haber matado a su padre—, pero hoy día es considerada su obra maestra. Synge falleció en 1909 a causa de la enfermedad de Hodgkin. Su obra influyó notablemente en Samuel Beckett y sus obras se representaron asiduamente en el Abbey Theatre hasta la década de 1950. **HJ**

ARRIBA: Retrato de John Millington Synge (1905), por John Butler Yeats.

DERECHA: Detalle de una ilustración de Harry Clarke para el poema «Queens» de Synge.

MARCEL PROUST

Valentin Louis Georges Eugène Marcel Proust, 10 de julio de 1871 (Auteuil, París, Francia); 18 de noviembre de 1922 (París, Francia).

Estilo y género: Proust fue ensayista y novelista, en cuyas narraciones aunaba la escritura confesional con el género de la novela.

Obras destacadas

Novela

En busca del tiempo perdido, 1913-1927

Cuentos

Los placeres y los días, 1896

Ensayo

Sobre la lectura, 1987

1860–79

ARRIBA: Fotografía de Proust (h. 1895), tomada en Illiers-Combray, Francia.

En 1909 Marcel Proust mojó una magdalena en una taza de tila y cambió el curso de la literatura mundial. El aroma de las flores de tilo mezclado con la dulzura del bizcocho atrajo con gran fuerza recuerdos de la infancia olvidados hacía tiempo. Inspirado por la idea de que la memoria podía activarse a través de la experiencia sensorial —la llamada memoria involuntaria o «proustiana»—, Proust comenzó a escribir *En busca del tiempo perdido*, una obra maestra parcialmente autobiográfica, integrada por siete volúmenes, que le inmortalizaría como inventor de la novela moderna.

Proust nació en el seno de una familia de clase media; padecía asma y pasó gran parte de su infancia en su dormitorio, alejado de las polvorientas calles y los árboles en flor de París. En 1882 asistió a clase y se graduó en el Liceo Condorcet, una escuela secundaria de élite que ofrecía una rigurosa formación en griego, latín, francés y filosofía. En 1889 se alistó en el ejército, y realizó el servicio militar en Orleans. Proust se quejaba de esta experiencia en las cartas que enviaba a su madre, aunque luego idealizaría el servicio militar en el tercer volumen de *En busca del tiempo perdido*.

Tras su regreso a París, Proust estudió derecho y política en la prestigiosa École Libre des Sciences Politiques, y frecuentó los salones aristocráticos y artísticos, donde conoció al escritor irlandés Oscar Wilde.

Su primer libro de relatos breves, *Los placeres y los días*, compuesto de frases ingobernables y envuelto de un exuberante diseño floral, fue acogido con indiferencia. Desde 1900 hasta 1906, Proust se dedicó por completo a la traducción de John Ruskin al francés. Fue precisamente esa experiencia la que le permitió a Proust perfilar su estilo de escritura: el uso de frases laberínticas y de una sintaxis retorcida para describir los detalles del mundo natural y social. Proust también comprendió la

IZQUIERDA: *Art nouveau interior* 1900, ilustración de Georges de Feure (1868-1943) para *En busca del tiempo perdido*.

verdadera importancia de la lectura. Así, en un ensayo que escribió a modo de prólogo para una de sus traducciones de Ruskin —su primer trabajo literario realmente serio—, Proust defendía la lectura como medio para despertar la imaginación de los niños, idea que está presente a lo largo de toda su obra maestra, *En busca del tiempo perdido*. Con la muerte de su madre en 1905, Proust tomó conciencia de su propia mortalidad y este hecho afectó enormemente a su obra. Hasta entonces había creído que la muerte, como la escritura, podía aplazarse, pero ahora sentía un intenso deseo por escribir y contaba con el dinero de la herencia para hacerlo.

Proust se mudó del apartamento de sus padres, y en un esfuerzo por hacer que su entorno resultara favorable para su mala salud y sus ansias de escribir, selló las paredes de su dor-

Un ser social

Igual que el asma de Proust le llevó a soportar largos períodos de soledad, en sus primeros años de juventud se le consideraba elegante y con grandes ambiciones sociales.

Los padres de Proust comenzaron a preocuparse por su creciente hedonismo y el modo en que su comportamiento no se correspondía con su origen de clase media. Finalmente Proust cedió a sus deseos y aceptó un puesto en la Bibliothèque Mazarine en 1896. No obstante, cuando no se hallaba enfermo, todas sus energías las dedicaba a la vida social. Tras un largo período de ausencia, que achacó a una crisis nerviosa, Proust abandonó la biblioteca. Vivió con sus padres hasta que estos fallecieron.

mitorio con corcho. Fue en esa habitación donde escribió la mayor parte de *En busca del tiempo perdido*. El primer volumen de la novela, *Por el camino de Swann*, se publicó en 1913 y recibió críticas desiguales. Pero los siguientes volúmenes fueron unánimemente aclamados por la crítica. Proust falleció en el año 1922, antes de poder ver publicada la obra al completo. Mientras que la mayor parte de su reconocimiento mundial se produjo tras su muerte —escritores como Virginia Woolf, Graham Greene y Vladimir Nabokov reivindicaron su influencia—, Proust vivió lo suficiente como para ser aclamado en su país natal: en 1919 recibió el premio Goncourt, el galardón literario más prestigioso de Francia. **SD**

Memoria involuntaria

Además del estilo divagador y del alcance filosófico de *En busca del tiempo perdido*, la obra es conocida por presentar y acuñar la idea de memoria involuntaria. Difiere de la memoria normal en que no puede evocarse a voluntad, sino que los recuerdos del pasado se activan por medio de la experiencia sensorial.

El ejemplo más famoso de este tipo de memoria se produce al inicio de la novela, cuando el sabor y el olor de la tila mezclados con una magdalena hacen que el narrador recuerde de forma espontánea su infancia en Combray con asombrosa claridad. Este es sin duda el momento más importante de la novela, puesto que los recuerdos que se producen por medio de esta experiencia permiten al narrador comenzar a contar su historia. La idea de Proust acerca de la memoria involuntaria también se convirtió en un concepto muy importante para la psicología moderna.

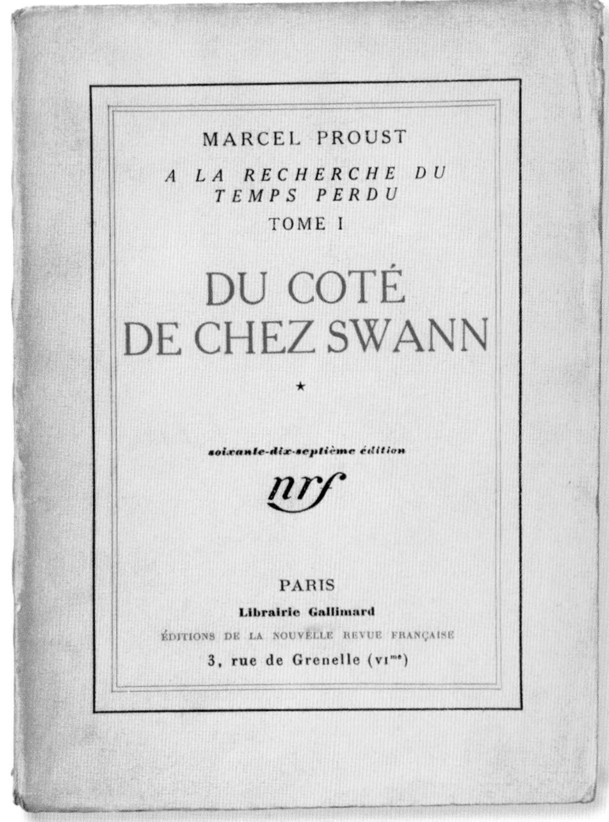
MARCEL PROUST
A LA RECHERCHE DU TEMPS PERDU
TOME I
DU COTÉ DE CHEZ SWANN
★
soixante-dix-septième édition
nrf
PARIS
Librairie Gallimard
ÉDITIONS DE LA NOUVELLE REVUE FRANÇAISE
3, rue de Grenelle (VIme)

DERECHA: «Por el camino de Swann», primer volumen de *En busca del tiempo perdido*, de Proust.

THEODORE DREISER

Theodore Herman Albert Dreiser, 27 de agosto de 1871 (Terre Haute, Indiana, EE.UU.); 28 de diciembre de 1945 (Hollywood, California, EE.UU.).

Estilo y género: Dreiser combina la descripción minuciosa con el lenguaje periodístico, los impulsos naturales y las restricciones impuestas por la civilización.

Theodore Dreiser fue el primer escritor profesional estadounidense de origen no británico: su padre era un inmigrante alemán. Dreiser procedía de una clase muy humilde y, con 12 años, enseñó a su madre a leer. Como figura literaria, Dreiser no solo se enfrentó a las restricciones literarias victorianas, sino que también desafió los supuestos acerca de quién podía ser escritor y quién no, y fue el primer autor norteamericano importante del siglo XX.

Sus obras no siempre recibieron la aprobación de la crítica: F. R. Leavis dijo de Dreiser que escribía como si careciera de lengua materna; Lionel Trilling le utilizaba para ejemplificar el antiintelectualismo norteamericano; y John Berryman afirmó que «escribía como un hipopótamo». Lo cierto es que Dreiser construía en ocasiones frases de una calidad bochornosa pero, a pesar de ello, sus novelas más destacadas lograron reinventar con éxito los paradigmas culturales establecidos, al tiempo que capturaban las imágenes definitivas de la faceta más urbana de Estados Unidos.

Nuestra Carrie es la típica historia de la «mujer caída en desgracia», pero despojada de sus conclusiones moralistas y con un trasfondo social suficientemente amplio como para incluir tanto los hoteles y almacenes comerciales de lujo, como las fábricas mugrientas y las pensiones de mala muerte de Nueva York y Chicago. *Una tragedia americana* comienza con una historia igualmente trillada —un muchacho pobre que se enamora de la hija de un hombre rico—, pero finaliza con una ejecución en lugar de con un matrimonio, lo que significó un precedente para la documentación de crímenes reales que condujo a Truman Capote a escribir *A sangre fría* (1966) y a Norman Mailer a publicar *La canción del verdugo* (1979). **IW**

«Las palabras son las tenues sombras de todo lo que queremos expresar.» *Nuestra Carrie*

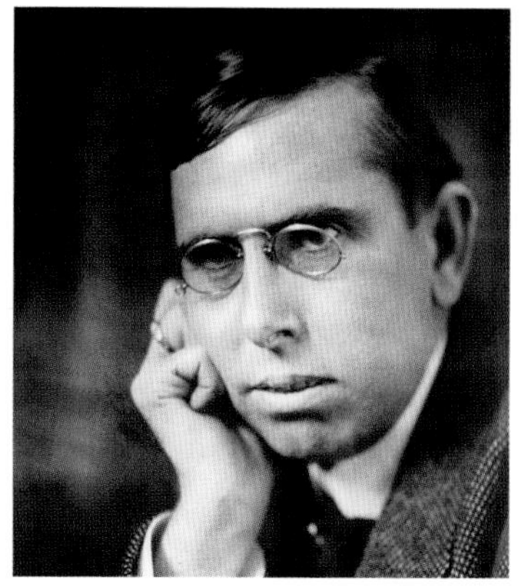

Obras destacadas

Novelas

Nuestra Carrie, 1900

El titán, 1914

Una tragedia americana, 1925

1860–79

ARRIBA: Retrato del autor norteamericano Theodore Dreiser (h. 1915).

PAUL VALÉRY

Ambroise-Paul-Touissaint-Jules Valéry, 30 de octubre de 1871 (Sète, Hérault, Francia); 20 de julio de 1945 (París, Francia).

Estilo y género: Valéry fue un destacado poeta, ensayista, crítico, filósofo y orador francés cuya poesía reflejó el pensamiento simbolista.

ARRIBA: Fotografía de Paul Valéry (h. 1935), uno de los más grandes poetas franceses.

Paul Valéry fue una de las imponentes figuras intelectuales de la Francia del siglo XIX. Miembro del círculo de poetas y críticos de Stéphane Mallarmé, partícipe de las famosas reuniones literarias que celebraban los martes por la noche, Valéry es considerado uno de los últimos grandes poetas simbolistas. Publicó su primer poema en 1889 y describió el hecho de ver su nombre impreso como «una impresión similar a la que experimentas en los sueños cuando te sientes profundamente abochornado al descubrir que estás completamente desnudo en medio de un elegante salón». Viajó a París en 1892, donde conoció y entabló amistad con Mallarmé y con la pintora Berthe Morisot.

En 1896 Valéry pasó una temporada en Londres y publicó *La velada con el señor Teste*, que trató de dedicar al pintor Edgar Degas, aunque en vano, pues este rechazó el ofrecimiento. En 1900 Valéry empezó a trabajar para Édouard Lebey, director de la agencia publicitaria Agence Havas, donde permaneció veinte años. Dejó de escribir poesía pero continuó sus *Cuadernos (Cahiers)*, diarios de incalculable valor literario iniciados en 1894 y donde incluyó investigaciones matemáticas y científicas, así como borradores de pasajes que aparecieron más tarde en sus obras. Valéry retomó la poesía en 1917, año en que escribió *La joven parca*. El complejo poema —una joven que reflexiona sobre las fuerzas de la vida, el amor y la muerte— está escrito en versos alejandrinos clásicos y se considera una obra maestra. El poeta recibió influencias de las obras de Mallarmé, Edgar Allan Poe y Robert Louis Stevenson. En 1927 Valéry pasó a formar parte de la Academia Francesa y como orador a tiempo completo pronunció discursos acerca de temas sociales y culturales relativos a su país. **TamP**

«La literatura está atestada de gente que realmente no sabe qué decir [...]» *Tal cual*

Obras destacadas

Novela

La velada con el señor Teste, 1896

Poesía

La joven parca, 1917

Cánticos, 1922

Otras obras

Tal cual, 1941-1943

Cuadernos, 1957-1960

PÍO BAROJA

Pío Baroja y Nessi, 28 de diciembre de 1872 (San Sebastián, España); 30 de octubre de 1956 (Madrid, España).

Estilo y género: Baroja escribió con un estilo directo y sencillo, y exploró las dificultades que la vida en las ciudades entraña para los más pobres.

Pío Baroja fue miembro fundamental de la Generación del 98, el grupo de jóvenes escritores preocupados por la degeneración social y política de la España de finales del siglo XIX. Autor prolífico, Baroja a menudo agrupaba sus obras en volúmenes o trilogías, muchos de los cuales abordan problemas sociales contemporáneos. Su obra maestra parcialmente autobiográfica, escrita en 1911, *El árbol de la ciencia*, es una historia de maduración personal llena de pesimismo e incomprensión de la vida, cuyo protagonista, Andrés Hurtado, termina por suicidarse. El estilo austero y exiguo de Baroja, que a menudo utiliza un lenguaje coloquial, supuso una importantísima influencia para la obra del autor norteamericano Ernest Hemingway. **REM**

Obras destacadas

Novelas

Zalacaín el aventurero, 1909

El árbol de la ciencia, 1911

Memorias de un hombre de acción, 1913-1931

La lucha por la vida, 1922-1924

ALFRED JARRY

Alfred Jarry, 8 de septiembre de 1873 (Laval, Mayenne, Francia); 1 de noviembre de 1907 (París, Francia).

Estilo y género: Jarry fue un dramaturgo cuyas obras surrealistas de salvaje humor y grotescos personajes son consideradas precursoras del teatro del absurdo.

Alfred Jarry escribió su primera obra con 15 años: una pieza satírica acerca de su profesor de física que conformó la base de *Ubú, rey*, publicada en 1896. Esta parodia de *Macbeth* utilizaba el humor escatológico para presentar la visión que Jarry tenía del mundo. Su carácter inédito provocó el día del estreno un gran escándalo. La obra no volvió a representarse hasta 1907, pero sentó las bases de la reputación de Jarry, que escribió más obras teatrales con el mismo personaje, además de poesía, ensayos y novelas. El comportamiento de Jarry se volvió errático: bebía en exceso, llevaba consigo una pistola cargada y, cuando acabó de gastar su herencia, vivió en la más absoluta pobreza hasta que falleció de tuberculosis. **HJ**

Obras destacadas

Novelas

Gestas y opiniones del Doctor Faustroll, patafísico, 1898-1911

El supermacho, 1902

Teatro

Ubú, rey, 1896

COLETTE

Sidonie-Gabrielle Colette, 28 de enero de 1873 (Saint-Sauveur-en-Puisaye, Yonne, Borgoña, Francia); 3 de agosto de 1954 (París, Francia).

Estilo y género: La ficción erótica de Colette celebra la sensualidad por medio de caracterizaciones que ofrecen dosis de ingeniosa sátira.

Obras destacadas

Novelas

Claudine en la escuela, 1900
Mitsou, 1919
Chéri, 1920
La gata, 1933
Gigi, 1944

El obituario que en 1954 se publicó sobre Colette en el *New York Times* indicaba que había sido tan solo la segunda mujer admitida como Gran Oficial de la Legión de Honor. A pesar de que el éxito de Colette iba más allá de su condición de mujer —Paul Claudel la denominó «el escritor vivo más importante de Francia»—, gran parte de su escritura está relacionada con la construcción de la feminidad. Su novela más exitosa, *Gigi* —adaptada para Broadway por Anita Loos, con una desconocida Audrey Hepburn en el papel protagonista— trata de la socialización de una joven dama y es el relato de las diversas formas en que las mujeres aprenden a ser objetos en un mundo dominado por hombres.

Su nombre de adulta, Sidonie-Gabrielle Claudine Colette Gauthier-Villars de Jouvanel Goudeket, ofrece cierta noción de

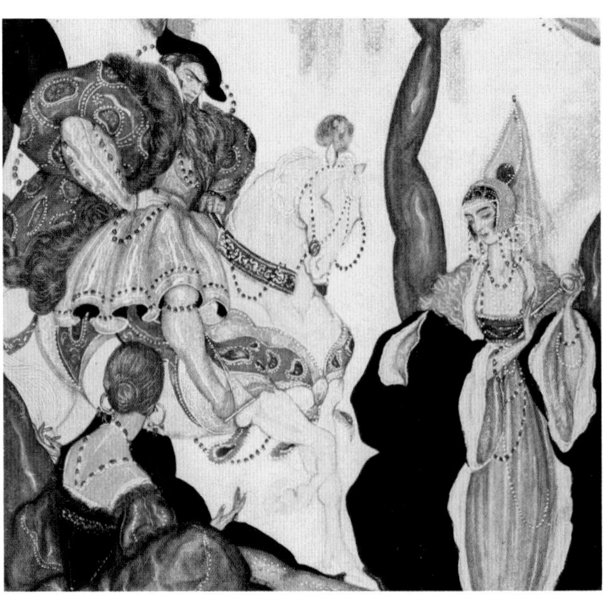

ARRIBA: Retrato fotográfico de la autora francesa Colette realizado en 1900.

DERECHA: Litografía por Alexandre Rzewuski para «Procesión de piedras preciosas» de Colette.

1860–79

ARRIBA: Colette posa para la cámara sobre una alfombra de piel de león.

la complicada vida que llevó y que también le sirvió como tema para gran parte de su obra. Contrajo matrimonio tres veces; la primera y más destacada con Henri *Willy* Gauthier-Villars, un escritor populista que convenció a Colette para convertir sus escritos privados acerca de su vida de colegiala en las célebres novelas de la serie *Claudine* (firmada por Willy).

Colette se divorció de Willy en 1906, se convirtió en bailarina de music-hall (experiencia que le ofreció una base para muchas de las novelas que escribiría en el futuro) y, más tarde, en periodista encargada de cubrir temas tan variados como la política o el cine. En la década de 1920 subió a los escenarios para representar el papel principal de *Chéri*, la adaptación que ella misma realizó de su novela de mayor éxito. Se trata de un audaz relato acerca del amor, el sexo y las clases sociales cuya mezcla de melancolía y deseo es representativa de la obra de Colette. La joven y consentida Chéri es el objeto de deseo de una cortesana entrada en años llamada Léa, papel que Colette haría suyo a lo largo de su vida, pues continuaría teniendo amantes —tanto hombres como mujeres— incluso después de cumplir los setenta. **SM**

Una carrera tumultuosa

Colette pasó de la escritura a los escenarios del music-hall parisino —muchos de sus personajes de ficción proceden de ese entorno bohemio— y más tarde dio el salto a la gran pantalla. Defendió la liberación sexual y coqueteó con el escándalo: era conocida por desnudar sus pechos sobre el escenario y, en cierta ocasión, simuló una relación sexual durante una representación en el Moulin Rouge, lo que casi provocó una revuelta en el local. Pero cuando falleció se le concedió el honor de un funeral de Estado, al que asistieron miles de personas.

WILLA CATHER

Wilella Sibert Cather, 7 de diciembre de 1873 (Black Creek Valley, Virginia, EE.UU.); 24 de abril de 1947 (Nueva York, Nueva York, EE.UU.).

Estilo y género: Cather, poeta y ensayista moderna norteamericana, escribió sobre la vida en la frontera de Nebraska con sobria pero elegíaca precisión.

Obras destacadas

Novelas

Pioneros, 1913
El canto de la alondra, 1915
Mi Antonia, 1918
Una dama extraviada, 1922
La casa del profesor, 1925
Mi enemigo mortal, 1926

Willa Cather escribió con imparcialidad acerca de la pasión y la violencia de la vida en la frontera. Sus historias se extendían como una serie de fascinantes estampas de movimientos uniformes, a semejanza del extenso y llano paisaje de las praderas.

Cather creció en Nebraska, y fue allí donde conoció y recopiló información acerca de los pioneros e inmigrantes que poblarían sus últimas obras; tal y como ella decía: «Por supuesto que Nebraska es un almacén de material literario. Si un auténtico artista hubiera nacido en una pocilga y crecido en un establo, aun así encontraría una gran inspiración para su obra. Lo único que se necesita es tener ojos para ver».

Cuando Cather viajó a París siendo estudiante, le impresionaron los frescos de Pierre Puvis de Chavannes sobre los episodios de la vida de santa Genoveva, reflejados con la misma distancia y desde la misma perspectiva. Cather escribió al respecto: «Es como si todas las experiencias humanas, consideradas en relación con una experiencia espiritual suprema, tuvieran prácticamente la misma importancia». Así, en su ficción, Cather escribe acerca de la preparación de una comida en la cocina de una cabaña de adobe con la misma precisión que trata el suicidio, el asesinato o el romance.

> «Nada está lejos y nada está cerca si uno así lo desea.»
>
> *El canto de la alondra*

Cather cayó casi en el olvido, pero actualmente vuelve a ocupar el lugar que se merece en la literatura norteamericana. De su faceta como escritora lesbiana poco puede decirse, puesto que la autora dejó escrito en su testamento que no se permitiera a nadie utilizar citas procedentes de sus escritos personales. Aparte de esto, su ficción, calladamente innovadora, resulta relevante por derecho propio. Como expresó el escritor A. S. Byatt: «Ya era modernista cuando Dos Passos, Hemingway y Fitzgerald aún eran unos muchachos». **CQ**

ARRIBA: Fotografía de la autora norteamericana Willa Cather hacia 1930.

FORD MADOX FORD

Ford Hermann Hueffer, 17 de diciembre de 1873 (Merton, Surrey, Inglaterra); 26 de junio de 1939 (Deauville, Normandía, Francia).

Estilo y género: Ford, novelista, poeta y crítico, poseía una prosa introspectiva y pensativa que exploraba temas patrióticos.

Ford Madox Ford, un hombre infeliz y atormentado cuyas obras reflejan su naturaleza introspectiva, nunca estuvo muy seguro de qué o quién se suponía que debía ser. Su padre era alemán, crítico musical del diario *The Times*; su madre era inglesa, hija del pintor prerrafaelita Ford Madox Brown. Cuando comenzó a surgir cierta germanofobia en Inglaterra, el escritor cambió su apellido Hueffer por el de Ford, brindándose a sí mismo la cualidad «palindrómica» de ser absoluta y totalmente inglés y, al parecer, negando toda influencia de su padre.

La vida de Ford fue errática. El matrimonio con Elsie Martindale, tras protagonizar una romántica fuga, pronto fracasó. Elsie no quiso divorciarse y Ford se fue a vivir con Violet Hunt, una destacada escritora. En 1915 abandonó a Hunt y se alistó en el ejército para luchar por su país; ese mismo año se publicó su libro más famoso, *El buen soldado*. La traumática batalla del Somme le dejó marcado con un profundo trauma de guerra.

Tras la Primera Guerra Mundial se trasladó a Francia, pues se había enamorado de la pintora Stella Bowen. La abandonó por una artista estadounidense, Janice Biala, y comenzó a pasar gran parte de su tiempo en Estados Unidos. Fue un hombre difícil y su reputación a menudo se ha visto dañada por aquellos personajes contemporáneos que le detestaban; aunque también dedicó sus esfuerzos a ayudar a escritores más jóvenes a desarrollar sus carreras. Como editor de la respetada publicación *The English Review* tenía una gran influencia.

Trabajó en colaboración con Joseph Conrad, y cuando este más tarde se volvió contra él, Ford se sintió profundamente herido; al parecer, una constante en la vida de Ford fue que aquellos que una vez le habían amado terminaban por detestarle. **LH**

Obras destacadas

Novelas

El buen soldado, 1915
El final del desfile, 1924-1928
Ladies Whose Bright Eyes, 1935

«Es un mundo extraño [...] ¿Por qué no puede la gente obtener lo que desea?» *El buen soldado*

ARRIBA: El novelista inglés Ford Madox Ford, fotografiado por E. O. Hoppé.

HUGO VON HOFMANNSTHAL

Hugo von Hofmannsthal, 1 de febrero de 1874 (Viena, Austria); 15 de julio de 1929 (Viena, Austria).

Estilo y género: Hofmannsthal fue un novelista, dramaturgo, poeta y traductor que escribió libretos para las óperas de Richard Strauss.

Obras destacadas

Libretos

Electra, 1909

El caballero de la rosa, 1911

Ariadna en Naxos, 1912

Arabella, 1933

Teatro

Electra, 1903

Cada cual, 1912

El difícil, 1921

Hugo von Hofmannsthal nació en el seno de una culta familia católica con lejana ascendencia judía. Comenzó a publicar poesía durante su adolescencia y, tras finalizar sus estudios universitarios, frecuentó el círculo literario de vanguardia denominado *Junges Wien* («Joven Viena»), entre cuyos miembros se incluía el dramaturgo Arthur Schnitzler.

En la década de 1890 comenzó a escribir obras teatrales, inicialmente en verso. Su *Electra*, a la que consideraba «una nueva versión» del drama griego clásico de Sófocles, atrajo la atención del compositor Richard Strauss, que había visto la producción berlinesa dirigida por Max Reinhardt y compuso una ópera a partir de ella. Su siguiente proyecto conjunto, sugerido por Hofmannsthal en 1909 y ambientado en la Viena del siglo XVIII, resultaría ser la más popular de todas las óperas de Strauss: la deliciosa *El caballero de la rosa (Der Rosenkavalier)*. El dúo trabajó conjuntamente durante más de veinte años hasta la muerte de Hofmannsthal.

En el teatro, Hofmannsthal alcanzó un enorme éxito con *Cada cual*, su adaptación de la obra moralista medieval inglesa. Admiraba la sólida identidad y cohesión de Inglaterra, que consideraba que ofrecía el marco ideal para los escritores, a diferencia de la fragmentada cultura alemana. Pensaba que la Primera Guerra Mundial y el período de posguerra, con el final del Imperio austrohúngaro, había sido un gran desastre para el futuro cultural de toda Europa y, junto a Strauss y Reinhardt, fundó el prestigioso Festival de Salzburgo.

> «[...] fue uno de los mejores libretistas de ópera que jamás han existido.» Jan Swafford

En 1929 Hofmannsthal se encontraba trabajando en el libreto de *Arabella* cuando su hijo mayor se suicidó. Él mismo falleció de un ataque al corazón dos días después, mientras se vestía para asistir al funeral. **RC**

ARRIBA: Fotografía de Hofmannsthal tomada a principios del siglo XX.

GERTRUDE STEIN

Gertrude Stein, 3 de febrero de 1874 (Allegheny, Pensilvania, EE.UU.); 27 de julio de 1946 (París, Francia).

Estilo y género: Stein realizó reinvenciones modernas del lenguaje poético y polifacéticas incursiones en la ópera, la historia y la escritura culinaria.

El poeta William Carlos Williams afirmó en cierta ocasión que el «tema de Gertrude Stein es la escritura», conectando su obra compleja con la investigación del lenguaje. Stein, una norteamericana en Europa, exploró las complejidades de la contemplación del mundo a través de los ojos de un extraño. Su estilo cubista tiene como ejemplo más destacado la divertida e íntima *Tender Buttons: Objects, Food, Rooms*. Esta narración elíptica de su vida junto a su amante y compañera Alice B. Toklas, escrita en poesía y en prosa, ofrece al lector la sensación de un mundo en constante evolución.

La poetisa y crítica Juliana Spahr coloca a Stein en el mismo centro de lo que ella denomina poesía «difícil» y la considera una influencia crucial de la poesía posmoderna. Entretanto, biógrafos como Janet Malcolm ven a Stein como una autora clave para comprender la vívida comunidad de escritores y artistas que se reunieron en París, en la orilla izquierda del Sena, durante el período de entreguerras. Stein, que creció en la California residencial de la década de 1880, estudió más tarde psicología con William James y emigró a París en 1904 con su hermano Leo. Ávido coleccionista, Leo fue el vínculo de Gertrude con los artistas vanguardistas, como Pablo Picasso, cuya ambiciosa reconstrucción del mundo influyó enormemente en la de ella y contribuyó a darle forma.

La escritura de Stein explicaba cómo era Francia a los norteamericanos en *Paris France*, explicaba a los estadounidenses cómo eran ellos mismos en la monumental *Ser americanos*, explicaba al mundo cómo era ella misma en *Autobiografía de todo el mundo* y, de forma mucho más significativa, a través de su inigualable reconsideración del lenguaje poético, explicaba al mundo la propia esencia de este. **SM**

«Me gustan las vistas panorámicas, pero me gusta sentarme de espaldas a ellas.»

Autobiografía de Alice B. Toklas

Obras destacadas

Novelas

Tres vidas, 1909

Ser americanos, 1934

Poesía

Tender Buttons: Objects, Food, Rooms, 1914

Otras obras

Autobiografía de Alice B. Toklas, 1933

Autobiografía de todo el mundo, 1937

Paris France, 1940

Guerras que he visto, 1945

ARRIBA: Retrato de la excéntrica autora Gertrude Stein en 1942.

ROBERT FROST

Robert Lee Frost, 26 de marzo de 1874 (San Francisco, California, EE.UU.); 29 de enero de 1963 (Boston, Massachusetts, EE.UU.).

Estilo y género: La poesía de Frost contrapone el ritmo de la lengua hablada con la métrica de la poesía, y explora temas de la Nueva Inglaterra rural.

Obras destacadas

Poesía

La voluntad de un muchacho, 1913
Al norte de Boston, 1914
Intervalos en la montaña, 1916
El camino no elegido, 1916
Stopping by Woods on a Snowy Evening, 1922
New Hampshire, 1923
Nothing Gold Can Stay, 1923
West-Running Brook, 1928
The Gift Outright, 1941
La tienda de seda, 1942

Robert Frost plasmó en sus primeros poemas algunas atormentadas meditaciones sobre la parte más urbana e industrial de Estados Unidos. Californiano de nacimiento, Frost asistió al Darmouth College de New Hampshire en 1892 y estudió en la Universidad de Harvard desde 1897 hasta 1899. Su primer libro de poemas, *La voluntad de un muchacho*, fue publicado en Gran Bretaña durante una estancia del autor en ese país que duró tres años, y recibió críticas favorables por parte de Ezra Pound. Muchos de los poemas del celebrado volumen *Al norte de Boston* fueron compuestos en Inglaterra (Buckinghamshire y Gloucestershire) poco antes del estallido de la Primera Guerra Mundial y reflejan una aguda conciencia de las tradiciones literarias y de los ideales tanto británicos como estadounidenses. Durante aquellos años iniciales, Frost y el poeta Edward Thomas rivalizaron por establecer «el sonido del sentido» en su poesía, contraponiendo el ritmo del lenguaje hablado con el ritmo de la métrica poética. Frost también propuso la idea de poesía como un «estado existencial frente a la confusión».

Volúmenes posteriores, como *Intervalos en la montaña*, *New Hampshire* y *West-Running Brook*, establecieron la identidad de Frost como poeta de Nueva Inglaterra. Gran parte de sus poemas más conocidos, como *Stopping by Woods on a Snowy Evening* y *El camino no elegido*, parecen ser simples fábulas con moraleja, pero engloban una profunda y angustiada ambivalencia. Si Frost fue un maestro del verso dramático y narrativo, también fue un excelente letrista y escritor de sonetos, lo cual queda patente en poemas como *Nothing Gold Can Stay* y *La tienda de seda*. Fue famosa la lectura que realizó de *The Gift Outright* durante la toma de posesión del presidente John F. Kennedy en 1961. **SR**

«En la veleidad del aire estival / De la más ligera sumisión es alertado.» *La tienda de seda*

ARRIBA: Retrato del poeta bucólico Robert Frost.

ANTONIO MACHADO

Antonio Cipriano José María Machado Ruiz, 26 de julio de 1875 (Sevilla, España); 22 de febrero de 1939 (Collioure, Francia).

Estilo y género: Machado, poeta y dramaturgo de la Generación del 98, trató temas oníricos, nostálgicos y románticos, y también existencialistas.

Antonio Machado nació en Sevilla, pero su familia se trasladó a Madrid cuando contaba 8 años. Tras graduarse en la Universidad de Madrid, viajó a París, donde estudió en La Sorbona. A su regreso a España, en 1907, Machado obtuvo la cátedra de francés en un instituto de Soria. Cuatro años antes había publicado su primer volumen de poesía, *Soledades*, que enlazaba con la corriente romántica europea. Estos poemas describen su conexión con fenómenos naturales, y evocan imágenes de recuerdos y sueños.

En 1909 Machado, con 34 años, contrajo matrimonio en Soria con la joven Leonor Izquierdo, de 15 años. De forma trágica, Leonor falleció tres años más tarde a causa de una tuberculosis, justo después de la publicación de *Campos de Castilla*, una colección de poemas acerca del austero paisaje del campo y el espíritu castellanos, con un estilo sobrio y sombrío. Machado empleó los accidentes geográficos para hablar acerca de las cuestiones —mucho más grandes y profundas— del alma del español de a pie, lo que supuso un precedente para los poetas interesados en la realidad social.

Machado se enfrentó a los problemas sociales y políticos de España. Acuñó la frase «las dos Españas» para describir la que muere y la que bosteza, en referencia a las divisiones políticas que conducirían en 1936 a la guerra civil española. Fue miembro de la denominada Generación del 98, un grupo de novelistas, poetas y filósofos que declararon un renacer cultural y ético para España tras su derrota en la guerra hispano-estadounidense en 1898. Machado, leal a la República española, se vio obligado a exiliarse a Collioure, en Francia, en 1939, y allí falleció al poco tiempo a causa de una enfermedad que contrajo durante el viaje. **REM**

«[...] caminante, no hay camino, / se hace camino al andar.»

Campos de Castilla

Obras destacadas

Poesía

Soledades, 1903

Soledades, Galerías y otros poemas, 1907

Campos de Castilla, 1912

Nuevas canciones, 1924

Poesías completas, 1928

Ensayo

Juan de Mairena, 1936

1860–79

ARRIBA: Retrato de Antonio Machado realizado a principios del siglo XX.

THOMAS MANN

Paul Thomas Mann, 6 de junio de 1875 (Lübeck, Schleswig-Holstein, Alemania); 12 de agosto de 1955 (Zurich, Suiza).

Estilo y género: Mann examinó en sus obras la naturaleza de Alemania y la necesidad de encontrar un equilibrio entre el arte y las exigencias de la vida diaria.

Thomas Mann nació en el seno de una acaudalada familia de comerciantes. Tras la muerte de su padre en 1891, la familia se trasladó a Munich, donde Mann comenzó a escribir relatos breves que fueron bien acogidos, lo cual le llevó a escribir *Los Buddenbrook*, aclamada como una obra maestra. La novela sigue el auge y la subsiguiente caída en desgracia de una familia durante cuatro generaciones. Allí comenzó a explorar el necesario equilibrio entre la búsqueda del arte y las obligaciones del día a día. Este tema también se encuentra en *La muerte en Venecia*, la historia de un artista que se enamora de un joven y lentamente cae en una espiral de autocompasión, y en *La montaña mágica*, que examina la sociedad burguesa por medio de las conversaciones entre los habitantes de un sanatorio.

La ideología de Mann evolucionó desde el conservadurismo más acérrimo hasta el pleno liberalismo, y se opuso públicamente a la política de Adolf Hitler en 1930. Mann abandonó Alemania cuando los nazis subieron al poder en 1933 y pasó varios años autoexiliado, sobre todo en Suiza, antes de asentarse en Estados Unidos en 1939. Comenzó a manifestar sus ideales políticos de manera pública, y llegó a realizar retransmisiones radiofónicas para Alemania, contrarias a la ideología nazi durante la Segunda Guerra Mundial. En 1947 publicó *Doktor Faustus*, la historia de un músico que vende su alma al diablo a cambio de dominar el arte de la música, que es a su vez una alegoría de la lenta destrucción de Alemania a manos del nazismo. En 1952 Mann se trasladó con su familia de nuevo a Suiza, donde permanecería hasta su muerte. Su última obra, *Confesiones del estafador Felix Krull*, quedó inacabada.

Además de ser un destacado novelista, a través de sus ensayos Mann se convirtió en un importante portavoz de los valores y la literatura alemanes, en uno de los períodos más oscuros de su país. En 1929 obtuvo premio Nobel de Literatura. **JM**

Obras destacadas

Novelas

Los Buddenbrook, 1901
Alteza real, 1909
La muerte en Venecia, 1912
La montaña mágica, 1924
Mario y el mago, 1930
José y sus hermanos, 1933-1943
Doktor Faustus, 1947
Confesiones del estafador Felix Krull, 1955 (inacabada)

ARRIBA: Thomas Mann fotografiado por Eric Schaal en mayo de 1938.

DERECHA: Cubierta de una edición de Los *Buddenbrook*, diseñada por Wilhelm Schulz.

Thomas Mann

Buddenbrooks

Berlin
S. Fischer, Verlag.

RAINER MARIA RILKE

René Karl Wilhelm Johann Josef Maria Rilke, 4 de diciembre de 1875 (Praga, Bohemia); 29 de diciembre de 1926 (Montreux, Suiza).

Estilo y género: Rilke, poeta, novelista y ensayista dividido entre el romanticismo melancólico y el modernismo, exploró temas espirituales y místicos.

Obras destacadas

Novela

Los cuadernos de Malte Laurids Brigge, 1910

Poesía

Vida y canciones, 1894

Nuevos poemas, 1908

Elegías de Duino, 1912-1922

Sonetos a Orfeo, 1922

Epístola

Vida Cartas a un joven poeta, 1934

Rainer Maria Rilke, modernista antes de su época y romántico mucho después de que hubiera pasado de moda, tendió un puente en la literatura alemana sobre el abismo que separaba al poeta lírico Heinrich Heine de los «-ismos» de finales de la década de 1920. La obra de Rilke puede leerse como un producto de su propia identidad dividida: su madre le llamó Sophia hasta que tuvo cinco años y le vestía con ropas de su difunta hermana. También alentó su amor por la poesía al introducirle en la obra de Friedrich Schiller.

La novelista y psicoanalista Lou-Andreas Salomé introdujo a Rilke en la colonia para artistas situada en Worpswede, donde vivía la pionera pintora expresionista Paula Modersohn-Becker. Allí, Rilke conoció a su futura esposa, la artista Clara Westhoff, que le presentó a su maestro, el escultor Auguste Rodin, para quien Rilke trabajaría como amanuense desde 1902 en adelante.

Rilke, inspirado por Rodin, desarrolló un nuevo tipo de poesía, deliberadamente copiada de las esculturas de Rodin: se trata de sus «*Dinggedichte*» («poemas-cosa»), que transformaban la observación objetiva en potentes versos. Entre 1912 y 1922, trastornado por la Primera Guerra Mundial, Rilke trabajó en su obra maestra, las *Elegías de Duino*.

«Y la cuestión es vivirlo todo. Vive ahora las preguntas.»

En 1922, a lo largo de un frenético período creativo de dos meses, completó las elegías y, a continuación, escribió los bellos *Sonetos a Orfeo*, en los que puede escucharse al poeta hablar de su proximidad a la muerte. Luego la salud de Rilke comenzó a decaer, por lo que pasó los siguientes cinco años entre un sanatorio en Territet, Suiza, y París. Se le diagnosticó leucemia, pero aún produjo un conjunto de poemas en francés en los que meditaba acerca de la rosa que, según él, acabaría con su vida. **SM**

ARRIBA: Retrato de Rainer Maria Rilke, uno de los más grandes poetas alemanes.

JACK LONDON

John Griffith Chaney, 12 de enero de 1876 (San Francisco, California, EE.UU.); 22 de noviembre de 1916 (Glen Ellen, California, EE.UU.).

Estilo y género: London escribió novelas, relatos breves y artículos, y narró geniales y veraces historias de aventuras, a menudo inspiradas en su autobiografía.

Jack London vivió una vida breve pero llena de aventuras, no muy diferente de una excitante novela de ficción. Creció en medio de la pobreza y trabajó como marinero, empleado de fábrica, ladrón de ostras y explorador durante la «fiebre del oro» de Klondike, y fue en esa época cuando comenzó su adicción al alcohol, que mantendría de por vida.

El primer gran éxito de London se produjo con un breve relato de aventuras titulado *Odisea en el norte*, realizado a partir de notas que tomó cuando andaba buscando oro en Alaska. Había dado con una fórmula para escribir con éxito emocionantes historias de ficción basadas en experiencias de primera mano, utilizando un estilo gráfico aunque convincente. También ambientó en Alaska *El hijo del lobo*, *La llamada de lo salvaje* y *Colmillo blanco*, enormemente populares. Gran parte de su propia vida terminaba reflejada en su obra, en especial en la autobiografía *John Barleycorn*, en la que narra su batalla con el alcoholismo, y en la novela *El lobo de mar*, basada en sus experiencias en alta mar.

London, auténtico aventurero y elocuente orador, que luchaba con frecuencia por mejorar la situación de los más pobres, se convirtió en una figura controvertida, de gran valentía y cargada de un enorme romanticismo. Entre 1900 y 1916 escribió más de cincuenta libros, cientos de relatos breves y numerosos artículos, por no mencionar los cientos de miles de cartas que envió a sus admiradores. Se convirtió en uno de los autores mejor pagados de Estados Unidos, aunque a menudo contraía numerosas deudas. London falleció de una insuficiencia renal causada por el alcohol cuando tenía 40 años, y dejó a Estados Unidos sin uno de los escritores más prolíficos, vívidos y naturalistas de su historia. **JM**

«No malgastaré mis días tratando de prolongarlos, usaré mi tiempo.»

ARRIBA: Jack London en el estudio fotográfico de A. J. Mills en San José, California (h. 1905).

Obras destacadas

Novelas

La llamada de lo salvaje, 1903

El lobo de mar, 1904

Colmillo blanco, 1906

El talón de hierro, 1908

Cuentos

El hijo del lobo, 1900

Odisea en el norte, 1900

Autobiografía

John Barleycorn, 1913

HERMANN HESSE

Hermann Karl Hesse, 2 de julio de 1877 (Calw, Württemberg, Alemania); 9 de agosto de 1962 (Montagnola, Collina d'Oro, Ticino, Suiza).

Estilo y género: Hesse, novelista, poeta, ensayista y pintor, analizó la búsqueda de la iluminación espiritual en el marco de las limitaciones sociales.

Hermann Hesse nació en el seno de una familia profundamente cristiana. Su padre era un misionero pietista, de manera que Hesse asistió a una escuela monástica y se esperaba de él que se convirtiera en teólogo. Hesse se rebeló y huyó de casa; más tarde afirmó: «Desde que cumplí los trece en adelante tuve claro que si no me convertía en poeta, no sería nada en absoluto».

Hesse abandonó el sistema educativo, deprimido, resentido y desafiante. Trabajó como aprendiz de mecánico y como librero, experiencia que le sirvió para llegar a disfrutar de autores como Goethe y Nietzsche.

En 1899 consiguió publicar una colección de su poesía, después de escribir unos cuantos artículos. En 1904, Hesse publicó una obra maestra, *Peter Camenzind*, la historia de un escritor

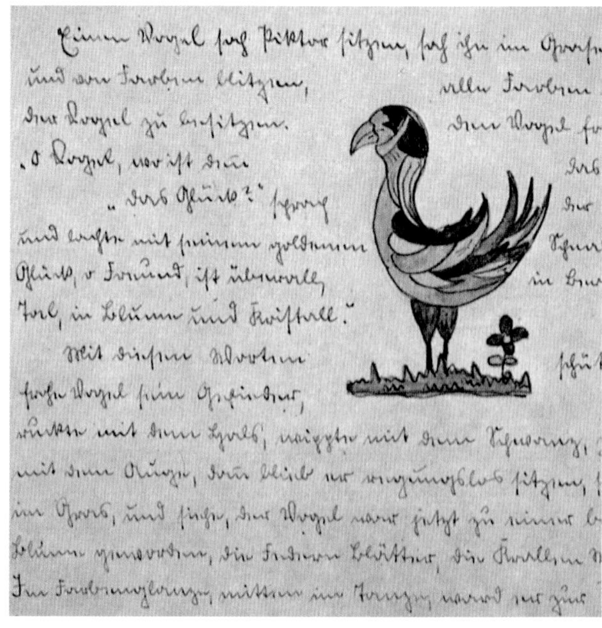

Obras destacadas

Novelas

Peter Camenzind, 1904

Bajo las ruedas, 1906

Gertrudis, 1910

Demian (Historia de la juventud de Emil Sinclair), 1919

Siddhartha, 1922

El lobo estepario, 1928

Narciso y Goldmundo, 1930

Viaje al Oriente, 1932

El juego de los abalorios, 1943

Cuentos

A una hora de medianoche, 1899

Otras obras

Lecturas para minutos, 1937

Sobre la guerra y la paz, 1946

ARRIBA: Hermann Hesse fotografiado en 1958 para la revista *Der Spiegel*.

DERECHA: Página del cuento *La metamorfosis de Píctor*, de Hesse.

IZQUIERDA: Hesse en la biblioteca de su casa de Montagnola, Suiza, en 1937.

fracasado que encuentra una nueva vida al apartarse de la sociedad sin rostro y regresar a la naturaleza. El éxito del libro le permitió dedicarse a la escritura. En esta primera novela, Hesse ya reivindicaba la necesidad de encontrar el equilibrio entre la propia individualidad espiritual y las mundanas rutinas intelectuales que la sociedad exige.

Hesse viajó a la India y Sri Lanka en 1911, y en 1912 se instaló en Suiza. Cuando estalló la Primera Guerra Mundial, se dirigió al público alemán defendiendo la paz; como resultado, la prensa alemana le tachó de traidor. Hesse trabajó sin descanso en Suiza ayudando a prisioneros de guerra, y este hecho, junto con el fracaso de su matrimonio, un hijo muy enfermo y la muerte de su padre, le llevaron al borde del colapso nervioso. Fue psicoanalizado por J. B. Lang, un estudiante de Carl Gustav Jung, y más tarde recurrió a estas experiencias para su famosa novela *Demian (Historia de la juventud de Emil*

«El conocimiento puede comunicarse, pero no la sabiduría.» *Siddhartha*

Filosofía oriental

Hesse se sentía fascinado por el misticismo de la India, lugar de nacimiento de su madre. Siendo niño vivió rodeado de exóticos recuerdos indios que ayudaron a avivar sus fantasías.

Hesse necesitó tres años para completar *Siddhartha*, aunque lo describió como el fruto de «cerca de veinte años de familiaridad con la idea de India y China». La traducción al inglés tuvo un efecto fundamental a la hora de popularizar el hinduismo y el budismo en Estados Unidos. En la década de 1960, Jack Kerouac y otros poetas de la generación Beat adoptaron la ideología de *Siddhartha*. Se identificaban con la lucha del personaje por lograr la iluminación espiritual. Hesse se convirtió en una figura de culto, representante del pacifismo.

Aunque es célebre su defensa de la filosofía oriental en Occidente, cuando viajó a la India no halló la iluminación que había estado buscando. Se dio cuenta de que las filosofías india y china que imaginaba eran más la representación de un estado mental que algo que pudiera hallarse en determinado lugar específico.

Sinclair). Esta obra amplió la fama de Hesse en Europa pero, debido a sus problemas en Alemania, inicialmente se publicó bajo el seudónimo de «Emil Sinclair», protagonista de la novela. Irónicamente, recibió el premio Fontane para primeras novelas, de modo que Hesse tuvo que devolver el galardón. Él mismo describió su obra como una historia de «individuación», pero mucha gente ve en *Demian* una autobiografía levemente disimulada.

Hesse y las dualidades

En el año 1922 Hesse publicó una de sus obras más famosas, *Siddhartha*, que narra la búsqueda filosófica de su propio ser llevada a cabo por un joven indio, combinando la filosofía oriental con la occidental en su exploración de la propia iluminación espiritual.

Tras esta obra publicó la más surrealista *El lobo estepario*, una exploración —con tintes de pesadilla— de la naturaleza dual de la humanidad, y *Narciso y Goldmundo*, que explora el conflicto existente entre la razón y la creatividad.

El punto álgido de la obra creativa de Hesse está marcado por *El juego de los abalorios*, escrito entre 1931 y 1942. Esta obra describe un futuro utópico donde los ideales del espíritu se han preservado de forma activa. En 1942 compiló una colección de seiscientos poemas, lo que constituía casi toda su obra poética publicada hasta entonces. Hesse también había escrito críticas de libros y artículos sobre poesía. Su labor en el reconocimiento de nuevos talentos ayudó a evaluar y definir la literatura de su tiempo.

Cuando Hesse falleció, dejó tras de sí un legado de más de cincuenta novelas, cientos de poemas e innumerables artículos y cartas. Su genio literario parecía radicar en su incomodidad hacia el mundo y en su constante observación de la lucha humana para mantener sus ideales dentro de los confines de la sociedad. Fue precisamente esta búsqueda del propio ser lo que logró hacerle conectar con públicos de todo el mundo, y obtener numerosos reconocimientos, entre ellos el premio Nobel de Literatura en 1946. **JM**

DERECHA: Hesse en 1952 con su esposa, Ninon, en Montagnola, Suiza.

HORACIO QUIROGA

Horacio Silvestre Quiroga Corteza, 31 de diciembre de 1878 (Salto, Uruguay); 19 de febrero de 1937 (Buenos Aires, Argentina).

Estilo y género: Quiroga fue autor sobre todo de cuentos que recogen la experiencia de su vida en la selva, entre la fábula y la narración inquietante.

Obras destacadas

Cuentos

El crimen del otro, 1904

Cuentos de amor, de locura y de muerte, 1917

Cuentos de la selva, 1918

Anaconda, 1921

La selva sedujo a Quiroga desde que acompañó a su amigo Leopoldo Lugones como fotógrafo en una expedición a las ruinas jesuíticas de la provincia argentina de Misiones. Después volvió a esta misma selva, y se adentró en el Chaco, para vivir allí durante años. Pero solo consiguió arruinar su vida familiar, aunque en estas tierras halló el numen para escribir cuentos inspirados en sus maestros Poe, Maupassant y Kipling. Los ríos, los animales del bosque y los propios árboles cobran vida en ellos, unas veces con el aspecto más infantil, de fábula, y otras de manera terrible e inquietante, como una naturaleza enemiga del ser humano. Además escribió poesía y teatro, pero no alcanzan la calidad extraordinaria de sus cuentos. **FV**

ALFRED DÖBLIN

Alfred Döblin, 10 de agosto de 1878 (Stettin, Voivodato de Pomerania Occidental, Polonia); 26 de junio de 1957 (Emmendingen, Baden-Württemberg, Alemania).

Estilo y género: Döblin perteneció al movimiento alemán Nueva objetividad, cuyas novelas examinan el modo en que la sociedad modela al individuo.

Obras destacadas

Novelas

Los tres saltos de Wang-Lun, 1915

Montañas, mares y gigantes, 1924

Berlin Alexanderplatz, 1929

No habrá perdón, 1935

Alfred Döblin estudió medicina en la Universidad de Berlín y más tarde trabajó como psiquiatra. Su obra se centra en el sufrimiento de la humanidad, y su primera novela, *Los tres saltos de Wang-Lun*, describe la represión de una rebelión en la China del siglo XVIII por parte del Estado. No obstante, fue su novela *Berlin Alexanderplatz* —la historia de un criminal de baja estofa que sale de prisión, estilísticamente similar a las obras de James Joyce y narrada desde varios puntos de vista— la que le dio fama. Döblin, judío y socialista, huyó de Alemania en 1933. Primero viajó a Estados Unidos, donde trabajó como guionista, y después de la Segunda Guerra Mundial se trasladó a París. Sus obras influyeron en Günter Grass y Bertolt Brecht. **HJ**

E. M. FORSTER

Edward Morgan Forster, 1 de enero de 1879 (Londres, Inglaterra); 7 de junio de 1970 (Coventry, Warwickshire, Inglaterra).

Estilo y género: Forster utilizó la ironía, el simbolismo y el ingenio para retratar las vidas interiores y los anhelos de sus personajes.

«Solo conecta la prosa y la pasión, y ambas serán encumbradas, y el amor humano será contemplado en toda su grandeza.» Esta famosa cita de *La mansión. Regreso a Howards End* encierra todas las metas artísticas y personales de E. M. Forster: llenar el día a día de fervor, de compromiso con las relaciones personales y de aprecio por la belleza natural.

Tras graduarse en el King's College de Cambridge, Forster viajó a Italia y Grecia, y encontró esas culturas más vitales, dinámicas y auténticas que la rígida Inglaterra eduardiana. Italia también ofreció el escenario para dos de sus novelas, *Donde los ángeles no se aventuran* y *Una habitación con vistas*, que tratan de las embriagadoras emociones que Italia evoca en sus reprimidos visitantes ingleses, y las elecciones que su clima y su cultura incitan a dichos visitantes a tomar. Más viajes, en esta ocasión la experiencia de vivir en la India, inspiraron la última novela de Forster y la que muchos consideran su obra más importante, *Pasaje a la India*.

Forster no quiso admitir que se sentía atraído hacia los hombres hasta que no cumplió la veintena, y vivió una vida enormemente solitaria. Su novela *Maurice*, escrita cuando rondaba los 30 años, es una de las escasísimas obras acerca del amor homosexual escritas antes de la liberación gay; no obstante, no fue publicada hasta después de su muerte. Forster dejó de escribir novelas a la edad de 45 años, pero siguió siendo un destacado ensayista y locutor, defensor de los valores humanistas laicos. La mayor parte de sus novelas han sido llevadas con éxito al cine; sin embargo, Forster denegó el permiso para adaptarlas cuando estaba vivo, pues temía que el cine cubriera sus historias con una pátina de nostalgia y sentimentalismo. **CQ**

«La vida es fácil de narrar, pero desconcertante si se pone en práctica.» *Una habitación con vistas*

Obras destacadas

Novelas

Donde los ángeles no se aventuran, 1905

Una habitación con vistas, 1908

La mansión. Regreso a Howards End, 1910

Pasaje a la India, 1924

Maurice, 1971 (publicada póstumamente)

1860–79

ARRIBA: El autor británico E. M. Forster fotografiado en 1949.

WALLACE STEVENS

Wallace Stevens, 2 de octubre de 1879 (Reading, Pensilvania, EE.UU.); 2 de agosto de 1955 (Hartford, Connecticut, EE.UU.).

Estilo y género: Stevens, poeta moderno, se caracteriza por sus exuberantes y elaboradas dicción e imaginería de un estilo romántico tardío.

Obras destacadas

Poesía

Trece formas de mirar a un mirlo, 1917
Le Monocle de Mon Oncle, 1918
El emperador de los helados, 1922
A High-Toned Old Christian Woman, 1923
Harmoniun, 1923
El hombre de la guitarra azul, 1937
Notas en torno a una ficción suprema, 1942

1860–79

Gran parte de la mejor poesía de Wallace Stevens está repleta de matices rococó, una dicción extravagantemente llamativa y el paisaje sensualmente imaginario de Florida, los mares del Sur o la «verde y real Guatemala». No obstante, trabajó casi la totalidad de su vida en la compañía de seguros Hartford Accident and Indemnity Company. Stevens fue famoso por su reticencia. Su hija recordó en cierta ocasión: «Nos manteníamos alejados el uno del otro [...] podría decirse que mi padre vivía solo». Incluso muchos de sus compañeros de la aseguradora desconocían el hecho de que «Wally» fuera uno de los poetas más apreciados de su generación.

Los poemas de Stevens muestran un gran gusto por la musicalidad y los juegos de palabras francófonos, como *Le Monocle de Mon Oncle* («El monóculo de mi tío»). El poema *A High-Toned Old Christian Woman* se regocija con el «*tink* y el *tank* y el *tunk-a-tunk-tunk*» de la «alegre algarabía» de la poesía, y se deleita en la capacidad del poeta para ignorar las sensibilidades más refinadas y «*wink most when windows wince*» («guiñar los ojos sobre todo cuando las ventanas se estremecen y encojen»). Era propio de Stevens que su animosa excentricidad fuera el vehículo para entablar un cuidadoso y detallado debate acerca de las funciones de la poesía y la religión. Su obra encarna un serio compromiso con la naturaleza de la estética.

«Versos desbocados de movimiento, llenos de ruido y gritos»

Le Monocle de Mon Oncle

A High-Toned Old Christian Woman comienza con la frase: «La poesía es la ficción suprema», y estas palabras fueron empleadas de nuevo en uno de los últimos poemas de Stevens, el extenso *Notas en torno a una ficción suprema.* En él, el poeta resume: «Una vez abandonada la creencia en dios, la poesía es la esencia que ocupa su lugar como redentora de la vida». **MS**

ARRIBA: Detalle de una fotografía de Wallace Stevens tomada en julio de 1950.

GUILLAUME APOLLINAIRE

Wilhelm Apollinaris de Kostrowitzky, 26 de agosto de 1880 (probablemente en Roma, Italia); 9 de noviembre de 1918 (París, Francia).

Estilo y género: Apollinaire estuvo estrechamente vinculado a los nuevos desarrollos de la literatura y el arte franceses de principios del siglo XX.

Apollinaire era hijo ilegítimo de una inmigrante polaca en Italia. Al parecer su padre fue un noble suizo-italiano que se negó a reconocerle. Pasó su infancia en Francia con su madre, fingiendo ser un misterioso príncipe ruso. Con 20 años se sumergió en los círculos bohemios de Montparnasse, en París, entabló una estrecha relación con artistas de vanguardia como Picasso, Gertrude Stein, Jean Cocteau, Erik Satie, Marc Chagall y Raoul Dufy, y mantuvo una tempestuosa relación amorosa con la pintora Marie Laurencin. Apollinaire escribió pornografía bajo seudónimo, además de algunos relatos breves. Una de sus primeras obras fue *El encantador putrefacto*, acerca del mago Merlín, la hechicera Viviane y otras figuras de las leyendas artúricas. En 1911, siendo un extranjero y una figura subversiva, fue arrestado como sospechoso del robo de la *Mona Lisa* —de Picasso también sospecharon— y publicó su primera colección de poemas, ilustrados con grabados en madera realizados por Dufy.

Apollinaire escribió un libro acerca de la pintura cubista con el que Picasso no estuvo en absoluto de acuerdo. Sus principales colecciones de poesía fueron *Alcoholes* y *Caligramas*. Algunos de los poemas incluidos en esta última fueron escritos en forma de objetos. Gran parte de su obra fue experimental y enigmática, y al parecer fue él quien acuñó el término «surrealista», en concreto dentro de las notas que escribió para el programa del ballet de 1917, *Parade*, de Cocteau y Satie. Apollinaire se alistó en el ejército francés en 1915, durante la Primera Guerra Mundial, y ha sido descrito como el único poeta francés que se enfrentó a la experiencia de la guerra. Una herida en la cabeza que sufrió en las trincheras contribuyó, junto con la epidemia de gripe, a su precoz fallecimiento en 1918. **RC**

«Sin [...] artistas, el hombre no tardaría en cansarse de la monotonía de la naturaleza.»

Obras destacadas

Poesía

El encantador putrefacto, 1909

Alcoholes, 1913

Caligramas, 1918

Ensayo

Los pintores cubistas, 1913

ARRIBA: Guillarme Apollinaire en el estudio de Picasso de Bateau-Lavoir, en París (h. 1900).

1880–99

ROBERT MUSIL

Obras destacadas

Novelas

Los extravíos del colegial Törless, 1906

El hombre sin atributos, 1930, 1932, 1942 (inconclusa)

Cuentos

Uniones, 1911

Tres mujeres, 1924

DERECHA: Litografía de la cubierta de *Los extravíos del colegial Törless* (1906).

Robert Musil, 6 de noviembre de 1880 (Klagenfurt, Austria); 15 de abril de 1942 (Ginebra, Suiza).

Estilo y género: Musil fue uno de los novelistas modernos más importantes.

Tras su muerte en el exilio, Robert Musil fue casi olvidado hasta que, en la década de 1950, revivió el interés por su extensa novela inacabada *El hombre sin atributos* y apareció la primera traducción al inglés de dicha obra. La novela, que ha sido comparada con las obras de Proust, es una arrolladora y con frecuencia cómica exploración del declive del Imperio austrohúngaro vista a través de los ojos del antihéroe Ulrich. Su primera novela, *Los extravíos del colegial Törless* (1906), basada en sus propias experiencias en una escuela militar, fue aclamada por la crítica. Más tarde escribiría colecciones de relatos breves, pero fue la publicación de los dos primeros volúmenes de *El hombre sin atributos* en 1930 y 1932 lo que acabó por consolidar su reputación. **HJ**

JOSÉ ORTEGA Y GASSET

Obras destacadas

Ensayo

Meditaciones del Quijote, 1914

España invertebrada, 1921

El tema de nuestro tiempo, 1923

La deshumanización del arte, 1925

La rebelión de las masas, 1930

Ensimismamiento y alteración. Meditación de la técnica, 1939

José Ortega y Gasset, 9 de mayo de 1883 (Madrid, España); 18 de octubre de 1955 (Madrid, España).

Estilo y género: Ortega es el filósofo y ensayista español más importante del siglo XX y un modelo de intelectual por su activa participación en la vida cultural y política.

La vida y la obra de Ortega y Gasset están engarzadas y sujetas al tiempo que le tocó vivir: la España en crisis de la Generación del 98, la crisis del concepto de progreso, el fin del idealismo y el positivismo que habían guiado el siglo XIX, y el advenimiento del hombre-masa y de un nuevo arte «deshumanizado». Sobre todo ello pensó Ortega y Gasset a pie de tierra, muchas veces desde la tribuna de los periódicos, aunque su formación como filósofo en Alemania y su cargo de catedrático le predisponían para una vida dedicada a la ciencia. Participó activamente en la vida pública, buscando la «modernización» de España desde planteamientos conservadores, y alcanzó prestigio con obras como *La rebelión de las masas* y *La deshumanización del arte*. **FV**

ROBERT MUSIL

Die Verwirrungen des Zöglings Törless

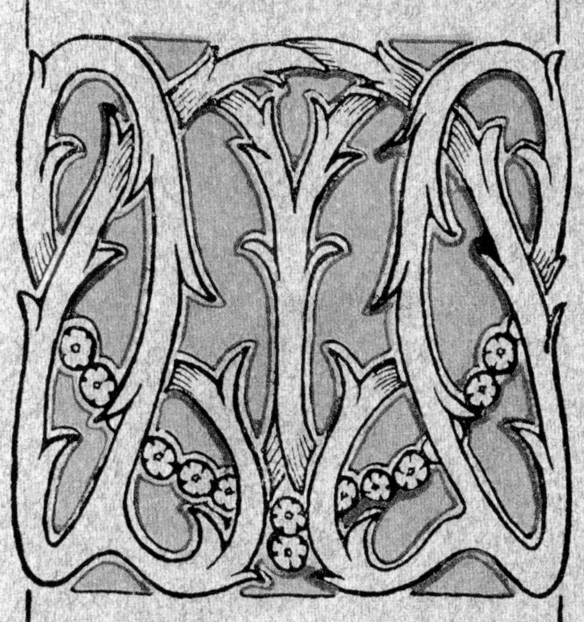

Plessner

WIENER VERLAG
WIEN u. LEIPZIG.

JUAN RAMÓN JIMÉNEZ

Juan Ramón Jiménez Mantecón, 24 de diciembre de 1881 (Moguer, Andalucía, España); 29 de mayo de 1958 (San Juan, Puerto Rico).

Estilo y género: La obra de Juan Ramón Jiménez, uno de los grandes poetas españoles, es romántica, visual y con frecuencia está relacionada con los colores.

Juan Ramón Jiménez, ganador del premio Nobel de Literatura en 1956, creció en medio del clima literario que surgió en España tras la pérdida de las colonias a manos de Estados Unidos en 1898. Los poetas y novelistas de dicha época se autodenominaban modernistas, y el líder de este movimiento, el poeta Rubén Darío, invitó a Juan Ramón a Madrid. Allí impulsó al poeta y apoyó la publicación de su primer volumen de poesía en 1900. Pero ese mismo año, Juan Ramón, tras la muerte de su padre, cayó en una profunda depresión que evolucionó hasta convertirse en una enfermedad mental. Fue internado en un sanatorio de Francia para recuperarse, pero su preocupación por la muerte perduraría siempre.

Juan Ramón Jiménez fue un poeta muy prolífico y trabajó intensamente como crítico y editor de varias publicaciones literarias españolas. En 1912 se trasladó a Madrid, donde colaboró con la poetisa, escritora y traductora Zenobia Camprubí Aymar en la traducción de la obra de Rabindranath Tagore; Juan Ramón y Zenobia se enamoraron, y cuatro años más tarde la siguió en barco hasta Nueva York. Este viaje transatlántico le llevó a contemplar la vacuidad del océano que rodeaba el barco, y que guardaba una enorme similitud con uno de sus temas principales: el modo en que la poesía y la experiencia de la belleza no son sino medios para luchar contra la sensación de vacío que experimentaba cuando estaba deprimido. El escritor contrajo matrimonio con Zenobia en 1916 y en la década de 1920 se convirtió en el líder reconocido de una nueva generación de poetas españoles.

La poesía posterior de Juan Ramón Jiménez está sembrada de ideología religiosa, y las referencias simbólicas al color y la música impregnan su obra. Sus primeros trabajos fueron románticos y se asociaban a los colores verde y amarillo, mientras que su poesía posterior es más ascética y está dominada por

Obras destacadas

Poesía

La Soledad Sonora, 1911

Eternidades, 1918

Piedra y cielo, 1919

Belleza, 1923

Españoles de tres mundos, 1942

Animal de fondo, 1949

Elegía en prosa

Platero y yo, 1914

ARRIBA: Fotografía de Juan Ramón Jiménez en 1956, año en que ganó el premio Nobel.

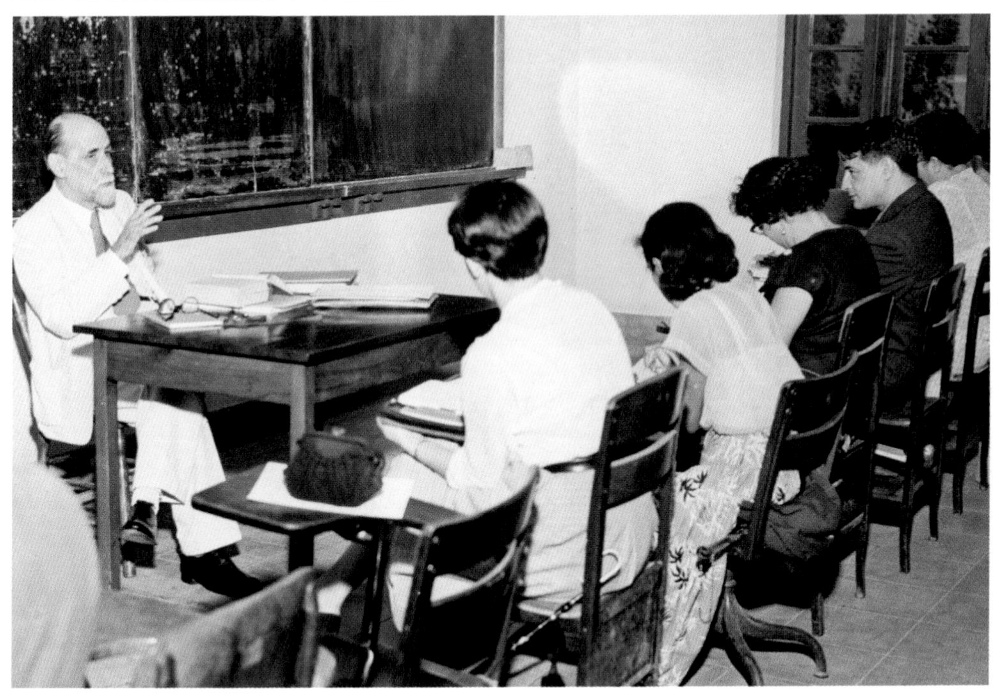

ARRIBA: Juan Ramón Jiménez en la Universidad de Puerto Rico, en 1956.

las referencias al color blanco. Salió de España y viajó a Cuba y Estados Unidos a causa de la guerra civil española (1936), y en 1951 fijó su residencia definitiva en Puerto Rico.

Zenobia falleció tres días después de que Juan Ramón recibiera el Nobel en 1956, y el poeta «absolutamente abrumado por la tristeza y el dolor», se sintió incapaz de asistir a la ceremonia de entrega del premio en Estocolmo. En su discurso de aceptación, leído por Jaime Benítez, rector de la Universidad de Puerto Rico, Juan Ramón decía: «Mi esposa Zenobia es la auténtica ganadora de este premio. Su compañía, su apoyo y su inspiración han hecho posible que yo escriba mi obra a lo largo de cuarenta años. Hoy, sin ella, me siento desconsolado e indefenso». Juan Ramón falleció dos años después de la muerte de Zenobia. **REM**

«Tu voz de fuego blanco / en la totalidad del agua, el barco, el cielo [...]» «Conciencia plena»

Obras destacadas

Novelas

La señora Dalloway, 1925

Al faro, 1927

Orlando, 1928

Las olas, 1931

Los años, 1937

Ensayo

Una habitación propia, 1929

Tres guineas, 1938

1880–99

ARRIBA: La novelista y ensayista inglesa Virginia Woolf a los 20 años.

DERECHA: Una joven Woolf fotografiada junto a su padre, Leslie Stephen.

VIRGINIA WOOLF

Adeline Virginia Stephen, 25 de enero de 1882 (Londres, Inglaterra); 28 de marzo de 1941 (Lewes, East Sussex, Inglaterra).

Estilo y género: Woolf despliega una variada gama de técnicas narrativas, como la representación de personajes por medio del libre fluir de la conciencia.

Virginia Woolf, tercera de cuatro hermanos, nació en el seno de una familia de clase media-alta en Kensington, Londres. Sus comienzos, desde un punto de vista literario, fueron muy prometedores. Su padre, sir Leslie Stephen, descendía de la aristocracia intelectual de la Inglaterra victoriana, era crítico literario y fue el primer editor del *Dictionary of National Biography*. También era viudo de la hija mayor del novelista William Makepeace Tackeray, y entre los visitantes asiduos de la casa se encontraban Henry James, George Eliot y George Henry Lewes. Por tanto, no resulta sorprendente que Virginia tomara la decisión de convertirse en escritora a muy temprana edad.

Las incesantes crisis nerviosas que Virginia Woolf sufrió a lo largo de toda su vida han sido atribuidas a las pérdidas que experimentó durante el final de su infancia, y se ha especulado acerca del modo en que los abusos sexuales que sufrió a manos de sus hermanastros influyeron en su estabilidad mental. Cuando contaba 13 años su madre falleció repentinamente, tragedia que fue seguida dos años más tarde por la muerte de su hermanastra. Una crisis todavía más grave la sacudió tras el falleci-

ARRIBA: El Grupo de Bloomsbury, con Woolf en el centro, con sombrero.

miento de su padre en 1904. Un diagnóstico retrospectivo dio como resultado que padecía un desorden bipolar, enfermedad que llevó a Woolf a suicidarse ahogándose cerca de su casa de Sussex cuando contaba 59 años, porque se sentía profundamente deprimida a causa de la Segunda Guerra Mundial.

Cuando era joven, su casa de Gordon Square se convirtió en el punto de reunión de los miembros del Grupo de Bloomsbury, un círculo de artistas e intelectuales librepensadores. Algunos de sus miembros más importantes fueron John Maynard Keynes, Lytton Strachey, E. M. Forster, Clive Bell y Leonard Woolf, con quien contrajo matrimonio en 1912. La pareja fundaría la Hogarth Press, una editorial dedicada a la publicación de obras nuevas y experimentales de escritores como T. S. Eliot, Katherine Mansfield y la misma Woolf.

«Una mujer debe disponer de dinero y de una habitación propia si desea escribir ficción.»

Cualidades fílmicas

Su estilo literario pionero, sus credenciales feministas, su efervescente personalidad y su precario estado mental han convertido a Woolf en el tema central de diversas películas, entre ellas *Orlando* (1992), *La señora Dalloway* (1997) y *Las horas* (2002), esta basada en la novela homónima, ganadora de un Pulitzer, y escrita por Michael Cunningham, que adopta muchos de los recursos estilísticos de Woolf para crear un texto repleto de alusiones woolfianas. Numerosos críticos han puesto de manifiesto la cualidad fílmica de la narrativa de Woolf, incluyendo los primeros planos, el punto de vista subjetivo, los *flash-backs*, las escenas rápidas y las descripciones de los personajes, así como una obsesiva preocupación por lo visual.

Woolf escribió para el *Times Literary Supplement* y produjo diversas novelas. Su escritura de ficción se caracteriza por una preocupación por la exploración de la conciencia femenina a través del libre fluir de la conciencia (o monólogo interior), tan explotado en la actualidad. También combinaba la disposición temporal de los acontecimientos para que coincidieran con la experiencia interna que el protagonista experimentaba respecto del tiempo, y la yuxtaposición de diversos puntos de vista. Este estilo subjetivo de narración difería de la voz narrativa omnisciente convencional característica de la literatura realista del siglo XIX.

La acción superficial de *La señora Dalloway* se produce a lo largo de tan solo un día, durante el cual se siguen los pensamientos de la anfitriona homónima mientras se prepara para una fiesta de alta sociedad. Al ponerse en camino para ir a comprar unas flores, las imágenes y sonidos del centro de Londres se entremezclan con destellos de memoria que abarcan toda una vida. La novela culmina con la fiesta, donde los personajes del pasado se topan con el presente.

Al faro se inspira en los felices recuerdos de infancia de la autora, en las vacaciones que pasaba en St. Ives, en Cornualles, junto a sus padres, en quienes están en cierta medida basados los dos personajes principales, el señor y la señora Ramsay. *Las olas*, por su parte, traza las vidas de un grupo de amigos a lo largo de varios años.

Orlando es una novela con mayor nivel de entretenimiento, que adquiere la forma de una falsa biografía inspirada en la escritora Vita Sackville-West, con quien Woolf mantuvo una estrecha relación, posiblemente de carácter sexual. En esta encarnación ficticia, la protagonista vive durante más de tres siglos, siendo alternativamente hombre y mujer.

Las novelas de Woolf se caracterizan por explorar la forma en que diversas mujeres de carácter fuerte se enfrentan a su entorno social, familiar o doméstico. Este hecho, junto con su clásico ensayo crítico *Una habitación propia* (entre otros), ha servido para convertir a Virginia Woolf en una destacada figura feminista. **GM**

DERECHA: Sobrecubierta de *La señora Dalloway* (1925), diseñada por Vanessa Bell.

MRS
DALLOWAY
VIRGINIA WOOLF

JAMES JOYCE

James Augustine Aloysius Joyce, 2 de febrero de 1882 (Dublín, Irlanda); 13 de enero de 1941 (Zurich, Suiza).

Estilo y género: Joyce fue un novelista y magistral creador de prosa cuyos retratos del Dublín en el cambio de siglo resultan increíblemente innovadores.

Obras destacadas

Novelas

Retrato del artista adolescente, 1916

Ulises, 1922

Finnegans Wake, 1939

Cuentos

Dublineses, 1914

Teatro

Exiliados, 1918

Poesía

Música de cámara, 1907

Poemas manzanas, 1927

James Joyce se eleva, como mínimo, muy por encima del paisaje literario del siglo XX. En 1999 su obra *Ulises* fue seleccionada por críticos europeos como la mejor novela del siglo XX escrita en lengua inglesa.

La novela relata un único día en la vida del hijo de un judío húngaro llamado Leopold Bloom en Dublín, utilizando un método narrativo basado en la *Odisea* de Homero. En la obra, Joyce hace uso de todos los recursos de que dispone, y lo parodia todo, desde las novelas románticas hasta la poesía heroica irlandesa. La novela incluso ha sido criticada por hacer gala de un virtuosismo excesivo, como en el capítulo ambientado en la redacción de un periódico, que emplea cada uno de los recursos retóricos clásicos que existen, o el episodio de las sirenas, compuesto de cuatro partes dispuestas en niveles que se solapan a modo de fuga poética.

Pero cuando las imitaciones que se hacen de una obra incluyen literatura tan importante por derecho propio como por ejemplo *La señora Dalloway* (1925), de Virginia Woolf, o

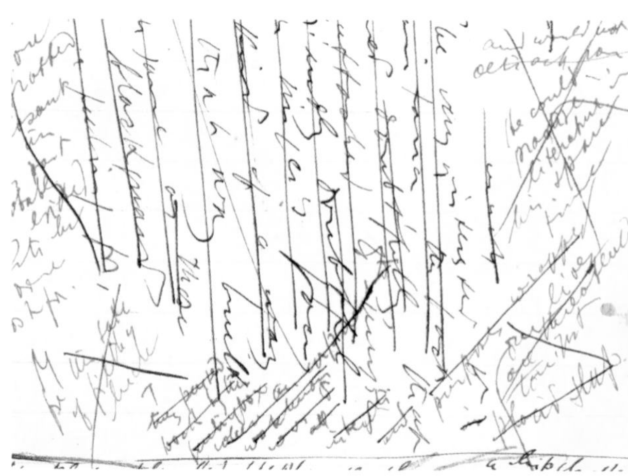

ARRIBA: Fotografía de James Joyce en París (h. 1938).

DERECHA: Borrador perdido de un capítulo de *Ulises*.

ARRIBA: Ford Madox Ford, James Joyce, Ezra Pound y John Quinn en París (1923).

La tierra baldía (1922), de T. S. Eliot, tales críticas resultan, en cierto modo, bastante excesivas.

Joyce fue el mayor de diez hermanos que crecieron en Dublín en medio de la más horrible pobreza. Su primera obra de ficción publicada fue una colección de relatos breves, *Dublineses*, que estableció el tono de su obra posterior de dos formas diferentes. En primer lugar, la ambienta en el Dublín de su infancia y analiza a los irlandeses en profundidad y con simpatía, y por otra demuestra la ambivalencia que sentía acerca del nacionalismo irlandés y la represión impuesta por el catolicismo. En segundo lugar, el libro provocó reacciones negativas, hasta el punto de que un lector de Dublín adquirió la tirada completa de la primera edición e hizo que la quemaran. Quizá este hecho movió a Joyce a salir de Irlanda en 1904 para vivir

«Un hombre de genio no se equivoca.»
Stephen Dedalus, *Ulises*

Lucia Joyce

El Bloomsday (16 de junio, fecha en que está ambientada la novela *Ulises*) es quizá el día festivo relacionado con Joyce más ampliamente conocido. Pero los irlandeses también celebran el día de Lucia, el 26 de julio —fecha de nacimiento de la hija de Joyce, Lucia—, que se declaró festivo a fin de promover la concienciación acerca de la esquizofrenia. Lucia fue internada en una institución por primera vez cuando tenía 25 años y seguía en tratamiento psiquiátrico cuando falleció con 75 años.

Joyce escribió acerca de su hija: «Toda chispa o don que poseo han sido transmitidos a Lucia y han encendido un fuego en su cerebro». Lucia, bailarina de vanguardia que estudió con Raymond Duncan (hermano de Isadora), mantuvo una breve relación con el amigo de su padre, el escritor Samuel Beckett, pero ella acabó rechazándolo. Fue internada en una institución por primera vez cuando, en el transcurso de una riña familiar, arrojó una silla a su madre. Desde entonces, entró y salió de instituciones de Francia y Suiza durante el resto de su vida.

DERECHA: Placa en el pavimento de Dawson Street, Dublín, que conmemora el *Ulises*.

en el continente europeo —principalmente en Trieste y en París— durante el resto de su vida.

La siguiente obra de Joyce, su primera novela, se tituló *Retrato del artista adolescente*. La historia es una autobiografía levemente disimulada acerca de la infancia del alter ego de Joyce, Stephen Dedalus. El nombre del personaje es el del primer mártir cristiano, y su apellido es el nombre del mitológico constructor de laberintos que fabricó un par de alas para Ícaro. La novela resulta particularmente vívida en su evocación de la educación jesuita de Joyce y del deseo de su protagonista de escapar lejos de las convenciones religiosas y políticas que ahogan su creatividad artística.

Ulises es una secuela de *Retrato del artista adolescente*, puesto que un Dedalus más viejo hace las veces de Telémaco, hijo del paternal Odiseo de Bloom —en este caso, Joyce esencialmente crea su propio padre espiritual a través de la ficción—. La novela es, en lo más profundo de su esencia, una meditación sobre los lazos filiales y también representa, en un sentido más amplio, al amor mismo. La obra está ambientada en la fecha en que Joyce tuvo su primera cita con su compañera y esposa, Nora Barnacle. Es esto lo que evita que su pirotecnia verbal se disuelva en un mero ejercicio intelectual. Si Joyce alcanza tales extremos para narrar esta historia es en parte porque ni siquiera toda la literatura es capaz de contener la belleza de un encuentro genuino entre dos seres humanos. Si esta novela merece ser considerada la mejor del siglo XX, se debe, a partes iguales, a su humanidad y al virtuosismo de que hace gala.

El talento de Joyce para incitar la controversia no finalizó con *Dublineses; Ulises* fue tachado de obsceno y se prohibió su venta en Estados Unidos y Gran Bretaña, hasta que sentó precedente la decisión tomada en 1933 por el juez John Woolsey del tribunal estadounidense del Distrito Sur de Nueva York, que declaró el libro no pornográfico y, por lo tanto, dictaminó que en ningún caso podía ser obsceno. En esas fechas, Joyce llevaba ya diez años inmerso en la escritura de su última novela, *Finnegans Wake*. Su salud y su vista empeoraron conforme escribía y falleció tan solo dos años después de su publicación. **SY**

ULYSSES
–You're in Dawson street, Mr Bloom said. Molesworth street is opposite. Do you want to cross? There's nothing in the way.
P. 148
C&C
proudly sponsored by
Cantrell & Cochrane (Dublin) Limited

WYNDHAM LEWIS

Percy Wyndham Lewis, 18 de noviembre de 1882 (Amehurst, Nueva Escocia, Canadá); 7 de marzo de 1957 (Londres, Inglaterra).

Estilo y género: Lewis escribió acerca de la brutalidad, la exaltación de la violencia y la era industrial; detestaba el sentimentalismo y lo victoriano.

Wyndham Lewis, artista plástico y uno de los fundadores del movimiento artístico vorticista, fue también novelista, poeta y editor. Cuando era joven pasó varios años viajando por Europa y estudiando arte, y fue a su regreso a Inglaterra en 1912 cuando fundó el vorticismo. Dos años más tarde creó *Blast*, una rompedora publicación vorticista en la que parodiaba el sentimentalismo de la época victoriana y exhortaba al mundo a abrazar la era de las máquinas. Irónicamente, esto coincidió con el estallido de la Primera Guerra Mundial. Wyndham Lewis pasó los dos últimos años de la contienda luchando en el frente occidental. Dos décadas más tarde publicó sus experiencias en *Estallidos y bombardeos.*

Tras la guerra, la ideología de Wyndham Lewis fue paulatinamente virando hacia la derecha. Consideraba que los mundos artístico y literario contemporáneos estaban degenerando, por lo que lanzaba hirientes ataques a aquellos que los habitaban, como Roger Fry y el Grupo de Bloomsbury. De acuerdo con las crónicas de la época, fue un amante misógino, un padre carente de interés hacia sus hijos y un amigo egoísta. Su escritura y su arte fueron viéndose impregnados de sus ideales políticos, en especial de su odio hacia la nueva vanguardia, de la que, irónicamente, había sido un líder destacado en otro tiempo, y de su lealtad al fascismo. Apoyó a Oswald Mosley en Gran Bretaña y a Adolf Hitler en Alemania, y publicó *The Hitler Cult and How it Will End.* Ese mismo año viajó a Estados Unidos, donde viviría durante la Segunda Guerra Mundial, y regresó a Londres en 1945. Abandonó la pintura, aunque continuó escribiendo y se convirtió en un destacado crítico de arte. Durante los últimos años de su vida se quedó ciego como resultado de un tumor cancerígeno. **LH**

Obras destacadas

Novelas

Tarr, 1918

Los monos de Dios, 1930

Dobles fondos, 1937

Self-Condemned, 1954

Poesía

One-Way Song, 1933

Ensayo

Estallidos y bombardeos, 1937

The Hitler Cult and How it Will End, 1939

The Jews, Are They Human?, 1939

1880–99

«Si el mundo solo construyera templos a la maquinaria [...] todo sería perfecto.»

ARRIBA: El novelista, pintor y crítico inglés Wyndham Lewis en 1914.

JAROSLAV HAŠEK

Jaroslav Hašek, 30 de abril de 1883 (Praga, Bohemia); 3 de enero de 1923 (Lipnice, Checoslovaquia).

Estilo y género: Maestro de la sátira política, del realismo social, de las anécdotas y del solaz cómico, Hašek fue un destacado antimilitarista.

Jaroslav Hašek ha sido denominado «el Mark Twain de las letras checas». Sus fragmentos e historias están plagados de sarcásticas críticas a la monarquía y de humorosas narraciones sobre los checos que vivieron bajo la dominación del Imperio austrohúngaro. Hašek realizó precisos estudios del carácter humano, con especial atención al denominado heroísmo de los dignatarios austrohúngaros, burlándose de su nacionalismo y de sus convenciones impuestas.

Apasionado crítico de la injusticia social, Hašek se convirtió en uno de los principales colaboradores del *Anarchist Press*, escribiendo difamantes artículos contra el imperio para la Juventud Progresista. Historias como «El funeral del gitano» o «Tres escenas desde la llanura húngara» dieron voz a las diversas naciones y nacionalidades que convivían bajo el yugo del imperio de los Habsburgo. Hašek también se burlaba de los excesos de la Iglesia católica, que veía como principal legisladora del mandato imperial.

Hašek escribió más de mil relatos, pero es sobre todo conocido por su novela *Las aventuras del valeroso soldado Švejk*, un collage de fragmentos e historias acerca de Švejk (personaje de un relato breve de 1912), un tipo común y corriente que es un bromista y un filósofo popular, cuyo gran corazón y su excesivamente fervoroso deseo de servir durante la Primera Guerra Mundial siembran el caos en el seno de las convenciones establecidas. Mientras que los demás le tienen por el idiota del regimiento, los galimatías de Švejk parodian las actitudes contradictorias de los oficiales del ejército. No solo distrae su atención de la gran empresa que supone la guerra, sino que también expone de forma inevitable los defectos del imperio al que sirve con tanta humildad. **PR**

«Los grandes momentos requieren de grandes hombres.» *El valeroso soldado Švejk*

Obras destacadas

Cuentos

El valeroso soldado Švejk y otros cuentos, 1912

Novela

Las aventuras del valeroso soldado Švejk, 1920-1923

ARRIBA: El autor checo Jaroslav Hašek fotografiado en 1910.

1880–99

FRANZ KAFKA

Franz Kafka, 3 de julio de 1883 (Praga, Bohemia); 3 de junio de 1924 (Kierling cerca de Klosterneuburg, Austria).

Estilo y género: En las obras de Kafka, autor de prosa lúcida, el individuo se ve abrumado por situaciones angustiosas.

Franz Kafka es un escritor de ficción en lengua alemana de inconmensurable influencia, cuya originalidad de pensamiento se mezcla con su visión de pesadilla de la opresiva máquina estatal que ahoga al individuo a través de los laberintos de la burocracia. Dejó instrucciones a su amigo y albacea literario, Max Brod, de que destruyera todos los manuscritos no publicados; pero esa voluntad no fue respetada.

Kafka publicó su primera colección de relatos breves, *Contemplación*, en 1913, cuando trabajaba en una compañía de seguros. Su auténtico éxito le llegó con *La condena*, la historia de un hijo que se suicida a petición de su padre, y *La metamorfosis*, la historia surrealista de un viajante de comercio, Gregorio Samsa, que se despierta una mañana y descubre que se ha transformado en un insecto gigante. Resulta frustrante la poca información que se nos ofrece acerca del motivo de dicho cambio, y Samsa al principio se comporta como si nada hubiera ocurrido. Su familia, no obstante, se avergüenza de su aspecto y le deja morir solo. La sociedad condena con el aislamiento a los diferentes, diría Kafka.

En *El proceso*, Josef K. es arrestado sin un motivo claro y acaba consumiéndose en la búsqueda de una explicación para la situación que está viviendo, que le arrastra dentro de un laberinto de oficinas burocráticas, oficiales sin nombre y desconcertantes procedimientos. Kafka crea de forma genial una tensión terrorífica y claustrofóbica en la novela, describiendo con gran precisión un modelo de Estado que auguraba los regímenes totalitarios que en breve devorarían Europa. En *El castillo* podemos encontrar más enfrentamientos con mezquinos oficiales y representantes de la autoridad. Oscura, enloquecedora e igualmente convincente, la novela exhibe perfectamente la representación que Kafka realizó de la ansiedad y la alienación propias de la vida en el siglo XX. **SG**

Obras destacadas

Novelas

La metamorfosis, 1915
El proceso, 1925
El castillo, 1926

Cuentos

Contemplación, 1913
La condena, 1913
En la colonia penitenciaria, 1914
Un mensaje imperial, 1919
El rechazo, 1920
Investigaciones de un perro, 1922
Un artista del hambre, 1924

ARRIBA: Fotografía del pasaporte de Franz Kafka, en 1915.

DERECHA: Cubierta de Penguin, en 2006, para *La metamorfosis* de Kafka.

FRANZ KAFKA

METAMORPHOSIS

AND OTHER STORIES

NIKOS KAZANTZAKIS

Nikos Kazantzakis, 18 de febrero de 1883 (Heraklión, Creta, Grecia); 26 de octubre de 1957 (Friburgo de Brisgovia, Alemania).

Estilo y género: Kazantzakis es el más destacado autor griego de la época moderna; perdió el Nobel por un voto en 1957 (lo obtuvo Albert Camus).

Obras destacadas

Poesía

La Odisea, 1938

Novelas

Alexis Zorba, el griego, 1946

La última tentación de Cristo, 1951

La Creta natal de Nikos Kazantzakis ocupó un lugar destacado dentro de la obra de este Ulises de la era moderna. Durante su infancia en la isla presenció repetidas rebeliones contra el gobierno turco otomano. Estudió derecho en la Universidad de Atenas y filosofía bajo las enseñanzas de Henri Bergson en París, antes de regresar a Grecia en los albores de la Primera Guerra Mundial.

Kazantzakis escribió en griego moderno, y tuvo pocos lectores fuera de Grecia hasta que su obra comenzó a ser traducida. Escribió una gran cantidad y variedad de obras: poesía, novelas, obras teatrales, cuentos para niños, libros de viajes y traducciones al griego de obras como *Fausto* (1808), de Goethe, y la *Divina Comedia* (1308-1321), de Dante. En 1924 comenzó a escribir y reescribir una imponente secuela de la *Odisea* de Homero, que finalmente alcanzó las 33.333 líneas de extensión y que el propio Kazantzakis consideraba su obra más importante. Entretanto, Kazantzakis viajó sin descanso por Europa, y también por Egipto y Palestina, y se involucró en la política: fue ministro sin cartera del gobierno griego durante un breve período en 1945, trabajó para la Unesco en París entre 1947 y 1948, y finalmente fijó su residencia en Antibes, Francia.

«Nada espero. Nada temo. Soy libre.» Epitafio sobre la tumba de Kazantzakis en Creta

Los dos libros que le reportaron mayor fama fuera de Grecia fueron dos novelas, ambas llevadas con éxito al cine: *Alexis Zorba, el griego y La última tentación de Cristo*, cuyo tratamiento poco ortodoxo de la figura de Cristo fue criticado tanto por la Iglesia católica como por la Iglesia ortodoxa griega. A su regreso de China y Japón en 1957, Kazantzakis cayó gravemente enfermo. Fue enterrado en la muralla de Heraklión, en Creta, puesto que la Iglesia ortodoxa no permitió que se le diera sepultura en un cementerio. **RC**

ARRIBA: Fotografía del escritor griego Nikos Kazantzakis.

WILLIAM CARLOS WILLIAMS

William Carlos Williams, 17 de septiembre de 1883 (Rutherford, Nueva Jersey, EE.UU.); 4 de marzo de 1963 (Rutherford, Nueva Jersey, EE.UU.).

Estilo y género: La obra de Williams es increíblemente vívida, sobria e imaginativa; sus poemas tienen un ritmo casi jazzístico y tratan sobre temas cotidianos.

William Carlos Williams, a pesar de que era médico en Rutherford, Nueva Jersey, se convirtió en uno de los poetas norteamericanos más importantes del siglo XX.

Williams estudió en Ginebra, París y Nueva York antes de asistir a la facultad de medicina de la Universidad de Pensilvania. A lo largo de toda su vida viajó mucho por Europa y se relacionó con artistas y escritores de la vanguardia como Marcel Duchamp, Francis Picabia, James Joyce y Marianne Moore.

También entabló una estrecha amistad con los poetas Ezra Pound y H. D. (Hilda Doolittle) que se remontaba a su época universitaria. Williams compartía el énfasis que Pound ponía en la sencillez pero, allá donde los versos de Pound son tensos y gnómicos, Williams es sencillamente preciso, y sus mejores poemas están dotados de una claridad que resulta sorprendentemente evocadora. Aunque describe las ciruelas sencillamente como «tan dulces / y tan frías», no obstante el lector puede casi saborearlas. Trató de escribir acerca de la existencia diaria de la gente normal con un lenguaje cotidiano, rechazando las alusiones clásicas en favor de una expresión que reflejara el estilo de vida norteamericano de su época.

La influencia de Williams creció en la década de 1950, y se notó en los escritores de la llamada generación Beat, la Escuela del Black Mountain College y la Escuela de Nueva York; el Dean Moriarty de *En el camino* (1957), de Jack Kerouac, inicia su viaje en Paterson, Nueva Jersey, en homenaje al poema épico de Williams. No obstante, Williams fue mucho más que una influencia; también fue el mentor de escritores más jóvenes, entre los que destaca Allen Ginsberg. Dos meses después de su muerte en 1963, Williams recibió a título póstumo el premio Pulitzer por *Cuadros de Brueghel y otros poemas*. **SY**

Obras destacadas

Poesía

Poemas, 1909

Sour Grapes, 1921

Primavera y todo, 1923

Un mártir temprano, 1935

Paterson, Libros I a IV, 1946-1958

Viaje al amor, 1955

Cuadros de Brueghel y otros poemas, 1962

Prosa

The Great American Novel, 1923

«[...] su lenguaje es tan sencillo que hasta los perros y los gatos pueden leerlo.» Marianne Moore

ARRIBA: William Carlos Williams fotografiado alrededor de 1950.

D. H. LAWRENCE

David Herbert Richards Lawrence, 11 de septiembre de 1885 (Eastwood, Nottinghamshire, Inglaterra); 2 de marzo de 1930 (Vence, Alpes-Maritimes, Francia).

Estilo y género: Lawrence, escritor de poesía, relatos breves y novelas, empleó el realismo más estricto para explorar las relaciones entre hombres y mujeres.

La escritura de D. H. Lawrence, autor influyente y controvertido, exploró las emociones humanas, su alma y su sexualidad de una forma directa y honesta, que rompía con las convenciones morales. La incompatibilidad entre sus progenitores, un minero analfabeto y alcohólico, y una profesora de escuela, creaba cierta tensión en el hogar, y, junto con el bello paisaje de Nottinghamshire, sirvió de inspiración para sus primeras obras. La novela *Hijos y amantes*, que roza la autobiografía, contiene vívidas descripciones de la vida en el seno de una comunidad minera. El protagonista, Paul Morel, es incapaz de librarse de la opresiva influencia de su madre, lo que afecta a sus relaciones con otras mujeres. El libro puede interpretarse como un estudio psicoanalítico del autor.

En *El arco iris* aparecen tres generaciones de la familia Brangwen, lo que permite a Lawrence entretejer los cambios emocionales y sociales dentro de la historia, al tiempo que examina con gran maestría los deseos y las relaciones de índole sexual. *Mujeres enamoradas*, la continuación, gira en torno a las aspiraciones vitales y amorosas de dos cultivadas y modernas hermanas.

Obras destacadas

Novelas

Hijos y amantes, 1913

El arco iris, 1915

Mujeres enamoradas, 1920

Canguro, 1923

La serpiente emplumada, 1926

El amante de lady Chatterley, 1928

Cuentos

El oficial prusiano y otros relatos, 1914

Inglaterra mía y otros relatos, 1922

ARRIBA: El autor británico D. H. Lawrence fotografiado en 1930.

DERECHA: Lawrence junto al también escritor Aldous Huxley en Bandol, Francia, en 1929.

IZQUIERDA: El ave fénix de Lawrence, símbolo a menudo incluido en sus libros.

Profundamente afectado por su reputación de escritor subversivo, Lawrence abandonó Inglaterra, aunque volvería a enfrentarse con la censura al finalizar su novela más famosa, *El amante de lady Chatterley*.

El tierno tratamiento que el autor daba a la relación amorosa entre lady Chatterley, una dama de clase alta, y su guardabosques Oliver Mellors, contenía descripciones muy gráficas de actos sexuales y palabras obscenas. El libro estuvo prohibido hasta el año 1960.

A pesar de la mala reputación que sufrió en vida y de las críticas que recibió por parte del movimiento feminista a causa de su representación literaria de las mujeres, Lawrence es considerado un escritor moderno que consiguió alejar la ficción de las normas sociales y morales propias de la época victoriana. **SG**

El brutal peregrinaje

Lawrence, acusado de espía y confinado en una casita de campo en Cornualles, optó por el exilio autoimpuesto después de la Primera Guerra Mundial. Inició así su «peregrinaje brutal», y junto a su esposa Frieda viajó por todo el mundo y creó algunos de los primeros libros de viajes en lengua inglesa. La pareja recorrió toda Italia, tal y como se narra en *Cerdeña y el mar*, antes de visitar Sri Lanka y Australia, experiencia que recogió en su novela *Canguro*. Pero su mejor literatura de viajes la produjo durante su estancia en Estados Unidos y México, que dio como fruto *Mañanas en México*.

SINCLAIR LEWIS

Harry Sinclair Lewis, 7 de febrero de 1885 (Sauk Center, Minnesota, EE.UU.); 10 de enero de 1951 (Roma, Italia).

Estilo y género: Lewis defendió en sus obras los derechos de las mujeres y la igualdad racial, con un estilo introspectivo y directo, y grandes dosis de ingenio.

Obras destacadas

Novelas

Hike and the Aeroplane, 1912

Our Mr. Wrenn: The Romantic Adventures of a Gentle Man, 1914

Calle Mayor, 1920

Babbitt, 1922

El doctor Arrowsmith, 1925

Eso no puede pasar aquí, 1935

Sinclair Lewis fue uno de los escritores norteamericanos de mayor éxito de la primera mitad del siglo XX, pues su lacónico y satírico ingenio y su estilo brillantemente descriptivo supieron llegar hasta el gran público. Sus novelas se caracterizan por la crítica de la sociedad norteamericana y del consumismo, pero este tono mordaz encuentra el equilibrio en su hilarante humor, lo que le permite crear obras intuitivas y a la vez sutiles.

Lewis comenzó a escribir a una edad muy temprana, primero poesía y más tarde relatos breves, y colaboró en la revista universitaria *Yale Literary Magazine*, de la que era editor. Tras graduarse en Yale en 1908 colaboró con varias editoriales antes de publicar su primera novela, *Hike and the Aeroplane*, en 1912, bajo el seudónimo de «Tom Graham». A esta novela siguieron otras de escasa calidad, y tuvieron que pasar todavía dos años para que apareciese su primera obra seria, *Our Mr. Wrenn: The Romantic Adventures of a Gentle Man*, que tuvo una acogida relativamente buena.

Fue en 1920, tras la publicación de *Calle Mayor*, cuando Lewis alcanzó realmente la gloria y la fama por la que se le conoce. Esta obra era el resultado de una profunda investigación, y en ella criticaba las estrechas miras de la «Norteamérica provinciana»; estaba protagonizada por Carol Kennicott, una mujer fuerte y emancipada. Después escribió *Babbitt*, una obra igualmente concisa e intuitiva, y más tarde *El doctor Arrowsmith*, obra por la que recibió el Nobel de Literatura en 1930, lo que le convirtió en el primer norteamericano en recibir dicho galardón. En años posteriores, Lewis nunca recuperó su penetrante perspicacia y, aunque publicó nueve novelas más, tan solo *Eso no puede pasar aquí* se acerca a la profundidad y el discernimiento de sus obras anteriores. **TamP**

«A nuestros profesores [...] les gusta la literatura transparente, fría, pura y [...] muerta.»

ARRIBA: El autor norteamericano Sinclair Lewis fotografiado en 1940.

ISAK DINESEN

Karen Christence Blixen-Finecke, 17 de abril de 1885 (Rungsted, Dinamarca); 7 de septiembre de 1962 (Rungsted, Dinamarca).

Estilo y género: Isak Dinesen es recordada sobre todo por *Memorias de África*, la narración del período de tiempo que pasó viviendo en Kenia.

Isak Dinesen nació en Dinamarca, en el seno de una familia de clase burguesa, y estudió arte en Copenhague, París y Roma. En 1914 contrajo matrimonio con un primo lejano, el barón Bror von Blixen-Finecke, y se trasladó a Kenia para dirigir una plantación de café. No obstante, debido a la infidelidad de su marido, ella contrajo sífilis. Por aquella época conoció al gran cazador Denys Finch Hatton, con quien entabló una relación amorosa. Tras la muerte de este en un accidente aéreo en 1931 y el fracaso de la plantación de café, Dinesen regresó a Dinamarca.

Su primera obra, *Siete cuentos góticos*, se publicó en 1934 y tuvo una buena acogida por parte de la crítica en su país, Reino Unido y Estados Unidos. Estos cuentos, ambientados en la Europa de los siglos XVIII y XIX, combinan elementos de fantasía gótica tradicional con un enfoque psicológico moderno. Dinesen escribió *Sietes cuentos góticos* y todas sus demás obras en inglés, para luego traducirlas al danés. Su novela *Memorias de África* fue publicada en 1937. Durante la Segunda Guerra Mundial escribió *Cuentos de invierno* —relatos basados en cuentos populares— que logró sacar de Dinamarca de contrabando a través de Suecia. Dinesen escribió una única novela extensa, *Vengadoras angelicales*, como alegoría del nazismo.

Anécdotas del destino fue publicado en 1958 y contiene cinco relatos, entre ellos «El festín de Babette», que narra la historia de una cocinera de cierta edad que finalmente muestra su verdadero talento.

Dinesen fue preseleccionada en 1954 y 1957 para el premio Nobel, pero lo perdió en ambas oportunidades: la primera vez fue otorgado a Ernest Hemingway, y la segunda a Albert Camus. En la década de 1950 la salud de Dinesen fue empeorando progresivamente hasta que le resultó imposible escribir. Falleció en 1962. **HJ**

«Los tiempos difíciles me han ayudado a comprender lo [...] rica y bella que es la vida [...]»

ARRIBA: La baronesa Karen von Blixen, que escribía bajo el nombre de Isak Dinesen.

Obras destacadas

Novelas

Memorias de África, 1937

Vengadoras angelicales, 1946

Cuentos

Siete cuentos góticos, 1934

Cuentos de invierno, 1942

Últimos cuentos, 1957

Anécdotas del destino, 1958

Carnaval, 1977

FRANÇOIS MAURIAC

François Charles Mauriac, 11 de octubre de 1885 (Burdeos, Francia); 1 de septiembre de 1970 (París, Francia).

Estilo y género: Las novelas de Mauriac, que también escribió poesía y ensayo, giran en torno a la lucha entre el pecado y la salvación en el mundo moderno.

François Mauriac nació en el seno de una acomodada familia católica de clase burguesa en Burdeos, y estudió literatura en Burdeos y París, antes de dedicarse por completo a la escritura. El primer éxito lo obtuvo con su novela *El beso al leproso*.

Las primeras novelas de Mauriac retratan el mundo burgués provinciano de su infancia. La atmósfera es asfixiante y moralmente vacía, pero sus inclinaciones religiosas no resultaron aparentes de inmediato. Atravesó una crisis de fe entre 1928 y 1931, y empezó a plantearse que el dilema de todo escritor cristiano era poder retratar la maldad humana sin colocar la tentación ante el lector.

El cambio drástico de sus obras resulta evidente si se comparan dos de sus novelas más leídas. En *Thérèse Desqueyroux*, la heroína trata de asesinar a su marido para escapar de su angustiosa vida. Aunque el retrato psicológico de Thérèse se realiza de forma compasiva, resulta claro que sus acciones solo la llevarán a la desdicha. Sin embargo, en su novela de mayor éxito, *Nudo de víboras*, la animadversión que el protagonista siente hacia su familia y su codicia se redimen por medio de su despertar espiritual. Además de escribir ficción y poesía, Mauriac fue un eminente periodista de artículos de tinte político. Durante la Segunda Guerra Mundial, fue uno de los principales escritores de la Resistencia francesa, y más tarde uno de los más destacados defensores de Charles de Gaulle. También se expresó ampliamente acerca del hecho mismo de escribir, buscando justificarse ante sus críticos y poner de manifiesto sus intenciones morales. En 1952 Mauriac recibió el Nobel de Literatura por la «profunda penetración espiritual e intensidad artística con que ha logrado en sus novelas internarse en el drama de la vida humana». **CW**

«[....] el pecado es el elemento del escritor; las pasiones del corazón son el pan y el vino [...] a diario.»

Obras destacadas

Novelas

El beso al leproso, 1922
El desierto del amor, 1925
Thérèse Desqueyroux, 1927
Nudo de víboras, 1932
La farisea, 1941

ARRIBA: François Mauriac fotografiado el 14 de noviembre de 1946.

EZRA POUND

Ezra Weston Loomis Pound, 30 de octubre de 1885 (Hailey, Idaho, EE.UU.); 1 de noviembre de 1972 (Venecia, Italia).

Estilo y género: Pound, poeta, crítico y polemista extravagante e innovador, definió la literatura moderna; fue encarcelado por defender por radio el fascismo.

En 1945, tras cuatro décadas como polemista incansable, pero sin lograr ejercer la influencia pública que deseaba, Ezra Pound se vio sobrepasado por la controversia pública. Cuando las tropas italianas fueron vencidas, Pound fue encerrado en una jaula al aire libre, en un campamento militar estadounidense situado a las afueras de Pisa y acusado de traición a causa de las retransmisiones radiofónicas antisemitas y a favor de los fascistas que había realizado en Roma. Juzgado en Washington, D. C., Pound escapó a la pena de muerte tan solo al declararse demente, por lo que pasó los siguientes 12 años en un hospital para criminales perturbados. No obstante y contra todo pronóstico, Pound compuso algunos de sus mejores poemas durante este período, y cuando se publicó *Los cantos pisanos,* en 1948, se le concedió el prestigioso galardón Bollingen Prize, a pesar de las muchas voces que se oponían a la entrega del premio.

Pound trabajó en *Los cantos*, su poema épico modernista, al menos desde 1917 y durante el resto de su vida. Definía esta obra como un «poema que contiene la historia», y, efectivamente, Pound trató de reorganizar la historia de la humanidad de acuerdo con su propia galería de héroes ejemplares y sus teorías económicas. El poema incluye, entre muchas otras cosas, retratos de Ulises, Confucio, el presidente estadounidense John Adams y el mercenario italiano Sigismondo Malatesta; además, acusa de usura y envía a un infierno de características dantescas a los políticamente malvados. Tras 800 páginas, este esfuerzo se estrella contra el suelo de su propia vasta ambición: «No soy un semidios, / no puedo lograr que sea coherente», admite Pound. Pero lo que queda muestra la grandeza de un palacio en ruinas, plagado de luminosos detalles en medio de la oscuridad. **MS**

> «Pero haber hecho en lugar de no hacer [...] Eso no es vanidad.»
>
> *Los cantos pisanos*

Obras destacadas

Poesía

A Lume Spento, 1908

Hugh Selwyn Mauberley, 1920

Los cantos, 1930-1969

Los cantos pisanos, 1948

ARRIBA: Ezra Pound fotografiado por E. O. Hoppé en 1918.

SIEGFRIED SASSOON

Siegfried Loraine Sassoon, 8 de septiembre de 1886 (Matfield, Kent, Inglaterra); 1 de septiembre de 1967 (Heytesbury, Wiltshire, Inglaterra).

Estilo y género: La obra de Sassoon mezcla irónicas observaciones antibelicistas con alusiones pacifistas y con una visión idealizada de la campiña inglesa.

Obras destacadas

Poesía

Glory of Women, 1917

The General, 1917

Autobiografías

Memorias de un oficial de infantería, 1928

Complete Memoirs of George Sherston, 1945

DERECHA: Siegfried Sassoon de uniforme durante la Primera Guerra Mundial.

Siegfried Sassoon fue un destacado poeta antibelicista y escritor de biografías ficticias que retrataban la vida en el campo inglés. Se alistó como voluntario en el ejército británico cuando estalló la Primera Guerra Mundial, pero acabó convertido en un comprometido pacifista. Sassoon recogió los horrores que presenció de un modo satírico y mordaz en poemas como *The General* y *Glory of Women*, donde criticó a los militares y a los que se habían quedado en sus casas. Sus protestas públicas durante la guerra lograron que fuera admitido en un hospital militar, donde conoció al poeta Wilfred Owen. Más adelante publicó el libro *Complete Memoirs of George Sherston*, relato parcialmente ficticio de su propia vida en la campiña inglesa antes del inicio de la guerra. **SG**

FERNANDO PESSOA

Fernando António Nogueira Pessoa, 13 de junio de 1888 (Lisboa, Portugal); 30 de noviembre de 1935 (Lisboa, Portugal).

Estilo y género: La contribución de Pessoa (casi desconocido durante su vida) a la literatura moderna llamó la atención del mundo sobre la literatura portuguesa.

Obras destacadas

Poesía

Mensaje, 1934

Poesías de Fernando Pessoa, 1942

Poemas de Alberto Caeiro, 1946

Prosa

Libro del desasosiego, 1913-1935, pero publicado en 1982

El primer volumen de poesía en inglés de Fernando Pessoa, *Antinous*, apareció en 1918. Un año antes de su muerte fue publicado su primer libro de poemas en portugués, *Mensaje*, pero fue ignorado por crítica y público. A través de los personajes que representan sus 72 heterónimos, Pessoa creó un rico mundo de ensueño de poesía y ficción. Algunos de sus heterónimos más famosos fueron Alberto Caeiro, Álvaro de Campos y Ricardo Reis. Pessoa atribuyó a estos escritores personalidades que condicionaban el modo en que escribían. Bernardo Soares, el heterónimo más cercano a la personalidad de Pessoa, ocupó un amplio proyecto de dos décadas de duración: una especie de diario conocido como *Libro del desasosiego*. **REM**

KATHERINE MANSFIELD

Kathleen Mansfield Beauchamp, 14 de octubre de 1888 (Wellington, Nueva Zelanda); 9 de enero de 1923 (Fontainebleau, Francia).

Estilo y género: Mansfield, maestra de la prosa ligera que enmascara corrientes ocultas más profundas, retrata la lucha entre clases y a personajes marginados.

Obras destacadas

Cuentos

En una pensión alemana, 1911
En la bahía, 1922
La casa de las muñecas, 1922
Fiesta en el jardín, 1922

1880–99

Katherine Mansfield es una de las mejores escritoras de relatos breves en inglés, y tan solo rivaliza con la novelista Janet Frame como la mejor escritora de Nueva Zelanda. Fue educada en el seno de una acomodada familia de clase media en Wellington y, tras pasar cuatro años en un colegio en Inglaterra —etapa que comenzó cuando tenía 14 años—, regresó a Nueva Zelanda, donde comenzó a escribir.

No obstante, la Nueva Zelanda colonial no podía competir con las atracciones de Londres, de modo que regresó a esta ciudad en 1908 y rápidamente empezó a frecuentar el Grupo de Bloomsbury. Tras un matrimonio que duró solo tres semanas desde el primer encuentro hasta el divorcio, y el aborto de un bebé que concibió con un amigo de la familia, Mansfield fue a vivir con el influyente editor y crítico John Middleton Murry, con quien finalmente contrajo matrimonio. Su salud fue una fuente constante de preocupación: contrajo gonorrea en 1911, sufría depresiones y se contagió de tuberculosis en 1917, enfermedad a causa de la cual falleció en Francia en enero de 1923.

Mansfield dejó tras de sí una obra que se inspira tanto en la experiencia de sus viajes, como es el caso de *En una pensión alemana*, como también en su infancia en Nueva Zelanda. Aunque nunca regresó a su tierra natal después de partir en 1908, *En la bahía, La casa de las muñecas y Fiesta en el jardín* están todas ambientadas en la colonia y son algunas de las mejores historias que escribió. Cada una de ellas es un delicado retrato de la vida privilegiada en el «joven país», reforzado por cierta vaga sensación de desagrado —con frecuencia debida a los conflictos entre la clase trabajadora y la burguesía, o a la hipocresía social— que evita que Mansfield se sumerja en la nostalgia de forma absurda. **AS**

«Estaba celosa [...] La única forma de escribir de la que he estado celosa.» Virginia Woolf

ARRIBA: Retrato fotográfico de la neozelandesa Mansfield.

GEORGES BERNANOS

Georges Bernanos, 20 de febrero de 1888 (París, Francia); 5 de julio de 1948 (Neuilly-sur-Seine, Francia).

Estilo y género: Bernanos, católico devoto, plasmó en sus novelas su lucha espiritual personal y sus profundas creencias religiosas.

Geroges Bernanos era católico devoto y monárquico leal, profundamente crítico con la sociedad moderna en general y opositor radical frente al derrotismo que se apoderó de Francia durante la Segunda Guerra Mundial. A lo largo de toda su vida defendió un orden moral basado en las enseñanzas de la Iglesia católica.

Tras la Primera Guerra Mundial, durante la que sirvió en el Somme y en Verdún, y en la que resultó herido en diversas ocasiones, Bernanos trabajó en la industria de los seguros antes de escribir su primera novela, *Bajo el sol de Satán*, en 1926. El libro narra la inquietante historia de un joven e inocente sacerdote católico cuya vida se cruza trágicamente con la de una mujer que ha cometido un asesinato.

Casi la totalidad de las obras más importantes de Bernanos fueron escritas entre los años 1926 y 1937; por ejemplo, *La impostura*, que apareció en 1927 y detalla la crisis espiritual de un sacerdote, y su secuela *La alegría*, que fue publicada en 1929. Su obra maestra, *Diario de un cura rural*, escrita en 1936, narra la vida de un joven sacerdote, su lucha espiritual conforme trata de mejorar las vidas de los miembros de su parroquia y el modo en que se enfrenta a la proximidad de su propia muerte a causa de un cáncer. Más tarde fue llevada al cine por el director francés Robert Bresson.

Tras su publicación, Bernanos comenzó a preocuparse por la inminente guerra, de modo que en 1938 emigró a Brasil, desde donde denunció el agotamiento espiritual de Francia y apoyó con vehemencia a las fuerzas de la Francia Libre del general Charles de Gaulle. Regresó a Francia y, en 1948, poco antes de morir, completó un guión cinematográfico, *Diálogos de carmelitas*, acerca de unas monjas martirizadas durante la Revolución francesa. **HJ**

«Ser capaz de regocijarse por la alegría de otro, ese es el secreto de la felicidad.»

Obras destacadas

Novelas

Bajo el sol de Satán, 1926
La impostura, 1927
La alegría, 1929
Diario de un cura rural, 1936

ARRIBA: Georges Bernanos durante la Conferencia de Paz de Ginebra, en 1946.

1880–99

EUGENE O'NEILL

Eugene Gladstone O'Neill, 16 de octubre de 1888 (Nueva York, Nueva York, EE.UU.); 27 de noviembre de 1953 (Boston, Massachusetts, EE.UU.).

Estilo y género: O'Neill, dramaturgo de un realismo descarnado, abordó temas religiosos y trágicos, y retrató con frecuencia a las clases trabajadoras.

Obras destacadas

Teatro

Más allá del horizonte, 1920
Anna Christie, 1922
Deseo bajo los olmos, 1925
Extraño interludio, 1928
El luto le sienta bien a Electra, 1931
Tierras vírgenes, 1933
Llega el hombre de hielo, 1939
Largo viaje hacia la noche, 1941

Eugene O'Neill cambió la naturaleza del teatro norteamericano de principios del siglo XX. Su obra fue poco convencional e introdujo el drama descarnado, la tragedia individual de la vida humana, una temática incómoda y unas interpretaciones cargadas de expresionismo en los escenarios estadounidenses.

Los primeros años de la vida de O'Neill, así como su educación, tuvieron un efecto profundo en su posterior vida y obra; *Largo viaje hacia la noche* es en realidad un conmovedor relato autobiográfico. Su padre era un respetado actor que viajaba constantemente, su madre era adicta a las drogas y su hermano fue un alcohólico que falleció de forma prematura.

Siendo todavía joven, O'Neill abandonó su hogar para llevar una vida ambulante, trabajó en diversas ocupaciones, se volvió alcohólico y trató de suicidarse. Hacia el final de 1912 cayó gravemente enfermo y permaneció hospitalizado durante seis meses. O'Neill comenzó a escribir obras breves de un solo acto durante su recuperación, obteniendo la inspiración en su familia y en la vida que había llevado al margen de la sociedad. En 1916 conoció a un grupo de jóvenes actores experimentales, los Provincetown Players, que comenzaron a poner en escena sus primeras obras. La relación que entablaron era de naturaleza simbiótica, de modo que entre 1916 y 1920 representaron todas sus obras breves. La primera obra extensa escrita por O'Neill, *Más allá del horizonte*, se estrenó en Broadway en 1920 y recibió unas críticas muy positivas, haciéndole merecedor del primero de los cuatro premios Pulitzer que obtendría a lo largo de su carrera. Durante las siguientes dos décadas escribió una veintena de obras de teatro extensas y numerosas obras breves. Fue un período de gran creatividad durante el que obtuvo el Nobel de Literatura en 1936. **TamP**

«Ninguno de nosotros puede evitar las cosas que nos ha hecho la vida.» *Largo viaje hacia la noche*

ARRIBA: Retrato del dramaturgo norteamericano Eugene O'Neill.

RAYMOND CHANDLER

Raymond Thornton Chandler, 23 de julio de 1888 (Chicago, Illinois, EE.UU.); 26 de marzo de 1959 (La Jolla, California, EE.UU.).

Estilo y género: Los detectives de Chandler, duros pero sensibles, escuetos de palabra y bebedores, eran capaces de ver el lado divertido y triste del crimen.

Hasta 1933, Raymond Chandler trabajó como vicepresidente de una compañía petrolera. Ese trabajo no estaba a la altura de su faceta creativa, de modo que lo abandonó y se dedicó a la escritura. Incluso en sus relatos más tempranos, que escribió para revistas de dudosa calidad como *Dime Detective*, Chandler elevó el nivel de las historias de detectives. Introdujo tanto un realismo físico —en el que el detective no siempre se encuentra en el lugar adecuado en el momento adecuado— como también un realismo emocional, al reflejar la dura realidad de la pobreza, la envidia, la codicia y el crimen.

No obstante, sus libros incluyen una buena colección de bobos que son golpeados una y otra vez por secuaces y matones. Philip Marlowe, su héroe principal, pasa casi tanto tiempo consciente como bebiendo bourbon y haciendo chistes. Y es la voz de Marlowe, con su jerga callejera de la época y sus símiles imposibles («Las paredes son aquí tan delgadas como la billetera de un bailarín»), la que lleva adelante el libro, más que las tramas en sí, que pueden llegar a resultar demasiado enrevesadas. Para cuando Marlowe explica el quién, el cómo y el por qué del crimen —normalmente un asesinato— el lector a menudo está tan desconcertado como los estúpidos policías que abandonaron el caso hace doscientas páginas.

Los libros de Chandler son extrañamente atemporales. Entre los más destacados se hallan *Adiós, muñeca*, que introdujo al mundo a Moose Molloy, célebre por no medir más de dos metros de altura y no ser más ancho que un camión de cerveza, y *El largo adiós*, en el que Marlowe se enfrenta a la traición de su amigo, Terry Lennox. Este último libro, escrito cuando la esposa de Chandler estaba en el lecho de muerte, es considerado por muchos como su mejor obra. **CO**

«El detective privado de ficción es una [...] creación que actúa y habla como un hombre real.»

Obras destacadas

Novelas

El sueño eterno, 1939

Adiós, muñeca, 1940

La hermana pequeña, 1949

El largo adiós, 1954

ARRIBA: Retrato informal de Chandler realizado el 30 de noviembre de 1943.

1880–99

T. S. ELIOT

Thomas Stearns Eliot, 26 de septiembre de 1888 (St. Louis, Missouri, EE.UU.); 4 de enero de 1965 (Londres, Inglaterra).

Estilo y género: T. S. Eliot ha creado algunas de las evocaciones más memorables de toda la literatura sobre el deseo insatisfecho.

Como poeta, ensayista, crítico, dramaturgo, editor, e incluso como autor de libros para niños —*El libro de los gatos habilidosos del viejo Possum* fue el origen de *Cats*, de Andrew Lloyd Webber, uno de los musicales más exitosos de todos los tiempos—, la influencia de T. S. Eliot en el paisaje cultural del siglo xx ha sido fundamental. Eliot fue ayudante de edición en *The Egoist*, la publicación de Ezra Pound, y editó su propia publicación trimestral, *The Criterion*, hasta 1939; también trabajó como editor literario en la editorial Faber and Faber hasta su muerte. Escribió una serie de ensayos y reseñas a finales de la década de 1910 —publicados bajo el título *El bosque sagrado*— en los que sentó las bases de lo que entendía por poesía y crítica literaria.

Eliot nació en St. Louis, en el seno de una acomodada familia aristocrática con fuertes raíces en Nueva Inglaterra. Entre los familiares de Eliot se cuentan tres presidentes de Estados Unidos y uno de los primeros pobladores de la colonia de Massachusetts Bay. Eliot asistió a Harvard, y había comenzado a estudiar un doctorado en filosofía cuando fue catapultado a la escena de la poesía moderna con *Prufrock*. Nunca llegó a termi-

Obras destacadas

Teatro

La roca, 1934

Asesinato en la catedral, 1935

Poesía

Prufrock, 1917

La tierra baldía, 1922

Los hombres huecos, 1925

Miércoles de ceniza, 1930

El libro de los gatos habilidosos del viejo Possum, 1939

Cuatro cuartetos, 1942

Ensayo

El bosque sagrado: ensayos sobre poesía y crítica, 1920

Función de la poesía y función de la crítica, 1920

ARRIBA: Retrato de T. S. Eliot, ganador del premio Nobel de Literatura en 1948.

DERECHA: Eliot con su madre y su hermana Marian en Inglaterra, en 1921.

ARRIBA: T. S. Eliot examinando manuscritos en su despacho.

nar sus estudios de posgrado. Aunque en esencia el poema es un monólogo de título irónico, su lirismo y rica musicalidad dotan a *Prufrock* de un intenso patetismo que es posible que no redima su monótona existencia, pero que realmente hace que la lectura resulte convincente.

«Un gran hechicero de las palabras [...] guardián de las llaves del lenguaje.» I. Stravinski

Pasados varios años Eliot terminó *La tierra baldía*, probablemente su mejor poema. Se trata de un viaje fracturado y deshilvanado a través de un paisaje exhausto, tanto ecológica como culturalmente, habitado por voces fragmentadas y casi fantasmales que únicamente se relacionan entre sí por su anhelo de renacer. *La tierra badía* conectaba con el *zeitgeist* de la «Generación Perdida» tras la Primera Guerra Mundial, una generación que comenzaba a cuestionarse la fe en la ciencia y el progreso, que había caracterizado al siglo anterior.

La tierra baldía

La nota necrológica que se publicó tras el fallecimiento de T. S. Eliot en la revista *Life* tan solo exageraba cuando decía: «Nuestra época ha sido sin duda alguna y seguirá siendo la Edad de Eliot». *La tierra baldía* se ha convertido de forma específica para la rama literaria del movimiento estético del siglo XX denominado modernismo lo mismo que la obra *Baladas líricas* (1798) de William Wordsworth supuso para el romanticismo decimonónico. Estos textos son ambos declaración pública y ejemplo, precursores de las cosas que están por llegar y demuestran que ya existían.

No resulta difícil de imaginar que un poema tan revolucionario en su forma y contenido como *La tierra baldía* recibiera ciertas críticas cuando fue publicado en 1922. Lo que resulta más sorprendente es que fue criticado por su falta de originalidad. Pero no tardó en señalarse que el motivo de dicha crítica era que, como en el caso del *Ulises* (1922) de James Joyce, *La tierra baldía* tomaba prestada su estructura subyacente de un mito de la Antigüedad; en el caso de Eliot, de la leyenda del Rey Pescador. Eliot respondió afirmando que la innovación de Joyce tenía «la importancia de un descubrimiento científico». Como en la ciencia, la innovación tan solo es importante en la medida en que resulta útil para los colegas del investigador, que buscan aplicarla en sus propios experimentos.

También se ha afirmado que la contribución de Pound a *La tierra baldía* es suficientemente amplia como para convertirlo en su segundo autor.

DERECHA: Caricatura de T. S. Eliot con tres gatos.

Eliot negó más tarde cualquier intento de asociar el pesimismo de la obra con la voz de su generación, por lo que definió el poema como «el alivio de una queja personal y totalmente insignificante contra la vida». Su cambio de parecer puede relacionarse con un viraje mayor de toda su perspectiva vital, que culminó en 1927, tanto con su formalización definitiva como ciudadano británico, como con su adscripción a la Iglesia anglicana. La yuxtaposición de estos dos acontecimientos no es accidental. En un ensayo sobre los poetas metafísicos, Eliot escribió acerca de un cambio en la literatura inglesa que denominó la «disociación de sensibilidad», y que ubicó en el siglo XVII. Antes de este cambio —afirmó—, los poetas podían «sentir su pensamiento tan directamente como el aroma de una rosa».

Bajo toda la obra de Eliot subyace una cierta nostalgia por esta experiencia intelectual y estética mucho más genuina, supuestamente desaparecida cuando surgieron John Dryden y John Milton, aproximadamente en el mismo momento en que los antepasados de Eliot llegaban a Estados Unidos. Es una característica propia de la obra posterior de Eliot que este deseo de resurgimiento y renovación se exprese de manera tan explícita que llegue a ser plasmada en forma del deseo de dar marcha atrás al reloj. Entre sus más firmes declaraciones de principios en este sentido se encuentra su obra teatral poética *Asesinato en la catedral*, acerca del martirio del santo medieval Thomas Becket. La obra utiliza este tema —uno de los enfrentamientos más dramáticos entre las autoridades eclesiásticas y seglares antes de la Reforma— para comentar la situación política de la década de 1930 y el surgimiento de la ola de fascismo en Europa.

En *Cuatro cuartetos*, cuatro poemas líricos considerados por el mismo Eliot como los mejores que escribió, puso en práctica su idea de una poética cristiana dotada de una sensibilidad moderna y que hacía distinciones entre clases, y con ellos se acercó a su ideal de poesía. Tal y como Eliot escribió en el último de los cuartetos, *Little Gidding*, «No dejaremos de explorar / Y el final de todas nuestras exploraciones / Será llegar al punto del que partimos / Y descubrir el lugar por primera vez». En 1948 Eliot obtuvo el Nobel de Literatura. **SY**

JOHN MINNION.

JEAN COCTEAU

Jean Maurice Eugène Clément Cocteau, 5 de julio de 1889 (Maisons-Laffitte, Île-de-France, Francia); 11 de octubre de1963 (Milly La Forêt, Essonne, Francia).

Estilo y género: Cocteau, artista polifacético que se consideraba «el Orfeo del París vanguardista», vivificó cada forma de arte en la que se aventuró.

Obras destacadas

Novela
Los niños terribles, 1929
Teatro
Orfeo, 1926
La voz humana, 1930
La máquina infernal, 1934
Guión cinematográfico
La bella y la bestia, 1946

1880–99

Es posible que Jean Cocteau no acuñara la expresión *enfant terrible* que formaba parte del título de su novela de 1929, pero ciertamente la personificaba. Tras el suicidio de su padre, Jean se convirtió en un acaudalado huérfano de tan solo 10 años e ingresó en un colegio privado. Cinco años más tarde, en 1904, fue expulsado y huyó a Marsella, el puerto francés famoso por su barrio rojo homosexual. Aunque la policía lo devolvió al cuidado de su tío, Jean no regresó a la vida provinciana de clase media. Desde 1908, año en que conoció al destacado dramaturgo Édouard de Max, Cocteau se sumergió en la intensa vida social y cultural de París.

En aquella época, Cocteau había trabajado junto a Igor Stravinski en el famoso *La consagración de la primavera* (1913) y reinventó el ballet junto a Serguei Diaghilev, Léonide Massine, Erik Satie y Pablo Picasso con *Parade* (1917). Cocteau no tardó en caer en desgracia entre los pesos pesados del arte parisino, incluyendo a Picasso y André Breton —algunos afirman que fue debido a su homosexualidad—, aunque continuó creando, prueba de lo cual es *La máquina infernal*, reescritura dramática del mito clásico de Edipo. En su obra teatral *Orfeo* dramatizó la difícil existencia del artista de vanguardia, cuya obra está tan adelantada a su propio tiempo que llama la atención de la Muerte, lo que representa la trágica pérdida que sufrió Cocteau durante su juventud de su joven y brillante amante, el novelista Raymond Radiguet, en 1923. *Orfeo* fue llevada más tarde al cine, protagonizada por el que sería musa y supuesto amante de Cocteau, Jean Marais. Gran parte del arte de Cocteau estuvo inspirado por una combinación de modelos clásicos y su propia persona, y los utilizó para proyectar la era del jazz en forma de literatura, ilustraciones y cine. **SM**

> «La historia son hechos convertidos en mentiras; las leyendas, mentiras hechas historia [...]»

ARRIBA: Retrato del polifacético artista Jean Cocteau en 1925.

PIERRE REVERDY

Pierre Reverdy, 13 de septiembre de 1889 (Narbona, Francia); 17 de junio de 1960 (Solesmes, Francia).

Estilo y género: Los experimentos sintácticos de Reverdy, enigmático poeta cubista-surrealista, crearon nuevas realidades y ampliaron los límites del lenguaje.

Poco se conoce acerca de la vida de Pierre Reverdy. Eludía ofrecer detalles biográficos, y su poesía experimental no es muy accesible y resulta difícil traducirla del francés sin perder parte de su significado. No obstante, su abandono de las formas convencionales a principios de la década de 1900, sigue conectando con las nuevas generaciones de lectores.

Reverdy empleaba una sintaxis muy personal para construir un mundo internamente lógico, inspirado por las técnicas cubistas y surrealistas. Fijó su residencia en París hacia 1910 y vivió un período emocionante para el arte, en un momento en que las formas de representar la «realidad» estaban siendo sacudidas desde sus cimientos. Reverdy formaba parte de un grupo de poetas cubistas franceses entre los que se contaban Guillaume Apollinaire y Jean Cocteau, y fue admirador en particular del pintor cubista Juan Gris.

En 1917 Reverdy creó la publicación *Nord-Sud* —de gran influencia pero de breve duración— para fomentar la estética cubista, tanto visual como literaria. Sus gustos se tornaron más surrealistas durante la década de 1920, pero posteriormente regresó al cubismo. En esta década publicó *Les épaves du ciel*. La afinidad que Reverdy sentía hacia el cubismo visual es un reflejo del modo en que él, al igual que Picasso, hacía pedazos aquello que parecía ser real para volver a construirlo dotándolo de una nueva forma. A pesar de cierta trascendencia, la obra de Reverdy trata de encontrarle un sentido a la vida y formula las grandes preguntas, pero no halla respuestas concretas. A fin de encontrar algunas de esas respuestas, Reverdy se retiró a la abadía benedictina de Solesmes hacia 1930. Allí vivió durante el resto de su vida una existencia aislada, salpicada de ocasionales escapadas a París. **AK**

«Muchos poemas no son sino simples gestos que desnudan el corazón.» Kenneth Rexroth

Obras destacadas

Poesía

Étoiles peintes, 1921

Les épaves du ciel, 1924

Le gant de crin, 1927

Flaques de verre, 1929

ARRIBA: Retrato de Pierre Reverdy fumando un cigarrillo, realizado en 1940.

GABRIELA MISTRAL

Lucila Godoy Alcayaga, 7 de abril de 1889 (Vicuña, Chile); 10 de enero de 1957 (Nueva York, EE.UU.)

Estilo y género: Mistral, poetisa chilena, premio Nobel en 1945, desdeñó las vanguardias de la época y creó un lenguaje poético sencillo.

Obras destacadas

Poesía

Desolación, 1922

Ternura, 1924

Tala, 1938

Lagar, 1954

Poema de Chile, 1967

Se llamaba Lucila Godoy Alcayaga, y con su nombre y primer apellido firmó los primeros poemas. Pero cuando esta chilena recibió el premio Nobel de Literatura en 1945 ya era conocida por todos como Gabriela Mistral, el seudónimo que empleaba desde que, en 1914, se presentó a los Juegos Florales de Santiago con los *Sonetos de la muerte*, escritos tras el suicidio de su novio y con los que ganó el primer premio de su vida. Esta maestra, pedagoga y diplomática cantaría a su tierra, Chile y América, a los humildes y a los niños. Su poesía nace de la tierra y del contacto con el mundo y se opone a la poesía aristocratizante del modernismo. Asume el mestizaje racial y cultural y se nutre de una geografía que ocupa un lugar sagrado en su obra. **FV**

KAREL ČAPEK

Karel Čapek, 9 de enero de 1890 (Malé Svatonovice, Bohemia); 25 de diciembre de 1938 (Praga, Checoslovaquia).

Estilo y género: Čapek, nominado al Nobel y biógrafo del primer presidente checo, está firmemente asociado al futurismo, la ciencia ficción y la filantropía.

Obras destacadas

Novelas

Tres novelas: Hordubal, Meteroro, y Una vida común, 1934

La guerra de las salamandras, 1936

Teatro

R.U.R., 1920

El juego de los insectos, 1922

La prosa filosófica de Karel Čapek cuestiona los límites de la inteligencia humana y contribuyó al género de la ciencia ficción. La obra de Čapek advierte acerca de los males del pensamiento intolerante, la corrupción y la codicia. En su trilogía *Hordubal, Meteoro* y *Una vida común* hace un llamamiento a la tolerancia y a la diversidad. Su interés por la exploración de formas de vida alternativas a la humana y por la influencia de la ciencia moderna en la civilización está presente en toda su escritura (como por ejemplo en *La guerra de las salamandras*, *R.U.R.* y *El juego de los insectos*). *R.U.R.* llamó la atención por su crítica de la explotación social y el racismo, y por utilizar por primera vez la palabra «robot», que deriva del término checo *robota*, que significa «trabajo». **PR**

DERECHA: El robot parlante Asimo deposita un ramo de flores frente al busto de Čapek.

HONDA

VICTOR SERGE

Victor Lvovich Kibalchich, 30 de diciembre de 1890 (Bruselas, Bélgica); 17 de noviembre de 1947 (Ciudad de México, México).

Estilo y género: La vida de Serge fue tan extraordinaria que a menudo eclipsa sus magistrales novelas acerca de la Revolución rusa y las purgas de Stalin.

Obras destacadas

Ensayo

El año I de la Revolución rusa, 1930

Novelas

Hombres en prisión, 1930

El nacimiento de nuestro poder, 1931

El caso Tuláyev, 1948

Los años sin perdón, 1948

Victor Serge nació en Bruselas, Bélgica, en el seno de una familia de emigrantes rusos. En 1919 se trasladó a Rusia para apoyar la Revolución y rápidamente fue ascendiendo dentro del Partido Comunista, hasta que comenzó a preocuparse cada vez más por el ascenso del estalinismo y fue expulsado en 1928. Escribió un libro de historia, *El año I de la Revolución rusa*, y dos novelas, *Hombres en prisión* y *El nacimiento de nuestro poder*. Las tres obras fueron prohibidas en Rusia, pero se publicaron en Francia y España. En 1933 Serge fue encarcelado y obligado a exiliarse en Francia tres años más tarde. Cuando Francia fue ocupada por los nazis, abandonó Europa y se estableció en Ciudad de México.

El caso Tuláyev, publicada en 1948, es una de las grandes novelas rusas del siglo XX. Se centra en el asesinato de un oficial del gobierno y en la búsqueda de su asesino. El Estado obtiene más y más sospechosos, fuerza confesiones falsas y envía a personas inocentes a los gulags, lo que no es sino un reflejo de las purgas que tuvieron lugar durante la época estalinista en la Unión Soviética. La otra gran novela de Serge, *Los años sin perdón*, es una extensa aventura épica en cuatro secciones, profundamente humana y con una cualidad embriagadora. Explica los avatares de un revolucionario conocido como «D» que escapa de París y deja atrás su pasado, otro revolucionario atrapado en Leningrado bajo el asedio alemán, las experiencias de una mujer llamada Daria durante la caída de Alemania y, finalmente, el reencuentro de «D» y Daria en México tras la guerra. Afectado por la mala salud que provocaron sus períodos en prisión, Serge falleció en México en 1948. *El caso Tuláyev* y *Los años sin perdón* fueron publicadas a título póstumo. **HJ**

«¿Para qué escribir y leer, [...] para hallar una visión más amplia de la vida?» *Los años sin perdón*

ARRIBA: Fotografía del revolucionario Victor Serge en 1912.

BORIS PASTERNAK

Boris Leonídovich Pasternak, 10 de febrero de 1890 (Moscú, Rusia); 30 de mayo de 1960 (Peredélkino, cerca de Moscú, Unión Soviética).

Estilo y género: Pasternak fue muy admirado en el extranjero, pero los problemas le persiguieron en su propio país por no seguir los preceptos soviéticos.

Boris Pasternak es sobre todo conocido por su novela romántica *Doctor Zhivago*, que se publicó clandestinamente fuera de la Unión Soviética en la década de 1950. Hacia 1958, año en que obtuvo el premio Nobel de Literatura, ya había sido traducida a 18 idiomas, y fue llevada más tarde al cine con gran éxito, bajo la dirección de David Lean.

Pasternak nació en Moscú, en el seno de una familia judía extremadamente culta. Había decidido ser músico, pero estudió filosofía antes de publicar sus primeros volúmenes de poesía entre 1913 y 1922. Su poesía era vanguardista y bien considerada por sus contemporáneos, pero en la década de 1930 fue incapaz de publicar porque su obra no se ajustaba al patrón de realismo socialista establecido para la literatura y el arte por el comunismo soviético. Al parecer, Stalin le llamó «bendito estúpido» y solo le perdonó la vida porque había traducido poesía georgiana de la tierra natal del dictador. Pasternak tradujo al ruso obras de Shakespeare, Shelley, Swinburne, Goethe, Verlaine y Rilke, entre otros escritores.

En 1956 envió el manuscrito de *Doctor Zhivago* a una revista de Moscú, pero esta la rechazó porque consideró que calumniaba la Revolución bolchevique y el sistema soviético. Llegó hasta Occidente a través de una editorial italiana, y allí causó una gran sensación. En la Rusia natal de Pasternak solo pudo obtenerse, y de modo clandestino, en la década de 1980. Tras la concesión del Nobel a Pasternak incluso se exigió que fuera deportado. El autor se vio forzado a rechazar el premio; en esa ocasión dijo a Nikita Jruschev, primer ministro soviético: «Abandonar mi tierra natal significaría la muerte para mí». Vivió sus últimos meses de vida gravemente enfermo en su casa de las afueras de Moscú. **RC**

«[...] agradecido, emocionado, orgulloso, asombrado, y avergonzado.» (Por el Nobel)

Obras destacadas

Poesía

Mi hermana vida, 1922

Salvo conducto, 1931

Novela

Doctor Zhivago, 1956

1880–99

ARRIBA: Retrato del escritor ruso Boris Pasternak (h. 1935).

AGATHA CHRISTIE

Agatha Mary Clarissa Miller, 15 de septiembre de 1890 (Torquay, Devon, Inglaterra); 12 de enero de 1976 (Wallingford, Oxfordshire, Inglaterra).

Estilo y género: En las obras de Christie pueden encontrarse tramas creadas con gran ingenio y detalladas descripciones de las debilidades humanas.

Todas las obras de Agatha Christie siguen siendo publicadas, y las continuas adaptaciones de las mismas al cine, la televisión y el teatro siguen atrayendo al gran público. Además de sus 78 novelas de detectives, escribió novelas románticas (bajo el nombre de Mary Westmacott), piezas de teatro, libros para niños, relatos breves (protagonizados a menudo por sus detectives más famosos, Hércules Poirot y la señorita Jane Marple), y no ficción. Se calcula que se han vendido cuatro mil millones de ejemplares de sus novelas en todo el mundo.

En 1914 Agatha Miller contrajo matrimonio con el coronel Archibald Christie, del cual adoptó el apellido. Durante la Primera Guerra Mundial trabajó en el dispensario de un hospital, y más tarde emplearía en sus novelas los conocimientos que allí adquirió —en particular acerca de venenos— para regocijo de sus lectores. También entabló amistad con varios refugiados de origen belga, que inspiraron la creación de su detective de la misma nacionalidad. El fastidioso y encantador Hércules Poirot apareció por primera vez en 1920, en la novela *El misterioso caso de Styles*.

En 1928 Agatha se divorció y viajó a Oriente Medio, sola y en tren. En Mesopotamia (actualmente Irak) conoció a su segundo marido, el arqueólogo Max Mallowan, 14 años más joven que ella. Pasó muchos años felices viajando y aprendiendo arqueología, y recibiendo inspiración para escribir sus novelas, como *Muerte en el Nilo, Muerte en Mesopotamia, Asesinato en el Orient Express* y la emocionante *Cita con la muerte*. También escribió la obra de no ficción *Ven y dime cómo vives*, acerca de su vida en los yacimientos arqueológicos.

Su otra detective famosa, la señorita Marple, es la personificación de la típica dama inglesa de avanzada edad, cuyo conocimiento de la naturaleza humana Christie basó en ella misma, aunque la autora era mucho más joven que la detective ficticia.

Obras destacadas

Novelas

El misterioso caso de Styles, 1920
El asesinato de Rogelio Ackroyd, 1926
Asesinato en el Orient Express, 1934
Muerte en Mesopotamia, 1936
Muerte en el Nilo, 1937
Cita con la muerte, 1938
Diez negritos, 1939
Se anuncia un asesinato, 1950
El misterio de Pale Horse, 1961
Un crimen dormido, 1976

Teatro

La ratonera, 1952

Memorias

Ven y dime cómo vives, 1946

ARRIBA: La gran dama de las novelas de detectives, en la década de 1930.

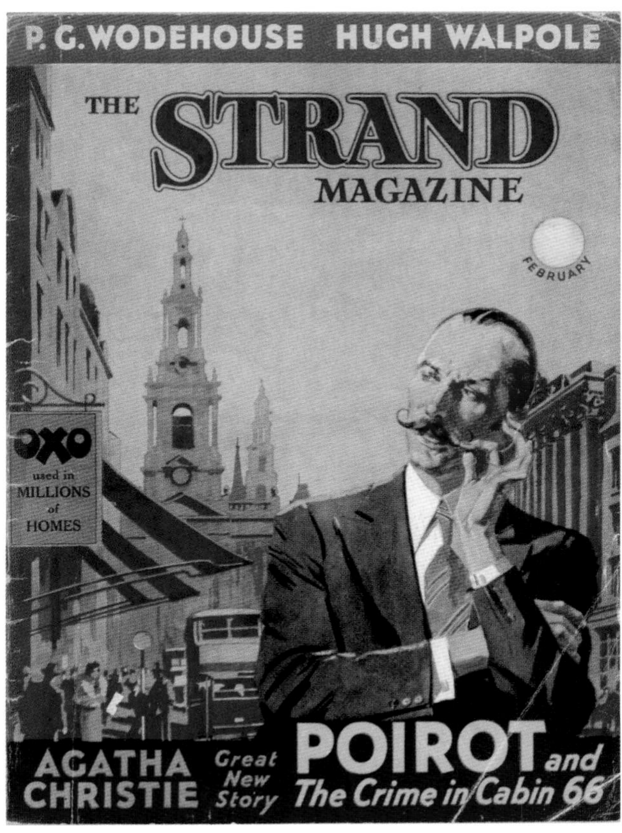

IZQUIERDA: Hércules Poirot en la portada de una revista con una obra de Christie, 1936.

La señorita Marple exhibe una confianza en sí misma que Christie pocas veces fue capaz de mostrar en la vida real. A pesar de su gran fama y riqueza, a Agatha Christie siempre le faltó autoconfianza y se sentía incómoda en muchas situaciones sociales, incluso cuando ya era anciana.

Aunque en ocasiones es menospreciada por escritores de ficción seria, que la acusan de repetir en exceso la misma fórmula, la popularidad de Christie jamás ha decrecido a lo largo de los años. Su estilo de escritura, sus tramas cuidadosamente planeadas y sus estimables personajes continúan fascinando a generaciones de lectores. **LH**

Misteriosa desaparición

En 1926, cuando Agatha Christie llevaba 12 años casada, descubrió que su marido tenía una amante. Entonces, Agatha desapareció. Se encontró su coche, con maletas y manchas de sangre en su interior, pero no había ni rastro de ella. Los periódicos ofrecieron una recompensa a quien lograra encontrarla. Archibald Christie era sospechoso de haber asesinado a su esposa. Pasados 11 días, Agatha fue hallada en un hotel de Harrogate, en North Yorkshire, Inglaterra, donde se había registrado utilizando el apellido de la amante de su esposo, y aseguró que había perdido la memoria.

JEAN RHYS

Ella Gwendolen Rees Williams, 24 de agosto de 1890 (Roseau, Dominica); 14 de mayo de 1979 (Exeter, Devon, Inglaterra).

Estilo y género: Rhys, con prosa minimalista, exploró las culturas caribeña y británica, la sensibilidad femenina, la soledad, el desplazamiento y el exilio.

Obras destacadas

Novelas

Posturas, 1928

Buenos días, medianoche, 1939

Ancho mar de los Sargazos, 1966

Jean Rhys, escritora moderna de las Indias Occidentales, llegó a Inglaterra en 1907 para estudiar interpretación en Cambridge. Cuando sus sueños de convertirse en actriz se frustraron, Rhys trabajó como modelo, corista y escritora en la sombra. Ford Madox Ford la animó a escribir relatos breves, y empleó personajes marginados para adentrarse en el patetismo expatriado de la modernidad. Exploró el choque entre la cultura de las Indias Occidentales y la cultura inglesa. *Ancho mar de los Sargazos*, la magistral revisión que realiza Rhys de *Jane Eyre*, aborda las dificultades a que se enfrentan las mujeres exiliadas en términos de discriminación cultural, racial y sexual, a través del prisma que ofrece el tóxico matrimonio de una criolla blanca y el doble exilio. **PR**

PÄR LAGERKVIST

Pär Fabian Lagerkvist, 23 de mayo de 1891 (Växjö, Suecia); 11 de julio de 1974 (Estocolmo, Suecia).

Estilo y género: Lagerkvist, una de las figuras radicales mas destacadas de Suecia, fue un poeta, dramaturgo y novelista.

Obras destacadas

Novelas

El enano, 1944

*Barrabás,*1950

Novela corta

El verdugo, 1933

Lagerkvist, novelista, poeta y dramaturgo, recibió una educación convencional en una pequeña ciudad al sur de Suecia. Creció siendo luterano, pero más tarde se distanció de la fe. Tras asistir a la Universidad en Uppsala vivió en Dinamarca, Francia e Italia antes de regresar a Suecia en 1930. Socialista y feroz opositor del fascismo, se definía a sí mismo como «un ateo religioso» y le preocupaba la desconcertante mezcla de bondad y maldad que albergaba la naturaleza humana, como puede verse en sus novelas *El verdugo* y *El enano*. Esta última, un auténtico éxito de ventas, le convirtió en una figura muy destacada dentro de Suecia, y *Barrabás* amplió su éxito más allá de las fronteras de su país. Lagerkvist obtuvo el premio Nobel de Literatura en 1951. **RC**

MIJAÍL BULGAKOV

Mijaíl Afanasievich Bulgakov, 15 de mayo de 1891 (Kiev, Rusia [act. en Ucrania]); 10 de marzo de 1940 (Moscú, Unión Soviética).

Estilo y género: Bulgakov provocaba la reflexión en sus lectores; trató temas grotescos y contrarios al autoritarismo con tramas inquietantes y teatrales.

A principios de la década de 1920, la obra de Mijaíl Bulgakov era ampliamente admirada, pero tras caer en desgracia ante Stalin, sus libros fueron prohibidos. Bulgakov, que había estudiado medicina, trabajó para el Ejército Blanco antibolchevique durante la guerra civil rusa. Más tarde se trasladó a Moscú y abandonó la medicina para convertirse en periodista, novelista y dramaturgo.

Las fuertes creencias de Bulgakov y el modo en que disfrutaba burlándose de las autoridades le convirtieron en víctima de la censura bajo el nuevo mandato soviético y, en 1929, sus obras teatrales fueron prohibidas. Bulgakov comenzó a escribir en secreto su obra maestra, *El maestro y Margarita*, una novela brillantemente subversiva, ingeniosa e inquietante que lo cuenta todo acerca de la presión a la que fue sometido su autor.

Tras adaptar piezas teatrales de otros autores para el público ruso, Bulgakov se atrevió a producir su propia obra, *Vida del Sr. Molière*, acerca de la persecución que sufrió Molière por parte de las autoridades. Se representó tan solo siete veces antes de ser prohibida. Su siguiente obra, acerca del poeta Alexandr Pushkin, corrió la misma suerte. A pesar de que escribió una obra teatral específicamente para Stalin que glorificaba los primeros días del dictador como revolucionario, Bulgakov fue ignorado y su obra jamás llegó a representarse. Falleció en la más absoluta miseria. Bulgakov se casó tres veces, y fue la tenacidad de su tercera esposa, Elena, la que logró que su obra se publicara tras su fallecimiento. En 1930 Bulgakov destruyó el primer manuscrito de *El maestro y Margarita*, por temor a que las autoridades registraran su casa y lo encontraran. Comenzó a reescribirlo al año siguiente y Elena lo terminó tras su muerte. **LH**

«¿[...] de qué serviría tu bondad si no existiera la maldad?»

El maestro y Margarita

Obras destacadas

Novelas

La guardia blanca, 1925

Los huevos fatídicos, 1925

El maestro y Margarita, 1966-1967

Teatro

Vida del Sr. Molière, 1934

Pushkin, 1943

ARRIBA: Fotografía del escritor ruso Mijaíl Bulgakov tomada hacia 1930.

HENRY MILLER

Henry Valentine Miller, 26 de diciembre de 1891 (Nueva York, Nueva York, EE.UU.); 7 de junio de 1980 (Los Ángeles, California, EE.UU.).

Estilo y género: Miller, novelista, ensayista, crítico y filósofo, escribió sobre temas semiautobiográficos mediante la técnica del libre fluir de la conciencia.

Obras destacadas

Novelas

Trópico de Cáncer, 1934
Trópico de Capricornio, 1939
La crucifixión rosa
Sexus, 1949
Plexus, 1953
Nexus, 1960

Libros de viaje

El coloso de Marussi, 1941
La pesadilla del aire acondicionado, 1945
Big Sur y las naranjas del Bosco, 1957

1880–99

Henry Miller es quizá conocido sobre todo por su novela *Trópico de Cáncer*, considerada una obra maestra de la literatura del siglo XX. Fue escrita cuando Miller estaba en París, después de haberse trasladado allí en 1930, donde vivía con grandes penurias. Durante este período conoció a la escritora Anaïs Nin, que se convirtió en su amante y benefactora, y al autor Alfred Perlès. *Trópico de Cáncer* se basaba en la vida y los amoríos de Miller en París, con sus detalladas descripciones de encuentros sexuales realizadas a través de un complejo estilo narrativo que combina pasajes en que emplea el libre fluir de la conciencia con otros llenos de realismo. El libro se publicó en París, le valió un gran reconocimiento como escritor moderno aunque controvertido y le convirtió en un héroe *underground*. Fue prohibido en Estados Unidos y siguió sin publicarse hasta el año 1961, cuando fue objeto de un juicio por obscenidad. George Orwell lo proclamó «el libro más importante de mediados de la década de 1930».

Miller escribió a continuación la novela ligeramente autobiográfica *Trópico de Capricornio*, que relata su vida en Nueva York cuando trabajaba para la Western Union Telegraph Company, en la década de 1920. Poco después de su publicación, el escritor abandonó París y viajó a Grecia, donde pasó seis meses con su amigo el también novelista Lawrence Durrell. Más tarde Miller escribiría otra obra importante, *El coloso de Marussi*, una narración acerca de Grecia y su pasado en la que mezcló un libro de viajes con algo más conmovedor.

«Odio la inspiración. Toma poder sobre ti [...] Siempre deseaba que pasara [...]»

Miller regresó a Estados Unidos en 1940 y continuó escribiendo prolíficamente, como el volumen sobre viajes *La pesadilla del aire acondicionado* y el elocuente *Big Sur y las naranjas del Bosco*. **TamP**

ARRIBA: Fotografía de Henry Miller tomada en la última etapa de su vida.

DERECHA: Miller con Eve McClure en una playa española en 1953, año en que se casaron.

MARINA TSVIETÁIEVA

Marina Ivanovna Tsvietáieva, 9 de octubre de 1892 (Moscú, Rusia); 31 de agosto de 1941 (Yelábuga, Tartarstán, Unión Soviética).

Estilo y género: La obra poética de Tsvetáieva cubre un amplio abanico de temas, entre los que destacan la historia de Rusia y el papel de las mujeres.

Marina Tsvietáieva nació en el seno de una acomodada y culta familia de Moscú; su madre, Maria Mein, era concertista de piano, y su padre, el filólogo clásico Iván Tsvietáieva, fundó el Museo Pushkin de Bellas Artes. Tras asistir al colegio en Alemania, Suiza y París, Marina regresó a Rusia y publicó su primera colección de poesía, *Álbum de noche*, a la edad de 18 años. En 1912 contrajo matrimonio con Sergei Efron, con quien tuvo dos hijas y un hijo. Pero a lo largo de su matrimonio mantuvo una serie de relaciones amorosas que inspiraron varios poemas. Entre ellos, *La amiga*, acerca de su relación con la libretista de ópera Sophia Parnok, y *Poema de la montaña* y *Poema del fin*, que narran el final de su romance con Konstantin Borisovich Rodzevich, un antiguo oficial del Ejército Rojo.

La poesía de Tsvietáieva hace gala de una gran cualidad musical. Gran parte de su obra refleja el gran sufrimiento que padeció a lo largo de su vida y los acontecimientos históricos en los que se vio atrapada: una de sus hijas murió de hambre en el transcurso de la Revolución rusa. Durante la guerra civil que se desencadenó después, Tsvietáieva fue separada de su marido, y ese hecho la inspiró para escribir un extenso ciclo de poemas, *Campo de cisnes*, acerca del Ejército Blanco en el que servía su esposo y su lucha contra los comunistas. Lo escribió en 1921, pero no fue publicado hasta 1957.

Tsvietáieva y su familia partieron al exilio en 1922, y se movieron entre Berlín, Praga y París, viviendo en medio de una creciente pobreza. Publicó ensayos, obras teatrales, cinco colecciones de versos y poesía narrativa, parte de la cual evocaba el folclore ruso y los rezos ortodoxos rusos. *El cazador de ratas* es un poema narrativo que se basa en la leyenda del Flautista de Hamelín, en la que las ratas representan a los revolucionarios. La familia de Tsvietáieva logró a duras penas subsistir gracias a sus escritos, pero la autora fue ninguneada por la comunidad

Obras destacadas

Poesía

Álbum de noche, 1910
La amiga,1914
Mileposts, 1921
Separación, 1922
Psique, 1923
Oficio, 1923
Poema del fin, 1924
Poema de la montaña, 1924
El cazador de ratas, 1925-1926
Después de Rusia, 1928
Campo de cisnes, 1957

ARRIBA: Gran parte de la obra de Tsvietáieva refleja los sufrimientos que padeció.

IZQUIERDA: Una de las escasas imágenes que se conocen de Tsvietáieva (1914).

literaria exiliada en París cuando su marido comenzó a trabajar para la policía secreta soviética, el NKVD o Comisariado del Pueblo para Asuntos Internos.

Tsvietáieva regresó a Rusia con su familia en 1938. Pero en 1941 se vio azotada por la tragedia: su marido fue ejecutado por espionaje, su hija fue enviada a un campo de trabajo y, bajo el régimen de Stalin, la autora no pudo seguir publicando su obra. Tras la invasión alemana de 1941, Tsvietáieva fue evacuada desde Moscú hasta la pequeña ciudad de Yelábuga. Incapaz de conseguir un trabajo y a punto de morir de hambre, se suicidó ahorcándose, aunque hay quien dice que fueron los agentes del NKVD quienes visitaron su casa y la obligaron a suicidarse. El interés por su poesía comenzó a crecer en la década de 1960, y su obra empezó a traducirse a diversos idiomas, especialmente al inglés. **HJ**

Inspiración para Lara

Tsvietáieva mantuvo una larga y fructífera relación epistolar con el escritor y poeta ruso Boris Pasternak, que descubrió su poesía semanas después de que Tsvietáieva fuera al exilio en 1922 y se sintió arrastrado por su lirismo. El autor escribió a su hermana: «Es como si mi corazón hubiera desgarrado mi camisa. Me he vuelto loco, las astillas vuelan: algo semejante a mí existe en el mundo, ¡y qué similitud!». La correspondencia entre Pasternak y Tsvietáieva duró más de una década. Tsvietáieva inspiró a Pasternak para crear la heroína Lara de su obra maestra, *Doctor Zhivago* (1957).

J. R. R. TOLKIEN

John Ronald Reuel Tolkien, 3 de enero de 1892 (Bloemfontein, Sudáfrica); 2 de septiembre de 1973 (Bournemouth, Inglaterra).

Estilo y género: J. R. R. Tolkien fue un intelectual y fabulista cuya densa sintaxis transformó el género fantástico.

Obras destacadas

Novelas

El Hobbit, 1937

El Señor de los Anillos, 1954

Las dos torres, 1954

El retorno del rey, 1955

El Silmarilión, 1977 (publicada póstumamente)

En una célebre conferencia que J. R. R. Tolkien pronunció en la Academia Británica como catedrático de lengua y literatura anglosajonas de la Universidad de Oxford, empleó una analogía: un granjero inglés encuentra una ruina antigua en su propiedad y utiliza las piedras para construir una torre; aunque sus hijos están furiosos con él por haber destruido la ruina, Tolkien afirma que si hubieran trepado a lo alto de la torre, se habrían dado cuenta de que el granjero podía ahora ver el mar.

Tolkien empleó esta imagen para explicar las diversas capas de cristianismo y paganismo existentes en el poema *Beowulf* (h. 700-1000), escrito en inglés antiguo. Pero la analogía también explica el uso que hace el propio Tolkien de la mitología ya existente para crear su admirada serie de novelas, *El Hobbit* y su secuela, la trilogía *El Señor de los Anillos*. Tolkien se lamentaba de que tan solo quedaran meras trazas de las antiguas tradiciones anglosajona y céltica tras siglos de conquistas y catolicismo; pero en lugar de conformarse con las ruinas, se dispuso a construir una torre.

El mundo de las novelas de Tolkien comienza siendo pequeño, y sus hobbits son una amable sátira de las tranquilas y aburridas rutinas de las pequeñas ciudades de Inglaterra. Pero la aventura no tarda en dar un giro y convertirse en algo inmenso, de dimensiones épicas, y rápidamente los lectores se encuentran consultando los detallados mapas que aparecen al inicio de cada volumen. Las novelas transpiran nostalgia por una era ancestral, pero con una tristeza madura que no se encuentra en las hordas de imitadores que prácticamente constituyen un género en sí mismos. Es posible que Tolkien construyera una torre, pero no olvidó la pérdida que le había permitido hacerlo. **SY**

«Los temas de Tolkien son atemporales, en el verdadero sentido [...]» Peter Jackson

ARRIBA: J. R. R. Tolkien fotografiado a principios de la década de 1970.

IVO ANDRIĆ

Ivo Andrić, 9 de octubre de 1892 (Dolac, cerca de Travnik, Bosnia-Herzegovina); 13 de marzo de 1975 (Belgrado, Serbia, Yugoslavia).

Estilo y género: La obra de Andrić se centra en Bosnia y en su historia, cultura, folclore y los lazos que unen a la gente de la región.

Obras destacadas

Novelas

Un puente sobre el Drina, 1945

Crónica de Travnik, 1945

La señorita, 1945

Prosa poética

Ex Ponto, 1918

Ivo Andrić publicó en 1918 su primera obra, *Ex-Ponto*, un libro de prosa lírica que narraba sus experiencias en prisión durante la Primera Guerra Mundial. Más tarde se convirtió en diplomático y viajó extensamente mientras escribía relatos breves. Comenzó a escribir novelas mientras se encontraba bajo arresto domiciliario durante la ocupación nazi de Belgrado. En 1945 publicó su trilogía sobre Bosnia: *Un puente sobre el Drina*, *Crónica de Travnik* y *La señorita*. Considerada su obra maestra, *Un puente sobre el Drina* es una serie de viñetas en las que podemos contemplar la vida de toda una gama de personajes (musulmanes, cristianos y judíos) que han vivido a la sombra del puente durante generaciones. Andrić obtuvo el premio Nobel de Literatura 1961. **HJ**

DJUNA BARNES

Djuna Barnes, 12 de junio de 1892 (Cornwall-on-Hudson, Nueva York, EE.UU.); 18 de junio de 1982 (Nueva York, Nueva York, EE.UU.).

Estilo y género: Barnes que escribía con sarcástico ingenio y versatilidad estilística, reflexionó sobre la condición femenina y parodió la sexualidad.

Obras destacadas

Novelas

Ryder, 1928

El almanaque de las mujeres, 1928

El bosque de la noche, 1936

Djuna Barnes, escritora y dramaturga moderna, comenzó su carrera como periodista. En la década de 1920 abandonó Nueva York y partió a París, donde se integró en el círculo de bohemios modernistas expatriados. Tenía un estilo irónico y su primera novela, *Ryder*, parodia las convenciones patriarcales a través de la misoginia de Wendell Ryder, el padre que sueña con una raza que lleve su apellido. *El bosque de la noche*, su novela más aclamada, trata del doctor O'Connor, un socrático transexual consumido por la ansiedad decadente de final de siglo. Es una obra maestra y una novela de culto; las historias individuales de sus personajes desafían las ideologías generalmente aceptadas sobre género, sexualidad e identidad; y muestran una Europa en crisis. **PR**

REBECCA WEST

Cecily Isabel Fairfield, 21 de diciembre de 1892 (Kerry, Irlanda); 15 de marzo de 1983 (Londres, Inglaterra).

Estilo y género: West, de escritura detallista, abordó en su obra temas feministas, volcó sus opiniones políticas y aplicó un sentido del humor ingenioso.

Obras destacadas

Novelas

El regreso del soldado, 1918

El juez, 1922

Harriet Hume, 1929

La caña que piensa, 1936

The Birds Fall Down, 1966

Otras obras

The Sterner Sex, 1913

D. H. Lawrence, 1930

Cordero negro, halcón gris. Un viaje al interior de Yugoslavia, 1941

A Train of Powder, 1955

1880–99

Cecily Isabel Fairfield, que albergaba el sueño de convertirse en actriz, asistió a la Real Academia de Arte Dramático de Londres, donde escogió el nombre artístico de Rebecca West; nombre que tomó de la heroína de una obra de Henrik Ibsen, y que haría mundialmente famoso. West comenzó su carrera literaria antes de la Primera Guerra Mundial, con artículos para la publicación sufragista *The Freewoman*. Sus opiniones políticas y fuertes sentimientos están presentes en toda su obra. Uno de sus más famosos ensayos feministas, publicado en 1913, fue *The Sterner Sex*.

En 1913 conoció a H. G. Wells, que estaba casado y con quien mantuvo una relación amorosa a lo largo de una década y tuvo un hijo. Al parecer, West tuvo numerosos amantes, entre ellos Charlie Chaplin, antes de casarse con el financiero Henry Maxwell Andrews cuando tenía más de 30 años.

West se hizo famosa gracias a sus novelas y libros de viajes, así como a su agresivo estilo periodístico, que empleó en los artículos que escribió para diversas publicaciones de izquierdas. Durante la Segunda Guerra Mundial trabajó para la BBC en Londres, y entre los años 1945 y 1946 cubrió los juicios de Núremberg para el *New Yorker*, experiencia que le causó una gran angustia, aunque le valió el reconocimiento internacional. Su libro de viajes más famoso es el excelente *Cordero negro, halcón gris*, acerca de sus viajes por lo que entonces era Yugoslavia. Socialista comprometida y reformista social que odiaba las brutalidades cometidas tanto por el fascismo como por el comunismo, su libro *The Birds Fall Down* trata sobre la Revolución rusa; esta fue su última novela. Hacia el final de su vida, West ya era considerada una de las figuras literarias más destacadas de Gran Bretaña. **LH**

«La maternidad es la cosa más extraña, podría definirse como ser tu propio caballo de Troya.»

ARRIBA: La escritora y periodista Rebecca West fotografiada en 1930.

CÉSAR VALLEJO

César Abraham Vallejo Mendoza, 16 de marzo de 1892 (Santiago de Chuco, Perú); 15 de abril de 1938 (París, Francia).

Estilo y género: Vallejo, poeta del «dolor humano», ha sido uno de los mayores creadores en lengua española del siglo XX.

César Vallejo fue pionero de la poesía de vanguardia y de la poesía social, y tuvo una gran influencia en España y Latinoamérica. Peruano de origen indígena y español, se trasladó a París en 1923 y nunca regresó a su patria. Pasó una vida de privaciones y dolor, que se manifiesta en su poesía, aunque escribió además ensayo, teatro, artículos y narraciones. En *Los heraldos negros*, deudor del modernismo, busca lo profundo a partir de lo inmediato: su casa, la familia, etc. En *Trilce*, escrita en la cárcel, hace añicos las formas tradicionales y se inspira en las vanguardias (dadaísmo, ultraísmo...) para crear una voz original, punzante y amarga. Se publicaron póstumos sus *Poemas humanos* y otras poesías comprometidas con su credo comunista. **FV**

Obras destacadas

Poesía

Los heraldos negros, 1918

Trilce, 1922

España, aparta de mí este cáliz, 1939 (obra póstuma)

Poemas humanos, 1939 (obra póstuma)

Prosa

El tungsteno, 1931

Paco yunque, 1931

El arte y la revolución, 1929-1931

JORGE GUILLÉN

Jorge Guillén Álvarez, 18 de enero de 1893 (Valladolid, España); 6 de febrero de 1984 (Málaga, España).

Estilo y género: Guillén es el más puro de los poetas españoles de la Generación del 27; su obra es compleja y difícil para el lector por la concisión del lenguaje.

Jorge Guillén, licenciado en filosofía y letras, vivió en la Residencia de Estudiantes de Madrid, donde coincidió con algunos miembros de la Generación del 27. Tuvo una dilatada vida académica que le llevó a ser profesor de literatura en las universidades de Murcia y Sevilla, y lector de español en La Sorbona de París, Oxford y algunas universidades norteamericanas donde se exilió durante la guerra civil. En 1928 empezó a escribir su obra cumbre, *Cántico*, a la que iría añadiendo poemas hasta 1950. El poemario es un canto al gozo de vivir y a la existencia, que después se complementaría con los poemas agrupados en *Clamor*, de una mirada más serena y preocupada por los problemas del hombre. En 1976 ganó el primer premio Cervantes. **FV**

Obras destacadas

Poesía

Cántico, 1928-1950

Clamor, 1949-1963

Homenaje, 1967

JOSEPH ROTH

Moses Joseph Roth, 2 de septiembre de 1894 (Brody, Rusia [act. Lviv, Ucrania]); 27 de mayo de 1939 (París, Francia).

Estilo y género: El periodismo y la ficción de Roth anhelaban un mundo más humano que, según imaginaba, tan solo había existido en el pasado imperial de Austria.

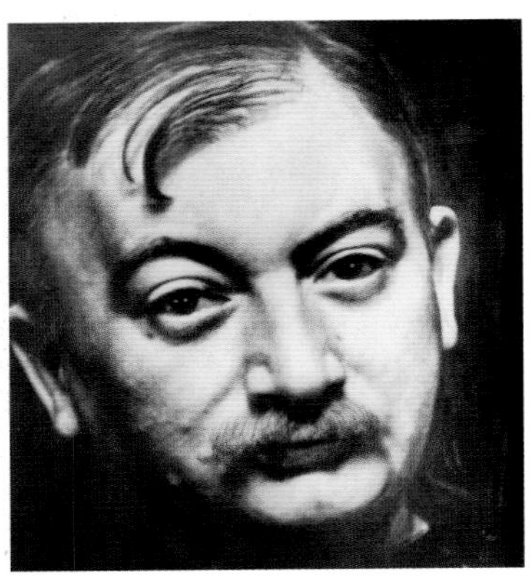

Obras destacadas

Novelas

La tela de araña, 1923
Hotel Savoy, 1924
El espejo ciego, 1925
Fuga sin fin, 1927
Job, 1930
La marcha Radetzky, 1932
La leyenda del santo bebedor, 1939
El Leviatán, 1940 (publicada póstumamente)

Cuento

«El busto del emperador», 1935

Cuando nació Joseph Roth, la ciudad de Brody, en Ucrania, todavía no disponía de estación de tren ni de industrias modernas. No obstante, se trataba de un centro de aprendizaje, una *shtetl* («ciudad pequeña») que era el hogar de judíos tanto iluministas como ortodoxos, y que albergaba a burgueses germanohablantes y a inmigrantes pobres que llegaban de lugares situados más al este.

En muchos aspectos, Roth llevó siempre dentro la ciudad de Brody: cuando fue al colegio en Lemberg, en la Universidad de Viena y, desde entonces, como periodista del ejército austríaco durante la Primera Guerra Mundial, donde publicó sus primeros artículos. Su infancia, según afirmaba, había estado marcada por la pobreza. Algunos biógrafos citan fotografías en las que se le puede ver bien vestido y mencionan sus lecciones de violín, pero tal y como muestra su tardía novela corta *La leyenda del santo bebedor*, la empatía, que era una de las mayores virtudes de Roth, también era una de sus más profundas debilidades.

Sin dinero para finalizar sus estudios tras la guerra, Roth se trasladó a Berlín, y también allí encontró su propia Brody: en los desarraigados, los pobres de la clase trabajadora y los parados. El matrimonio de Roth se vio empañado por las preocupaciones financieras, los viajes constantes y la esquizofrenia que sufría su esposa. En enero de 1933, cuando Adolf Hitler fue nombrado canciller, Roth abandonó Alemania y se estableció en París. Mientras sus libros eran quemados en Alemania, Roth continuó bebiendo, escribiendo y viajando más que nunca, pero su salud y su situación financiera empeoraron. Falleció totalmente arruinado en la capital francesa, en la primavera de 1935, de una neumonía agravada por la abstinencia del alcohol. **JK**

«Mi experiencia más inolvidable fue la guerra y el fin de mi madre patria [...]»

ARRIBA: Retrato del escritor austríaco Joseph Roth en una fotografía sin fecha.

LOUIS-FERDINAND CÉLINE

Louis-Ferdinand Anguste Destouches, 27 de mayo de 1894 (Courbevoie, Haute-Seine, Francia); 1 de julio de 1961 (París, Francia).

Estilo y género: Céline creó un vívido estilo de prosa basado en los ritmos del discurso diario para expresar su rabia hacia la condición humana moderna.

Louis-Ferdinand Céline plantea, de forma precisa, la cuestión de la relación entre las opiniones políticas de un autor y el valor de su obra. Elogiado como maestro innovador de la literatura moderna, ha sido demonizado simultáneamente por su rabioso antisemitismo y por su asociación con colaboradores de la ideología nazi.

La violencia irracional de la guerra fue la experiencia fundamental de Céline. Gravemente herido en el frente occidental en 1914, sobrevivió a la matanza de la Primera Guerra Mundial para ver el mundo de la posguerra con unos ojos salvajemente desilusionados. Escribió su primera novela, *Viaje al fin de la noche*, mientras trabajaba como médico en una clínica municipal dentro del sórdido distrito de Clichy en París. Acorde con el estado anímico de la Gran Depresión, dicho libro fue un éxito instantáneo, tanto para la crítica como para el público. El hiriente humor negro de su enfurecido monólogo coloquial lleva al lector a través de un viaje de pesadilla por el mundo moderno, desde las trincheras de la guerra hasta las colonias africanas y las fábricas de Detroit.

Céline escribió a continuación *Muerte a crédito*, una escabrosa y anárquica historia sobre maduración personal que presentaba una nueva particularidad estilística, el uso de elipses, etc. A finales de la década de 1930, Céline publicó panfletos antisemitas, y durante el último año de la Segunda Guerra Mundial se vio forzado a escapar de los Aliados, aunque no llegó a colaborar activamente con los nazis. Sus andanzas por el Tercer Reich ofrecieron la mayor parte del material para sus amargas y divagantes novelas de posguerra. Encarcelado durante un año en Dinamarca y condenado en Francia *in absentia*, se le permitió regresar a su casa en 1951. La reputación de sus novelas ha sobrevivido a la deshonra de su autor. **RG**

«Evocar la propia posteridad es como [...] un discurso ante gusanos.» *Viaje al fin de la noche*

Obras destacadas

Novelas

Viaje al fin de la noche, 1932

Muerte a crédito, 1936

Fantasía para otra ocasión, 1952

De un castillo a otro, 1957

Norte, 1960

El puente de Londres, 1964

ARRIBA: Louis-Ferdinand Céline fotografiado en Francia en 1955.

DASHIELL HAMMETT

Samuel Dashiell Hammett, 27 de mayo de 1894 (condado de St. Mary, Maryland, EE.UU.); 10 de enero de 1961 (Nueva York, Nueva York, EE.UU.).

Estilo y género: Hammett escribió historias detectivescas de sexo y violencia, ambientadas en sórdidos escenarios urbanos, con diálogos rápidos y argot callejero.

Obras destacadas

Novelas

Cosecha roja, 1929
La maldición de los Dain, 1929
El halcón maltés, 1930
El hombre delgado, 1932

Dashiell Hammett es el padre de las novelas de detectives protagonizadas por tipos duros. Trabajó durante siete años en la Pinkerton National Detective Agency, experiencia que le suministró una gran cantidad de material para sus libros. Las revistas de baja calidad fueron el primer medio que tuvo Hammett para publicar sus obras antes de lanzar dos novelas, *Cosecha roja* y *La maldición de los Dain*, en 1929. *El halcón maltés* tenía como protagonista a Sam Spade, un sarcástico y solitario detective con un rígido código de honor personal. La última novela de Hammett, *El hombre delgado*, incluye a la pareja de detectives Nick y Nora Charles, que pasan gran parte del tiempo embriagados. Después de 1934 se dedicó por completo a la defensa de las libertades civiles. **SG**

E. E. CUMMINGS

Edward Estlin Cummings, 14 de octubre de 1894 (Cambridge, Massachusetts, EE.UU.); 3 de septiembre de 1962 (North Conway, New Hampshire, EE.UU.).

Estilo y género: La poesía de Cummings está impregnada de la experimentación poco convencional con diversas formas de lenguaje y con la puntuación.

Obras destacadas

Poesía

is 5, 1926
ViVa, 1931
95 *Poems,* 1958

Novela autobiográfica

La habitación enorme, 1922

Cummings, educado en Harvard, es popularmente aclamado como poeta, pero también escribió prosa y teatro, y se dedicó a la pintura. Cuando era conductor de ambulancias en Francia durante la Primera Guerra Mundial, Cummings fue encarcelado por criticar los logros de la guerra. La experiencia quedó reflejada con franco ingenio en *La habitación enorme*. Con influencias que abarcan desde el romanticismo inglés hasta Ezra Pound, el anárquico vaivén estilístico de Cummings entre el lirismo, la ingenuidad y la franca forma de hablar de las calles le granjeó la admiración del público. La creencia popular de que cambió su nombre y decidió escribirlo como e. e. cummings es incorrecta, pues también empleó las mayúsculas iniciales. **AK**

DERECHA: ***Autorretrato con un boceto,*** **de Cummings, pintado hacia 1939.**

ALDOUS HUXLEY

Aldous Leonard Huxley, 26 de julio de 1894 (Godalming, Surrey, Inglaterra); 22 de noviembre de 1963 (Los Ángeles, California, EE.UU.).

Estilo y género: Huxley exploró la influencia de la ciencia y la tecnología mediante la formulación de teorías que exhibía de modo ingenioso y satírico.

Aldous Huxley, novelista y ensayista nacido en el seno de una familia de intelectuales, fue educado en el Eton College y el Balliol College, en Oxford. A pesar de padecer ceguera parcial, logró hacerse un hueco como novelista de extremado ingenio gracias a las dos primeras novelas que publicó, *Los escándalos*

Obras destacadas

Novelas

Los escándalos de Crome, 1921
Danza de sátiros, 1923
Contrapunto, 1928
Un mundo feliz, 1932
Ciego en Gaza, 1936
Mono y esencia, 1948
La isla, 1962

Otras obras

Los demonios de Loudun, 1952
Las puertas de la percepción, 1954
Cielo e infierno, 1956

ARRIBA: Aldous Huxley fotografiado en 1946, sosteniendo un cigarrillo.

DERECHA: Sobrecubierta de la primera edición de *Un mundo feliz*.

de Crome y *Danza de sátiros*. Muy pocos escritores han sabido captar con tanta perfección el desencanto que existía entre la juventud británica durante la década de 1920. Estas primeras obras eran chispeantes sátiras de las clases altas y la élite intelectual.

Para cuando publicó su cuarta novela, *Contrapunto*, que expresa cierta preocupación por el progreso sin restricciones de la ciencia y la tecnología, Huxley ya era sinónimo de ficción reflexiva que proyecta con fuerza fascinantes opiniones e ideas.

Su siguiente obra, *Un mundo feliz*, está inspirada en parte por un viaje a Estados Unidos —llegó en 1937 y permaneció allí durante el resto de su vida—, nación que el autor contemplaba cómo se encaminaba rápidamente hacia la dominación mundial. Huxley ofrece en la obra una visión de pesadilla del futuro, en la que la ciencia genética ha creado una raza humana perfecta, subdividida en castas, para lo que ha debido pagarse el precio de sacrificar la familia, la cultura, la religión y la filosofía. *Un mundo feliz* desafía la clasificación literaria y se considera como una de las principales novelas antiutópicas del siglo XX: eslogan que la prensa hizo circular en relación con cualquier desarrollo considerado abiertamente moderno o una amenaza para la libertad humana.

Huxley continuó proyectando una imagen poco prometedora de una sociedad violenta y sin rumbo en *Ciego en Gaza*, aunque sugería alternativas viables con su propia conversión al pacifismo, que ofrecía un contrapunto a su previo cinismo punzante. Una de sus últimas obras, *Las puertas de la percepción*, es la que se recuerda con mayor entusiasmo, ya que en ella el autor detalla sus experiencias al tomar la droga alucinógena mescalina en un intento de comprender el modo en que funciona la mente. No resulta sorprendente que el libro se convirtiera en lectura obligada para las emergentes culturas hippy y psicodélica de la década de 1960, quizá con mayor motivo porque es ampliamente conocido el hecho de que Huxley tomó LSD en su lecho de muerte.

El humor y la cáustica sátira de Huxley combinadas con su exploración visionaria del efecto de la ciencia y la tecnología, le convirtieron en uno de los más destacados escritores del siglo XX. **SG**

ARRIBA: Caricatura de Huxley por David Low para *The New Statesman* (1926).

Los demonios de Loudun

Las pocas incursiones de Huxley en la no ficción produjeron una de sus obras más convincentes, *Los demonios de Loudun*. Esta narración histórica, ambientada en la Francia del siglo XVII, revela con gran maestría los acontecimientos que llevaron a un promiscuo sacerdote, Urbain Grandier, a ser quemado en la hoguera después de que se le hallara culpable de brujería. Grandier fue acusado de asociarse con el diablo y seducir a todo un convento de monjas, acusación de la que se declaró inocente hasta el final. Las posesiones demoníacas, la superstición, el fanatismo religioso y la histeria sexual son descritos al detalle, ofreciendo una visión única de la época. La persecución, el fanatismo, la envidia y la codicia encajan con gran parte de la obra de Huxley.

ROBERT GRAVES

Robert von Ranke Graves, 24 de julio de 1895 (Londres, Inglaterra); 7 de diciembre de 1985 (Deià, Mallorca, España).

Estilo y género: Graves escribió poesía y novelas históricas acerca de las civilizaciones antiguas del Mediterráneo a partir de sus estudios sobre mitología.

Obras destacadas

Poesía

Sobre el brasero, 1916

Hadas y fusileros, 1917

Novelas

Yo, Claudio, 1934

Claudio, el dios y su esposa Mesalina, 1935

El vellocino de oro, 1944

Novela autobiográfica

Adiós a todo eso, 1929

Ensayo

La diosa blanca, 1948

Robert Graves, poeta y novelista, alcanzó la fama con los poemas que escribió mientras servía en la Primera Guerra Mundial. Entre estas gráficas compilaciones de la vida durante la guerra se incluyen *Sobre el brasero* y *Hadas y fusileros*, aunque su novela autobiográfica *Adiós a todo eso* se convirtió en la narración definitiva de los horrores de la contienda. Graves luego se instaló en Mallorca, donde escribió las novelas históricas *Yo, Claudio* y *Claudio, el dios y su esposa Mesalina*. La obra *La diosa blanca* es un controvertido estudio del lenguaje del mito poético. Durante los últimos años de su vida, Graves escribió numerosos poemas de amor, admirados como algunos de los mejores versos escritos en el último siglo. **SG**

PAUL ÉLUARD

Eugène-Émile-Paul Grindel, 14 de diciembre de 1895 (Saint-Denis, Francia); 18 de noviembre de 1952 (Charenton-le-Pont, Francia).

Estilo y género: Éluard, cofundador del surrealismo, escribió poesías de gran lirismo, que a menudo reflejan los acontecimientos sociales y políticos de la época.

Obras destacadas

Poesía

Poemas para la paz, 1918

El amor y la poesía, 1929

Poesía y verdad, 1942

Fénix, 1951

Paul Éluard es uno de los fundadores del surrealismo en poesía —aunque más tarde lo negaría—, junto con sus dos amigos André Breton, —con quien colaboró— y Louis Aragon. La poesía de Éluard destaca por su lenguaje directo e impactante, que evoca fragmentos de tiempo, espacio y acción a través de un uso económico de las palabras. Su obra refleja sus triunfos personales, sus amores y también sus pérdidas, y es un reflejo del mundo en general, especialmente de acontecimientos sociales y políticos. Éluard fue una figura fuertemente política y miembro del Partido Comunista francés. Veía su poesía como una manera de inspirar emoción en sus lectores y de animarles a entrar en acción, de reflejar la lucha de la izquierda por el poder social y político. **TamP**

DERECHA: Éluard con Breton y Desnos en un parque de atracciones.

F. SCOTT FITZGERALD

Francis Scott Key Fitzgerald, 24 de septiembre de 1896 (St. Paul, Minnesota, EE.UU.); 21 de diciembre de 1940 (Hollywood, California, EE.UU.).

Estilo y género: Los personajes de Fitzgerald están repletos de pronunciados defectos fatales y presentan una cierta pátina de despreocupación.

Obras destacadas

Novelas

A este lado del paraíso, 1920

Hermosos y malditos, 1922

El gran Gatsby, 1925

Suave es la noche, 1934

El último magnate, 1941

Cuentos

Flappers y filósofos, 1920

Cuentos de la era del jazz, 1922

ARRIBA: Retrato de F. Scott Fitzgerald realizado alrededor de 1946.

DERECHA: El rostro de una muchacha sobre Coney Island en *El gran Gatsby* 1925 .

F. Scott Fitzgerald vivió de forma acelerada. Su amor a la escritura forjó su carácter desde una edad temprana. Durante la Primera Guerra Mundial se alistó en el ejército, aunque continuó escribiendo artículos para revistas y letras para canciones, además de enviar a varias editoriales su primera novela, *The Romantic Egoist* (1917), sin éxito alguno. Después de la guerra, Fitzgerald trabajó en publicidad.

Fitzgerald fue la personificación de la era del jazz, y convirtió esa misma época en un personaje integral que presidía todas sus obras. Sus personajes, tan llenos de encanto y de vida, a menudo se condenan inevitablemente al fracaso o la desgracia en el momento de pagar un precio por sus excesos; se trata de una deprimente crítica de la vida que llevaba el mismo Fitzgerald. Creó el personaje denominado *flapper*, o muchacha a la moda, una mujer moderna, de mentalidad independiente y con frecuencia controvertida. También contrajo matrimonio con una de ellas: los diálogos de sus personajes femeninos a menudo estaban compuestos de citas textuales de su esposa, Zelda Sayre.

Su primer éxito, *A este lado del paraíso*, proporcionó a los Fitzgerald los ingresos necesarios para poder viajar y vivir una vida privilegiada y llena de glamour. Fitzgerald escribía entrelazando sus experiencias personales en obras de ficción como *Hermosos y malditos*, cuyo título estaba cargado de significado, y su obra más famosa, *El gran Gatsby*. La esquizofrenia que padecía su esposa y sus intentos por vivir con la enfermedad quedan afectuosa aunque trágicamente reflejados en *Suave es la noche*. Falleció antes de finalizar su última novela, *El último magnate*. Las obras, estilo y vida de Fitzgerald fueron los precursores de la escritura subversiva y *underground* que ejemplificó Jack Kerouac en la década de 1960. Fitzgerald abrió la puerta a la libertad para exponer los elementos menos deleitables de la vida estadounidense. **LH**

The GREAT GATSBY

ANTONIN ARTAUD

Antoine Marie Joseph Artaud, 4 de septiembre de 1896 (Marsella, Francia); 4 de marzo de 1948 (Ivry-sur-Seine, Francia).

Estilo y género: Artaud, poeta, ensayista, dramaturgo, actor y director, redefinió el teatro por su defensa de las experiencias sensuales frente a las literarias.

Obras destacadas

Teatro

Jet de Sang, 1925

Los Cenci, 1935

Otras obras

Heliogábalo o el anarquista coronado, 1934

El teatro y su doble, 1938

Los tarahumaras, 1945

En 1931 Antonin Artaud se sintió profundamente influido por el enfoque dramático y místico del teatro balinés tras asistir a una representación en la Exposición Colonial de Marsella. Escribió *El teatro y su doble*, selección de ensayos que se unían a sus dos manifiestos del «Teatro de la crueldad». Atacaba la naturaleza convencional del teatro francés y defendía la necesidad de crear más obras dramáticas, y que el teatro debería ser una experiencia holística, en la que el público y los actores formaran parte de un todo. Su concepto de «crueldad» se basaba en la creación de dramatismo a través de experiencias extremas: un acto violento, una iluminación, un sonido y un lenguaje diseñados para hacer pedazos la complacencia de la realidad. **TamP**

GIUSEPPE TOMASI DI LAMPEDUSA

Giuseppe Tomasi di Lampedusa, 23 de diciembre de 1896 (Palermo, Sicilia, Italia); 23 de julio de 1957 (Roma, Italia).

Estilo y género: La novela sobre la unificación de Italia, del duque de Palma y príncipe de Lampedusa, publicada a título póstumo, obtuvo un gran éxito.

Obras destacadas

Novela

El gatopardo, 1958

Cuentos

Los relatos, 1961

Giuseppe Tomasi di Lampedusa comenzó a escribir de manera seria dos años antes de su muerte. Su vida había sido un ejercicio de preparación para la composición de *El gatopardo*, ya que había pasado largos años contemplando la desintegración de su estatus aristocrático y del estilo de vida tradicional que este conllevaba. Desilusionado al principio por los liberales corruptos y más tarde por los violentos fascistas durante el período de entreguerras, se volvió introvertido y comenzó a meditar sobre los melancólicos desengaños del progreso histórico. Ambientada durante el Risorgimento italiano, *El gatopardo* trata sobre la parálisis política de la aristocracia siciliana y explora el conflicto entre las necesidades humanas de resistir y de rendirse al cambio. **TM**

ANDRÉ BRETON

André Breton, 19 de febrero de 1896 (Tinchebray, Orne, Francia); 28 de septiembre de 1966 (París, Francia).

Estilo y género: Breton despliega en sus obras humor negro, temas políticos izquierdistas, surrealismo, simbolismo y una fascinación por la psicología.

André Breton sigue siendo célebre por sus manifiestos, en el primero de los cuales, de 1924, anunciaba al mundo el nacimiento del surrealismo. Poeta y psiquiatra, Breton empleó sus estudios de medicina para dar forma a su poesía y a su sistema de creencias. Empezó siendo dadaísta, y poco a poco se desilusionó no solo con el arte dadaísta sino con el mundo en general, tras haber vivido los horrores de la Primera Guerra Mundial. Durante la contienda trabajó en un hospital, donde trataba a los soldados enfermos que presentaban heridas tanto físicas como mentales. A partir de entonces, inició una búsqueda de lo que consideraba la sencillez de la vida antes de la guerra.

Breton veía la vida a través de los enfermos mentales que había tratado, y obtuvo un gran reconocimiento por su obra *El amor loco*, una colección de poemas que defiende las descabelladas acciones que llevan a cabo los enamorados. Escribió también ensayos y una novela, *Nadja*, que tuvo muy buena acogida durante su vida. Breton también publicó colecciones de otros poetas y escritores, en especial de aquellos cuyas obras le habían influido, como Edgar Allan Poe, Lewis Carroll y Franz Kafka.

La Segunda Guerra Mundial volvió a afectar profundamente a Breton. Antes del inicio de la contienda se había afiliado al Partido Comunista; abandonó Francia y viajó por países a los que no llegó la guerra y escribió poesía que trataba sobre el exilio. En 1946 regresó a Francia y continuó con su trabajo como surrealista con una nueva generación de seguidores. Es famosa su frase: «La mente que se sumerge en el surrealismo revive con ardiente excitación la mejor parte de su infancia»; un agudo comentario sobre la sencillez y la inocencia a las que deseaba regresar. **LH**

Obras destacadas

Novela

Nadja, 1928

Poesía

El amor loco, 1937

Arcanum 17, 1945

Manifiestos

Manifiesto del surrealismo, 1924

Segundo manifiesto del surrealismo, 1930

Ensayo

Los vasos comunicantes, 1932

«Vivir y dejar de vivir son soluciones imaginarias. La existencia se halla en otra parte.»

ARRIBA: Breton a mediados de la década de 1930, en el punto álgido de su fama.

JOHN DOS PASSOS

John Rodrigo Dos Passos, 14 de enero de 1896 (Chicago, Illinois, EE.UU.); 28 de septiembre de 1970 (Baltimore, Maryland, EE.UU.).

Estilo y género: Las novelas de Dos Passos combinan la ficción y la biografía para crear extensos estudios críticos acerca de la vida en Estados Unidos.

Obras destacadas

Novelas

Tres soldados, 1921
Manhattan Transfer, 1925
U.S.A. (trilogía)
  Paralelo 42, 1930
  1919, 1932
  El gran dinero, 1936
Distrito de Columbia (trilogía)
  Aventuras de un joven, 1939
  Número uno, 1943
  El gran destino, 1949

John Dos Passos era hijo, al parecer —porque no se sabe con certeza—, de un acaudalado abogado norteamericano de origen portugués, y durante los primeros años de su vida viajó con su madre convertido en lo que él llamaba un «niño de hotel».

Tras graduarse en la Universidad de Harvard en 1916, viajó a Europa y sirvió en la Primera Guerra Mundial como conductor de ambulancias voluntario. Esta experiencia inspiró su novela antibelicista *Tres soldados*. También acabó viendo su propio país no como una sola nación, sino como dos: la rica y poderosa y la pobre e impotente. Pero fue su novela *Manhattan Transfer* la que cimentó su reputación.

En la trilogía de novelas *U.S.A.*, escritas en la década de 1930, mezclaba la ficción con las biografías de ciudadanos reales, como J. P. Morgan, Woodrow Wilson, Rodolfo Valentino y Henry Ford. Empleó titulares reales de periódicos, anuncios y canciones populares de la época, junto con boletines de noticias ficticios y extractos de discursos políticos simulados para crear una crónica de la historia y sociedad norteamericanas desde 1900, que denunciaba un sistema impulsado por la codicia y la explotación.

Apoyó las causas de izquierdas y visitó Rusia. Viajó a España junto a Ernest Hemingway para mostrar su apoyo al bando republicano en la guerra civil, pero ambos se enemistaron y Dos Passos, poco a poco, fue virando hacia la derecha en sus ideas políticas. En otra trilogía de novelas, *Distrito de Columbia*, expresó su creciente desilusión hacia el «New Deal» del presidente Franklin D. Roosevelt, los políticos radicales y los sindicatos. También escribió obras teatrales, poesía, libros de viajes y ensayos, pero en el momento de su muerte su conservadurismo le había arrebatado la influencia que antaño ejerciera sobre los intelectuales liberales. **RC**

«El marxismo no solo no ha logrado promover la libertad [...] no ha producido alimentos.»

ARRIBA: Retrato de Dos Passos (h. 1955), sosteniendo su sempiterno cigarro.

EUGENIO MONTALE

Eugenio Montale, 12 de octubre de 1896 (Génova, Italia); 12 de septiembre de 1981 (Milán, Italia).

Estilo y género: Montale, poeta, periodista y ensayista italiano, abordó en sus poemas los temas existenciales que reivindicaban el valor de la humanidad.

La primera colección de poemas de Eugenio Montale, *Huesos de sepia*, estableció un nuevo y experimental modo de expresión dentro de la poesía italiana, al tiempo que capturaba el paisaje mediterráneo con gran precisión visual. En 1938 fue cesado como director de la biblioteca del Gabinetto Vieusseux de Florencia acusado de antifascista. *Las ocasiones* mantenía una visión estoica y flexible en una época de opresión política. Más tarde escribió *El vendaval y otras cosas*, una angustiosa sucesión de experiencias extraídas de la guerra y del período de posguerra. En 1948 Montale se convirtió en crítico literario para el periódico *Corriere della Sera*. Continuó escribiendo poesía y ensayos sobre la literatura moderna, y obtuvo el premio Nobel de Literatura en 1975. **SR**

Obras destacadas

Poesía

Huesos de sepia, 1920-1927

Las ocasiones, 1939

El vendaval y otras cosas, 1956

Satura, 1971

GEORGES BATAILLE

Georges Bataille, 10 de septiembre de 1897 (Billom, Auvernia, Francia); 8 de julio de 1962 (París, Francia).

Estilo y género: Bataille, ensayista, teórico filosófico y novelista, escribió, entre otros temas, sobre el surrealismo y el erotismo, la muerte y la degradación.

La obra de Georges Bataille ejerció una gran influencia sobre teóricos franceses del siglo XX como Jacques Lacan y Michel Foucault. Él mismo estaba influido por Friedrich Nietzsche y el marqués de Sade. Sus ensayos y novelas de culto como *Historia del ojo* ampliaron las fronteras de los tabúes sexuales, al tiempo que exploraban el concepto de lo sagrado en el marco de los excesos dionisíacos y eróticos. En ocasiones, escribía bajo seudónimo y otras veces su obra fue considerada pornográfica y se prohibió. En una época en la que el fascismo se cubría de gloria, Bataille intentó, como muchos otros, encontrar respuestas cuando el orden social establecido se había venido abajo y se cuestionaban las doctrinas de la sociedad burguesa. **CK**

Obras destacadas

Novelas

Historia del ojo, 1928

El azul del cielo, 1945

WILLIAM FAULKNER

William Faulkner, 25 de septiembre de 1897 (New Albany, Mississippi, EE.UU.); 6 de julio de 1962 (Byhalia, Mississippi, EE.UU.).

Estilo y género: Faulkner escribió, en un lenguaje poético, retratos del sur de la Norteamérica de la posguerra que resultan legendarios.

William Faulkner dijo que parte del sufrimiento humano se debe a que la única cosa que la gente es capaz de hacer durante ocho horas seguidas al día es trabajar. El hecho de que el ganador del Nobel fuera capaz de trabajar durante más tiempo queda demostrado en su producción: aparte de sus primeras poesías y su trabajo como guionista de Hollywood, Faulkner escribió 20 novelas y 85 relatos breves, muchos de los cuales se encuentran entre las obras más importantes de cuantas se han escrito en Norteamérica. La mayor parte de sus obras está ambientada en el ficticio «Condado de Yoknapatawpha», en el norte de Mississippi, y los fragmentos de historia compartida que se solapan las dotan de un sentido de la ubicación que el autor evoca con maestría.

La primera gran novela de Faulkner es *El sonido y la furia*. Cuenta con todas las señas de identidad de su mejor ficción: emplea las innovadoras técnicas narrativas del libre fluir de la conciencia para retratar una tragedia de dimensiones casi clásicas, con personajes perfectamente desarrollados y simbólicos, que traspasan la frontera entre el ejemplo y la alegoría de la violenta nostalgia del Sur durante la Gran Depresión. *Mientras yo agonizo* desarrolla temas similares pero con una compleja estructura, y *Santuario* es una emocionante y aterradora novela ambientada en el período de la Prohibición (también llamada Ley seca), que supuso el mayor éxito comercial del inicio de su carrera. En *Luz de agosto* hizo un tratamiento más explícito de las relaciones interraciales; *¡Absalón, Absalón!* es la historia de la obsesión de un joven con una familia local; y la trilogía de Snopes (*El villorrio, La ciudad* y *La mansión*) trata de una familia que personifica la codicia oportunista que subyacía en el surgimiento del Nuevo Sur. **SY**

«Trato de decirlo todo en una sola frase, entre una mayúscula y un punto.»

Obras destacadas

Novelas

El sonido y la furia, 1929
Mientras yo agonizo, 1930
Santuario, 1931
Luz de agosto, 1932
¡Absalón, Absalón!, 1936
El villorrio, 1940
La ciudad, 1957
La mansión, 1959
Los rateros, 1962

ARRIBA: William Faulkner fotografiado el 5 de febrero de 1954.

THORNTON WILDER

Thornton Niven Wilder, 17 de abril de 1897 (Madison, Wisconsin, EE.UU.); 7 de diciembre de 1975 (Hampden, Connecticut, EE.UU.).

Estilo y género: Wilder, dramaturgo y novelista estadounidense, abordó temas filosóficos universales dentro de un contexto moderno.

Con su primera obra, la novela *La cábala*, publicada en 1926, Thornton Wilder ganó fama como escritor. Cultivó también la dramaturgia, pero se consideraba, sobre todo, un profesor. Aunque obtuvo por sus obras dos premios Pulitzer, además de numerosos galardones, y su obra a menudo trataba temas profundamente filosóficos y analizaba la condición humana, se caracterizó por su modestia.

El padre de Wilder era diplomático y sus hermanos tenían un gran talento, por lo que creció en un entorno intelectual propicio y empezó a escribir obras de teatro cuando aún estaba en edad escolar. Escribió su primera obra, *La princesa rusa* (1913), mientras estudiaba en la Thatcher School, en Ojai, California, donde fue bastante infeliz y pasó gran parte del tiempo en la biblioteca. La primera novela de Wilder que le valió el Pulitzer, en 1927, fue *El puente de San Luis Rey*, que relata las historias entrelazadas de diversas personas que mueren cuando se derrumba el puente, y también las circunstancias que las llevaron a estar allí. Exploró los motivos filosóficos ocultos tras las tragedias y la muerte de personas inocentes, lo que significó un precedente para futuros relatos épicos sobre catástrofes; es un modelo que se ha retomado constantemente en la literatura y en el cine desde la época de Wilder. Tras el triunfo temprano de aquella obra, Wilder siguió publicando una serie de obras exitosas, que incluyen las obras de teatro *La piel de nuestros dientes* y *Nuestra ciudad*, por la que obtuvo su segundo premio Pulitzer.

La obra de Wilder se caracteriza por el modo conmovedor y penetrante en que aborda la humanidad y las complejidades de la conducta humana, además de examinar profundos temas filosóficos que son inherentes a todas las facetas de la vida. **TamP**

Obras destacadas

Novelas

La cábala, 1926

El puente de San Luis Rey, 1927

Mi destino es el cielo, 1935

Los idus de Marzo, 1948

Teatro

La trompeta debe sonar, 1926

Nuestra ciudad, 1938

La piel de nuestros dientes, 1942

La casamentera, 1955

1880–99

«Me interesan aquellas cosas que se repiten y [...] se repiten en las vidas de millones de personas».

ARRIBA: Un retrato del escritor estadounidense Thornton Wilder (h. 1950).

LOUIS ARAGON

Louis Aragon, 3 de octubre de 1897 (París, Francia); 24 de diciembre de 1982 (París, Francia).

Estilo y género: Aragon fue uno de los principales poetas, novelistas y surrealistas franceses, cuya obra transgredió las convenciones literarias tradicionales.

En 1924 Louis Aragon, André Breton y Philippe Soupault fundaron el movimiento surrealista. Aragon y Breton publicaron un boletín titulado *Littérature*, donde exponían las teorías del surrealismo. Su objetivo era liberar la imaginación recurriendo al subconsciente como fuente de inspiración. Creían que, mediante el uso de la escritura automática —escribir sin ningún tipo de control consciente—, la mente podía liberarse de todas las inhibiciones; asimismo, la poesía debía correr riesgos, y el lenguaje tenía que emanciparse mediante la transgresión y la ruptura de las convenciones literarias.

En 1924 Aragon escribió *El libertinaje*, una colección de relatos breves fragmentarios. En escenas propias de la vida cotidiana, Aragon explora la mente subconsciente, y el resultado combina una serie de impresiones con la fantasía. Dos años después, escribió *El campesino de París*, considerada una de las obras centrales del surrealismo. Aragon dijo que no era ni un relato ni un estudio de personajes, sino «una novela que romperá todas las reglas tradicionales que gobiernan la escritura de ficción, [...] una novela a la que los críticos tendrán que acercarse con las manos vacías».

Además de su obra surrealista, Aragon, que se había unido al Partido Comunista francés, trabajó como periodista y editor. Durante la Segunda Guerra Mundial fue miembro de la Resistencia francesa, y organizó una red de escritores que escribían para periódicos clandestinos y utilizaban la literatura para socavar la ocupación alemana.

Tras la guerra, Aragon fue recurriendo cada vez más a sus propias experiencias como fundamento de la ficción de sus últimas novelas, a menudo sembrándolas de artículos periodísticos, fragmentos de discursos y de sus teorías sobre el arte. **HJ**

«Sabemos que la naturaleza del genio es crear idiotas con ideas veinte años después.»

Obras destacadas

Novelas

El campesino de París, 1926
La Semana santa, 1958
Blanche, o el olvido, 1967
Théâtre/Roman, 1974

Cuentos

El libertinaje, 1924

Poesía

Fuego de alegría, 1920
El movimiento perpetuo, 1926

ARRIBA: Una fotografía del escritor surrealista Louis Aragon, tomada en 1936.

FEDERICO GARCÍA LORCA

Federico García Lorca, 5 de junio de 1898 (Fuente Vaqueros, Granada, España); 19 de agosto de 1936 (Víznar, Granada, España).

Estilo y género: Las obras poéticas y dramáticas de García Lorca fusionan lo elemental de la naturaleza con los mundos espirituales de la infancia y del folclore.

La educación de Federico García Lorca se vio animada por el folclore y las canciones infantiles, el mundo natural y la música, la pintura y las marionetas. Se licenció en derecho, pero inmediatamente se sumergió en el mundo de las artes: escribió obras de teatro, compuso piezas para piano, transcribió canciones populares y recitó sus poemas en actuaciones que sus contemporáneos describen como apasionantes.

Las primeras obras de teatro y poemas de García Lorca dramatizaban una transición conflictiva entre la infancia y la madurez, y con ellas ganó fama literaria y se reafirmó en que el medio ideal para el verso era popular, oral y dramático. En su *Romancero gitano* evoca los ritmos y las pasiones de un mundo violento y sensual, y muchos de sus poemas en *Canción de jinete* reflejan un punto de vista infantil.

Entre 1929 y 1930, cuando se enfrentó a una crisis relacionada con su homosexualidad, Lorca visitó Nueva York, donde se encontró con un mundo que desconocía. A raíz de esta experiencia escribió las obras más surrealistas, entre ellas *Poeta en Nueva York*, donde critica la alienación y la injusticia social en las ciudades. En 1931 Lorca se convirtió en director de la compañía teatral La Barraca, con el cometido de exponer a un público rural los clásicos españoles. Durante los cinco años siguientes, Lorca no dejó de realizar giras, y escribió sus obras más admiradas, como la trilogía dramática rural compuesta por *Bodas de sangre*, *Yerma* y *La casa de Bernarda Alba*.

«En España un muerto está más vivo que un muerto en otro país...» *Poeta en Nueva York*

El perfil público de Lorca como productor de teatro popular, así como su orientación sexual, le convirtieron en un blanco político; fue detenido y fusilado por milicianos fascistas durante los primeros días de la guerra civil. Su cuerpo fue enterrado en una fosa común, en un lugar impreciso. **CH**

Obras destacadas

Poesía

Poema del cante jondo, 1921
Canción de jinete, 1927
Romancero gitano, 1928
Llanto por Ignacio Sánchez Mejías, 1936
Poeta en Nueva York, 1940

Teatro

Bodas de sangre, 1932
Yerma, 1934
La casa de Bernarda Alba, 1936

1880–99

ARRIBA: Federico García Lorca posando junto a una biblioteca en 1930.

BERTOLT BRECHT

Eugen Berthold Friedrich Brechter Han Culen, 10 de febrero de 1898 (Augsburgo, Baviera, Alemania); 14 de agosto de 1956 (Berlín, Alemania).

Estilo y género: Las obras teatrales de Brecht, dramaturgo, poeta y director teatral marxista, son famosas por su ausencia de artificios ilusionistas y el uso de canciones.

Obras destacadas

Teatro

Baal, 1918
Vida de Galileo, 1937-1939
Madre Coraje y sus hijos, 1938-1939
La buena persona de Sezuan, 1939-1942
La resistible ascensión de Arturo Ui, 1941
El círculo de tiza caucasiano, 1943-1945

Musical

La ópera de cuatro cuartos, 1928

El gran dramaturgo y director teatral Bertolt Brecht renovó el teatro hasta el extremo de que actualmente existe el término «brechtiano» para calificar su forma —y la de otros— de plasmar las obras de teatro y las películas. Utilizó el teatro como experiencia didáctica para educar al proletariado, y adaptó a la escena hechos históricos que fueran relevantes para los tiempos modernos y sus problemas sociales, como en *Vida de Galileo*.

Sin embargo, quizá lo que causó mayor impacto fue la puesta en escena de sus piezas teatrales. Brecht despreciaba el ilusionismo y quería que su público fuera consciente de que estaba presenciando una ficción; para conseguirlo, diseñó escenarios sobrios, e introdujo canciones y proyecciones cinematográficas que reiteraban una idea, utilizando así en el medio teatral, quizá por primera vez, técnicas multimedia.

El intenso compromiso de Brecht con el marxismo también le llevó a defender el concepto de lo colectivo. Esto redundó en colaboraciones exitosas con escenógrafos, actores y compositores, sobre todo con el músico Kurt Weill, con quien escribió *La ópera de cuatro cuartos*, donde aparece el submundo criminal de Mackie Navaja frente al de la clase alta victoriana.

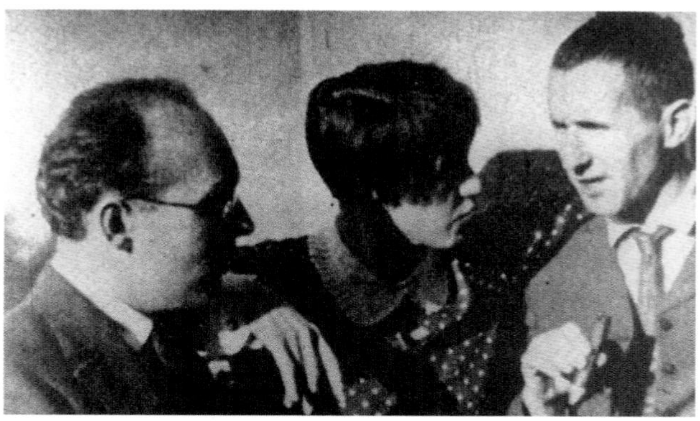

ARRIBA: Un retrato del dramaturgo Bertolt Brecht tomada en la década de 1930.

DERECHA: Brecht con el músico Kurt Weill (izquierda) y la cantante Lotte Lenya.

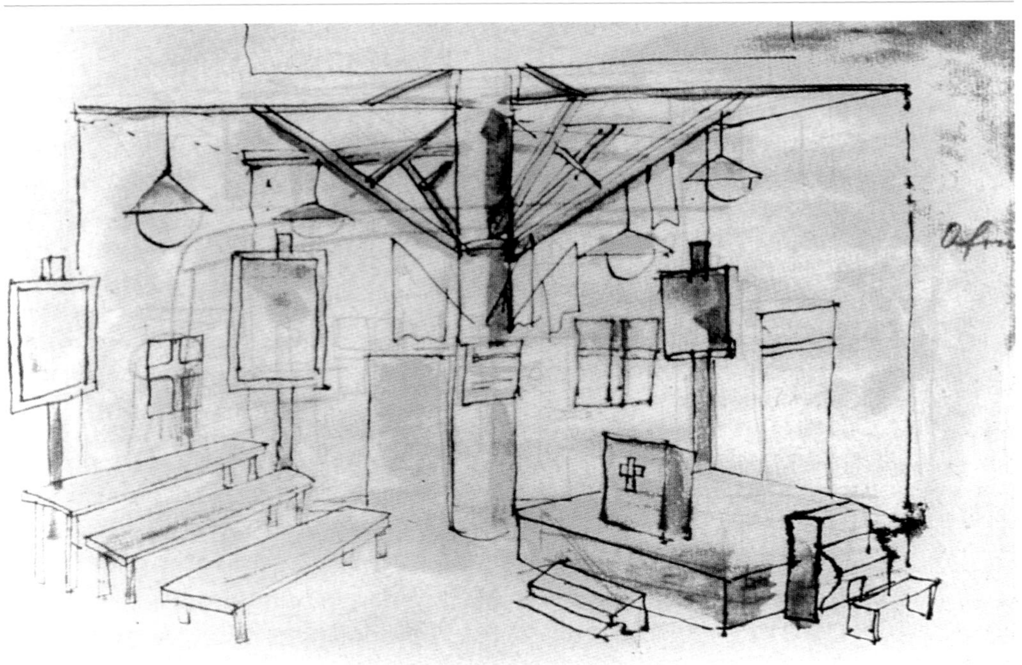

Brecht estudió arte dramático en la Universidad de Munich, y trabajó como crítico teatral. Escribió su primera obra, *Baal*, en 1918, pero fue en la década de 1920, durante la República de Weimar, cuando ganó fama en calidad de dramaturgo, director teatral y teórico notable. Luego Brecht perdió el favor de las autoridades nazis, debido a su explícita oposición al fascismo en obras como *Madre Coraje y sus hijos*, y en 1941 emigró a Estados Unidos. Allí trabajó como guionista de Hollywood, pero no fue muy apreciado debido a su creencia en un arte propagandístico.

Tras la Segunda Guerra Mundial, Brecht fue investigado por el Comité de Actividades Antiamericanas, y cuando testificó, en 1947, negó ser miembro del Partido Comunista, porque nunca se había afiliado. Abandonó Estados Unidos y se afincó en Suiza, antes de que el gobierno comunista de Alemania Oriental le invitase a regresar a su país natal. **CK**

ARRIBA: Esbozo de decorado para el musical *Final feliz* (1929), escrito con Kurt Weill.

Brecht y el musical

La ópera de cuatro cuartos, escrita junto con el compositor Kurt Weill, se basa en la inglesa *The Beggar's Opera* (1728), de John Gay. Su estreno en Berlín, en 1928, lo convirtió en el espectáculo de mayor éxito de la República de Weimar. Al cabo de un año, se habían realizado 46 producciones por toda Europa, y G. W. Pabst dirigió la primera versión cinematográfica en 1931. El musical alcanzó la cumbre de su gloria tras la Segunda Guerra Mundial, cuando una producción ajena a Broadway permaneció en cartel desde 1954 a 1961, batiendo todos los récords.

ERNEST HEMINGWAY

Ernest Miller Hemingway, 21 de julio de 1899 (Oak Park, Illinois, EE.UU.); 2 de julio de 1961 (Ketchum, Idaho, EE.UU.).

Estilo y género: Hemingway, escritor de la «Generación Perdida», es conocido por su prosa sobria y sin ambages, que marcó el estilo de la época.

Obras destacadas

Novelas

Aguas primaverales, 1926

Fiesta, 1926

Adiós a las armas, 1929

Tener y no tener, 1937

Por quién doblan las campanas, 1940

Al otro lado del río y entre los árboles, 1950

El viejo y el mar, 1952

París era una fiesta, 1964 (publicada póstumamente)

Cuentos

En nuestro tiempo, 1925

Hombres sin mujeres, 1927

Las nieves del Kilimanjaro, 1936

Ensayo

Muerte en la tarde, 1932

En otoño de 1950, Ernest Hemingway acababa de publicar *Al otro lado del río y entre los árboles* —su primera novela desde *Por quién doblan las campanas*—, por la que recibió las peores críticas de toda su carrera. En ella relata la vida de un coronel estadounidense de 50 años que regresa a un lugar próximo a Venecia donde había luchado durante la Primera Guerra Mundial, con objeto de pasar sus últimos días cazando patos, comiendo, bebiendo y seduciendo a una condesa de 18 años. Los críticos leyeron la novela a la luz de una aventura similar que, previamente, el propio Hemingway tuvo con una joven. Había pasado más de una década desde su última novela de éxito, y el autor parecía haberse saltado por completo la edad madura: era un viejo inmerso en un mar de alcohol, achaques y depresión. Todos consideraban que la carrera de Hemingway, con tan solo 51 años, había tocado fondo.

Sin embargo, sus mayores éxitos —y tormentos— aún no habían llegado. En 1952 recuperó su reputación de escritor singular con su novela *El viejo y el mar*, con la que ganó el premio Pulitzer, y en 1954 obtuvo el Nobel de Literatura. En años

ARRIBA: Ernest Hemingway en Málaga, fotografiado un año antes de su muerte.

DERECHA: Hemingway y su amigo Taylor *Beartracks* Williams, cazando antílopes.

ARRIBA: El escritor conversando con el líder cubano Fidel Castro a finales de 1959.

posteriores escribió varias obras de ficción interesantes, que se publicaron tras su muerte. Pero esa época también supuso la acumulación de una carga de angustia física y mental para Hemingway: sufrió graves lesiones internas y quemaduras fruto de dos accidentes de aviación, padecía hipertensión —que se iba haciendo cada vez más grave— y cirrosis, además de una progresiva depresión, paranoia y pérdida de memoria debido a las sesiones de terapia electroconvulsiva, que también perjudicaron de forma continuada su estado anímico.

«Escribir y viajar, si no amplían tu mente, ensanchan tu trasero, y a mí me gusta escribir de pie.»

A pesar de todo, Hemingway es uno de los escasos escritores estadounidenses que han sido elevados a la categoría de icono. Su característica barba, el jersey de lana, la mirada intensa; en definitiva, la imagen de Hemingway, y aquello que él representa, inunda todas sus novelas. Hemin-

El amor por los toros

Ernest Hemingway vio su primera corrida de toros en España en 1923, porque se lo había recomendado Gertrude Stein. La experiencia impactó al joven escritor. Se convirtió en un aficionado de por vida a este espectáculo, sobre el que escribió en *Fiesta*, así como en una obra que no es de ficción, *Muerte en la tarde*. La primera vez que Hemingway viajó a Pamplona fue en 1923, para asistir a las fiestas de San Fermín, una celebración cristiana que se remonta al año 1126. A Hemingway le sedujo el acontecimiento más popular asociado con los sanfermines: el encierro, cuyas carreras de los mozos delante de los toros y a lo largo de las calles el escritor siempre vio desde una posición de observador y nunca como participante. Aun así, muchos lectores de Hemingway mal informados acuden a Pamplona para participar en el encierro, pensando que así emulan al célebre escritor.

Hemingway consideraba que la tauromaquia era un ritual complejo, que consistía en algo más que torturar a un animal hasta la muerte, y durante la relación de treinta años que mantuvo con esta fiesta se interesó por los aspectos teatrales y espirituales de la ceremonia. Hemingway elogió la dignidad y la honestidad del toreo, el «arte y valor» de la lucha, y la «gracia bajo presión» que demostraba el matador.

DERECHA: Portada de la primera edición británica de su novela de 1952, publicada por Jonathan Cape.

gway participó en la creación de su propia leyenda y disfrutó de una vida increíblemente intensa.

A los 18 años, trabajó como conductor voluntario de ambulancias en el frente italiano, durante la Primera Guerra Mundial, donde un obús de mortero austríaco caído en una trinchera le sembró la pierna de más de doscientos fragmentos de metralla. Mientras se recuperaba en Milán, se enamoró de su enfermera, Agnes von Kurowsky, quien, siendo más de seis años mayor que él, acabó rompiendo su compromiso porque se consideraba demasiado joven. (Dos años después Hemingway se casó con Hadley Richardson, un año mayor que Kurowsky.) Al cumplir 25 años, Hemingway residía en París, y había trabado amistad con Gertrude Stein, Ezra Pound y James Joyce. A los 27 años consolidó su reputación literaria con *Fiesta*; y a los 30 años ya había enterrado a su padre —que se suicidó—, se había casado con su segunda esposa y había escrito su segunda novela importante, *Adiós a las armas*. Entonces abordó un tema político en *Tener y no tener*, que se consideró un fracaso desde el punto de vista artístico. Reaccionó publicando la que quizá sea su mejor novela, *Por quién doblan las campanas*, no mucho después de que las campanas de boda anunciasen su tercer matrimonio.

En la guerra Hemingway se encontraba como en casa. En realidad, la iba buscando. En 1942 equipó su barco de pesca para ir a la caza de submarinos alemanes frente a las costas de Cuba, con la aprobación del gobierno estadounidense. Fue reportero en la guerra de independencia griega, y en la guerra civil española desde 1937 hasta 1939. En 1944, a bordo de un vehículo de desembarco, documentó el ataque aliado en la playa de Omaha, Normandía, el día D. Ese mismo año, Hemingway fue corresponsal de los combates en la frontera de Bégica con Alemania, y mató a un invasor alemán. También fue testigo de la liberación de París, donde conoció a su cuarta esposa.

A menudo se dice que la vida de un escritor es el determinante más poderoso de la naturaleza de su expresión literaria. En el caso de Hemingway sucedió lo contrario: su vida llegó a aproximarse al romance, las aventuras, el desespero y la escala épica de sus obras de ficción. **IW**

HEMINGWAY

THE OLD MAN
AND
THE SEA

ELIZABETH BOWEN

Elizabeth Dorothea Cole Bowen, 7 de junio de 1899 (Dublín, Irlanda); 22 de febrero de 1973 (Hythe, Kent, Inglaterra).

Estilo y género: Bowen, moderna con la mirada de un extraño para la interioridad apasionada, llenó sus novelas de huérfanos difíciles que se enamoraban.

Obras destacadas

Novelas

The Last September, 1929
La casa en París, 1935
The Death of the Heart, 1938
The Heat of the Day, 1949
Eva Trout, 1968

Elizabeth Bowen publicó a los 24 años sus primeros relatos cortos —caracterizados ya por su impecable dominio del lenguaje y el tono—. Bowen rondaba la periferia del Grupo de Bloomsbury, y sus novelas se hacen eco de los experimentos de introspección que definen la ficción de Virginia Woolf y James Joyce.

A diferencia de sus contemporáneos más conocidos, Bowen fue una escritora que vendió mucho en su época, y colaboró con revistas de moda como *Tatler* y *Harper's Magazine*. Su obra cayó en el olvido tras su muerte de cáncer en 1973, pero ha experimentado un resurgimiento reciente gracias a la adaptación cinematográfica (1999) que realizó Deborah Warner de su segunda novela, *The Last September*, su obra más autobiográfica, donde relata la cultura decadente de la hegemonía protestante angloirlandesa.

La conciencia central de *The Last September* es la de Lois Farquar, sobrina de personas de alta alcurnia, que se aferran a su casa de campo y a su forma de vida. Por el contrario, la joven está dominada por deseos contradictorios: quedarse en Irlanda y estudiar arte en Londres; comprometerse con su soldado británico y besar a un rebelde irlandés. Farquar, con una mirada observadora y aguda, prefigura a Portia Quayne, la obstinada y apasionada antiheroína de la novela más alabada por la crítica, *The Death of the Heart*. Las experiencias de las protagonistas femeninas de las obras de Bowen estaban cimentadas en sus propias vivencias: también ella pasó tiempo residiendo en casas de parientes o en pensiones, mientras su padre se recuperaba de una crisis nerviosa. Sus novelas a menudo se estructuran en torno a una consciencia adolescente, cuyas percepciones equivocadas sobre los actos misteriosos de los adultos conducen a un desenlace trágico. **SM**

«No me importa sentirme pequeña, pero me aterra que el mundo lo sea.» *La casa en París*

ARRIBA: Elizabeth Bowen fotografiada a la puerta de su casa.

NOËL COWARD

Noël Peirce Coward, 16 de diciembre de 1899 (Teddington, Middlesex, Inglaterra); 26 de marzo de 1973 (Port Maria, Jamaica).

Estilo y género: Coward se hizo famoso gracias a las letras de sus canciones, mordaces e ingeniosas, y a sus obras de teatro que rozan la farsa.

Noël Coward fue dramaturgo, letrista, novelista, músico, actor, director de cine y estrella de la televisión, aparte de ser conocido internacionalmente. Desde la era del jazz a los locos años sesenta, estuvo siempre a la vanguardia del mundo literario, y sus obras siguen atrayendo actualmente a un numeroso público. Algunas de sus obras de teatro han sido llevadas al cine, como *La vida manda* y *Un espíritu burlón*.

La primera vez que Coward subió a un escenario tenía 11 años, y la suerte no le abandonaría durante el resto de su vida. Siendo gay en una época en que la homosexualidad aún era ilegal en la mayoría de países, nunca ocultó sus preferencias sexuales, aunque el público parecía ciego gracias a la prensa, que constantemente rumoreaba sobre sus relaciones con mujeres, como sucedió en el caso de la actriz Gertrude Lawrence. La relación sentimental más larga, de casi treinta años y hasta que Coward falleció, la mantuvo con el actor Graham Payn.

Los extremos grotescos a los que llegaban los medios de comunicación para presentar a Coward como heterosexual añadían patetismo a sus comedias, en las que, con estudiada timidez, se alude a las relaciones entre miembros del mismo sexo, aunque haciendo que la mayoría de sus personajes sean heterosexuales. Su desconfianza hacia el amor sincero es evidente en la mayoría de sus obras, en las que aparece siempre al menos una pareja incapaz de vivir con o sin su cónyuge; así sucede con Elyot y Amanda en *Vidas privadas*. Esta dualidad de personalidad fue una característica prominente en casi todas las facetas de la vida de Coward. En los últimos años se ha descubierto que durante la Segunda Guerra Mundial, cuando viajaba presuntamente para entretener a las tropas, trabajaba como agente encubierto para el gobierno británico. **LH**

«Me gustan los paseos largos, sobre todo cuando los dan las personas que me molestan.»

Obras destacadas

Teatro

Fiebre de heno, 1924
Vidas privadas, 1929
Cavalcade, 1931
La vida manda, 1939
Un espíritu burlón, 1941

ARRIBA: Una foto de prensa de Noël Coward tomada a finales de la década de 1950.

VLADIMIR NABOKOV

Vladimir Vladimirovich Nabokov, 23 de abril de 1899 (San Petersburgo, Rusia); 2 de julio de 1977 (Montreux, Suiza).

Estilo y género: Novelista y escritor de relatos cortos, Nabokov posee una prosa vistosa, inventiva, erudita y elaborada, y un osado tratamiento de los tabúes.

Obras destacadas

Novelas

Lolita, 1955

Pnin, 1957

Pálido fuego, 1962

Ada o el Ardor, 1969

Cosas transparentes, 1972

Cuentos

Cuentos, 1947

Vladimir Nabokov fue un maestro del estilismo en prosa, cuya novela más famosa es sin duda alguna *Lolita*, una obra que explora, en términos ingeniosos y elegantes, la historia de la obsesión que siente un profesor de mediana edad por una preadolescente.

A pesar de su brillante dominio del idioma inglés, Nabokov pasó los veinte primeros años de su vida en Rusia. Sin embargo, lo cierto es que creció en un hogar trilingüe y cuando dejó de escribir en ruso y empezó a hacerlo en inglés, en realidad estaba retomando el idioma que había dominado de pequeño. Su familia era adinerada, y su padre era miembro de la Asamblea Constituyente rusa.

En 1919 la familia huyó del país tras la Revolución bolchevique, con la certeza de que regresarían una vez superados los problemas. No fue así. Poco después, Nabokov llegó a Gran Bretaña para estudiar idiomas modernos en la Universidad de Cambridge, y después de licenciarse se trasladó a Berlín, donde escribió en ruso nueve novelas, más de trescientos poemas y aproximadamente cincuenta relatos cortos. Poco a poco, fue labrándose una reputación entre los emigrantes rusos, aunque

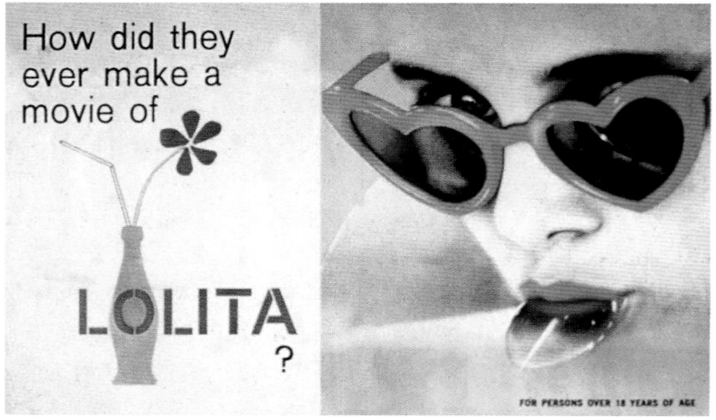

ARRIBA: Vladimir Nabokov fotografiado en Suiza (h. 1975).

DERECHA: Cartel de la película (1962) de Stanley Kubrick, con Sue Lyon como Lolita.

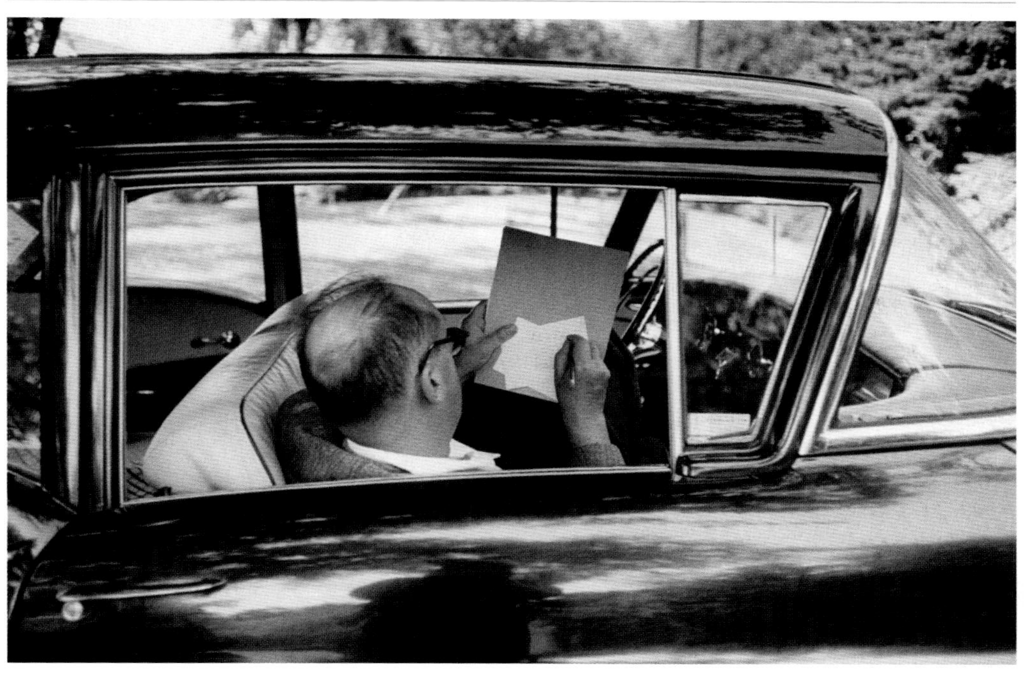

no la suficiente como para poder vivir de su trabajo como escritor. Después de pasar tres años en París, volvió a huir —esta vez de las tropas invasoras nazis— a Estados Unidos, donde trabajó como profesor de literatura comparada en el Wellesley College, y, al mismo tiempo, en el Harvard's Museum of Comparative Zoology, como investigador de entomología, una disciplina en la que también alcanzó cierta eminencia.

Entre 1948 y 1959 fue profesor de literatura rusa en la Universidad de Cornell. En 1957 publicó *Pnin*, una novela en la que el protagonista, un profesor que vive en Estados Unidos y descendiente de emigrantes rusos, comparte similitudes evidentes con Nabokov.

Tras el éxito económico de la publicación estadounidense de *Lolita* en 1958 —tres años después de la edición francesa—, Nabokov pudo retirarse a Montreux, Suiza, donde se dedicó plenamente a la escritura. **GM**

ARRIBA: Nabokov fotografiado escribiendo en su coche en septiembre de 1958.

El encaprichamiento erótico

En tan solo cuatro años, *Lolita* pasó de ser considerada peligrosamente obscena y clandestina a ser alabada como una obra maestra de la prosa, que exploraba y subvertía el género del amor cortesano. El narrador es Humbert Humbert, un profesor que confiesa su atracción hacia las «nínfulas». La novela habla de su enamoramiento erótico de Lolita, la hija de 12 años de su infame casera. Al final, Humbert seduce a la niña. La novela fue prohibida por poco tiempo en Francia y Gran Bretaña, aunque en Estados Unidos obtuvo un éxito inmediato.

JORGE LUIS BORGES

Jorge Francisco Isidoro Luis Borges, 24 de agosto de 1899 (Buenos Aires, Argentina); 14 de junio de 1986 (Ginebra, Suiza).

Estilo y género: Borges fue fabulador, poeta, escritor de cuentos, ensayista y mitógrafo, con una prosa lacónica pero deslumbrante e inimitable.

Obras destacadas

Cuentos

Historia universal de la infamia, 1935
Pierre Menard, autor del Quijote, 1939
La biblioteca de Babel, 1941
Funes el memorioso, 1942
Ficciones, 1944
El Aleph, 1949

Antologías

Antología personal, 1961
Laberintos, 1962

1880–99

Jorge Luis Borges nació en un hogar bilingüe, y aprendió a leer no en español sino en inglés, bajo la tutela de su abuela paterna. A los seis años declaró su intención de ser escritor; a los siete, escribió, en inglés, un estudio sobre mitología griega; a los ocho, escribió su primer relato; a los nueve, publicó su primera obra, una traducción al español de *El príncipe feliz* (1888), de Oscar Wilde. La mayoría de lectores pensó que la traducción se debía a su padre, profesor de inglés y escritor poco conocido.

Borges fue educado en casa y dispuso de la extensa biblioteca de su padre, hechos que influyeron decisivamente en la estética borgiana: un conocimiento enciclopédico de la «literatura» —que para Borges era una categoría única que comprendía, entre otros géneros, la ficción, la poesía, la metafísica y la mitología— y una sensibilidad anglófila. En cierta ocasión dijo que hasta el final de su infancia no fue consciente de que el español y el inglés eran idiomas distintos.

Bajo la influencia de los poetas ultraístas españoles de vanguardia, Borges se consolidó en la década de 1920 como poeta

ARRIBA: Borges en su despacho de la Biblioteca Nacional de Buenos Aires en 1973.

DERECHA: Una fotografía tomada en 1968 con Borges y su primera esposa, Elsa.

JORGE LUIS BORGES
POEMAS
[1922-1943]
EDITORIAL LOSADA, S. A.
BUENOS AIRES

IZQUIERDA: Ejemplar de una edición de los *Poemas (1922-1943)* de Borges.

y ensayista que combinaba las sensibilidades vanguardistas internacionales con el color local de Buenos Aires, crisol de culturas, y con la mitología popular del tango, los gángsteres y las jergas callejeras. Se dio a conocer, en la década de 1930, cuando empezó a experimentar con relatos cortos en prosa, o «ficciones». En 1935, su *Historia universal de la infamia*, apareció disfrazada como la obra de un editor y bibliófilo que relataba una serie de estrafalarias anécdotas biográficas extraídas de libros olvidados.

«Cada novela es un plano ideal inserto en el ámbito de la realidad.» *Laberintos*

En 1937 Borges aceptó el cargo de bibliotecario municipal, del que dimitió como respuesta a la llegada al poder de

Las alucinaciones útiles

Muchos de los relatos de Borges están animados por lo que él llamaba «la inmanencia de una revelación que no tiene lugar», una sensación de delirio casi narcótica, pero controlada con lucidez. Irónicamente, puede que esto se deba a la enfermedad que padeció Borges en 1938, y que estuvo a punto de matarle, y a sus consiguientes alucinaciones. Durante su recuperación, Borges experimentó una crisis de pánico, temiendo que sus facultades mentales y poéticas hubieran quedado permanentemente afectadas. Para someter su capacidad a una prueba «segura», Borges concibió la idea de intentar escribir un relato corto *(Pierre Menard)* que, si fracasaba, podría atribuirse a su inexperiencia en la ficción. La infinita dilatación del tiempo y del espacio, característica del delirio, y los terrores y asombros que lo acompañan, quedaron plasmados plenamente en *La biblioteca de Babel* y en *Funes el memorioso*.

Juan Domingo Perón en 1946. Con la caída de Perón en 1955, fue nombrado director de la Biblioteca Nacional de la República Argentina, cargo que ostentó hasta 1973. Los temas de la biblioteca, la catalogación y los mundos infinitos creados por las palabras empapan muchas de las obras posteriores de este autor universal.

En 1938 Borges se hizo una herida en la cabeza que se le infectó, dejándole al borde de la muerte. A partir de entonces, la vista del escritor empezó a deteriorarse, provocándole la ceguera total a finales de la década de 1950. Durante su rehabilitación, Borges compuso su primera ficción realmente borgiana, *Pierre Menard, autor del Quijote*. La historia es el obituario de un hombre de letras poco conocido que se había impuesto la tarea heroica, absurda e infinita de escribir —palabra por palabra— el *Quijote* (1605). La historia fue toda una revolución, al sugerir que la materia prima de unas ficciones podía dar pie a la creación de otras nuevas.

Durante las dos décadas siguientes, Borges persiguió el tema «infinito», fantástico y laberíntico de la ficción, en una serie de historias y parábolas de regusto mítico y de aguzada precisión. La literatura fantástica, como la definió Borges, no es una evasión de la realidad, sino una visión de ella más lúcida, rigurosa y auténtica. Otras permutaciones del universo borgiano reflexionan sobre la vanidad de la identidad y de la originalidad; la locura de la erudición; la imposibilidad de una delimitación absoluta entre el bien y el mal, el pecado original y la gracia; la simetría del caos y el orden absolutos, la certidumbre y la futilidad puras. Todo ello escrito con gran humildad, ingenioso humor y mucha ironía.

Desde finales de la década de 1950 hasta su muerte, Borges dio conferencias por todo el mundo, y debido a que su ceguera le dificultaba la tarea de redactar en prosa, retomó la escritura de poemas. La fama internacional le llegó en 1961, cuando obtuvo el premio Formentor, y durante la década de 1960, a raíz del *boom* del «realismo mágico» latinoamericano, para muchos de cuyos autores Borges era sin duda un precursor. En 1979 recibió el premio Cervantes. **CH**

ANTOINE DE SAINT-EXUPÉRY

Antoine Jean-Baptiste Marie Roger Saint-Exupéry, 29 de junio de 1900 (Lyon, Francia); 31 de julio de 1944 (en el mar, cerca del sur de Francia).

Estilo y género: Saint-Exupéry es conocido por su narrativa onírica, que combina viajes con sus obras de ficción y no ficción, e incluye siempre el tema de la aviación.

Antoine de Saint-Exupéry es conocido sobre todo por su novela para niños *El Principito*, una obra mágica que incita a la reflexión, y todo un clásico de la literatura francesa. También escribió libros de no ficción y novelas que se leen como una crónica de viaje, inspirados por su vida como piloto y por los países que visitó y en los que vivió.

Los comienzos de la carrera de Saint-Exupéry tuvieron lugar en el norte de África, que le inspiró a escribir sobre el paisaje, las gentes y el desierto que tanto adoraba. Su escritura está imbuida de la espiritualidad propia de una experiencia continuada por encima de las nubes, y por los pensamientos etéreos que corrían por su mente cuando vivía en el desierto. En 1929 se trasladó a Argentina, donde aprendió a recorrer en avión las rutas tremendamente difíciles que atravesaban los Andes. En 1931 se casó con una viuda, Consuelo Gómez Carrillo, pero su matrimonio fracasó. Saint-Exupéry sobrevivió a dos accidentes de aviación; uno en el desierto norteafricano, en 1935, acerca del cual escribió en *Viento, arena y estrellas*; y otro en Guatemala, dos años más tarde. Al principio de la Segunda Guerra Mundial, se unió a las fuerzas aéreas francesas, pero cayó en un desaliento cada vez más profundo al ver la impotencia de su país frente a las fuerzas de ocupación alemanas.

En 1944, el avión P-38 Lightning de Saint-Exupéry desapareció cuando sobrevolaba el Mediterráneo. Nunca se supo si había sido derribado, si se trató de un accidente o de un suicidio. Su cuerpo y el aparato nunca fueron recuperados. En 1998 parecía que el misterio se había desvelado cuando un pescador francés descubrió un brazalete grabado que, al parecer, había pertenecido al escritor. Sin embargo, recientemente se ha sugerido que esta prueba podría no ser auténtica. **LH**

«Solo conozco una libertad: la de la mente.»

Obras destacadas

Narración infantil

El Principito, 1943

Otras obras

Tierra de hombres, 1939

Piloto de guerra, 1942

Ciudadela, 1948 (publicada póstumamente)

ARRIBA: Una foto del escritor y piloto que desapareció en la Segunda Guerra Mundial.

THOMAS WOLFE

Thomas Clayton Wolfe, 3 de octubre de 1900 (Asheville, Carolina del Norte, EE.UU.); 15 de septiembre de 1938 (Baltimore, Maryland, EE.UU.).

Estilo y género: Wolfe usó en sus narraciones un lenguaje intensamente emotivo, y sus obras fueron muy respetadas por los escritores de la generación Beat.

Obras destacadas

Novelas

El ángel que nos mira, 1929
Del tiempo y el río, 1935
From Death to Morning, 1935
Historia de una novela, 1936

A pesar de su existencia trágicamente corta, Thomas Wolfe dejó un legado importante en su obra. Aparte de las obras publicadas durante su vida, de los manuscritos restantes pudieron obtenerse tres novelas más: *The Web and the Rock* (1939), *You Can't Go Home Again* (1940) y *The Hills Beyond* (1941).

Wolfe escribió en una época crítica de la historia de Estados Unidos, un momento en que la Gran Depresión arrasaba el país con efectos devastadores. Quizá, inevitablemente, este cambio de ambiente constituye el trasfondo para buena parte de su obra, que también es frecuentemente autobiográfica. El uso que hace Wolfe del lenguaje descriptivo y expresionista facilita la comprensión de la sociedad estadounidense de la década de 1930.

Tras licenciarse en la Universidad de Harvard, Wolfe viajó a Europa. Fue en el trayecto de vuelta, en 1925, cuando conoció a la adinerada señora Berstein, con quien empezó una relación sentimental. Berstein respaldó económicamente a Wolfe, permitiéndole escribir su primera novela, *El ángel que nos mira*. Una vez concluyó esta relación, Wolfe regresó a Europa, un viaje que le sufragó la Peggy Guggenheim Fellowship.

Concluyó su segunda novela, *Del tiempo y el río*, en Nueva York, donde la publicó el famoso editor Maxwell Perkins, de Scribners, que también trabajó con F. Scott Fitzgerald y Ernest Hemingway. Las obras de Wolfe eran extremadamente largas, y por tanto el proceso de edición resultaba complejo. Esto acabó creando problemas entre el escritor y Perkins, y Wolfe cambió de editor y se pasó a Harpers. Siguió trabajando con ellos hasta el momento de su fallecimiento, causado por una tuberculosis cerebral. Desde su lecho de muerte, escribió a Perkins una sentida misiva, en la que recordaba los momentos que habían pasado juntos. **TamP**

«[...] la soledad [...] es el hecho central e inevitable de la existencia humana.»

ARRIBA: Una fotografía sin fecha del escritor estadounidense Thomas Wolfe.

JACQUES PRÉVERT

Jacques Prévert, 4 de febrero de 1900 (Neuilly-sur-Seine, Francia); 11 de abril de 1977 (Omonville-la-Petite, Francia).

Estilo y género: Prévert fue uno de los escritores franceses más populares del siglo xx. Escribió poesía, baladas y diversas obras de teatro relevantes.

La poesía de Jacques Prévert va desde la sátira más alocada hasta la melancolía, y a menudo ridiculiza el orden establecido. Fue, y sigue siendo, uno de los poetas más populares de Francia, y buena parte de su obra se centra en la vida parisiense. Muchos de sus poemas, como «Las hojas muertas» fueron adaptados a la música, y los cantaron vocalistas como Edith Piaf, Yves Montand y Juliette Gréco.

En la década de 1920, Prévert trabajó para una agencia de publicidad y empezó a escribir poesía en su tiempo libre. Se asoció con el movimiento surrealista, junto con André Breton y Louis Aragon, hasta que Breton lo expulsó por su «irreverencia». En 1932 se afilió al grupo teatral de propaganda política Groupe Octobre, un conjunto de actores de izquierdas cuyos miembros participaron en la película surrealista *L'Affaire est dans le sac* (1932), de la que Prévert fue coautor. Durante la década de 1930 se convirtió en un guionista prominente, y escribió el guión para la película de Jean Renoir *Le crime de monsieur Lange* (1936). Junto con el director de cine Marcel Carné, Prévert desarrolló el movimiento cinematográfico del «realismo poético», que constituyó el fundamento para el cine negro norteamericano.

Tras la Segunda Guerra Mundial, publicó una serie de libros de poesía, incluyendo *Palabras*, *Espectáculo*, *La lluvia y el sol* y *Cosas y otros*. Prévert, desde su época surrealista, menospreció las convenciones y se tomó libertades con el idioma. En sus poemas incumple las normas sobre rima y puntuación, crea neologismos y frases, y juega con el significado literal de las palabras y sus sonidos. Prévert fue el poeta más vendido en Francia, y su obra sigue estudiándose en las escuelas francesas. **HJ**

«Incluso aunque la felicidad se olvide un poco de ti, tú nunca la olvides a ella.»

Obras destacadas

Poesía

Palabras, 1946

Espectáculo, 1951

La lluvia y el sol, 1955

Cosas y otros, 1973

1900–19

ARRIBA: Prévert capturado por la cámara en una exposición de sus collages en 1966.

NATHALIE SARRAUTE

Natacha Tcherniak, 18 de julio de 1900 (Ivanovo, Rusia); 19 de octubre de 1999 (París, Francia).

Estilo y género: Sarraute, novelista y ensayista francesa nacida en Rusia, fue una de las pioneras del *nouveau roman*.

Obras destacadas

Novelas

Tropismos, 1939

Retrato de un desconocido, 1949

Los frutos de oro, 1963

Nathalie Sarraute nació en Rusia pero creció en París. Trabajó como abogada hasta la guerra, y luego se dedicó a la escritura. Su ascendencia judía la obligó a esconderse durante la ocupación nazi. *Tropismos*, su primera obra, se centra en los «tropismos», esos movimientos involuntarios e internos de la mente que guían nuestra conducta. Sarraute desarrolló sus ideas en *Retrato de un desconocido*, obra que Jean-Paul Sartre definió como una «anti-novela». Allí explora las relaciones entre un padre y su hija, pero las observaciones del narrador cambian constantemente y no parecen fiables. Recibió el *Prix International de litterature* en 1963 por *Los frutos de oro*, que la dio a conocer a un público más amplio. **HJ**

DERECHA: Nathalie Sarraute fotografiada con aire pensativo en 1986.

ANDRÉ MALRAUX

André Malraux, 3 de noviembre de 1901 (París, Francia); 23 de noviembre de 1976 (París, Francia).

Estilo y género: La vida y la obra de Malraux ilustraron dos de sus pasiones más íntimas: dar pasos políticos atrevidos y explorar los conceptos estéticos.

Obras destacadas

Novelas

Los conquistadores, 1928

El camino real, 1930

La condición humana, 1933

La esperanza, 1937

Ensayo

Las voces del silencio, 1951

Autobiografía

Antimemorias, 1967

André Malraux cimentó su posición en la vanguardia literaria francesa con su galardonada novela *La condición humana*. Para Malraux, la condición humana era en esencia un asunto un tanto desdichado y solitario, pero creía que a la salvación se llegaba uniéndose a otros en un compromiso político directo, y por medio de la creatividad. Sus novelas, llenas de acción pero inquisitivas, como la temprana *Los conquistadores* y la posterior *La esperanza*, reflejan directamente la participación personal de Malraux en las actividades revolucionarias en el Lejano Oriente y en España durante las décadas de 1920 y 1930. A partir de la década de 1940, Malraux se concentró en escribir sobre el arte, y creó su obra maestra *Las voces del silencio*. **AK**

JOHN STEINBECK

John Earnest Steinbeck, 27 de febrero de 1902 (Salinas, California, EE.UU.); 20 de diciembre de 1968 (Sag Harbor, Nueva York, EE.UU.).

Estilo y género: Sus novelas naturalistas abordan los problemas del campo y la Gran Depresión, y temas extraídos de la mitología y del Antiguo Testamento.

Obras destacadas

Novelas

Las praderas del cielo, 1932
Tortilla Flat, 1935
Hubo una vez una guerra, 1936
De ratones y hombres, 1937
Las uvas de la ira, 1939
Cannery Row, 1945
La perla, 1947
Al este del Edén, 1952

John Steinbeck fue uno de los grandes escritores estadounidenses, ganador del premio Nobel de Literatura en 1962, y sus novelas sociales plasmaron a la perfección las penalidades durante la Gran Depresión. Estudió en la Universidad de Stanford, pero se marchó a Nueva York antes de licenciarse y allí intentó hacer carrera como escritor *freelance*. Regresó a California, donde escribió relatos breves y trabajó como operario manual, experiencia que luego plasmó en sus obras y que destilan autenticidad documental.

En 1929 publicó su primera novela, *La copa de oro*, pero Steinbeck no obtuvo el éxito comercial y de la crítica hasta 1935, cuando apareció *Tortilla Flat*. Esta obra abordaba el tema de los inmigrantes mexicanos en California, plasmado con humor y entremezclado con relatos sobre los caballeros del rey Arturo. En el trío de obras que vino después, el ambiente es claramente más opresivo. En *Hubo una vez una guerra*, *De ratones y hombres* y *Las uvas de la ira*, Steinbeck contó la vida de los trabajadores desempleados, que buscaban en vano una porción del «sueño americano», mientras luchaban contra las injustas condiciones laborales a las que se veían sometidos.

ARRIBA: John Steinbeck fotografiado en la década de 1960, hacia el final de su vida.

DERECHA: Una fotografía del escritor con una amiga en Venecia, en 1952.

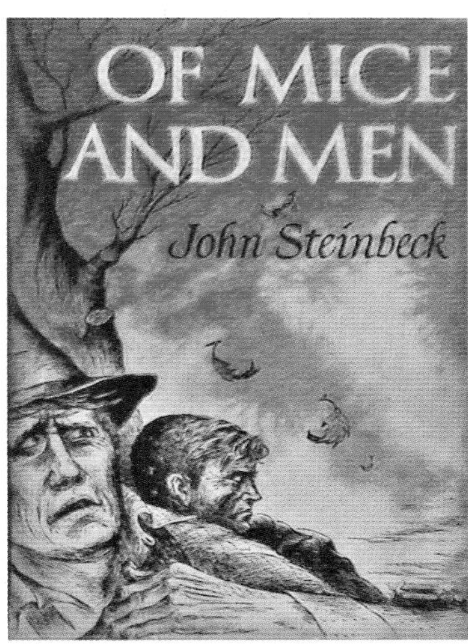

ARRIBA IZQUIERDA: Reparto de la aclamada película *Las uvas de la ira* (1940), de John Ford.

ARRIBA: Sobrecubierta de la obra *De ratones y hombres*, edición de 1947.

Las uvas de la ira, probablemente el hito literario más destacado de Steinbeck, explica la historia de unos granjeros arrendatarios de Oklahoma, que no logran ganarse la vida en la zona semidesértica en que viven y se ven obligados a emigrar a California; narra la posterior explotación a la que los someten los propietarios de la plantación y el acoso policial. Esta agresiva combinación de proletarios y radicalismo político irritó a los sectores conservadores, que criticaron las teorías socialistas y los mensajes anticapitalistas que emanaban de la novela. A pesar de que el libro fue prohibido en diversos puntos del país, se convirtió en todo un éxito de ventas, y más tarde en una famosa película de Hollywood.

Steinbeck abandonó la escritura para explorar su fascinación por la vida marina, antes de trabajar como corresponsal de guerra para el *New York Herald Tribune* durante la Segunda Guerra Mundial. Sus obras de posguerra fueron menos duras en la expresión de su crítica social, pero en *Al este del Edén* nos legó una novela que habla de una ambición impresionante y que establece muchos paralelismos con el relato bíblico de Caín y Abel. Sus libros siguen siendo de lectura obligada en las escuelas estadounidenses. **SG**

Steinbeck en pantalla

Las obras de John Steinbeck se plasmaron en diversas películas:

- *Las uvas de la ira*. Dirigida por el legendario John Ford, fue un film por el que obtuvo un Oscar de la Academia, y donde intervinieron los jóvenes Henry Fonda, John Carradine y Jane Darwell, que obtuvo el galardón a la Mejor Actriz Secundaria.
- *De ratones y hombres*. En la adaptación de 1939 intervinieron Lon Chaney Jr. y Burgess Meredith, y recibió cuatro nominaciones a los Oscar.
- *Al este del Edén*. Dirigida por Elia Kazan, fue inmortalizada para siempre como una de las pocas apariciones en la gran pantalla de James Dean.
- *Cuatro páginas de la vida*. Cinco guiones distintos, narrados todos por Steinbeck.

CARLO LEVI

Carlo Levi, 29 de noviembre de 1902 (Turín, Italia); 4 de enero de 1975 (Roma, Italia).

Estilo y género: Levi, pintor, ensayista y activista político, escribió sobre los olvidados de la sociedad, y sobre los que carecían de derecho al voto, con un estilo que lo situó en la vanguardia del neorrealismo italiano.

Obras destacadas

Novela

Cristo se detuvo en Éboli, 1945

Ensayo

Miedo a la libertad, 1946

Las palabras son piedras, 1955

Carlo Levi fue un intelectual que actuó en diversos frentes. Sin embargo, por encima de todo, fue escritor, y su libro *Cristo se detuvo en Éboli* fue elogiado internacionalmente. La historia transcurre en el sur de Italia, durante los días en que Levi estuvo encarcelado a manos del partido fascista que ostentaba el poder. De hecho, el escritor adoptó una postura firme contra el régimen de Mussolini, luchando sin cesar por la libertad de la sociedad y del individuo. Esta inclinación «expresionista» hacia la protesta se reveló también en las incursiones que hizo en las artes visuales. Pintó figuras atormentadas, que padecían abusos, y lo hizo muy influido por una filosofía existencialista cuyos autores desafían una forma de vida más materialista y vacía. **FF**

RAFAEL ALBERTI

Rafael Alberti Merello, 16 de diciembre de 1902 (El Puerto de Santa María, Cádiz, España); 28 de octubre de 1999 (El Puerto de Santa María, Cádiz, España).

Estilo y género: Alberti, miembro de la Generación del 27, cultivó la poesía popular hasta ser seducido por las vanguardias, y luego por la poesía social.

Obras destacadas

Poesía

Marinero en tierra, 1923

Cal y canto, 1927

Sobre los ángeles, 1928

Con los zapatos puestos tengo que morir, 1930

13 bandas y 48 estrellas, 1936

Entre el clavel y la espada, 1941

Baladas y canciones del Paraná, 1954

Roma, peligro para caminantes, 1968

Teatro

El adefesio, 1944

Noche de guerra en el Museo del Prado, 1956

Memorias

La arboleda perdida, 1959, 1967, 1969

La primera vocación de Rafael Alberti fue la pintura, que dejó por la poesía por problemas de salud (pulmonares). Con su primera obra, *Marinero en tierra*, ganó el premio Nacional de Literatura en 1924. Después le siguió un período gongorista, común a los poetas de la Generación del 27, que se manifiesta en *Cal y canto*, y otro vanguardista que alcanza su cima con *Sobre los ángeles*. Con la proclamación de la República y a partir de su militancia comunista, la poesía de Alberti se hizo popular e incluso panfletaria. Durante el exilio, mantuvo el compromiso político, aunque teñido de nostalgia. Escribió además 15 obras de teatro y unas memorias. En 1977 regresó a España y fue diputado por el PCE, y en 1983 ganó el premio Cervantes. **FV**

ISAAC BASHEVIS SINGER

Isaac Bashevis Singer, 21 de noviembre de 1902 (fecha en debate, Leoncin o Radzymin, en la Polonia rusa); 24 de julio de 1991 (Miami, Florida, EE. UU.).

Estilo y género: Las novelas y relatos breves de Singer, en yiddish, atestiguan la vida del pueblo judío en la Europa del Este antes del holocausto.

Tanto el lugar como la fecha de nacimiento de Isaac Bashevis Singer son inciertos, pero su infancia transcurrió sobre todo en Varsovia y, aparentemente, fechó su nacimiento el 14 de julio de 1904, para hacerse pasar por más joven y de este modo eludir el reclutamiento obligatorio. Su padre era rabino, su madre hija de rabino y su hermano y su hermana mayor fueron escritores. Singer, decidido a seguir su carrera como escritor iniciada en Varsovia tras la Primera Guerra Mundial, emigró a Estados Unidos en 1935 y trabajó en Nueva York para un periódico en lengua yiddish. Empezó a escribir novelas y relatos cortos, que pronto llamaron la atención y le valieron la admiración de muchos. Singer supervisó las traducciones al inglés de sus libros escritos en yiddish, y la reputación obtenida le valió el premio Nobel de Literatura en 1978.

La producción de Singer, imbuida de humanidad y humor, estuvo inspirada por los recuerdos de juventud y por los relatos religiosos tradicionales, las leyendas y el folclore judíos. Las novelas *La familia Moskat*, *The Manor* y *Los herederos,* relatan la historia de varias familias judías a lo largo de generaciones, y los cambios que destruyeron el mundo judío a finales del siglo XIX. En 1979 declaró que pensaba que una parte de ese mundo desaparecido, «llámelo espíritu o como quiera», estaba «todavía en algún lugar del universo». También se basó en su propia experiencia personal para escribir sobre el mundo de los inmigrantes que llegaban a Estados Unidos. Uno de sus temas recurrentes fue el vínculo entre la tiranía de las pasiones humanas y su poder creativo. Además, *Cuando Schlemiel fue a Varsovia* es una colección de relatos realmente encantadores, destinada a los niños, y *Un día de placer* es una obra autobiográfica de su infancia en Varsovia. **RC**

«Dios es escritor, y nosotros somos tanto los héroes como los lectores.»

Obras destacadas

Novelas

La familia Moskat, 1950
El mago de Lublin, 1960
La casa de Jampol, 1967
The Manor, 1967
Los herederos, 1969
El Golem, 1983

Cuentos

Cuando Schlemiel fue a Varsovia y otros cuentos, 1968

Autobiografía

Un día de placer, 1969

ARRIBA: Isaac Bashevis Singer fotografiado en Nueva York, cinco años antes de su muerte.

ARRIBA: El novelista y periodista, fotografiado a principios de la década de 1940.

Obras destacadas

Novelas

Días birmanos, 1934

¡Venciste, Rosemary!, 1945

Rebelión en la granja, 1945

1984, 1949

Memorias

Sin blanca en París y Londres, 1933

Homenaje a Cataluña, 1938

GEORGE ORWELL

Eric Arthur Blair, 25 de junio de 1903 (Motihari, Bihar, India); 21 de enero de 1950 (Londres, Inglaterra).

Estilo y género: Orwell fue un intelectual de izquierdas, periodista presencial y escritor prolífico de alegorías y biografías de políticos.

George Orwell nació en una familia que él describió como «clase baja-alta-media inglesa». Se licenció en Eton sin disponer de medios económicos para asistir a la universidad, y se enroló en la Policía Imperial de Birmania, donde se acentuó su profunda antipatía por el imperialismo. Cuando regresó a Inglaterra, optó por vivir en la pobreza entre la clase obrera y los «sin techo», sobre quienes escribiría. En *Sin blanca en París y Londres*, Orwell relata cómo trabajó duramente a cambio de un sueldo ínfimo en las cocinas de los hoteles parisinos, antes de vivir sin oficio entre los vagabundos londinenses. Durante esos años Orwell contrajo la tuberculosis que acabaría con su vida.

Homenaje a Cataluña documentó su experiencia como voluntario en la guerra civil española y las profundas divisiones económicas e ideológicas entre los soldados del bando republicano. Orwell era sensible al impacto problemático de los «soldados-intelectuales», como W. H. Auden, al que acusó de adornar la guerra con una pátina de romanticismo. Debido a su socialismo disidente, Orwell ha sido utilizado como arma política por grupos tanto de izquierdas como de derechas. En 1997 un artículo en el *Guardian* revelaba que, el año antes de su muerte, Orwell había facilitado a un oficial del servivio secreto una lista de simpatizantes del estalinismo.

El periodismo presencial atraía a Orwell como contrapeso a la propaganda. Su confianza en lo visual por encima de la palabra escrita se extiende a su alegoría antisoviética *Rebelión en la granja*. Desear el futuro es un arma poderosa de resistencia para los animales, porque reside en imágenes mentales, y por tanto escapa a la censura.

En *1984*, Orwell plantea las consecuencias de restringir la libertad de expresión y de prensa: el lenguaje y la literatura están subordinados a la política, y la libertad de pensamiento es

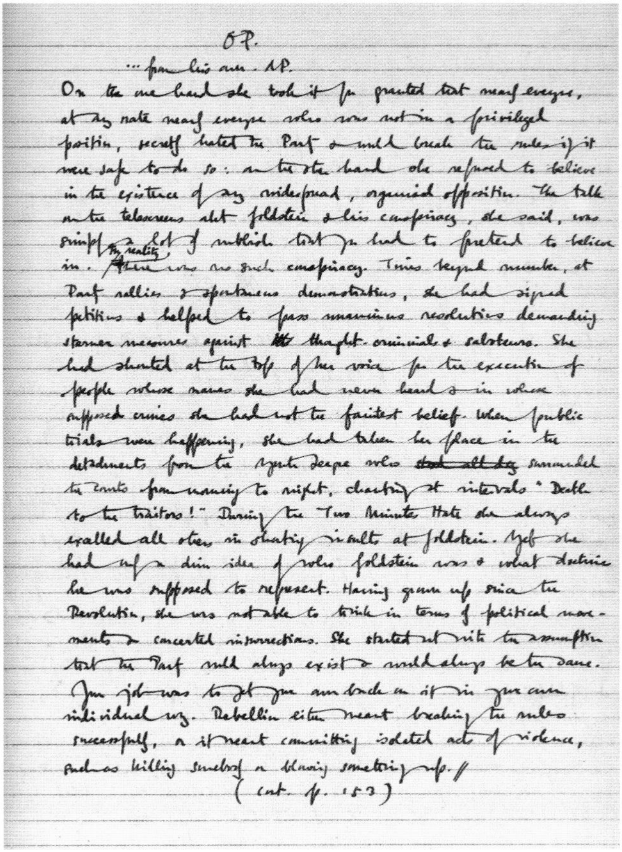

OP.

... from his own. AP.

On the one hand she took it for granted that nearly everyone, at any rate nearly everyone who was not in a privileged position, secretly hated the Party & would break the rules if it were safe to do so: on the other hand she refused to believe in the existence of any widespread, organised opposition. The talk on the telescreens about Goldstein & his conspiracy, she said, was simply a lot of rubbish that you had to pretend to believe in. There was no such conspiracy. Times beyond number, at Party rallies & spontaneous demonstrations, she had signed petitions & helped to pass unanimous resolutions demanding sterner measures against thought-criminals & saboteurs. She had shouted at the top of her voice for the execution of people whose names she had never heard & in whose supposed crimes she had not the faintest belief. When public trials were happening, she had taken her place in the detachments from the Spies League who ~~stood all day~~ surrounded the courts from morning to night, chanting at intervals "Death to the traitors!" During the Two Minutes Hate she always excelled all others in shouting insults at Goldstein. Yet she had only a dim idea of who Goldstein was & what doctrine he was supposed to represent. Having grown up since the Revolution, she was not able to think in terms of political movements or concerted insurrections. She started out with the assumption that the Party would always exist & would always be the same. Your job was to get your own back on it in your own individual way. Rebellion either meant breaking the rules successfully, or it meant committing isolated acts of violence, such as killing somebody or blowing something up.//

(cont. p. 153)

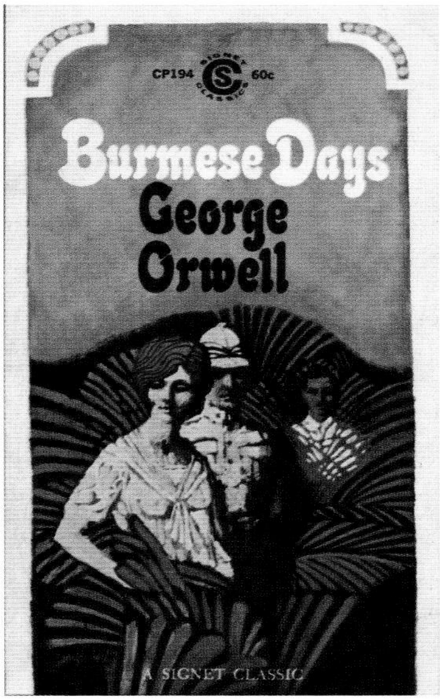

ARRIBA: La experiencia de Orwell en la Policía Imperial india inspiró su obra de 1934.

IZQUIERDA: Una página del manuscrito sin corregir de *1984*.

imposible, como demuestra la lucha condenada al fracaso del protagonista, que aspira a expresarse como persona y a disfrutar del contacto humano. La obra puede leerse como una crítica tanto a las dictaduras fascistas como a las dictaduras socialistas.

Varias décadas después de la visión de futuro de Orwell, las noticias internacionales y los reportajes de guerra siguen siendo parciales. El importante legado de la obra de Orwell debería hacernos reflexionar acerca de las limitaciones de nuestra aparente libertad. **ER**

1900–19

EVELYN WAUGH

Arthur Evelyn St. John Waugh, 28 de octubre de 1903 (Londres, Inglaterra); 10 de abril de 1966 (Combe Florey, Somerset, Inglaterra).

Estilo y género: Waugh fue novelista y autor de libros de viajes, y su obra es agudamente satírica y está repleta de pinceladas de humor negro.

Obras destacadas

Novelas

Decadencia y caída, 1928
Cuerpos viles, 1930
Merienda de negros, 1932
Un puñado de polvo, 1934
¡Noticia bomba!, 1938
Retorno a Brideshead, 1945
Hombres en armas, 1952
Oficial y caballero, 1955
Rendición incondicional, 1961

Evelyn Waugh era hijo de un editor de clase media, estudió en el Lancing College y en la Universidad de Oxford. En el período de entreguerras se relacionó con miembros de la clase alta en fiestas y cócteles, confraternizando con familias como los Guiness, Asquith y Churchill. Disfrutaba del frenesí hedonista de la vanguardia, encabezada por Robert Byron, Anthony Powell y John Betjeman, en una época en que la desolación de la década de 1930 venía pisándoles los talones.

Waugh, influido por el catolicismo amanerado y el ingenio del escritor Ronald Firbank, satirizó la decadencia de la alta sociedad y el sistema de enseñanza privado en sus dos primeras novelas, *Decadencia y caída* y *Cuerpos viles*. Creador de argumentos que tienden al absurdo y de personajes chapuceros, captura el espíritu de la época recurriendo a un humor irónico, exponiendo sus hipocresías y atemperando su sátira con un sentido de la decencia fundamentado en su propia conversión al catolicismo romano en 1930.

Waugh siguió analizando con gran maestría las manías de la aristocracia decadente en sus obras *Un puñado de polvo* y *Retorno a Brideshead*. No se mostraba reacio a centrar su atención en otros temas, y atacaba los errores del colonialismo británico en *Merienda de negros* y parodiaba el periodismo sensacionalista como nunca antes en *¡Noticia bomba!* A pesar de que se acercaba ya a la edad madura, Waugh aceptó la llamada a filas durante la Segunda Guerra Mundial, donde prestó servicio activo. Más adelante aprovechó aquellas experiencias en su trilogía *Espada de honor*, en la que arremete con su humor mordaz contra el ascenso del comunismo, el final de la caballerosidad británica y los horrores de la guerra. Waugh, maestro de la farsa hasta el final, murió de un ataque al corazón en su hogar rural. **CK**

«Las noticias son lo que [...] quiere leer alguien a quien no le importa mucho nada.» *¡Noticia bomba!*

ARRIBA: El novelista satírico Evelyn Waugh, fotografiado en 1943.

RAYMOND QUENEAU

Raymond Queneau, 21 de febrero de 1903 (El Havre, Francia); 25 de octubre de 1976 (París, Francia).

Estilo y género: Queneau, poeta y novelista precursor del posmodernismo, jugaba con el lenguaje y usó las matemáticas como fuente de inspiración.

El novelista y poeta francés Raymond Queneau estaba fascinado por el lenguaje y por desafiar las convenciones de la ortografía, el estilo y el vocabulario. A menudo sostuvo que el verdadero contenido de su obra no era las historias que contaba, sino el propio lenguaje.

Su primera novela, *Le chiendent*, se publicó en 1933, y era la historia de una serie de personajes cómicos de París que hablaban en argot y en francés como la gente de la calle.

Una de sus obras más importantes, *Ejercicios de estilo*, narra la misma historia de 99 maneras distintas: desde una carta oficial hasta un soneto, pasando por las citas promocionales de un editor, todo ello conseguido simplemente mediante la alteración del tono y el estilo.

Su novela más popular, *Zazie en el metro*, se publicó en 1959, y cuenta la historia de una joven que va a visitar a su tío en París, atraviesa la ciudad y se ve envuelta en una serie de situaciones grotescas. Emplea el argot y palabras malsonantes, y recurre a la fonética. Fue bien recibida por el público, a quien le agradó su talante juguetón, y posteriormente se adaptó para el teatro, se convirtió en un cómic y el director Louis Malle la llevó al cine.

En 1960 Queneau, a quien siempre le habían interesado las matemáticas y la relación entre estas y la literatura, colaboró con una serie de escritores y de matemáticos para formar el *Ouvroir de Littérature Potentielle* (OuLiPo), para experimentar con el lenguaje sometido a diversas limitaciones. Queneau empleó esta técnica para escribir *Cent mille milliards de poèmes*, un libro de diez sonetos en el que cada página está cortada en 14 tiras. Calculó que harían falta 200 millones de años para leer todas las combinaciones posibles. **HJ**

«Con la buena fortuna del hombre, las religiones tienden a desaparecer.»

Obras destacadas

Novelas

Le chiendent, 1933
Ejercicios de estilo, 1947
Zazie en el metro, 1959
Flores azules, 1965

Poesía

Cent mille milliards de poèmes, 1961

ARRIBA: Queneau, uno de los líderes del OuLiPo, fue un innovador constante.

ANAÏS NIN

Anaïs Nin, 21 de febrero de 1903 (Neuilly, Francia); 14 de enero de 1977 (Los Ángeles, California, EE.UU.).

Estilo y género: Nin fue escritora de diarios y de novela erótica, y su estilo de vida fue tan atrevido como sus novelas y relatos breves.

Hija de un padre cubano y de una madre danesa, Anaïs Nin vivió en diversos lugares de Europa antes de trasladarse a Nueva York junto a su madre y a dos hermanos, cuando contaba 11 años. Su padre, Joaquín, al que más adelante ella acusaría de haberla acariciado indebidamente de niña, abandonó a la familia en esa misma época. Los diarios de Nin, que empezó en esos años, se convertirían en su obra definitoria: fueron diarios extremadamente personales, pero que hablan de los temas universales de la feminidad y la ambición artística.

Nin se casó en 1923 y se trasladó de nuevo a París con su esposo, el banquero Hugo Guiler. Empezó a escribir ficción, y se embarcó en una relación apasionada y duradera con el escritor Henry Miller, que influyó poderosamente en su escritura, sobre todo en la novela *La casa del incesto*. Nin solía escribir relatos breves para revistas, y durante su vida se publicaron dos antologías, aunque las obras eróticas por las que ahora es más conocida no se publicaron como antología hasta después de su muerte. Estos relatos fueron escritos, originariamente, para un coleccionista privado en la década de 1940, supuestamente a un dólar la página.

Las obras publicadas durante su vida, incluyendo una serie de novelas en las décadas de 1940 y 1950, son notables por su sensualidad y sus protagonistas femeninas, mujeres fuertes. No cabe duda de que su escritura aprovechó su propia experiencia de las relaciones extramatrimoniales, que incluyeron una relación con Rupert Pole que duró 25 años. Al final Nin se convirtió en conferenciante en Estados Unidos, y recorrió incansable la distancia entre su esposo en Nueva York y su amante en California. Hasta el final, fue la personificación y la antítesis de la mujer obstinada e independiente que siempre quiso ser. **PS**

Obras destacadas

Novelas
La casa del incesto, 1936
Ciudades de interior, 1947-1961
Cuentos
Delta de Venus, 1978
Diario
Diario de Anais Nin, Vols. 1-7
(publicados entre 1966 y 1978)

«El amor no muere de forma natural. Muere porque no sabemos cómo volver a surtir su fuente.»

ARRIBA: Anaïs Nin fotografiada en Chicago, Illinois, en 1972.

DERECHA: Los relatos eróticos de A. Nin, escritos en la década de 1940.

DELTA OF VENUS
EROTICA BY
ANAÏS NIN

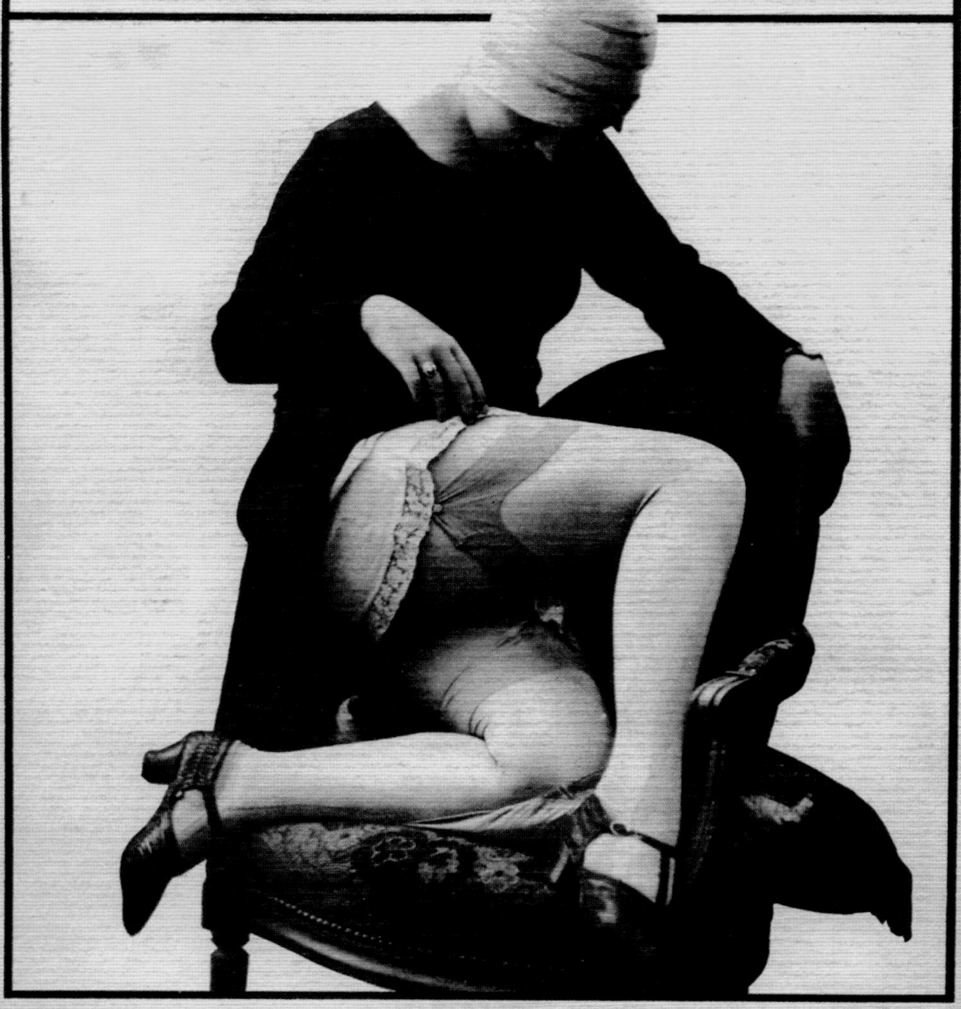

ALAN PATON

Alan Stewart Paton, 11 de enero de 1903 (Pietermaritzburg, KwaZulu-Natal, Sudáfrica); 12 de abril de 1988 (Durban, KwaZulu-Natal, Sudáfrica).

Estilo y género: La obra de Paton está escrita en estilo lírico, y a veces se centra en las relaciones raciales conflictivas de la Sudáfrica del *apartheid*.

La infancia de Alan Paton coincidió con el recorte de los derechos de la mayoría negra sudafricana y el aumento de los de la minoría blanca, circunstancia que influiría en su literatura y en su postura política. Fue fundador y presidente del Partido Liberal, que se oponía al *apartheid* sudafricano, y durante su vida fue considerado provocador por el gobierno racista, y demasiado tibio por parte de los activistas *anti-apartheid*.

La obra más famosa de Paton, *Cry, the Beloved Country*, se vio influida por otra novela, *En provincias* (1934), de Laurens van der Post. Cuenta la historia de un zulú que viaja a Johannesburgo en busca de su único hijo que, según descubre al llegar, ha asesinado al hijo de un blanco. Los dos padres empiezan a relacionarse a causa del crimen y forjan una especie de amistad que suscitó diversas reacciones ante esta obra, que cambió con el curso de la política sudafricana. Poco después de su publicación, el Partido Nacional llegó al poder en Sudáfrica, abriendo las puertas a la era del *apartheid*. En 1988, año de la muerte de Paton, *Cry, the Beloved Country* había vendido más de 15 millones de ejemplares, y el *apartheid* se había abolido.

La educación cristiana de Paton influyó en su obra, y buena parte de esta tiene connotaciones bíblicas. También escribió biografías y autobiografía; su propio canon viene a ser una biografía de Sudáfrica durante un momento crucial de su historia. Paton proporcionó evidencias para mitigar la sentencia de Nelson Mandela durante su juicio en 1964. Más tarde Mandela dijo que «*Cry, the Beloved Country* [...] es también un monumento para el futuro. Alan Paton, uno de los principales humanistas sudafricanos, capturó vívidamente en esta obra épica su fe elocuente en la bondad esencial de las personas». **JSD**

«No [...] reformar la sociedad es renunciar a la responsabilidad como hombres libres.»

Obras destacadas

Novelas

Cry, the Beloved Country, 1948
El falaropo, 1953
Ah, But Your Land is Beautiful, 1981

ARRIBA: Una fotografía del escritor sudafricano Alan Paton, tomada en 1950.

GEORGES SIMENON

Georges Joseph Christian Simenon, 13 de febrero de 1903 (Lieja, Bélgica); 4 de septiembre de 1989 (Lausana, Suiza).

Estilo y género: Las novelas psicológicas de Simenon, autor de la serie del detective Maigret, están escritas en una prosa directa y recortada.

Georges Simenon aprendió su oficio como periodista en un diario local, y como escritor con pseudónimo de revistas baratas. Su creación más famosa, el introvertido detective de la policía de París, el comisario Maigret, debutó en 1930. Maigret, en cierto sentido, era lo opuesto a su creador —un marido sumiso, mientras que Simenon era un donjuán—, pero compartía con el autor su fascinación por la psicología del asesinato. Simenon escribió una gran cantidad de novelas breves y realistas, y describió las crisis emocionales en las vidas de personas aparentemente «ordinarias». Publicó 450 libros de ficción. Ninguna de sus obras destaca sobre las demás, pero la mayoría proporciona una visión perturbadora del carácter humano, y posee atmósferas muy intensas. **RG**

Obras destacadas

Novelas

El hombre que miraba pasar los trenes, 1938
Tres habitaciones en Manhattan, 1946
Los escrúpulos de Maigret, 1958
Maigret en la audiencia, 1960
El tren, 1961
Maigret y el fantasma, 1964

NANCY MITFORD

Nancy Freeman-Mitford, 28 de noviembre de 1904 (Londres, Inglaterra); 30 de junio de 1973 (Versalles, París, Francia).

Estilo y género: Las obras de Mitford, brillantes e ingeniosas, tratan de las costumbres y las clases sociales, y no disimulan detalles autobiográficos.

Nancy Mitford nació en el seno de una de las familias más excéntricas de Gran Bretaña. Era hija de lord y lady Redesdale, y tenía otras cinco hermanas: una se afilió al partido nazi, otra fue seguidora de Moseley, otra socialista, otra fue duquesa de Devonshire, y la última, ama de casa. Sus hermanas fueron objeto de numerosas obras de teatro, y su inusual existencia aristocrática influyó en todas las obras de Nancy. Ella huyó del caos marchándose a París, y concentrándose en su escritura. Sus libros siguen editándose con éxito. Contienen agudas observaciones, son ingeniosos e inteligentes, y han inspirado a generaciones de escritores. Entre el amplio círculo de amistades de Nancy se halla Evelyn Waugh, y la correspondencia entre ambos está publicada. **LH**

Obras destacadas

Novelas

A la caza del amor, 1945
Amor en clima frío, 1949

Biografías

Voltaire in Love, 1957
El Rey Sol: Luis XIV en Versalles, 1966

PABLO NERUDA

Ricardo Eliécer Neftalí Reyes Basoalto, 12 de julio de 1904 (Parral, Chile); 23 de septiembre de 1973 (Santiago, Chile).

Estilo y género: Las obras de Neruda se caracterizan por un apetito voraz de amor, vida y lenguaje, y una capacidad inacabable de inventar y reinventar.

Obras destacadas

Poesía

Veinte poemas de amor y una canción desesperada, 1924
Residencia en la Tierra, 1947
Alturas de Machu Picchu, 1947
Canto general, 1950
Los versos del capitán, 1952
Odas elementales, 1957
Cien sonetos de amor, 1960

Autobiografía

Memorias, 1973

Pablo Neruda escribió más de una cincuentena de libros, con un total de unas 3.500 páginas de versos, traducidos a varias docenas de idiomas.

Cuando tenía 22 años, Neruda había publicado cinco volúmenes de poesía y era tenido por un lírico intenso y de una inventiva prodigiosa. Su segunda obra, *Veinte poemas de amor y una canción desesperada*, fue un éxito popular y se convirtió en un «clásico» gracias a su elegancia elemental, sus imposibles ternuras y una profunda melancolía.

En 1927, carente de ingresos fijos, Neruda aceptó una serie de consulados sin sueldo en Asia. Durante los cinco años siguientes, tomó conciencia de los sufrimientos de las masas oprimidas, cuyas antiguas culturas y forma contemporánea estaban ahogadas por el capitalismo, la corrupción y el orden colonial. *Residencia en la Tierra* es, en ocasiones, una expresión sorprendente y surrealista de la angustia personal y colectiva.

Otros consulados en España y Francia pusieron a Neruda en contacto con la vanguardia española y la causa antifascista. Con el estallido de la guerra civil española en 1936, trabajó en favor de la causa republicana. En 1940 empezó a escribir un

ARRIBA: Un retrato del escritor chileno Pablo Neruda en Londres, en 1965.

DERECHA: Neruda en su campaña para la presidencia, en Santiago, Chile, en 1969.

ESTRAVAGARIO

tan
si
ce
ne
se
cielo
al
subir
Para

dos alas,
un violín,
y cuantas cosas
sin numerar, sin que se hayan nombrado,
certificados de ojo largo y lento,
inscripción en las uñas del almendro,
títulos de la hierba en la mañana.

IZQUIERDA: El poema «Estravagario» (1958), escrito en forma de caligrama.

poema épico donde hablaba de la flora, la fauna, la historia, la mitología y las luchas políticas del pueblo latinoamericano. Inspirado por la grandeza de las civilizaciones precolombinas, en 1947 Neruda escribió *Alturas de Machu Picchu*, poema que más tarde convertiría en la pieza central de su épico poemario *Canto general*.

En 1945 Neruda fue elegido senador y se afilió al Partido Comunista. Tras criticar el régimen de derechas del presidente Gabriel González Videla, tuvo que ocultarse y exiliarse. Hacia 1952 el clima político había cambiado, y Neruda regresó a Chile, rico y famoso. Sus últimas décadas se caracterizaron por la felicidad conyugal (con Matilde Urrutia), sus continuos viajes y una prodigiosa producción. Las obras de este período se cuentan entre las más sencillas y mejores de Neruda, e incluyen *Los versos del capitán*, *Odas elementales* y *Cien sonetos de amor*. En 1971 le fue concedido el premio Nobel de Literatura. **CH**

Recién salido de la prensa

La colección de poesía militante de Pablo Neruda *España en el corazón* (1937) tuvo uno de los procesos de edición más inusuales del siglo XX. Tras publicarse de forma anónima en España, Neruda fue destituido de su consulado. En octubre de 1937, el poeta publicó este volumen en Santiago, y en 1938 ya había vendido cuatro ediciones. Más tarde, ese mismo año, las tropas republicanas en el frente oriental de la guerra civil española también publicaron una edición, usando una prensa móvil y papel fabricado a partir de banderas y uniformes viejos.

ALEJO CARPENTIER

Alejo Carpentier y Valmont, 26 de diciembre de 1904 (La Habana, Cuba); 24 de abril de 1980 (París, Francia).

Estilo y género: Carpentier es considerado el padre del «realismo mágico».

Alejo Carpentier creció en un hogar francófono, rodeado de comodidades y en un entorno cosmopolita. Cuando su padre desapareció en 1922, Carpentier abandonó la universidad para dedicarse al periodismo. Publicó artículos en diarios vanguardistas y agitadores contra el dictador Gerardo Machado, y promovió el movimiento afrocubano. Carpentier intentó fusionar esas tres vías (el cosmopolitismo atemporal, la política utópica y el conocimiento profundo de los legados negro, indígena y colonial) en una visión sincrética de la identidad cubana.

En 1927 Carpentier acabó en la cárcel acusado de disidente. Cuando le liberaron huyó a París, donde permaneció hasta 1939, estudió el surrealismo e investigó en la etnología latinoamericana. En su primera gran obra, *La música en Cuba*, una historia cultural pionera y exhaustiva sobre la identidad cubana, analizaba cinco siglos de musicología euroafricana. Luego publicó *El reino de este mundo*, una narración calidoscópica sobre la revolución haitiana (1791-1804) y sus secuelas, en la que mostraba la interrelación de los sucesos políticos y las creencias religiosas, lo que Carpentier denominaba «lo real maravilloso». Residió en Caracas, Venezuela, de 1945 a 1959, durante los años del «progreso» venezolano financiado por el petróleo, y Carpentier trabajó en publicidad y en radio, e hizo viajes al Amazonas. Estas polaridades animaron su obra maestra de 1953, *Los pasos perdidos*, que habla de un descontento musicólogo neoyorquino que descubre las verdaderas raíces del hombre postindustrial mediante un mágico proceso de transformación. Quizá su mejor obra sea la suntuosa *El siglo de las luces*, un relato inspirado en el pintor Francisco de Goya sobre la llegada al Caribe de la Ilustración, y la guillotina, y una historia velada del siglo XX. En 1977 Carpentier obtuvo el premio Cervantes. **CH**

«Había que vivir nuevos mundos antes de poder analizarlos.» *Los pasos perdidos*

Obras destacadas

Novelas

El reino de este mundo, 1949

Los pasos perdidos, 1953

Guerra del tiempo, 1958

El siglo de las luces, 1962

Concierto barroco, 1974

Ensayo

La música en Cuba, 1946

ARRIBA: El escritor, ensayista y musicólogo cubano, fotografiado en 1976.

DERECHA: Carpentier en una firma de libros a mediados de la década de 1970.

GRAHAM GREENE

Henry Graham Greene, 2 de octubre de 1904 (Berkhamsted, Hertfordshire, Inglaterra); 3 de abril de 1991 (Vevey, Suiza).

Estilo y género: Graham Green se preocupó por la ambivalencia de la moral y de la política, y por la influencia preponderante de la enseñanza católica romana.

Obras destacadas

Novelas

Brighton, parque de atracciones, 1938
El poder y la gloria, 1940
El revés de la trama, 1948
El fin de la aventura, 1951
El americano impasible, 1956
Nuestro hombre en La Habana, 1958
Un caso acabado, 1961
El cónsul honorario, 1973
El factor humano, 1978

Graham Greene consiguió combinar una gran popularidad con las alabanzas de la crítica. Sus novelas son *thrillers* repletos de política, crímenes e intriga, que exploran cuestiones de la moral del siglo XX. El magistral control de la tensión, el diálogo realista y los argumentos fascinantes cautivan al público.

El modesto éxito de su primera novela, *Historia de una cobardía* (1929), animó a Greene a dejar su empleo en *The Times*. Sus dos libros siguientes pasaron desapercibidos, pero encontró el éxito con *Orient-Express* (1932). Esta atractiva combinación de thriller y misterio —con asesinato incluido—, que descansa sobre un agudo trasfondo moral y filosófico, se ha atribuido a la conversión al catolicismo de Greene. Las cuestiones de fe desempeñan un papel central en *Brighton, parque de atracciones*. El protagonista y violento líder de una banda, Pinkie Brown, es un católico derrotado tanto por su dedicación al mal y a la condenación eterna, como por el acoso persistente de la alegre y cariñosa Ida Turner, quien, aunque no es religiosa, tiene una poderosa sensibilidad moral. Hay pocas ambigüedades en el tema católico que se plasma en *El poder y la gloria*, que muchos

ARRIBA: El escritor de *thrillers* y novelas de misterio Graham Greene.

DERECHA: Greene tomando una copa junto al director de cine Carol Reed, en 1951.

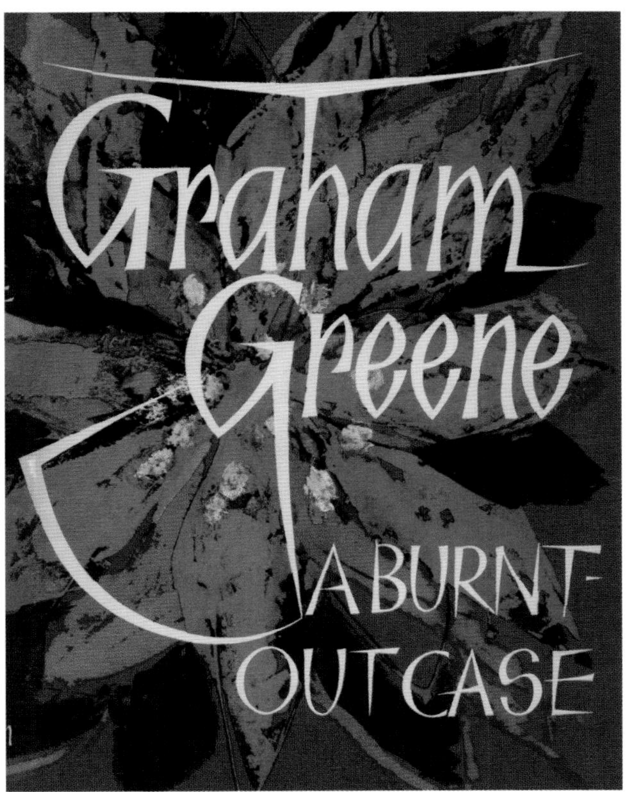

IZQUIERDA: Portada de *Un caso acabado* (1961), publicada por W. Heinemann, Londres.

consideran su primer éxito literario. La historia de un anónimo «sacerdote de moral relajada» en el México rural, donde se ha prohibido la Iglesia católica, es una exposición brutal de la debilidad del hombre y del poder redentor de la religión.

Los viajes inspiraron buena parte de las obras tardías de Greene. Mientras trabajaba para el Foreign Office en Sierra Leona, durante la Segunda Guerra Mundial, escribió *El revés de la trama*. En *El americano impasible* (que transcurre en Vietnam), *Nuestro hombre en La Habana* (Cuba) y *Un caso acabado* (Congo Belga) se nos presenta la omnipresente lucha entre el bien y el mal por el alma del individuo, en un marco de lugares sórdidos, rodeados de peligros y de espionaje político. **SG**

Shirley es inocente

En 1937 Graham Greene causó un revuelo cuando en su crítica de *Wee Willie Winkie* afirmó que la joven Shirley Temple manifestaba en sus actuaciones «una cierta coquetería muy hábil, que agradaba a los hombres de edad madura». El posterior pleito por libelo que puso la Twentieth Century Fox a la publicación *Night and Day* hizo que esta cerrase; sin embargo, lo que no se dijo es que Greene se vio obligado a huir de Gran Bretaña para eludir un probable encarcelamiento. El destino que eligió fue México, un país sin extradición. El resto, como dicen, es historia.

JEAN-PAUL SARTRE

Jean-Paul Charles Aymard Sartre, 21 de junio de 1905 (París, Francia); 15 de abril de 1980 (París, Francia).

Estilo y género: Sartre recurrió a diversas formas literarias para exponer sus ideas acerca de la libertad absoluta del individuo para tomar decisiones.

Sartre —uno de los gigantes de la filosofía del siglo XX— ha ejercido una enorme influencia sobre el pensamiento moderno. Tal y como él mismo describe en su breve pero sorprendente autobiografía, *Las palabras*, fue hijo de un oficial de la Marina cuya muerte prematura hizo que Jean-Paul se criase con su joven madre y sus abuelos. Su abuelo era pedagogo y se enorgulleció de verlo convertirse en un lector precoz, aunque un tanto afectado. Desde edad temprana, Sartre ya había decidido ser escritor.

Sartre se especializó en filosofía en la École Normale Supérieure, donde conoció a la escritora feminista Simone de Beauvoir, con quien forjó un vínculo sentimental e intelectualmente fructífero y permanente. Sartre cumplió un tiempo de servicio militar, pero más tarde fue hecho prisionero cuando los alemanes invadieron Francia. Su experiencia durante la Segunda Guerra Mundial le ayudó a forjar parte del pensamiento moral que sirvió de fundamento para sus obras posteriores, más influyentes.

Sartre explora sus doctrinas filosóficas en una obra amplia y variada, con novelas, relatos breves, obras de teatro, artículos y panfletos, así como publicaciones académicas, más esotéricas.

Obras destacadas

Filosofía

El ser y la nada, 1943

Crítica de la razón dialéctica, 1960

Novelas

La náusea, 1938

La edad de la razón, 1945

Autobiografía

Las palabras, 1964

Teatro

Las moscas, 1943

A puerta cerrada, 1945

Crítica literaria

¿Qué es la literatura?, 1948

ARRIBA: Jean-Paul Sartre fotografiado en París en 1971.

DERECHA: Sartre y André Gide conversando en Cuverville, Francia, en 1945.

IZQUIERDA: El retrato de Sartre (1976), de la serie «Esplendores II» por Gerard Fromanger.

Exploró sus intereses existenciales y fenomenológicos en su novela *La náusea*, en la que vincula las reacciones de su héroe con la naturaleza absurda y contingente de la vida. Analizó más a fondo estas ideas en su trilogía novelística, semiautobiográfica, conocida como *Los caminos de la libertad* (1945-1949). La trilogía, cuya acción transcurre en el París de posguerra, gira en torno a la vida de un profesor de filosofía, Mathieu, y de su grupo de amigos. Su obra filosófica más conocida es *El ser y la nada*, en la que explora la relación entre la conciencia del individuo y el mundo que le rodea. En 1964 a Sartre le ofrecieron el premio Nobel de Literatura, pero lo rechazó, en una manifestación de resistencia política. **GM**

Libérate

En el mensaje de Sartre, los individuos debían actuar para ampliar la propia libertad y la de toda la humanidad. Como otros existencialistas, colocaba al individuo en la vanguardia de su filosofía, destacando el concepto fenomenológico de que toda experiencia es subjetiva y se puede alterar mediante un esfuerzo de la voluntad. Alertaba sobre la *mauvaise foi* (mala fe), por la que nos autoconvencemos de que nuestras elecciones están restringidas por las circunstancias, y que por tanto no se nos puede culpar de nuestros actos.

ELIAS CANETTI

Elias Canetti, 25 de julio de 1905 (Rustschuk, [act. Ruse, en Bulgaria]); 13 de agosto de 1994 (Zurich, Suiza).

Estilo y género: Canetti, ensayista, novelista y dramaturgo, se interesó por la psicología de las masas y por el anhelo humano de obtener poder.

Obras destacadas

Novela
Auto de fe, 1935
Ensayo
Masa y poder, 1960
Libro de notas
La provincia del hombre, 1973
Teatro
Teatro, 1964

Hijo de un hombre de negocios descendiente de judíos sefardíes, Elias Canetti creció hablando ladino —la variedad judía del castellano— y búlgaro. Aprendió inglés de niño, cuando la familia se trasladó a Manchester, Inglaterra, y alemán cuando él y su madre se mudaron a Viena en 1913, tras la muerte de su padre. Educado en Zurich y Frankfurt, Canetti obtuvo un doctorado en química en la Universidad de Viena, y sus novelas y obras de teatro las escribió en alemán. La experiencia de verse atrapado en turbas furiosas que provocaban disturbios por las calles de la Viena de la década de 1920 le causó una fortísima impresión, e inspiró su novela de 1935, *Auto de fe*, que hablaba de «la comedia humana de la locura». La historia, prohibida por los nazis, se centraba en la lucha del individuo en un mundo que había quedado destruido, y que, aparentemente, ya no se podía abordar mediante la ficción convencional.

En 1938 Canetti abandonó Viena y viajó a París. Luego se estableció en Londres, donde vivió durante buena parte del resto de su vida. Había planeado escribir más novelas, pero abandonó la ficción y se entregó a investigar la conducta de las masas. También estudió la psicología y el atractivo tentador del fascismo, que creía que solo podía entenderse por medio de un enfoque científico. Su ensayo *Masa y poder*, en el que sostenía que la necesidad fundamental de la sociedad era «la humanización del poder», fue el primer fruto de estos esfuerzos y, aunque se lo criticó por no ser lo bastante riguroso desde el punto de vista científico, sí se admitió su absorbente fuerza. Más tarde, en la década de 1960, Canetti publicó algunas selecciones de sus notas en *La provincia del hombre*, y luego escribió tres volúmenes de su autobiografía. En 1981 obtuvo el premio Nobel de Literatura **RC**

«Todas las cosas que hemos olvidado nos piden auxilio en sueños.» *La provincia del hombre*

ARRIBA: Una fotografía de Elias Canetti en Zurich, en diciembre de 1983.

VASILI GROSSMAN

Vasili Semiónovich Grossman, 12 de diciembre de 1905 (Berdichev, Rusia [act., en Ucrania]; 14 de septiembre de 1964 (Moscú, Unión Soviética).

Estilo y género: La obra maestra de Grossman, *Vida y destino*, una incisiva épica de la vida en la Rusia soviética, fue considerada por el Kremlin peligrosa.

Vasili Grossman estudió ingeniería, pero se dedicó a la escritura a tiempo completo en 1930. Cuando estalló la Segunda Guerra Mundial se hizo corresponsal en Stalingrado para el periódico del Ejército Rojo. Sus relatos como testigo de primera línea de los horrores de las batallas le convirtieron en un icono nacional; siguió al Ejército Rojo hasta el campo de exterminio de Treblinka y luego hasta el búnker de Hitler.

Tras la guerra, Grossman participó en el *Libro negro*, un proyecto organizado por el Comité Antifascista Judío para documentar el holocausto, que luego fue suprimido por el gobierno soviético, e indujo a Grossman a cuestionar su lealtad al Estado. Su experiencia durante la guerra y su decepción respecto a la vida en la Rusia soviética culminó en su novela *Vida y destino*, escrita en la década de 1950 y considerada «la *Guerra y paz* del siglo XX». Se trata de una épica panorámica con muchísimos personajes y su postulado central es que, incluso bajo un régimen totalitario, el espíritu humano no se puede aplastar.

Grossman volvería a tratar el mismo tema en su siguiente novela, *Todo fluye*. Sin embargo, no llegó a ver publicadas ninguna de las dos. Grossman entregó *Vida y destino* para su publicación en 1960, y el Kremlin respondió que no podría publicarse hasta al cabo de doscientos años, porque se la consideraba demasiado peligrosa. El KGB destruyó sus manuscritos, copias y cuadernos de notas, pero sobrevivió un ejemplar que pasó de contrabando a Suiza. Grossman murió en 1964, sin saber si algún día alguien leería su obra. *Vida y destino* se publicó en Suiza en 1980, en inglés en 1985 y se pudo vender en Rusia en 1988; *Todo fluye* se publicó al año siguiente. Actualmente *Vida y destino* se considera una obra maestra de la literatura del siglo XX. **HJ**

«El "realismo soviético" fue tan imaginario como los romances del siglo XVIII.» *Todo fluye*

Obras destacadas

Novelas

Vida y destino, 1980

Todo fluye, 1989

Memorias

Un escritor en guerra. Vasili Grossman en el Ejército Rojo, 1941-1945, 2006

ARRIBA: Una imagen en sepia de Vasili Grossman, tomada en 1945.

ANTHONY POWELL

Anthony Dymoke Powell, 21 de diciembre de 1905 (Londres, Inglaterra); 28 de marzo de 2000 (Frome, Inglaterra).

Estilo y género: Powell caracterizó su torrencial *Una danza para la música del tiempo* con humor austero, numerosos personajes y redes narrativas sutilmente alusivas.

Anthony Powell dejó una huella pequeña pero clara en el panorama literario británico en la década de 1930, como autor de cinco novelas sardónicas y vanguardistas que, aunque en ocasiones son delirantemente jocosas, retratan de una forma salvaje y triste las fiestas agotadoras, las relaciones sexuales mecánicas y la fricción que genera el egoísmo humano en ausencia del placer y del sentimiento.

Tras abandonar la ficción durante diez años, Powell se embarcó en la secuencia de 12 novelas *Una danza para la música del tiempo*. El narrador sigue un camino por la vida idéntico al de su autor: hijo de un oficial mediocre del ejército, se educó en Eton y Oxford, y pasó los años de entreguerras en Londres, errando entre sórdidos clubes nocturnos y salas de estar de ambiente cargado. Se casó con la hija de una familia aristocrática y excéntrica, sirvió en el ejército durante la Segunda Guerra Mundial y luego gozó de una reputación literaria cada vez mayor. La función del narrador es la de observar. Por medio de su conciencia irónica y despegada, se observa un auténtico enjambre de personajes que se encuentran y separan, conversan y hacen el amor, prosperan y decaen.

La autobiografía de Powell, y los diarios que publicó al final de su vida, proyectan una imagen del autor como un conservador de clase media-alta, lo cual ha distorsionado el radicalismo estético de su obra como novelista. A veces *Una danza*... ha sido definida como «comedia social», pero aunque a menudo es sencilla y siempre divertida, por lo general la serie es mucho más oscura y tiene más ambiciones artísticas de lo que sugiere esa etiqueta.

Los autores más admirados por Powell no eran Austen o Trollope, sino Dostoievski, Proust y Balzac. Powell, un escritor formalmente innovador e inquebrantablemente comprometido con un ideal de excelencia literaria, debe ser considerado como el novelista británico más interesante del siglo XX. **RG**

Obras destacadas

Novelas

Afternoon Men, 1931

Venusberg, 1932

Agents and Patients, 1936

Una danza para la música del tiempo, 1951-1975

ARRIBA: Powell en su casa de Frome, cerca de Somerset, Reino Unido (1983).

DERECHA: Libro de la serie de *Una danza...*, publicado por Heinemann, Londres, 1975.

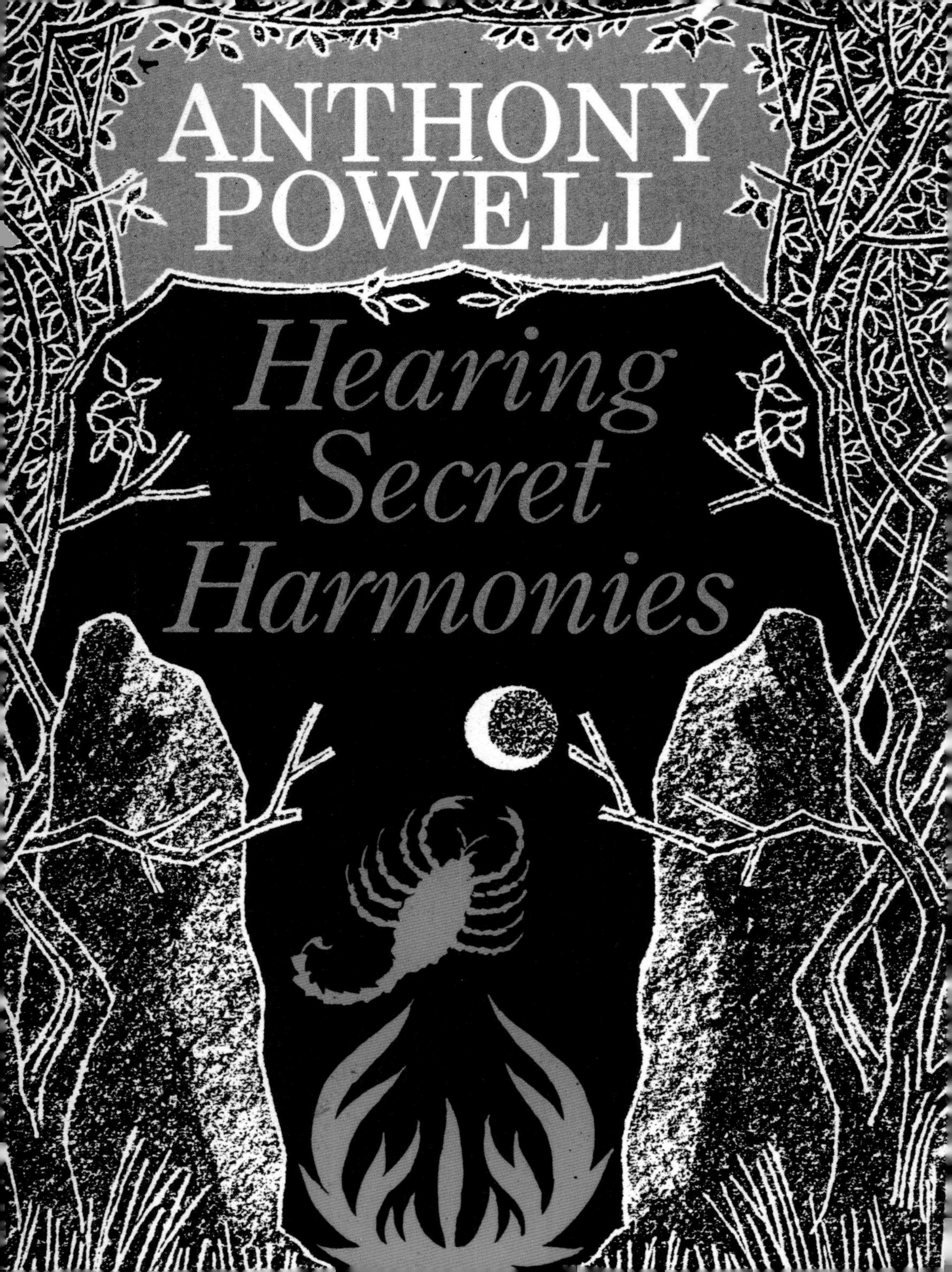
ANTHONY
POWELL
Hearing
Secret
Harmonies

DINO BUZZATI

Obras destacadas

Novelas

Bárnabo de las montañas, 1933

El desierto de los tártaros, 1940

El gran retrato, 1960

Un amor, 1963

Cuentos

Sesenta cuentos, 1958

Cronache terrestre, 1972

Libro ilustrado

La famosa invasión de Sicilia por los osos, 1945

Dino Buzzati, 16 de octubre de 1906 (Belluno, Italia); 28 de enero de 1972 (Milán, Italia).

Estilo y género: Buzzati cultivó el género de la novela fantástica y exploró la naturaleza inquietante de la existencia humana.

Dino Buzzati trabajó la mayor parte de su vida como periodista en Milán. Sus novelas llevan a sus personajes a expediciones psicológicas por los paisajes montañosos, desolados pero hermosos, de su infancia, por lo cual ha sido comparado con Kafka. Aunque Buzzati vivió en una época de turbulencias políticas en Italia, nunca manifestó sus tendencias ideológicas. Su literatura tiene una pátina de escapismo y se desarrolla en los márgenes de la sociedad; en *El desierto de los tártaros*, Giovanni Drogo se pasa toda la vida esperando en una frontera solitaria la llegada de un ejército invasor que jamás aparece. A Buzzati nunca le amedrentó poner en tela de juicio y traspasar las fronteras literarias y experimentó con diversos estilos y géneros. **TM**

WILLIAM EMPSON

Obras destacadas

Poesía

The Gathering Storm, 1940

Crítica literaria

Siete clases de ambigüedad, 1930

William Empson, 27 de septiembre de 1906 (Yorkshire, Inglaterra); 15 de abril de 1984 (Londres, Inglaterra).

Estilo y género: Empson fue un poeta y crítico británico cuya ingeniosa e intrincada exploración de las ambigüedades reflejó su pasión por el debate.

William Empson armonizaba la indisciplina de su vida personal con el orden perfecto de sus poemas. Fue un estudiante prodigio —empezó *Siete clases de ambigüedad* con 22 años—, pero fue expulsado de la Universidad de Cambridge porque se encontraron preservativos en su habitación. Empson vivió buena parte de su vida en China, mientras escribía las obras pioneras de crítica y de poesía que le convirtieron en una figura preponderante de la generación Auden. (Winston Churchill tomó prestado un título de Empson, *The Gathering Storm*, para un volumen de su historia de la Segunda Guerra Mundial, que obtuvo el premio Nobel.) Más avanzada su vida, Empson escribió apasionadas críticas de las creencias y la moral cristianas. **MS**

MARIO SOLDATI

Mario Soldati, 17 de noviembre de 1906 (Turín, Italia); 19 de junio de 1999 (Tellaro, La Spezia, Italia).

Estilo y género: Soldati, escritor, director, guionista y ensayista, tiñó su narrativa de un moralismo irónico con complejas intrigas psicológicas.

Mario Soldati fue un intelectual polifacético, difícil de definir: compuso piezas de teatro y dirigió películas de cine; escribió narrativa y ensayo y realizó programas de investigación para la televisión. Su lenguaje se volvía más austero en función de la gravedad del tema que abordase, de forma que cualquier tipo de incidente sonara como si exigiera un chiste. Podría decirse que era minimalista.

El riesgo que supone tener una gama tan amplia de salidas artísticas es que su obra parece fragmentaria y dispersa, aunque, sin embargo, sus numerosas contribuciones en diversos campos artísticos siempre acababan redundando en un tópico contemporáneo: el «otro». Para Soldati, el «otro» significaba muchas cosas: la imposibilidad de echar raíces y asentarse definitivamente; la incapacidad de someterse a las rutinas del trabajo y de la vida emocional; y, en un nivel psicológico más profundo, expresa los impulsos irresistibles del inconsciente, lo olvidado, esas áreas en lo más recóndito del cerebro donde no puede llegar la razón. Es por eso que, en las obras de Soldati, no hay protagonistas que puedan escapar a la angustia de enfrentarse a los fantasmas de su pasado o de intentar comprender los impulsos de su mente inconsciente. Ninguno de sus personajes puede eludir hacer una «confesión». Sus protagonistas deben reevaluar su propia existencia por medio de nacionalizaciones que se acercan a la «náusea» de Jean-Paul Sartre y a la «indiferencia» de Alberto Moravia. E incluso cuando esa huida —palabra recurrente en la obra de Soldati— se plasma en un viaje a Estados Unidos —uno de los países favoritos del autor—, Soldati se ve atraído por lo imprevisto y lo impredecible, por un «otro» que encuentra su expresión ideal en el tema del vagabundeo. **FF**

«El deseo febril de marcharse [...], sin motivos, le quemaba como un fuego.» *Le due città*

Obras destacadas

Memorias

America primo amore, 1935

Novelas

Cartas de Capri, 1955

La confessione, 1956

Lo smeraldo, 1974

El incendio, 1981

ARRIBA: Un retrato de Soldati en la década de 1980, con su pajarita característica.

1900–19

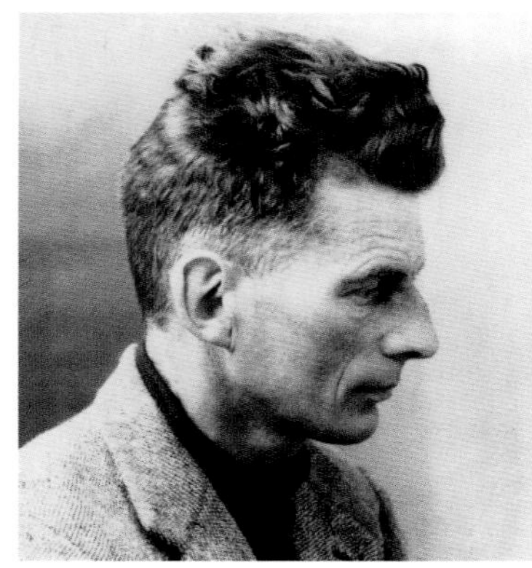

SAMUEL BECKETT

Samuel Barclay Beckett, 13 de abril o mayo de 1906 (Foxrock, cerca de Dublín, Irlanda); 22 de diciembre de 1989 (París, Francia).

Estilo y género: La obra de Beckett expresa la soledad y la angustia de la condición humana, con un estilo minimalista repleto de humor negro.

Obras destacadas

Teatro

Esperando a Godot, 1952
Final de partida, 1957
La última cinta, 1958
Los días felices, 1961

Novelas

Murphy, 1938
Malone muere, 1951
El innombrable, 1953
Watt, 1953

Novelas cortas / cuentos

Primer amor, 1973
Sobresaltos, 1988

Poesía

Whoroscope, 1930
What is the Word, 1989

ARRIBA: Una fotografía de Samuel Becket tomada en torno a 1950.

A menudo se piensa que la obra de Samuel Beckett refleja más los peligros de la «condición humana» que su propia vida. Sin embargo, el misterio que rodea su experiencia como mensajero en la Francia ocupada por los nazis, y su amistad con el escritor irlandés James Joyce contribuyeron profundamente a la desolación y a la confusión que son características de su estilo de escritura, sobre todo en sus obras tardías y más conocidas.

Beckett nació en el distrito dublinés de Stillorgan. Aunque su partida de nacimiento británica afirma que nació el 13 de mayo de 1906, Beckett sostenía que nació un Viernes Santo, el 13 de abril de ese mismo año. La incógnita sobre si alteró la fecha de su nacimiento ha inspirado numerosas especulaciones, que Beckett no aclaró: «Me gustan todas esas mentiras y leyendas; cuantas más hay, más interesado estoy». Durante la Primera Guerra Mundial se pasó el tiempo leyendo en el campo, nadando, conduciendo motocicletas y asistiendo a diversas escuelas privadas y distinguidas. Tras licenciarse del Trinity College, se trasladó a París para dar clases en inglés en la famosa École Normale Supérieure. Beckett fue consciente de que su obra había recibido un impacto vivificador gracias a su encuentro y posterior amistad con James Joyce, exiliado voluntario, quien se convirtió en el eje de una importante retracción estilística en las novelas de posguerra beckettianas.

La carrera literaria de Beckett comenzó mucho antes de la Segunda Guerra Mundial, pero el conflicto dejó una profunda huella en su obra ulterior y más influyente. Antes de la guerra había tenido poco éxito con sus poemas, novelas y críticas. En 1937 un proxeneta apuñaló a Beckett en París, y el escritor estuvo a punto de morir. Este hecho totalmente casual —el proxeneta, que irónicamente se llamaba Prudent, afirmó ante el tribunal que no tenía motivos para la agresión— dejó huella en Beckett. En 1940 se involucró en una célula de la Resistencia

ARRIBA: Beckett en Le Petit Café, Boulevard Saint Jacques, en París (1985).

francesa, lo que le obligó a pasar mucho tiempo oculto. Para pasar el tiempo escribió *Watt* (acabada en 1945), novela con un estilo dramáticamente recortado, que señaló su ruptura con la intensa influencia de Joyce.

Después de la guerra, Beckett se interesó por el arte escénico. Apoyándose en el principio de Joyce que decía que la escritura debía ser exuberante y centrada en las manifestaciones externas, Beckett escribió obras de teatro y novela que hablaban del empobrecimiento y de la pérdida. En 1949 terminó *Esperando a Godot*, una obra sobre dos jocosos individuos que esperan la llegada de un misterioso personaje llamado Godot y que tuvo un rotundo éxito internacional. Con las obras *Final de partida*, *Los días felices* y *La última cinta*, acabó confirmando su importancia como dramaturgo experimental.

«Nada es más divertido que la infelicidad, eso se lo garantizo.» *Final de partida*

Esperando a Godot

Resulta difícil saber qué ha intrigado más al público: el curioso diálogo de *Esperando a Godot* o la identidad de este personaje. La obra habla de dos vagabundos, Vladimir y Estragon, que matan el tiempo bromeando mientras esperan la llegada de un misterioso individuo llamado Godot. Hay un muchacho que a menudo parece insistir en que Godot llegará a la cita, pero cuando acaba la obra, aún no se ha presentado.

Lo que llamó inmediatamente la atención cuando se estrenó por primera vez la obra fue el diálogo entre los vagabundos. Beckett trasladó el tedio de las conversaciones ordinarias (insultos, palabras obscenas y digresiones) a un escenario poco acostumbrado a ellas; es una obra, citando una crítica famosa, «donde nada sucede dos veces». En algunas de las producciones británicas se censuró parte del texto, pero cuando la obra recibió críticas enormemente favorables de dos expertos británicos en 1955, se convirtió en un enorme éxito.

La identidad del personaje ausente, Godot, ha sido siempre una incógnita para los seguidores del autor. Beckett afirmaba que tomó la palabra de un término argótico francés, *godillot*, *godasse*, que significa «bota», para enfatizar el papel destacado que tienen los pies en la obra. Sin embargo, con mayor frecuencia se ha interpretado como símbolo de un «Dios» (God) ausente, una figura de renacimiento y redención para un mundo de posguerra. Esta es una interpretación que Beckett rechazó al afirmar que escribió la obra en francés y que el nombre «Godot» no se parecía en nada al término francés *Dieu*. «Si Godot fuera Dios —dijo Beckett—, le hubiera llamado así.» La negación de Beckett de que Godot sea Dios no le convierte en nihilista.

Tras el éxito de *Esperando a Godot*, Beckett pudo vivir de la literatura en París. En 1969 se le concedió el premio Nobel de Literatura: «Por su escritura que, de maneras nuevas para la novela y el teatro, adquiere su elevación en la destitución del hombre moderno». En las siguientes décadas, Beckett escribió muchas obras de teatro para la radio y empezó a escenificar sus propias producciones en Berlín, París y Londres. A medida que se acercaba la década de 1980, sus obras de teatro y su prosa empezaron a incidir en un examen incluso más concentrado de la condición humana: los soliloquios que expresan soledad, supervivencia y pérdida se desprendieron por completo de los elementos del argumento y la escenificación.

Aunque el corpus literario de Beckett no ofrece una esperanza clara para un mundo desesperado, no se limita a ser pesimista o nihilista. Sus últimas obras, *Stirrings Still* y *What is the Word*, testimonian su postulado estoico: que los humanos deben seguir siempre adelante, resueltos, incluso cuando se acerca el fin. **SD**

DERECHA: Beckett examina fotogramas de su película *Film*, 1964.

LOUIS MACNEICE

Frederick Louis MacNeice, 12 de septiembre de 1907 (Belfast, Irlanda del Norte); 3 de septiembre de 1963 (Londres, Inglaterra).

Estilo y género: MacNeice fue un poeta, dramaturgo y crítico a quien se le asocia habitualmente con la generación Auden de la poesía de la década de 1930.

La atracción tanto de Irlanda como de Inglaterra es evidente en la obra de Louis MacNeice. Educado en Oxford, fue profesor de literatura clásica en Birmingham y Londres. Su amor por los clásicos empapa su poesía, pero se le recuerda sobre todo por la innovación lingüística de poemas como «Snow» y «Bagpipe Music». Su acercamiento a la escritura propia de la década de 1930, de compromiso político, es evidente en sus *Poems* y sobre todo en *Autumn Journal*, incitado por la crisis de Munich, la guerra civil española y los acontecimientos en el Londres anterior a la guerra. Después, además de *Visitations*, *Solstices* y *The Burning Perch*, escribió diversas obras teatrales para la radio, un libro sobre Yeats y una autobiografía inacabada. **SR**

Obras destacadas

Poesía

Poems, 1935
Autumn Journal, 1939
Visitations, 1957
Solstices, 1961
The Burning Perch, 1963

DAPHNE DU MAURIER

Daphne du Maurier, 13 de mayo de 1907 (Londres, Inglaterra); 19 de abril de 1989 (Par, Cornualles, Inglaterra).

Estilo y género: Escribe con rigurosa investigación histórica, temas emocionantes y argumentos meditados. Hitchcock llevó al cine su relato «Los pájaros».

Daphne creció en un hogar privilegiado, en el seno de una familia creativa. Empezó a escribir de muy joven, y en 1936 vio publicada su primera novela. Se enamoró del condado de Cornualles, de sus playas, su recortado paisaje y su historia, embebida de mitos, que inspiraron la mayoría de relatos. Aunque albergaba dudas respecto a su sexualidad —estuvo enamorada de Gertrude Lawrence—, se casó con un distinguido soldado, Frederick Browning (conocido como *Boy*), con el que tuvo tres hijos. Sus oscilantes estados emocionales influyeron en sus argumentos melodramáticos, y la ayudaron a evocar momentos de enorme tensión. Conoció el éxito internacional, pero tras la muerte de Boy se convirtió en una persona retraída. **LH**

Obras destacadas

Novelas

La posada de Jamaica, 1936
Rebeca, 1938
El pirata del amor, 1941
Mi prima Rachel, 1951

W. H. AUDEN

Wystan Hugh Auden, 21 de febrero de 1907 (York, Inglaterra); 29 de septiembre de 1973 (Viena, Austria).

Estilo y género: Auden fue poeta, dramaturgo y ensayista, y exhibió un dominio de la forma y una autoridad moral en todos sus escritos.

En 1922, cuando un compañero de clase preguntó a W. H. Auden si alguna vez había escrito poesía, la respuesta fue que no. Sin embargo, Auden hizo gala, desde niño, de una inteligencia especial, y con 20 años había escrito ya algunos de los poemas más importantes de la década de 1920. Llamó la atención de T. S. Eliot, y se convirtió en el máximo representante de lo que luego se llamó la «generación Auden». Toda la poesía de Auden posee un carácter juguetón y concentrado, de precocidad natural y travesuras anárquicas e infantiles.

Auden pasó por varias fases estilísticas. Sus primeros poemas, de una modernidad oblicua y una dicción amenazadora e impersonal, dieron paso a un período intermedio —con una edad en la que la mayoría de poetas aún buscan su persona literaria— de compromiso político en la lucha contra el fascismo. Tras emigrar a Estados Unidos en 1939, entró en una tercera fase que combinaba un estilo más relajado y difuso con la humildad y la sabiduría cristianas.

Sus poemas más conocidos proceden de la fase intermedia: «Spain», «Museo de Bellas Artes», «En memoria de W. B. Yeats» y «Septiembre 1, 1939» siguen siendo poderosos pronunciamientos morales —el último de ellos se citó muchas veces tras los atentados del 11-S en Nueva York—. Después de salir del Reino Unido, Auden llegó a lamentar una parte de la osadía política y la seguridad moral de esos poemas, y los modificó o excluyó de futuras ediciones. Auden se convirtió en una celebridad, escribió libretos para Benjamin Britten e Igor Stravinski, y disfrutó de la liberalidad de la vida relajada en Greenwich Village, Nueva York. En su ancianidad se le identificaba por su rostro surcado de arrugas («Mi cara parece un huevo en un plato», escribió siendo aún joven) y por su excentricismo. **MS**

«Un poeta es [...]una persona que está apasionadamente enamorada del lenguaje.»

Obras destacadas

Poesía

Poemas, 1930

Poemas

«Spain», 1937

«Miss Gee», 1938

«Museo de Bellas Artes», 1940

«En memoria de W. B. Yeats», 1940

«Septiembre 1, 1939», 1940

«El mar y el espejo», 1944

«In Praise of Limestone», 1948

ARRIBA: Auden en Londres, en junio de 1972, un año antes de su muerte.

ALBERTO MORAVIA

Alberto Pincherle, 28 de noviembre de 1907 (Roma, Italia); 26 de septiembre de 1990 (Roma, Italia).

Estilo y género: Moravia fue un novelista prolífico cuyas obras exploran la esterilidad moral oculta tras la reluciente superficie de la burguesía italiana.

Alberto Moravia evidenció el poder alienante del dinero sobre la clase media-alta italiana. Las exploraciones en los deseos de ese sector social, frustrados y en ocasiones picantes, han inducido a los críticos a establecer comparaciones entre este escritor y los existencialistas franceses. Moravia era un novelista psicológicamente riguroso; en obras como *Agostino* y *El tedio*, la consciencia individual del protagonista se convierte en un calidoscopio en el que se revelan las farsas sociales. Aunque sus personajes pasan el tiempo mirándose el ombligo, y sus novelas miran hacia dentro, hacia un país paralizado por la claustrofobia social, Moravia fue un viajero consumado y un intelectual de mentalidad abierta que no soportaba a los conformistas. **TM**

Obras destacadas

Novelas

Los indiferentes, 1929
Agostino, 1944
La romana, 1947
La desobediencia, 1947
El conformista, 1951
El desprecio, 1954
La campesina, 1957
El tedio, 1960

Cuentos

Cuentos romanos, 1954

PAULINE RÉAGE

Anne Desclos (también conocida como **Dominique Aury**), 23 de septiembre de 1907 (Rochefort-sur-Mer, Francia); 26 de abril de 1998 (Corbell-Essonnes, Francia).

Estilo y género: Réage fue la controvertida autora de novelas eróticas de ficción, en las que plasmó la sumisión total de las mujeres a los hombres.

Desde su publicación en 1954, *Historia de O* provocó un escándalo debido a su sexualidad explícita y a su retrato de las mujeres sometidas a los hombres. Muchos críticos feministas atacaron el libro como una fantasía misógina y especularon que la novela la había escrito un hombre —el sospechoso más probable era Jean Paulhan, autor de la introducción—. Sin embargo, en 1994 se confirmó la autoría de Pauline Réage (uno de los seudónimos de Anne Desclos). En una entrevista afirmó que la obra era una fantasía que quiso compartir con su amante, Paulhan, y que este la animó a publicar. Para algunos, refleja la opresión interiorizada de las mujeres; para otros, es el relato erótico de una mujer que se entrega totalmente por amor. **IJ**

Obras destacadas

Novelas

Historia de O, 1954
Regreso a Roissy, 1969

MAURICE BLANCHOT

Maurice Blanchot, 22 de septiembre de 1907 (Devrouze, Saône-et-Loire, Francia); 20 de febrero de 2003 (Mesmil-Saint-Denis, Yvelines, Francia).

Estilo y género: Blanchot, novelista y crítico literario, examinó «la cuestión de la literatura» y contribuyó a definir la teoría literaria postestructuralista.

Maurice Blanchot influyó decisivamente en el pensamiento de escritores postestructuralistas como Jacques Derrida y Roland Barthes. Blanchot se interesó por la filosofía del lenguaje, y en sus ensayos cuestiona si es posible describir la realidad en términos abstractos, que son diferentes de la experiencia cotidiana. La participación consciente en el acto de escribir —y de leer— es un tema recurrente en su obra, que obliga a replantear nuestra comprensión de la literatura y cómo deberíamos responder a ella.

Blanchot estudió filosofía en la Universidad de Estrasburgo, y en la década de 1930 trabajó como periodista político en París. Aunque trabajaba como editor de una revista nacionalista y antialemana y de un periódico conservador de la corriente dominante, también fue un crítico abierto del gobierno en funciones y de la legislación antisemita. Durante la Segunda Guerra Mundial participó activamente en la Resistencia, y en 1944 estuvo a punto de ser ejecutado por un pelotón de fusilamiento nazi. Tras la guerra, su simpatía se desplazó hacia la izquierda política, y se retiró a una zona rural del sur de Francia. Este aislamiento estuvo relacionado con su mala salud, pero también con su necesidad de tener un espacio solitario donde formular sus ideas. Entre 1953 y 1968, Blanchot se hizo famoso como autor de un artículo mensual para la *Nouvelle Revue Française*, y siguió escribiendo novelas y ensayos críticos. Difuminó la frontera tradicional entre los sexos, entretejió narrativa con teoría literaria, e investigación filosófica con argumentos de ficción. Volvió a la escena pública para denunciar la ocupación francesa de Argelia en la década de 1950 y para prestar su apoyo intelectual a la rebelión estudiantil de mayo de 1968. **MK**

«Un escritor nunca lee su obra [...] No puede estar cara a cara con ella.»

Obras destacadas

Ensayo

Falsos pasos, 1943

El espacio literario, 1955

La escritura del desastre, 1980

Novelas

Thomas el Oscuro, 1941

La sentencia de muerte, 1948

ARRIBA: Blanchot, quien se negaba a ser fotografiado, en uno de sus pocos retratos.

RICHARD WRIGHT

Richard Nathaniel Wright, 4 de septiembre de 1908 (Roxie, Mississippi, EE.UU.); 28 de noviembre de 1960 (París, Francia).

Estilo y género: A Wright le interesaba la «cuestión racial». Es conocido por su detallismo documental, su determinismo filosófico y sus diatribas comunistas.

La controvertida obra de Richard Wright refleja el trauma histórico de la segregación y de la opresión racial en Estados Unidos, pero también logra causar una especie de trauma en el lector. En la obra autobiográfica *Chico negro*, Wright reflexionó sobre su despertar artístico y sobre su infancia solitaria en el delta del Mississippi.

Su padre abandonó a la joven familia, presidida en aquel momento por la abuela de Richard, una extremista religiosa, para quien las obras de ficción eran «mentiras del diablo». En 1927 Wright se trasladó a Chicago, donde trabajó lavando platos hasta que encontró un puesto en una oficina de Correos, se afilió al Partido Comunista y al final publicó su primer libro de relatos cortos, *Uncle Tom's Children*.

En 1940, cuando ya vivía en Nueva York, Wright publicó la obra que consolidaría su reputación como el principal novelista negro estadounidense. *Hijo nativo* es la historia de Bigger Thomas, un matón negro que se expresa mal y que asesina sin piedad a la hija de su jefe rico. Las múltiples atrocidades de Bigger pretendían transmitir la idea de que era la propia sociedad racista estadounidense la que había creado aquel monstruo. La obra fue —y sigue siendo— muy controvertida, y los críticos atacaron clamorosamente la novela, sosteniendo que Wright había confirmado los temores racistas de los blancos acerca de los hombres de color, violentos y sexualmente agresivos.

En 1946 Wright se trasladó a París, donde se relacionó con el círculo de Jean-Paul Sartre, Albert Camus y otros existencialistas franceses, y en 1953 publicó su propia novela existencialista de ficción, *The Outsider*. Wright se sintió seducido progresivamente por los haiku japoneses, y dejó escritos más de 4.000 poemas de este estilo. **IW**

«Siempre que se puedan ofrecer evidencias, no permitamos que se infiera nada.»

Obras destacadas

Novelas
Hijo nativo, 1940
The Outsider, 1953
Cuentos
Uncle Tom's Children, 1938
Autobiografía
Chico negro, 1945

ARRIBA: Wright fotografiado en una biblioteca en 1943.

SIMONE DE BEAUVOIR

Simone-Lucie-Ernestine-Marie Bernard de Beauvoir, 9 de enero de 1908 (París, Francia); 14 de abril de 1986 (París, Francia).

Estilo y género: Simone de Beauvoir, escritora y filósofa existencialista, fue una inspiración para las feministas de posguerra con su libro *El segundo sexo*.

Simone de Beauvoir era hija de un abogado de Montparnasse, se educó en escuelas privadas y estudió filosofía en La Sorbona de París. Fue en esta universidad donde, en 1929, conoció a Jean-Paul Sartre, con quien mantuvo una relación sentimental durante toda su vida, aunque vivían separados y eran partidarios de la libertad sexual.

Como feminista militante, rechazaba el matrimonio por principio, desaprobaba la familia convencional, y se negó a tener hijos. Trabajó de maestra, vivió en París durante la ocupación alemana y en 1943 publicó su primera novela, *La invitada*, que trataba temas existencialistas.

Enérgica y valiente, escribió ensayos filosóficos, novelas y una obra de teatro. A finales de 1940 mantuvo una larga relación sentimental con el escritor estadounidense Nelson Algren, y en 1949 publicó *El segundo sexo*, un estudio en dos tomos de la historia de la opresión de las mujeres, que denunciaba el concepto del «eterno femenino» como un mito calculado para fomentar la supremacía masculina. La obra levantó una polvareda en la época y la Iglesia católica la prohibió, pero contribuyó a dar fuerza al movimiento feminista.

Obras destacadas

Novelas

La invitada, 1943

Los mandarines, 1954

Ensayo

El segundo sexo, 1949

La larga marcha, 1957

ARRIBA: Simone de Beauvoir en una fotografía de febrero de 1968.

DERECHA: Beauvoir en una escuela de Marsella, donde enseñó de 1931 a 1943.

ARRIBA: Los intelectuales franceses Jean-Paul Sartre y Simone de Beauvoir en 1959.

Su novela posterior, *Los mandarines*, que trataba sobre los intelectuales políticamente comprometidos en Francia durante los años de posguerra, ganó el premio Goncourt.

En 1956 Beauvoir y Sartre visitaron la Unión Soviética y la China comunista, y en la década de 1960 ella viajó por Cuba, Rusia, Egipto, Israel y Japón. Publicó su autobiografía en cuatro volúmenes, participó en manifestaciones en apoyo de los estudiantes e hizo campaña por el aborto, los anticonceptivos y los derechos de las mujeres. También escribió sobre los horrores del envejecimiento y el olvido de los ancianos por parte de la sociedad.

Tras la muerte de Sartre en 1980, Beauvoir despertó nuevas controversias con un libro en el que describía el decaimiento físico y mental del escritor durante sus últimos años de vida. Cuando murió, Beauvoir fue enterrada junto a Sartre en el cementerio de Montparnasse. **RC**

El segundo sexo

«Dios no optó espontáneamente por crear a Eva como un fin en sí misma [...] Estaba destinada por Dios al hombre; se la dio a Adán para rescatarle de su soledad, y en su condición de pareja radicaba su origen y su propósito. Era un ser consciente, pero sumiso por naturaleza. Y aquí subyace la esperanza que el hombre ha puesto en la mujer; espera realizarse como ser mediante la posesión carnal de otro, pero al mismo tiempo confirmar su sentido de la libertad por medio de la docilidad de una persona libre. Ningún hombre consentiría ser mujer, pero todos los hombres quieren que existan las mujeres.»

Obras destacadas

Poesía

Trabajar cansa, 1936

Vendrá la muerte y tendrá tus ojos, 1951

Novelas

De tu tierra, 1941

La cárcel, 1948

La casa en la colina, 1948

El bello verano, 1949

La luna y las fogatas, 1950

Diario

El oficio de vivir, 1952

CESARE PAVESE

Cesare Pavese, 9 de septiembre de 1908 (Santo Stefano Bello, Italia); 27 de agosto de 1950 (Turín, Italia).

Estilo y género: Escritor, traductor y periodista, Pavese vivió en el contexto de la Italia fascista y reflejó sus dudas e inseguridades en su obra.

Cesare Pavese nació en el campo, pero creció en la ciudad. Sus primeros poemas, publicados en *Trabajar cansa,* marcaron el tono de las obras posteriores, y en ellos cuestionaba si la forma de vida tradicional, rural, había desaparecido en una era de conmoción tecnológica. Volvió reiteradamente en su obra al análisis de la condición humana a partir de su propia experiencia. Debía buena parte de su inspiración a los clásicos estadounidenses y británicos, y la variedad estilística de esas obras le incitó a realizar sus experimentos literarios. Dos de sus novelas más conocidas son *La casa en la colina* y *La luna y las fogatas*, considerada su obra maestra. Tras serle otorgado el prestigioso premio Strega, puso fin a su vida en un hotel turinés. **TM**

Obras destacadas

Novela

Bajo el volcán, 1947

Cuentos

Escúchanos, Señor, desde el cielo, tu morada, 1961

MALCOLM LOWRY

Clarence Malcolm Lowry, 28 de julio de 1909 (New Brighton, Inglaterra); 26 de junio de 1957 (Ripe, East Sussex, Inglaterra).

Estilo y género: Novelista, escritor de relatos cortos y poeta, Lowry pasó buena parte de su vida sumido en el alcoholismo y sujeto a perturbaciones mentales.

La obra maestra de Malcolm Lowry fue su novela *Bajo el volcán*, que transcurre en México. La había empezado en 1930, en una época en que la propia Europa parecía en peligro de ser destruida por un volcán político, y le hizo famoso en Norteamérica, aunque no en Reino Unido. Lowry, el menor de los cuatro hijos de un rico hombre de negocios, asistió a la Universidad de Cambridge antes de pasar unos años viviendo en Londres, París, Hollywood, México —con su primera esposa estadounidense—, Canadá e Italia, y luego regresar a Reino Unido en la década de 1950. Murió a consecuencia del alcohol y, posiblemente, de una sobredosis de pastillas. Sus relatos breves, poemas y cartas se publicaron póstumamente, en la década de 1960. **RC**

EUGÈNE IONESCO

Eugène Ionesco, 26 de noviembre de 1909 (Slatina, Rumanía); 28 de marzo de 1994 (París, Francia).

Estilo y género: Ionesco fue un prolífico autor del teatro del absurdo; escribió obras poco ortodoxas que explicaban la absurda falta de sentido de la vida.

Las «anti-obras» surrealistas de Eugène Ionesco, como *La lección*, se hicieron eco de la marea existencialista del París de la década de 1950, y contribuyeron a establecer un teatro del absurdo cuyos exponentes máximos han sido desde Samuel Beckett y Edward Albee hasta Harold Pinter y Tom Stoppard. Las obras de Ionesco se caracterizan por una falta de argumento tradicional, de hilo argumental y de caracterización, y por temas como la muerte, la incapacidad del hombre para dirigir los acontecimientos, y la naturaleza de los objetos inanimados. En ellas aparecen episodios extravagantes, a menudo grotescamente cómicos y en apariencia arbitrarios: una pareja charla y acaba descubriendo que están casados *(La cantante calva)*, o bien el escenario se llena de sillas vacías *(Las sillas)*. Su lenguaje, escaso y fragmentario, apunta a la incapacidad de las palabras para fomentar la comunicación trascendente en un mundo burgués y alienado, repleto de relaciones vacías.

El uso artificioso que hace Ionesco de las palabras se inspira, en parte, en su experiencia en el estudio del inglés a finales de la década de 1940, por la extrañeza que le provocaban las expresiones que figuraban en su libro de texto. Ionesco, de padre rumano y madre francesa, estudió francés en la Universidad de Bucarest y se estableció en París en los años cuarenta. Su primera obra de un solo acto, *La cantante calva,* aunque escrita en su madurez, fue recibida como el punto de partida para una nueva revolución en el mundo del teatro. Luego Ionesco abordó formatos más amplios, que a menudo parecen perder la fuerza y la concentración de sus dramas más breves, aunque *El rinoceronte* fue popular durante mucho tiempo. Sus obras posteriores exploraban los sueños y el mundo del subconsciente. **AK**

Obras destacadas

Teatro

La cantante calva, 1950
La lección, 1951
Las sillas, 1952
El rinoceronte, 1960
El rey se muere, 1962

1900–19

«Las ideologías nos separan. Los sueños y la angustia, nos unen.»

ARRIBA: Eugène Ionesco retratado en el despacho de su casa, en 1973.

JEAN GENET

Jean Genet, 19 de diciembre de 1910 (París, Francia); 15 de abril de 1986 (París, Francia).

Estilo y género: Genet escribió novelas y ensayos y fue una figura importante en la vanguardia por sus aportaciones al teatro del absurdo.

Jean Genet era hijo de una prostituta y fue abandonado, de modo que se crió en orfanatos, en un hogar adoptivo y en un reformatorio. Durante la década de 1930 recorrió Europa como mendigo, ladrón, carterista, traficante de drogas y prostituto, vida sobre la que más tarde escribiría en *Diario del ladrón*. Se inició en la narrativa cuando estaba preso en una cárcel francesa por robo.

Su primera novela, *Santa María de las Flores*, trata sobre los bajos fondos, mientras que *El milagro de la rosa* nos describe la escuela-reformatorio en Mettray donde había pasado una parte de su adolescencia, hasta que pudo escapar y servir un breve tiempo en la Legión Extranjera, de la que luego desertó.

Más tarde Genet empezó a escribir obras teatrales, en las que exploraba los problemas de identidad y el apetito humano por la representación de papeles, que tanto fascinarían a Samuel Beckett y a Eugène Ionesco. Su reputación fue en aumento entre los intelectuales, y cuando volvieron a condenarle por robo en 1948 y se enfrentaba a una cadena perpetua, muchos escritores, como Jean Cocteau y Jean-Paul Sartre, intercedieron a su favor y consiguieron que fuera indultado.

Obras destacadas

Novelas

Santa María de las Flores, 1943

El milagro de la rosa, 1946

Autobiografía

Diario del ladrón, 1949

Teatro

Las criadas, 1947

El balcón, 1956

Los negros, 1958

Los biombos, 1961

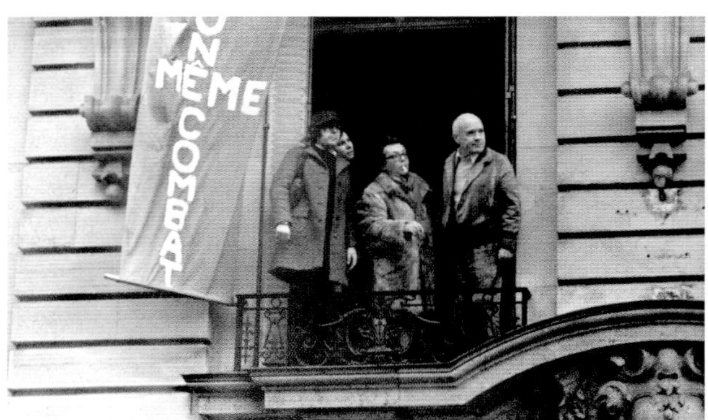

ARRIBA: Una fotografía en blanco y negro del joven Genet durante su juventud.

DERECHA: Genet (a la derecha) en París, en una manifestación política, 1968.

ARRIBA: Genet en una campaña de los Panteras Negras con Elbert Howard (1970).

La obra de Genet logra combinar criminalidad y homosexualidad —y una preocupación por el asesinato y la muerte violenta— con religiosidad. Genet repudiaba el mundo burgués que le había expulsado y escribió sobre los criminales como víctimas sociales. Sus obras, descritas como «el teatro del odio», conseguían conmocionar. *El balcón* transcurre en un burdel cuyos clientes se convierten en su propio yo de fantasía, situación que conduce a la violación y asesinato rituales de una mujer blanca. Sartre escribió un libro aprobatorio sobre Genet, *San Genet, actor y mártir*, pero François Mauriac lo describió como «una ardilla en una jaula, encerrado en la mazmorra de un vicio del que no puede escapar».

Genet escribió pocas obras después de mediados de la década de 1960. En sus últimos años defendió las causas de los Panteras Negras en Estados Unidos y de los partidarios de la liberación de Palestina. **RC**

El aspirante a santo

«Aunque mi objetivo es la santidad, no puedo decir lo que es. Mi punto de partida es el propio mundo, que indica el estado más cercano a la perfección moral. De esta no sé nada, excepto que sin ella mi vida habría sido en vano. Incapaz de llegar a una definición de la santidad —y tampoco de la belleza—, quiero crear en todo momento, es decir, actuar de modo que todo lo que haga me guíe a lo que desconozco, [...] hasta que llegue el momento que sea tan luminoso que la gente diga: "Es un santo" o, más probablemente, "Era un santo"».
Diario del ladrón.

GONZALO TORRENTE BALLESTER

Gonzalo Torrente Ballester, 13 de junio de 1910 (Serantes, Ferrol, España); 27 de enero de 1999 (Salamanca, España).

Estilo y género: La obra de Torrente Ballester, imbuida de sus raíces gallegas, evolucionó desde el realismo social hasta el realismo fantástico.

Obras destacadas

Novelas

Javier Mariño, 1943

Ifigenia, 1950

Los gozos y las sombras (trilogía)
El señor llega, 1957
Donde da la vuelta el aire, 1960
La Pascua triste, 1962

Don Juan, 1963

La saga/fuga de J. B., 1972

Crónica del rey pasmado, 1989

Gonzalo Torrente Ballester escribió sobre todo novelas, pero también crítica literaria, obras de teatro, ensayos e incluso libros de historia. Combinó la escritura con su amor por la enseñanza —fue profesor de secundaria y catedrático universitario—. A pesar de haber colaborado con un periódico anarquista durante sus años estudiantiles, en 1937 se afilió a la Falange. Sin embargo, al parecer, conservó sus ideales de izquierdas, y su primera novela, *Javier Mariño*, fue censurada por el régimen de Franco. Durante la década de 1960 sus problemas con la censura fueron en aumento, quizá porque en 1962 su nombre se asoció con una huelga de los mineros asturianos, y perdió su puesto docente en la universidad. Los críticos, en su mayor parte, ignoraron su novela de 1963, *Don Juan* —la favorita del propio escritor—, debido a su postura pública contra la política del gobierno franquista. En 1966 salió de España, para dar clases en la State University de Nueva York en Albany.

Torrente regresó a España en 1970 y se hizo cada vez más popular, obteniendo un importante renombre literario. Fue aceptado como miembro de la Real Academia Española en 1977, ganó el premio Nacional de Literatura en 1981, el Príncipe de Asturias de las Letras en 1982, y el premio Cervantes en 1985.

«Ni el pasado ni el futuro existen. Todo es presente.»

Las supersticiones que oyó contar a su familia durante su infancia en la Galicia rural dieron a su obra cierta ironía y aportaron elementos de lo sobrenatural. Aunque escribió algunas obras de teatro, ninguna de ellas se llevó al escenario, y el propio autor admitió que eran más para ser leídas que escenificadas. *La saga/fuga de J. B.* es una de las novelas españolas contemporáneas más destacadas: una obra metaliteraria de fantasía posmoderna caracterizada por la imaginación y la inteligencia. **REM**

ARRIBA: Un retrato de Gonzalo Torrente Ballester tomado en 1981.

FLANN O'BRIEN

Brian O'Nolan, 5 de octubre de 1911 (Strabane, Irlanda); 1 de abril de 1966 (Dublín, Irlanda).

Estilo y género: Gran parte de la crítica considera a O'Brien el novelista irlandés más brillante y entretenido desde James Joyce.

«Flann O'Brien» fue uno de los muchos seudónimos de Brian O'Nolan, funcionario irlandés conocido por sus contemporáneos como un hábil escritor satírico de la prensa y considerado posteriormente como el primer novelita posmoderno. Sus obras maestras cómicas *En Nadar-dos-Pájaros* y *El tercer policía* elevan el pastiche y la sátira al nivel de la investigación filosófica y todavía figuran entre las obras de metaficción más hilarantes y psicológicamente astutas jamás escritas.

O'Brien era el quinto de un total de 12 hermanos, y creció en un hogar donde se hablaba irlandés. Dedicó su tesis doctoral al lenguaje poético de su idioma natal. Su novela *En Nadar-dos-Pájaros* es, básicamente, la historia de un estudiante de poesía irlandesa —no muy diferente al propio O'Brien— que escribe una obra sobre un novelista y la narración que este escribe. Incluye personajes de la mitología irlandesa como Finn MacCool y un *pookah* —un espíritu legendario—. Estas pinceladas de ficción forman parte de la trama y O'Brien no deja ningún misterio sin tratar, desde el hombre que nace con 25 años de edad al novelista que permanece cautivo a manos de sus propios personajes.

Sin embargo, estos puzzles no son nada si los comparamos con los que presentaría al lector en su siguiente novela, *El tercer policía*. En una historia contada al estilo de Lewis Carrol —y que podría haber sido ilustrada por El Bosco—, O'Brien sitúa a un protagonista asesino en un extraño país, donde incluso el acto de montar en bicicleta genera un insondable dilema metafísico. *El tercer policía* —que probablemente está más lograda que *En Nadar-dos-Pájaros*— supuso un fracaso comercial y O'Brien no volvió a escribir otra novela en inglés hasta *Crónica de Dalkey*, en 1964. **SY**

«Declaro ante Dios que si vuelvo a oír el nombre de Joyce me saldrá espuma por la boca.»

Obras destacadas

Novelas

En Nadar-dos-Pájaros, 1939

El tercer policía, 1939-1940

La boca pobre, 1941

Crónica de Dalkey, 1964

ARRIBA: Retrato de Flann O'Brien en Dublín hacia 1940.

MERVYN PEAKE

Mervyn Laurence Peake, 9 de julio de 1911 (Kuling, Jiangxi, China); 17 de noviembre de 1968 (Burcot, Inglaterra).

Estilo y género: Peake escribió dramas excéntricos con una prosa elegante y contenida, en un universo cerrado y fascinante dotado de vida propia.

Mervyn Peake era hijo de un médico misionero británico y pasó los primeros 12 años de su vida en China, experiencia que dejó reflejada en sus vívidas ilustraciones caricaturescas y sus imaginativas ficciones. Peake comenzó su carrera como dibujante, expuso su obra en la Royal Academy en la década de 1930 e ilustró un libro de canciones infantiles. Justo antes de la Segunda Guerra Mundial publicó un libro infantil, *Captain Slaughterboard Drops Anchor*. La historia es sencilla pero la acompañan unos dibujos maravillosamente detallados de criaturas como el Dignipomp, muy parecido a Cicerón.

Peake, pasada la guerra, escribió el primero de sus libros, *Titus Groan*, una novela en la que narra el nacimiento y la infancia del protagonista que da título a la obra, pero la acción se centra en el distorsionado, extraño e insular mundo del castillo de Titus, Gormenghast, y sus habitantes. Peake pretendía narrar la totalidad de la vida de Titus en una serie de libros, pero solo acabó tres, y, cuando terminó el último, *Titus solo*, ya sufría la enfermedad de Parkinson.

Sin embargo, mientras escribía las novelas de Gormenghast, Peake publicó otras obras, como por ejemplo, *Mr. Pye*, una animada alegoría sobre un hacedor de buenas obras que pretende salvar al pueblo de Sark, para el que Dios tiene otros planes. Debido a fábulas como esta y a los elementos fantásticos de las novelas de Gormenghast, en ocasiones se le considera un autor de libros infantiles. Nada más lejos de la realidad. Los libros de Gormenghast rezuman una sexualidad feroz y reprimida y sus muestras de maldad se basan en sus experiencias durante la Segunda Guerra Mundial. Peake goza de cierto atractivo como escritor de culto, pero su ficción es de este mundo. **CO**

«Existe cierta risa que enferma el alma. La risa descontrolada [...]»

Obras destacadas

Novelas

Titus Groan, 1946

Gormenghast, 1950

Mr. Pye, 1953

Titus solo, 1959

ARRIBA: Mervyn Peake fotografiado hacia mediados de la década de 1940.

ELIZABETH BISHOP

Elizabeth Bishop, 8 de febrero de 1911 (Worcester, Massachusetts, EE.UU.); 6 de octubre de 1979 (Boston, Massachusetts, EE.UU.).

Estilo y género: Bishop fue una de las poetisas estadounidenses más importantes del siglo XX; su poesía aborda la relación de las personas con la naturaleza.

Elizabeth Bishop no fue ni una poetisa muy prolífica ni demasiado conocida en vida, pero desde su muerte ha sido considerada como punta de la lanza de la poesía estadounidense.

Bishop no tuvo una infancia sencilla. Su padre falleció antes de que ella cumpliese un año y su madre fue confinada a una institución mental cuando Elizabeth contaba 5 años de edad; jamás volvieron a verse. Sus abuelos la enviaron al Vassar College, en Poughkeepsie, Nueva York, donde comenzó a escribir bajo la influencia de la poetisa Marianne Moore.

A Bishop no le interesaba la poesía personal e íntima y se centró en la observación y en imágenes muy sencillas. Escribía con gran claridad y lirismo sobre sus viajes por Francia, Irlanda, España, Italia y el norte de África. No fue una escritora prolífica, pero sí perfeccionista, y dedicó mucho tiempo a pulir cada poema. De ahí que se la considere una «poeta para poetas».

En 1951 el Bryn Mawr College le otorgó una beca para viajar y se trasladó a Sudamérica, donde vivió durante 15 años. En 1956, mientras vivía en Brasil, recibió el premio Pulitzer por su poemario *North & South–A Cold Spring*. En 1970 comenzó a dar clases en Harvard y ese mismo año recibió el National Book Award de poesía por *The Complete Poems*. Su reputación creció aún más con la publicación de su última colección, *Geography 111*, en 1976. La obra, merecedora del National Book Critics Circle Award, consta de diez poemas, entre los que se incluyen algunos de los más importantes de su carrera: «In the Waiting Room», «Crusoe in England» y «One Art».

Bishop falleció en Boston en 1979 a los 68 años de edad. Tras su muerte, su reputación aumentó, y su poesía, extremadamente accesible, se ha vuelto popular y ha llegado a más lectores que en vida de su autora. **HJ**

«No me interesa el trabajo a gran escala. No tiene por qué ser grande para ser bueno.»

Obras destacadas

Poesía

North & Southó–A Cold Spring, 1946

The Complete Poems, 1969

Geography 111, 1976

1900–19

ARRIBA: Fotografía de Elizabeth Bishop, tomada en mayo de 1956.

TENNESSEE WILLIAMS

Thomas Lanier Williams III, 26 de marzo de 1911 (Columbus, Mississippi, EE.UU.); 25 de febrero de 1983 (Nueva York, Nueva York, EE.UU.).

Estilo y género: Williams, dramaturgo estadounidense, ambientó muchas de sus obras en el sur del país, y examinó las duras vidas de individuos aislados.

Obras destacadas

Novela

La primavera romana de la señora Stone, 1950

Teatro

El zoo de cristal, 1945

Un tranvía llamado Deseo, 1947

La rosa tatuada, 1951

La gata sobre el tejado de zinc caliente, 1955

Dulce pájaro de juventud, 1959

La noche de la iguana, 1961

Advertencias para barcos pequeños, 1973

Con un padre alcohólico y desequilibrado y una madre heroicamente sufridora, Tennessee —un apodo que adoptó a los 28 años— volcó en su obra las neurosis y el aislamiento de su vida —era depresivo, hipocondríaco y extremadamente tímido—, desde su primera obra en 1931 hasta su muerte en 1983.

Sus viajes le llevaron de Missouri a California y a la Columbia Británica, siempre escribiendo, pero pasó la mayor parte de su vida entre Key West, Nueva Orleans y Nueva York. Comenzó a estudiar en la Universidad de Missouri, pero su padre le obligó a abandonar la carrera; posteriormente se graduó por la Universidad de Iowa, en 1938. *El zoo de cristal*, su primer éxito, trata, como casi todas sus obras, sobre la dolorosa existencia de unos individuos aislados.

En los siguientes treinta años obtuvo un éxito considerable. Recibió su primer premio Pulitzer por *Un tranvía llamado deseo*, una muestra descarnada y tórrida del desaparecido Sur estadounidense. El segundo Pulitzer le llegó con *La gata sobre el tejado de zinc caliente*, una obra prácticamente autobiográfica, ya que las mujeres le deseaban con cierta frecuencia, aunque en realidad nunca se sintió atraído por ellas. La década de 1960 fue, en sus propias palabras, «el período colocado», durante el que desarrolló una dependencia a las drogas. Tras recibir un premio en 1961 por *La noche de la iguana* no volvió a obtener ningún otro galardón importante hasta *Advertencias para barcos pequeños*, en 1973.

> «Todas vuestras teologías occidentales [...] se basan en [...] Dios como delincuente senil.»

Murió solo en una habitación de hotel en Nueva York; el informe policial sugería que el consumo de drogas y alcohol podría haber sido un factor determinante de su fallecimiento. La obra de Williams ha pasado a formar parte de la mejor dramaturgia estadounidense del siglo XX. **JS**

ARRIBA: Tennessee Williams en un retrato del que se desconoce la fecha.

MAX FRISCH

Max Frisch, 15 de mayo de 1911 (Zurich, Suiza); 4 de abril de 1991 (Zurich, Suiza).

Estilo y género: Frisch fue un prolífico novelista, dramaturgo y cronista cuya obra ha obtenido reconocimiento mundial; sus temas incluyen dilemas morales, la búsqueda de la identidad y la libertad personal.

Max Frisch comenzó su carrera como periodista y publicó su primera novela, *Jürg Reinhart*, en 1934. Posteriormente estudió arquitectura y, tras el estallido de la Segunda Guerra Mundial, sirvió en el ejército suizo. Acabado el conflicto comenzó a escribir obras teatrales, entre las que figuran *La muralla china*, una sombría farsa ambientada en una China ficticia, y *Cuando terminó la guerra*, que trata sobre la culpa, el sentido de la responsabilidad y la mentalidad derrotista que consumió a los habitantes del Berlín ocupado por los rusos.

A comienzos de la década de 1950 volvió a escribir novelas. En 1954 publicó su obra maestra *No soy Stiller*. Escrita como un diario dividido en siete secciones, narra la historia de un hombre encarcelado que afirma no ser quien es. En la obra de Frisch, la identidad personal y la aceptación de uno mismo aparecen como temas recurrentes. En *Homo Faber*, publicada en 1957, vuelve a examinar la búsqueda de la identidad personal. La obra analiza los extraños acontecimientos que socavan la vida y la confianza de un ingeniero de la Unesco cuyo avión se estrella en el desierto mexicano; posteriormente se enamora de una mujer que acaba resultando ser su hija, fruto de una relación del pasado.

A comienzos de la década de 1960, Frisch escribió sus obras teatrales más conocidas: *Andorra*, que trata sobre el antisemitismo; y *Biedermann y los incendiarios*, una comedia oscura sobre un pueblo atacado por pirómanos. En esta segunda obra, Frisch explora cómo las víctimas se convierten en cómplices de sus propias desgracias.

«La tecnología es el arte de organizar el mundo para no tener que experimentarlo.»

Se le considera uno de los escritores suizos más distinguidos y su obra goza de reconocimiento internacional. Ganó numerosos premios literarios, entre los que figuran el Georg Büchner y el premio internacional de Neustadt. **HJ**

Obras destacadas

Novelas

No soy Stiller, 1954

Homo Faber, 1957

Digamos que me llamo Gantenbein, 1964

Barba Azul, 1982

Teatro

La muralla china, 1946

Cuando terminó la guerra, 1949

Andorra, 1961

Biedermann y los incendiarios, 1963

ARRIBA: El escritor suizo Max Frisch fotografiado en 1970.

WILLIAM GOLDING

William Gerald Golding, 19 de septiembre de 1911 (Newquay, Cornualles, Inglaterra); 19 de junio de 1993 (Perranarworthal, Cornualles, Inglaterra).

Estilo y género: Golding, ganador del Nobel de Literatura, suele mostrar a los humanos despojados de la parafernalia que rodea a la existencia convencional.

William Golding, uno de los mayores pesimistas de la literatura, nació en Cornualles; su padre era maestro de escuela y su madre sufragista. Influido por sus progenitores, estudió ciencias, pero se pasó al estudio del inglés durante su último año en la Universidad de Oxford. Allí publicó *Poems*, y hasta después de prestar servicio como marino en la Segunda Guerra Mundial no escribió su primera novela.

Tras la guerra trabajó de profesor y solo se convirtió en escritor a jornada completa en 1961, gracias al éxito que supuso *El señor de las moscas*. La novela muestra una visión atípica de unos niños perdidos en una isla desierta, cuyas buenas intenciones iniciales e incipiente sentido democrático acaban degenerando en tribalismo salvaje, y puede entenderse como una reflexión de posguerra sobre la fragilidad de la civilización. El tema de los instintos básicos que se imponen a las buenas intenciones se repite a lo largo de su obra, especialmente en *La construcción de la torre*, infravalorada alegoría sobre la ambición desmesurada y el egoísmo, que publicó en 1964. Tras haberse retirado de la enseñanza en 1961, Golding pasó un año como escritor residente en la Hollins University de Virginia antes de regresar a Salisbury, Inglaterra.

En 1980 obtuvo el premio Booker con *Ritos de paso*. En 1983 recibió el premio Nobel de Literatura y en 1984 publicó *Los hombres de papel*, un poderoso ataque sobre el mundo de las celebridades y el vacío moral que quizá reflejase la insatisfacción que le producía la industria literaria de la que vivía. En 1985 regresó a Cornualles y en 1988 recibió la orden de caballero de manos de la reina de Inglaterra. Murió de un ataque al corazón en 1993, dejando tras de sí una novela inacabada titulada *The Double Tongue*, publicada 13 años más tarde. **PS**

Obras destacadas

Novelas

El señor de las moscas, 1954
Los herederos, 1955
Caída libre, 1959
La construcción de la torre, 1964
Ritos de paso, 1980
Los hombres de papel, 1984

«¡Me gustaba pensar que la Bestia era algo que podía cazar y matar!» *El señor de las moscas*

ARRIBA: Golding posa para una foto frente a su casa de Wiltshire, Inglaterra, en 1983.

DERECHA: Escena de la película *El señor de las moscas* (1963).

CZESŁAW MIŁOSZ

Czesław Miłosz, 30 de junio de 1911 (Šeteniai, Rusia [act. en Lituania]); 14 de agosto de 2004 (Cracovia, Polonia).

Estilo y género: Miłosz fue premio Nobel de Literatura en 1980 y está considerado un poeta visionario por su obra incomparable, filosófica y multivocal.

ARRIBA: Miłosz en una fotografía tomada en Lublin, Polonia, 1981.

Obras destacadas

Novela

El valle del Issa, 1981

Ensayo

El pensamiento cautivo, 1953

Poesía

Campanas de invierno, 1978

Visiones de la bahía de San Francisco, 1982

Facing the River, 1995

El trabajo de Czesław Miłosz como poeta y escritor político está profundamente vinculado a la historia de las guerras y las ocupaciones europeas del siglo XX. Miłosz vivió y escribió en Varsovia durante la Segunda Guerra Mundial; sin embargo, al contrario que los poetas polacos más jóvenes surgidos durante el conflicto, Miłosz no renuncia a la representación del holocausto. Sus descripciones pasan por el filtro de la imaginación poética y abordan temas como la responsabilidad, la no intervención y lo que supone haber sobrevivido cuando tantos amigos han muerto. En «Dedication» aborda la idea de que el propio arte es culpable desde el momento en que la evocación de la muerte en la poesía fortalece al poeta.

Miłosz emigró a Estados Unidos en 1960 y enseñó literatura polaca en la Universidad de California, en Berkeley. El premio Nobel de Literatura de 1980 sirvió para que el público polaco conociera su obra, puesto que Miłosz estaba censurado por su oposición al comunismo.

Su poesía se basa en gran medida en la imaginería animal y en lo inhumano de la naturaleza, figuras que a menudo utiliza para mostrar la desproporción entre los estados mentales interiores y las exigencias externas. «Canción de un ciudadano» muestra una existencia materialista a partir de la venta de artículos en el mercado negro y, a la vez, describe el estado de conciencia de la irrealidad que ha generado la guerra. En este triste y catastrófico poema coexisten la esperanza y la duda.

La poesía de Miłosz, donde proliferan las polaridades y las antítesis, es difícil de definir. Lapsos de tiempo y espacio mínimos o inmensos se yuxtaponen en versos que buscan su temática en mitologías y culturas diversas.

A Miłosz le influyeron pensadores que van desde Emanuel Swedenborg o Fiódor Dostoievski hasta Mijaíl Bajtin y Simone Weil, a la que llamaba «Ariel» por su «Caliban». La relación en-

IZQUIERDA: Miłosz leyendo su obra en la Universidad Jagellónica de Cracovia en 1981.

tre el yo y los demás, que aborda su obra, explora asuntos filosóficos y morales. En «Qué significa» el narrador prevé «una ciudad donde el jefe de Correos se emborracha a diario / por la tristeza que le produce permanecer siempre idéntico tan solo ante sus propios ojos». Si hay algún sentimiento unificador, radica en hacer lo que se pueda cada día, como explica una voz sobrenatural en «Sobre los ángeles» y se itera en «Metamorfosis de Bob», donde «el éxtasis al alba» se repite «desde la infancia hasta la vejez». **ER**

Fracaso del intelecto

El ensayo de Miłosz, *El pensamiento cautivo*, constituye una desgarradora narración del suicidio psicológico que aflige a intelectuales y artistas que viven bajo el régimen comunista. La obra observa a cuatro profesionales —Alfa, el moralista; Beta, el amante decepcionado; Gama, el esclavo de la historia; y Delta, el trovador— que comprometen su identidad para adecuarse a las ideas del Estado. Miłosz bosqueja hábilmente los instintos encontrados del hombre frente a su «necesidad» de gobierno y religión y su necesidad de libertad intelectual.

NAGUIB MAHFUZ

Naguib Mahfuz, 11 de diciembre de 1911 (El Cairo, Egipto); 30 de agosto de 2006 (El Cairo, Egipto).

Estilo y género: En su obra, Mahfuz cuida la psicología y la caracterización de los personajes, y aborda la modernización política y cultural de su país.

Obras destacadas

Novelas

Caprichos del destino, 1939
Radubis, 1943
La batalla de Tebas: Egipto contra los hicsos, 1944
El callejón de los milagros, 1947
Trilogía de El Cairo
Entre dos palacios, 1956
Palacio del deseo, 1957
La azucarera, 1957
Hijos de nuestro barrio, 1959
El ladrón y los perros, 1961
Miramar, 1967

Naguib Mahfuz comenzó a escribir a los 17 años de edad, pero sus novelas se basan en vivencias de su niñez. Los museos que visitaba con su madre le dieron a conocer la riqueza de la historia egipcia, que fue evolucionando hasta convertirse en la temática de gran parte de su obra. *Abath Al-Aqdar, Radubis* y *Kifah Tibah* debían formar parte de una obra dedicada a la historia de Egipto compuesta por treinta volúmenes. La mayoría de sus primeras novelas transcurren en dos distritos de El Cairo: al-Abbasiya y al-Jamaliyyah. Su obra más famosa, *Trilogía de El Cairo*, está ambientada en las calles donde Mahfuz creció, y goza de muy buena consideración en todo el mundo árabe gracias a la descripción que hace de la vida urbana tradicional en Egipto. Igualmente formativa resultó la revolución egipcia de 1919, durante la que un Mahfuz con solo siete años observó desde su ventana a los soldados ingleses disparar sobre las muchedumbres que se manifestaban.

La revolución egipcia de 1952, en cambio, le hizo abandonar la escritura durante años. Cuando volvió a escribir, su literatura había cambiado: las metáforas de sus novelas contenían veladas opiniones políticas combinadas con los efectos psicológicos del cambio social egipcio. Como lector de novelas detectivescas occidentales y clásicos rusos, además de admirador de James Joyce, la obra de Mahfuz aborda la modernización y los efectos del influjo occidental en la sociedad de Egipto.

«El escritor teje la historia con sus propias dudas, preguntas y valores. Eso es el arte.»

Pese a ser el primer egipcio en obtener el premio Nobel de Literatura, en 1988, su nombre fue añadido a la lista negra de los fundamentalistas islámicos por haberse opuesto a la *fatwa* contra Salman Rushdie, y en 1994 atentaron contra su vida, sin éxito, cerca de su casa, en las mismas calles que inmortalizó. **JSD**

ARRIBA: Fotografía de fecha desconocida del novelista y premio Nobel egipcio.

LAWRENCE DURRELL

Lawrence George Durrell, 27 febrero de 1912 (Jalandhar, India); 7 de noviembre de 1990 (Sommières, Francia).

Estilo y género: Novelista, poeta, escritor de viajes, humorista, traductor y dramaturgo, Durrell escribió exóticas y brillantes historias sobre Alejandría.

El éxito de la serie *El cuarteto de Alejandría* ha eclipsado en gran medida el resto de la obra de Lawrence Durrell, que incluye novelas, obras teatrales, piezas humorísticas y traducciones. Sin embargo, dicha tetralogía le proporcionó reconocimiento internacional y le situó en primera línea de la literatura mundial. Los cuatro libros cubren, de forma particularmente innovadora y expresiva, los acontecimientos que tuvieron lugar en Alejandría antes y durante la Segunda Guerra Mundial.

Durrell nació en la India y se educó en Inglaterra a partir de los 11 años. Su hostilidad hacia Inglaterra le impidió aprobar los exámenes de ingreso a la universidad. En esa misma época decidió convertirse en escritor. En 1935, año en que publicó la primera novela, *Pied Pipers of Lovers*, se instaló en la isla griega de Corfú con su primera esposa. En 1937 conoció a Henry Miller en París; ambos se convirtieron en amigos de por vida y colaboraron en diversos proyectos con la intención de generar un movimiento literario.

Durrell abandonó Grecia antes de la llegada de los nazis en 1941 y se estableció primero en El Cairo y, al año siguiente, en Alejandría, donde conoció a su segunda esposa, Eve Cohen, en quien se inspiró para crear el personaje de Justine del primer volumen de *El cuarteto de Alejandría*. En 1945 se trasladó a Rodas y, en 1947, a Argentina. Entre 1949 y 1952 trabajó en Belgrado como agregado de prensa, con escasa producción literaria. En 1952 se trasladó a Chipre con la esperanza de retomar su carrera de escritor. Comenzó a trabajar en *El cuarteto de Alejandría* antes de verse atrapado en el conflicto entre chipriotas, turcochipriotas y británicos, experiencia que reflejaría en *Limones amargos*. Tras abandonar Chipre, se estableció en Sommières, Francia, donde pasó el resto de su vida. **TamP**

«Todo artista odia a su país y a sus compatriotas.»

Obras destacadas

Novelas

Pied Piper of Lovers, 1935

El cuarteto de Alejandría (tetralogía)
- *Justine*, 1957
- *Balthazar*, 1958
- *Mountolive*, 1958
- *Clea*, 1960

El cuarteto de Aviñón, 1974-1985

Libro de viajes

Limones amargos, 1957

ARRIBA: Lawrence Durrell en un programa de televisión francés en 1982.

PATRICK WHITE

Patrick Victor Martindale White, 28 de mayo de 1912 (Londres, Inglaterra); 30 de septiembre de 1990 (Sidney, Nueva Gales del Sur, Australia).

Estilo y género: Novelista y dramaturgo de obras épicas y psicológicas que diseccionan la narrativa australiana y exploran la identidad nacional y personal.

Obras destacadas

Novelas

Tierra ignota, 1957

El carro de los elegidos, 1961

El foco de la tempestad, 1973

El caso Twyborn, 1979

Patrick White pasó sus años de formación a caballo entre Inglaterra y Australia, países en los que se sentía extranjero. Provenía de una familia de terratenientes identificada con el estereotipo nacional australiano de hombres varoniles; una familia que no acababa de entender sus aspiraciones literarias ni su homosexualidad. De niño era asmático y, debido a su delicada salud, le enviaron a estudiar a Inglaterra. Luego ingresó en Cambridge, y aquellos distanciamientos del hogar acentuaron las diferencias con su familia. De joven trabajó en la explotación de ganado bovino de su tío, pero la herencia que recibió al morir su padre le permitió dedicarse exclusivamente a escribir.

Sin embargo, White seguía muy vinculado al campo australiano y, tras la Segunda Guerra Mundial, se estableció en una pequeña granja a las afueras de Sidney con su compañero griego Manoly Lascaris. En su obra trata, de forma recurrente, lo que significa ser australiano y enfrentarse a un vasto vacío del entorno. Sus primeras novelas fueron bien recibidas en Estados Unidos e Inglaterra, pero en su país los críticos las consideraron «antiaustralianas». El reconocimiento en Australia no llegó hasta *Tierra ignota*, publicada en 1957; pero en 1973, cuando se convirtió en el primer —y hasta la fecha, el único— australiano en recibir el premio Nobel de Literatura, White estaba situado ya entre los grandes escritores del siglo XX. Beligerante, contradictorio y propenso a la polémica, White consideraba que liberar sus demonios personales era requisito indispensable para la inspiración creativa. Se negó a conceder entrevistas y a asistir a las ceremonias de los premios literarios, y pese a lo mucho que detestaba hablar en público, durante la década de 1980 hizo una campaña feroz en favor del desarme nuclear. **MK**

«Creo que es imposible explicar la fe. Es como tratar de explicar el aire [...]»

ARRIBA: Patrick White en una manifestación antinuclear y pacifista en 1981.

JORGE AMADO

Jorge Amado de Faria, 10 de agosto de 1912 (Itabuna, Bahía, Brasil); 6 de agosto de 2001 (Salvador de Bahía, Brasil).

Estilo y género: Amado trató en sus primeras obras los conflictos de clase, y en su trabajo posterior, el aspecto sensual y humorístico de la psicología brasileña.

Jorge Amado, el escritor brasileño más traducido, creció en Bahía, en el norte de Brasil, en la plantación de cacao de su abuelo. Vivió la realidad social que a menudo trasluce en gran parte de su obra: la forma en que los ricos propietarios de las plantaciones reafirman su masculinidad manteniéndose leales a la promiscuidad, y las mujeres reafirman su feminidad siendo leales a sus maridos. Esta doble vertiente aparece en la que podría considerarse su novela más conocida, *Gabriela, clavo y canela*, en la relación entre la preciosa trabajadora itinerante Gabriela y Nacib, que la contrata para que cocine en su bar.

Amado atravesó en su vida momentos difíciles: la quema pública de seis de sus novelas por parte del entonces presidente Getulio Vargas, el exilio por sus convicciones comunistas y la comprensión final de que «sirvo más a la gente como escritor que dedicando mi tiempo a actividades del partido». Su obra puede dividirse en dos partes. La primera está dominada por el conflicto de clases, como en *Tierras del sin fin*, en la que la mayoría de sus personajes rurales luchan por sobrevivir. *Gabriela, clavo y canela* marca el inicio de una nueva etapa. En la obra posterior al exilio puso énfasis en el aspecto sensual y humorístico de la psicología brasileña, y fue la que le proporcionó el reconocimiento internacional.

Varios de sus libros han dado el salto a la televisión y al cine, entre ellos *Gabriela*, a pesar de las críticas que recibió en su día por reforzar las descripciones típicas de las mujeres del Tercer Mundo. *Doña Flor y sus dos maridos* y *Tierras del sin fin* le valieron sendas nominaciones al premio Nobel de Literatura. Pero ha sido la visión exterior de su país, a la que ha contribuido en gran medida a dar forma, la que conforma su legado para los lectores de todo el mundo. **JSD**

> «Creo [...] en cambiar el mundo y creo que la literatura tiene una enorme importancia.»

Obras destacadas

Novelas

Cacao, 1933
Tierras del sin fin, 1943
Gabriela, clavo y canela, 1958
Doña Flor y sus dos maridos, 1966
Tienda de los milagros, 1969
Tieta de Agreste, 1977
Tocaia Grande, 1984

ARRIBA: Amado en una foto de 1990 cuando ganó el premio literario Cino del Luca.

ALBERT CAMUS

Albert Camus, 7 de noviembre de 1913 (Mondovi, Argelia); 4 de enero de 1960 (Villeblebin, cerca de Sens, Francia).

Estilo y género: Camus escribió sobre el aislamiento del hombre y las nociones absurdas de la vida y el universo, y exploró la moralidad y la condición humana.

Albert Camus fue novelista, dramaturgo, ensayista y filósofo, cuya obra aborda la alienación y el descontento al que se enfrentó el ser humano en la posguerra. Su padre falleció en combate durante la Primera Guerra Mundial, cuando Camus aún no había cumplido un año, y su madre se trasladó a un barrio obrero de Argelia. Camus era buen estudiante y obtuvo una beca para el liceo argelino, que le llevó a la Universidad de Argel,

Obras destacadas

Novelas

El extranjero, 1942

La peste, 1947

La caída, 1956

El primer hombre, 1994 (póstuma, inacabada)

Teatro

Calígula, 1938

Ensayo

El mito de Sísifo, 1942

El hombre rebelde, 1951

ARRIBA: Retrato de estudio de Albert Camus realizado hacia 1950.

DERECHA: Ilustración de Édouard Legrand para la edición francesa de *La peste*.

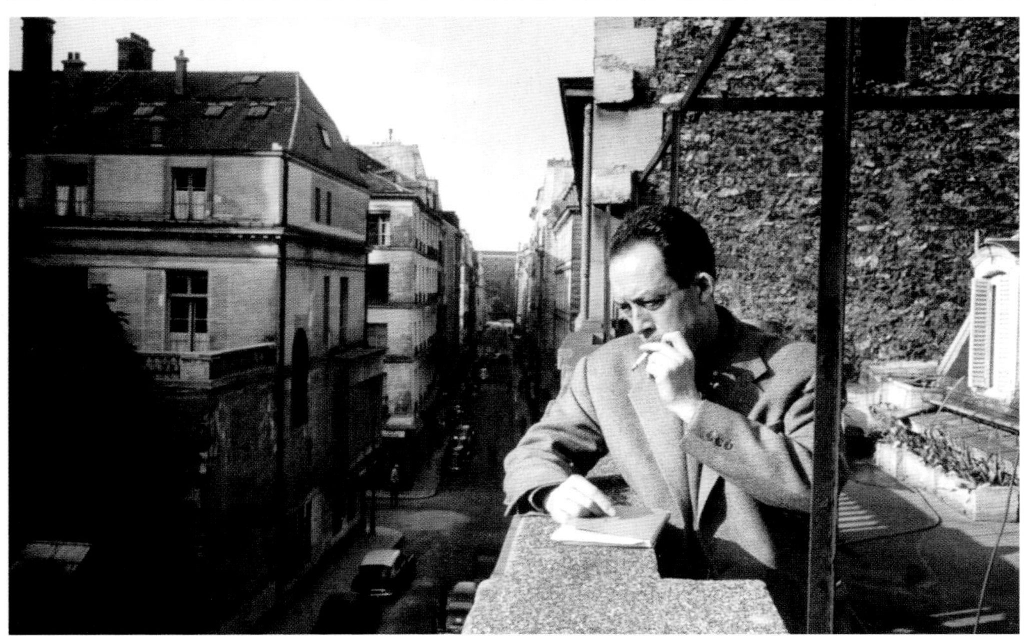

ARRIBA: Camus fumando un cigarrillo en el balcón de su editorial en 1955.

donde estudió filosofía. Fue también un buen deportista que destacó en fútbol, pero la tuberculosis truncó sus ambiciones.

Centró entonces su atención en la literatura, leyó a los clásicos franceses y a escritores de izquierdas y, de hecho, se unió brevemente al Partido Comunista Argelino en 1935, antes de trabajar como periodista para el diario socialista *Alger-Republicain*. También amó profundamente el teatro: escribió, produjo y actuó para el Théâtre du Travail. Poco antes de publicar sus novelas más admiradas, escribió la obra teatral *Calígula*, aunque no se llevó a escena hasta 1945.

«¿Pero qué es la felicidad sino la simple armonía entre un hombre y la vida que lleva?»

A los 25 años de edad se trasladó a Francia y, tras el estallido de la Segunda Guerra Mundial, se unió a la Resistencia durante la ocupación alemana y trabajó como editor del diario parisino clandestino *Combat*. Durante esta tumultuosa época acabó su primera y más célebre obra: *El extranjero*. La novela sigue al joven argelino Meur-

Camus y Sartre

Pese a la divergencia de opiniones que acabó dañando la antigua amistad entre Camus y Sartre, a menudo se menciona a ambos escritores en la misma frase. Aunque Camus renegaba de la etiqueta de «existencialista» y Sartre asumía el papel con ansiedad, ambos contribuyeron a dar forma al mundo de posguerra mediante su filosofía y su literatura.

El extranjero de Camus reflejaba gran parte de las ideas que Sartre ya había expresado en *La náusea*, y ambos se conocieron finalmente en París, en 1943, durante el estreno de la obra de Sartre *Las moscas*. Junto a Simone de Beauvoir se reunían en el café de Flore de la Rive Gauche y compartían opiniones. Su amistad fascinaba al mundo y los dos terminaron posando juntos para la revista *Vogue* como paladines de la intelectualidad francesa. La política no tardó en abrir una brecha entre ambos, ya que Camus se negó a aceptar el comunismo y Sartre lo abrazó sin reservas; también les distanciaba la situación en Argelia, ya que Camus era partidario de que Francia desempeñase un papel preponderante en el país, mientras que Sartre prefería la independencia en una época en que la idea era inimaginable para la mayoría de sus compatriotas. Sus diferencias les llevaron incluso a publicar cartas donde criticaban las obras del otro. A partir de 1952 dejaron de dirigirse la palabra, pero a la muerte de Camus, en 1960, el generoso panegírico de su antiguo amigo demostró el profundo respeto que sentían el uno por el otro.

DERECHA: Cubierta de una edición de *El extranjero* de Éditions Gallimard, en 1957.

sault, al que se juzga por haber disparado a un árabe. No es la naturaleza del crimen lo que ofende al tribunal, sino su negativa a sentirse arrepentido. A Meursault se le considera infrahumano y un peligro para la sociedad debido a su inconformismo, y esta indiferencia emocional y su alienación acaban llevándole a la muerte. El sentido del absurdo y el retrato del mundo como un sinsentido componen una temática recurrente en la obra de Camus, de ahí que se le considere un novelista existencialista, igual que a su antiguo amigo Jean-Paul Sartre.

El ensayo filosófico *El mito de Sísifo* abunda en su exploración del absurdo y de la fútil búsqueda de significado en un mundo incomprensible. Camus presenta una serie de dualidades paradójicas, como la aseveración del gran valor que tiene la vida, que no obstante malbarata el hecho de que la muerte la convierte en un sinsentido, de lo cual se deduce que, para sobrevivir, es mejor abandonar cualquier ambición y centrarse en el día a día.

Sin embargo, su persistente fe en la bondad inherente del hombre se plasma mejor en *La peste*, alegórico retrato de la ocupación nazi de Francia en el que los ciudadanos de la ciudad argelina de Orán sufren una plaga de ratas y se les aísla del mundo exterior. El triunfo final del espíritu humano es el resultado de la decisión unilateral de trabajar juntos en vez de buscar soluciones personales.

Camus trata el concepto de rebelión en su largo ensayo *El rebelde*. Durante la década de 1950 también dedicó gran parte de su tiempo a los derechos humanos, realizó campañas por la abolición de la pena capital en todo el mundo y habló en contra de la represión soviética de la revolución húngara de 1956. Su última obra de ficción completa, *La caída*, es una elegante serie de monólogos del exitoso abogado defensor parisino Jean-Baptiste Clamence. La historia de Clamence supone una confesión, ya que describe el bien que ha hecho en la vida por los débiles y los desgraciados para acabar revelando la complaciente hipocresía de las acciones que lleva a cabo para su satisfacción personal. En 1957, a los 44 años de edad, Camus recibió el premio Nobel de Literatura. Falleció tres años después en un accidente de automóvil. **SG**

ALBERT CAMUS

L'ÉTRANGER

Texte intégral

BARBARA PYM

Barbara Mary Crampton Pym, 2 de junio de 1913 (Oswestry, Shropshire, Inglaterra); 11 de enero de 1980 (Oxford, Inglaterra).

Estilo y género: Pym, una de las escritoras más infravaloradas del siglo XX, escribió novelas tragicómicas sobre la tranquila vida de la clase media inglesa.

Obras destacadas

Novelas

Some Tame Gazelle, 1950
Mujeres excelentes, 1952
Jane y Prudence, 1953
Less than Angels, 1955
Los hombres de Wilmet, 1958
Quartet in Autumn, 1977
Murió la dulce paloma, 1978

Las novelas de Barbara Pym están plagadas de lo que la autora describía como «mujeres excelentes», inteligentes, sensatas y solteras que vivían vidas tranquilas que solían transcurrir alrededor de la iglesia y las actividades vecinales provincianas. Pym se basaba en sus propias experiencias, ya que creció en la rural Shropshire, donde su madre era ayudante de organista en la iglesia local. Los párrocos y clérigos que regularmente visitaban su casa se convirtieron en algunos de sus personajes más memorables.

Después de estudiar inglés en Oxford, Pym escribió su primera novela en 1935. Envió *Some Tame Gazelle*, una historia de dos solteronas de 50 años, a diversas editoriales aunque ninguna la aceptó hasta 1950. Tras el éxito cosechado, escribió cinco novelas más, entre ellas *Mujeres excelentes* y *Less than Angels*, que recibieron buenas críticas y consolidaron su reputación como escritora de elegante prosa cómica. Sin embargo, en 1963, su séptima novela, *An Unsuitable Attachment*, fue rechazada por veinte editoriales.

Pym continuó escribiendo pero sin publicar. No obstante, su carrera se reavivó en 1977 cuando Philip Larkin la describió como la escritora más infravalorada del siglo XX. Como resultado, se reimprimieron sus libros, y la novela *Quartet in Autumn*, conmovedora historia sobre cuatro personajes a punto de jubilarse, estuvo nominada al premio Booker. En 1978 publicó *Murió la dulce paloma*, sobre la relación entre una mujer mayor y un hombre más joven. Pym no solo disfrutó de una fama renovada en Inglaterra, sino que su trabajo se publicó internacionalmente con gran éxito. Lamentablemente, falleció dos años más tarde de cáncer de pecho, a los 66 años de edad. **HJ**

«Qué absurdo y delicioso es estar enamorado de alguien más joven.» *Murió la dulce paloma*

ARRIBA: Barbara Pym fotografiada en 1979, un año antes de morir.

ANGUS WILSON

Angus Frank Johnstone Wilson, 11 de agosto de 1913 (Bexhill, Inglaterra); 31 de mayo de 1991 (Bury St. Edmunds, Inglaterra).

Estilo y género: La obra de Wilson posee un ingenio mordaz y gusto por lo macabro, además de referencias abiertas a la homosexualidad.

Angus Wilson fue uno de los primeros escritores abiertamente homosexuales de Inglaterra. Extremadamente inteligente, durante la Segunda Guerra Mundial se dedicó a descifrar códigos secretos, pero sufrió una crisis causada tal vez por el estrés y la rumorología acerca de su homosexualidad —que entonces era ilegal—. Se recuperó hacia el final de la guerra y, por consejo de su psiquiatra, comenzó a escribir.

Sus dos primeras obras publicadas, *Las malas compañías* y *Such Darling Dodos*, eran colecciones de relatos. A estas les siguió su primera novela, *La cicuta y después*, que narra la historia de un novelista ya mayor que trata de montar un centro para escritores en una casa rural, y está basada en las experiencias homosexuales del propio Wilson.

Durante las décadas de 1950 y 1960, Wilson escribió una serie de novelas que le granjearon el aplauso de la crítica. Entre ellas, *Actitudes anglosajonas*, que cuenta la historia de un arqueólogo que sabe que ha formado parte de un engaño, y *La madurez de la Srta. Eliot*, novela sobre una viuda que se enfrenta a dificultades económicas. *Los ancianos en el zoo* explora el futuro cercano y *No es asunto de risa*, quizá su novela más ambiciosa, es una saga familiar que abarca medio siglo.

Wilson también escribió ensayos sobre Émile Zola, Charles Dickens y Rudyard Kipling y, desde 1966, dio clases de literatura inglesa en la Universidad de East Anglia. En 1970 fundó junto al novelista Malcolm Bradbury un famoso curso de escritura creativa. Entre sus alumnos más ilustres figuran los novelistas Angela Carter, Ian McEwan y Kazuo Ishiguro, así como el laureado poeta Andrew Motion. En 1980 Wilson fue nombrado caballero por sus servicios en pro de la literatura. Tras una larga enfermedad, falleció en 1991. **HJ**

«Lo único que me interesa del hombre corriente es que no debería ser tan corriente.»

Obras destacadas

Cuentos

Las malas compañías, 1949

Such Darling Dodos, 1950

Novelas

La cicuta y después, 1952

Actitudes anglosajonas, 1956

La madurez de la Srta. Eliot, 1958

Los ancianos en el zoo, 1961

No es asunto de risa, 1967

ARRIBA: Retrato de Angus Wilson, ya mayor, realizado en 1981.

RALPH ELLISON

Ralph Waldo Ellison, 1 de marzo de 1914 (Oklahoma City, Oklahoma, EE.UU.); 16 de abril de 1994 (Nueva York, Nueva York, EE.UU.).

Estilo y género: Ellison escribió ficción naturalista teñida de especulación filosófica, y ensayos centrados en la relación entre raza y estética.

Obras destacadas

Novela

El hombre invisible, 1952

Ensayo

Shadow and Act, 1964

Vuelo a casa, 1986

Pese a que en vida solo publicó una novela, *El hombre invisible*, Ralph Ellison está considerado uno de los escritores estadounidenses más importantes del siglo XX. Nació en el seno de una familia negra y pobre de Oklahoma, y obtuvo una beca para estudiar música en el Tuskegee Institute de Alabama. La biblioteca de Tuskegee le permitió acceder al inspirador mundo de la literatura vanguardista, y el tiempo que pasó en Alabama le introdujo en el legado sureño de la esclavitud y la segregación racial, cuya sombra aún acechaba a los afroamericanos.

El protagonista de *El hombre invisible* sigue una trayectoria similar a la de su creador. Abandona la familia para estudiar y, al igual que Ellison, se dirige a Nueva York sin haber terminado sus estudios. Antes de recibir una beca, boxea con los ojos vendados contra otros jóvenes negros para entretener a los dignatarios locales blancos. Posteriormente, mientras trabaja como activista de izquierdas en Harlem, se encuentra atrapado en una tormenta de violencia racial. Finalmente, se retira a un sótano y decide vivir como un hombre invisible antes de regresar para enfrentar a la sociedad blanca con la discriminación que le llevó bajo tierra. Si la parte principal de la novela está escrita con un estilo directo y naturalista, los aspectos surrealistas y truculentos de la vida afroamericana amenazan con desbordar el flujo narrativo en cualquier momento. Ellison se mostró crítico con el racismo, pero evitó las actitudes militantes adoptadas por Richard Wright y James Baldwin. Sus brillantes ensayos abogan en contra de la segregación racial y cultural: demostró que la identidad blanca estadounidense siempre se había construido en torno a su relación con los negros estadounidenses y defendió el poder del jazz como nexo social. **CT**

«¿Quién sabe sino que, en las bajas frecuencias, hablo por ti?» *El hombre invisible*

ARRIBA: El provocativo ensayista Ralph Ellison en una imagen de 1964.

MIGUEL HERNÁNDEZ

Miguel Hernández Gilabert, 30 de octubre de 1910 (Orihuela, Alicante, España); 28 de marzo de 1942 (Alicante, España).

Estilo y género: Poeta popular español, fiel a su origen y a la tierra, ajeno a las tendencias y guiado por un fuerte deseo de dignidad personal y colectiva.

Miguel Hernández, recostado a la sombra de un almendro, leía y escribía versos mientras el ganado pacía. Fue un pastor-poeta de trágico fin: murió en la cárcel de Alicante tras ser hecho prisionero al acabar la guerra civil por su militancia antifascista. En un principio, fue sobre todo un poeta del pueblo y solo años después los expertos reconocieron su valía. Leyó a los clásicos españoles (San Juan de la Cruz, Quevedo, Lope, Góngora) y latinos (admiraba la traducción de fray Luis de León de la *Eneida* de Virgilio) y supo impregnar a su poesía del sabor agreste y auténtico de la naturaleza y de una honda solidaridad humana. Su elegía a la muerte de su amigo Ramón Sijé es una de las cumbres de la lírica española: «Yo quiero ser llorando el hortelano [...]».

Obras destacadas

Poesía

Perito en lunas, 1932
El rayo que no cesa, 1936
Viento del pueblo. Poesía en la guerra, 1937
El hombre acecha, 1939

CLAUDE SIMON

Claude Simon, 10 de octubre de 1913 (Antananarivo, Madagascar); 6 de julio de 2005 (París, Francia).

Estilo y género: Simon, perteneciente al movimiento de vanguardia del *nouveau roman* de la década de 1950, analizó la guerra y las experiencias de la época.

Claude Simon nació en Magadascar, pero, a la muerte de su padre durante la Primera Guerra Mundial, su madre y la familia se trasladaron a Perpiñán, en Francia, cerca de la frontera con España. Simon traficó con armas para los republicanos durante la guerra civil española, fue capturado por los alemanes, escapó durante su traslado a un campo de prisioneros francés, se unió a la Resistencia y, terminada la contienda, se dedicó a elaborar vino y publicar sus novelas. Las primeras cuatro siguen formas tradicionales, pero en 1957 publicó *El viento,* que le granjeó fama internacional por su estilo innovador adscrito al *nouveau roman,* en que el argumento solo es un aspecto más de la novela. Simon obtuvo el premio Nobel de Literatura en 1985. **REM**

Obras destacadas

Novelas

El tramposo, 1945
Gulliver, 1952
El viento, 1957
El palacio, 1962
Historia, 1967
La acacia, 1989

DYLAN THOMAS

Dylan Marlais Thomas, 27 de octubre de 1914 (Swansea, Gales); 9 de noviembre de 1953 (Nueva York, Nueva York, EE.UU.).

Estilo y género: Poeta galés y dramaturgo de textos líricos y musicales, Thomas es famoso por su obra teatral *Bajo el bosque lácteo.*

Obras destacadas

Poesía
Dieciocho poemas, 1934
Veinticinco poemas, 1935
El mapa del amor, 1939
Muertes y entradas, 1946
Veintiséis poemas, 1950
Cuentos
Retrato del artista cachorro, 1940
Con otra piel, 1955
Navidad de un niño en Gales, 1955
Teatro
Bajo el bosque lácteo, 1954

Dylan Thomas fue uno de los poetas líricos más influyentes del siglo XX. Nació en Swansea, Gales, pero su padre se opuso a que se hablase galés en la casa. Thomas tomó de William Shakespeare el folclore local y de la Biblia la inspiración necesaria para crear la intensa imaginería y las vívidas metáforas que le harían famoso.

Se trasladó a Londres en 1934 y ese mismo año publicó su primer poemario: *Dieciocho poemas*. Pese a que muchos no comprendían la surrealista imaginería del autor, esta le granjeó alabanzas por parte de la poetisa Edith Sitwell. Un segundo libro, *Veinticinco poemas*, publicado dos años después, consolidó su reputación.

A lo largo de su vida, los poemas de Thomas siempre tuvieron una temática mórbida. Uno de sus últimos y mejores trabajos, «Do not go gentle into that good night», detalla lo que sintió al ver a su padre en el lecho de muerte y contiene el famoso verso «Rage, rage against the dying of the light» («Pelea, pelea contra la muerte de la luz»). Pese a que su rica poesía re-

ARRIBA: Dylan Thomas fotografiado para el *Picture Post* el 10 de agosto de 1946.

DERECHA: Thomas trabajando en casa en South Leigh, Oxfordshire, en 1948.

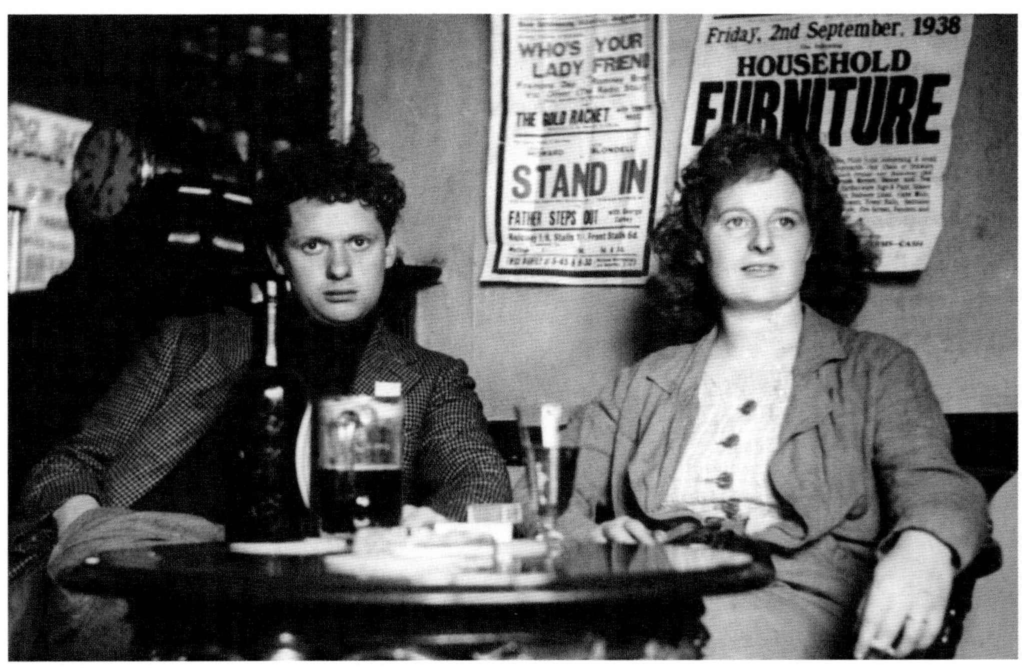

ARRIBA: El poeta galés con su esposa Caitlin en el pub, en una foto sin fecha.

tórica daba la impresión de ser un monólogo interior, sus notas demuestran que su estilo visionario era el resultado de un trabajo casi obsesivo.

En 1937 Thomas se casó con Caitlin MacNamara y durante un breve período de tiempo vivieron en el este de Gales. Allí completó la que sería su obra más conocida, *Bajo el bosque lácteo*, de 1954. Ambientada en el ficticio pueblo de Llareggub («Bugger all» al revés), su «obra para voces» resulta a la vez lírica, tierna y cómica.

Thomas también escribió numerosos relatos, que fueron recopilados en *Retrato del artista cachorro* y *Con otra piel*.

Aparte de escritor, fue asimismo un ameno presentador de radio; trabajó para la BBC entre 1937 y 1953. Sus emisiones y giras de poesía por Estados Unidos y Gran Bretaña —por no mencionar su reputación de salvaje y gran bebedor— le proporcionaron gran fama y notoriedad. **JM**

«La cerveza fría es Dios embotellado»

En Londres y Estados Unidos, Thomas tenía fama de borracho insufrible, aunque en ocasiones resultaba divertido. Desgraciadamente, los años de bebida le pasaron factura en el hotel Chelsea de Nueva York durante su cuarta gira estadounidense, cuando solo tenía 39 años. Fue allí donde, tras haber sufrido una intoxicación etílica, murmuró las célebres palabras que se citan como las últimas del escritor: «Me he tomado dieciocho güisquis solos. Creo que es mi récord». No obstante, no falleció hasta unos días después.

JULIO CORTÁZAR

Jules Florencio Cortázar, 26 de agosto de 1914 (Bruselas, Bélgica); 12 de febrero de 1984 (París, Francia).

Estilo y género: Cortázar escribió lúdicos y fantásticos cuentos y obras largas de estructura no lineal, que fusionaban Poe, Borges, el surrealismo y el jazz.

Obras destacadas

Poesía

Presencia, 1938

Los reyes, 1949

Cuentos y misceláneas

Bestiario, 1951

Final del juego, 1956

Historias de cronopios y de famas, 1962

La vuelta al día en ochenta mundos, 1967

El perseguidor y otros cuentos, 1967

Todos los fuegos el fuego, 1973

Novelas

Los premios, 1960

*Rayuela,*1963

Libro de Manuel, 1973

Julio Cortázar, hijo de diplomático y especialmente dotado para los idiomas, trabajó de profesor durante más de 15 años antes de trasladarse a París, en 1951. Gran parte de sus relatos muestran un mundo secreto, fantástico y terrorífico que fusiona sueños y despertares. Su influyente novela de 1963, *Rayuela*, puede ser leída, según propone el autor, de principio a «fin» (consta de 155 capítulos) o de manera aleatoria, comenzando por el capítulo 73 y siguiendo una serie de notas que componen una secuencia aparentemente al azar. El viaje caleidoscópico resultante —emotivo, irreverente y profundo— captura la energía anárquica de la década de 1960 y convierte a Cortázar en uno de los padres del «realismo mágico». **CH**

MARGUERITE DURAS

Marguerite Donnadieu, 4 de abril de 1914 (Gia Dinh, Indochina; actualmente, Vietnam); 3 de marzo de 1996 (París, Francia).

Estilo y género: Duras, representante del *nouveau roman*, en sus poéticas memorias de la Indochina francesa examinó la conciencia femenina, la locura y el cine.

Obras destacadas

Novelas

Los imprudentes, 1942

El arrebato de Lol V. Stein, 1964

India Song, 1973

El amante, 1984

Guión cinematográfico

Hiroshima Mon Amour, 1959

La vida y obra de Marguerite Duras, nacida en Indochina, se entretejieron con los dramáticos acontecimientos que tuvieron lugar en Europa durante el siglo XX: el fin del colonialismo, el genocidio nazi, la revolución sexual, la dominancia del cine... Sus novelas y guiones examinan la incapacidad del lenguaje para atestiguar los acontecimientos culturales. La falibilidad de las historias personales y políticas, informadas y deformadas por el deseo, ocupa el epicentro de los trabajos de Duras más conocidos: el poético guión de *Hiroshima Mon Amour*, la obra *India Song* y la novela parcialmente autobiográfica *El amante*. Tras utilizar su propia persona como sujeto, su obra se volvió más abstracta y reflejó más los efectos del alcoholismo. **SM**

WILLIAM BURROUGHS

William Seward Burroughs II, 5 de febrero de 1914 (Saint Louis, Missouri, EE.UU.); 2 de agosto de 1997 (Lawrence, Kansas, EE.UU.).

Estilo y género: Burroughs, perteneciente a la generación Beat, practicó una prosa experimental y un fragmentado estilo narrativo.

William S. Burroughs está considerado uno de los escritores más influyentes de la literatura del siglo XX y puso voz a toda una generación de jóvenes talentos creativos. También es una de las figuras literarias más controvertidas, y su obra despierta desde la admiración más ardiente al más feroz de los ataques. Su adicción a las drogas, su homosexualidad y sus repetidos encontronazos con la ley influyeron de una forma u otra en gran parte de su obra.

En *El almuerzo desnudo*, su libro más famoso, utilizó un estilo literario nuevo, conocido como técnica del «cortar y pegar», que forma un collage literario a partir de personajes y pasajes fragmentados y aparentemente aleatorios. En este sentido fue clave la influencia de su amigo el artista y escritor Brion Gysin, quien ya había utilizado la misma técnica en sus obras. *El almuerzo desnudo* se publicó en 1959 y no tardó en ser etiquetada como obscena. Su notoriedad se extendió por Europa y Estados Unidos y se convirtió en una obra icónica del movimiento Beat. En el momento de su publicación, Burroughs se había trasladado al «Beat Hotel», un hostal destartalado de París en el que también vivían el fotógrafo Harold Chapman y los poetas Peter Orlovsky, Allen Ginsberg y Gregory Corso.

Burroughs escribió durante toda su vida, y entre sus títulos figuran *Ciudades de la noche roja, El lugar de los caminos muertos* y *Tierras del Occidente*. También dio clases durante un breve período en el City College de Nueva York. Pasó sus últimos años en Lawrence, Kansas, donde se interesó por el *spoken word* —recital literario en el que se experimenta con la fusión de texto y música—. Burroughs falleció a los 82 años de un infarto. Su obra continúa siendo una referencia constante en la literatura, el cine y la televisión contemporáneos. **TamP**

> «Todo hombre alberga en su interior un ser parásito que en absoluto actúa en su beneficio.»

Obras destacadas

Novelas

Yonqui, 1953
El almuerzo desnudo, 1959
La máquina blanda, 1961
Ciudades de la noche roja, 1981
El lugar de los caminos muertos, 1983
Tierras del Occidente, 1987

ARRIBA: Burroughs posa para el fotógrafo William Coupon durante la década de 1990.

1900–19

BOHUMIL HRABAL

Bohumil Hrabal, 28 de marzo de 1914 (Brno, Moravia); 3 de febrero de 1997 (Praga, República Checa).

Estilo y género: Influida por los surrealistas, la prosa exuberante y lírica de Hrabal contiene pinceladas de ironía, simbolismo, humor y «realismo mágico».

Obras destacadas

Novelas

Trenes rigurosamente vigilados, 1965
Yo que he servido al rey de Inglaterra, 1971
Una soledad demasiado ruidosa, 1977
Bodas en casa, 1986

Cuentos

Bambino di Praga, 1990
Textos, 1998

Bohumil Hrabal pertenece a una nueva generación de experimentalistas checos del siglo XX. Su prosa de monólogo interior abunda en lo cómico, el folclore checo y las ocurrencias vernáculas. Su obra está dominada por el trato compasivo hacia personajes corrientes cuyas vidas se ven inmersas en acontecimientos que les superan; y sin embargo, en su desesperado intento por dotar de sentido a su, por otra parte, insignificante existencia, a menudo se percatan de que el heroísmo radica en el alivio cómico que proporcionan los acontecimientos más cotidianos.

Entre sus novelas más aclamadas destaca *Trenes rigurosamente vigilados*, una descripción lírica del virginal aprendiz de guardagujas Milo Hrma, que sobrevive a un intento de suicidio para acabar muriendo de forma heroica pero accidental mientras hace volar un convoy de munición alemán. Como la mayoría de personajes de Hrabal, Dittie, el camarero protagonista de *Yo que he servido al rey de Inglaterra*, se ve empujado por sus ambiciones cómicas hacia acontecimientos externos que escapan a su control. De humilde sirviente del emperador de Etiopía y padre de una criatura enferma mental de la nueva raza alemana, Dittie pasa a ser millonario que sabotea su propia fortuna atrayendo la atención de las autoridades comunistas y que pierde el propósito de la vida en nombre de una honestidad al estilo del valeroso soldado Švejk, de Jaroslav Hašek. En *Una soledad demasiado ruidosa*, Hrabal hace una sátira política sobre la censura comunista y la «depuración cultural», en la que el protagonista trata de rescatar libros destinados a ser destruidos en una prensa hidráulica por el régimen de Husák. Tras la caída del comunismo, la obra de Hrabal no dejó de criticar la democracia checa todavía en ciernes, a la que parodiaba y trataba con escepticismo. **PR**

«Si supiese escribir, escribiría un libro sobre las mayores alegrías y tristezas del hombre.»

ARRIBA: Bohumil Hrabal durante una visita a París, Francia, en 1995.

ADOLFO BIOY CASARES

Adolfo Bioy Casares, 15 de septiembre de 1914 (Buenos Aires, Argentina); 8 de marzo de 1999 (Buenos Aires, Argentina).

Estilo y género: Bioy Casares creó obras clásicas adscritas a la corriente del «realismo mágico» y colaboró con Jorge Luis Borges.

Adolfo Bioy Casares, o Bioy, como se le conocía afectuosamente, escribió su primera obra de ficción a los 11 años de edad. Fue muy amigo de Jorge Luis Borges, con quien colaboró en la escritura de una novela detectivesca y otros trabajos con los seudónimos de H. Bustos Domecq y B. Suárez Lynch.

Pese a estar siempre a la sombra literaria de Borges, este último reconoció que fue Bioy Casares quien le llevó de una prosa barroca y maniática hacia un estilo menos amordazado y clásico. Borges, por su parte, animó a Bioy Casares a que se alejase del surrealismo y el monólogo interior. Ambos conocieron en 1932 a Victoria Ocampo, escritora e intelectual de reconocido prestigio en Argentina, a la que Borges describió como «la mujer más argentina».

En 1940 Bioy Casares se casó con la hermana menor de Victoria, Silvina, y ese mismo año publicó el que probablemente sea su trabajo más importante: *La invención de Morel*. La novela, elevada a la categoría de clásico de la literatura sudamericana, combina «realismo mágico», ciencia ficción, fantasía y terror. Quizá sea su obra más conocida, a la que Borges y Octavio Paz describieron como «perfecta» por su calidad y la impecable historia que narra sin excesos lingüísticos ni argumentales. En 1954 Bioy Casares y su esposa adoptaron a una niña que el novelista había tenido con otra mujer. Tras la muerte del escritor, su patrimonio pasó a manos de Fabián Bioy, otro hijo ilegítimo. Bioy Casares fue un miembro activo de la vida cultural argentina y autor de muchas novelas y obras cortas de ficción además de sus colaboraciones con Borges y una novela detectivesca escrita con su esposa Silvina. En 1990 recibió el premio Cervantes, el galardón literario más prestigioso en el mundo de habla hispana. **REM**

«No es una alucinación: sé que estas personas son reales [...]»

La invención de Morel

Obras destacadas

Novelas

La invención de Morel, 1940
Plan de evasión, 1945
El sueño de los héroes, 1954
Dormir al sol, 1973
Un campeón desparejo, 1993

ARRIBA: El autor de clásicos del «realismo mágico» posa para una foto en 1994.

1900–19

OCTAVIO PAZ

Octavio Paz Lozano, 31 de marzo de 1914 (Ciudad de México, México); 19 de abril de 1998 (Ciudad de México, México).

Estilo y género: Paz exploró en su poesía el amor, el erotismo y la naturaleza del tiempo; sus ensayos tratan sobre política, historia y economía.

La poesía de Octavio Paz es lírica y política, erótica y existencial, pero sobre todo hermosa y profunda. Ya desde joven quiso ser poeta y, animado por Pablo Neruda, comenzó a escribir y publicó sus primeros poemas en 1931.

El abuelo de Paz, Ireneo Paz, novelista, editor, intelectual liberal y soldado bajo el mandato del presidente Porfirio Díaz, presentó al joven Octavio a autores como Juan Ramón Jiménez, Gerardo Diego y Antonio Machado. El padre de Paz estaba a menudo fuera de casa ejerciendo de secretario de Emiliano Zapata y, tras el asesinato de este en 1919, la familia tuvo que exiliarse a Estados Unidos.

Paz estuvo en España durante la guerra civil y luchó en el bando republicano. Su paso por Estados Unidos y Europa influyó en el estilo y en la conciencia política que impregnó su obra. Experimentó con técnicas modernistas y surrealistas, y la ideología comunista permeó su poesía. Cuando los republicanos españoles asesinaron a uno de sus amigos, el poeta sufrió una fuerte des-

Obras destacadas

Teatro
La hija de Rappaccini, 1956
Poesía
Luna silvestre, 1933
¿Águila o sol?, 1951
Piedra del sol, 1957
Ladera este, 1969
Ensayo
El laberinto de la soledad, 1950
El arco y la lira, 1956
Corriente alterna, 1967
Los hijos del limo, 1974

SVENSKA AKADEMIEN
har vid sin sammankomst
den 11 oktober 1990
i överensstämmelse med
föreskrifterna i det av
ALFRED NOBEL
den 27 november 1895 upprättade
testamentet beslutat att
1990 års Nobelpris i litteratur
skall tilldelas
OCTAVIO PAZ
"för en lidelsefull diktning med vida
horisonter, präglad av sinnlig intelligens
och humanistisk integritet"
STOCKHOLM DEN 10 DECEMBER 1990

ARRIBA: Octavio Paz fotografiado en una librería en 1982.

DERECHA: Diploma que confirma la recepción del Nobel de Literatura en 1990.

ilusión política, si bien nunca dejó de defender la libertad de expresión.

Paz viajó mucho, trabajó de periodista y fundó diversas publicaciones literarias. En 1945 aceptó un puesto en el cuerpo diplomático mexicano que le llevó a Nueva York, París, India, Japón y Génova. Durante ese período escribió su brillante ensayo sobre México titulado *El laberinto de la soledad*, y su poema más famoso: «Piedra de sol».

En 1962 México le nombró embajador en la India, pero en 1968 renunció al cargo como protesta contra la matanza de estudiantes en la plaza de las Tres Culturas o plaza de Tlatelolco, justo antes de que se celebrasen los Juegos Olímpicos en Ciudad de México.

Paz recibió el prestigioso premio Cervantes en 1981, el premio Neustadt en 1982 y el Nobel de Literatura en 1990. Falleció de cáncer a los 84 años en Ciudad de México. **REM**

ARRIBA: Paz con estudiantes de la Cornwell University de Nueva York en 1966.

«Piedra de sol»

«Piedra de sol», el que probablemente sea su mejor y más conocido poema, toma su nombre del planeta Venus: diosa del amor en la mitología romana y símbolo del sol y del agua para los aztecas. Escrito en 1957, se trata de un poema circular basado en el calendario azteca, que comienza igual que termina:

«Un sauce de cristal, un chopo de agua,
un alto surtidor que el viento arquea,
un árbol bien plantado mas danzante,
un caminar de río que se curva,
avanza, retrocede, da un rodeo
y llega siempre».

ARRIBA: Roland Barthes en una fotografía tomada en 1975.

ROLAND BARTHES

Roland Gérard Barthes, 12 de noviembre de 1915 (Cherburgo, Francia); 25 de marzo de 1980 (París, Francia).

Estilo y género: Los textos de Barthes sobre semiótica fueron fundamentales para el movimiento del estructuralismo y la «nueva crítica».

Obras destacadas

Ensayo

El grado cero de la escritura, 1953
Mitologías, 1957
Sobre Racine, 1963
Elementos de semiología, 1968
El placer del texto, 1973
La cámara lúcida: reflexiones sobre la fotografía, 1980

Autobiografía

Roland Barthes por Roland Barthes, 1975

Antes de escribir manifiestos literarios como *El grado cero de la escritura* y *Mitologías*, Roland Barthes se licenció en lenguas clásicas, gramática y filosofía por la Universidad de París. En 1976, tras pasar varios años dando clases en el Centre National de la Recherche Scientifique, recibió la cátedra de semiología literaria en el Collège de France. El nombramiento le reconocía como principal teórico literario y aceptaba la importancia intelectual de la semiótica, que estudia los signos y los símbolos como comportamiento comunicativo.

Barthes es responsable en gran medida del avance del estructuralismo —la aplicación de conceptos de la lingüística estructural a fenómenos sociales y culturales— dentro de los estudios culturales y literarios. Con un estilo alegre, sensual y altamente personal, reveló las convenciones y los roles sociales ocultos en la publicidad, la moda, la fotografía y la literatura. En su ensayo «La muerte del autor» argumentó en contra de la utilización del contexto biográfico de un autor para comprender el significado de un texto. Pese a que el psicoanalista Jacques Lacan y los filósofos Michael Foucault y Jacques Derrida le acogieron calurosamente durante la década de 1970, sus primeras obras, en especial *Sobre Racine*, fueron desautorizadas por los críticos franceses más tradicionales, que le acusaron de denigrar la literatura clásica al considerarla un «sistema» de signos en vez de un *corpus* artístico con raíces culturales. En *La cámara lúcida*, que escribió tras la muerte de su madre, abordó la teoría de la comunicación mediante textos más personales y biográficos. En 1975, cinco años antes de morir, Barthes volvió su aparato crítico contra sí mismo, y firmó una autobiografía que reescribe radicalmente las convenciones del género. **SD**

> «Lo que el público quiere es la imagen de la pasión, no la pasión.»

SAUL BELLOW

Solomon Bellows, 10 de junio de 1915 (Lachine, Quebec, Canadá); 5 de abril de 2005 (Brookline, Massachusetts, EE.UU.).

Estilo y género: Bellow, escritor judío ganador del premio Nobel, exploró la identidad masculina y la espiritualidad durante la alienación de posguerra.

Pese a que nació en Canadá en una familia de emigrantes judíos rusos, Saul Bellow se crió y vivió en Chicago y fue su descripción de la vida urbana en esta ciudad lo que le ayudó a labrarse un nombre. Se dio a conocer con la novela *Las aventuras de Augie March*, que, tras la guerra, inauguró una nueva era de seguridad y exuberancia en la ficción estadounidense, al imprimir a su prosa una voz fluida y capaz de captar la expansión frenética y variedad de Estados Unidos mediante una combinación de bromas de verbo rápido, frases de nuevo cuño propias de delincuentes, argot yiddish y exactitud poética.

Martin Amis, entre otros, ha definido *Augie March* como el final de la búsqueda de la Gran Novela Americana. Pero Bellow continuó escribiendo trabajos de equivalente ambición, desde la exuberante y picaresca *Henderson, el rey de la lluvia*, al desesperado e hilarante intelectualismo de *Herzog*, novela sobre un «sufridor bromista» que escribe cartas que no envía a antiguas amantes, a filósofos muertos y al presidente de su país. El libro comienza así: «"Si estoy loco, me parece bien", pensó Moses Herzog», y muestra a Herzog aceptando el desmoronamiento de su vida personal —su esposa le ha dejado por su mejor amigo— y la inutilidad de su imparable flujo verbal. De hecho, el propio Bellow se describió a sí mismo como «marido en serie»; doblaba en edad a su última esposa y tuvo un hijo en 1999, a los 84 años de edad, un año antes de publicar su última novela.

«Un tonto podría lanzar una piedra a un pozo que cien [...] sabios no lograrían sacar.»

Cuando recibió el Nobel de Literatura en 1976 el comité valoró su «comprensión humana y su sutil análisis de la cultura contemporánea». Sin embargo, Bellow destaca porque transmite esas cualidades a través de un estilo memorable, perfecto para la cita, tan acertado y preciso como divertido. **MS**

Obras destacadas

Novelas

Las aventuras de Augie March, 1953
Carpe Diem, 1956
Henderson, el rey de la lluvia, 1959
Herzog, 1964
El legado de Humboldt, 1975
Ravelstein, 2000

Ensayo

Ida y vuelta a Jerusalén, 1976
Suma y sigue, 1994

ARRIBA: Saul Bellow posa ante la cámara en 1982.

1900–19

ARTHUR MILLER

Arthur Asher Miller, 17 de octubre de 1915 (Nueva York, Nueva York, EE.UU.); 10 de febrero de 2005 (Roxbury, Connecticut, EE.UU.).

Estilo y género: En su obra Miller practica la crítica social, y se interesa por la identidad judía, el tiempo y la historia, y por el realismo psicológico.

Arthur Miller —igual que Tennessee Williams— triunfó siendo aún joven. Sus precoces y mayores logros artísticos y comerciales de toda su carrera (*Todos eran mis hijos*, *La muerte de un viajante* y *Las brujas de Salem*) llegaron tras una racha de seis años (1947-1953) muy productivos en los que también escribió *En el punto de mira*, una novela que explora el antisemitismo, y *Un enemigo del pueblo*, una adaptación de Henrik Ibsen.

Sus imperecederos trabajos entroncan con las apremiantes preocupaciones sociales de la posguerra. Miller consideraba que el teatro tenía una función social y era el terreno donde afrontar los coercitivos mitos nacionales. *La muerte de un viajante*, su obra maestra, muestra los efectos deshumanizantes de la cultura de consumo a través de la inmolación del vendedor Willy Loman. *Las brujas de Salem*, una historia sobre la caza de brujas en el Salem del siglo XVII, establece una analogía con la «caza de brujas» de McCarthy en la década de 1950.

En 1956 Miller recibió una citación ante el Comité de Actividades Antiamericanas (HUAC), donde se le declaró en rebeldía ante el Congreso por negarse a «dar nombres». Su valentía ante el Comité le otorgó la autoridad moral que conservaría durante el resto de su vida. Posteriormente, ese mismo año, Miller dejó a su esposa y familia por Marilyn Monroe. Sus obras teatrales reflejan el peso de la historia, en especial de la Gran Depresión y el holocausto judío, y a menudo muestran cierta obsesión por las relaciones paternofiliales. Pero mientras dedicaba gran parte de su carrera a explorar en el escenario las relaciones entres padres e hijos, Miller jamás reconoció públicamente la existencia de uno de sus hijos, Daniel, que nació con síndrome de Down. En 2002 Miller obtuvo el premio Príncipe de Asturias de las Letras . **IW**

«El teatro fascina infinitamente porque es fortuito. Se parece mucho a la vida.»

Obras destacadas

Novela

En el punto de mira, 1945

Teatro

Todos eran mis hijos, 1947

La muerte de un viajante, 1949

Un enemigo del pueblo, 1950

Las brujas de Salem, 1953

Panorama desde el puente, 1955

Después de la caída, 1964

El precio, 1968

Autobiografía

Vueltas al tiempo, 1987

ARRIBA: El dramaturgo estadounidense Arthur Miller posa hacia 1960.

GIORGIO BASSANI

Giorgio Bassani, 4 de marzo de 1916 (Bolonia, Italia); 13 de abril de 2000 (Roma, Italia).

Estilo y género: Bassani, poeta y escritor destacado durante las décadas de 1950 y 1960, es conocido como el «escritor de memorias».

Durante los siglos XV y XVI, Ferrara —la espléndida ciudad de la región italiana de Emilia-Romagna— fue uno de los centros del Renacimiento. Pero esta urbe también tuvo otros hijos pródigos durante el siglo XX: entre ellos, el pintor Giorgio de Chirico, padre del arte metafísico, y el poeta y escritor Giorgio Bassani, que dedicó a la ciudad una serie llamada *La novela de Ferrara,* con lo mejor de su obra narrativa.

Bassani siempre fue conocido como el «escritor de memorias», alguien que evocaba el pasado para tornarlo inmortal. Su visión se acercaba más al arte que a la narración convencional. En ocasiones parecía el equivalente literario de las visiones que expresaba Giorgio de Chirico en sus pinturas. Quizá por eso comenzó dedicándose exclusivamente a la poesía, y descubrió una realidad estilizada y estéril, sofocada por unas palabras sobrias pero fundamentales.

Sin embargo, la poesía no era el medio más adecuado para las descripciones históricas que Bassani deseaba transmitir, y en consecuencia decidió absorber el entorno de Ferrara y plasmarlo en prosa.

La novela *El jardín de los Finzi-Contini* fue reconocida inmediatamente como su obra magna. Relata los incidentes que acontecieron entre la burguesía de provincias durante los años del régimen fascista, del que el autor —de ascendencia judía— fue víctima tras la aprobación de las leyes raciales de 1938. El libro nos ofrece una mirada profunda a esos acontecimientos. Mediante un narrador anónimo, Bassani nos muestra la extrañeza de una adolescencia atormentada y llena de puro y simple deseo de vivir. No es casualidad que en 1972 Vittorio de Sica convirtiese el libro en una película premiada con un Oscar. **FF**

«Este era nuestro vicio: caminar hacia delante con la cabeza eternamente vuelta hacia atrás.»

Obras destacadas

Novelas

Una ciudad en la llanura, 1940

Cinco historias de Ferrara, 1956

El jardín de los Finzi-Contini, 1962

Detrás de la puerta, 1964

La garza, 1968

ARRIBA: Bassani en una foto de 1964 charlando sobre *Detrás de la puerta*.

ROALD DAHL

Roald Dahl, 13 de septiembre de 1916 (Llandaff, Cardiff, Gales); 23 de noviembre de 1990 (Oxford, Oxfordshire, Inglaterra).

Estilo y género: La ingeniosa y a veces truculenta imaginación de Dahl se plasmaba en palabras inventadas, tramas fantásticas y personajes irreales.

Obras destacadas

Libros infantiles
James y el melocotón gigante, 1961
Charlie y la fábrica de chocolate, 1964
Novela
Mi tío Oswald, 1979
Cuentos
Kiss Kiss, 1959
Relatos de lo inesperado, 1979
Autobiografías
Boy: relatos de infancia, 1984
Volando solo, 1986

Roald Dahl, poseedor de una increíble imaginación, escribió para adultos y niños. Sus trabajos se inspiraban en su vida —gente a la que conocía o acontecimientos que había vivido— y en las historias que le contaba su madre. Había nacido en Gales, de padres noruegos que eligieron su nombre en homenaje al explorador Roald Amundsen. Cuanto Dahl tenía tres años de edad, su hermana Astrid murió de apendicitis, y su padre falleció a causa de una neumonía unos meses después.

Según su autobiografía *Boy*, no fue feliz en el colegio, y los abusones de la escuela le inspiraron muchos personajes de sus historias. También el hecho de que su colegio fuese escogido para degustar chocolates Cadbury le proporcionó la idea para escribir *Charlie y la fábrica de chocolate*. En su segunda autobiografía, *Volando solo*, narra sus aventuras como piloto para la Shell Oil Company en lo que actualmente es Tanzania. Durante la Segunda Guerra Mundial, Dahl sirvió en las fuerzas aéreas británicas, y en 1940 su avión se incendió en el desierto de Libia, pero logró sobrevivir.

Luego comenzó a trabajar para el departamento de Guerra del gobierno británico en Estados Unidos, donde le publicaron otros artículos. En 1952 se casó con la actriz Patricia Neal y tuvieron cinco hijos; desgraciadamente, su hija mayor falleció a los 7 años y uno de sus hijos quedó inválido de por vida en un accidente. La pareja se divorció en 1983, después de que Dahl iniciara una relación con Felicity Crossland, quien se convertiría en su segunda esposa. Dahl colaboró muy activamente en la recaudación de dinero para organizaciones caritativas infantiles, tanto en Reino Unido como en Estados Unidos. Falleció en su casa de Buckinghamshire y actualmente en Inglaterra hay dos museos dedicados a su obra. **LH**

«A los hombres más sabios les gustan las tonterías de vez en cuando.»

ARRIBA: Dahl fotografiado durante la década de 1970.

DERECHA: Primera edición estadounidense de la antología de cuentos *Kiss Kiss*.

ROALD DAHL
Kiss
Kiss
Michael Joseph
ROALD DAHL
Kiss
Kiss
Eleven fine new stories by the author of SOMEONE LIKE YOU

CAMILO JOSÉ CELA

Camilo José Cela Trulock, 11 de mayo de 1916 (Iria Flavia, La Coruña, España); 17 de enero de 2002 (Madrid, España).

Estilo y género: Cela fue un escritor con una visión a menudo grotesca y teñida de humor negro; en sus novelas destacan el realismo social y la experimentación formal.

Obras destacadas

Novelas

La familia de Pascual Duarte, 1942
Pabellón de reposo, 1944
La colmena, 1951
Mrs. Caldwell habla con su hijo, 1953
San Camilo 1936, 1969
Mazurca para dos muertos, 1983
Cristo versus Arizona, 1988
La cruz de san Andrés, 1994

Libro de viajes

Viaje a la Alcarria, 1948

En su juventud, Camilo José Cela sufrió dos brotes de tuberculosis. En 1934 se matriculó en la universidad con la intención de estudiar derecho y medicina, pero abandonó los estudios tras colarse en una conferencia sobre literatura que daba el poeta Pedro Salinas. Durante el bombardeo de Madrid en 1936 escribió su primer libro de poemas y luchó brevemente en el bando franquista antes de caer herido por la metralla.

Su primera novela, *La familia de Pascual Duarte*, supuso un éxito de crítica y público. Escrita en primera persona, presenta la confesión de Pascual, condenado a muerte por matricidio y por toda una vida de odio, envilecimiento y violencia. En su siguiente novela, *Pabellón de reposo*, Cela continúa sus necrológicas exploraciones con mayor formalidad estilística, retratando los últimos meses de siete tuberculosos terminales.

Perpetuamente insatisfecho, el escritor siguió experimentando y, en 1946, completó su obra maestra: *La colmena*, que fue censurada y no se publicó hasta 1951, en Argentina y con cortes. La novela, con más de 300 personajes, narra tres días en

ARRIBA: Camilo José Cela recibió el premio Nobel de Literatura en 1989.

DERECHA: Cela con Ernest Hemingway, uno de sus referentes, en 1956.

ARRIBA: Cela posa mientras fuma un puro en una fotografía de 1972.

la vida de Madrid, cuyos habitantes se encuentran paralizados por la desesperación, la pobreza, el aburrimiento y el miedo.

En 1953 publicó *Mrs. Caldwell habla con su hijo*, una exploración poética de las lúcidas pero surrealistas memorias de una anciana inglesa cuyo único hijo falleció ahogado.

Posteriormente, Cela decidió abordar otros géneros y escribió ocho libros de viajes —entre los que destaca *Viaje a la Alcarria*—, investigaciones lexicográficas —*Diccionario secreto*, un diccionario ideológico de palabras y frases prohibidas—, más de una docena de colecciones de relatos y una serie de antinovelas de gran complejidad. En cada una de estas exploraciones Cela se mantuvo fiel a su idea de excavar los impulsos instintivos de una España querida, horrible y humana.

La concesión del premio Nobel de Literatura en el año 1989 sirvió de reconocimiento al papel desempeñado por Cela en la encrucijada de la literatura española de posguerra. En 1987 este escritor obtuvo el premio Príncipe de Asturias de las Letras, y en 1995 el premio Cervantes. **CH**

Chivo expiatorio

La confesión del Pascual Duarte de Camilo José Cela es un oscuro reflejo de la España de Franco. Unos padres violentos; la muerte del hermano en una cuba de aceite; la caída de la hermana en la prostitución; la violación de su esposa; el asesinato de los amantes de su hermana y su mujer; el matricidio... este simple informe sobre la realidad se torna ambiguo debido a las referencias deterministas de Pascual. Todavía no está claro si Pascual Duarte es el chivo expiatorio que su nombre sugiere o un sociópata impenitente.

CARSON McCULLERS

Lula Carson Smith, 19 de febrero de 1917 (Columbus, Georgia, EE.UU.); 29 de septiembre de 1967 (Nyack, Nueva York, EE.UU.).

Estilo y género: McCullers puede ser considerada una «gótica» sureña, tanto por su vida como por su inquietante obra, que se centra en la soledad.

Obras destacadas

Novelas

El corazón es un cazador solitario, 1940
Reflejos en un ojo dorado, 1941
Frankie y la boda, 1946
Reloj sin manecillas, 1961

Cuentos

El jockey, 1941
La balada del café triste, 1951

Poesía

Sweet as a Pickle and Clean as a Pig, 1964

Reconocida Woman of Achievement por el estado de Georgia, Lula Carson Smith dejó su sureño estado natal a los 17 años de edad para trasladarse a Nueva York a estudiar piano en la Juilliard School of Music. La obsesiva insistencia de la literatura de McCullers en el fracaso, la pérdida y el rechazo puede entenderse como un reflejo de la pobre relación entre el Sur y el Norte de Estados Unidos.

Esta obsesión resuena tanto en su biografía como en la historia del país. Su primer relato, «Wunderkind», lo escribió en las clases de escritura creativa que siguió en Columbia en lugar de las previstas clases de música en Juilliard —por lo visto perdió el dinero de la matrícula— y narra la sensación de fracaso de un adolescente prodigio del piano. Publicó su primera novela, *El corazón es un cazador solitario*, en 1940, tres años después de casarse con el escritor fracasado Reeves McCullers, del que se divorciaría el mismo año en que publicó esta obra y con el que volvería a casarse en 1945.

McCullers pasó la Segunda Guerra Mundial en una comuna en París, donde se relacionó con escritores de su época como W. H. Auden. Sin embargo, sus mejores obras aparecieron posteriormente, después de volver a contraer matrimonio con Reeves: *Frankie y la boda*, que tuvo una exitosa adaptación en Broadway, y la apasionada historia de amor *La balada del café triste*. El suicido de Reeves en 1953 y una serie de achaques hicieron que solo pudiese completar una novela más, *Reloj sin manecillas,* antes de su muerte en 1967. Sin embargo, recibió el reconocimiento póstumo gracias a las adaptaciones cinematográficas de John Huston (*Reflejos en un ojo dorado*, 1967) y Ellis Miller (*El corazón es un cazador solitario*, 1968), aclamadas de forma unánime. **SM**

«Vivo con la gente que creo y siempre me ha hecho más llevadera mi esencial soledad.»

ARRIBA: McCullers fotografiada en su casa en septiembre de 1961.

ROBERT LOWELL

Robert Traill Spence Lowell IV, 1 de marzo de 1917 (Boston, Massachusetts, EE.UU.); 12 de septiembre de 1977 (Nueva York, Nueva York, EE.UU.).

Estilo y género: Lowell trata en su poesía sobre la historia y el sufrimiento personal, a menudo basándose en sus depresiones y atormentadas relaciones.

Robert Lowell disfrutó de una infancia acomodada. Los Lowell eran una de las familias más distinguidas de Estados Unidos; como solía decirse: «Los Lowell solo hablan con los Cabot, y estos hablan solo con Dios». Entre los antepasados de Lowell figuran dos poetas notables, James Russell Lowell y Amy Lowell, aparte de pioneros coloniales, generales de la guerra de Independencia y presidentes de Harvard. Pero en sus primeras obras se percibe el peso que supone librarse de semejante ascendencia y aceptar la culpa derivada del papel que desempeñó en la opresión de los indios americanos. Su famoso apellido ocultaba un concepto de vida familiar cáustico y doloroso que influiría en gran medida en sus relaciones posteriores —se casó en tres ocasiones— y en su salud mental. Lowell vivió a merced de una psique extremadamente inestable y de continuas depresiones. Así, Ted Hughes escribió en una carta acerca del escritor: «De vez en cuando ingresa en un hospital psiquiátrico y a veces se vuelve violento»; durante esas fases «peligrosas» Lowell era víctima de delirios que le llevaban a creerse Calígula o Napoleón.

Sin embargo, su poesía sobrevivió. Los poemas de sus primeros años, como la colección ganadora del premio Pulitzer, *Lord Weary's Castle*, están trabajadísimos y son muy retóricos, mientras que el volumen que le dio a conocer, *Life Studies*, contiene formas más libres y un tratamiento directo del material autobiográfico, generalmente doloroso. Lowell también coleccionaba y revisaba secuencias aparentemente interminables de sonetos sin rimar en volúmenes como *Notebook*, *History* y *The Dolphin*. En todos estos trabajos la capacidad de Lowell para crear imágenes vívidas y su vigor rítmico le sitúan entre los poetas más ilustres del siglo XX. **MS**

«La luz al final del túnel es solo la de un tren que se aproxima.»

Obras destacadas

Poesía

Lord Weary's Castle, 1946
Life Studies, 1959
Prometheus Bound, 1969
Notebook, 1970
History, 1973
The Dolphin, 1973
Day by Day, 1977

ARRIBA: Retrato sin fecha conocida de Robert Lowell.

HEINRICH BÖLL

Heinrich Theodor Böll, 21 de diciembre de 1917 (Colonia, Alemania); 16 de julio de 1985 (Bornheim-Merten, Alemania Occidental).

Estilo y género: Böll fue uno de los principales exploradores literarios de los problemas de Alemania durante la Segunda Guerra Mundial y la posguerra.

Obras destacadas

Novelas

El tren llegó puntual, 1949
¿Dónde estabas, Adán?, 1951
Billar a las nueve y media, 1959
Opiniones de un payaso, 1963
Retrato de grupo con señora, 1971

Heinrich Böll nació en el seno de una familia artística —su padre era escultor— y se formó brevemente como librero antes de dejar la escuela. En 1938 se embarcó durante varios años como soldado, primero en el servicio militar alemán y, posteriormente, durante la Segunda Guerra Mundial. La contienda le llevó a diversas partes de Europa, cayó herido, contrajo el tifus y fue capturado por estadounidenses y por británicos.

Böll había comenzado a escribir en 1938 y su doloroso período en el ejército le proporcionó después abundante material para la carrera literaria de posguerra que empezaba a fraguar con ahínco. Así, por ejemplo, en Colonia vivió con su mujer e hijos en una casa dañada por la guerra y rodeado de una ciudad reducida a escombros. Allí escribió sus primeros relatos, teñidos de idealismo, donde detallaba la dura realidad de la vida del soldado: *El tren llegó puntual* y *¿Dónde estabas, Adán?*

En obras posteriores optó por un simbolismo y una experimentación crecientes, como en *Billar a las nueve y media*. El tono a menudo resultaba severo y satírico, y su pensamiento, ferozmente independiente: Böll creía firmemente en la responsabilidad individual. Además investigó diversas temáticas, desde el sentimiento de culpa y los problemas sociales de la Alemania de posguerra hasta el catolicismo organizado —aunque era católico—, la codicia empresarial, el periodismo inmoral y el terrorismo. En su novela *Retrato de grupo con señora* describe el cambio que se produjo en la vida alemana desde la Primera Guerra Mundial hasta la década de 1970 a través de la historia de una viuda de guerra que lucha por evitar la demolición del edificio en el que vive en Colonia. Los libros de Böll tuvieron mucho éxito en vida del autor, que obtuvo el Nobel de Literatura en 1972. **AK**

«Pronto no es nada y Pronto es mucho. Pronto es todo. Pronto es la muerte [...]» *El tren llegó puntual*

ARRIBA: Heinrich Böll fotografiado en su casa en 1982.

BLAS DE OTERO

Blas de Otero Muñoz, 15 de marzo de 1916 (Bilbao, España); 29 de junio de 1979 (Madrid, España).

Estilo y género: Fue un poeta de intenso y dramático lirismo en un principio, y después transparente y militante cuando devino poeta social del antifranquismo.

Blas de Otero estudió derecho, pero dedicó su vida a la poesía, hasta convertirse en uno de los poetas más influyentes en la España franquista, a la que se enfrentó como comunista y de la que se autoexilió varias veces a lo largo de su vida. Vivió en Bilbao, Madrid y otros lugares de España, y residió en Francia, Rusia, Cuba... En los primeros años, bajo la influencia de su formación jesuita, creó una poesía espiritual y de marcado cariz existencial, como en *Ángel fieramente humano* y *Redoble de conciencia* (agrupados luego en *Ancia*). A partir de *Pido la paz y la palabra* inició el camino de la solidaridad con los que sufren. Concibió la poesía como lucha y construcción y abandonó el lenguaje desgarrado por otro más transparente y sencillo.

Obras destacadas

Poesía

Ángel fieramente humano, 1950

Pido la paz y la palabra, 1955

En castellano, 1960

Que trata de España, 1964

Poesía con nombres, 1977 (antología)

JUAN RULFO

Juan Rulfo, 16 de mayo de 1917 (Sayula, Jalisco, México); 7 de enero de 1986 (Ciudad de México, México).

Estilo y género: Novelista, cuentista y fotógrafo mexicano, cuya gran influencia en la literatura sudamericana se basa en una obra genial pero muy breve.

Juan Rulfo quedó huérfano a los 10 años y comenzó a publicar relatos durante la década de 1940. Sucesivas becas del Centro Mexicano de Escritores le permitieron completar sus dos únicos libros. Los personajes de Rulfo subsisten en la árida y empobrecida llanura de Jalisco durante los años revolucionarios, obsesionados por recuerdos de un pasado violento. En *Pedro Páramo*, el viaje de Juan Preciado en busca de su padre muerto, el pueblo habitado solo por figuras espectrales que se encuentra, su propia muerte y su posterior vida en el más allá se entrelazan con la historia del padre, un forzudo local que, por avaro y lujurioso, trae la ruina al pueblo. En 1983 Rulfo obtuvo el premio Príncipe de Asturias de las Letras. **CH**

Obras destacadas

Cuentos

El Llano en llamas, 1953

Novela

Pedro Páramo, 1955

MURIEL SPARK

Muriel Sarah Camberg, 1 de febrero de 1918 (Edimburgo, Escocia); 13 de abril de 2006 (Civitella della Chiana, Toscana, Italia).

Estilo y género: Spark es autora de novelas posmodernas, poemas, biografías y relatos con irónicos comentarios sobre la vida moderna.

La autora escocesa Muriel Spark reveló su talento literario cuando ganó el premio Walter Scott de poesía a los 12 años. Se casó a los 19 y se trasladó a África, pero luego se separó y regresó a Londres en 1944. Consiguió trabajo produciendo propaganda antinazi para el British Foreign Office.

Spark comenzó su carrera literaria tres años después como biógrafa y editora de *Poetry Review*. En 1954 se convirtió al catolicismo, acontecimiento que, según sus propias palabras, le proporcionó algo «interesante que decir». Su estudio del Libro de Job le inspiró su primera novela, *Los que consuelan*. Esta historia sobre una mujer que se convierte al catolicismo y descubre que es la única capaz de oír el sonido de una máquina de escribir que registra sus pensamientos como si fuese un personaje de un cuento, le ganó el aplauso de la crítica, y Evelyn Waugh la describió como «brillante, original y fascinante». Sin embargo, la novela que mayor éxito y reconocimiento cosechó gracias a su talento para la observación fue *La plenitud de la señorita Brodie*, publicada en 1961. Jean Brodie, carismática y poco convencional maestra de escuela con ideas propias acerca de cómo educar a sus alumnos predilectos, está considerada uno de los mejores personajes de la ficción moderna.

Spark escribió más de veinte libros que trataban asuntos serios de la vida moderna, pero con irónicos comentarios. Era capaz de conseguir que sucesos surrealistas pareciesen ocurrencias cotidianas. En el año 1967 se estableció en Italia, donde vivió el resto de su vida.

En 1993 obtuvo la Orden del Imperio británico; en su trayectoria ganó muchos premios literarios, entre los que se pueden destacar el British Literature Prize y el David Cohen British Literature Prize for Lifetime Achievement. **JM**

«No me gusta mucho la risa, pero sí cierta cantidad de ingenio en casi todo.»

Obras destacadas

Novelas

Los que consuelan, 1957
La plenitud de la señorita Brodie, 1961
Las señoritas de escasos medios, 1963
Vago con alevosía, 1981
The Finishing School, 2004

ARRIBA: La novelista escocesa Muriel Spark en París, en 1991.

ALEXANDR SOLZHENITSYN

Alexandr Solzhenitsyn, 11 de diciembre de 1918 (Kislovodsk, Stavropol, Rusia); 3 de agosto de 2008 (Moscú, Rusia).

Estilo y género: Solzhenitsyn, novelista, dramaturgo, ensayista e historiador, escribió sobre la Rusia comunista y las experiencias de los disidentes.

«Hasta 1961 no solo estuve convencido de que jamás vería una sola línea de mis escritos publicada, sino que además apenas me atrevía a que mis amigos más cercanos leyesen nada por miedo a que se supiera», dijo Alexandr Solzhenitsyn refiriéndose a los días anteriores a la publicación de su innovadora novela *Un día en la vida de Iván Denisovich*, en 1962.

Se trata de un libro pionero, porque resultaba inconcebible publicar en la Unión Soviética una novela que mostrase las privaciones de los campos de trabajo del gulag; sobre todo porque el disidente Solzhenitsyn se basó en sus propias experiencias como interno. La publicación del libro supuso un acontecimiento que marcaría la carrera de Solzhenitsyn como gigante literario y futuro premio Nobel. También anunció su característico estilo de escritura, que abordaba los horrores del Estado totalitario comunista y que, en el año 1974, le llevaría a un exilio de veinte años.

Solzhenitsyn creció queriendo ser escritor, pero en Rostov, donde vivía con su madre viuda, no recibió educación literaria, y en toda la década de 1930 no logró publicar sus escritos. En

Obras destacadas

Novelas

Un día en la vida de Iván Denisovich, 1962

El primer círculo, 1968

Pabellón de cáncer, 1968

Agosto 1914, 1971

El archipiélago Gulag, 1973-1978

Octubre 1916, 1983

Ensayo

Vivir sin la mentira, 1974

El problema ruso: al final del siglo XX, 1995

ARRIBA: Solzhenitsyn frente a su casa en el exilio en Estados Unidos, en mayo de 1989.

IZQUIERDA: Solzhenitsyn el día después de regresar del exilio, el 27 de mayo de 1994.

Retorno de un disidente

En 1990, Mijaíl Gorbachov, último presidente de la antigua Unión Soviética, le devolvió la ciudadanía a Solzhenitsyn, y en 1991 se retiraron los cargos por traición contra el escritor. Solzhenitsyn regresó a Rusia en 1994, tras veinte años de exilio, y dos mil personas fueron al aeropuerto de Magadan, al este de Rusia, para recibirle. El antiguo disidente realizó un viaje de dos meses en tren por toda Rusia hasta Moscú con la intención de estar cerca de la gente.

Se encontró con sentimientos encontrados: algunos le consideraban irrelevante en la Rusia contemporánea, y para otros era un héroe por su oposición al totalitarismo comunista y su defensa de los derechos humanos.

La bienvenida produjo una fuerte impresión en el autor, sorprendido por lo que se encontró durante el viaje: un país que atravesaba penurias económicas y vivía atenazado por un Estado corrupto y el crimen organizado. Atacó al presidente ruso Boris Yeltsin por permitir que el materialismo y el secularismo occidental mancillasen Rusia y, en 1998, se negó a aceptar la Orden de San Andrés de manos del presidente —ceremonia que debía celebrar el ochenta cumpleaños del escritor— porque pensaba que Yeltsin había llevado Rusia a la ruina.

Posteriormente, Solzhenitsyn conoció al presidente Vladimir Putin —irónicamente, antiguo jefe del KGB— cuando este le visitó en su casa a las afueras de Moscú en 2000. La reunión tuvo lugar después de que Solzhenitsyn criticase el fracaso de Putin para «sacar a Rusia de la ruina en que se ha convertido». Los últimos años previos a su muerte, el autor conocido como «la conciencia de Rusia» todavía era escuchado en las más altas esferas.

su defecto, estudió matemáticas en la universidad local. Durante la Segunda Guerra Mundial sirvió en el frente, en artillería, pero fue arrestado en 1945 porque los censores descubrieron, en una carta escrita a un amigo, comentarios que las autoridades consideraron «difamatorios» sobre el líder del Partido Comunista, Josef Stalin; Solzhenitsyn fue condenado a cumplir ocho años en los campos correccionales de Siberia.

Después de pasar por diversos campos, y gracias a su talento matemático, le destinaron a un centro de investigación científica conocido como *sharashia*. Sus experiencias en el centro forman la trama de *El primer círculo*, que se publicó en Occidente en 1968. Una vez cumplida la sentencia de ocho años, le condenaron de nuevo, en esta ocasión al exilio de por vida al sur de Kazajstán. En 1953 le diagnosticaron cáncer, y con el tiempo le permitieron recibir tratamiento en una clínica de Tashkent, donde le curaron. Aprovechó la experiencia para escribir la novela *Pabellón de cáncer*.

En 1962, a los 42 años y harto de escribir en secreto, consiguió publicar *Un día en la vida de Iván Denisovich* gracias a la ayuda del editor Alexandr Tvardovski. Sin embargo, esta condescendencia de las autoridades soviéticas fue temporal: en 1964 le negaron la autorización para publicar *Pabellón de Cáncer*, y en 1965 el KGB secuestró sus papeles, entre los que se hallaba el manuscrito de *El primer círculo*. Inmutable, Solzhenitsyn continuó escribiendo, trabajando en su épica historia literaria del sistema soviético y la formación de los gulags: *Archipiélago Gulag*. Sus trabajos circularon clandestinamente como *samizdat* o literatura «autopublicada».

Pero sus libros se publicaron en Occidente, y así, en 1970, obtuvo el Nobel de Literatura, aunque no viajó a Suecia para recibirlo, porque temía que no le permitiesen regresar a la Unión Soviética. Cuando se publicó la primera parte de *Archipiélago Gulag* en París, las autoridades soviéticas no toleraron las francas y realistas revelaciones de Solzhenitsyn sobre el sistema comunista y, en 1974, le retiraron la ciudadanía y fue deportado a Alemania Occidental. El día que el KGB entró en su casa para expulsarle del país, Alexandr Solzhenitsyn escribió el

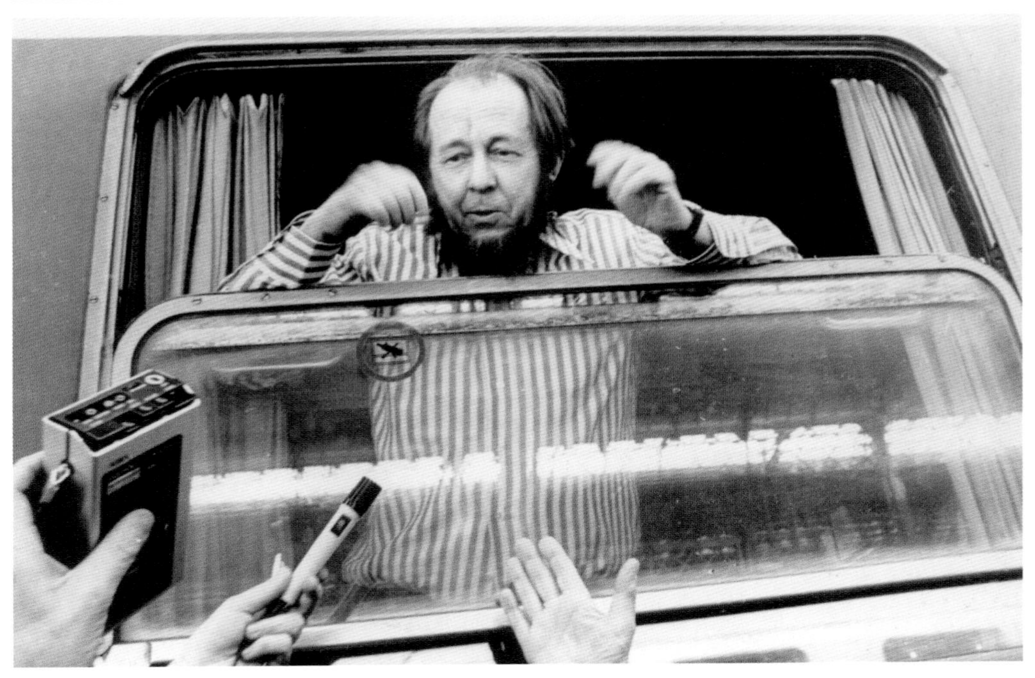

ARRIBA: Charlando con la prensa internacional tras serle retirada la ciudadanía soviética en 1974.

ensayo *Vivir sin la mentira*, en el que pedía a los ciudadanos que plantasen cara al sistema comunista.

Solzhenitsyn se estableció en Estados Unidos, donde recibió una calurosa bienvenida. Sin embargo, como patriota y miembro de la Iglesia ortodoxa rusa, solía levantar ampollas con sus críticas al vacío espiritual y el amor por el materialismo que consideraba que imperaban en Occidente. Tras la caída del muro de Berlín y la llegada de la *glasnost*, regresó a Rusia en 1994. Continuó escribiendo y criticando sin reservas cualquier clase de totalitarismo. Este paladín de los derechos humanos logró con mucho esfuerzo que las experiencias agónicas de la gente corriente bajo el régimen comunista soviético cobrasen vida en las páginas de su obra y que no cayesen en el olvido. **CK**

«Posee tan solo lo que puedas llevar encima [...] Que la memoria sea tu maleta.»

DORIS LESSING

Doris May Tayler, 22 de octubre de 1919 (Kermanshah, Persia, actual Irán).

Estilo y género: Lessing, escritora de novelas realistas y de ciencia ficción, es conocida por su irreverencia y su riguroso análisis de la desigualdad y la hipocresía en las relaciones entre los sexos y las razas.

Doris Lessing nació en Persia (actual Irán), pero cuando era todavía pequeña su familia se trasladó a una granja en Rhodesia (Zimbabue). Creció en lo que ella describe como «una cabaña de barro, pero llena de libros». Dejó los estudios a los 13 años y se marchó de casa a los 15. Se casó a los 19, y unos años más tarde, dejó a su marido y se involucró en un club comunista de lectura, donde conoció a su segundo esposo. Poco tiempo después, desilusionada tanto con el matrimonio como con el Partido Comunista, se trasladó a Londres con su hijo menor y empezó a escribir su primera novela, *Canta la hierba*, que exploraba las relaciones raciales en África.

La falta de formación no supuso un problema; autodidacta y feroz defensora del pensamiento libre, acabaría desarrollando una prolífica carrera como escritora. Sus primeros libros reflejan su propia experiencia vital: la serie *Los hijos de la violencia* y su protagonista Martha Quest siguen un camino similar al de Lessing. En su libro más famoso, *El cuaderno dorado*, experimentó con la forma narrativa y consta de una serie de libretas de colores que pertenecen a la protagonista, Anna Wulf, dedicadas cada una de ellas a una parte de su ser dividido, hasta que sufre una crisis y descubre cierta plenitud en la última libreta. Para su siguiente proyecto, influida por el misticismo sufí, Lessing optó por la ciencia ficción: en la serie *Canopus en Argos* los alienígenas documentan sus relaciones con un planeta similar a la Tierra durante un período aproximado de un millón de años.

«¿Qué es el hombre? Demasiado malo para ser obra de Dios y bueno para ser fruto del azar.»

Cuando la reina de Inglaterra la nombró Companion of Honour en 1999, Lessing reveló que antes había rechazado ser Dama del Imperio británico porque «no hay un Imperio británico». En 2001 Lessing recibió el premio Príncipe de Asturias de las Letras, y en 2007 el premio Nobel. **CQ**

Obras destacadas

Novelas

Canta la hierba, 1950

Los hijos de la violencia, 1952-1969

El cuaderno dorado, 1962

Ciencia ficción

Canopus en Argos, 1979-1984

Cuentos

La habitación diecinueve, 1978

La tentación de Jack Orkney, 1978

ARRIBA: La prolífica Doris Lessing en una fotografía tomada en 1991.

J. D. SALINGER

Jerome David Salinger, 1 de enero de 1919 (Nueva York, Nueva York, EE.UU.).

Estilo y género: Autor estadounidense de una novela y varios relatos cuya temática principal es la alienación de los adolescentes y la pérdida de la inocencia, Salinger también es famoso por su tendencia al aislamiento.

Salinger, ermitaño de fama internacional y autor de una novela sobre la adolescencia profundamente influyente, ha escrito una obra escasa pero excepcional. Creció en Manhattan y pasó un breve período estudiando en las universidades de Nueva York y Columbia, que abandonó para dedicarse a la escritura. Cuando regresó de la Segunda Guerra Mundial, su obra empezó a llegar al gran público gracias a los cuentos que publicaba regularmente en el *New Yorker*.

Su única novela, *El guardián entre el centeno*, fue un éxito nada más publicarse en 1951. El libro está narrado por Holden Caulfield, un adolescente sensible y rebelde que pasa unos días vagando por Nueva York. Con su voz coloquial, Holden muestra el desasosiego que le provoca dejar atrás la adolescencia y la rabia que le despierta la «farsa» que supone el mundo adulto que le espera. El personaje de Holden se erigió así como representante de la angustia adolescente y de la alienación, y convirtió esta novela en uno de los textos más importantes del siglo XX, estudiado en colegios y universidades de todo el mundo anglosajón.

Su siguiente libro, *Nueve cuentos*, es una colección de relatos protagonizada por la familia Glass, que narra las consecuencias que tendrá el suicidio del primogénito, Seymour, en diversos miembros de la familia. Destacan en particular dos cuentos: «Un día perfecto para el pez plátano» y «Para Esmé, con amor y sordidez», que cimentaron aún más la reputación del autor, pero el intrusismo que provocó el éxito en su vida personal le llevó a encerrarse en sí mismo. Posteriormente, aparecieron dos libros más: *Franny y Zooey*, publicado en 1961, y *Levantad, carpinteros, la viga del tejado, y Seymour: una introducción*, publicados conjuntamente en 1963. **SG**

«Soy una especie de paranoico a la inversa. Sospecho que la gente conspira para hacerme feliz.»

Obras destacadas

Novela

El guardián entre el centeno, 1951

Cuentos

Nueve cuentos, 1953

Franny y Zooey, 1961

Levantad, carpinteros, la viga del tejado, y Seymour: una introducción, 1963

ARRIBA: Foto de Salinger, en 1951, año en que apareció *El guardián entre el centeno*.

PRIMO LEVI

Primo Levi, 31 de julio de 1919 (Turín, Italia); 11 de abril de 1987 (Turín, Italia).

Estilo y género: Superviviente del holocausto y autor de novelas, memorias, poemas y relatos, la reputación de Levi se basa principalmente en sus reflexiones sobre el período que estuvo prisionero en Auschwitz.

Obras destacadas

Novelas

Si esto es un hombre, 1947

La tregua, 1958

Los hundidos y los salvados, 1986

Cuentos

El sistema periódico, 1975

Primo Levi, que nació en una familia judía italiana acomodada, se licenció en química por la Universidad de Turín en 1941, un año después de que Italia entrara en la Segunda Guerra Mundial. Su formación científica le ayudó a sobrevivir a partir de 1943, año en que fue capturado por los alemanes tras haber escapado al norte de Italia con un grupo de amigos antifascistas que esperaban unirse a la Resistencia. Le enviaron a Auschwitz, en Polonia, y allí realizó trabajos forzados en una fábrica de goma sintética que le evitaron la muerte. En 1945 los rusos liberaron el campo de exterminio y, tras varios meses esperando la repatriación, Levi regresó a Turín, donde trabajó como técnico químico en una fábrica de pinturas y resinas; en 1961 fue nombrado director de la fábrica.

Sus experiencias en Auschwitz inspiraron su primer libro: *Si esto es un hombre*. Levi comentó que esa experiencia le había impulsado ineludiblemente a escribir, no solo por un deber moral, sino como necesidad psicológica. Se describía a sí mismo como un hombre normal que «cayó en una vorágine y salió de ella con vida más por suerte que por virtud» y que desde entonces había sentido curiosidad por «las vorágines, grandes y pequeñas, metafóricas y reales». Sus ideas acerca de la psicología de los que gobernaban el campo y de los prisioneros produjeron una gran impresión en los lectores, y Levi escribió dos libros más, en las décadas de 1950 y 1980, basados en sus experiencias durante la guerra. Escribió sobre los horrores que había soportado con objetividad y humanidad, logrando de algún modo imbuir a los textos de una esperanza optimista. Sus cuentos, novelas, poemas y ensayos también recibieron elogios. Sin embargo, Levi no pudo superar su extremo pesimismo y en abril de 1987 se suicidó. **RC**

«Nuestro idioma carece de palabras para expresar esta ofensa [...]» *Si esto es un hombre*

ARRIBA: Retrato de Levi en enero de 1986.

IRIS MURDOCH

Jean Iris Murdoch, 15 de julio de 1919 (Dublín, Irlanda); 8 de febrero de 1999 (Oxford, Inglaterra).

Estilo y género: Murdoch escribió enrevesadas tramas cargadas de humor negro y obsesiones, donde los mitos y la magia desempeñan un papel clarificador.

Iris Murdoch estudió filosofía y literatura en el Somerville College de Oxford, y allí profundizó sus conocimientos sobre latín, griego y lenguas modernas. Trabajó como profesora de la Universidad de Oxford, en el Tesoro británico y luego en Naciones Unidas. Diversos escritores y filósofos le propusieron matrimonio hasta que finalmente se casó con el crítico literario John Bayley. En 2001 la biografía de Bayley sobre la vida de la escritora y su deterioro a causa del Alzheimer fue llevada al cine con el título de *Iris*, con las actrices Kate Winslet y Judi Dench.

En su ensayo de 1961, «Against Dryness», Murdoch sostiene que «la filosofía en realidad no es capaz de ofrecer una imagen completa y poderosa del alma», pero la literatura permite comprender la densa complejidad de la vida y de la gente. Aunque sus personajes suelen estar envueltos por filosofías altruistas como el platonismo o el psicoanálisis freudiano, en ningún caso se limitan a ser meros portavoces de tales ideas. Al contrario, Murdoch prueba los límites de esos discursos adjudicándolos a personajes cuyas necesidades morales chocan con las sexuales y negándose a distinguir entre los auténticos místicos y los manipuladores.

Por ejemplo, Charles Arrowby, narrador de *El mar, el mar* (obra galardonada con el premio Booker en 1978), es un dramaturgo retirado que ha decidido, al igual que Próspero en *La tempestad* de Shakespeare, abjurar de la magia y aprender a ser bueno, tarea que resulta extremadamente complicada, dado que sus relaciones pasadas se niegan a dejar libre a este anciano celoso y codicioso. Esta novela, irónicamente absurda pero tierna, muestra a una Murdoch en plena forma, que examina la imposibilidad de ver las cosas con claridad y la dificultad de dejar marchar a alguien. **CQ**

«El amor es la comprensión extremadamente difícil de que algo ajeno a uno mismo es real.»

Obras destacadas

Novelas

Bajo la red, 1954

El castillo de arena, 1957

La cabeza cortada, 1961

La muchacha italiana, 1964

El sueño de Bruno, 1969

El príncipe negro, 1973

El mar, el mar, 1978

Poesía

Un año de pájaros, 1978

ARRIBA: Murdoch posa ante la cámara en una foto de fecha desconocida.

RAY BRADBURY

Ray Douglas Bradbury, 22 de agosto de 1920 (Waukegan, Illinois, EE.UU.).

Estilo y género: Bradbury, autor estrella de la década dorada de la ciencia ficción, los años cincuenta, une en sus atmosféricas historias el gótico estadounidense con la irreverencia satírica de Kurt Vonnegut.

Obras destacadas

Cuentos

Carnaval negro, 1947
El hombre ilustrado, 1951
El país de octubre, 1955
Fantasmas de lo nuevo, 1969

Novelas

Crónicas marcianas, 1950
Fahrenheit 451, 1953
El vino del estío, 1957
El árbol de las brujas, 1972

Hay pocos escritores estadounidenses de género con mayor relevancia histórica que Ray Bradbury. O, al menos, no hay muchos que hayan ganado el O. Henry Award, el World Fantasy Award, la National Book Foundation Medal por su distinguida aportación a las letras americanas y un premio Emmy. Como su contemporáneo Isaac Asimov, la influencia de Bradbury en la ciencia ficción ha sido tan profunda que su escritura ha dado forma al género y lo ha traspasado, convirtiéndole en uno de los mejores representantes de la cultura pop del siglo XX.

Su prolífica obra comprende unos seiscientos cuentos y once novelas, por no mencionar su poesía, obras teatrales, ensayos, guiones cinematográficos y una exposición para la gigantesca geoesfera Spaceship Earth del Epcot Center de Florida. Su primera novela, *Crónicas marcianas*, consta de diversos relatos cronológicos ambientados en una historia futura de la colonización marciana, con una secuencia de acontecimientos similar a la historia estadounidense desde los conquistadores a la Primera Guerra Mundial. Esta estructura episódica, que reutilizaría en *El hombre ilustrado* y *El árbol de las brujas*, potencia el talento de Bradbury. Pese a que debe su fama a su novela distópica *Fahrenheit 451* —una meditación acerca de los peligros de la censura—, la mayoría de sus grandes obras son relatos. Para Bradbury, como para sus compañeros de la década dorada de la ciencia ficción —1950—, los cuentos significaron un aprendizaje que además vendía a publicaciones como *Planet Stories* y *Fantastic Adventures*. En sus mejores momentos, sus parábolas sobre Estados Unidos en tiempos de la posguerra evocan el ambiente peculiar que generó la combinación entre optimismo y paranoia como no lo ha hecho ningún otro escritor, pasado o presente. **SY**

«¿Qué podía decir con una sola palabra o unas pocas que les quemase las caras?» *Fahrenheit 451*

ARRIBA: Fotografía del escritor Ray Bradbury en 1984.

DERECHA: Portada de 1949 de una revista con uno de sus cuentos de ciencia ficción.

A.N.C.
PLANET
stories
SPRING
20c
FICTION HOUSE MAGAZINES
ROBERT ABERNATHY
RAY BRADBURY
ALFRED COPPEL
Anderson
ETERNAL ZEMMD MUST DIE! . . . .
"Oh Zemmd-beware the Outcast's daughter. Beware the Convict from cold Mercury. These two speak death!"
Novel by HENRY HASSE

PAUL CELAN

Paul Antschel, 23 de noviembre de 1920 (Cernivtsi, Bucovina, Rumanía [act. en Ucrania]); 20 de abril de 1970 (París, Francia).

Estilo y género: Celan es uno de los poetas más importantes de la posguerra. Escribió poemas extremadamente inquietantes sobre el holocausto.

Paul Celan creció en una familia judía de habla alemana en Rumanía. Estudió brevemente medicina en Francia, pero en 1939 regresó a su país natal para estudiar literatura e idiomas. Durante la ocupación nazi le trasladaron al gueto, y allí comenzó a escribir poesía y a traducir los sonetos de Shakespeare. Posteriormente le enviaron a un campo de concentración y le separaron de sus padres, que fueron asesinados.

Estas experiencias, la culpa y la sensación de pérdida forman la base de sus poemas. La colección de poemas titulada *Amapola y memoria* le granjeó la reputación de poeta excepcional del holocausto. En dicho volumen figura su poema más famoso, «Fuga de la muerte», evocación de la vida en los campos de la muerte nazis.

Durante la década de 1950 sus poemas se volvieron cada vez más minimalistas y fracturados, y reflejó en ellos el mundo roto en que había vivido. Celan escribía en alemán, «el idioma de las madres de los asesinos», pero creía que este idioma debía liberarse de la Historia.

Cuando ganó el premio Bremen de literatura alemana en el año 1958, Celan declaró: «Tan solo una cosa permaneció a mano, cercana y ajena a todas las pérdidas: el lenguaje. Sí, el lenguaje. Pese a todo, se mantuvo a salvo de la pérdida».

Durante la década de 1960, Celan escribió más poemarios, que fueron aclamados internacionalmente. También tradujo la obra de otros escritores como Osip Mandelstam, Paul Valéry y Henri Michaux. Sin embargo, su salud mental fue debilitándose. Al ser injustamente acusado de plagiar la obra del poeta Iván Goll sufrió una crisis mental seguida de brotes periódicos de depresión. En 1970 Celan se suicidó saltando a las aguas del río Sena. **HJ**

Obras destacadas

Poesía

Amapola y memoria, 1952
Sprachgitter, 1959
La rosa de nadie, 1959
Cambio de aliento, 1967
Hebras de sol, 1968
Compulsión de luz, 1970

«Nada puede impedir que un poeta escriba, ni siquiera el hecho de que sea judío y alemán.»

ARRIBA: Paul Celan en una foto de 1967, tres años antes de suicidarse.

ISAAC ASIMOV

Isaak Judah Ozimov, 2 de enero de 1920 (Petrovichi, Unión Soviética [act. Bielorussia]); 6 de abril de 1992 (Nueva York, Nueva York, EE.UU.).

Estilo y género: Asimov, escritor de la época dorada de la ciencia ficción estadounidense, ha influido tanto en este género que prácticamente lo personifica.

Pese a que prácticamente todos los autores que aparecen en este libro han sido figuras clave de la literatura, son pocos los que han inventado sus propias palabras. Asimov es uno de los escritores pertenecientes a este selecto grupo, ya que inventó palabras como «robótica» y quizá incluso la disciplina a la que alude. Sus cuentos fueron los primeros en hablar de robots en su acepción moderna (máquinas humanoides con ordenadores por cerebro) y sus «tres leyes» que gobiernan el comportamiento de los robots aún se estudian, mientras la tecnología de la inteligencia artificial alcanza las situaciones éticas descritas en su ficción hace más de cincuenta años.

Su otra gran contribución al género es la serie de novelas *Fundación*. Se basa en la premisa de que en el futuro seremos capaces de aplicar la tesis a Edward Gibbon en *Historia de la decadencia y caída del Imperio romano* (consistente básicamente en que el crecimiento y el declive de las civilizaciones siguen una serie de patrones fijos) mediante una disciplina científica, la «psicohistoria». La serie detalla los milenios posteriores a la aplicación de dicha disciplina por parte de un psicohistoriador, para crear una Fundación que acortará la duración del caos que inevitablemente existe entre los picos de las civilizaciones intergalácticas.

Asimov publicó con profusión desde 1939, cuando comenzó a escribir, hasta 1958, cuando dejó la ciencia ficción y se dedicó a la ciencia popular. Durante la década de 1980 escribió varias novelas que vinculaban sus relatos sobre robots con la serie *Fundación* a modo de mitología continua. En cierto modo, resultaba innecesario, puesto que ambos universos ya estaban unidos en su articulación de la tesis básica de Asimov: si fuésemos capaces de utilizar nuestra capacidad racional al completo, quizá podríamos salvarnos. **SY**

«Escribo por el mismo motivo que respiro: porque si no lo hiciese, moriría.»

Obras destacadas

Cuentos

Yo, robot, 1950

Anochecer y otros cuentos, 1969

Novelas

Fundación, 1951

Fundación e Imperio, 1952

Las bóvedas de acero, 1954

El fin de la eternidad, 1955

Los límites de la Fundación, 1982

Los robots del amanecer, 1983

Fundación y tierra, 1986

ARRIBA: Asimov, maestro de la ciencia ficción, en una imagen de la década de 1980.

CHARLES BUKOWSKI

Heinrich Charles Bukowski, 16 de agosto de 1920 (Andernach, Alemania); 9 de marzo de 1994 (San Pedro, Los Ángeles, California, EE.UU.).

Estilo y género: Bukowski fue un novelista y poeta cuyos notorios hábitos alcohólicos y estilo personal le han otorgado el estatus de escritor de culto.

Obras destacadas

Poesía

Arder en el agua, ahogarse en el fuego: Poemas 1955-1973, 1974

Guerra sin cesar: Poemas 1981-1984, 1984

Madrigales de la pensión, 1988

Apuesta por las musas, 1996

Novelas

Escritos de un viejo indecente, 1969

Fire Station, 1970

Cartero, 1971

Factótum, 1975

Mujeres, 1978

Para tratarse de alguien tan identificado con Estados Unidos, no deja de sorprender que Charles Bukowski hubiese nacido en Alemania, fruto de la unión entre una alemana y un soldado estadounidense. La familia se trasladó a Estados Unidos en 1922, y, después de un gran comienzo, les tocó sufrir los efectos de la Gran Depresión. Se supone que el padre de Bukowski, a menudo en el paro, se emborrachaba y pegaba a su hijo. Este hecho, combinado con un caso largo y extremo de acné, convirtió al joven Bukowski en un indeseable, temática que aparece en sus obras, especialmente en su novela autobiográfica *Hijo de Satanás*, de 1982. En realidad, gran parte de su obra parece tratar abiertamente sobre sí mismo; así por ejemplo, en la novela de 1971, *Cartero*, narra una versión de sus vivencias como cartero durante las décadas de 1950 y 1960, y en ella aparece por primera vez su alter ego Henry Chinaski.

Aparte de trabajar para el servicio postal, Bukowski pasó ambas décadas enviando poemas y artículos a diversas revistas de Los Ángeles, sumido en el alcohol y en la pobreza. Aunque fue identificado por muchos con el movimiento Beat, él siempre rechazó pertenecer a ningún grupo; prefería mantenerse aislado: era el poeta de los bajos fondos. Vivió toda su vida adulta en Los Ángeles, y su ambivalente relación con la ciudad aparecería en su obra. Si bien el hipódromo y los bares fueron compañeros fieles durante sus últimos años, su obra deja entrever que la ciudad también puede resultar impersonal e inmisericorde. Bukowski falleció a causa de una leucemia a los 73 años dejando esposa, Linda, y una extensa obra estilísticamente única y solidaria en su temática con aquellos a quienes jamás abandonó del todo: cualquier habitante de los márgenes, cualquiera que no perteneciese a nada. **PS**

«Algunas personas nunca enloquecen. Deben de tener unas vidas horribles.» *Apuesta por las musas*

ARRIBA: Bukowski fotografiado en su residencia de Los Ángeles en 1978.

MARIO BENEDETTI

Mario Orlando Hardy Hamlet Brenno Benedetti Farrugia, 14 de septiembre de 1920 (Paso de los Toros, Uruguay); 17 de mayo de 2009 (Montevideo, Uruguay).

Estilo y género: Benedetti, miembro de la Generación del 45, en Uruguay, cultivó los géneros literarios más variados y luchó durante su vida por la utopía social.

La obra de Benedetti abarca todos los géneros: poesía, novela, cuentos, ensayo, canciones, crítica cinematográfica, guiones, artículos. Pero en toda ella, como dijo él mismo, hay un aliento común: «No escribo para el lector que vendrá sino para el que está aquí, poco menos que leyendo el texto sobre mi cabeza». Utilizaba un lenguaje accesible, una sintaxis sencilla y un estilo casi conversacional para «dialogar» con el lector, echar una mirada irónica a la cualidad personal y desentrañar las realidades colectivas que aspiraba a cambiar: las dictaduras militares, las injusticias sociales, el imperialismo norteamericano... Su novela *La tregua* es hoy un clásico latinoamericano y su poesía ha sido cantada por importantes cantautores españoles. **FV**

Obras destacadas

Poesía

Poemas de la oficina, 1956

Poemas de hoyporhoy, 1961

Yesterday y mañana, 1987

La vida, ese paréntesis, 1998

Ensayo

El escritor latinoamericano y la revolución posible, 1974

El desexilio y otras conjeturas, 1984

Cuentos

Quién de nosotros, 1953

Montevideanos, 1959

La muerte y otras sorpresas, 1969

Buzón de tiempo, 1999

Novelas

La tregua, 1960

Gracias por el fuego, 1982

La borra del café, 1993

FRIEDRICH DÜRRENMATT

Friedrich Josef Dürrenmath, 5 de enero de 1921 (Konolfingen, Suiza); 14 de diciembre de 1990 (Neuchâtel, Suiza).

Estilo y género: Dürrenmatt, llamado el «Aristófanes suizo», escribió sorprendentes y desconcertantes dramas para el teatro y la radio.

Dürrenmatt estudió teología en la Universidad de Berna, pero comenzó a escribir canciones y obras para cabaret, ambientadas en el pasado para aclarar el presente. Su negativa a posicionarse o, como él mismo decía, «a poner el huevo de la explicación», intrigaba y desconcertaba al público. Su humor salvaje se imponía a la tragedia, puesto que esta no tenía lugar en el mundo contemporáneo, donde no existía un estándar moral. Veía el mundo como «algo monstruoso» que debía aceptarse, pero ante el que no había que rendirse. En *La visita de la vieja dama*, generalmente considerada su obra maestra, una rica anciana regresa a su ciudad natal y soborna a las gentes para que maten al ciudadano actualmente respetado y eminente que la violó de niña. **RC**

Obras destacadas

Teatro

Rómulo el Grande, 1949

La visita de la vieja dama, 1956

JOSÉ SARAMAGO

José de Sousa Saramago, 16 de noviembre de 1922 (Azinhaga, Portugal).

Estilo y género: Saramago, con una voz narrativa propia, utiliza la fantasía y la alegoría para ahondar en la condición humana y en temas políticos e históricos.

José Saramago nació en una familia de campesinos sin tierras en 1922, condición que, según su propio testimonio marcó su personalidad y su perfil como escritor. En 1924 su familia se trasladó a Lisboa en busca de una vida mejor. Mientras el padre trabajaba de policía, Saramago comenzaba la enseñanza secundaria. Cuando la familia no pudo permitirse pagar su educación, le enviaron a estudiar mecánica automovilística. Sin embargo, pasaba largos períodos en su pueblo natal con los abuelos maternos, en visitas que alimentaban su imaginación al tiempo que forjaban el pragmatismo pesimista que caracterizaría su vida y su obra.

Cuando Saramago tenía tres años de edad, Portugal sufrió un golpe de Estado militar, y durante los siguientes 48 años el país sería gobernado por un régimen fascista liderado por Antonio Salazar. Ya de adulto, Saramago perdió muchos empleos, en ocasiones debido a sus ideas políticas —en 1969 ingresó en el Partido Comunista portugués—. Su primera novela apareció en 1947, pero no volvería a publicar hasta 1966, cuando comenzó a escribir regularmente. En 1982, con la publicación de la novela satírica *Memorial del convento*, Saramago comenzó a disfrutar del reconocimiento internacional.

Sus obras son alegóricas y fantásticas, y gran parte de ellas tienen mucho en común con escritores sudamericanos del «realismo mágico». En *Memorial del convento,* los protagonistas sueñan con escapar construyendo una máquina voladora impulsada por la voluntad humana, mientras que en *La balsa de piedra* la península Ibérica se desprende del continente y flota por el océano Atlántico. Las novelas de Saramago no son meros vehículos para la fantasía, sino una reflexión sobre la vida bajo una dictadura política. Tratan cuestiones de la condición humana, nuestra necesidad de conectar

«El hombre se perdió el respeto cuando perdió el respeto a sus semejantes.»

Obras destacadas

Novelas

Memorial del convento, 1982
El año de la muerte de Ricardo Reis, 1984
La balsa de piedra, 1986
Historia del cerco de Lisboa, 1989
El Evangelio según Jesucristo, 1991
Ensayo sobre la ceguera, 1995
Todos los nombres, 1997
La caverna, 2000
El hombre duplicado, 2002
Las intermitencias de la muerte, 2005

Autobiografía

Cuadernos de Lanzarote I y II, 1997, 2001

ARRIBA: Saramago en una exposición artística de 2007.

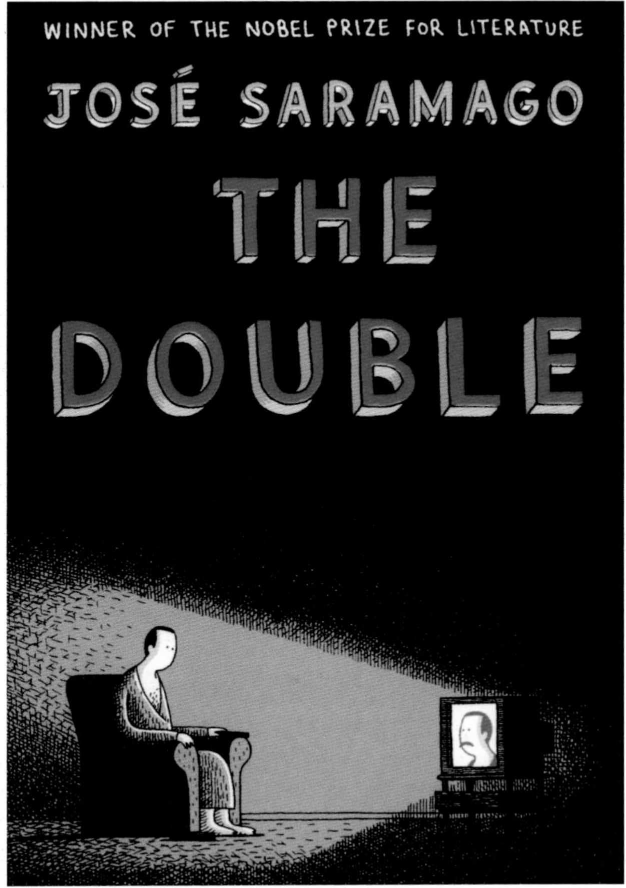

WINNER OF THE NOBEL PRIZE FOR LITERATURE
JOSÉ SARAMAGO
THE
DOUBLE

IZQUIERDA: Cubierta de un edición de *El hombre duplicado*, ilustrada por Tom Gauld.

como humanos, de vivir en comunidad manteniendo nuestra individualidad. Su novela *El Evangelio según Jesucristo,* de 1991, fue recibida con indignación, censurada por el gobierno portugués y significó su exclusión de un concurso literario de la Unión Europea. Saramago y su segunda esposa, la española Pilar del Río, periodista y traductora de su obra, se exiliaron simbólicamente a Lanzarote, en las islas Canarias. En 1998 recibió el premio Nobel de Literatura y continuó escribiendo pasados los 80 años de edad. **REM**

¿Qué esconde un nombre?

Cuando el joven José tenía solo siete años y estaba a punto de comenzar la enseñanza secundaria tuvo que llevar su partida de nacimiento a la escuela. Fue entonces cuando la familia se enteró de que el administrativo del pueblo lo había registrado al nacer con el apellido Saramago, un apodo peyorativo que significa «rábano salvaje» y por el que era conocido su padre, quien, no obstante, también tuvo que adoptar el apellido. Como comentaría el escritor, fue este el primer caso de la historia en que un hijo da apellido al padre.

ALAIN ROBBE-GRILLET

Alain Robbe-Grillet, 18 de agosto de 1922 (Brest, Francia); 18 de febrero de 2008 (Caen, Francia).

Estilo y género: Robbe-Grillet fue un controvertido novelista experimental.

Alain Robbe-Grillet nació en Bretaña y comenzó su carrera como ingeniero agrónomo, pero posteriormente trabajó de editor para Éditions de Minuit, una célebre editorial parisina entre cuyos autores figura Samuel Beckett. Fue un gran exponente y teórico del *noveau roman*, la «nueva novela» o *anti-roman*, la «anti-novela», que se había desarrollado durante la década de 1950 y cuyos defensores en ocasiones eran conocidos como «la escuela Minuit». Pretendían liberar a la novela de los patrones y precedentes decimonónicos, porque se consideraba que reflejaban un orden social que había dejado de existir y unos valores en los que ya no se creía.

Robbe-Grillet sostenía que la novela tradicional estaba fuera de lugar en el mundo de posguerra. Rechazaba el compromiso político de escritores como Jean-Paul Sartre. En su libro *Por una nueva novela*, publicado en 1963, expresaba que su ficción estaba «atenta a los lazos que existen entre objetos, gestos y situaciones, evitando cualquier clase de "comentario" psicológico e ideológico sobre las acciones de los personajes [...] el auténtico escritor no tiene nada que decir. Lo que importa es la forma en que lo dice».

Los resultados fueron altamente controvertidos y se le criticó por haber dejado de lado la trama y los personajes en pos de unas misteriosas ambigüedades e inconsistencias. Parece ser que la ininteligibilidad debía reflejar el incomprensible mundo real. El lector de *En el laberinto* viaja a varios laberintos, físicos y mentales, mientras que en *La casa de citas* los «mismos» personajes aparecen y desaparecen como personas diferentes. Robbe-Grillet también escribió guiones, y a partir de 1963 dirigió desconcertantes películas cada vez más sadomasoquistas; posteriormente, escribió una «autobiografía ficticia» en tres volúmenes. **RC**

Obras destacadas

Novelas

La doble muerte del profesor Dupont, 1953
El mirón, 1955
En el laberinto, 1959
La casa de citas, 1965

«El lector no observa la obra desde fuera. Él también está en el laberinto.»

ARRIBA: Fotografía de Robbe-Grillet en febrero de 1994.

DERECHA: Robbe-Grillet en 1978, en Estados Unidos, donde pasó algún tiempo.

JACK KEROUAC

Jean-Louis Lebris de Kérouac, 12 de marzo de 1922 (Lowell, Massachusetts, EE.UU.); 21 de octubre de 1969 (St. Petersburg, Florida, EE.UU.).

Estilo y género: La obra de Kerouac es una amalgama de ficción y autobiografía. Escribía sin una estructura coherente ni armazones convencionales.

Jack Kerouac, figura prominente del movimiento Beat, nació en Estados Unidos en el seno de una familia de inmigrantes francocanadienses y aprendió inglés a los seis años. De joven tenía un carácter rebelde y complejo, y abandonó sus estudios en la Universidad de Columbia para trabajar como marino mercante. Luego se alistó en la Marina estadounidense durante la Segunda Guerra Mundial, aunque fue dado de baja debido a su personalidad esquizoide. También estuvo encarcelado brevemente por ayudar a su amigo Lucien Carr a desprenderse de pruebas en un caso de asesinato.

Al borde de caer en una espiral de descontrol, en 1944 regresó a Columbia y allí conoció a Allen Ginsberg y William Burroughs, que en años posteriores se convertirían en los protagonistas de lo que el propio Kerouac bautizó como la generación Beat. Este grupo de escritores y poetas experimentaban con drogas, escuchaban jazz progresivo y flirteaban con el budismo zen, mientras trataban de observar y comprender el mundo de un modo nuevo y visionario a través de la literatura.

Finalmente, Kerouac logró colmar sus ansias literarias con la publicación de su primera novela, *El campo y la ciudad*, mientras

Obras destacadas

Novelas

El campo y la ciudad, 1950

En el camino, 1957

Los subterráneos, 1958

Los vagabundos del Dharma, 1958

Big Sur, 1962

Los ángeles de la desolación, 1965

ARRIBA: Kerouac en el documental televisivo de 1985 «What happened to Kerouac?».

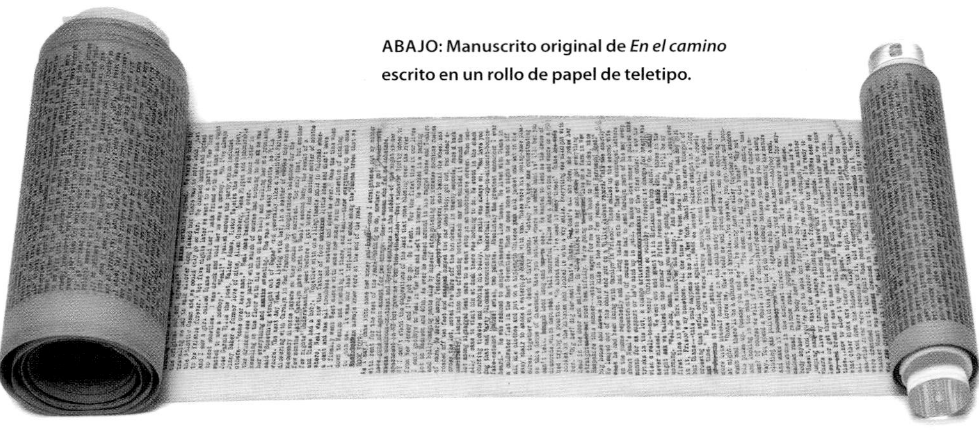

ABAJO: Manuscrito original de *En el camino* escrito en un rollo de papel de teletipo.

ARRIBA: Kerouac se acerca a la radio para escucharse en una emisión de 1959.

realizaba una serie de viajes por carretera a lo largo y ancho de Estados Unidos. Esos viajes se convertirían en el tema de su libro más conocido, *En el camino*. Kerouac escribía con un estilo revolucionario que abandonaba los estilos literarios tradicionales en favor de un flujo narrativo espontáneo. El libro es parcialmente autobiográfico y se apoya en el uso de personajes reales, combinado con los frenéticos viajes de costa a costa de Sal Paradise (Kerouac) y los paupérrimos idealistas que se encuentra por el camino, alimentándose de drogas, alcohol y amor mientras busca emociones en medio de la esterilidad de la posguerra estadounidense. El personaje de Dean Moriarty, basado en su amigo Neal Cassady, es quien mejor lo ejemplifica. William Burroughs dijo que Kerouac había retratado una nueva conciencia nacional en una obra verdaderamente innovadora que reflexionaba sobre «la alienación, la inquietud y la insatisfacción».

En novelas posteriores como *Los vagabundos del Dharma* y *Los ángeles de la desolación* continuó la temática autobiográfica. La mitología del yo y su estilo prosístico han hecho de Kerouac una figura única. **SG**

Canciones sobre Kerouac

Kerouac ha sido fuente de inspiración para muchos músicos:

- «Antes de que puedas decir Jack Kerouac, te darás la vuelta y me habré ido». «The Other Kind», Steve Earle
- «La curiosidad mató al gato / *Los vagabundos del Dharma* y *En el camino* de Kerouac». «Cleaning Windows», Van Morrison
- «Mientras leo *En el camino* de mi colega Jack Kerouac». «3-minute Rule», Beastie Boys
- «Algunas noches pienso que Sal Paradise tenía razón [...]». «Boys and Girls of America», The Hold Steady

PIER PAOLO PASOLINI

Pier Paolo Pasolini, 5 de marzo de 1922 (Bolonia, Italia); 2 de noviembre de 1975 (Ostia, Roma, Italia).

Estilo y género: Pasolini fue poeta, novelista y posteriormente ensayista y polemista. Escribió muchos guiones y dirigió polémicas películas.

Obras destacadas

Poesía

Le poesie a Casarsa, 1950
La mejor juventud, 1954
Las cenizas de Gramsci, 1957

Novelas

Muchachos de la calle, 1954
Una vida violenta, 1959

Guiones cinematográficos

El Evangelio según san Mateo, 1964
Teorema, 1968
El Decamerón, 1971

Durante la Segunda Guerra Mundial, Pier Paolo Pasolini se refugió en Casarsa, en la región de Friuli, al norte de Italia. En ese período congregó a poetas que hablaban la lengua de la región y escribió su colección de poemas en friuliano *Le poesie a Casarsa*, luego ampliada con *La mejor juventud*. A principios de la década de 1950 se trasladó a Roma. Tras unos comienzos difíciles, vivió con los desfavorecidos, experiencia que trasladó a sus novelas *Muchachos de la calle* y *Una vida violenta*.

Durante la década de 1960, tras haber escrito diversos guiones, Pasolini comenzó a interesarse por la realización cinematográfica. La dura vida de los suburbios fue el eje de películas como *Acattone* (1961). La religión como vocación trágica aparece en *El Evangelio según san Mateo* y *Teorema*. *El Decamerón* trata sobre el género novelístico. *Saló o los 120 días de Sodoma* (1975) es una original relectura de la república social italiana. *Edipo Rey* (1967) y *Medea* (1969) enfrentan a los mitos griegos con la sociedad contemporánea.

Tras sus críticos escritos literarios, Pasolini alcanzó la fase final de la protesta social, con una participación apasionada y polémica en la vida nacional mediante la publicación de textos en periódicos y publicaciones diversas. Al analizar los aspectos degradantes y degradados de la caótica sociedad italiana que emergió tras la Segunda Guerra Mundial, Pasolini vinculó la pérdida de identidad italiana al esfuerzo por alcanzar el bienestar económico a cualquier precio. Predijo los desastres medioambientales y morales causados por el éxodo a las ciudades con su promesa de trabajo y, en definitiva, identificó el modelo económico general, basado en los beneficios a escala industrial, como la principal causa del mal que atenaza a la sociedad contemporánea. **CC**

«La muerte determina la vida. La vida tiene significado solo cuando se acaba.»

ARRIBA: El poeta, novelista y director de cine italiano fotografiado en 1970.

PHILIP LARKIN

Philip Arthur Larkin, 9 de agosto de 1922 (Coventry, Inglaterra); 2 de diciembre de 1985 (Hull, East Yorkshire, Inglaterra).

Estilo y género: Larkin es uno de los grandes poetas del siglo XX, aparte de novelista y crítico de jazz.

Philip Larkin dijo que su biografía podría empezar cuando tenía 21 años y no estaría omitiendo nada importante, y se enorgullecía de esa falta de fuentes convencionales de inspiración poética. Estudió en el St. John's College de Oxford, y la ciudad se convertiría durante la Segunda Guerra Mundial en el entorno de su primera novela, *Jill*. En *Una chica en invierno* estudió la soledad al estilo simbolista de Virginia Woolf, pero sus posteriores inmersiones en la ficción no fructificaron. En 1945 se convirtió en un gran admirador de la poesía de Thomas Hardy. De su primer poemario importante, *El barco del Norte*, suele criticarse el exceso de retórica a lo Yeats, pero su importancia radica en el ambiente de lirismo elegíaco que caracterizó el período de la guerra.

Durante la década de 1950 se vinculó a Larkin con The Movement, un grupo antirromántico de jóvenes escritores ingleses. En 1955 se convirtió en bibliotecario de la Universidad de Hull, en East Yorkshire, donde pasó el resto de su vida. La ciudad y el paisaje que la rodeaba le proporcionaron sorprendentes imágenes de la sociedad inglesa de posguerra. En *Un engaño menor* se mostró escéptico respecto a la promesa de libertad, reexaminando minuciosamente los valores y actitudes tradicionales sobre el trabajo, el amor y la religión. *La boda de Pentecostés* nos lleva de la austeridad de la década de 1950 a la prosperidad de los años sesenta, mientras que *Altas ventanas* aborda la ruptura del consenso social de posguerra.

La poesía de Larkin encontraba un sentido no sentimental en los detalles triviales de la vida cotidiana y le convirtió en uno de los poetas ingleses más admirados del siglo XX. En 1984 declinó el ofrecimiento de ocupar el puesto de poeta laureado tras la muerte de John Betjeman. **SR**

«Creo que el origen de mi popularidad [...] se debe a que escribo sobre la infelicidad.»

Obras destacadas

Poesía

El barco del Norte, 1945
Un engaño menor, 1955
La boda de Pentecostés, 1964
Altas ventanas, 1974

Novelas

Jill, 1946
Una chica en invierno, 1947

ARRIBA: Larkin en la ceremonia en recuerdo de John Betjeman en la abadía de Westminster, Londres, en 1984.

1920–39

KINGSLEY AMIS

Kingsley William Amis, 16 de abril de 1922 (Londres, Inglaterra); 22 de octubre de 1995 (Londres, Inglaterra).

Estilo y género: Amis, novelista, poeta y crítico con un ingenioso humor, fue nombrado Commander of the British Empire en 1990.

Obras destacadas

Novelas

La suerte de Jim, 1954
The James Bond Dossier, 1965
La liga anti-muerte, 1966
Colonel Sun, 1968 (escrita bajo el seudónimo Robert Markham)
El hombre verde, 1969
La alteración, 1976
Los viejos demonios, 1986

Kingsley Amis —padre del también novelista Martin Amis— está considerado una de las grandes figuras literarias británicas del siglo XX. Se le recuerda por el satírico y cómico ingenio que impregna todas sus obras.

Amis basaba sus novelas en la vida británica contemporánea, recurriendo a menudo a sus propias experiencias. Se le asoció al grupo de jóvenes escritores británicos conocido como Angry Young Men («Los jóvenes airados») debido a la sardónica y, en ocasiones, radical naturaleza de sus obras, que criticaban las convenciones sociales y el clima político de la época, aunque Amis rechazó dicha etiqueta. A partir de su experiencia como conferenciante y profesor universitario desarrolló la novela «de campus». Ambientadas en las universidades y sus alrededores, obras como *La suerte de Jim* retrataban la vida estudiantil y docente con gran claridad y humor seco, creando un modelo para escritores como Howard Jacobson y Tom Sharpe.

Durante la década de 1960, Amis comenzó a apartarse del realismo preciso de sus primeras novelas, y se dedicó a una realidad más alternativa y controvertida que, en parte, reflejaba su interés por la ciencia ficción. Lo cual se evidencia, por ejemplo, en *La liga anti-muerte* y *La alteración*, donde cuestiona las creencias religiosas convencionales reflejando su propio sentido estético. Durante los años sesenta también se interesó por el personaje de James Bond de Ian Fleming, sobre el que escribió diversas críticas y *The James Bond Dossier*, además de *Colonel Sun*, obra publicada con seudónimo. Amis fue un autor prolífico que escribió novelas y varios ensayos críticos y volúmenes de poesía. En 1986 ganó el premio Booker con *Los viejos demonios*, considerada, junto con *La suerte de Jim*, uno de sus mayores logros. **TamP**

«Si no puedes enfadar a alguien, escribir no tiene mucho sentido.»

1920-39

ARRIBA: Retrato de Kingsley Amis realizado durante la década de 1970.

WILLIAM GADDIS

William Gaddis, 29 de diciembre de 1922 (Nueva York, Nueva York, EE.UU.); 16 de diciembre de 1998 (East Hampton, Nueva York, EE.UU.).

Estilo y género: Gaddis, novelista de voz seca y satírica, abordó en sus novelas la situación social y cultural en Estados Unidos.

William Gaddis fue uno de los grandes escritores de posguerra y su obra ha influido en el desarrollo de la literatura posmoderna y en autores como Thomas Pynchon, Don DeLillo y Christopher Wunderlee. Su primera novela, *Los reconocimientos*, se publicó después de que Gaddis pasara varios años viajando. Se trata de una obra compleja y monumental que crea una serie de sólidas tramas que se entremezclan con cincuenta personajes y abarca un período de treinta años. El libro gira en torno a la falsificación de las obras de arte, tema que se convierte en una alusión al fraude y la falsificación en un sentido más amplio, más metafísico. *Los reconocimientos* no obtuvo la acogida que Gaddis esperaba, pese a que está considerada como uno de sus grandes trabajos.

Su siguiente novela, *JR*, es otra narración inmensa y complicada que trata satíricamente sobre las grandes empresas y su obsesión por el dinero. La novela, protagonizada por un niño de 11 años, está escrita casi en su totalidad como un diálogo continuo en estilo oral, con frases interrumpidas y fallos gramaticales. El libro consiguió el National Book Award y Gaddis comenzó a tener una pequeña base de seguidores fieles. *Carpenter's Gothic*, por su parte, es una empresa menor, pero obtuvo mayor éxito comercial. Escrita también como un diálogo continuo, da una visión sardónica y pesimista del mundo. *Su pasatiempo favorito* continúa con su voz irónica, en esta ocasión utilizando la litigación como vehículo. Está concebida con ingenio y su compleja historia expone artísticamente la diferencia entre el ideal de justicia y la realidad de la ley. Su último trabajo, la novela corta *Ágape se paga*, iba a ser un ensayo pero Gaddis decidió convertirla en un monólogo dramático donde reitera los temas de sus trabajos anteriores. **TamP**

Obras destacadas

Novelas

Los reconocimientos, 1955

JR, 1975

Carpenter's Gothic, 1985

Su pasatiempo favorito, 1994

Novela corta

Ágape se paga, 2002 (publicada póstumamente)

«Escribir trata exclusivamente sobre lo que ocurre entre el lector y la página.»

ARRIBA: El escritor estadounidense William Gaddis en París, Francia, en 1993.

KURT VONNEGUT, JR.

Kurt Vonnegut, Jr., 11 de noviembre de 1922 (Indianápolis, Indiana, EE.UU.); 11 de abril de 2007 (Nueva York, Nueva York, EE.UU.).

Estilo y género: Novelista satírico, dramaturgo y ensayista, Vonnegut es autor de comedias ingeniosas, oscuras y surrealistas con elementos autobiográficos.

Ser estudiante en la década de 1970 implicaba leer a Kurt Vonnegut, Jr. para ir a la moda. Sus novelas satíricas gustaban a una generación que fumaba hierba, escuchaba a Pink Floyd y se oponía a la guerra de Vietnam. Las oscuras y cómicas obras de Vonnegut suelen contener personajes e invenciones recurrentes y mundos surrealistas que combinan ciencia ficción, absurdo y realidad. Juegan con la forma, la estructura y la tipografía al estilo de las novelas satíricas de Laurence Sterne y a menudo incorporan dibujos del propio Vonnegut.

Pero el ritmo rápido y cortante, y el estilo frívolo, prácticamente desechable, no ocultan la seriedad de su temática. Vonnegut sirvió como soldado de infantería durante la Segunda Guerra Mundial y cayó prisionero en 1944. Sobrevivió al bombardeo aliado de Dresde en 1945 al ser encerrado, junto con otros seis prisioneros de guerra, en un almacén de carne subterráneo en el Schlachthof-Fünf, el matadero número cinco. Tras el bombardeo, les obligaron a trabajar enterrando los cadáveres de las víctimas. Esa horrible experiencia inspiró su mayor éxito: *Matadero cinco*. La capacidad autodestructiva del ser humano es una temática frecuente en su obra, que se basa en gran medida en sus propias experiencias.

Vonnegut fue un ludita antiautoritario, humanista, defensor del medioambiente y partidario de las libertades civiles, pero sus novelas mantienen la esperanza de que la bondad humana prevalecerá. Escribió su última novela en el año 1997 y desde entonces se dedicó a los ensayos, muy combativos contra la futilidad de la guerra de Irak. Tras su muerte, una generación de lectores, como el cineasta Michael Moore, continúan utilizando el humor para combatir a la clase dirigente. **CK**

«Soy pacifista, anarquista, ciudadano planetario y así sucesivamente.»

Obras destacadas

Novelas

La pianola, 1952
Madre noche, 1961
Cuna de gato, 1963
Matadero cinco o La cruzada de los niños, 1969
El desayuno de los campeones, 1973
Payasadas, 1976
El francotirador, 1982
Barbazul, 1987

Ensayo

Un hombre sin patria, 2005

ARRIBA: Retrato de Kurt Vonnegut, Jr., tomado en 1984.

1920–39

NADINE GORDIMER

Nadine Gordimer, 20 de noviembre de 1923 (Springs, Gauteng, Sudáfrica).

Estilo y género: Las novelas de Gordimer reviven las tensiones entre blancos y negros, antes y después del *apartheid* en Sudáfrica. Tiene un estilo conciso de escritura, obsesión por el detalle y una voz comedida.

De niña, a Nadine Gordimer su madre no la dejaba salir de casa porque supuestamente tenía el corazón delicado, lo que fomentó su temprana carrera literaria. Publicó su primer cuento, «Come Again Tomorrow», con solo 14 años en la revista de Johannesburgo *Forum*. Antes de cumplir los 30, publicaba con regularidad, un comienzo prometedor para una autora que llegaría a obtener 15 doctorados *honoraris causa* y múltiples premios, entre ellos el Booker (por *El conservador*, en 1974) y el Nobel de Literatura (1991). Gordimer pasó un año en la universidad en Sudáfrica y a partir de ese momento dedicó su vida a la literatura. Ha escrito 13 novelas y 10 colecciones de cuentos.

Gordimer ha dedicado la mayor parte de su vida a denunciar el *apartheid*. Principalmente, trata las tensiones psicológicas que subyacen en una Sudáfrica dominada por el conflicto racial. En *Ocasión para amar* aborda las leyes raciales a través de la relación entre Ann Davis, blanca (y casada), su amante negro (y casado), el pintor Gideon Shibalo y Jessie Stilwell, una mujer liberal que apoya a la pareja. Otro aspecto del *apartheid* que examina de cerca es la relación entre señores y criados, como en *La gente de July* y *El desaparecido mundo burgués* (1966). *La hija de Burger*, por su parte, apareció tras el brutal levantamiento de Soweto, y *Un arma en casa* analiza la violencia de la sociedad sudafricana tras el fin del segregacionismo racial.

Pese a haber crecido en una sociedad que la aceptaba como «normal», tres de sus obras han sido prohibidas. Gordimer se ha negado a exiliarse y se ha convertido en autora de culto tanto en Sudáfrica como en el extranjero. Las diversas facetas del *apartheid* se abordan en la obra de Gordimer, suministrándonos una narrativa alternativa de esos acontecimientos a los que su carrera literaria ya ha sobrevivido. **JSD**

«Escribir es una especie de aflicción porque es una de las profesiones más solitarias.»

Obras destacadas

Cuentos

Seis pies de tierra, 1956
Los compañeros de Livingstone, 1971
El abrazo de un soldado, 1990

Novelas

Ocasión para amar, 1963
Un invitado de honor, 1971
El conservador, 1974
La hija de Burger, 1979
La gente de July, 1981
Un arma en casa, 1988
The Pickup, 2001

ARRIBA: Nadine Gordimer en mayo de 2006.

YAŞAR KEMAL

Kemal Sadik Gökçeli, 1923 (Hemite, actualmente Gokçedam, Osmaniye, Turquía).

Estilo y género: Kemal es reconocido por sus historias líricas sobre la vida rural turca y su duro realismo. Novelista de gran éxito, también escribe poesía y relatos.

Yaşar Kemal nació en 1923, a la sombra de los montes Taurus, en Turquía, y ese paisaje le ha servido de fondo para alguna de sus novelas. De niño, Kemal presenció cómo asesinaban a su padre —un rico terrateniente— y ello le provocó un impedimento en el habla que le duró varios años. Recibió educación secundaria durante solo dos años y, al morir sus hermanas, abandonó los estudios con 14 años para ocuparse de su madre.

Kemal creció escuchando historias populares y comenzó a escribir relatos y poesía. Trabajó como periodista, pero fue su primera novela, *El halcón (Memed el Flaco)*, publicada en 1955, la que consolidó su reputación en Turquía y en el resto del mundo. La novela es la historia de un muchacho de pueblo que se hace forajido, lucha contra la injusticia y se convierte en leyenda. Sus andanzas defendiendo a los pobres continuaron en una serie de secuelas. *El halcón* está publicada en cuarenta idiomas.

Kemal también escribió sobre los pobres y los desposeídos en una épica trilogía: *Orta Direk [El viento de la llanura]*, *Yer Demir Gők Bakir [Tierra de hierro, cielo de cobre]* y *Őlmez Otu [La hierba no muere]*. Estas novelas se centran en la dura vida de un grupo de aldeanos que trabajan recogiendo algodón. Novelas posteriores como *Al Gőzűm Seyveyle [La saga del mar]*, ambientada en un pueblo pescador del mar Muerto, y *Deniz Kűstű [Los pescadores]*, se alejan del paisaje de sus anteriores trabajos y se centran en el caos de la vida urbana.

«La gente siempre ha creado sus propios mundos de mitos y sueños [...]»

La preocupación de Kemal por los oprimidos ha sido constante. En 1995 fue arrestado y se le condenó a veinte meses de cárcel —que no tuvo que cumplir— por un artículo para la revista alemana *Der Spiegel* sobre la situación de los kurdos turcos. Kemal ha ganado diversos premios literarios en Turquía y el extranjero que atestiguan el atractivo universal de su obra. **HJ**

Obras destacadas

Novelas

El halcón (Memed el Flaco), 1955
Orta Direk, 1960
Yer Demir Gők Bakir, 1963
Őlmez Otu, 1968
La furia del monte Ararat, 1970
Si aplastaran la serpiente, 1976
Al Gőzűm Seyveyle, 1976
Deniz Kűstű, 1978

ARRIBA: Kemal fotografiado en la Académie Universelle des Cultures de París en 2003.

NORMAN MAILER

Norman Kingsley Mailer, 31 de enero de 1923 (Long Branch, Nueva Jersey, EE.UU.); 10 de noviembre de 2007 (Nueva York, Nueva York, EE.UU.).

Estilo y género: Mailer, poeta, ensayista, dramaturgo y novelista, practicó una prosa a menudo barroca y se caracterizó por lo voluminoso de sus novelas.

Si tuviese que comprimirse la vida de Norman Mailer en un solo adjetivo, «fértil» no andaría desencaminado: se trata de un hombre que dejó tras de sí bastantes criaturas, literarias y de otras índoles. Sin lugar a dudas, «fértil» es el término idóneo para una conciencia imaginativa que nos proporcionó una novela sobre el Antiguo Egipto *(Noches de la antigüedad)*, un relato en primera persona sobre la vida de Jesús *(El Evangelio según el Hijo)*, una crónica de 1.300 páginas sobre la CIA *(El fantasma de Harlot)* y una meditación sobre el origen de Adolf Hitler *(El castillo en el bosque)*.

Sin embargo, Mailer no está considerado como escritor imaginativo, sino que se le tiene por un gran periodista. Cofundador del nuevo periodismo de la década de 1960, Mailer escribió ensayos sobre la raza («El negro blanco») y libros sobre política *(Miami y el sitio de Chicago)*. Alcanzó la apoteosis del género con *La canción del verdugo*, un relato sobre Gary Gilmore, el asesino que defendía su propia ejecución.

La vida de Mailer condensa gran cantidad de experiencias: sirvió en la Segunda Guerra Mundial —y escribió sobre ella en *Los desnudos y los muertos*—, cofundó el periódico *Village Voice* y se presentó a alcalde de Nueva York —su campaña decía: «Los otros son de broma»—. Sus ensayos trataban sobre cualquier cosa, desde los viajes espaciales hasta el control de la natalidad.

Mailer fue un teórico —en ocasiones practicante— de la violencia y le fascinaba el boxeo, tema que abordó en algunos de sus mejores trabajos. En *El combate* documenta el «ruido en la jungla» del choque entre George Foreman y Muhammad Ali. En 1962 causó conmoción durante una rueda de prensa previa al combate entre Paterson y Liston al sentarse en la silla de este último y negarse a abandonarla. **IW**

«El machismo no es el traje más cómodo de llevar, ni el rol más sencillo de ejercer en la vida.»

Obras destacadas

Novelas

Los desnudos y los muertos, 1948
El parque de los ciervos, 1955
Noches de la antigüedad, 1983
El fantasma de Harlot, 1991
El Evangelio según el Hijo, 1997
El castillo en el bosque, 2007

Otras obras

Advertisements for Myself, 1959
Miami y el sitio de Chicago, 1968
El combate, 1975
La canción del verdugo, 1979

ARRIBA: El activista Mailer posa para un retrato en Nueva York, en 1987.

ITALO CALVINO

Italo Calvino, 15 de octubre de 1923 (Santiago de las Vegas, Cuba); 19 de septiembre de 1985 (Siena, Italia).

Estilo y género: Calvino apostó por osados experimentos narrativos que redefinieron los límites de lo que se consideraba posible en la novela.

Obras destacadas

Novelas

El sendero de los nidos de araña, 1947

Nuestros antepasados (trilogía)
- *El vizconde demediado,* 1952
- *El barón rampante,* 1957
- *El caballero inexistente,* 1959

El castillo de los destinos cruzados, 1973

Si una noche de invierno un viajero, 1979

Cuentos

Las cosmicómicas, 1965

Las ciudades invisibles, 1972

Italo Calvino nació en Cuba y era hijo de padres italianos. Jamás temió expresar su antipatía hacia las convenciones y las expectaciones ajenas. Ya de niño, en Italia, contrarió a sus profesores católicos al declararse exento de educación religiosa. Y aunque sus padres eran científicos, Italo decidió seguir una carrera literaria. Además se negó a ser reclutado por las fuerzas fascistas del dictador Benito Mussolini, y en 1944 se unió al grupo partisano comunista. Su primera novela, *El sendero de los nidos de araña*, un texto clásico del neorrealismo, se basa en esas experiencias.

Calvino se casó en 1964 y tres años después se trasladó a París, centro de la innovación literaria durante la década de 1960. En la década anterior ya había mostrado interés por las diversas formas de narración y por los motivos recurrentes de fábulas y cuentos de hadas, pero sus experimentos narrativos parisinos se volvieron tan ingeniosos como audaces. En *Las cosmicómicas*, una fórmula celular llamada Qfwfq relata la evolución del universo en 12 cuentos, mientras que *El castillo de los destinos cruzados* es un extraño comentario sobre un mazo de cartas del tarot que ofrece una meditación acerca del destino humano. *Las ciudades invisibles*, por su parte, constituye una extraordina-

ARRIBA: Fotografía de Italo Calvino realizada durante la década de 1980.

DERECHA: Retrato improvisado del escritor italiano (fecha desconocida).

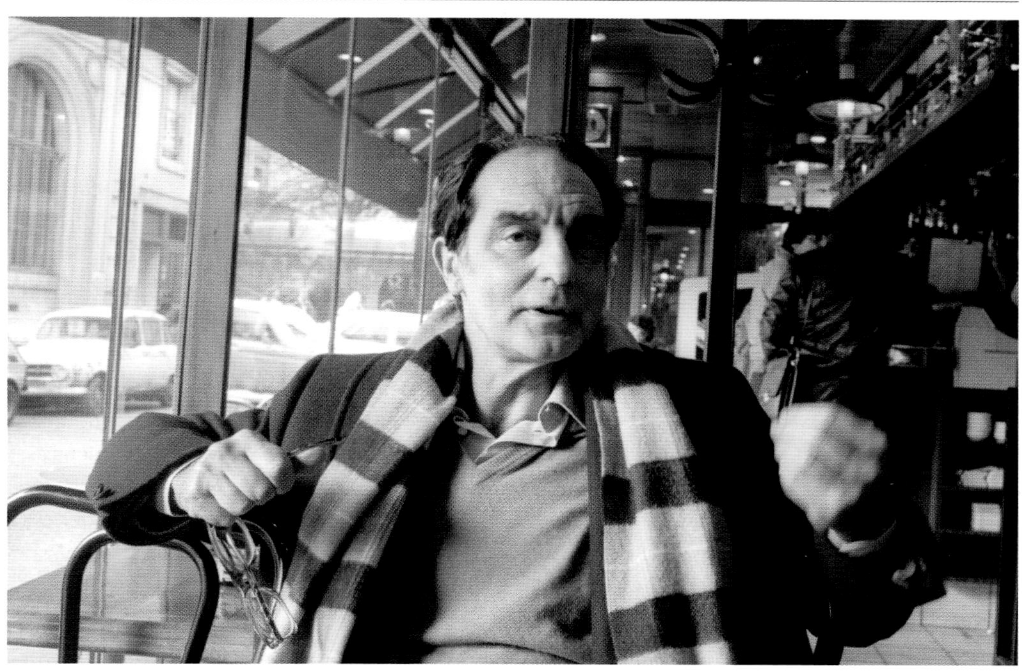

ria colección de conversaciones imaginarias entre Marco Polo y Kublai Kan en las que el explorador describe y establece 55 utopías fantásticas. Estas obras rompen con la idea de que la narrativa debe ser lineal, ya que emplean recursos inusuales y anuncian su proximidad a otros tipos de textos en prosa.

Calvino fue un miembro importante de la organización experimental *Ouvroir de Littérature Potentielle* (OuLipo), en la que figuraban, entre otros, Raymond Queneau y Georges Perec. También conoció a Roland Barthes, cuya traviesa teoría postestructuralista se filtró en el trabajo de Calvino. Así se evidencia por ejemplo en las exploraciones que forman la base de *Si una noche de invierno un viajero*. La seria reflexión que conforma su ficción y su crítica hizo que nunca se alejara de los círculos académicos, de tal modo que no debe parecer extraño que su muerte interrumpiese una serie de conferencias que debía dar en la Universidad de Harvard. **TM**

ARRIBA: Calvino fotografiado por Sophie Bassouls en una cafetería parisina en 1981.

El gran experimento

Si una noche de invierno un viajero quizá sea la novela más importante surgida del bloqueo de un escritor. Se trata de una serie de experimentos metatextuales. La novela recopila una serie de primeros capítulos de diferentes novelas conectadas por una narrativa libre sobre el acto de leer. Comienza diciendo: «Usted está a punto de comenzar a leer la nueva novela de Italo Calvino»; pero el primer capítulo de esta novela queda interrumpido por la revelación de que se ha cometido un error de impresión y «usted» debe conseguir otra copia del libro, que resulta otra novela diferente.

JOSEPH HELLER

Joseph Heller, 1 de mayo de 1923 (Brooklyn, Nueva York, EE.UU.); 12 de diciembre de 1999 (Long Island, Nueva York, EE.UU.).

Estilo y género: Heller, escritor satírico implacable del siglo xx, se enfrentó a la burocracia y a la naturaleza ilógica de la guerra.

Joseph Heller nació en el seno de una familia judía de Nueva York y se aficionó a escribir desde muy joven. Tras dejar el instituto realizó diversos trabajos, por ejemplo como aprendiz de herrero, antes de alistarse en el ejército del aire estadounidense en 1942, cuando tenía 19 años. Se convirtió en artillero de un B-25, experiencia en que basó la conciencia cáustica de Yossarian, el personaje de *Trampa-22,* su primera y más conocida novela.

Realizó un máster en inglés por la Universidad de Columbia, y estudió un año con una beca Fulbright en el St. Catherine's College, Oxford, antes de publicar en 1948 su primera obra, un relato escrito mientras trabajaba de redactor publicitario. Las semillas de lo que finalmente sería *Trampa-22* germinaron a comienzos de la década de 1950. La novela se publicó en 1961 y fue acogida con tibieza, aunque a la larga se convirtió en todo un éxito. La trama rápida y serpenteante y el grotesco sentido cómico de la novela cuestionan el honor de las acciones militares, que en la novela se consideran pruebas de locura, al tiempo que retratan al aterrorizado Yossarian como el hombre más lúcidamente «loco» del ejército. También se someten a un escrutinio cáustico las contradictorias maquinaciones de la Administración bélica y sus muertes organizadas. De hecho, la expresión *catch-22* (trampa-22) ha pasado al habla coloquial inglesa para indicar la imposibilidad de vencer. En 1970 se estrenó la versión cinematográfica de la novela, con Alan Arkin en el papel de Yossarian.

«Su única misión cada vez que emprendía el vuelo era aterrizar vivo.» *Trampa-22*

Heller escribió varios guiones televisivos y cinematográficos, y una obra para Broadway, que reiteraba sus ideas acerca de la ridícula naturaleza de la guerra. Sus otras novelas, como *Algo ha pasado*, de 1974, no despertaron el interés unánime que había acompañado a la primera. **LK**

Obras destacadas

Novelas

Trampa 22, 1961

Algo ha pasado, 1974

Tan bueno como el oro, 1979

Dios sabe, 1984

Retrato del artista adolescente, viejo, 2000

Teatro

Bombardeamos en New Haven, 1967

El proceso de Clevinger, 1973

ARRIBA: Joseph Heller, autor de *Trampa-22,* retratado en febrero de 1998.

OUSMANE SEMBÈNE

Ousmane Sembène, 1 de enero de 1923 (Ziguinchor, Senegal); 9 de junio de 2007 (Dakar, Senegal).

Estilo y género: Conocido como el «padre del cine africano», Sembène dio vida en Senegal al marxismo francés en la literatura y el cine con sus novelas y películas.

Obras destacadas

Novelas

Le docker noir, 1956

Xala, 1973

Guiones cinematográficos

La noire de..., 1966

Moolaadé, 2004

Ousmane Sembène era hijo de un pescador. Fue reclutado para combatir en el bando de los colonizadores a finales de la Segunda Guerra Mundial, y en Francia trabajó en los muelles y se convirtió en agitador radical. Regresó a un Senegal independiente en 1960 y, versado en marxismo y literatura universal, volcó sus intereses políticos en el campo creativo. Publicó cuatro novelas y realizó siete películas, entre ellas *La noire de...*, antes de escribir la sátira *Xala*, que adaptó a la gran pantalla.

Su obra apareció en inglés, en la década de 1980, en la serie Heinemann de escritores africanos, y sus películas obtuvieron diversos galardones, entre ellos el prestigioso premio de Cannes «Un Certain Regard» por su última película, *Moolaadé*. **SM**

SHUSAKU ENDO

Shusaku Endo, 27 de marzo de 1923 (Tokio, Japón); 29 de septiembre de 1996 (Tokio, Japón).

Estilo y género: Uno de los novelistas japoneses más apreciados del siglo XX, exploró asuntos morales, sobre las relaciones entre Oriente y Occidente y el cristianismo.

Obras destacadas

Cuentos

To Aden, 1954

Un idiota admirable, 1959

Novelas

Hombre blanco, 1955

Silencio, 1966

El samurai, 1980

Shusaku Endo se convirtió de niño al catolicismo, y la fe ocupa el centro de su obra. Suele comparársele con el escritor inglés —también católico— Graham Greene, que le describió como uno de los mejores narradores del siglo XX.

A comienzos de la década de 1950, Endo estudió literatura francesa en la Universidad de Lyon. Su primer relato, *To Aden*, trata sobre sus viajes por Europa. En 1955 recibió el prestigioso premio Akutagawa por su novela corta *Hombre blanco*. Sin embargo, fue *Silencio* la que estableció su reputación internacional. El libro se centra en el martirio de los japoneses conversos al catolicismo de los siglos XVI y XVII y describe la severa prueba de la fe por la que deberá pasar un sacerdote portugués. **HJ**

MICHEL TOURNIER

Michel Tournier, 19 de diciembre de 1924 (París, Francia).

Estilo y género: Tournier cuenta viejas historias desde un punto de vista nuevo. Escribe novelas mitológicas y en ocasiones fantásticas, fáciles de leer, pero notables por su profundidad.

Obras destacadas

Novelas

Viernes o los limbos del Pacífico, 1967
El rey de los alisos, 1970
Los meteoros, 1975
Viernes o la vida salvaje, 1977
Gaspar, Melchor y Baltasar, 1980
El espejo de las ideas, 1994

Autobiografía

El viento paráclito, 1977

Michel Tournier es uno de los escritores franceses más importantes de los últimos cincuenta años. Su obra generalmente se inspira en la cultura germana —de niño pasaba los veranos en Alemania—, el catolicismo y la obra del filósofo francés Gaston Bachelard. Estudió filosofía en La Sorbona y en la Universidad de Tubinga, en Alemania.

Comenzó su carrera como escritor en radio y televisión y escribió tres novelas que no consideró publicables. Se dio a conocer con *Viernes o los limbos del Pacífico*, que obtuvo el Grand Prix du Roman de la Academia Francesa. Se trata de una versión del *Robinson Crusoe* de Daniel Defoe en la que el náufrago solitario decide quedarse en la isla en vez de regresar a la civilización. El público francés estaba cansado del complicado *nouveau roman* y Tournier no tardó en encontrar muchos lectores fieles.

Tras su primera novela, tres años después publicó *El rey de los alisos*, considerada su obra maestra. En ella cuenta una historia de inocencia y obsesión y narra las desventuras de Abel Tiffauges —el ogro del título original—, un prisionero francés que ayuda a dirigir un campo de entrenamiento militar nazi pero fallece rescatando a un niño judío. El libro se convirtió en un éxito internacional y ganó el premio literario francés más prestigioso, el Goncourt.

«Solo puedo vivir en la oscuridad y [...] mediante el malentendido.»

El rey de los alisos

Tournier también ha escrito novelas que revisaban el mito de Cástor y Pólux, *Los meteoros*, o la historia de los Tres Magos, *Gaspar, Melchor y Baltasar*. Esta última cuenta la historia del cuarto rey mago que no llegó a Belén para el nacimiento de Cristo, sino que viajó desde la India y rescató a un grupo de niños de la Matanza de los inocentes.

En el año 1977 se publicó la autobiografía de Tournier con el título de *El viento paráclito*. **HJ**

ARRIBA: Michel Tournier en un jardín francés en 2006.

JAMES BALDWIN

James Arthur Baldwin, 2 de agosto de 1924 (Harlem, Nueva York, EE.UU.); 30 de noviembre de 1987 (St. Paul-de-Vence, Francia).

Estilo y género: Baldwin fue un novelista, poeta, ensayista y activista por los derechos civiles estadounidense controvertido e innovador.

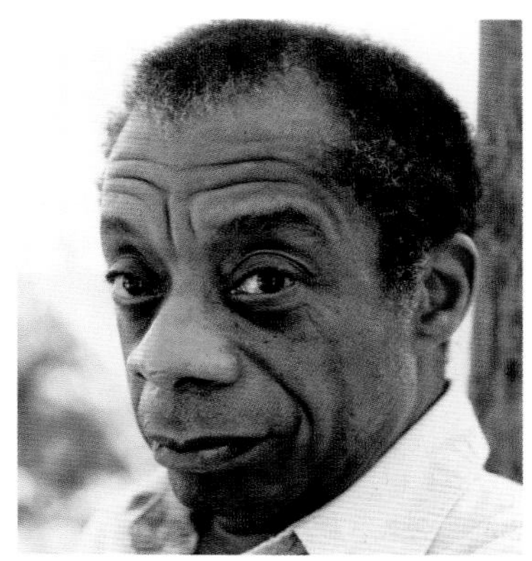

«Uno escribe sobre una sola cosa, su propia experiencia», dijo James Baldwin en *Autobiographical Notes*. Y a él le tocó escribir en el clima de cambio que se extendía por Estados Unidos gracias al movimiento en defensa de los derechos civiles. Fue amigo de Malcolm X y Martin Luther King. Baldwin abordó lo duro que era ser pobre y negro y también exploró temáticas homosexuales en una época en que se consideraban tabúes.

Había nacido en el seno de una familia pobre de Harlem, y su padrastro, predicador, no veía con buenos ojos su afición por la lectura y su entusiasmo por Charles Dickens. Baldwin siguió los pasos de su padrastro hacia el púlpito antes de entrar a trabajar en los ferrocarriles de Nueva Jersey. Finalmente, se trasladó a Greenwich Village, Nueva York, y se convirtió en escritor profesional. En 1948 se instaló en París, donde se relacionó con Ernest Hemingway, Richard Wright y F. Scott Fitzgerald, entre otros. Aunque regresó a Estados Unidos, le resultaba más sencillo escribir sobre su país desde la distancia.

Los primeros años de Baldwin tiñeron definitivamente su obra y así su prosa bebe de la Iglesia pentecostal y la Biblia del Rey Jacobo. Su primera novela, *Ve y dilo en la montaña*, examina el racismo y la religión. *El cuarto de Giovanni* cuenta la historia de un estadounidense blanco en Francia, donde, abandonado por su prometida y obsesionado por su amor adolescente hacia un muchacho, comienza una relación con un hombre italiano llamado Giovanni.

Las novelas de Baldwin engloban gentes de todos los colores, naciones y orientaciones sexuales sin disimular sus errores. En ellas refleja la rabia ante la injusticia social, pero le preocupa más retratar la imposibilidad de ser perfecto, factor común a las gentes de todo el mundo. **CK**

> «Comencé a idear novelas más o menos cuando aprendí a leer.» *Notes of a Native Son*

Obras destacadas

Novelas

Ve y dilo en la montaña, 1953

El cuarto de Giovanni, 1956

Otro país, 1962

Ensayo

Autobiographical Notes, 1952

Notes of a Native Son, 1955

ARRIBA: James Baldwin posa en su casa del sur de Francia en septiembre de 1985.

TRUMAN CAPOTE

Truman Streckfus Persons, 30 de septiembre de 1924 (Nueva Orleans, Luisiana, EE.UU.); 25 de agosto de 1984 (Los Ángeles, California, EE.UU.).

Estilo y género: La obra de Capote posee un enfoque periodístico con alusiones a su juventud en el sur de Estados Unidos y a las intrigas de la alta sociedad.

Truman Capote, personaje pintoresco y extravagante, poseía una prosa extremadamente pulida. Sus primeros textos se inscriben en la tradición gótica sureña, pero se dio a conocer con su novela periodística *A sangre fría*.

Capote pasó gran parte de su juventud escribiendo. Dejó el colegio a los 17 años y se puso a trabajar para el *New Yorker*. Obtuvo el reconocimiento literario en 1945 al ganar el O. Henry Memorial con su primera novela: *Otras voces, otros ámbitos*.

Obras destacadas

Cuentos

Un árbol de noche y otras historias, 1949

Novela corta

Desayuno en Tiffany's, 1958

Novelas

Otras voces, otros ámbitos, 1948

A sangre fría, 1966

Plegarias atendidas, 1987

Crucero de verano (h. 1943, pero publicada póstumamente en 2005)

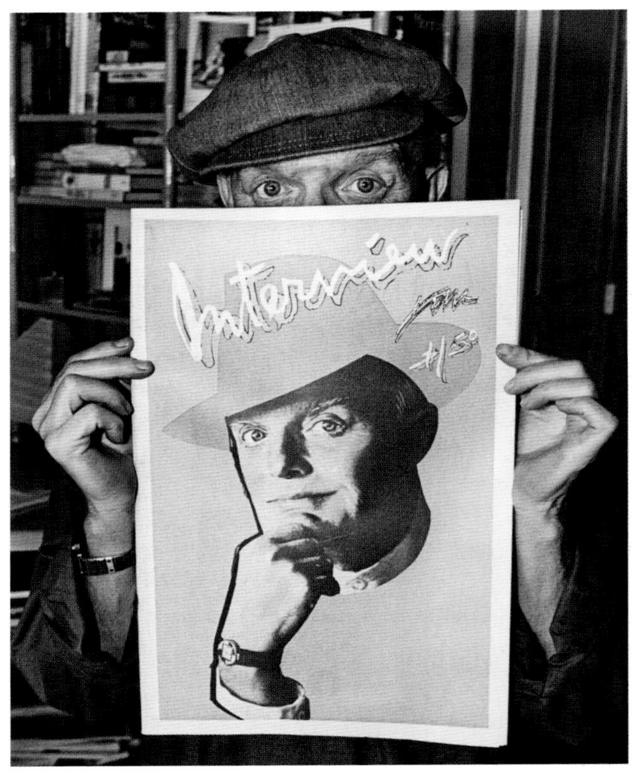

ARRIBA: Truman Capote fotografiado en 1970 en su casa de Palm Springs, California.

DERECHA: Capote, en 1980, con la revista *Interview*, donde aparece su imagen.

El libro narra con sensibilidad su adolescencia en el Sur profundo y trata la homosexualidad con tal franqueza que la novela generó casi tanta controversia como la sugerente foto del autor que aparecía en la contraportada.

El éxito literario le llevó a codearse con las celebridades de la época, a asistir a fiestas interminables y a aparecer en las secciones de sociedad de los periódicos.

Su relación con estos círculos le inspiró uno de sus trabajos más populares: la novela breve *Desayuno en Tiffany's*. La accesibilidad del libro radica en su argumento lineal, unos diálogos brillantes y la creación de uno de los personajes más entrañables de la ficción estadounidense: Holly Golightly, una señorita con un pasado misterioso que flota por la vida en busca del lugar al que pertenece. La subsiguiente adaptación cinematográfica a cargo del director Blake Edwards y con la actriz Audrey Hepburn como principal protagonista, ayudó a cimentar la reputación del escritor.

A sangre fría significó un cambio radical respecto a sus anteriores trabajos, en un esfuerzo por revolucionar el campo de la literatura y el periodismo, con esta pionera *non-fiction novel*. El libro cuenta los espeluznantes asesinatos de una familia granjera de Kansas, los Clutter, a cargo de dos jóvenes psicópatas, Dick Hickcock y Perry Smith. La novela incorpora la involucración personal del propio Capote en la historia al entrar a formar parte de las vidas de los asesinos y de los lugareños, ya que realizó numerosas entrevistas a lo largo de un proceso de seis años, que culminó con la ejecución de los criminales. No obstante, Capote evita con maestría los lazos emocionales.

A sangre fría se convirtió instantáneamente en obra de culto y proporcionó a Capote una riqueza y fama sin par en el mundo literario. Fue el punto culminante de su carrera. Al final, la glamourosa élite a la que tanto admiraba el escritor le condenó al ostracismo después de que los extractos publicados en la revista *Esquire* de su novela tardía *Plegarias atendidas* revelasen detalles íntimos de su círculo social. Sin embargo, Capote murió antes de terminar esta novela, tras una ingesta de fármacos para tratar sus dolencias. **SG**

ARRIBA: Capote bailando con Marilyn Monroe en Nueva York, en 1955.

Cómo la cámara llevó a Capote al estrellato

La provocativa foto de Capote para la contraportada de *Otras voces, otros ámbitos*, a cargo de Harold Halma, despertó un gran interés por este escritor. La imagen, inofensiva para la moral actual, capta a un joven Capote seductoramente echado en una *chaise longue*. Su pose sensual e infantil apareció en los escaparates de las librerías de todo el país y provocó interés en unos e indignación en otros. Capote fue un gran publicista de sí mismo: justificaba su fe en el poder de la imagen y protagonizó posteriores sesiones fotográficas no menos memorables.

JANET FRAME

Janet Paterson Frame, 28 de agosto de 1924 (Dunedin, Otago, Nueva Zelanda); 29 de enero de 2004 (Dunedin, Otago, Nueva Zelanda).

Estilo y género: Frame, salvada de una lobotomía gracias a un premio literario, situó Nueva Zelanda en el mapa de la literatura con sus evocaciones de la locura.

Obras destacadas

Cuentos

The Lagoon and Other Stories, 1951

Novelas

Owls Do Cry, 1957

Rostros en el agua, 1961

Autobiografía

Un ángel en mi mesa, 1984

Cuando en 1990 *Un ángel en mi mesa* obtuvo diversos premios cinematográficos, el mundo descubrió a dos artistas neozelandesas. Jane Campion dirigiría posteriormente *El piano*, mientras que Janet Frame, cuya autobiografía en tres volúmenes había adaptado Campion, recibía alabanzas por todo el mundo. La colección de relatos *The Lagoon* apareció mientras Frame iba de una institución a otra por un diagnóstico de esquizofrenia erróneo. Un empleado del hospital que sabía que había ganado el Hubert Church Memorial Award pospuso la lobotomía de la escritora. *Owls Do Cry* fue la primera novela de una carrera que investiga con maestría los estados mentales al borde del precipicio. **SM**

LUIS MARTÍN-SANTOS

Luis Martín-Santos Ribera, 11 de noviembre de 1924 (Larache, Marruecos); 21 de enero de 1964 (San Sebastián, España).

Estilo y género: El interés de Martín-Santos por la psiquiatría aparece en toda su obra. Utilizó puntos de vista en segunda persona y monólogos interiores.

Obras destacadas

Novelas

Tiempo de silencio, 1962

Tiempo de destrucción, 1975 (obra inacabada, publicada póstumamente)

Ensayo

Dilthey, Jaspers y la comprensión del enfermo mental, 1955

Libertad, temporalidad y transferencia en el psicoanálisis existencial, 1964

Apólogos y otras prosas inéditas, 1970 (publicado póstumanente)

Luis Martín-Santos estudió medicina en la Universidad de Salamanca y psiquiatría en la de Madrid y trabajó como director del sanatorio psiquiátrico de San Sebastián durante 13 años. Escribió muchos ensayos en su intento por desarrollar una psicología de la persona completa y publicó un resumen de sus ideas en *Dilthey, Jaspers y la comprensión del enfermo mental*.

En 1962 escribió una novela que traducía las estructuras narrativas, las técnicas vanguardistas y la complejidad del *Ulises* de James Joyce al castellano. Esta novela, *Tiempo de silencio*, aportó un enfoque subjetivo e innovador que no concordaba con el realismo social imperante en España. *Tiempo de destrucción*, segunda obra de lo que debía ser una trilogía, quedó inacabada tras su fallecimiento en un accidente automovilístico. **REM**

GORE VIDAL

Eugene Luther Gore Vidal, 3 de octubre de 1925 (West Point, Nueva York, EE.UU.).

Estilo y género: Vidal, novelista, dramaturgo, guionista y ensayista, es famoso por su ingenio y sus críticas a la política estadounidense.

Cuando apareció la tercera novela de Gore Vidal, *La ciudad y el pilar de sal*, causó indignación debido al modo abierto en que abordaba la homosexualidad. Fue el primer libro publicado en Estados Unidos que abordó el tema con semejante franqueza y escandalizó por igual a crítica y público. Sin embargo, estableció su reputación como uno de los escritores más controvertidos y de mayor talento.

La obra de Vidal destaca por su ingenio ágil y su franqueza sin reparos, y a lo largo de su carrera ha tratado temas como la sexualidad y la política con una desvergüenza encantadora que le ha generado tanto el aplauso como el rechazo. Durante una parte de la década de 1950, y tras el descenso de ventas de *La ciudad y el pilar de sal*, se dedicó a escribir guiones: el caso más famoso es su trabajo en *Ben Hur*, que modificó para sugerir un subtexto gay. Aunque Charlton Heston, protagonista de la película, no se enteró. Durante la década de 1960, la carrera de Vidal como novelista revivió con la publicación de *Julian, Washington, D.C.* y la humorística y satírica *Myra Breckinridge*, que trataba sobre la transexualidad y el feminismo. Desde entonces, las novelas de Vidal suelen encajar en dos categorías: trabajos históricos y/o políticos como *Lincoln*, y comedias sardónicas como *Myra Breckinridge* y *La Institución Smithsoniana*.

La fama de Vidal también se debe a sus ensayos, que utiliza para airear sus controvertidas visiones políticas, sexuales y sociales con un dinamismo y unos giros que rara vez alcanza ningún otro escritor. Sus opiniones políticas, siempre apasionadas, están bien documentadas y alguna vez le han causado problemas, especialmente con el analista político William F. Buckley Jr., con quien el escritor ha mantenido una batalla verbal y judicial constante. **TamP**

«En la escritura y la política es mejor no pensar, basta con hacer.»

Obras destacadas

Novelas

La ciudad y el pilar de sal, 1948

Julian, 1964

Washington, D.C., 1967

Myra Breckinridge, 1968

Lincoln, 1984

La Institución Smithsoniana, 1998

Guión cinematográfico

Ben Hur, 1959

ARRIBA: Fotografía de Gore Vidal en octubre de 2006.

FLANNERY O'CONNOR

Mary Flannery O'Connor, 25 de marzo de 1925 (Savannah, Georgia, EE.UU.); 3 de agosto de 1964 (Milledgeville, Georgia, EE.UU.).

Estilo y género: La ficción de O'Connor suele transcurrir en entornos rurales sureños, con personajes rudos, y se centra en la búsqueda de Dios.

Obras destacadas

Cuentos

Un hombre bueno es difícil de encontrar, 1955

Todo lo que asciende tiene que converger, 1965

Novelas

Sangre sabia, 1952

Los profetas, 1960

Cuando Flannery O'Connor contaba 25 años contrajo lupus, la misma enfermedad que había llevado a su padre a la tumba diez años antes, y terminó viviendo el resto de su corta vida adulta como una inválida aislada en la granja de su madre en Georgia. Vivir limitada por el lupus le despertó una aguda conciencia de mortalidad y de ahí que su obra proclame la preocupación por la muerte.

El Sur de las historias de O'Connor está habitado por gentes cerradas y egoístas, por lisiados y locos. Devota católica, escogió escribir sobre pecadores en vez de sobre santos: sus dos novelas muestran las dificultades que afrontan los creyentes en un mundo profano. En *Sangre sabia*, Hazel Motes trata de fundar una «Iglesia sin Cristo», una fe no mancillada por el pecado, aunque su intento se frustra por la aparición de un adolescente con granos ansioso por suministrarle un «nuevo Jesús». *Los profetas* narra el esfuerzo de Francis Tarwater por cumplir la misión que le ha encomendado su abuelo: bautizar a su primo retrasado mental pese a que su tío no es religioso. En cada libro una serie de acontecimientos violentos conducen al protagonista hacia la redención.

«La muerte siempre ha estado hermanada con mi imaginación.»

Pese a la seriedad temática —sufrimiento y salvación—, el estilo de O'Connor resulta decididamente divertido. Gran parte de su obra gira en torno a algún incidente grotesco: el robo de la pierna de madera de una mujer por parte de un ladrón pervertido o el joven que corretea como un loco embutido en un disfraz de gorila. Ningún aspecto de la vida es demasiado macabro para aportar un significado espiritual. En sus historias, la gracia de Dios se manifiesta más en momentos de derrota, de reveses del destino y de vergüenza que en situaciones victoriosas o de celebración. **CT**

ARRIBA: Retrato de Flannery O'Connor tomado en la década de 1950.

YUKIO MISHIMA

Kimitake Hiraoka, 14 de enero de 1925 (Shinjuku, Tokio, Japón); 25 de noviembre de 1970 (Tokio, Japón).

Estilo y género: Mishima escribió novelas, relatos, ensayos, poesía y obras teatrales sobre la decadencia de la belleza física, el suicidio y el homoerotismo.

Yukio Mishima es probablemente el escritor japonés más conocido para los lectores occidentales. Estuvo nominado al Nobel de Literatura en tres ocasiones. También se suicidó de manera extremadamente pública mediante *seppuku*, un ritual suicida por la autolesión con arma blanca. La forma en que se suicidó refleja las preocupaciones de su obra. En sus cuarenta novelas, veinte recopilaciones de relatos y dieciocho obras teatrales, Mishima explora la sociedad japonesa, enfrentada a los valores occidentales mientras los del Japón imperial van desapareciendo. Su primera novela, *Confesiones de una máscara*, le catapultó a la fama. Cuenta la historia de un hombre que descubre su homosexualidad. Se supone que es en parte autobiográfica. **CK**

Obras destacadas

Novelas

Confesiones de una máscara, 1948

El color prohibido, 1953

El pabellón de oro, 1956

El marino que perdió la gracia del mar, 1963

El mar de la fertilidad, Tetralogía, 1966-1971

Teatro

Cinco piezas de teatro Noh moderno, 1956

Madame de Sade, 1965

CARMEN MARTÍN GAITE

Carmen Martín Gaite, 8 de diciembre de 1925 (Salamanca, España); 22 de julio de 2000 (Madrid, España).

Estilo y género: Martín Gaite ahondó en la crítica de la injusticia social, las convenciones y la monotonía de la sociedad, así como en el paso del tiempo y el azar.

Carmen Martín Gaite fue una de las dos únicas mujeres que formaban parte de la Real Academia Española en el momento de su muerte. Destacó en su obra los problemas de las mujeres en las sociedades patriarcales, a los que han tenido que enfrentarse las españolas a lo largo de la historia. En sus trabajos posteriores aparecían elementos mitológicos, folclore, cuentos de hadas y fábulas.

Martín Gaite escribió también acerca de las consecuencias sociales del régimen de Franco. Recibió el premio Nadal por *Entre visillos*, el premio Príncipe de Asturias de las Letras en 1988 y el premio Nacional de Narrativa en 1978 y de las Letras en 1994. Su trabajo vincula el realismo de la literatura española de mediados de siglo XX con el intimismo de la novela moderna. **REM**

Obras destacadas

Cuentos

El balneario, 1954

Las ataduras, 1960

Novelas

Entre visillos, 1957

El cuarto de atrás, 1978

Nubosidad variable, 1992

Lo raro es vivir, 1996

Los parentescos, 2001 (póstuma, inacabada)

JOHN BERGER

John Peter Berger, 5 de noviembre de 1926 (Londres, Inglaterra).

Estilo y género: Berger es un escritor visionario cuyas meditaciones revolucionarias sobre «formas de ver» continúan redefiniendo las respuestas —y las responsabilidades— de los lectores ante el arte, la cultura y la política.

Resulta prácticamente imposible analizar la magnitud de la carrera de John Berger como humanista marxista, ensayista, artista, crítico de arte, guionista e intelectual público, durante seis décadas, sin definirle a través de sus colaboraciones. Ha trabajado junto a creadores como el director Simon McBurney, el artista Juan Muñoz o el compositor Gavin Bryars. Además, sus ensayos han presentado a los lectores las obras de escritores, artistas y activistas de Oriente Medio y Sudamérica, como el texto sobre las conversaciones que mantuvo con el subcomandante Marcos (*El tamaño de una bolsa*).

Berger es autor de más de una docena de libros de no ficción. Escribió su estudio sobre el arte occidental *Modos de ver* (1972) mientras trabajaba como crítico de arte para el diario socialista *The New Statesman*. Ha expuesto su propia obra en múltiples ocasiones, y como novelista se ha centrado en las vidas y los lugares marginados por el capitalismo industrial. Al igual que el subcomandante Marcos, Berger vive alejado de los centros cosmopolitas, en un pueblo de los Alpes, y observa la política internacional y la cultura con viveza y mordacidad.

Profético y politizado, su *Hold Everything Dear* combina la poesía erótica, el reportaje sobre Palestina y la teoría económica en una meditación de múltiples caras sobre la relación entre libertad y deseo que se opone a cualquier muro: entre países y personas, entre géneros y medios de comunicación.

«El arte otorga sentido a lo que la brutalidad de la vida no puede.» *Let Seven Men Write Your Poem*

Ya sea tratando la vida de la clase trabajadora, sus memorias *(Aquí nos vemos)*, la pared pintada de un amigo (*Te mando este rojo cadmio*, con John Christie, 2000), Tiziano o la fotografía de montaña, la mirada nómada de Berger (premio Booker en 1972 con su novela *G*) resulta profundamente local y absolutamente global. **SM**

Obras destacadas

Novela

G, 1972

De sus fatigas (trilogía)
- *Puerca tierra*, 1979
- *Una vez en Europa*, 1987
- *Lila y Flag*, 1990

Memorias

Aquí nos vemos, 2005

Otras obras

Modos de ver, 1972

El tamaño de una bolsa, 2001

Hold Everything Dear: Despatches on Survival and Resistance, 2007

ARRIBA: Berger fotografiado durante el rodaje del vídeo *Vanishing Points* en 2005.

DARIO FO

Dario Fo, 24 de marzo de 1926 (Sangiano, Lombardía, Italia).

Estilo y género: Extrovertido actor, escritor, humorista y cuentacuentos, Fo utiliza métodos cómicos de la ancestral *commedia dell'arte* italiana y dirige una compañía teatral.

El padre de Dario Fo era un empleado de ferrocarril, por lo que la familia solía trasladarse a menudo cuando era joven. En 1940 se estableció en Milán para estudiar arquitectura. Su familia se oponía al régimen fascista de Benito Mussolini y, pese a que fue reclutado para combatir en la Segunda Guerra Mundial, Fo se escapó y vivió en la clandestinidad.

Cuando recibió el premio Nobel de Literatura en 1997 la intelectualidad italiana reaccionó más con perplejidad que con alegría. Fo no es un escritor en el sentido estricto de la palabra. Pero definirle solo como actor sería un error, ya que poca gente ve en él las cualidades puras del «intérprete». Su escritura remodela leyendas y géneros y utiliza un vocabulario cargado de expresiones y términos regionales italianos amenazados por la influencia de los medios de comunicación.

Uno de los episodios más significativos de su carrera ocurrió en 1962 cuando participó junto a su esposa, Franca Rame, en el programa televisivo *Canzonissima*. Fo se mostró humorístico y sarcástico, pero realizó velados ataques contra la clase política, la «falsa» promesa de libertad del milagro económico y la explotación de los trabajadores, y se le prohibió volver a aparecer en televisión, lo cual incrementó su número de seguidores. Como consecuencia, los teatros donde se representaban sus obras agotaban todas las localidades. Hasta tal punto fue así que, en los años previos a las protestas estudiantiles de 1968, Fo trasladó sus obras a instituciones comunitarias como ayuntamientos e incluso gimnasios, subrayando de este modo que su arte formaba parte de la vida cotidiana. Como en el caso de las artes visuales, el intérprete Fo rompió las normas establecidas y refutó tradiciones teatrales para descender al nivel de la vida moderna. **FF**

«Mil niños masacrados por uno de los tuyos, un río de sangre por una sola copa.» *Misterio bufo*

Obras destacadas

Teatro

Misterio bufo, 1969

Muerte accidental de un anarquista, 1970

¡Aquí no paga nadie!, 1974

Johan Padan en el descubrimiento de las Américas, 1991

L'anomalo Bicefalo, 2003

ARRIBA: El ganador del Nobel en 1997 durante una entrega de premios al año siguiente.

1920–39

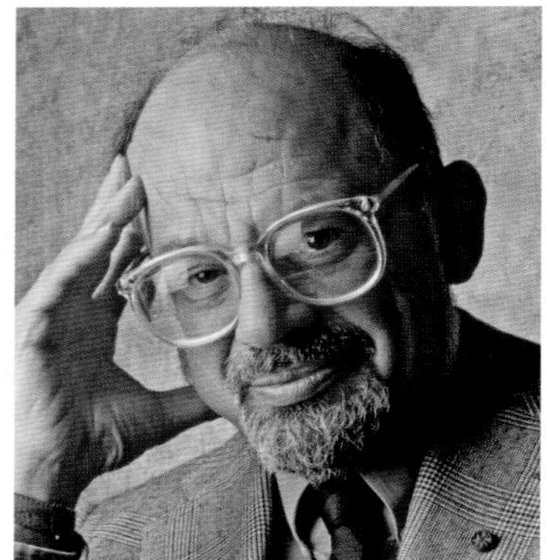

ALLEN GINSBERG

Irwin Allen Ginsberg, 3 de junio de 1926 (Newark, Nueva Jersey, EE.UU.); 5 de abril de 1997 (Nueva York, Nueva York, EE.UU.).

Estilo y género: Ginsberg, poeta de la generación Beat y activista contracultural, captó el espíritu de la vida bohemia de las décadas de 1950 y 1960.

Louis, el padre de Allen Ginsberg, fue profesor de instituto y poeta aficionado. Su madre, Naomi, cuya inestabilidad mental le provocaba ataques epilépticos y brotes de paranoia, pasó gran parte de su vida ingresada en centros de reposo y fue miembro activo del Partido Comunista durante los años posteriores a la Gran Depresión. Ginsberg escribió en profundidad sobre la enfermedad de su madre, especialmente en su poema *Kaddish*, una elegía para Naomi basada en un ritual tradicional judío y considerado por muchos su obra maestra. También estuvo vinculado a causas políticas radicales tanto en su escritura como en su activismo personal. Ginsberg se manifestó en infinidad de actos de protesta contra la guerra de Vietnam y lideró a la muchedumbre con cánticos budistas.

Alcanzó la fama con *Aullido*, poema que él mismo describía como una «bomba de relojería emocional que continuaría explotando en la conciencia estadounidense en caso de que nuestro complejo nacionalista militar e industrial se convirtiese en burocracia policial represora». El poema está escrito en largas frases influidas por Walt Whitman, los libros proféticos de William Blake y las cadencias del Antiguo Testamento. Su contenido abarca la celebración del sexo homosexual, la vida de los forajidos y el cambio cultural, y fue juzgado por obscenidad. *Aullido* se convirtió en el trabajo más conocido de la generación Beat junto con *En el camino* de Kerouac y cimentó la posición de Ginsberg entre los iconos contraculturales de la época.

Ginsberg se pasó la vida viajando y vivió varios años en la India para aprender a meditar. También experimentó con drogas con el fin de expandir su conciencia. Pese a que se convirtió en una figura muy notoria del *establishment*, jamás renunció a sus principios radicales. **MS**

Obras destacadas

Poesía

Aullido, 1955
Kaddish, 1958
Noticias del planeta, 1968
La caída de América, 1973

«He visto a las mejores mentes de mi generación destruidas por la locura [...]» *Aullido*

ARRIBA: Allen Ginsberg fotografiado por William Coupon en Nueva York, en 1988.

JOHN FOWLES

John Robert Fowles, 31 de marzo de 1926 (Leigh-on-Sea, Essex, Inglaterra); 5 de noviembre de 2005 (Lyme Regis, Dorset, Inglaterra).

Estilo y género: Fowles, novelista posmoderno, poeta y ensayista, exploró temáticas existenciales con un estilo que cuestiona la forma narrativa tradicional.

Las tres primeras novelas de John Fowles —*El coleccionista, El mago* y *La mujer del teniente francés*— obtuvieron considerable éxito y le convirtieron en una estrella de la escena literaria británica de la década de 1960. Sin embargo, para la gran mayoría representan la cumbre de su obra y quizá la falta de aprobación crítica de novelas posteriores como *Daniel Martin* contribuyó a que ralentizase su ritmo de trabajo. En 1988 una apoplejía le dejó recluido para el resto de su vida en su querida casa de West Country, en Lyme Regis, mientras se publicaban sus diarios, que mostraban a un hombre intolerante, lleno de prejuicios y manías y feliz de evitar la atención literaria.

Con todo, sus primeros trabajos casi pueden considerarse obras de culto. Las temáticas son de lo más diversas: *El coleccionista*, prácticamente un *thriller*, narra la inquietante historia de un inadaptado social que secuestra a una mujer; *El mago* es una extensa crónica shakesperiana de la entrada en la edad adulta de un joven que da clases de inglés en una isla griega; y *La mujer del teniente francés* es en parte un romance y en parte un pastiche de novela victoriana que cuenta la historia de una mujer que ha caído en desgracia.

Sus juegos posmodernos con la forma narrativa tradicional constituyen el único punto en común entre estas historias, con sus finales alternativos, el cambio de voz narrativa y la sugerencia de que los personajes tienen vida propia fuera de las obras. Ateo convencido, a Fowles le atraían los textos de existencialistas franceses como Jean-Paul Sartre. Pero su obra no solo aporta un giro existencialista típicamente inglés, sino que además pide al lector que saque sus propias conclusiones sobre los personajes que ha creado y sobre el destino de estos. **CK**

«Tus personajes se vuelven mucho más reales para ti de lo que nadie pueda imaginarse.»

Obras destacadas

Novelas

El coleccionista, 1963

El mago, 1965, revisada en 1977

La mujer del teniente francés, 1969

Daniel Martin, 1977

Capricho, 1985

ARRIBA: Foto de John Fowles en diciembre de 1999.

Obras destacadas

Novelas

Trilogía de Danzig
- *El tambor de hojalata,* 1959
- *El gato y el ratón,* 1961
- *Años de perro,* 1963

Del diario de un caracol, 1972

El rodaballo, 1977

La ratesa, 1987

A paso de cangrejo, 2002

Autobiografías

Pelando la cebolla, 2007

La caja de los deseos, 2009

ARRIBA: Grass escribe sobre la aceptación y la culpa en la Alemania de posguerra.

DERECHA: Ficha de prisionero de guerra de Grass, 1945.

GÜNTER GRASS

Günter Wilhelm Grass, 16 de octubre de 1927 (Danzig [act. Gdansk], Polonia).

Estilo y género: Grass es autor de libros de fuerte contenido político e histórico que invitan a la reflexión. Desarrolla argumentos mediante situaciones fantásticas y trata la culpa y la aceptación en la Alemania de la posguerra.

Günter Grass, líder y portavoz de la literatura alemana contemporánea, está igual de dotado como poeta, dramaturgo y escultor. Su obra posee una profunda carga socialista, y su primera e innovadora novela, *El tambor de hojalata,* sigue siendo el trabajo más conocido para sus lectores. La controvertida revelación que hizo en el año 2006 acerca de su pertenencia a las Waffen SS hitlerianas ha dañado la reputación de este destacado intelectual que recibió el Premio Nobel de Literatura y el premio Príncipe de Asturias de las Letras en 1999.

Grass militó en las Juventudes Hitlerianas de su Danzig natal antes de ser reclutado por las SS a los 17 años. Herido en combate, pasó el resto de la guerra en un campo de prisioneros estadounidense. Posteriormente, estudió arte en Düsseldorf y

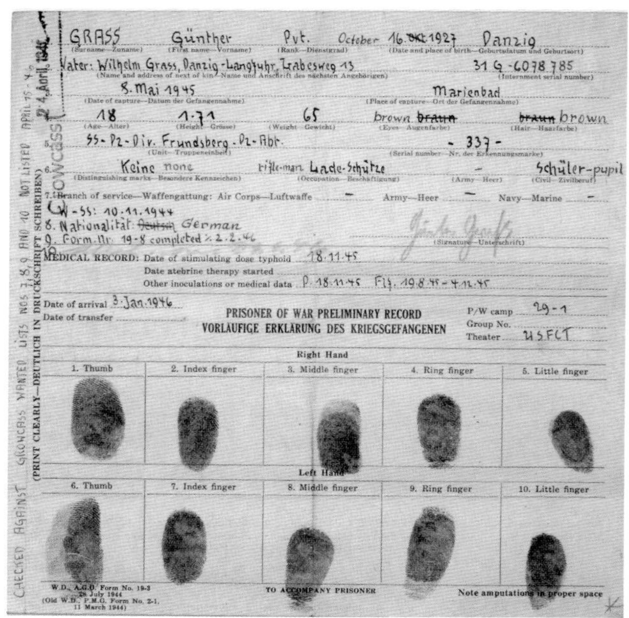

GRASS (Surname—Zuname) Günther (First name—Vorname) Pvt. (Rank—Dienstgrad) October 16. Okt. 1927 Danzig (Date and place of birth—Geburtsdatum und Geburtsort)

2. Vater: Wilhelm Grass, Danzig-Langfuhr, Labesweg 13 (Name and address of next of kin—Name und Anschrift des nächsten Angehörigen) 31 G-6078785 (Internment serial number)

3. 8. Mai 1945 (Date of capture—Datum der Gefangennahme) Marienbad (Place of capture—Ort der Gefangennahme)

4. 18 (Age—Alter) 1.71 (Height—Grösse) 65 (Weight—Gewicht) brown ~~braun~~ (Eyes—Augenfarbe) ~~braun~~ brown (Hair—Haarfarbe)

5. SS-Pz-Div. Frundsberg-Pz-Abt. (Unit—Truppeneinheit) -337- (Serial number—Nr. der Erkennungsmarke)

6. Keine none (Distinguishing marks—Besondere Kennzeichen) rifle-man Lade-Schütze (Occupation—Beschäftigung) – (Army—Heer) Schüler-pupil (Civil—Zivilberuf)

7. Branch of service—Waffengattung: Air Corps—Luftwaffe – Army—Heer – Navy—Marine –

W-SS: 10.11.1944

8. Nationalität: ~~Deutsch~~ German

9. Form-Nr. 19-8 completed 2.2.46

(Signature—Unterschrift)

10. MEDICAL RECORD: Date of stimulating dose typhoid 18.11.45
Date atebrine therapy started
Other inoculations or medical data P. 18.11.45 Flf. 19.8.45 – 4.12.45

Date of arrival 3. Jan. 1946
Date of transfer

PRISONER OF WAR PRELIMINARY RECORD
VORLÄUFIGE ERKLÄRUNG DES KRIEGSGEFANGENEN

P/W camp 29-1
Group No.
Theater USFCT

Right Hand

1. Thumb	2. Index finger	3. Middle finger	4. Ring finger	5. Little finger

Left Hand

6. Thumb	7. Index finger	8. Middle finger	9. Ring finger	10. Little finger

(PRINT CLEARLY—DEUTLICH IN DRUCKSCHRIFT SCHREIBEN)

CHECKED AGAINST CROWCASS WANTED LISTS NOS 7, 8, 9 AND 10 NOT LISTED APRIL 15-4-?

24. April 1946

W.D., A.G.O. Form No. 19-3
28 July 1944
(Old W.D., P.M.G. Form No. 2-1, 11 March 1944)

TO ACCOMPANY PRISONER

Note amputations in proper space

ARRIBA: Grass, a la izquierda, en el rodaje de la versión cinematográfica de *El tambor de hojalata* (1979).

Berlín desempeñando toda clase de empleos: granjero, minero, artista gráfico, escultor y músico de jazz. En 1955 se unió a la asociación Gruppe 47, socialmente crítica, y publicó sus primeros poemas y obras de teatro sin ningún éxito. Mientras trabajaba en París completó su alegórica novela picaresca *El tambor de hojalata*, que le proporcionó una fama inmediata en su país. La novela, que cuenta la historia de Oscar Matzerath, que a los tres años recibe un tambor de hojalata y deja de crecer tras negarse a aceptar el engañoso mundo adulto, es una respuesta a la sensación de culpa de Alemania tras la guerra.

«[...] todo el mundo observa, nada pasa desapercibido [...]»

El tambor de hojalata

Grass, oscuro y perturbador, exagera de forma imaginativa sus experiencias en Danzig durante el auge del nazismo, la invasión soviética y la reconstrucción alemana de la posguerra: Oscar pierde el paso de las hordas nazis que desfilan mientras golpea frenéticamente su tambor, se desgañita y se burla de lo absurdo de los acontecimientos que ocurren a su alrededor.

Siguieron dos trabajos que completan la *Trilogía de Danzig*, también ambientada durante la guerra sobre el fondo de la dualidad germano-polaca de Danzig. *El gato y el ratón* es la historia de Joachim Mahlke, un alumno de instituto con una nuez protuberante —el ratón del título— contada desde la perspectiva de un narrador poco fiable, Pilenz. Recuerda su juventud en la Alemania de Adolf Hitler y explora lo que significa ser humano en época de guerra. *Años de perro* resulta aún más desafiante estilísticamente, con una utilización de palabras inventadas y una imaginería densa y retorcida. La historia está narrada desde tres puntos de vista diferentes a lo largo de un período apocalíptico de la historia de Alemania y nos guía a través de un viaje desgarrador por la psique alemana del siglo XX.

Durante la década de 1960, Grass participó en la campaña electoral de su amigo el líder socialdemócrata Willy Brandt, experiencia que incorporó en su obra *Del diario de un caracol*. Pese a la seriedad de la propuesta, Grass aparece como una figura cómica, obstinada en hacer lo correcto pese a los obstáculos que encuentra. El libro supuso un enfoque más satírico y paródico de las cuestiones políticas e históricas cuya magnitud en ocasiones llega a desconcertar al lector. *El rodaballo* detalla las batallas sexuales desde la Edad de Piedra hasta la actualidad en una historia fantástica repleta de ingenio, bromas, comida y sexo que halló un público receptivo fuera de Alemania.

La forma, la temática y el lenguaje de los libros de Grass son intelectuales y experimentales, y retan a nuestra lectura del pasado, algo que el escritor ha seguido haciendo en el nuevo siglo con *A paso de cangrejo*. Este libro trata sobre el hundimiento en 1945 del *Wilhelm Gustloff*, un navío alemán cargado de refugiados, por un submarino soviético, narrado por el hijo periodista de uno de los pocos supervivientes. La historia aborda el tema de la culpa mirando hacia el pasado, algo que Grass experimentaría en su propia piel tras la publicación de la primera parte de sus memorias, *Pelando la cebolla*, en 2007. Dos años más tarde apareció una segunda entrega, *La caja de los deseos*. **SG**

Pelando la cebolla

Cuando Grass admitió públicamente por primera vez, tras años de condena del régimen nazi, que a los 17 años ingresó en las Waffen SS, causó una conmoción en el mundo literario. Lejos de oponerse a los nazis, se había unido a ellos como soldado en una de sus organizaciones más notorias. A un hombre como Grass, con unas credenciales socialistas tan visibles, abiertamente crítico con el modo en que Alemania aborda su pasado nazi y que ha forjado su carrera satirizando las opiniones de aquellos que contradicen sus firmes creencias, lógicamente le llovieron las acusaciones de hipocresía.

Pelando la cebolla, la primera entrega de sus memorias, aparecida en el año 2007, escribe al detalle su relación con las Waffen SS y, aunque nos pide cierta suspensión de la realidad cuando insiste en que jamás llegó a disparar, critica con ferocidad a su yo de juventud. El libro no trata de asumir culpas ni busca la redención, pero ha sacado a la luz asuntos importantes referentes a la ética de un autor.

Para algunos, la revelación le desacredita como autoridad moral, mientras que otros argumentan que el sentimiento de culpa de Grass ha sido clave en las imperdonables cuestiones morales que plantea en gran parte de sus obras. Como muchas de sus novelas, este asunto seguirá generando opiniones encontradas.

GABRIEL GARCÍA MÁRQUEZ

Gabriel José de la Concordia García Márquez, 6 de marzo de 1927 (Aracataca, Colombia).

Estilo y género: García Márquez es autor de ficciones de raíces arraigadas en el folclore y la magia caribeña, la historia colombiana y las vicisitudes del corazón.

Gabriel García Márquez fue criado por sus abuelos, cuyas historias folclóricas y supersticiones influirían profundamente en su obra. En 1955 su narración por entregas sobre un marinero superviviente de un naufragio dobló la tirada del periódico *El Espectador*. Tras presenciar una matanza de estudiantes por parte de tropas gubernamentales, se ratificó en sus ideales políticos de izquierdas. En 1959 Fidel Castro lo nombró jefe del departamento de Prensa Latina en Bogotá, cargo que abandonó en 1961. Tras cuatro años en Ciudad de México trabajando como periodista y escribiendo guiones, comenzó a escribir *Cien años de soledad*, que se publicó con gran éxito en 1967.

Cien años de soledad, con su narración tipo rueda del tiempo, da forma de manera magistral y excitante al reino de Macondo. Con una prosa de cadencia bíblica e imaginación poética, la novela discurre a lo largo de un siglo en las vidas y los amores del pueblo: vemos pasar la plaga de insomnio, el regreso de los muertos, la desaparición de un tren cargado de trabajadores, la mujer que come tierra, el propio tiempo paralizado, la destrucción del pueblo y cómo se había predicho todo lo sucedido.

El otoño del patriarca explora la patología del dictador, mientras que *El general en su laberinto* disecciona la soledad del hombre de Estado; ambas obras cuestionan la supuesta correspondencia entre hechos y personalidades. *Crónica de una muerte anunciada* narra una transformación surrealista de víctimas en verdugos, y viceversa, bajo los auspicios de una implacable resignación ante el destino. *El amor en los tiempos del cólera* y *Del amor y otros demonios* retoman, con mayor profundidad, las ninfomanías del corazón. García Márquez obtuvo el premio Nobel de Literatura en 1982. En 2002 publicó su autobiografía *Vivir para contarla*. **CH**

«La única ventaja de la fama es que me ha permitido utilizarla políticamente.»

Obras destacadas

Novelas

Cien años de soledad, 1967

El otoño del patriarca, 1975

Crónica de una muerte anunciada, 1982

El amor en los tiempos del cólera, 1985

El general en su laberinto, 1989

Del amor y otros demonios, 1994

Memoria de mis putas tristes, 2004

Novelas cortas

El coronel no tiene quien le escriba, 1961

La mala hora, 1962

Autobiografía

Vivir para contarla, 2002

ARRIBA: Gabriel García Márquez en una fotografía de fecha desconocida.

JOHN ASHBERY

John Ashbery, 28 de julio de 1927 (Rochester, Nueva York, EE.UU.).

Estilo y género: Ashbery, destacado poeta estadounidense de la Escuela de Nueva York, ha hecho de nexo entre los escritores generalistas y la vanguardia mediante sus juguetones, astutos y esquivos poemas.

John Ashbery es una *rara avis*: un poeta experimental que ha logrado un amplio reconocimiento, y un escritor de textos desafiantes que también resultan líricos, sorprendentes y hermosos. Mientras estudiaba en Harvard, Ashbery conoció a Robert Creeley, Robert Bly, Kenneth Koch y Frank O'Hara, escritores que definirían el paisaje de la poesía estadounidense de posguerra. Junto a Koch y O'Hara, Ashbery acabaría convirtiéndose en la figura clave de la Escuela de Nueva York, compuesta por autores de una poesía estilizada, coloquial, tipo *flâneur* y muy influida por las artes visuales, especialmente por el expresionismo abstracto. Pero su obra también trasluce la profunda huella del surrealismo, quizá debido al tiempo que pasó en París trabajando como crítico de arte.

Su primera recopilación de poemas, *Some Trees*, fue escogida para el premio Yale Younger Poets en 1956 por el escritor W. H. Auden, sobre el que versaba la tesis de Ashbery en Harvard. *The Tennis-Court Oath*, su segundo libro, sorprendió a los lectores con su estilo claramente disyuntivo, nada lineal y surrealista. En 1975 Ashbery obtuvo un gran éxito con *Autorretrato en espejo convexo*, con el que ganó los premios Pulitzer, National Book Award y National Book Critics Circle Award. El poema que da título a esta colección parte del trabajo homónimo de Parmigianino para investigar las convexidades y complicaciones de la subjetividad y las formas en que el lenguaje se mueve a la búsqueda de un ser que nunca logra fijar. Desde entonces, Ashbery ha seguido creando sin parar una poesía única. Algunos de sus mejores poemas se hallan en *Houseboat Days*, *As We Know*, *En alerta* y *Niñas en acción*, este último un poema narrativo que ocupa todo el libro y se basa en el trabajo del artista marginal Henry Darger. **MS**

Obras destacadas

Poesía

Some Trees, 1956
The Tennis-Court Oath, 1962
Autorretrato en espejo convexo, 1975
Houseboat Days, 1977
As We Know, 1979
Una ola, 1984
En alerta, 1998
Niñas en acción, 1999
A Wordly Country, 2007

«Nos mantenemos a flote / [...] como si estuviésemos en una barcaza de hielo [...]»
«My Erotic Double»

ARRIBA: Ashbery posa en una silla de mimbre en Nueva York, agosto de 1964.

JUAN BENET

Juan Benet Goitia, 7 de octubre de 1927 (Madrid, España); 5 de enero de 1993 (Madrid, España).

Estilo y género: El estilo de Benet rompió con la narrativa tradicional española. Sus contemporáneos apreciaron la calidad, singularidad e importancia de su obra.

El padre de Juan Benet falleció al estallar la guerra civil, y la familia huyó de la capital a San Sebastián para regresar de nuevo a Madrid en 1939. Tras acabar el instituto, Benet ingresó en la Escuela de Ingeniería Civil de Madrid, donde se licenció en 1954, antes de lo habitual. Trabajó como ingeniero de autopistas en Finlandia y, posteriormente, en España hasta 1961, año en que publicó su primer libro, una colección de relatos titulada *Nunca llegarás a nada*.

Su primera novela, *Volverás a Región*, provocó la reacción de la crítica y un gran interés porque rompía con la narrativa tradicional. Escrita con un estilo experimental y complejo, se centra en personajes que habitan una zona ficticia de España llamada Región, tal vez inspirada en el área de las montañas de León. La zona de Región es de difícil acceso, se encuentra aislada y es provinciana, y algunos críticos observan en su descripción una metáfora de la propia España. La novela está cargada de mitos y alegorías, tiene un estilo que exige mucho del lector y resulta profundamente sarcástica. Es la primera de una trilogía basada en Región, que se completa con *Una meditación* (1969) y *Un viaje de invierno* (1972).

Aparte de novelas, Benet escribió ensayos críticos y obras teatrales. Uno de sus ensayos más conocidos es *La inspiración y el estilo*, donde expone sus ideas sobre la literatura. Benet insistía en que la literatura debería centrarse más en el estilo que en la narración de historias o la argumentación persuasiva. Se le ha vinculado con una élite literaria internacional a la que pertenecerían también autores como Marcel Proust, James Joyce y William Faulkner, siendo la obra de este último particularmente influyente en los libros de Benet. **REM**

«La filosofía es la ciencia que complica las cosas que todo el mundo sabe.»

Obras destacadas

Novelas

Volverás a Región, 1967
Una meditación, 1969
Un viaje de invierno, 1972
Herrumbrosas lanzas, 1983
El caballero de Sajonia, 1991

ARRIBA: Fotografía de Juan Benet en España en 1980.

1920–39

EDWARD ALBEE

Edward Franklin Albee, 12 de marzo de 1928 (Washington, D. C., EE.UU.).

Estilo y género: Albee, aclamado dramaturgo estadounidense, ganador del premio Pulitzer y conocido por *¿Quién teme a Virginia Woolf?*, mezcló teatralidad y chispeantes diálogos para reinventar el teatro estadounidense en los años sesenta.

Obras destacadas

Teatro
Historia del zoo, 1958
La caja de arena, 1960
¿Quién teme a Virginia Woolf?, 1962
Un equilibrio delicado, 1966
Seascape, 1975
Tres mujeres altas, 1991
La cabra o ¿Quién es Sylvia?, 2001
Peter y Jerry, 2004

Hay pocos escritores que hayan ganado el premio Pulitzer en más de una ocasión, pero el aclamado dramaturgo Edward Albee lo ha conseguido tres veces. Gran experimentador, sus vueltas de tuerca a temas dramáticos y distintos estilos suelen generar aprobación y rechazo a partes iguales en el seno de la crítica teatral, pero su innovación resulta innegable.

Refiriéndose a su infancia dice: «Debía de ser raro desde el principio». Albee fue adoptado por una familia rica siendo un bebé, pero declaró que jamás encajó en el hogar porque sus puntos de vista eran muy diferentes a los de sus padres. Fue expulsado de diversos colegios privados y luego abandonó los estudios universitarios. A los 20 años optó por una vida más bohemia en Greenwich Village, Nueva York.

Fue allí donde, dos días antes de cumplir 30 años, escribió la sorprendente obra teatral en un acto *Historia del zoo*, sobre un desposeído que conoce a un extraño en un parque y le incita a la violencia. Esta obra señala el comienzo de la serie de obras cortas realistas pero absurdistas que le dieron a conocer. Sin embargo, la primera obra que escribió para que durase más de 55 minutos, fue la que le catapultó a la fama: *¿Quién teme a Virginia Woolf?*; un controvertido éxito de Broadway que describe los conflictos maritales. A esta le siguieron sus dos primeros premios Pulitzer, *Un equilibrio delicado* y *Seascape*.

«Un dramaturgo es alguien que muestra sus vísceras sobre el escenario.»

Durante la década de 1980 la popularidad de su obra disminuyó, pero en 1991, *Tres mujeres altas*, una obra que narra la historia de una mujer al borde de la muerte que rechaza a su hijo gay, volvió a despertar el interés por Albee —le reportó su tercer premio Pulitzer— y no tardó en convertirlo en una figura muy cotizada, estatus que ha conservado hasta la actualidad. **JM**

ARRIBA: Edward Albee fotografiado en Londres en 2006.

1920–39

CARLOS FUENTES

Carlos Fuentes Macías, 11 de noviembre de 1928 (Ciudad de Panamá, Panamá).

Estilo y género: Pese a haber nacido en Panamá, Fuentes es un novelista y crítico mexicano conocido especialmente por su experimentalismo narrativo y sus profundas evocaciones de la historia mexicana y sudamericana.

Al igual que los murales de Diego Rivera, las novelas de Carlos Fuentes exploran la identidad mexicana en sus dimensiones política, histórica, social, psicológica y mítica. Fuentes ha sido también diplomático y embajador oficioso de la cultura sudamericana.

Sus primeras novelas retratan un México urbano y contemporáneo dominado por el determinismo económico (y mítico), la amnesia histórica y una imagen anquilosada de su pasado revolucionario. Los protagonistas padecen el estancamiento de la sociedad que han contribuido a construir como una especie de muerte en vida. En *La región más transparente*, este concepto alcanza una forma caleidoscópica y panorámica con múltiples personajes y puntos de vista que representan los diversos estratos sociales. *La muerte de Artemio Cruz* se centra en una alucinación del protagonista que da título a la novela narrada por tres voces diferentes, «yo», «tú» y «él», un conglomerado de personajes enfrentados que solo se fusionan al morir. *Gringo viejo* ofrece una visión algo menos pesimista: la soltera estadounidense Harriet Winslow también rememora incansablemente su pasado en el México revolucionario, pero demuestra que ha cambiado sus actitudes puritanas y ha madurado como mujer. Igualmente oscuras pero más lúdicas son *Cristóbal Nonato*, en que un feto narrador espera su nacimiento el 12 de octubre de 1992, y *Terra Nostra*, una extensa épica circular que abarca desde 1492 hasta 1999 y que cabría describir como la reconquista del Viejo Mundo por parte del Nuevo Mundo.

Partidario de la Cuba de Castro y de los sandinistas nicaragüenses, Fuentes ha sido muy crítico con Estados Unidos, aunque en 1987 se convirtió en profesor de la Universidad de Harvard. Ese mismo año obtuvo el premio Cervantes, y en 1994 el Príncipe de Asturias de las Letras. **CH**

«La novela indica que estamos convirtiéndonos. No hay una solución definitiva.»

Obras destacadas

Novelas

La región más transparente, 1958

La muerte de Artemio Cruz, 1962

Gringo viejo, 1985

Cristóbal Nonato, 1987

Los años con Laura Díaz, 1999

La silla del Águila, 2003

La voluntad y la fortuna, 2008

Ensayo

Contra Bush, 2004

ARRIBA: Retrato de Carlos Fuentes en octubre de 2006.

ELIE WIESEL

Eliezer Wiesel, 30 de septiembre de 1928 (Sighet, Rumanía)

Estilo y género: Wiesel, uno de los grandes escritores del holocausto, es conocido por su prosa directa y poco densa y por una simplicidad que refuerza su mensaje de paz y tolerancia.

Obras destacadas

Novelas
El alba, 1961
El día, 1962
Memorias
La noche, 1960
Ensayo
Un judío hoy, 1978
After the Darkness, 2002

Elie Wiesel, ensayista, novelista, cuentista y escritor de memorias, es autor de más de cuarenta libros y ganó el premio Nobel de la Paz en 1986. Más que escritor, es un superviviente y un mensajero. En 1978 el presidente estadounidense Jimmy Carter le nombró presidente del U. S. Holocaust Memorial Council y en 1985 ganó la Congressional Medal of Freedom. Wiesel, ciudadano estadounidense, vive en Nueva York y da clases en la Universidad de Boston. Fundó junto a su esposa la Elie Wiesel Foundation for Humanity, una organización que lucha por los derechos humanos en todo el mundo.

Wiesel nació y pasó sus primeros años en Sighet, al norte de Rumanía, donde la comunidad judía se había establecido en 1640. En 1944, a los 15 años, fue deportado por los nazis junto a sus padres y tres hermanas al campo de concentración de Auschwitz. Apartado de su madre y hermanas al llegar, Wiesel no volvió a ver nunca a su hermana menor; las dos mayores sobrevivieron. Wiesel y su padre permanecieron juntos durante su internamiento y fueron transladados a Buchenwald, pero su padre falleció justo antes de la liberación del campo en abril de 1945. Tras ser liberado, Wiesel estudió filosofía y psicología en

ARRIBA: Retrato de Wiesel por William Coupon realizado en Nueva York en 1984.

DERECHA: Wiesel tras haber recibido la U.S. Congressional Gold Medal en 1985.

ARRIBA: Elie Wiesel (fila central, séptimo por la izquierda) en Buchenwald, en abril de 1945.

la Universidad de La Sorbona de París y se hizo periodista. Su silencio de posguerra duró hasta 1958, año en que publicó el primer y más famoso libro, *La noche*. Se trata de unas memorias concisas y sombrías que detallan sus horribles experiencias durante la guerra. Este libro se convirtió en un éxito internacional, con más de cinco millones de ejemplares vendidos.

Tras habérsele concedido la ciudadanía estadounidense, en 1963 se estableció en Nueva York y trabajó como columnista para el periódico *The Jewish Daily Forward*. Continuó escribiendo y publicando novelas, obras teatrales y ensayos en francés y se labró una gran reputación internacional. La mayoría de sus libros se centran en el holocausto y sus conferencias abogan en contra de la persecución racial y religiosa. La obra de su vida ha consistido en asegurarse de que no se olvide la muerte de seis millones de judíos en el holocausto con la esperanza de que no se repita. **LP**

La noche

Pese a haberse traducido a más de treinta idiomas, *La noche* podría haber desaparecido para siempre. François Mauriac, novelista francés y ganador del premio Nobel de Literatura, convenció a Wiesel para que rompiese su silencio de diez años y escribiese sobre su experiencia del holocausto. Mauriac en persona llevó el manuscrito a innumerables editoriales, pero no logró que lo publicaran. Rechazado por muchas editoriales con la excusa de que era demasiado morboso, acabó apareciendo en una pequeña editorial que vendió menos de 1.500 ejemplares entre 1960 y 1963.

WILLIAM TREVOR

William Trevor Cox, 24 de mayo de 1928 (Mitchelstown, (condado de Cork, Irlanda).

Estilo y género: Trevor, novelista, cuentista y dramaturgo irlandés, cuya educación protestante en la católica Irlanda le otorgó un fuerte sentido del presente atrapado en las dificultades del pasado.

William Trevor nació en una familia protestante de clase media y se crió en distintos pueblos irlandeses. Se licenció en historia por el Trinity College, en Dublín, y posteriormente trabajó como maestro mientras trataba de establecerse como escultor. En la década de 1950 se casó y se trasladó a Inglaterra, donde trabajó a regañadientes como redactor publicitario para una agencia de publicidad.

Su primera novela, *A Standard of Behavior*, publicada en 1958, no llamó la atención, pero durante la década de 1960 comenzó a granjearse una reputación con posteriores novelas y especialmente gracias a sus relatos. Con *The Old Boys*, donde un grupo de antiguos estudiantes conspiran unos contra los otros, atrapados todavía por viejos odios y rivalidades de sus días escolares, ganó el British Literary Hawthornden Prize.

Trevor opina que la escritura «padece de demasiada atención introspectiva» y ha ambientado algunas de sus historias en su Irlanda natal y otras en Inglaterra. Ha recibido elogios por su hábil caracterización, su humor irónico, su sentido de lo macabro y su prosa sutilmente efectiva.

Trevor, profundamente influido por la historia y la política irlandesas, centra a menudo sus obras en la inevitable influencia del pasado en las vidas humanas, y escribe con «objetividad sombría» sobre los problemas de Irlanda del Norte y el largo y trágico conflicto entre irlandeses e ingleses. Algunas de sus novelas tratan las tensiones entre los terratenientes protestantes de Irlanda y sus arrendatarios católicos. *Fools of Fortune* es la historia de un amor condenado entre una irlandesa y un inglés. Trevor también ha adaptado algunas de sus obras al teatro —incluida *The Old Boys*—, radio y televisión y ha ganado diversos premios y distinciones. **RC**

«Extraordinariamente bien escrita, truculenta, divertida y original.» E. Waugh sobre *The Old* Boys

Obras destacadas

Cuentos

The Ballroom of Romance and Other Stories, 1972

Angels at the Ritz and Other Stories 1975

Novelas

The Old Boys, 1964

The Children of Dynmouth, 1976

Fools of Fortune, 1983

El viaje de Felicia, 1994

ARRIBA: Retrato del autor irlandés William Trevor realizado en 1993.

MAYA ANGELOU

Marguerite Ann Johnson, 4 de abril de 1928 (St. Louis, Missouri, EE.UU.).

Estilo y género: Angelou es conocida por sus francas autobiografías, pero también es poetisa, dramaturga, historiadora y ensayista. Además disfruta de una carrera como actriz de cine y teatro.

Los comienzos de Maya Angelou en un colegio público de Arkansas, víctima de una violación y madre adolescente, no parecen los más propicios para llegar al Capitolio en Washington, pero en parte, gracias a haberlos contado en el primer volumen de su autobiografía en seis volúmenes *Ahora sé por qué cantan los pájaros enjaulados*, llegó a recitar uno de sus poemas —*On The Pulse of the Morning*— en el estreno de Bill Clinton como presidente en 1993. Es la segunda poetisa estadounidense en conseguirlo en toda la historia.

Su relato sincero de la vida de una mujer negra y brillante en el Sur estadounidense antes de la Segunda Guerra Mundial nos habla de su sufrimiento por culpa del racismo y el sexismo, de su perplejidad ante el modo en que se la trataba y de la literatura como válvula de escape. Infatigable, inspiradora y dotada de diversos talentos, su prosa sencilla y musical, su astuta capacidad descriptiva, su irónico humor y sus historias en el fondo optimistas la encumbraron en las listas de ventas. Irónicamente, Angelou comenzó a escribir para tratar de aliviar el dolor que le causó el asesinato de su amigo Martin Luther King.

Pero Angelou es mucho más que la autora de su autobiografía. Empezó trabajando como cantante y actriz y ha continuado interpretando y produciendo e incluso fue nominada al Emmy como mejor actriz de reparto por su papel en la serie televisiva *Robots* (1977). Como escritora, ha creado diversas obras, guiones y especialmente poesía: *Just Give Me a Cool Drink of Water 'Fore I Diiie* obtuvo una nominación al premio Pulitzer. Su talento ha inspirado a toda una generación de mujeres afroamericanas, entre las que destaca Oprah Winfrey. Angelou es Reynolds Professor of American Studies en la Universidad de Wake Forest. **CK**

«No hay mayor agonía que cargar con una historia por contar en el interior.»

Obras destacadas

Poesía

Just Give Me a Cool Drink of Water 'Fore I Diiie, 1971

Autobiografía

Ahora sé por qué cantan los pájaros enjaulados, 1969

Ensayo

Even the Stars Look Lonesome, 1977

ARRIBA: Maya Angelou, mujer polifacética, fotografiada en 2005.

1920–39

PHILIP K. DICK

Philip Kindred Dick, 16 de septiembre de 1928 (Chicago, Illinois, EE.UU.); 2 de marzo de 1982 (Santa Ana, California, EE.UU.).

Estilo y género: Escritor estadounidense de ciencia ficción y líder contracultural, Dick es autor de originales y fenomenales historias de fantasmagórica paranoia.

Philip K. Dick vivió casi toda su vida en el norte de California. Asistió a la Universidad de Berkeley durante un año, donde dirigió brevemente una tienda de discos y un programa de música clásica en la radio. Se casó cinco veces y tuvo tres hijos. Entre 1950 y 1970 escribió más de sesenta novelas y cientos de relatos, algunos de los cuales figuran entre las fantasías más ingeniosas creadas por un autor estadounidense.

Dick rara vez se alejaba de las convenciones de la ciencia ficción, pero su obra siempre resulta reconocible. Tejía sus narraciones alrededor de una sola cuestión: ¿cómo sabemos lo que sabemos?, y a menudo recurría a motivos relacionados con la esquizofrenia y el consumo de drogas, basados en su experiencia personal. Lo único que evita que sus novelas se le escapen de las manos es que fundamenta su humor sarcástico sobre el futuro tecnológico en la realidad cotidiana estadounidense de mediados del siglo XX. En *Los tres estigmas de Palmer Eldritch*, la colonización de Marte queda reducida a un vuelo a los suburbios: quizá en Marte haya menos polución y uno pueda permitirse comprar más tierra en el «planeta rojo», pero tampoco hay nada que hacer aparte de tomar pastillas y tener aventuras amorosas

Obras destacadas

Novelas

El hombre en el castillo, 1962

Los tres estigmas de Palmer Eldritch, 1965

¿Sueñan los androides con ovejas eléctricas?, 1968

Fluyan mis lágrimas, dijo el policía, 1974

Una mirada a la oscuridad, 1977

ARRIBA: Philip K. Dick fotografiado durante la década de 1970.

DERECHA: Androide con la forma de Dick entrevistado para el NextFest en Chicago.

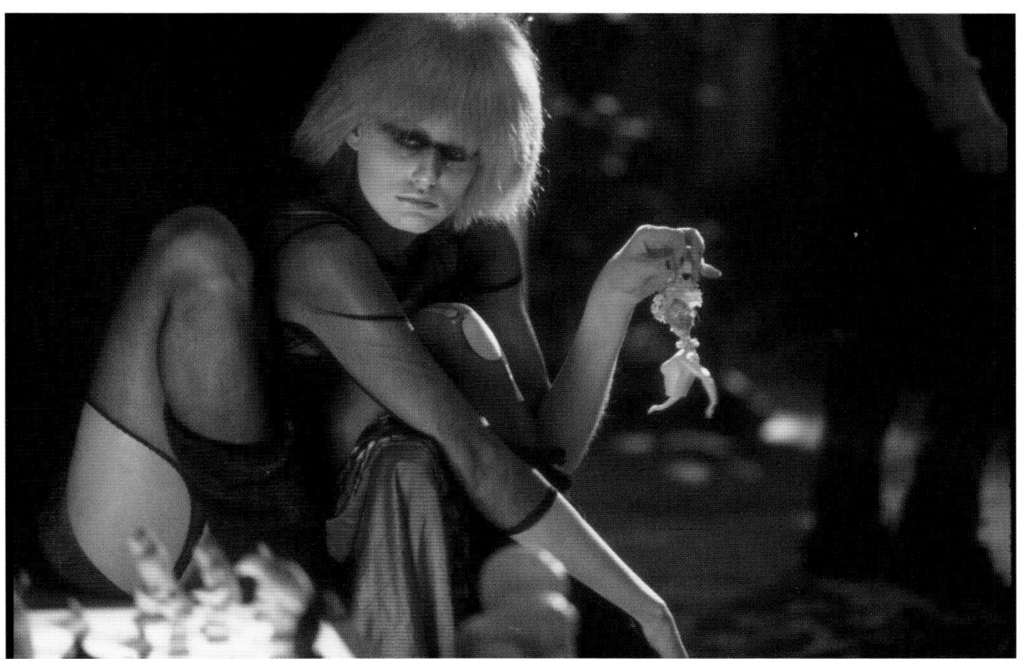

con los vecinos. El rasgo más encantador de la ficción de Dick es que sus personajes se preocupan por estos problemas cotidianos en la misma medida que por problemas típicos del género, como los alienígenas, el mal o las conspiraciones distópicas.

Pese a que su obra disfrutaría de una segunda juventud en la gran pantalla, Dick fue conocido en vida principalmente por *El hombre en el castillo,* obra más próxima a la ficción especulativa que a la ciencia ficción: está ambientada en una versión alternativa de la historia en la que las fuerzas del Eje ganaron la Segunda Guerra Mundial. Resulta típica de Dick en su modo de resistirse a su propia premisa: el personaje principal es un escritor de ciencia ficción que ha escrito un libro sobre una versión alternativa de la historia en que los Aliados ganaron la Segunda Guerra Mundial. Esta clase de gestos es lo que le hacen tan interesante, puesto que nos invita a preguntarnos si la realidad de sus novelas es la real, y el mundo en que las leemos, pura ficción. **SY**

ARRIBA: Darryl Hannah como Pris en *Blade Runner,* basada en una novela de Dick.

Dick y el cine

Dick falleció por una apoplejía sin llegar a disfrutar del éxito de la película de Ridley Scott *Blade Runner* (1982), basada en su novela *Sueñan los androides con ovejas eléctricas?* La película de Scott contribuyó a crear la estética que posteriormente se denominaría cyberpunk. Otras películas basadas en su obra son: *Desafío total* (1990), *Minority Report* (2002) y *A Scanner Darkly* (2006). *The Economist* publicó un artículo en 2004 según el cual las películas basadas en obras de Dick han generado cerca de 700 millones de dólares.

MILAN KUNDERA

Milan Kundera, 1 de abril de 1929 (Brno, Checoslovaquia).

Estilo y género: Kundera escribe prosa filosófica sobre la melancolía, el exilio y la transformación. Utiliza recursos musicales y simbolismos metafísicos, dialectos de la memoria y trascendentalismo erótico.

ARRIBA: El escritor checo Milan Kundera en una fotografía de 1980.

Milan Kundera es un escritor franco-checo de fama mundial, con una obra conocida por su agilidad filosófica, su elocuencia lírica y su musicalidad. Kundera, inspirado por su padre —profesor de música y gran amigo del compositor moldavo Leoš Janáček—, refinó el tono melódico y disciplinado de su prosa mientras estudiaba composición musical y literatura en la Universidad Carlos de Praga y posteriormente como profesor de la Academia de Cine. Cuando la Primavera de Praga interrumpió su floreciente carrera literaria y académica, Kundera tuvo que exiliarse en Francia.

Sus primeras novelas examinan las diversas perversiones ideológicas del régimen comunista mediante personajes discriminados por la historia, pero también por sus decisiones personales. *La broma* es un *tour de force* filosófico en que el protagonista se gana la expulsión de la universidad por haber ridiculizado al régimen en una postal dirigida a su novia. También resulta tragicómica *El libro de la risa y el olvido*, una serie de viñetas melancólicas que narran el esfuerzo de unos personajes cuyas vidas se vieron comprometidas de diversas maneras por el gobierno del presidente Gustáv Husák. Los protagonistas de Kundera se ven privados de ejercer su profesión o exiliados y se apoyan en los recuerdos para construir una sensación de pertenencia a través del sentimiento de desarraigo, si no de ingravidez, frente a las cargas de la vida, concepto que desarrolló en mayor profundidad con *La insoportable levedad del ser*. Sus novelas más recientes escritas en francés (*Inmortalidad, La lentitud, Identidad* e *Ignorancia*) reflexionan acerca de las complejidades del deseo humano, la identidad y la historia personal, y exponen el espíritu efímero y destructivo de la sociedad contemporánea. **PR**

«La novela que no descubre un segmento [...] desconocido de la existencia es inmoral.»

Obras destacadas

Novelas

La broma, 1967

El libro de la risa y el olvido, 1978

La insoportable levedad del ser, 1982

Inmortalidad, 1988

La lentitud, 1994

Identidad, 1996

Ignorancia, 2000

CHRISTA WOLF

Christa Ihlenfeld, 18 de marzo de 1929 (Landsberg an der Warthe, Polonia).

Estilo y género: Wolf, novelista, ensayista y crítica literaria, es una de las figuras más distinguidas de la extinta Alemania del Este. En su obra trata el fascismo alemán, la humanidad, el feminismo y el descubrimiento personal.

Christa Wolf está muy vinculada a la Alemania del Este, donde escribió obras muy críticas con el régimen comunista. Su primera novela, *El cielo partido*, apareció en 1963, pero fue *Noticias sobre Christa T*, una historia sobre la presión que sufre la mujer para que sea conformista, la que la dio a conocer. *Cassandra* quizá sea su novela más importante y su mayor éxito internacional; se trata de una adaptación del retrato de la Casandra del *Agamenón* de Esquilo. *Lo que queda* es un trabajo más autobiográfico basado en su vida bajo la vigilancia del servicio de seguridad del Estado —la Stasi— y, aunque la escribió en 1979, no se publicó hasta mucho más tarde. Wolf ganó el premio Heinrich Mann en 1963, el premio Nacional en 1978 y el premio Georg Büchner en 1980. **HJ**

Obras destacadas

Novelas

El cielo partido, 1963

Noticias sobre Christa T, 1969

Cassandra, 1983

Autobiografía

Lo que queda, 1979 (publicada en 1990)

MILORAD PAVIĆ

Milorad Pavič, 15 de octubre de 1929 (Belgrado, Serbia, Yugoslavia).

Estilo y género: Poeta, novelista e historiador literario, Pavić fuerza el límite de la estructura narrativa utilizando crucigramas, cartas del tarot y dobles comienzos como parte integral de sus novelas.

Milorad Pavić es responsable de algunos de los trabajos más innovadores e intrigantes de la ficción posmoderna. Pavić considera que el lector posee casi los mismos derechos que el autor y por tanto puede decidir de qué modo ha de leerse la obra. Su primera novela, *Diccionario jázaro*, es una parodia de la historia narrada en tres versiones distintas, la cristiana, la islámica y la judía, y en versiones masculina y femenina que tan solo difieren en un párrafo. *Paisaje pintado con té* está parcialmente escrita como un crucigrama y *La cara interna del viento*, basada en la historia de Hero y Leandro, puede leerse en orden inverso. *El último amor en Constantinopla* incluye una baraja del tarot que el lector puede usar para decidir en qué orden leer los capítulos. **HJ**

Obras destacadas

Novelas

Diccionario jázaro, 1984

Paisaje pintado con té, 1988

La cara interna del viento, 1991

El último amor en Constantinopla, 1994

HANS MAGNUS ENZENSBERGER

Hans Magnus Enzensberger, 11 de noviembre de 1929 (Kaufbeuren, Alemania).

Estilo y género: Enzensberger, uno de los poetas alemanes de posguerra más importantes, ha vertido en sus obras opiniones radicales y una temática relacionada con la inquietud ciudadana ante las cuestiones económicas y el conflicto de clases.

El primer libro de poesía de Hans Magnus Enzensberger se publicó en 1957 y pronto se convirtió en un «joven airado» alemán. Su poesía política, escrita con un estilo claro y conciso, tuvo una buena acogida. Ganó reputación rápidamente como poeta que hablaba por los oprimidos con compasión. Durante la década de 1960, comenzó a escribir para el teatro, la radio y la ópera. En 1964 recibió el premio Georg Büchner por su tercera colección de poesía, *Blindenschrift*, y se hizo miembro de movimiento Gruppe 47, un grupo de escritores políticos entre los que figuraba Heinrich Böll. En *El hundimiento del Titanic*, el transatlántico se convierte en metáfora de la sociedad moderna y explora la distancia que separa a los ricos de los pobres. **HJ**

Obras destacadas

Poesía

Lengua del país, 1960

Blindenschrift, 1964

Más ligero que el aire: poesías morales, 1999

Novelas

El corto verano de la anarquía: Vida y muerte de Durruti, 1972

El hundimiento del Titanic, 1978

El filántropo, 1984

Ensayo

Migajas políticas, 1982

Mediocridad y delirio, 1988

En el laberinto de la inteligencia, 2007

JUAN MARSÉ

Juan Marsé Carbó, (nacido **Juan Faneca Roca**), 8 de enero de 1933 (Barcelona, España).

Estilo y género: Marsé ha creado un mundo propio, ubicado en la Barcelona de la posguerra, a partir de la memoria compartida por los vencidos.

Las calles empinadas de los barrios del Guinardó y el Carmelo en la Barcelona de la posguerra son los escenarios de derrota, de sueños frustrados y de heridas sin cicatrizar donde creció Juan Marsé (nacido Juan Faneca Roca y adoptado al morir su madre). Literariamente, pocas veces ha salido de ese mundo de jóvenes defraudados, burgueses envilecidos, obreros sin futuro, delincuentes y policías sin redención posible Sus historias están contadas a partir de la memoria y de la imaginación del niño que lo vio todo. Autodidacta, ha sido aprendiz de joyero, mozo de laboratorio, traductor, periodista y creador de personajes inolvidables como Pijoaparte, Jan Julivert Mon o Juan Marés. Ha ganado los premios Juan Rulfo (1997) y Cervantes (2008). **FV**

Obras destacadas

Novelas

Encerrados con un solo juguete, 1960

Últimas tardes con Teresa, 1966

La oscura historia de la prima Montse, 1970

Si te dicen que caí, 1973

La muchacha de las bragas de oro, 1978

Un día volveré, 1982

Ronda del Guinardó, 1984

El amante bilingüe, 1990

El embrujo de Shanghai, 1993

Rabos de lagartija, 2000

Canciones de amor en Lolita's Club, 2005

Cuentos

Teniente Bravo, 1987

JOHN BARTH

John Simmons Barth, 27 de mayo de 1930 (Cambridge, Maryland, EE.UU.).

Estilo y género: De firme determinación, Barth, cuentista, novelista y ensayista posmodernista, crea narraciones nada convencionales, que juegan con la verdad, el poder autoritario y la epistemología.

John Barth fue una figura clave en la génesis de la metaficción, un estilo paródico y autorreferencial que invita al lector a participar del proceso creativo que construye el texto. Al hilo de las tendencias literarias posmodernas, Barth revisó los modos convencionales de narración y los condujo hacia formas hiperactivas, inseguras pero atrevidas, que trastocaron las restricciones de la narrativa recién descubiertas.

Barth comenzó estudiando teoría musical y orquestación en la Juilliard School de Nueva York. Tras abandonar la música, se licenció en periodismo y posteriormente se graduó en la Universidad John Hopkins de Maryland. Después ocupó diversos cargos académicos enseñando inglés en las universidades de Penn State, Buffalo, Boston y John Hopkins.

En 1957 publicó *La ópera flotante*, una novela poco convencional sobre la vida de un abogado suicida. Lo peculiar de la propuesta dividió a los críticos, ya que algunos le acusaron de tener un estilo demasiado frenético destinado a confundir al lector. Por lo demás, la novela se consideró refrescante y audaz, afín a los florecientes principios de los movimientos posmodernos. Sus novelas posteriores fueron bien recibidas, en especial *El plantador de tabaco* y *Giles Goat-Boy*. En 1968 las historias enérgicas y traviesas de *Perdido en la casa encantada* evidenciaron su deseo de experimentar con el orden establecido. En este libro, el juego con el texto sirve para destacar la agotada naturaleza del lenguaje escrito, pero aun así demuestra la capacidad dinámica e innovadora de las formas textuales para permear el canon. Barth ha ganado varios premios, entre ellos el National Book Award, el F. Scott Fitzgerald Award for Outstanding Achievement in American Fiction y el PEN/Malamud Award for Excellence in the Short Story. **LK**

«No soy filósofo, salvo después del hecho; pero sí soy un duro racionalizador.» *La ópera flotante*

Obras destacadas

Novelas

La ópera flotante, 1957

El fin del camino, 1958

El plantador de tabaco, 1960

Giles Goat-Boy, 1966

Cuentos

Perdido en la casa encantada, 1968

Novela corta

Quimera, 1972

ARRIBA: Retrato de Barth en 1997, año que ganó el F. Scott Fitzgerald Award.

DEREK WALCOTT

Dereck Walcott, 23 de enero de 1930 (Castries, Santa Lucía).

Estilo y género: Walcott, poeta, pintor y dramaturgo caribeño, expone en su obra las complejidades que acarrean las raíces multiculturales. Su temática de viajes y exilio se basa en la poesía de Homero.

El paisaje caribeño ha dejado una profunda impronta en la obra de Derek Walcott, pero también el doloroso legado colonial del lugar. Walcott dice que la inspiración de gran parte de su poesía se debe a que se encuentra «dividido hasta en la sangre» por su ascendencia africana y europea. Hijo angloparlante de una familia metodista en una comunidad francófona católica, Walcott no tardó en ser consciente del potencial artístico y del conflicto social que acarrea una herencia multicultural compleja.

Tanto en su vida como en su obra, Walcott se ha sentido atraído por los náufragos, atrapados entre dos lugares, culturas e idiomas. Con *In A Green Night* alcanzó la fama internacional. El título, eco de un verso del gran poema «Bermudas» sobre el exilio religioso de Andrew Marvell, es uno de los numerosos recordatorios atribulados de que el Renacimiento fue una edad fértil del aprendizaje, pero también una época de oscuridad colonial y opresión. El desplazamiento y la deslocalización resultan evidentes en títulos posteriores como *The Castaway* y *The Gulf*. Walcott acepta los efectos psicológicos de la diáspora

Obras destacadas

Poesía

In A Green Night, 1962
The Castaway and Other Poems, 1965
The Gulf and Other Poems, 1969
Otra vida, 1973
El reino de la manzana estrellada, 1979
Omeros, 1990
The Bounty, 1997
Tiepolo's Hound, 2000
The Prodigal, 2004

ARRIBA: Retrato de estudio de Derek Walcott, en 2000, por Horst Tappe.

DERECHA: Walcott en su casa de Santa Lucía en enero de 2005.

africana gracias a los paralelismos que encuentra en la poesía épica de Homero. Sin embargo, en cierta ocasión comentó que «los clásicos consuelan, pero no lo suficiente».

Con todo, el concepto de viaje épico persiste en su obra, especialmente en *Omeros*, con su insistencia en los juegos de palabras con el nombre griego de Homero y la búsqueda circular del hogar. Por su parte, *Otra vida* se propone redescubrir y recuperar la herencia cultural caribeña. En *Sea Grapes* el poeta regresa a las vistas y sonidos de su Santa Lucía natal y en *El reino de la manzana estrellada* adopta el criollo de Trinidad en boca de un poeta-marinero llamado Shabine. Walcott ha argumentado consistentemente en contra de una literatura de venganza o de remordimiento y a favor de una «estética verdaderamente dura» que continúa forjando en sus trabajos más recientes, entre ellos. Walcott recibió el premio Nobel de Literatura en 1992. **SR**

ARRIBA: ***Calle de Gros Îlet*, acuarela de Walcott pintada en 2002.**

Un lado dramático

Derek Walcott ha desempeñado un papel fundamental en el desarrollo de la tradición teatral caribeña. Su obra *Ione* combina elementos folclóricos caribeños con el legado del drama clásico. Su deseo de crear un teatro donde «alguien pueda representar a Shakespeare y cantar calipso con la misma convicción» se cumplió gracias a su trabajo junto a la Trinidad Theater Workshop y la producción de obras como *Ti-Jean and His Brothers* y *Dream on Monkey Mountain*. También ha colaborado en musicales como *The Joker of Seville* (1974) con Galt MacDermot y *The Capeman* (1998) con Paul Simon.

TED HUGHES

Edward James Hughes, 17 de agosto de 1930 (Mytholmroyd, West Yorkshire, Inglaterra); 28 de octubre de 1998 (Devon, Inglaterra).

Estilo y género: La obra poética de Hughes se caracteriza por un vívido uso del lenguaje. Fue poeta inglés laureado entre 1984 y 1998.

Obras destacadas

Poesía

El halcón bajo la lluvia, 1957
Lupercal, 1960
Wodwo, 1967
Cuervo: de la vida y las canciones del cuervo, 1970
Moortown Diary, 1979
Remains of Elmet, 1979
Cartas de cumpleaños, 1998

Los poemas de Ted Hughes permanecieron enraizados a lo largo de su carrera en el habla local de Calder Valley, donde se crió, y muy vinculados al paisaje que progresivamente acabó convirtiendo en elegía en su estado de ruina postindustrial. Su padre fue un superviviente de la Primera Guerra Mundial y varios de sus primeros poemas, entre los que se incluyen «Six Young Men» y «Wilfred Owen's Photographs», reflejan la colosal tragedia que supuso el período comprendido entre 1914 y 1918. Sus estudios en arqueología y antropología en la Universidad de Cambridge moldearon su interés por el medio ambiente y las culturas e idiomas ajenos. En Cambridge, además, conoció a Sylvia Plath y, tras su matrimonio en junio de 1956, pasó dos años en Estados Unidos (1957-1959).

El halcón bajo la lluvia consolidó inmediatamente su reputación de poeta enérgico y atrevido que trabajaba contra el «movimiento» predominante anclado en los valores de la época, por las formas tradicionales y una temática accesible. La vitalidad lingüística distinguía a Hughes, pese a que con frecuencia era confundida con violencia. *Lupercal* y *Wodwo* consolidaron su atractivo como escritor sensible a las energías de la naturaleza y al «elemental circuito enérgico del universo». *Cuervo*, con sus sorprendentes ilustraciones a cargo de Leonard Baskin, mostró que Hughes era un poeta con una poderosa mente generadora de mitos y un oscuro sentido del humor. En posteriores volúmenes como *Moortown Diary* y *Remains of Elmet*, desarrolló una nueva urgencia ecológica y una mayor sensibilidad hacia el paisaje inglés. También dirigió la atención del público británico hacia la obra de poetas rusos y del este de Europa mediante la influyente revista *Modern Poetry in Translation*. **SR**

> «Quizá, si no tienes esa secreta confesión, no tienes poema.»

ARRIBA: Hughes en 1986 durante una lectura de 24 horas al aire libre.

J. G. BALLARD

James Graham Ballard, 15 de noviembre de 1930 (Shanghai, China); 19 de abril de 2009 (Londres, Inglaterra).

Estilo y género: Ballard abordó en su narrativa los desastres naturales, el potencial erótico y psíquico de la tecnología y la violencia del capitalismo.

Ballard ha sido una figura única en la literatura inglesa durante más de cincuenta años, y el término «ballardiano» *(ballardian)* es esencial para comprender el mundo posmoderno. Comenzó como escritor de ciencia ficción, pero no tardó en adaptar las convenciones del género a sus elegantes novelas de desastres como *El mundo de cristal*, *El mundo sumergido* y *La sequía*. En estas obras el fin del mundo parece, más que un desastre, una ocasión para reconsiderar con extraña belleza nuestra vida interior.

Ballard se dio a conocer con la publicación de *Exhibición de atrocidades*, cuyo comienzo Martin Amis llama el «período de cemento y acero». El libro es un brillante catálogo experimental de atrocidades patológicas del capitalismo más reciente, con secciones como «The Facelift of Princess Margaret» y «Why I Want to Fuck Ronald Reagan». Le siguió después la novela *Crash*, una creación todavía más libre sobre las posibilidades eróticas de los accidentes de carretera. Cuando Ballard presentó *Crash* al editor, su primer lector comentó: «Ni la psiquiatría podría ayudar al autor de este libro», cosa que Ballard interpretó como prueba de su éxito literario. En 1996 David Cronenberg adaptó la novela al cine con gran éxito.

Parte de los orígenes de las ansiedades y las imágenes compulsivas de Ballard pueden encontrarse en *El imperio del sol*, una novela autobiográfica sobre su infancia en un campo de prisioneros japonés. El libro obtuvo un éxito comercial inusitado y Steven Spielberg lo adaptó al cine. Ballard no tardó en retornar al terreno más oscuro de sus preocupaciones. A partir de la década de 1990 escribió una serie de novelas que subvierten con estilo nuestras nociones de forma literaria y comunidad, como *Noches de cocaína*, *Super-Cannes* y *Bienvenidos a Metro-Center*. **MS**

«Mis libros son avisos. Soy el que grita al lado de la carretera: "¡Reduzca la velocidad!".»

Obras destacadas

Novelas

El mundo de cristal, 1962
El mundo sumergido, 1966
Exhibición de atrocidades, 1970
Crash, 1973
La isla de cemento, 1974
Noches de cocaína, 1996
Super-Cannes, 2000
Bienvenidos a Metro-Center, 2006

Autobiografía

El imperio del sol, 1984

ARRIBA: Detalle de una foto de Ballard en una estación de tren el 9 de octubre de 1992.

HAROLD PINTER

Harold Pinter, 10 de octubre de 1930 (Londres, Inglaterra); 24 de diciembre de 2008 (Londres, Inglaterra).

Estilo y género: Pinter es conocido por su característico uso del lenguaje, las pausas y la sensación de amenaza, aparte de por su interés por la memoria.

Obras destacadas

Teatro
La fiesta de cumpleaños, 1958
El guardián, 1960
Retorno al hogar, 1965
Viejos tiempos, 1971
Betrayal, 1978
El lenguaje de la montaña, 1988
Luz de luna, 1993
Celebración, 1999

Cuesta describir el efecto que causan los dramas de Harold Pinter. Si algunos críticos los llaman «comedias de amenaza», el público percibe sobre todo la parte de la amenaza. Por ejemplo, en el argumento de la que se considera su obra maestra, *Retorno al hogar*, Teddy y su esposa estadounidense regresan a la casa familiar de él en Londres. Al principio a la mujer le inquieta esa casa extraña y habitada solo por hombres, y sus temores se confirman cuando tanto el padre de Teddy como sus hermanos se le ofrecen sexualmente. Sin embargo, cuando le proponen abiertamente que resida con ellos en calidad de asistenta y prostituta, solo le preocupa cuál será la retribución salarial.

A primera vista parecería una trama con pocas excusas para la carcajada. Sin embargo, muchas de las primeras obras de Pinter son humorísticas. Obras como *The Dumb Waiter* y *La fiesta de cumpleaños* están plagadas de bromas y diálogos ingeniosos. A medida que las obras alcanzan los giros inesperados que le han hecho famoso y viran hacia la hostilidad, la brutalidad o la violencia, resulta demasiado fácil olvidar sus aspectos cómicos.

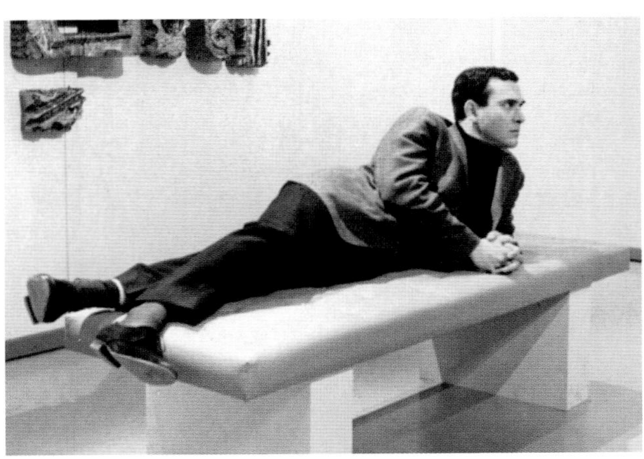

ARRIBA: Pinter en París en mayo de 2005, año en que ganó el premio Nobel.

DERECHA: Pinter posa para una sesión con George Konig en 1964.

ARRIBA: Pinter en septiembre de 2007 en el escritorio de su casa londinense.

Pinter nos obliga a reconocer los modos en que la risa y el lenguaje pueden enmascarar la fealdad y perversión endémicas a las relaciones de poder entre humanos: un acto de reconocimiento cuya expresión estilística suele describirse como «pinteresca».

Pinter, aunque escapa a las clasificaciones, puede decirse que rechaza uniformemente el sentimentalismo, lo cual se sugiere en la relación de contrapunto entre los títulos de sus obras y el tema que tratan: entre la calidez que implica *Retorno al hogar* y su escalofriante contenido, por ejemplo. Evita categóricamente la exposición y el desenlace y, por tanto, formalmente se opone a la estructura de una buena obra teatral. Y, finalmente, sus personajes a menudo resultan muy ambiguos, y sus motivaciones tan misteriosas para el resto de personajes como para el público. Pinter dejó de escribir teatro en 2003, pero siguió escribiendo poesía y guiones hasta su muerte. Obtuvo el premio Nobel de Literatura en 2005. **IW**

Pinter en el cine

Aunque es más conocido por el teatro y la poesía, Harold Pinter también fue un guionista prolífico que escribió más de 25 guiones. En cine le interesó sobre todo adaptar a otros escritores. Creó guiones basados en *La mujer del teniente francés* de John Fowles, *El cuento de la criada* de Margaret Atwood, *El placer del viajero* de Ian McEwan, *El proceso* de Franz Kafka y, recientemente, *La huella* de Anthony Shaffer. También adaptó *En busca del tiempo perdido* de Marcel Proust y *El rey Lear* de William Shakespeare, aunque todavía no se han filmado.

CHINUA ACHEBE

Albert Chinualumogu Achebe, 16 de noviembre de 1930 (Ogidi, Nigeria).

Estilo y género: Achebe describe los efectos de la cultura occidental en la sociedad tradicional igbo. Su estilo tiende hacia la oralidad, las parábolas igbo y el empleo rudimentario del lenguaje.

Obras destacadas

Novelas

Todo se derrumba, 1958
No Longer at Ease, 1960
Flecha de Dios, 1964
Un hombre del pueblo, 1966
Anthills of the Savanna, 1987

Chinua Achebe pasó su niñez viendo desplegarse dos mundos distintos, y desde entonces trabaja para reconciliarlos mediante la literatura. En su empeño ha ganado más de una veintena de doctorados honoríficos y diversos premios literarios, entre los que se incluyen el Man Booker International (2007) y el Nigerian National Merit Award (1979).

Sus devotos padres cristianos le bautizaron Albert en homenaje al príncipe Alberto, pero también le educaron en las prácticas tradicionales de la sociedad igbo. Achebe adoptó su nombre igbo, que significa «que Dios esté de mi parte», tras graduarse en la Universidad de Ibadán. Aplicó a su propia vida las bases para el cambio social de Nigeria que a menudo explora en su literatura.

Su primera novela y probablemente la más conocida es *Todo se derrumba*. Cuenta la historia del forzudo Okonkwo y el declive desencadenado por su incapacidad para adaptarse a la nueva autoridad del comisionado británico y la Iglesia misionera. *No Longer at Ease* y *Flecha de Dios* trazan trayectorias coloniales similares, revelando por primera vez los conflictos de la vida tradicional nigeriana bajo la influencia del poder colonial. Novelas posteriores como *Un hombre del pueblo* examinan los problemas internos en Nigeria como resultado de la presencia colonial. La segunda fase de su carrera de escritor aborda la guerra civil nigeriana, en la que Achebe sirvió como diplomático de Biafra. Al recurrir a un lenguaje simplificado y parábolas igbo, Achebe desarrolló un nuevo paradigma para la escritura de novelas africanas. Defendiendo el uso del inglés y rechazando el concepto europeo de arte, aplicó la tradición oral narrativa al formato de la novela, y al hacerlo fundó un nuevo tipo de literatura africana. **JSD**

«Nuestros antepasados crearon sus mitos y contaron sus historias con propósitos humanos.»

ARRIBA: Chinua Achebe en una entrega de premios en Alemania, en octubre de 2002.

DERECHA: Edición corregida de *Flecha de Dios* en 1967.

Arrow of God

CHINUA ACHEBE

AW 16

EDNA O'BRIEN

Edna O'Brien, 15 de diciembre de 1930 (Tuamgraney, condado de Clare, Irlanda).

Estilo y género: O'Brien realiza conmovedores retratos de mujeres contemporáneas aisladas, insatisfechas y reprimidas. Su obra destaca por su sexualidad sincera, sus descripciones líricas y sus poderosas reminiscencias de James Joyce.

Obras destacadas

Novelas

The Country Girls, 1960
The Lonely Girl/Girl with Green Eyes, 1962
Girls in Their Married Bliss, 1964
Agosto es un mes diabólico, 1965
I Hardly Knew You, 1977
House of Splendid Isolation, 1994
La luz del atardecer, 2006

Cuentos

A Scandalous Woman, 1974
Lantern Slides, 1990

Edna O'Brien ha encontrado inspiración en su vida personal. Nació en un pequeño pueblo del oeste irlandés y pasó la niñez recluida escribiendo historias. Posteriormente, estuvo unos años en un convento católico antes de trasladarse a la bulliciosa Dublín. Estudió farmacia, publicó algunas piezas en *Irish Press* y se escapó con el novelista Ernest Gebler. Se casaron en 1951 y se establecieron en el condado de Wicklow y luego en Londres.

Se divorciaron durante la década de 1960, unos años después del gran éxito de su primera novela, *The Country Girls*. A esta le seguirían *The Lonely Girl* y *Girls in Their Married Bliss*, formando una trilogía exitosa basada en experiencias dolorosas. Los tres libros narran las historias de unas chicas criadas en la católica Irlanda rural que huyen a Dublín y a Londres y acaban atrapadas en matrimonios infelices. En Irlanda se prohibieron por su franqueza.

La temática del amor condenado continuó presente en la obra de O'Brien, desde la emotiva *Agosto es un mes diabólico*, en la que matan al hijo y al marido de la protagonista, falta de amor, hasta *I Hardly Knew You*, en la que la protagonista paga con su amante los pecados cometidos por sus antiguas parejas. En *House of Splendid Isolation*, O'Brien se adentró en terrenos políticos y comenzó una trilogía sobre diversos asuntos irlandeses: el IRA, el aborto y la identidad nacional.

«[...] la alteración mental que provoca la literatura es saludable y vigorizante.»

El talento de O'Brien brilla especialmente en sus relatos. La temática es similar a la de las novelas y cabría destacar en particular «The Love Object» y «The House of My Dreams». También ha escrito guiones para adaptaciones cinematográficas de sus cuentos y novelas, además de obras de teatro, ensayos sobre Irlanda y una biografía muy personal de James Joyce. **AK**

ARRIBA: O'Brien en el Festival del Libro de Edimburgo, en agosto de 2002.

JUAN GOYTISOLO

Juan Goytisolo, 6 de enero de 1931 (Barcelona, España).

Estilo y género: Goytisolo critica de España los valores católicos represivos y el abandono de su pasado multicultural. Su estilo es vanguardista y provocativo, con un trasfondo plagado de reproches políticos y sociales.

Juan Goytisolo nació justo antes de la guerra civil y creció odiando el régimen franquista, al que culpaba de la muerte de su madre, fallecida durante un bombardeo en Barcelona, y la ruptura de su familia —su padre, franquista, fue encarcelado por los republicanos—. En su obra también se aprecian sentimientos conflictivos hacia España como país. En una entrevista para *The Guardian* en 2000 declaró: «Hubiese resultado imposible una tercera vida en España. Amo la cultura española pero odio su sociedad; soy incapaz de vivir allí». Goytisolo alude aquí al exilio que él mismo se impuso en 1956 y que le llevó a París y luego a Marruecos.

La bisexualidad de Goytisolo se filtra en su obra y también en su opinión sobre la cultura tradicional y represiva española. Su primera novela, *Juegos de manos*, se publicó en 1954 con un gran éxito. El régimen de Franco prohibió el libro como haría con el resto de sus obras hasta la muerte del dictador en 1975. Tras publicar una colección de relatos titulada *Fin de fiesta*, Goytisolo rompió con el realismo de sus trabajos anteriores y comenzó a escribir de forma experimental. El escritor considera que su primera novela adulta es *Señas de identidad* y reniega de las anteriores. Considerada por algunos su obra maestra, *Reivindicación del conde don Julián* trata de la reinvención de la lengua española vista como herramienta política. Goytisolo también escribió una autobiografía a mediados de la década de 1980. Se estableció en Marrakech, Marruecos, por su amor a la cultura islámica y por la actitud hacia su sexualidad, que se acepta pero no se menciona. Su eterna batalla contra la España católica y nacionalista va unida a su búsqueda de una libertad moral, sexual y política. En 2004 recibió el premio Juan Rulfo, y en 2008 el Nacional de Literatura. **REM**

«Sus obras [...] son como páginas arrancadas del libro de la experiencia.» *New York Times*

Obras destacadas

Novelas

Juegos de manos, 1954
Señas de identidad, 1966
Reivindicación del conde don Julián, 1970
La saga de los Marx, 1993
El sitio de los sitios, 1995
Las semanas del jardín, 1997
Carajicomedia, 2000
Telón de boca, 2003

Cuentos

Fin de fiesta, 1962

ARRIBA: Goytisolo en una feria literaria en Sarajevo, Bosnia, en septiembre de 2000.

E. L. DOCTOROW

Edgar Lawrence Doctorow, 6 de enero de 1931 (Nueva York, Nueva York, EE.UU.).

Estilo y género: Doctorow, famoso novelista estadounidense, trata temas históricos con un estilo perspicaz y a menudo controvertido que rompe las barreras de los géneros literarios.

Obras destacadas

Novelas

El libro de Daniel, 1971

Ragtime, 1975

Billy Bathgate, 1989

La gran marcha, 2005

E. L. Doctorow es un célebre autor contemporáneo cuyas obras absorbentes dan vida a la historia estadounidense; en sus novelas alterna cuidadosamente hechos históricos y ficción literaria para crear narraciones apasionantes, perspicaces e inquisitivas como *Billy Bathgate* o *La gran marcha*. Doctorow describe vívidos paisajes históricos mediante la evocación de ambientaciones y atmósferas con su hermosa prosa, mientras su afilado estilo narrativo tiñe la obra de inmediatez y de un sorprendente realismo.

El libro de Daniel, su tercera novela, supuso su primer éxito comercial. La obra se basa en el caso Rosenberg de espionaje y muestra las complejidades de Estados Unidos durante la guerra fría. De ritmo ágil y emocionante, estableció su reputación como figura destacada de las letras estadounidenses. Cuatro años después publicó *Ragtime*. Se trata de una novela impresionante, ambientada en la década anterior a la Primera Guerra Mundial, que entremezcla personajes históricos y ficticios. Doctorow recrea tan fielmente ese período histórico que los límites entre ficción y realidad se difuminan. El libro obtuvo el National Book Critics' Circle Award for Fiction en 1976 y también fue seleccionada entre las cien mejores novelas del siglo XX por la junta editorial de la Modern Library. En 2005, gracias a *La gran marcha*, Doctorow confirmó el lugar privilegiado que ocupa entre los más grandes literatos contemporáneos. Ambientada durante la guerra civil estadounidense, esta novela da una versión ficticia de la infame campaña militar del general William Tecumseh Sherman por todo el país. La novela fue finalista del National Book Award de 2005 y ganó el National Book Critics' Circle Award ese mismo año. En 2006 obtuvo el PEN/Faulkner Award. **TamP**

«Necesitamos escritores porque ha de haber testigos de este siglo terrible.»

ARRIBA: Doctorow en la gala literaria PEN Montblanc, Nueva York, 20 de abril de 2005.

THOMAS BERNHARD

Nicolaas Thomas Bernhard, 9 de febrero de 1931 (Heerlen, Países Bajos); 12 de febrero de 1989 (Gmunden, Austria).

Estilo y género: En las novelas y obras teatrales de Bernhard, el asco existencial alcanza esa masa crítica donde se vuelve indistinguible del amor... o de un chiste.

Enfant terrible de la Austria de posguerra y autoproclamado «artista de la exageración», Thomas Bernhard era hijo de una empleada doméstica que falleció cuando él tenía 19 años. Jamás conoció a su padre. Su abuelo materno, también escritor, fue una figura importante para el autor, aunque no le considerase un modelo a imitar. Por supuesto, Bernhard afirmaba no disponer de ningún modelo de conducta.

Pasó sus primeros años en Viena y posteriormente en Seekirchen, cerca de Salzburgo, y en Baviera. La Segunda Guerra Mundial marcó su adolescencia, que transcurrió traumáticamente en internados nacionalsocialistas, primero en Turingia y luego en Salzburgo. En 1945 el Salzburg Johanneum volvió a convertirse en colegio católico, e inspiró a Bernhard su famosa designación del Estado austríaco como «nacionalsocialistacatólico».

Desde el punto de vista formal, su obra revela la influencia de sus estudios musicales, de interpretación y filosóficos. Su primera novela, *Helada*, está plagada de monólogos misántropos del anciano artista Strauch, enunciados durante largos paseos por un sombrío entorno alpino. La muerte, la falta de sinceridad, la brutalidad, la estupidez —cuestiones que figuran con una obstinación malsana en toda su obra— se analizan en ellos con paciente atención. Un joven doctor hace las veces de público de Strauch y narrador, creando un espacio entre el lector y el artista en el que la seducción solo puede tener lugar de forma consciente.

«Solo reconocemos cómo somos cuando tenemos miedo.»

Bernhard, enfermo de los pulmones, pasó la mayor parte de su vida en Salzburgo y sus inmediaciones. En *Old Masters: A Comedy* honra la muerte de la compañera «de su vida», Hedwig Stavianicek, que tenía 35 años menos que él. Bernhard la sobrevivió apenas cinco años. **JK**

Obras destacadas

Novelas

Helada, 1963
Corrección, 1975
El sobrino de Wittgenstein, 1982
Extinción, 1986

Teatro

Una fiesta para Boris, 1968
Ritter, Dene, Voss, 1984
El hombre de teatro, 1984

Poesía

In Hora Mortis, 1958
Bajo el hierro de la luna, 1958

ARRIBA: Thomas Bernhard en el patio de su granja de Ohlsdorf, en marzo de 1981.

TONI MORRISON

Chloe Ardelia Wofford, 18 de febrero de 1931 (Lorain, Ohio, EE.UU.).

Estilo y género: Autora afroamericana, Morrison ha escrito sinuosas y poéticas novelas que combinan técnicas narrativas innovadoras del Harlem Renaissance con el simbolismo del «realismo mágico».

Obras destacadas

Novelas

Ojos azules, 1970

Sula, 1973

La canción de Salomón, 1977

Beloved, 1987

Jazz, 1992

Paraíso, 1999

Amor, 2003

Una bendición, 2008

ARRIBA: Retrato de Toni Morrison por Dana Lixenberg, en el *Book Magazine* (2003).

En 2006 *The New York Times Book Review* escogió *Beloved*, de Toni Morrison, como la mejor novela estadounidense del último cuarto del siglo XX. La elección generó una sorprendente controversia, teniendo en cuenta que el libro ya había ganado el premio Pulitzer y su autora había recibido el Nobel de Literatura en 1993.

Por lo visto, la controversia respondía al hecho de que, pese al incuestionable dominio formal de Morrison, sus novelas son tan únicas dentro del contexto de las letras estadounidenses que difícilmente pueden considerarse representativas. La ficción de Morrison comparte temática y técnica con el movimiento internacional que suele denominarse «poscolonialismo», pero su obra difiere de la de autores como Salman Rushdie o Gabriel García Márquez en su decidida domesticidad, en que las cuestiones políticas de sus novelas emergen de su ética sexual y no a la inversa. La hondura sentimental y el desarrollo de los personajes de sus historias, en manos menos competentes, podrían pecar de exceso de revisionismo histórico.

Morrison escribió su primera novela, *Ojos azules*, cuando ya tenía dos hijos y llevaba 15 años enseñando literatura inglesa en la universidad. Su segunda novela, *Sula*, estuvo nominada al National Book Award, y la tercera, *La canción de Salomón*, ganó el National Book Critics Circle Award. Estos primeros trabajos ejemplifican su habilidad para entretejer textos con redes de alusiones y aplicar temas inspirados por la teoría literaria posmoderna sin caer en la abstracción.

Para *Beloved*, Toni Morrison se inspiró en la historia de una esclava fugada que prefirió matar a sus hijos antes que devolverlos a la plantación. Esta novela, igual que *Jazz* y *Paraíso*, se construye alrededor de experiencias traumáticas que la autora utiliza con una sobriedad narrativa cimentada en una prosa rica y evocativa. Por su parte, *Amor* añade complejidad a las dinámicas in-

ARRIBA: Oprah Winfrey recomienda *La canción de Salomón* 19 años después de su publicación.

terpersonales de sus obras anteriores, pero sin dejar de explorar sus temas habituales: la dificultad de compartir espacios, la relación entre la historia traumática y el presente, y el significado de los muertos para los vivos.

Que una novelista tan inflexiblemente literaria como Toni Morrison disfrute de una legión de lectores tan grande en Estados Unidos se explica en gran medida por sus apariciones en el programa televisivo *Oprah*. De hecho, la presentadora del programa, Oprah Winfrey, produjo y protagonizó la versión cinematográfica de *Beloved* en 1998, y *La canción de Salomón* fue una de las primeras recomendaciones de su club de lectura. Winfrey suele contar con Morrison como colaboradora en su programa. **SY**

«Liberarse era una cosa; reclamar la propiedad de ese ser liberado, otra muy distinta.»

TOM WOLFE

Thomas Kennerly Wolfe, Jr., 2 de marzo de 1931 (Richmond, Virginia, EE.UU.).

Estilo y género: Wolfe es un erudito periodista, novelista e investigador cultural que ha documentado la evolución de la sociedad estadounidense en sus cambiantes fases económicas y sociales.

Tom Wolfe prefirió estudiar en las universidades de Lee y de Washington a la de Princeton, y fue un alumno brillante. A mediados de la década de 1950 comenzó una larga carrera periodística que le permitió realizar reportajes sobre la infinidad de cambios sociales que se produjeron durante los años sesenta en Estados Unidos, interesándose, en especial, por los problemas raciales. Wolfe trabajó para el *Washington Post* y el *New York Herald Tribune*, donde a menudo publicó también ilustraciones, y se convirtió en una voz fundamental del movimiento denominado «nuevo periodismo».

Su primer libro, *El coqueto aerodinámico rocanrol color caramelo de ron*, es un volumen de artículos seleccionados de la década de 1960. Wolfe consiguió otros éxitos de no ficción como *Ponche de ácido lisérgico, La izquierda exquisita de Mau-maumauando el parachoques* y *La palabra pintada*. Con frecuencia, las teorías de Wolfe sobre la escritura no han sido bien recibidas por parte de otros escritores contemporáneos, que no comparten su pasión por el enfoque realista y periodístico de sus obras literarias.

Su primera y más exitosa novela, *La hoguera de las vanidades*, la escribió por entregas quincenales para la revista *Rolling Stone*. Posteriormente apareció publicada íntegramente con un gran éxito. Los críticos aplaudieron la descripción que hacía de Estados Unidos en la década de 1980, un país obsesionado con el dinero. En *Todo un hombre* el personaje de Charlie Croker ya no es capaz de enfrentarse a la demografía cambiante y multicultural estadounidense con la misma autoridad que cuando vivía en una sociedad más joven y dócil. Tom Wolfe ha ganado el American Book Award de no ficción y el Columbia Journalism Award, entre otros premios. **LK**

«La actitud consiste en vivir y dejar vivir [...], es un ejemplo de la emancipación.»

Obras destacadas

Novelas

La hoguera de las vanidades, 1987
Todo un hombre, 1998
Soy Charlotte Simmons, 2004

No ficción

El coqueto aerodinámico rocanrol color caramelo de ron, 1965
Ponche de ácido lisérgico, 1968
La banda de la casa de la bomba y otras crónicas de la era pop, 1968
La izquierda exquisita de Mau-maumauando el parachoques, 1970
La palabra pintada, 1975

ARRIBA: Tom Wolfe en su residencia de Nueva York en octubre de 2004.

DONALD BARTHELME

Donald Bartholme, 7 de abril de 1931 (Filadelfia, Pensilvania, EE.UU.); 23 de julio de 1989 (Houston, Texas, EE.UU.).

Estilo y género: Las obras surrealistas y posmodernistas de Bartholme son experimentales en la forma, innovadoras en el lenguaje y muy cómicas.

Donald Barthelme ha cultivado con maestría las obras de formato breve. Y aunque, según sus palabras, «el fragmento es la única forma de la que me fío», sus historias fragmentadas poseen una coherencia sorprendente y causan un impacto muy preciso en el lector.

Barthelme nació en Filadelfia y de joven se trasladó a Houston, Texas, donde trabajó como reportero, escritor de discursos y director del Houston Contemporary Arts Museum. Su carrera artística comenzó en 1962, cuando se instaló en Nueva York y fundó la revista *Location*. Poco después, *New Yorker* publicaría su primer relato y en 1964 aparecería su primera colección de cuentos: *Vuelve, Dr. Caligari*. Estas historias, como otras tantas de sus narraciones, utilizan yuxtaposiciones sorprendentes y técnicas similares al collage y parecen muy influidas por artistas surrealistas como Max Ernst, Marcel Duchamp y René Magritte.

Pese a que Barthelme rechaza la etiqueta, cabría definirlo como el máximo exponente estadounidense del relato posmoderno. En su obra tiene mucha presencia el medio a través del que nos llega; como dijo el escritor vanguardista Robert Coover, la obra de Barthelme resulta «sombríamente cómica y paradójica y se basa en las bellas absurdidades del lenguaje». Barthelme también publicó varias novelas: *Snow White* es una atropellada vuelta de tuerca a la historia de *Blancanieves*; y *The Dead Father* es un ataque desbocado contra todas las figuras autoritarias —personales, culturales y textuales— en el que un padre monolítico de líbido voraz y lastimosa atraviesa un paisaje mítico, para acabar descubriendo que se dirige a su tumba. La impronta de Barthelme se aprecia en la obra de destacados autores como David Foster Wallace, Dave Eggers y Péter Esterházy. **MS**

«Abrí la puerta y el nuevo jerbo entró. Los niños vitorearon como locos.» «The School»

Obras destacadas

Novelas

Snow White, 1967

The Dead Father, 1975

Paraíso, 1986

The King, 1990

Cuentos

Vuelve, Dr. Caligari, 1964

City Life, 1970

Sesenta relatos, 1980

Cuarenta relatos, 1987

ARRIBA: Donald Barthelme fotografiado por Jerry Bauer en la década de 1980.

ALICE MUNRO

Alice Laidlaw, 10 de julio de 1931 (Wingham, Ontario, Canadá).

Estilo y género: Desde una perspectiva esencialmente femenina, Munro explora en sus relatos todo el abanico de las relaciones humanas con tristeza y estoicismo, una profundidad sorprendente y un ingenio rápido y despiadado.

Alice Munro suele ser comparada con Anton Chéjov, otro maestro del relato. Ambos escriben con una simplicidad y un naturalismo engañosamente transparentes; son innovadores de la disciplina sin resultar abiertamente «experimentales»; y permiten que las enrevesadas intimidades de los personajes dirijan la trama y no a la inversa. También suele comparárseles porque, por lo demás, es muy difícil describirlos. A ambos podría preguntárseles: ¿Cómo es posible que pasen tantas cosas cuando da la sensación de que no pasa casi nada?

Gran parte de las historias de Munro son, como dijo en cierta ocasión en referencia a *Lives of Girls and Women*, «autobiográficas en la forma pero no en los hechos». Como muchas de sus protagonistas, Munro creció en el lado malo de la ciudad, en un hogar que no valoraba el aprendizaje ni la creatividad, especialmente en el caso de las niñas. Munro tuvo que aprender a disimular siendo muy joven, y gran parte de sus personajes llevan una vida secreta interior. Estos personajes extremadamente observadores se sorprenden y se divierten cuando se confunde a sus personajes impostados con su auténtica naturaleza.

Las historias de Munro también son decididamente canadienses. Se basan en las distinciones de clase y en las costumbres de la vida en Ontario o los alrededores de Vancouver durante la década de 1960. Sin embargo, nunca hablan simplemente de un solo lugar y van adelante y atrás en el tiempo para captar la emoción del momento. La genialidad de Munro radica en su capacidad para destacar elementos que a menudo pasan desapercibidos pero que pueden determinar una trayectoria vital: el recuerdo oculto de una traición, la ambición acomodaticia, las vergüenzas y pretensiones íntimas, el amor que desearías no haber admitido jamás. **CQ**

«Es algo que creo que va creciendo en mí a medida que me hago mayor: los finales felices.»

Obras destacadas

Cuentos

Dance of the Happy Shades, 1968
Lives of Girls and Women, 1971
Who Do You Think You Are?, 1978
Las Lunas de Júpiter, 1982
El progreso del amor, 1986
Amistad de juventud, 1990
El amor de una mujer generosa, 1998
Odio, amistad, noviazgo, amor, matrimonio, 2001
Escapada, 2004
La vista desde Castle Rock, 2006

ARRIBA: Alice Munro en Nueva York, 1 de febrero de 2005.

IVAN KLÍMA

Ivan Klíma, 14 de septiembre de 1931 (Praga, Checoslovaquia).

Estilo y género: Las kafkianas narraciones de Klíma abordan temas como la religión, la justicia social y la lucha política, con cierta vulnerabilidad erótica.

Klíma, ganador de diversos premios literarios —entre ellos, el Franz Kafka de 2002—, es un maestro de la prosa política pero profundamente personal. Quedó marcado por su traumática niñez en el campo de concentración de Terezin y su obra expone las crueldades de la lucha humana por la supervivencia, generalmente apuntaladas por insinuaciones irónicas, cuando no atractivas. Klíma fue perseguido durante el régimen comunista y se le prohibió escribir. Sin embargo, su devoción artística por el estudio de la naturaleza humana permaneció inamovible.

Desde *Judge on Trial*, *Amor y basura*, *Waiting for the Dark, Waiting for the Light* o *Ultimate Intimacy* hasta su más reciente *No Saints or Angels*, las narraciones de Klíma entrelazan protagonistas cuyos intentos sentimentales pero honestos de reconciliar diversas encrucijadas morales, éticas y políticas les dejan suspendidos entre el bien y el mal, la fidelidad y la traición, la creencia política y la propaganda. De un modo kafkiano, Klíma explora la psique de sus personajes a través de sus tribulaciones cotidianas mientras vacilan entre una búsqueda solipsista de la libertad y un compromiso moral con el honor. *Judge on Trial*, su obra más política, examina la difícil situación en que se encuentra Adam Kindl, un juez del tribunal supremo que se amolda al sistema totalitario solo para evitar un conflicto de lealtades. En sus novelas más recientes, *No Saints or Angels* y *The Premier and the Angel*, Klíma muestra una visión escéptica de la vida checa tras el comunismo, mientras denuncia el dominante consumismo occidental y la creciente homogenización de la cultura europea bajo el yugo de otro golem político más, la Unión Europea. Crítico con las injusticias humanas, Klíma es un realista político cuya ficción explora la lucha entre el ser falible y el mundo. **PR**

«La humanidad necesita más tolerancia, solidaridad y humildad.»

Obras destacadas

Novelas

Judge on Trial, 1986

Amor y basura, 1988

Waiting for the Dark, Waiting for the Light, 1993

Ultimate Intimacy, 1996

No Saints or Angels, 1999

The Premier and the Angel, 2003

ARRIBA: Ivan Klíma fotografiado en París el 10 de octubre de 2002.

UMBERTO ECO

Umberto Eco, 5 de enero de 1932 (Alessandria, Piamonte, Italia).

Estilo y género: Las eruditas obras de Eco, semiótico, filósofo y novelista italiano, figuran entre los trabajos de metaficción posmoderna más populares. Eco también ha escrito libros infantiles y ensayos académicos.

Obras destacadas

Novelas

El nombre de la rosa, 1980
El péndulo de Foucault, 1988
La isla del día de antes, 1994
Baudolino, 2000
La misteriosa llama de la reina Loana, 2004

Ficción infantil

La bomba y el general, 1966
Los tres cosmonautas, 1966

Nadie hubiese adivinado que *El nombre de la rosa* —una novela detectivesca ambientada en un monasterio franciscano— acabaría convirtiéndose en semejante éxito; y mucho menos su autor. Eco ya era un experto en semiótica, en la Universidad de Bolonia, cuando escribió esta novela; posteriormente, dijo que la inspiración le vino del deseo de envenenar a un monje.

Sin embargo, en la novela ocurren bastantes más cosas de las que el autor quiere hacernos creer. Para empezar, queda demostrado el exhaustivo conocimiento de Eco sobre el tema; sus monjes piensan como lo haría un monje, en una densa red intertextual de escrituras, comentarios y filosofía neoplatónica que caracterizó a la mente medieval cultivada. Se trata de una novela extremadamente densa para tratarse de un simple asesinato histórico, pero, aunque a los lectores a veces les cuesta seguir los pasajes filosóficos, todavía les resulta más difícil abandonar su lectura.

Menos exitosa que su antecesora, su siguiente novela, *El péndulo de Foucault*, inauguró un género que, a raíz del éxito de *El código Da Vinci*, podría significar para la novela del siglo XXI lo que la novela detectivesca significó en el siglo XIX: el *thriller* artístico-histórico. La novela narra la historia de tres editores de libros sobre ocultismo, que elaboran una teoría de la conspiración que engloba toda la historia, desde las pirámides hasta los nazis. En el proceso, Eco escribe con entusiasmo sobre ideas diversas; pocos escritores han decidido tan claramente compartir sus ideas con sus lectores por el mero placer que les produce. Eco ha sido nombrado *doctor honoris causa* en diversas instituciones académicas de todo el mundo. Otras novelas suyas son: *La isla del día de antes, Baudolino* y *La misteriosa llama de la reina Loana*. **SY**

«Un sueño es un escrito, y muchos escritos no son más que sueños.»

1920-39

ARRIBA: El escritor y periodista Umberto Eco en París el 17 de octubre de 2007.

DERECHA: Umberto Eco interpreta una pieza para flauta en un descanso, 1983.

JOHN UPDIKE

John Hoyer Updike, 18 de marzo de 1932 (Reading, Pensilvania, EE.UU.); 27 de enero de 2009 (Beverly Farms, Massachusetts).

Estilo y género: Prolífico escritor de ficción, ensayo y poesía, descripciones físicas densas y ricas, centradas en el matrimonio, el adulterio, la paternidad y la fe.

Si al escritor estadounidense posterior a Hemingway y Mailer se le supone aventurero, criatura política y hombre de mundo, John Updike vendría a ser una curiosidad. Su ficción es de ámbito doméstico. La mayor parte de sus novelas transcurren en la Pensilvania de clase media de su juventud o en la privilegiada Nueva Inglaterra de su madurez. Sus personajes llevan vidas aparentemente cómodas, pero Updike desentraña con maestría su incomodidad sexual, ética y religiosa. De forma poco habitual en un novelista de sexo masculino, sus obsesiones principales derivan del matrimonio y el descontento que genera: muchas de sus novelas y relatos acaban en adulterio, divorcio y nuevos matrimonios.

La carrera literaria de Updike comenzó en agosto de 1954 cuando, después de numerosos rechazos, *The New Yorker* finalmente le publicó un poema. Entre 1955 y 1957 trabajó como redactor de plantilla para la revista, realizando esbozos de la vida cotidiana de Nueva York para la sección «Talk of the Town». La gran versatilidad de Updike como escritor se remonta a su período de periodista, y de su colaboración con *The New Yorker* han nacido cientos de relatos, críticas, poemas y esbozos.

Sin embargo, sus mejores trabajos son novelísticos. El personaje de Harry *Conejo* Angstrom —su concepto de hombre corriente— le condujo al éxito. A lo largo de varias novelas seguimos el viaje de Conejo desde una juventud complicada a una madurez satisfecha. Cada libro refleja las tensiones sociales de parte de la posguerra estadounidense, pero Updike se centra siempre en las epifanías personales y en las crisis de Conejo. Como muchos de sus personajes, Conejo comparte con su autor las dudas que le plantea la fe religiosa: se esfuerza por vivir como cristiano en un mundo secular y dividido. **CT**

«Estar desnudo roza lo revolucionario; caminar descalzo es mero populismo.»

Obras destacadas

Novelas

Corre conejo, 1960
El centauro, 1963
Parejas, 1968
El regreso de Conejo, 1971
Conejo es rico, 1981
Las brujas de Eastwick, 1984
Conejo en paz, 1990
La belleza de los lirios, 1996
Conejo en el recuerdo y otras historias, 2001
Terrorista, 2006

ARRIBA: Sonriente, como siempre, en Boston, Massachusetts, en octubre de 2002.

V. S. NAIPAUL

Vidiadhar Surajprasad Naipaul, 17 de agosto de 1932 (Chaguanas, Trinidad y Tobago).

Estilo y género: Naipaul escribe con ironía y concisión; su capacidad para analizar el pesimismo de la naturaleza humana invita a compararlo con Joseph Conrad.

Nacido en Trinidad en el seno de una familia de origen indio brahmín, el padre de Naipaul fue un escritor de relatos que animó a su hijo a escribir desde muy joven. «Si no fuera por los relatos que escribía mi padre —comentó el autor—, no sabría casi nada sobre la vida cotidiana de nuestra comunidad india.» La figura de su padre aparece en algunas de sus novelas, particularmente en *Una casa para el señor Biswas*, una de las más conocidas, en la que narra la historia de un indio brahmín que vive en Trinidad y busca una casa propia.

Naipaul ha retratado la figura del trotamundos solitario o del marginado basándose en su propia experiencia como indio en las Antillas y como antillano en Reino Unido, y gran parte de su obra aborda de forma bien documentada tales efectos en los antiguos súbditos de las colonias. Cuando V. S. Naipaul recibió el Nobel de Literatura en 2001 fue elogiado por «haber unido una narrativa perspicaz y un incorruptible escrutinio en obras que nos empujan a descubrir la presencia de historias reprimidas».

Al igual que gran parte de su literatura de viajes, como la visión de África que ofrece en *Un recodo en el río*, también ha despertado numerosas críticas. Se le ha acusado, por ejemplo, de racismo a la hora de juzgar «sociedades a medio hacer». El poeta antillano Derek Walcott expresó, por ejemplo: «Si la actitud de Naipaul hacia los negros, con su desagradable desdén [...] se dirigiese a los judíos, ¿cuántos le alabarían su franqueza?». Pese a ser el escritor antillano en inglés más conocido, Naipaul, que fue nombrado caballero en 1990, ha declarado no tener fe en la supervivencia de la novela, una visión controvertida para un ganador del premio Booker en 1971 (por *En un estado libre*) y del Nobel de Literatura en 2001 del que no esperamos menos. **JSD**

«Soy la clase de escritor del que la gente piensa que leen los demás.»

Obras destacadas

Novelas

El sanador místico, 1957
Miguel Street, 1959
Una casa para el señor Biswas, 1961
En un estado libre, 1971
Guerrillas, 1975
Un recodo en el río, 1979
El enigma de la llegada, 1987
Media vida, 2001

ARRIBA: Naipaul fotografiado en su piso londinense en abril de 1994.

SYLVIA PLATH

Sylvia Plath, 27 de octubre de 1932 (Boston, Massachusetts, EE.UU.); 11 de febrero de 1963 (Londres, Inglaterra).

Estilo y género: La «nueva poetisa» confesional estadounidense documentó de modo punzante su vida interior como hija, esposa y madre.

Syvia Plath es conocida tanto por las críticas de las feministas que se vertieron contra su marido, Ted Hughes, por traicionarla, como por el subsiguiente suicidio de la escritora. Irónicamente, podría decirse que la reputación poética de Plath quedó eclipsada por «Her Husband», título de su última recopilación. De modo similar, el suicidio de Plath amenaza con ofuscar la melodía verbal de sus tres breves poemarios y su embriagadora mezcolanza de biografía y mitografía al estilo de Yeats.

Plath tenía experiencias de sobras que mitificar; por ejemplo, un intento de suicidio que derivó en tratamientos por electroshock. Se conocían tantos detalles de su vida que se habló largo y tendido de Plath mucho antes del estreno de la película *Sylvia* de John Madden; incluso Jacqueline Rose escribió una crítica sobre la industria biográfica de la autora: *The Haunting of Sylvia Plath.* Pero la propia Plath había prendido la mecha con *La campana de cristal*, una novela veladamente autobiográfica, publicada con seudónimo, que narra la historia de Esther Greenwood desde sus prácticas en una revista de Nueva York hasta su internamiento en un manicomio.

Plath nació en 1932 y fue una precursora de la revolución feminista: estudió en el Smith College mientras Betty Friedan escribía *La mística de la feminidad*, al tiempo que su suicidio en 1963 y la publicación de sus últimos y furiosos poemas en *Ariel* conectaban con el incipiente movimiento feminista.

Influida por el poeta Robert Lowell, Plath analizó su vida real e imaginaria en busca de material poético; escudriñaba con lupa el sexo, la fiebre, la maternidad y el propio proceso creativo como síntomas histéricos de una enfermedad que acaba con la vida. Una vez muerta, influyó en una generación de poetisas y lectoras feministas e incluso recibió un premio Pulitzer póstumo. Pocas —incluida la actriz Gwyneth Paltrow— han sabido acercarse a la hoja afilada como un escalpelo de sus versos. **SM**

Obras destacadas

Novela

La campana de cristal, 1963

Poesía

Poesía completa, 1981

Ariel, 2004

Prosa

Cartas a mi madre, 1975

Diarios, 1982

ARRIBA: Copia de 2003 de un retrato de Plath en blanco y negro de fecha desconocida.

DERECHA: Fotografía de una relajada Sylvia Plath en la playa (h. 1954).

JOE ORTON

John Kingsley Orton, 1 de enero de 1933 (Leicester, Inglaterra); 9 de agosto de 1967 (Londres, Inglaterra).

Estilo y género: Orton fue un dramaturgo en cuyas comedias negras usó diálogos epigramáticos y argumentos absurdos para socavar la moralidad convencional.

ARRIBA: Orton fotografiado en su casa de Islington en octubre de 1966.

Obras destacadas

Teatro

El rufián en la escalera, 1964

Esperando al señor Sloane, 1964

Loot, 1965

Juegos fúnebres, 1968

Lo que vio el mayordomo, 1969

Criado en un bloque de viviendas de protección oficial en la región central de Inglaterra, Joe Orton fracasó como estudiante y se dedicó al monótono trabajo de oficina a los 15 años de edad. Tenía ciertas dotes para la interpretación teatral y obtuvo una beca para la Royal Academy of Dramatic Art, donde conoció a Kenneth Halliwell, con quien se casó. Tanto Orton como Halliwell no prosperaron como actores y a comienzos de la década de 1960 vivían del Estado en un apartamento barato en el entonces desagradable barrio londinense de Islington. Colaboraban escribiendo novelas amaneradas e impublicables y llevando a cabo actos vandálicos subversivos, como sus humorísticos y creativos retoques a libros de bibliotecas públicas, lo que les llevó a pasar seis meses en prisión en 1962.

La carrera de Orton comenzó a despegar cuando la BBC aceptó su obra radiofónica *El rufián en la escalera* en 1963, y un año después su siniestra comedia *Esperando al señor Sloane*, al estilo Pinter, se representó en Londres con el aplauso de la crítica. La parodia del género detectivesco *Loot* acabó consagrándolo.

En 1967 su estatus como figura de moda en el Londres de los años sesenta se confirmó cuando le invitaron a escribir un guión para los Beatles. El diario que escribió durante este período retrata una vida dividida entre la fama, la promiscuidad homosexual y el desastre de su relación con Halliwell. En agosto de 1967 Halliwell le mató a martillazos antes de suicidarse.

«Los diez mandamientos. Ella creía firmemente en algunos de ellos.» *Loot*

Las obras de Orton destacan por su continuo flujo de ingenio paradójico y las ofensas extremas a las susceptibilidades convencionales: desde el tratamiento indecoroso del cadáver de una madre en *Loot*, hasta la representación del pene de Winston Churchill en *Lo que vio el mayordomo*, obra que se estrenó tras morir el autor. **RG**

SUSAN SONTAG

Susan Rosenblatt, 16 de enero de 1933 (Nueva York, Nueva York, EE.UU.); 28 de diciembre de 2004 (Nueva York, Nueva York, EE.UU.).

Estilo y género: La intelectual estadounidense Susan Sontag, novelista y ensayista, abordó con rigor y valentía asuntos como la guerra de Vietnam o el sida.

Susan Sontag fue una figura intelectual muy conocida en Estados Unidos a partir de la década de 1960. Convertida en asidua colaboradora en televisión y de prosa concisa, podría decirse que fue la voz de una generación —aunque no todos sus contemporáneos la aceptasen como tal.

Sontag nació en el seno de la comunidad liberal judía de Nueva York en 1933, y estudió filosofía, literatura y teología en las universidades de Harvard y Oxford. Declaró al *Paris Review* que dejó la vida académica porque «realmente quería toda clase de vidas y la vida del escritor parecía la más cerrada». Su educación académica le proporcionó una memoria fotográfica: sus ensayos son torbellinos que abarcan el canon occidental e incluso más allá, en especial con los medios audiovisuales.

El gusto cinematográfico de mediados del siglo pasado en Estados Unidos fue moldeado por la «rivalidad» crítica entre la vanguardista y europeísta Sontag —que escribía con rigor sobre cine antes de que fuera habitual— y la más populista Pauline Kael, pero el interés de Sontag por el cine no se redujo a la crítica: de hecho, escribió y dirigió sus propios guiones, entre ellos el de *Brother Carl*, rodada en Israel durante la guerra de 1973. El feroz humanismo de Sontag y su intrepidez, combinados con la ironía delicadamente salvaje que aflora en su prosa, la llevaron a dirigir *Esperando a Godot* en un Sarajevo asediado en 1993. En su último libro, *Ante el dolor de los demás*, escrito mientras recibía un tratamiento de quimioterapia, se pregunta incansablemente cómo y por qué la gente observa imágenes de otras personas sufriendo. Capaz de decir lo indecible con una prosa inimitable, Sontag podría ser calificada la conciencia de mediados del siglo XX. En 2003 recibió el premio Príncipe de Asturias de las Letras. **SM**

«Las únicas respuestas interesantes son las que destruyen las preguntas.»

Obras destacadas

Novela

El amante del volcán, 1992

Ensayo

Contra la interpretación, 1966

La enfermedad como metáfora, 1978

El sida como metáfora, 1988

Ante el dolor de los demás, 2003

Cuentos

The Way We Live Now, 1986

ARRIBA: Sontag fotografiada durante la promoción de uno de sus libros en 1992.

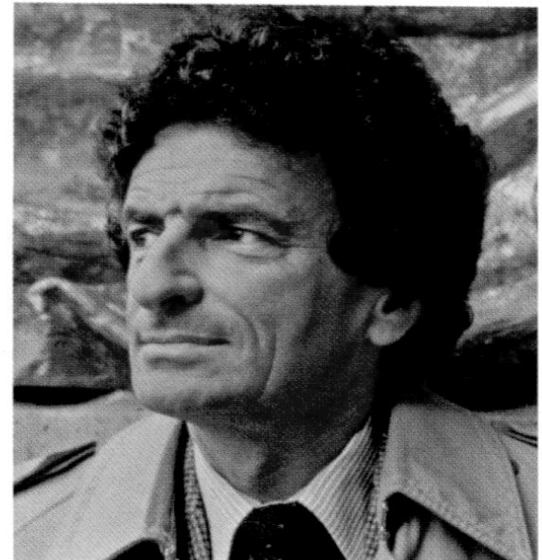

JERZY KOSINSKI

Josek Lewinkopf, 14 de junio de 1933 (Łodz, Polonia); 3 de mayo de 1991 (Nueva York, Nueva York, EE.UU.).

Estilo y género: Kosinski, novelista polaco-estadounidense, fue acusado de mercadear con la falsa historia de su vida; escribió sádicas viñetas existenciales.

A lo largo de su vida, Jerzy Kosinski fue pintor de brocha gorda, catedrático en Yale y Princeton y figura querida por los famosos. Como escritor, convirtió su vida en un mito. Su primera novela, *Pájaro pintado*, se publicitó como las experiencias propias de cuando era un niño perdido que vagaba por los pueblos del este de Europa durante la Segunda Guerra Mundial. En el libro aparece una inquietante evocación de unos campos plagados de campesinos crueles y supersticiosos.

Sin embargo, Kosinski pasó la guerra en casa con su familia, que se cambió el apellido (Lewinkopf) para ocultar su origen judío. Un artículo del *Village Voice* en 1982 reveló que Kosinski no pudo vivir gran parte de las experiencias que describe en *Pájaro pintado*, al tiempo que aseguraba que en sus libros había mucho trabajo editorial no reconocido y que, en un caso, se había plagiado una fuente polaca.

Kosinski nunca se recuperó totalmente de estas acusaciones. Sin embargo, dada su recurrente descripción del ser como una serie cambiante de ficciones momentáneas, no sorprende que enfocase su imagen pública como un objeto camaleónico.

Kosinski no pudo soportar la opresión de la vida intelectual del régimen comunista y emigró a Estados Unidos para doctorarse en la Universidad de Columbia. La característica desinhibición de su escritura contrasta con el clima de opresión de su juventud.

Las novelas de Kosinski presentan un mundo de depravación moral sin una sola palabra que aluda a lo perturbadoras que resultan tales descripciones. En su segundo libro, *Pasos*, que ganó el National Book Award de 1969, la sexualidad es la clave que conduce a una comprensión más amplia de la naturaleza humana. En este caso, como en *El árbol del diablo*, la belleza despierta la necesidad de destruir, y el autocontrol se busca mediante el dominio sexual violento de los otros. **ER**

Obras destacadas

Novelas

Pájaro pintado, 1965
Pasos, 1969
Desde el jardín: Bienvenido, Mr. Chance, 1971
El árbol del diablo, 1973
Cockpit, 1975
El juego de la pasión, 1979

ARRIBA: Detalle de un retrato del autor Jerzy Kosinski.

DERECHA: Cartel de la adaptación al cine de *Bienvenido, Mr. Chance*, 1979.

BEING THERE

PHILIP ROTH

Philip Milton Roth, 19 de marzo de 1933 (Newark, Nueva Jersey, EE.UU.).

Estilo y género: En las enrevesadas tramas de las novelas de Roth hay dobles, alter egos y trayectorias vitales alternativas, además de un interés por la identidad tanto judía como estadounidense.

Obras destacadas

Novelas
El lamento de Portnoy, 1969
El profesor del deseo, 1977
Zuckerman encadenado, 1981
La contravida, 1986
El teatro de Sabbath, 1995
Pastoral americana, 1997
La mancha humana, 2000
El animal moribundo, 2001
La conjura contra América, 2004
Indignación, 2009
Cuentos
Goodbye Columbus, 1959

A lo largo de su carrera, Philip Roth ha convertido su propia vida en material literario. En su obra habitan versiones alternativas de sí mismo, hombres que se llaman Nathan Zuckerman, David Kapesh e incluso Philip Roth. Estos alter egos le permiten experimentar con las diferentes facetas de su propia identidad: escritor, hijo, marido, estadounidense, judío. Zuckerman ha llevado una vida similar a la de Roth. Ambos nacieron en familias judías de los suburbios de Nueva Jersey, lograron el éxito con una novela controvertida y se enfrentaron a complicadas vidas sexuales y la desaprobación del *establishment* judío-estadounidense. Pero también hay algunas diferencias importantes: mientras que a los padres de Zuckerman les mortifica su franco y explícito libro *Carnovsky*, los de Roth estaban extremadamente orgullosos de los logros de su hijo.

La carrera de Roth despegó con la provocativa *El lamento de Portnoy*, donde el protagonista narra, sin aliento, teatralmente, la historia de su disfunción sexual a su psicoanalista, y trata temas que dominarán las futuras obras de Roth: fascinación por el sexo en toda su comicidad y obscenidad; tortuosas aventuras amorosas entre hombres judíos y mujeres gentiles; y relaciones familiares tensas y complicadas. En la década de 1990, Roth publicó una trilogía de novelas extraordinaria. Cada una se basa en un período de la historia estadounidense y examina cómo la vida de un hombre puede expresar las esperanzas, los temores y los prejuicios de toda una nación. La mejor de ellas, *Pastoral americana*, ganó el premio Pulitzer en 1998. En *La conjura contra América*, Roth pasó de las «contravidas» a la contrahistoria: imagina que en 1940 Estados Unidos votó un gobierno fascista y narra el impacto que este hecho produce en una versión ficticia de su familia. **CT**

> «El judío con padres vivos [...] seguirá siendo un quinceañero hasta que se muera.»

ARRIBA: Detalle de un retrato de Roth en Nueva York, en mayo de 2007.

CORMAC McCARTHY

Charles McCarthy, 20 de julio de 1933 (Providence, Rhode Island, EE.UU.).

Estilo y género: McCarthy, ganador de diversos premios, utiliza temas del *Western* a menudo controvertidos, desgarradores o violentos, tejiendo un descarnado realismo con verdades «universales».

Cormac McCarthy es uno de los escritores modernos más enigmáticos. Ha rechazado sistemáticamente la publicidad y las entrevistas, pero eso no ha impedido que su obra se ganara el favor de muchos lectores.

La carrera literaria de McCarthy se puede dividir en dos mitades; la primera englobaría sus cuatro primeros libros, *El guardián del vergel, La oscuridad exterior, Hijo de Dios* y *Suttree*. Estas obras le convirtieron en una figura literaria de cierto renombre. Particularmente, *Hijo de Dios* levantó una tormenta mediática, ya que algunos críticos la consideraron brillante y otros la rechazaron por completo. Al más puro estilo McCarthy, la historia trata temas oscuros y complejos de un modo directo y nada sentencioso. El tema resulta controvertido, pero más aún el tratamiento del mismo y la ecuanimidad con que McCarthy bosqueja al personaje principal, proyectando así la idea de que a toda la humanidad nos une el hecho de ser hijos de Dios. Su siguiente libro, *Suttree*, recibió una acogida más cálida y está considerada una de sus mejores novelas.

La publicación de *Meridiano de sangre* en 1985 señaló el comienzo de la segunda etapa de su carrera, en la que trata temáticas del Oeste estadounidense. Son estos libros los que le han hecho famoso, especialmente el éxito de ventas *Todos los hermosos caballos*, que conforma el primer libro de la trilogía de la frontera. La capacidad de McCarthy para transportar al lector al paisaje de sus novelas es legendaria; lo logra mediante un realismo asombroso y un lenguaje evocador que, combinado con su penetrante perspicacia y sus meditaciones sobre la vida y la humanidad, le convierten en una de las figuras más destacadas de la literatura actual. La versión cinematográfica de *No es país para viejos* obtuvo cuatro Oscar. **TamP**

«Todo lo que hacemos nos cierra una puerta en el futuro.»

Obras destacadas

Novelas

El guardián del vergel, 1965
La oscuridad exterior, 1968
Hijo de Dios, 1974
Suttree, 1979
Meridiano de sangre, 1985
Todos los hermosos caballos, 1992
No es país para viejos, 2005
La carretera, 2006

ARRIBA: Fotografía de McCarthy después de la ceremonia de los Oscar de 2008.

CEES NOOTEBOOM

Cornelis Johannes Jacobus Maria Nooteboom, 31 de julio de 1933 (La Haya, Países Bajos).

Estilo y género: Nooteboom es uno de los escritores actuales más importantes de Países Bajos y su nombre suele aparecer entre los candidatos al Nobel.

Obras destacadas

Novelas

Philip and the Others, 1956
The Knight Has Died, 1963
Rituales, 1980
En las montañas de Holanda, 1984
Perdido el paraíso, 2004

Novela corta

La historia siguiente, 1991

Poesía

The Captain of the Butterflies, 1997

Libro de viajes

El desvío a Santiago, 1992

Cees Nooteboom es conocido fuera de Países Bajos por sus novelas, pero él ante todo se considera poeta. Su obra se inspira en sus viajes, y gran parte de lo que escribe transmite una sensación de inquietud. Escribió su primera novela, *Philip and the Others*, en 1956, tras un viaje en autoestop por Europa; en varios de sus libros sus personajes exploran el mundo que les rodea y también su vida interior.

La obra de Nooteboom es experimental, cerebral y posee cierta cualidad juguetona. También está plagada de alusiones literarias. En *The Knight has Died*, publicada en 1963, uno de los personajes escribe un libro sobre un amigo fallecido que escribía un libro sobre un escritor muerto. Tras su publicación, Nooteboom se centró en la poesía y los libros de viajes y no volvió a escribir una novela hasta pasados 17 años. Quizá su libro de viajes más conocido sea *El desvío a Santiago*, sobre su viaje a España, donde mezcla líricas descripciones con poesía y filosofía.

Entre las novelas posteriores de Nooteboom figura *La historia siguiente*, una complicada historia de amor y muerte de menos de cien páginas. Cuenta los avatares de un profesor holandés, Herman Mussert, que se acuesta en Amsterdam y se despierta en Lisboa. No tiene ni idea de cómo ha llegado hasta allí, pero reconoce la habitación porque es la misma en la que durmió con la esposa de otro hombre tres años antes. En su lecho de muerte, Mussert rememora momentos de su vida. Termina remontando el Amazonas hacia lo desconocido. Nooteboom ha ganado varios premios literarios, entre ellos el Pegasus Prize for Literature de 1982. *La historia siguiente* ganó el Premio Europeo de Literatura Contemporánea en 1993. También se le cita como candidato al Nobel de Literatura. **HJ**

«[es] un escritor de escritores y sus libros parecen metáforas del arte.» Ed Park, *Village Voice*

ARRIBA: Cees Nooteboom fotografiado en París, en noviembre de 1990.

ALAN BENNETT

Alan Bennett, 9 de mayo de 1934 (Leeds, Yorkshire, Inglaterra).

Estilo y género: Dramaturgo inglés conocido por su ironía, humor y patetismo que combina a la perfección asuntos serios con lo cotidiano y rutinario, Bennett escribe novelas y obras teatrales para radio, televisión y teatro.

Alan Bennett, encarnación absoluta del concepto de «tesoro nacional», lleva deleitando a lectores y espectadores con una obra estilizada, única, desde la década de 1960. Tras sus años de formación de Yorkshire, Bennett obtuvo una beca para el Exeter College de Oxford, donde se graduó en 1957. Allí conoció a Dudley Moore, que le recomendó para la revista satírica *Beyond the Fringe*, con Peter Cook y Jonathan Miller, actores que habían formado parte de la compañía Cambridge Footlights. La obra fue estrenada en el festival de Edimburgo en 1960 y más tarde se convirtió en un éxito tanto en el West End londinense como en Nueva York.

La obra más conocida de Bennett es la serie de monólogos *Talking Heads*, escrita para la BBC. Las dos series, con seis monólogos cada una, se emitieron con diez años de separación: la primera en 1988 y la segunda en 1998. Los discursos tocan temas como el incesto, el alcoholismo, el asesinato, la enfermedad mental y la demencia, aunque parece que los personajes de Bennett se limiten a detallar ante el espectador los hechos cotidianos de sus vidas nada excepcionales. Bennett pasa de lo cotidiano a lo horroroso o doloroso con gracia y facilidad, sin fisuras.

En 1994 su guión para la película *The Madness of King George*, adaptación de su obra *La locura del rey Jorge III*, de 1992, fue nominado al Oscar. Su obra más reciente, *Los chicos de historia*, consiguió seis de los siete premios Tony a los que estuvo nominada en 2006, y el propio Bennett escribió el guión de su exitosa adaptación cinematográfica. La alabada obra no teatral de Bennett, ejemplo de su irónico humor y su uso perfecto del idioma, incluye tres novelas breves tituladas *Three Stories* y dos colecciones de ensayos y memorias, *Writing Home* y su secuela *Untold Stories*. **LP**

«Escribo obras sobre asuntos que no puedo resolver mentalmente. Intento zanjarlos.»

Obras destacadas

Teatro y guiones

Talking Heads, 1988

La locura del rey Jorge III, 1992

Los chicos de historia, 2004

Novelas cortas

Una patata frita en el azúcar, 2003

Una lectora nada común, 2007

La dama de la furgoneta, 2009

Ensayo

Writing Home, 1994

Untold Stories, 2005

ARRIBA: Bennett en el Festival del Libro de Edimburgo, Escocia (2007).

WOLE SOYINKA

Akinwande Oluwole Soyinka, 13 de Julio de 1934 (Abeokuta, Nigeria).

Estilo y género: Soyinka utiliza tanto recursos estilísticos vanguardistas occidentales como tradicionales del oeste africano para su escritura mística, a veces basada en parábolas yoruba; uno de sus temas principales es la repetición de la historia.

Obras destacadas

Teatro

La danza del bosque, 1963

The Strong Breed, 1963

El león y la joya, 1963

La muerte y el caballero del rey, 1975

Memorias

El hombre muerto, 1972

Wole Soyinka se convirtió en 1986 en el primer africano negro en recibir el premio Nobel de Literatura. «Algunos piensan que el Nobel es un chaleco antibalas —dijo—. Yo nunca lo he creído.» La declaración refleja una vida entera de activismo político que le ha llevado a la cárcel y al exilio: fue arrestado por denunciar fraudes electorales y acusado de conspirar en favor de la guerra civil de Biafra, ha criticado la explotación corrupta del petróleo nigeriano por parte de Shell, apoyó en su día la liberación del activista por los derechos humanos Ken Saro-Wiwa, ahorcado por el general Sani Abacha, y ha reclamado que Occidente indemnice a África.

Soyinka es hijo de un respetado profesor y líder de la comunidad de la tribu yoruba. En el discurso de aceptación del premio Nobel, el escritor homenajeó a su compatriota Chinua Achebe. Ha estado vinculado a universidades y organizaciones activistas de todo el mundo, y su principal objetivo es escribir sobre «la bota de la opresión y la irrelevancia del color del pie que la calza».

La danza del bosque, una celebración de la independencia de Nigeria, unió por vida la política nigeriana a la obra de Soyinka. Su obra teatral más conocida, *La muerte y el caballero del rey*, narra la muerte de un jefe y cómo un colonialista británico impide que la tribu cumpla con el ritual yoruba de matar al caballo del fallecido, con lo que hunde a la comunidad en una confusión catastrófica.

Soyinka recogió su estancia en prisión (1967-1969) en su obra *El hombre muerto*, un relato escrito originalmente en papel higiénico, y desde entonces sigue documentando la historia nigeriana de finales del siglo XX. En abril de 2007 Soyinka abogó por la anulación de las elecciones presidenciales de Nigeria porque creía que el fraude y la violencia habían falseado el resultado. **JSD**

ARRIBA: Soyinka es el primer africano negro premio Nobel de Literatura.

DERECHA: Un joven Wole Soyinka fotografiado en 1966.

PER OLOV ENQUIST

Per Olov Enquist, 23 de septiembre de 1934 (Hjoggböle, Västerbotten, Suecia).

Estilo y género: Enquist escribe novelas y obras teatrales de estilo exploratorio, en forma de ficción narrativa pero con cierto aire periodístico, generalmente sobre hechos o personajes reales ambiguos o complejos.

La carrera literaria de Per Olov Enquist se inició bajo la influencia del *noveau roman* francés de Claude Simon, Nathalie Sarraute y Michel Butor, entre otros, que buscaban estilos y formas de expresión nuevos. Enquist decidió desarrollar un estilo similar al de un periodista de investigación, a partir de su experiencia como columnista de periódico y reportero de televisión. La mayor parte de sus escritos combina los resultados de una profunda investigación de unas temáticas o hechos reales con la riqueza y la flexibilidad de la forma novelada. La vida en Västerbotten, donde nació y creció, estaba muy influida por el laestadianismo, un movimiento que reavivó el luteranismo conservador de mediados del siglo XIX. Gran parte de la obra de Enquist refleja la vida en esa comunidad aislada y piadosa.

Enquist saltó a la fama internacional con su novela de 1999 *La visita del médico de cámara*, basada en Johan Friedrich Struensee, el médico del rey danés, demente, Cristián VII. En la novela, el doctor comienza a aprobar leyes reformistas sin el consentimiento del rey pero con la ayuda de la testaruda reina Carolina Matilde. Struensee termina ejecutado por una facción que retoma el poder aprovechándose de muchas de las reformas instigadas por el médico. La novela plantea interesantes cuestiones sobre el choque entre el idealismo puro y el poder político.

En el año 2004 se publicó *El libro de Blanche y Marie*. Esta novela explora la relación establecida entre Blanche Wittman, la famosa paciente histérica del profesor J. M. Charcot, y Marie Curie, física polaca y ganadora del premio Nobel. Enquist utiliza la amistad entre ambas para hablar sobre la ciencia y el amor, recurriendo de nuevo a hechos históricos para crear una novela brillante y perspicaz. **REM**

Obras destacadas

Novelas

El quinto invierno del magnetizador, 1964
La partida de los músicos, 1978
El ángel caído, 1985
La visita del médico de cámara, 1999
El libro de Blanche y Marie, 2004

«Por cierto, no está claro que uno llegue alguna vez a divorciarse.» *El ángel caído*

ARRIBA: Retrato del escritor sueco Per Olov Enquist.

ALASDAIR GRAY

Alasdair Gray, 28 de diciembre de 1934 (Glasgow, Escocia).

Estilo y género: Gray es un novelista escocés cuya obra combina la ciencia ficción, la fantasía y el realismo. A menudo ilustra sus obras y las dota de un estilo personal característico mediante un uso original de la tipografía.

Alasdair Gray nació en Glasgow en el seno de una familia obrera. Durante la Segunda Guerra Mundial fue evacuado junto a su madre y su hermana a una granja en Perthshire. Gray integraría esas experiencias de la niñez en su primera gran obra, *Lanark*, así como en algunas novelas posteriores.

Terminada la contienda, la familia volvió a reunirse en Glasgow, y Gray continuó con sus estudios, destacando en inglés y arte. Durante ese período también comenzó sus clases en la Kelvingrove Art Gallery and Museum. En 1952, año en que falleció su madre, ingresó en la Glasgow School of Art y dos años más tarde comenzó a trabajar en *Lanark*, que no se publicaría hasta 1981. Durante su época de estudiante empezó a preparar el primero de sus numerosos murales, titulado «Horrores de la guerra», para la asociación de amistad soviético-escocesa, organización que aún existe en Glasgow. Tras terminar sus estudios en la escuela de arte, Gray se dedicó a la enseñanza, a pintar paisajes y murales y a escribir obras radiofónicas y documentales televisivos mientras seguía escribiendo literatura. Después de publicar *Lanark*, por fin pudo dedicarse en exclusiva a escribir, diseñar e ilustrar libros, casi todos suyos.

La obra de Gray, siguiendo la tradición escocesa, es humorística y precisa y, en ocasiones, incorpora un realismo algo lúgubre: jamás nos da una visión romántica de la realidad. Sus novelas no suelen tener un final feliz, pero Gray sabe incluir momentos de alivio en otras partes de la narración. De lectura entretenida, es también un escritor comprometido social y políticamente, con un don para crear personajes femeninos fuertes. Su novela *Pobres criaturas*, publicada en el año 1992, ganó el premio Whitbread y el Guardian Fiction Prize. **REM**

«Trabaja como si vivieses en los albores de una nación mejor.»

Obras destacadas

Novelas

Lanark: una vida en cuatro libros, 1981

1982, *Janine,* 1984

Pobres criaturas, 1992

Un hacedor de historia, 1994

ARRIBA Alasdair: Gray retratado por Marius Alexander en 1996.

KENZABURO ŌE

Kenzaburro Ōe, 31 de enero de 1935 (Ōse, Japón).

Estilo y género: Ōe es uno de los principales escritores japoneses contemporáneos, y recibió el premio Nobel de Literatura en 1994. Sus novelas tratan temas filosóficos, sociales y políticos.

Obras destacadas

Novelas

Arrancad las semillas, fusilad a los niños, 1958
El grito silencioso, 1967
Dinos cómo sobrevivir a nuestra locura, 1977
El día que él se digne a enjugar mis lágrimas
Dinos cómo sobrevivir a nuestra locura
Días tranquilos, 1990
Salto mortal, 2003

Kenzaburo Ōe es uno de los escritores contemporáneos japoneses más influyentes. Su padre falleció cuando tan solo tenía 9 años, y su madre tuvo que ocuparse de los siete hijos. La obra de Ōe aborda diversas temáticas, sobre todo el aislamiento y la marginación.

Ōe estudió literatura francesa en la Universidad de Tokio y de ahí la gran influencia de los escritores franceses en su obra; de hecho, escribió su tesis sobre Jean-Paul Sartre. Su primera novela, *Arrancad las semillas, fusilad a los niños*, apareció en 1958, y en ella describe cómo la guerra destruye las vidas de los jóvenes que viven en los bosques de un idílico Japón rural; ha sido comparada con la obra maestra de William Golding *El señor de las moscas*. Entre 1958 y 1961, Ōe publicó una serie de novelas sobre la ocupación de Japón, notables por su sexualidad y violencia explícitas.

Pero el nacimiento de su hijo Hikari en 1963 cambiaría su rumbo literario. Hikari nació con daños cerebrales, y la temática del «hijo idiota» —según sus propias palabras— se volvió recurrente en su obra. Gran parte de sus novelas son profundamente autobiográficas: *Dinos cómo sobrevivir a nuestra locura* y *El día que él se digne a enjugar mis lágrimas*, por ejemplo, hablan del padre de un hijo discapacitado y de la incomprensión recíproca que existe entre ambos. Ōe revisita en profundidad la historia de Hiraki en *El grito silencioso*, que trata de una familia con un hijo discapacitado que regresa al pueblo del que proceden y la complicada relación del matrimonio. En *Salto mortal*, por ejemplo, explora el ataque con gas nervioso en el metro de Tokio en 1995 por parte de una secta apocalíptica, en el que murieron 12 personas y otras 50 resultaron gravemente heridas. Ōe, que vive en Tokio, recibió el Nobel de Literatura en 1994. **HJ**

«He sobrevivido representando mis sufrimientos en forma de novelas.»

ARRIBA: Kenzaburo Ōe fotografiado en Tokio, Japón, en diciembre de 2004.

DERECHA: Antología de escritos de Ōe sobre la escritura, la lectura, el idioma y la política.

骨太でいながら、こまやかで、
深味のある情報も、
ユーモアにもみちている、
大江さんの話を、活字で読みたい。

講演会の
感想から

集英社　定価1470円 本体1400円

CAROL SHIELDS

Carol Ann Warner, 2 de junio de 1935 (Oak Park, Illinois, EE.UU.); 16 de julio de 2003 (Victoria, Canadá).

Estilo y género: Poetisa y novelista canadiense que escribía sobre vidas corrientes con gran profundidad, claridad, conmovedora simpatía y un ingenio sorprendente.

Obras destacadas

Novelas

El secreto de Mary Swann, 1987
La memoria de las piedras, 1993
El mundo de Larry, 1997
Unless, 2002

Cuentos

The Orange Fish, 1989

Carol Shields no comenzó a escribir literatura hasta cumplir los 30 años. Nacida a las afueras de Chicago, estudió en la Universidad de Exeter en Inglaterra. Durante más de dos décadas fue profesora universitaria: primero en la Universidad de Ottawa, donde escribió su tesis sobre Susanna Moodie, y posteriormente en las universidades de la Columbia Británica y Winnipeg. Shields y su marido tuvieron cinco hijos y ella se decidió a escribir porque encontró escasas referencias literarias que abordasen esa experiencia.

Aunque también escribió poesía y relatos, Shields es famosa por sus novelas, que exploran momentos cotidianos de felicidad y de perplejidad con gran humanidad. En *La memoria de las piedras*, la sencilla Daisy Goodwill nos cuenta la historia de su vida desde la niñez hasta la vejez a lo largo del siglo XX. Para el *New York Times* esta novela «nos recuerda de nuevo que la literatura es importante». *El mundo de Larry* recibió críticas igual de buenas y obtuvo un gran éxito comercial —posteriormente se ha adaptado a un musical—. En la novela, Larry Weller tiene una revelación en el centro del laberinto de Hampton Court, en Londres, que le lleva a pensar que puede hacer algo importante con su vida: construir laberintos. La última novela de Shields, *Unless*, es su obra más feminista y trata sobre una escritora que intenta entender cómo su hija acabó muda y viviendo en la calle con un cartel que reza «Bondad» colgado del cuello. *Unless* es uno de los diez libros escritos por mujeres favoritos de Inglaterra y ha sido adaptado al teatro por la hija de Shields.

Ganadora de diversos premios y distinciones académicas, Shields es la única escritora que ha obtenido el American Pulitzer Prize y el Canadian Governor General's Award, lo cual ha sido posible gracias a su doble nacionalidad. También ganó el prestigioso Charles Taylor Award por su biografía de Jane Austen. En 1998 le diagnosticaron cáncer de mama y falleció en 2003. **CQ**

ARRIBA: Carol Shields en su hogar de Victoria, Canadá, en noviembre de 2001.

DERECHA: *Unless* estuvo nominada al premio Man Booker de Ficción en 2002.

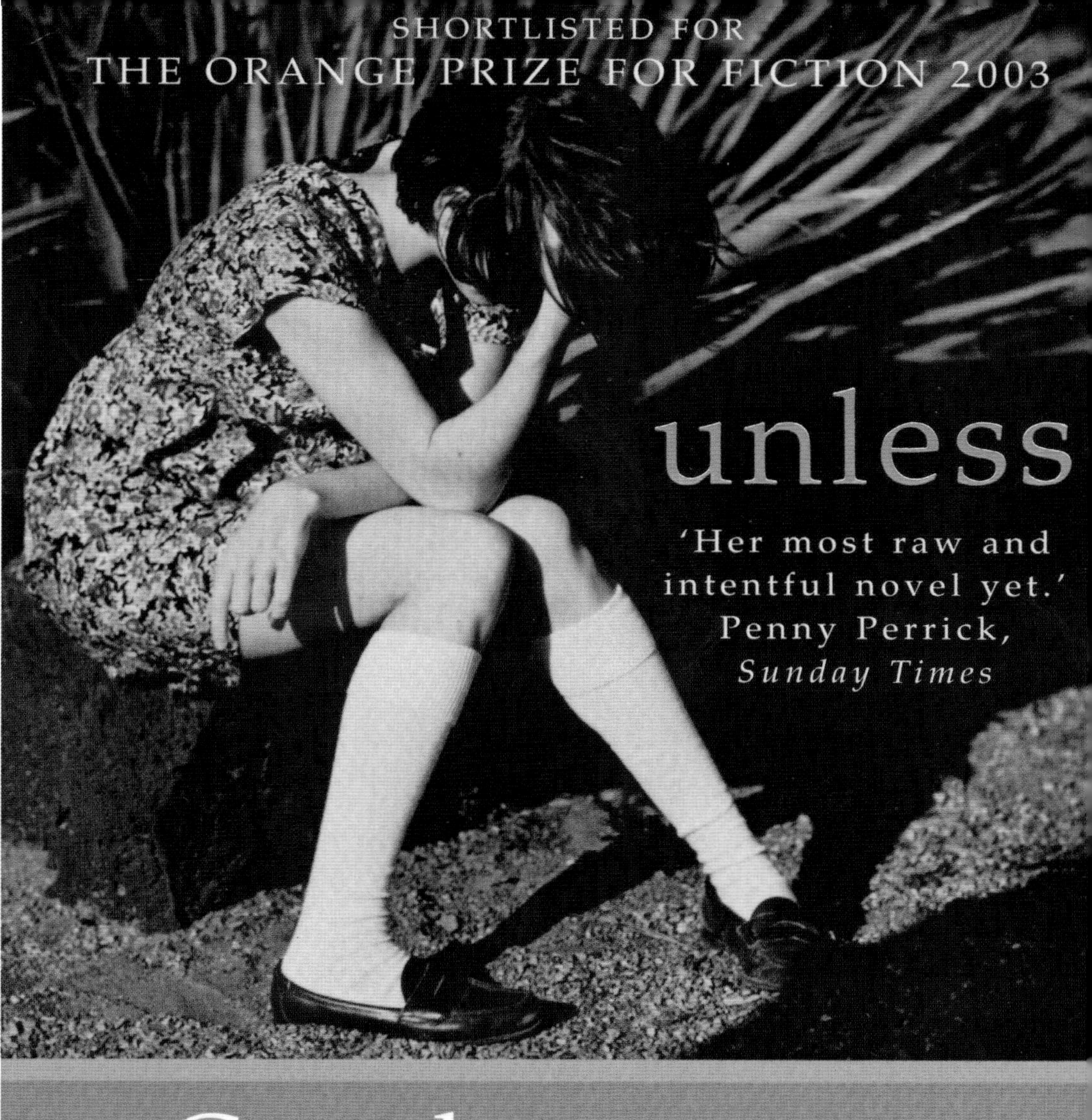

Carol Shields

SHORTLISTED FOR THE MAN BOOKER PRIZE

ANDRÉ BRINK

André Philippus Brink, 29 de mayo de 1935 (Vrede, Sudáfrica).

Estilo y género: Destacado escritor sudafricano cuyas novelas se enfrentan al *apartheid* pero defienden la lengua afrikaans. Ha estado nominado al Booker Prize en dos ocasiones y ganó el Commonwealth Writers Regional Award en 2003.

André Brink fue uno de los principales representantes del ámbito de la literatura que se opuso al régimen del *apartheid* con una serie de novelas profundamente políticas. Brink creció en una familia afrikáner conservadora, pero durante la década de 1960 estudió en París y allí conoció a estudiantes negros y superó la visión sesgada que tenía de su país. Posteriormente, decidió que debía regresar a Sudáfrica para luchar contra el sistema político de discriminación racial.

Brink —junto a Breyten Breytenbach— fue una figura predominante de un movimiento literario denominado *Die Sestigers* («Los sesentistas»), un grupo de escritores que deseaban adaptar las técnicas de la escritura experimental europea a la literatura escrita en afrikaans. También querían alzar la voz contra la situación política en su propio idioma.

La novela de Brink *Mirando a la oscuridad*, sobre la relación entre un sudafricano negro y una mujer blanca, cuestionaba las leyes de la segregación racial y de ahí que en 1973 se convirtiera en la primera obra en afrikaans prohibida por la censura. En respuesta, Brink la tradujo al inglés para que llegase a más lectores. A partir de entonces ha escrito todas sus obras simultáneamente en inglés y en afrikaans.

Brink no tardó en tener lectores en todo el mundo y sus novelas se han traducido a más de veinte idiomas. Tanto *An Instant in the Wind*, que narra la historia de una relación entre una blanca y un negro, como *Rumores de lluvia*, cuyo argumento gira en torno al malestar en Soweto, estuvieron nominadas para el premio Booker.

Una novela posterior, *The Other Side of Silence*, ambientada en el África colonial, ganó el Commonwealth Writers Regional Award al mejor libro de 2003. **HJ**

Obras destacadas

Novelas

Mirando a la oscuridad, 1974
An Instant in the Wind, 1976
Rumores de lluvia, 1978
Imaginings of Sand, 1996
Devil's Valley, 1998
The Other Side of Silence, 2002
Praying Mantis, 2005

«¿No crees que las personas son paisajes que hay que explorar?»

Elisabeth, *An Instant in the Wind*

ARRIBA: Brink en su casa de Rosebank, Ciudad del Cabo, Sudáfrica, en 2006.

E. ANNIE PROULX

Edna Annie Proulx, 22 de agosto de 1935 (Norwich, Connecticut, EE.UU.).

Estilo y género: Proulx escribe sobre las zonas rurales de Estados Unidos y describe el campo y las personas con seca precisión y algunas pinceladas de humor irónico. Recibió el premio Pulitzer y el National Book Award.

E. Annie Proulx comenzó a escribir en serio cuando tenía algo más de 50 años, pero ha escalado hasta lo más alto de la literatura estadounidense contemporánea gracias a su descarnado realismo y su estilo seco y preciso. Sus libros y relatos evocan el mundo rural de Estados Unidos con gran claridad y exactitud, pero quizá los personajes que habitan sus obras resulten todavía más convincentes.

Proulx pasó varias décadas escribiendo relatos de forma intermitente y en 1988 los publicó en un volumen titulado *Heart Songs*, que obtuvo buenas críticas. Su primera novela, *Postales*, no se publicó hasta 1992, pero tuvo un éxito inmediato: se convirtió en la primera mujer en conseguir el PEN/Faulkner Award de ficción.

Le siguió *Atando cabos*, que obtuvo el Pulitzer. Antes de escribir *Atando cabos*, Proulx visitó Newfoundland, donde está ambientada la novela, y se imbuyó de la vida rural de ese pueblo pesquero y algo decadente. Newfoundland hace de marco para la historia de un hombre que lucha por sobrellevar su existencia y se traslada al pueblo de sus ancestros, mientras la novela traza sutilmente su crecimiento emocional y el restablecimiento gradual de su persona. Se trata de un libro conmovedor que combina excepcionalmente un desarrollo inteligente de los personajes con inesperados giros argumentales y ejemplos de un humor chispeante.

Más recientemente, Proulx se ha visto envuelta en la tormenta pública generada por la película *Brokeback Mountain*, basada en un relato suyo. La historia gira en torno a dos empleados de un rancho que mantienen una relación romántica y sexual que hace saltar en pedazos la imagen del macho estadounidense cien por cien americano. **TamP**

«Me desesperan las ganas de escribir. Me vuelvo loca por escribir. Deseo escribir.»

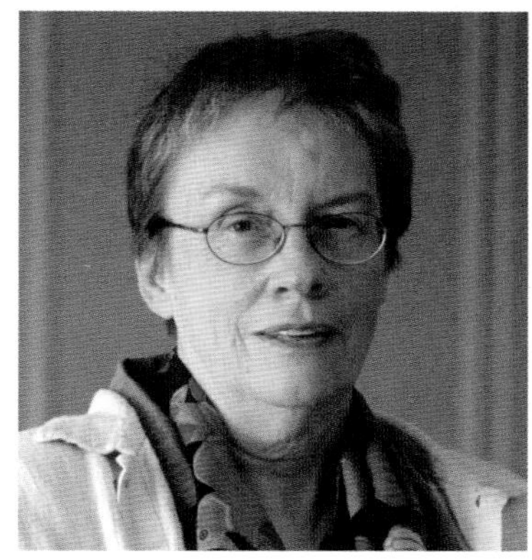

Obras destacadas

Novelas

Postales, 1992

Atando cabos, 1993

Los crímenes del acordeón, 1996

Cuentos

Brokeback Mountain. En terreno vedado, 2000

Bad Dirt: Wyoming Stories 2, 2004

ARRIBA: La galardonada Annie Proulx en septiembre de 2001.

THOMAS KENEALLY

Thomas Michael Keneally, 7 de octubre de 1935 (Homebush, Nueva Gales del Sur, Australia).

Estilo y género: Keneally es autor de obras históricas bien documentadas que expresan un interés particular por la historia social y la política australiana.

Thomas Keneally es uno de los escritores más importantes de Australia y también una de sus figuras públicas más destacadas. Gran defensor de la independencia australiana, sus novelas a menudo se centran en acontecimientos históricos de su país (colonias penales, marginación de los aborígenes, etc.), el tira y afloja entre las debilidades y los puntos fuertes de Australia, la fe religiosa, la lucha cotidiana y las alegrías de la gente corriente.

Tras abandonar su preparación para ordenarse sacerdote católico, trabajó como profesor hasta la publicación de *The Place at Whitton*, una historia de terror gótico ambientada en un seminario. Keneally continuó publicando novelas regularmente para un público receptivo tanto en Australia como en el extranjero, especialmente en el caso de *Bring Larks and Heroes*, *The Chant of Jimmie Blacksmith* (una historia con un protagonista de origen blanco y aborigen adaptada al cine en 1978) y *Confederates*. Keneally es famoso por *La lista de Schindler*, una meticulosa inmersión en el papel desempeñado por Oskar Schindler en el holocausto. El encuentro casual de Keneally con un «superviviente de Schindler» le animó a escribir la novela. Se interesó por lo que denominó la «histeria étnica» del holocausto y el reto que suponía presentar al público un personaje problemático y paradójico como Schindler. La novela obtuvo el premio Booker de 1982 y posteriormente inspiró la adaptación cinematográfica de Steven Spielberg de 1993.

Thomas Keneally ha recibido diversos premios, entre ellos el Royal Society for Literature Award y el C. Weichhardt Award for Australian Literature, y además ha conseguido el Miles Franklin Literary Award nada menos que en tres ocasiones. También figura en la lista de Tesoros Vivos Australianos del National Trust Australiano. **LK**

Obras destacadas

Novelas

The Place at Whitton, 1964
Bring Larks and Heroes, 1967
A Dutiful Daughter, 1971
The Chant of Jimmie Blacksmith, 1972
La lista de Schindler, 1982
Bettany's Book, 2001

«Tanto la literatura como la religión tenían muchísimo peso [...] en la década de 1950.»

ARRIBA: El abanderado de la cultura e independencia de Australia, Keneally, en 1994.

DERECHA: Fotografía de Schindler con una lista de judíos a los que salvó del holocausto.

te of Honour
68911
68920
Weinberger
Oppenheim
Eintracht
Schneider
Nussbaum Wilhelm
Nussbaum Richard
Pemper Stefan
68 930
Perl Salomon
Mützner Jeremias
Richthauser Alfred
Posner Baruch
Roser Franciszek
Mindelgrün Menasche
Mühlrad Aleksander
Pemper Jakob
Leser Jakob
Leser Saulis
68940
Müller Moses
Leserkiewicz Wiktor
Pechner Simon
Lewkowicz Natan
Melzer Josef
Mützenmacher Rubin
Lewkowicz Hermann

ISMAIL KADARE

Ismail Kadare, 28 de enero de 1936 (Gjirokaster, Albania).

Estilo y género: La obra de Kadare, el novelista y poeta más conocido de Albania, se centra en la cultura albanesa, su historia y folclore, y en el impacto del pasado en el presente. Obtuvo el premio Príncipe de Asturias de las Letras 2009.

Obras destacadas

Novelas

El general del ejército muerto, 1963
El castillo, 1970
El palacio de los sueños, 1981
El concierto, 1988
Tres cantos fúnebres por Kosovo, 1999
El sucesor, 2005

Ismail Kadare ha sido una figura predominante de la literatura albanesa durante más de cuarenta años. Su primera novela, *El general del ejército muerto*, una historia épica sobre la Albania de posguerra, se publicó en 1963. Pese a que Albania quedó aislada del resto del mundo, durante la década de 1980 la obra de Kadare salía a escondidas del país y se traducía al francés. Varias de sus novelas, como *El palacio de los sueños* —una historia kafkiana sobre lo absurdo del totalitarismo—, estuvieron prohibidas por el régimen comunista de Enver Hoxha. En 1990 Francia le concedió asilo político, aunque viaja a Albania con regularidad. En 2007 Kadare obtuvo el premio Man Booker International, y en 2009 el Príncipe de Asturias de las Letras. **HJ**

A. S. BYATT

Antonia Susan Drabble, 24 de agosto de 1936 (Sheffield, Yorkshire, Inglaterra).

Estilo y género: Byatt es una escritora de ficción dedicada al realismo social, el pastiche histórico y los cuentos de hadas. Su obra es erudita y literaria. Ha recibido diversos galardones, entre ellos el premio Booker por *Posesión*.

Obras destacadas

Novelas

La virgen en el jardín, 1978
Still Life, 1985
Posesión, 1990
The Biographer's Tale, 2000

Cuentos

Los relatos de Matisse, 1993
Elementals: Stories of Fire and Ice, 1998
Libro negro de los cuentos, 2003

A. S. Byatt decidió que la mejor manera de evitar el exceso de influencia de un solo escritor era leerlos a todos. Apasionada por toda clase de formas narrativas, sus personajes a menudo son escritores, o al menos, grandes lectores. También es una erudita insaciable y sus historias están cargadas de imágenes y metáforas extraídas del campo de la historia del arte y la teoría del lenguaje, la entomología, la genética y las matemáticas abstractas. *Frederica Quartet* es tanto una historia sobre tendencias intelectuales como la narración del paso a la edad adulta de la protagonista que da título al libro, y su best seller *Posesión* (premio Booker en 1990) sigue a dos académicos que investigan el romance amoroso entre dos poetas victorianos. **CQ**

MARIO VARGAS LLOSA

Jorge Mario Pedro Vargas Llosa, 28 de marzo de 1936 (Arequipa, Perú).

Estilo y género: Polifacético periodista, ensayista y novelista peruano cuya ficción manifiesta una profunda conciencia social mediante diversas técnicas, Vargas Llosa está considerado uno de los principales autores sudamericanos.

Mario Vargas Llosa es uno de los testigos destacados de la situación de Sudamérica durante el siglo XX. Nació en el sudoeste de Perú en una acomodada familia de clase media; sus padres se separaron cuando tenía un año y le trasladaron a Cochabamba, Bolivia. Allí vivió con su madre y sus abuelos hasta los diez años, cuando sus padres se reconciliaron y regresó a Perú. Tras un breve período en una academia militar, Vargas Llosa estudió literatura en Perú antes de trasladarse a Madrid, donde obtuvo su doctorado.

Su carrera literaria comenzó cuando se trasladó a París y publicó una colección de relatos en 1959. Sus primeras novelas, que datan de ese mismo período, son ambiciosas refundiciones de autobiografía y comentario social izquierdista como *La ciudad y los perros* —ambientada en la academia militar a la que asistió—, quizá la mejor de sus obras de esa época. En 1970 se estableció en Barcelona, y cinco años después, en Perú. En esos años sus opiniones políticas comenzaron a cambiar. Entusiasta al principio de la Cuba de Fidel Castro, Vargas Llosa empezó a investigar la validez de tales proyectos en novelas como *Historia de Mayta* y llegó a la conclusión de que eran deficientes. De hecho, en 1993 Vargas Llosa se presentó como candidato conservador a las elecciones presidenciales peruanas, que perdió frente a Fujimori.

«Existe una incompatibilidad entre la creación literaria y la actividad política.»

Dado que sus novelas son a ratos divertidas y surrealistas, trágicas y optimistas, y que sus ideas políticas tampoco parecen estar muy claras, lo mejor es leer a Vargas Llosa sin ninguna idea preconcebida. Su obra maestra, *La Fiesta del Chivo*, es una investigación profunda de Sudamérica, que si bien por un lado juzga a sus habitantes, por otro se niega a condenarlos. En 1986 Vargas Llosa obtuvo el premio Príncipe de Asturias de las Letras, y en 1994 el premio Cervantes. **PS**

Obras destacadas

Novelas

La ciudad y los perros, 1963
La casa verde, 1966
Conversación en la Catedral, 1969
La guerra del fin del mundo, 1981
Historia de Mayta, 1984
La Fiesta del Chivo, 2000
El paraíso en la otra esquina, 2003
Travesuras de la niña mala, 2006

Ensayo

La verdad de las mentiras, 1990
La tentación de lo imposible, 2004
El viaje a la ficción, 2008

ARRIBA: Vargas Llosa en el Festival del Libro de Edimburgo, Escocia, en 2003.

GEORGES PEREC

Georges Perec, 7 de marzo de 1936 (París, Francia); 3 de marzo de 1982 (París).

Estilo y género: Perec, novelista experimental francés y miembro de OuLiPo, es famoso por su dominio de los juegos de palabras y por la elaborada construcción matemática de sus libros.

Obras destacadas

Novelas

Las cosas, 1965

¿Qué pequeño ciclomotor de manillar dorado en el fondo del patio?, 1966

El secuestro, 1969

Especies de espacios, 1974

La vida: instrucciones de uso, 1978

El deleite y el juego lingüístico que Georges Perec expresa en sus libros contrastan con las trágicas circunstancias de su niñez. Era hijo de inmigrantes judíos y se sintió alienado en la sociedad francesa: «Soy francés, tengo un nombre francés, Georges, y un apellido francés, o casi, Perec». La palabra crucial es «casi». La sensación de diferencia que puede generar una sola letra —pues un auténtico francés se apellidaría Perrec o Pérec— se refleja en su atención al más mínimo detalle lingüístico. Pero, esa sensación de que falta algo también está relacionada con la terrible pérdida que sufrió cuando era joven: su padre falleció en 1940 en la legión extranjera francesa y su madre murió en Auschwitz.

Su primera novela, *Las cosas*, ganó el premio Renaudot por su crítica al fetichismo de la clase media y la sociedad de consumo. En 1967 ingresó en OuLiPo (*Ouvroir de Littérature Potentielle* [taller de literatura potencial]), un grupo de escritores y matemáticos que trataban de aplicar restricciones formales y principios matemáticos a la composición de textos literarios. Esto influyó profundamente en su obra. Además de practicar con algunas formas menores como palíndromos, puzzles multilingües y crucigramas, Perec realizó trabajos de gran ambi-

ARRIBA: Perec en 1982, en París, en el programa literario *Apostrophes*.

DERECHA: Junto a Alain Corneau en el rodaje de *Serie Noire,* con diálogos de Perec.

ción, utilizando limitaciones externas autoimpuestas. El caso más célebre es *La Disparition*, que podría traducirse como *La desaparición* si no fuera porque la palabra «desaparición» contiene la letra «e» y la novela es un lipograma (texto que excluye una letra del alfabeto; en la traducción castellana, *El secuestro*, se optó por excluir la letra «a»). El hecho de que Perec decidiese prescindir de la letra «e», la más común en francés, demuestra su increíble habilidad e inventiva; pero *El secuestro* no resulta nada fría, sino que transmite una sensación de tragedia innombrable en el modo en que la gente o las cosas pueden desaparecer. Quizá sea esta habilidad para crear una literatura experimental entretenida y conmovedora el mayor legado de Perec, como se ejemplifica en su obra maestra *La vida: instrucciones de uso*. Mediante la elaborada astucia formal del libro, sus innumerables historias y la trama central logra transmitir una aplastante fuerza emocional. **MS**

ARRIBA: Perec en el set de rodaje de *Un hombre que duerme*, en la década de 1960.

Escribir con limitaciones

La vida: instrucciones de uso tiene una estructura inusual: «Me imagino un edificio de viviendas parisino al que le han quitado la fachada y todas las habitaciones exteriores, desde el primer piso hasta el ático, se ven al instante y al unísono». La novela utiliza «procedimientos formales» para determinar la narración: como «un polígrafo de los movimientos que realiza un caballo en el ajedrez» y «un bicuadrado latino ortogonal de orden 10» (es decir, una cuadrícula de diez por diez con una letra y un número en cada cuadrado).

VÁCLAV HAVEL

Václav Havel, 5 de octubre de 1936 (Praga, Checoslovaquia).

Estilo y género: La labor de Havel como presidente de la República Checa ha eclipsado su carrera literaria, pero sus obras teatrales, poemas y ensayos todavía son influyentes. Tras la Primavera de Praga se prohibieron sus obras teatrales.

Obras destacadas

Teatro

Las fiestas del jardín, 1963
Memorándum, 1965
Audiencia, 1970
Vernissage, 1970
Protesta, 1970
Largo desolato, 1985
La tentación, 1986
Retirándose, 2008

Memorias

To the Castle and Back, 2007

Václav Havel creció en una familia adinerada de Praga. Se le consideraba miembro de la burguesía y por tanto no se le permitió asistir a la universidad. En su lugar, se hizo tramoyista, estudió teatro por correspondencia y comenzó a escribir literatura. Su primera obra fue *Las fiestas del jardín*, una sátira sobre la burocracia. A esta le siguió *Memorándum*, ambientada en una organización burocrática donde se adopta un lenguaje artificial cuya función es mejorar la comunicación entre la gente, pero que generará resultados absurdos. Pese a que la obra es una sátira del régimen comunista, su atractivo resulta universal por la manera en que explora las políticas de oficina y de ahí que se haya estrenado en todo el mundo.

Después de la Primavera de Praga (1968) se prohibieron las representaciones de su obra, y Havel se implicó cada vez más activamente en política. Durante las décadas de 1970 y 1980 fue arrestado y encarcelado repetidamente y, en 1978, escribió sobre esta experiencia en una serie de obras teatrales de un solo acto —*Audiencia*, *Vernissage* y *Protesta*— que describen los encontronazos de un dramaturgo disidente con las autoridades. Durante la década de 1980, Havel lideró el movimiento en defensa de los derechos humanos checo mientras continuaba escribiendo obras de teatro como *Largo desolato*, creada tras un prolongado encarcelamiento y centrada en un escritor al que le cuesta enfrentarse a sus dificultades, y *La tentación*, una relectura de la leyenda de Fausto. Havel fue uno de los líderes de la «Revolución de Terciopelo» que llegó a ver el fin del comunismo en Checos-lovaquia y, en 1989, fue elegido presidente. En 1993 se convirtió en el primer presidente de la República Checa. En 2007 publicó sus memorias: *To the Castle and Back*. **HJ**

«Siempre hay algo de sospechoso en el intelectual que se posiciona del lado de los vencedores.»

ARRIBA: Václav Havel en 1990, cuando era presidente de Checoslovaquia.

DON DELILLO

Don DeLillo, 20 de noviembre de 1936 (Nueva York, Nueva York, EE.UU.).

Estilo y género: DeLillo, maestro posmoderno de la novela estadounidense, disecciona la paranoia nacional y la formación ideológica en el mundo de posguerra con un estilo poético y preciso, un agudo sentido del ritmo y un lenguaje coloquial.

Cuando *Submundo* apareció en 1997 fue recibida inmediatamente como una obra maestra épica sobre la conciencia de la guerra fría, «un aria y un silbido sobre nuestra mitad de siglo», como la describió Michael Ondaatje, novelista canadiense nacido en Sri Lanka. Ciertamente se trata de un libro concebido y ejecutado a gran escala, con más de 800 páginas que cubren cincuenta años de historia civil.

Comienza con una sorprendente visión panorámica en sesenta páginas de un partido de béisbol entre los Dodgers y los Giants en 1951. Por el libro desfilan figuras memorables como Frank Sinatra, J. Edgar Hoover y el humorista Lenny Bruce. Con una portada donde aparece el negativo de una foto de las Torres Gemelas, *Submundo* resultó profetizar el terror que asolaría Nueva York en 2001 y que DeLillo abordaría en *El hombre del salto*.

Pero en cierto sentido, todos sus libros miran hacia delante en una época en que la paranoia parecía ser la única respuesta legítima a los acontecimientos. En novelas como *Americana*, *Ruido de fondo*, *Libra* y *Mao II*, la colisión del poder y el terrorismo con las extraordinarias vidas corrientes de la gente resulta memorable. En particular destaca *Libra* que, con su exploración de la mente de Lee Harvey Oswald y el investigador del FBI encargado de catalogar el asesinato de John Fitzgerald Kennedy, supo proyectar una luz nueva sobre la forma en que se construyen el destino personal y las maquinaciones políticas.

Otra característica distintiva de DeLillo es su virtuosismo prosístico. Escribe frases y párrafos plagados de aciertos casuales, atrevidas elecciones de palabras y ejemplos del habla moderna y acelerada, todo ello con un firme pulso rítmico y un gran oído para el habla coloquial que rozan la perfección. **MS**

«[...] Europa es un libro de tapa dura, y Estados Unidos, la versión de bolsillo.»

Obras destacadas

Novelas

Americana, 1971
Ruido de fondo, 1985
Libra, 1988
Mao II, 1991
Submundo, 1997
Body Art, 2001
El hombre del salto, 2007

ARRIBA: Don DeLillo en el Hay Festival de Gran Bretaña en 2003.

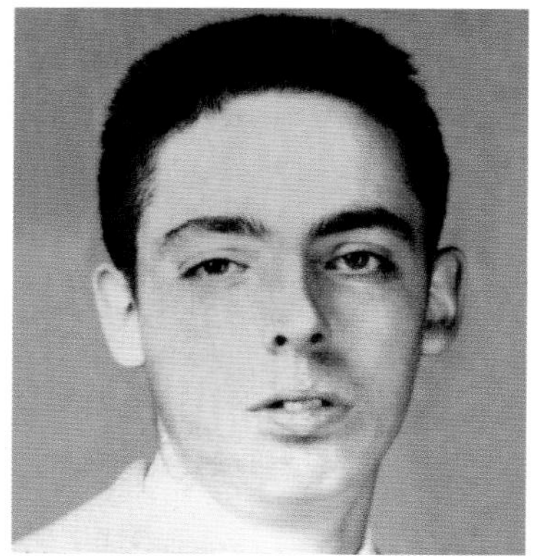

THOMAS PYNCHON

Thomas Ruggles Pynchon, Jr., 8 de mayo de 1937 (Glen Cove, Long Island, EE.UU.).

Estilo y género: Pynchon es un novelista posmoderno que tiende a recluirse, cuyas épicas obras de aplazamientos infinitos son conocidas por su prosa efervescente, su historicismo a lo gonzo y su dominio del pastiche lúdico.

Obras destacadas

Novelas

V., 1963
La subasta del lote 49, 1966
El arco iris de gravedad, 1973
Vineland, 1990
Mason y Dixon, 1997
Contra el día, 2006
Vicio innato, 2009

Las novelas fabulosamente imaginativas de Thomas Pynchon están construidas a partir de un postulado básico: las mejores cosas se perdieron para siempre o nunca las tuvimos. Por tanto, el placer de la obra de Pynchon no está en el destino, sino en el viaje, mientras que oscila entre los extremos insatisfactorios de todo eje imaginable: utopías y fascismo, cultura y contracultura, Eros y Tánatos o cualquier punto intermedio. Pynchon, al igual que su contemporáneo Salinger, vive recluido y se conocen tan pocas fotografías suyas que cuando apareció en *Los Simpson* en 2004 le dibujaron con una bolsa cubriéndole la cabeza.

La extravagante prosa de Pynchon tiene más fuerza en sus primeros trabajos *V* y *La subasta del lote 49*, y quizá mayor expresividad emocional en la posterior *Mason y Dixon*. Pero sus gimnásticos ejercicios simbólicos alcanzan su máxima expresión en *El arco iris de gravedad*. Aparentemente, la novela narra la historia del soldado estadounidense Tyrone Slothrop, destinado en Londres durante la Segunda Guerra Mundial, que descubre que el mapa de sus conquistas sexuales se corresponde exactamente con un mapa de los bombardeos nazis. (Y como siempre, de muchas otras cosas.)

En *El arco iris de gravedad* aparecen todos los rasgos distintivos de Pynchon, en particular su talento para oponerse con resistencia cómica a la progresión narrativa, algo en lo que solo le igualan maestros del siglo XVIII como Laurence Sterne y Henry Fielding. Al interrumpir constantemente la historia de Slothrop con todo tipo de episodios, desde números de música y baile hasta la historia de una bombilla incombustible huida de la compañía General Electric, Pynchon no solo nos entretiene, sino que además nos pregunta qué es eso que tenemos tanta prisa por descubrir. **SY**

«Si formulas las preguntas equivocadas, no tendrán que preocuparse por las respuestas.»

ARRIBA: Retrato de un joven Thomas Pynchon en 1955.

ANITA DESAI

Anita Mazumdar, 24 de junio de 1937 (Mussoorie, Delhi, India).

Estilo y género: Desai es una autora india contemporánea que explora la psicología femenina y el concepto de unidad familiar como apoyo y opresión. Aborda sobre todo la pérdida de los valores tradicionales y la visión occidental de la India.

Anita Desai en su niñez hablaba alemán en casa con su madre —su padre era indio—, se relacionaba en hindi con la ciudad en la que creció, Delhi, y escribía en inglés. Cuando su primer relato apareció publicado en una revista infantil, la importancia del lenguaje había calado hondo en su vida: sin duda, un prometedor comienzo literario para una niña de 9 años.

Al poco de casarse, una editorial especializada en escritores de la Commonwealth publicó su debut, *The Peacock*, en Reino Unido, en 1963. Entonces pocos escritores indios escribían acerca de la India en inglés, por lo que cabe considerar a Desai como una pionera.

Gran parte de sus personajes femeninos son mujeres anglicanizadas de clase media, independientes como Bim Das, de *Clear Light of Day*; hermosas esposas como Aruna, de *Ayuno, festín*, o luchadoras como Uma, la hermana de Aruna. Independientemente de su yo externo, la obra de Desai hace hincapié en la vida interior de estos personajes: su alienación, las tensiones familiares y la supresión de la cultura tradicional india en la que se formaron. El papel que desempeñan estas mujeres ha generado un acalorado debate entre la crítica: las mujeres de Desai, ¿resultan más accesibles o más extrañas para un público occidental? ¿Son más indias que europeas? La imagen fragmentaria que Occidente tiene de la India es otro de los temas que tratan los relatos y novelas de Desai. Su exploración de Oriente y Occidente, de la tradición y de la modernidad, refleja su visión sobre un país que lo combina todo. En *El camino en zigzag*, ambientada en México y Cornualles, pasando por Viena y Nueva Inglaterra, el protagonista masculino de Desai se adentra en una búsqueda de su identidad que le une a mujeres pioneras, mientras su autora inaugura un nuevo camino literario. **JSD**

«Pretendo contar la verdad sobre cualquier tema, no un romance ni una fantasía [...]»

Obras destacadas

Novelas

Voices in the City, 1965
Bye-Bye, Blackbird, 1971
Fuego en la montaña, 1977
En custodia, 1984
Viaje a Ítaca, 1996
Ayuno, festín, 1999
El camino en zigzag, 2004

Cuentos

Polvo de diamante y otros relatos, 2000

ARRIBA: Desai en el Festival del Libro de Edimburgo, Escocia, en 2004.

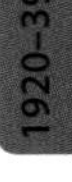

1920-39

TOM STOPPARD

Tomáš Straussler, 3 de julio de 1937 (Zlín, Checoslovaquia).

Estilo y género: Stoppard, eminente dramaturgo inglés de origen checo, conocido por su ingenio metafísico y sus desafiantes acertijos éticos, fundó el Tom Stoppard Prize en 1983 para ayudar a autores de su país natal.

Tom Stoppard nació en Checoslovaquia, pero su familia se trasladó a Singapur en 1939 para escapar de la invasión nazi. Su padre falleció en un campo de prisioneros japonés tras haber luchado junto a los británicos durante la Segunda Guerra Mundial. Stoppard estudió en Inglaterra desde 1946 y adoptó el apellido de su padrastro.

Su atribulada infancia ha influido profundamente en su obra, gran parte de la cual trata sobre conflictos entre diferentes filosofías éticas y políticas. Al dejar los estudios trabajó de periodista y en 1963 se retransmitió su primera obra por televisión. Sin embargo, su gran salto comercial y crítico llegó en 1966 con *Rosencrantz y Guildenstern han muerto*, exploración de dos personajes secundarios del *Hamlet* de Shakespeare. Con su típica simpatía cómica, Stoppard los imagina poco dispuestos y desconocedores de la furia de Hamlet. Pese a no ser abiertamente política, la obra explora el tema de la marginación y la falta de representación que acabaría dominando sus trabajos posteriores. Su viaje a la Unión Soviética en 1977 sería el detonante de un continuo período de activismo en favor de los derechos humanos y un renovado interés por el destino de Checoslovaquia.

En 1983 fundó el Tom Stoppard Prize para apoyar a dramaturgos checos, al tiempo que en sus obras *Todo buen chico merece un favor* y *Rock 'n' Roll*, que exploran los límites de la filosofía política izquierdista en el contexto de la guerra fría, dejaba claras sus simpatías. Stoppard también ha escrito extensamente para televisión y cine; por ejemplo, suyo es el guión ganador de un Oscar de *Shakespeare in Love* (1998), dirigida por John Madden. Stoppard fue nombrado caballero por la reina de Inglaterra en 1997 y ha ganado innumerables premios teatrales, tanto en Londres como en Nueva York. **PS**

«La eternidad es un concepto aterrador. O sea, ¿dónde acaba todo?»

Obras destacadas

Teatro

Rosencrantz y Guildenstern han muerto, 1966
Los acróbatas, 1972
Travestis, 1974
Todo buen chico merece un favor, 1977
Arcadia, 1993
Rock 'n' Roll, 2006

Guión cinematográfico

Shakespeare in Love, 1998 (co-autor)

ARRIBA: Fotografía de Stoppard realizada por Francesco Guidicini en 2002.

HUNTER S. THOMPSON

Hunter Stockton Thompson, 18 de julio de 1937 (Louisville, Kentucky, EE.UU.); 20 de febrero de 2005 (Woody Creek, Colorado, EE.UU.).

Estilo y género: Thompson, bastión de la contracultura de la década de 1960, practicó un estilo periodístico subjetivo, mezcla de literatura y comentario político.

Hunter S. Thompson fue el creador del pionero periodismo «gonzo», estilo periodístico que evita la objetividad y sitúa al escritor en el centro de la noticia. Es conocido por su estilo de vida hedonista y su personalidad rebelde, y porque dinamitó la escritura convencional mientras se convertía en un bastión de la contracultura de la década de 1960.

Sus libros nacen de artículos para periódicos y revistas, y, gracias a un encargo para infiltrarse en la banda de moteros Ángeles del Infierno, consiguió una oferta para ampliar la experiencia en un libro que titularía *Los Ángeles del Infierno: la extraña y terrible plaga*. Esta gráfica descripción de la vida en una banda temida por la mayoría de estadounidenses, y sobre la que se sabía bien poco, impulsó su carrera literaria y le permitió trabajar para *Esquire, Harper's Bazaar* y *Rolling Stone*.

Un encargo de *Sports Illustrated* para cubrir la carrera de motocicletas Mint 400 en el estado de Nevada fue el germen de su trabajo más memorable: *Miedo y asco en Las Vegas*. El personaje principal, Raoul Duke (alter ego de Thompson) y su abogado Dr. Gonzo parten en busca del «sueño americano», pero descubren que el idealismo de la década de 1960 se ha convertido en cinismo.

Algunos de sus textos más humorísticos y controvertidos aparecen en *Fear and Loathing: On the Campaign Trail '72*, donde documenta la campaña presidencial de 1972 mientras critica al republicano Richard Nixon en una serie de entretenidas diatribas. En años posteriores la producción literaria de Thompson mermaría mientras continuaba realizando reportajes sobre política y recopilaba sus artículos para revistas en los cuatro volúmenes que forman *Gonzo Papers*. **SG**

«Quien no disperse el rocío matinal no peinará canas.»

Obras destacadas

Novelas

Los Ángeles del Infierno: la extraña y terrible plaga, 1966

Miedo y asco en Las Vegas. Un viaje al corazón del sueño americano, 1972

Ensayo

Fear and Loathing: On the Campaign Trail '72,

ARRIBA: Thompson en su casa de Wood Creek, Colorado, en febrero de 2003.

1920-39

RAYMOND CARVER

Raymond Clevie Carver, Jr., 25 de mayo de 1938 (Clatskanie, Oregón, EE.UU.); 2 de agosto de 1988 (Port Angeles, Washington, EE.UU.).

Estilo y género: Carver ha sido considerado «el Chéjov estadounidense» por su sobria y sensible descripción de la clase trabajadora y las dificultades domésticas.

Obras destacadas

Cuentos

¿Quieres hacer el favor de callarte, por favor?, 1976

De qué hablamos cuando hablamos de amor, 1981

Catedral, 1983

Desde donde estoy llamando, 1988

Si me necesitas, llámame, 2000 (publicado póstumamente)

Raymond Carver era hijo de un empleado de aserradero y una camarera, y trabajó de repartidor, empleado de molino o limpiador en un hospital para mantener a la familia que formó siendo todavía muy joven —algo típico de los años de posguerra: tuvo dos hijos antes de haber cumplido los 21 años—. Entró progresivamente en una espiral de alcoholismo, pero, aun así, logró escribir historias de una extraña belleza, sorprendentes por el modo en que dejan cosas por decir y por sus retratos de borrachos y gente venida a menos.

Hasta la publicación de *¿Quieres hacer el favor de callarte, por favor?* en 1976, Carver no disfrutó de cierto reconocimiento. Poco después, separado de su primera esposa y de sus hijos, comenzó lo que denominó su segunda vida: dejó la bebida y conoció a la escritora Tess Gallagher, que sería su compañera durante el resto de su vida. A partir de entonces, llegarían sus mayores logros en libros como *De qué hablamos cuando hablamos de amor* y *Catedral*, con historias escritas en un estilo destilado, según sus palabras, «hasta la médula, no solo hasta el hueso».

Desde su muerte, a medida que han ido apareciendo los manuscritos originales, se ha descubierto que ese estilo depurado también es en gran medida obra de la edición de Gordon Lish, pero, con todo, sigue suponiendo un gran logro literario por parte de Carver. Las buenas adaptaciones cinematográficas de obras literarias escasean, sin embargo los relatos de Carver han inspirado dos de ellas: primero Robert Altman realizó un collage con las historias de Carver en *Vidas cruzadas* y luego, en 2006, el relato «Tanta agua tan cerca de casa» se trasplantó a un pequeño pueblo australiano en *Jindabyne: Cada vida esconde un misterio*, con el añadido de ciertas tensiones sociales y raciales. **MS**

«Jamás escribí una sola frase que valiera ni un céntimo cuando estaba borracho.»

ARRIBA: Retrato de Raymond Carver en la década de 1980.

JOYCE CAROL OATES

Joyce Carol Oates, 16 de junio de 1938 (Lockport, Nueva York, EE.UU.).

Estilo y género: Oates tiene un estilo narrativo absorbente y adictivo. Crea vívidas descripciones con un gran sentido de lo visual, caracterizaciones profundas y precisión histórica.

Joyce Carol Oates es una maestra de la ficción que incita a reflexionar, y acerca al lector a la vida de los personajes mientras pone del revés el «sueño americano». Las situaciones aparentemente felices, con un trasfondo secretamente tenso, caracterizan gran parte de su obra, así como las experiencias autobiográficas o biográficas que entreteje en sus ficciones.

Oates nació durante la Gran Depresión en un suburbio de clase obrera de Nueva York, y siempre mostró mayor interés por los libros que por la granja de sus padres. Comenzó a escribir seriamente a los 14 años, y a los 26 publicó su primera novela: *With Shuddering Fall*. Cinco años después, *Ellos* obtuvo el National Book Award. La novela se centra en asuntos que son la médula de la sociedad estadounidense contemporánea: la división entre negros y blancos; hombres y mujeres; ricos y pobres. Oates, posteriormente, dijo de sus novelas: «Es un trabajo histórico en forma literaria, es decir, desde una perspectiva personal, que es la única clase de historia que existe».

Toda su obra sitúa a personajes reales en entornos ficticios y se inspira en historias de gente que ha conocido, pero con argumentos muy variados. La lírica e hipnótica *Niágara* trata, en apariencia, de la historia de amor de una recién casada que enviuda en las cataratas del Niágara, pero es en realidad una historia de amor con un giro inesperado. La controvertida *Violada: una historia de amor* es una novela dura pero hermosamente narrada sobre una mujer traumatizada y su hija, y los hombres que las atacaron. *Blonde* es una novela biográfica sobre Norma Jean Baker (Marilyn Monroe), narrada por la voz imaginada de la protagonista. Oates también escribe relatos, ensayos, obras teatrales, poesía y —con los seudónimos de Lauren Kelly y Rosamond Smith— *thrillers* de suspense. **LH**

«El amor mezclado con odio es más fuerte que el amor. O que el odio.»

Obras destacadas

Novelas

With Shuddering Fall, 1964
Ellos, 1969
Childwold, 1976
Solsticio, 1985
Because It Is Bitter, and Because It Is My Heart, 1990
Qué fue de los Mulvaney, 1996
Blonde, 2000
A media luz, 2001
Violada: una historia de amor, 2003
Niágara, 2004
La hija del sepulturero, 2007

ARRIBA: Joyce Carol Oates en Londres, Inglaterra, en agosto de 2006.

1920–39

CARYL CHURCHILL

Caryl Churchill, 3 de septiembre de 1938 (Londres, Inglaterra).

Estilo y género: Churchill es una importante dramaturga del siglo XX cuyas obras, radicales y a menudo experimentales, analizan temas sobre la opresión femenina, las desigualdades sociales y los deseos políticos frustrados.

Obras destacadas

Teatro

Cloud Nine, 1979
Top Girls, 1982
A Mouthful of Birds, 1986
Serious Money, 1987
The Skriker, 1994
A Dream Play, 2005

Caryl Churchill pasó gran parte de su niñez en Montreal, Canadá, pero regresó a Inglaterra para estudiar en Oxford, donde comenzó a escribir sus primeras obras teatrales. Desde entonces, su producción ha sido prolífica. El innovador y audaz enfoque de Churchill le ha granjeado una reputación de líder de la «nueva ola» de dramaturgos británicos. Su escritura emerge de una perspectiva izquierdista acérrima pero no necesariamente didáctica, y analiza diversos asuntos feministas desde ángulos insólitos. Gran parte de sus obras rechazan el estricto desarrollo lineal de la trama, son de naturaleza episódica, yuxtaponen dos mundos teatrales inmensamente dispares y, por tanto, en conjunto pueden considerarse brechtianas.

Muchas de sus obras nacen de talleres de grupos teatrales como Joint Stock o de sus colaboraciones con el director inglés de teatro Max Stafford-Clark. Dos ejemplos serían *Cloud Nine* y *Top Girls*, obras que utilizan libremente el anacronismo para investigar temáticas sociales y políticas. Así, en *Cloud Nine*, Churchill examina las costumbres sexuales de dos épocas, para lo cual sitúa a los mismos personajes en 1879 y 1979, aunque solo envejecen 25 años. Mediante este ingenioso método, Churchill es capaz de comparar las respuestas de una sociedad patriarcal victoriana con el inconformismo sexual de una sociedad supuestamente más progresista y falta de prejuicios como la de la década de 1970. Por su parte, en el primer acto de *Top Girls* se celebra una cena en honor de Marlene, una empresaria de éxito. Sus invitadas son mujeres prominentes de diversos períodos históricos que montan una juerga etílica. Esto contrasta con un segundo acto mucho más sobrio en el que Marlene se enfrenta a las realidades prácticas y sociales de la vida como empresaria en pleno thatcherismo. **GM**

«Necesitamos encontrar nuevas preguntas que nos ayuden a contestar las antiguas.»

ARRIBA: Retrato de Churchill tomado por Gemma Levine hacia 1985.

MANUEL VÁZQUEZ MONTALBÁN

Manuel Vázquez Montalbán, 27 de julio de 1939 (Barcelona, España); 18 de octubre de 2003 (Bangkok, Tailandia).

Estilo y género: Vázquez Montalbán escribió novelas, poesía, ensayos, biografías, artículos periodísticos, relatos cortos y críticas gastronómicas.

Manuel Vázquez Montalbán fue un escritor prolífico cuya obra abarca múltiples géneros e infinidad de temas. Pero se le conoce sobre todo por las novelas protagonizadas por su alter ego José *Pepe* Carvalho, un detective privado barcelonés, apasionado de la comida, que refleja el interés gastronómico del propio Vázquez Montalbán.

Durante su juventud, Vázquez Montalbán fue una figura destacada del partido comunista de Cataluña, en una época en que resultaba peligroso oponerse al régimen de Franco, y sus declaraciones le llevaron a pasar una temporada en la cárcel. Sus novelas, ensayos y artículos periodísticos suelen abordar temas sociales. En 1995 Vázquez Moltalbán obtuvo el premio Nacional de Literatura. **CK**

Obras destacadas

Novelas

Yo maté a Kennedy, 1972
La soledad del mánager, 1977
Los mares del sur, 1979
Asesinato en el Comité Central, 1981
Galíndez, 1990
Sabotaje olímpico, 1993
El estrangulador, 1995
Quinteto de Buenos Aires, 1997
Erec y Enide, 2002

Poesía

Memoria y deseo, 1986

Ensayo

Informe sobre la información, 1963
Crónica sentimental de España, 1971
La Aznaridad, 2003 (obra póstuma)

MARIE-CLAIRE BLAIS

Marie-Claire Balis, 5 de octubre de 1939 (Quebec, Quebec, Canadá).

Estilo y género: Blais, novelista, poetisa y dramaturga, escribe profundos comentarios sociales combinando a menudo realidad y fantasía. En 1972 recibió la condecoración canadiense más alta que puede recibir un civil: la Order of Canada.

La obra de Marie-Claire Blais ofrece una visión conmovedora y nítida de la humanidad y la sociedad. Aborda temas morales, espirituales y cotidianos, a menudo rompiendo convenciones literarias y creando personajes y escenas convincentes, situados a veces en un marco de fantasía. Su primera novela, *La hermosa bestia*, publicada en 1959, recibió el aplauso de la crítica y Blais no tardó en volver a publicar: *Tête Blanche* apareció al año siguiente. Quizá su novela más famosa sea *Une Saison dans la vie d'Emmanuel*, que obtuvo los premios France-Canada y Médicis. También recibió la Order of Canada en 1972 y fue nombrada Chevalier of the French Ordre des Lettres. **TamP**

Obras destacadas

Novelas

La hermosa bestia, 1959
Tête Blanche, 1960
Une Saison dans la vie d'Emmanuel, 1965
Le Loup, 1970
Days la fondre et la lonmière, 2001

SEAMUS HEANEY

Seamus Heaney, 13 de abril de 1939 (Mossbawn, condado de Derry, Irlanda del Norte).

Estilo y género: Heaney, poeta, escritor y ganador del Nobel de Literatura, cree que la poesía es un acto de redención. Sus temas incluyen la opresión política y religiosa y la naturaleza como inspiración.

El primer poemario importante de Heaney, *Muerte de un naturalista*, gira en torno a la vida rural y el trabajo en el condado de Derry, donde creció en una granja. «Digging», el poema que abre el libro, está considerado su obra más emblemática, equilibrio perfecto entre su fidelidad a la tierra y el trabajo físico por un lado, y la dedicación a una vida basada en la imaginación y el intelecto por otro. *Puerta a las tinieblas* apareció cuando, en respuesta a las manifestaciones católicas en demanda de derechos civiles en Irlanda, se extendió e intensificó la violencia sectaria; el libro marcó un punto de inflexión político y psicológico en la carrera de Heaney. Varios poemas de *Huyendo del invierno* declaran su solidaridad con aquellos que han sufrido la opresión en las duras y largas luchas políticas y religiosas de Irlanda, pero su confrontación con el tumulto político de la década de 1970 resulta mucho más explicito en *Norte*.

Trabajo de campo examina las responsabilidades del poeta tras diez años de antagonismo político en el Norte y muestra un interés continuado en la tierra como fuente de inspiración y sus-

Obras destacadas

Poesía

Muerte de un naturalista, 1966
Puerta a las tinieblas, 1969
Huyendo del invierno, 1972
Norte, 1975
Trabajo de campo, 1979
Station Island, 1984
La linterna del espino, 1987
Viendo cosas, 1991
El nivel espiritual, 1996
Luz eléctrica, 2001
Distrito y circular, 2006

ARRIBA: Seamus Heaney en el Festival del Libro de Edimburgo, Escocia, agosto de 2006.

DERECHA: En su casa de Irlanda junto a su esposa e hijos en 1977.

tento. En *Station Island*, Heaney sigue los ritos penitentes de peregrinos que visitan una isla muy vinculada a san Patricio y la llegada del cristianismo a Irlanda, al tiempo que medita acerca de su vocación de poeta. Su fe inquebrantable en las posibilidades de la forma lírica encuentra su máxima expresión en *La linterna del espino*, que inician un tono más reflexivo y visionario en su poesía. *El nivel espiritual* está imbuido de un optimismo titubeante —fue su primera colección de poesía en aparecer tras el alto el fuego de 1994—, así como *Luz eléctrica* y *Distrito y circular*, donde retorna a los lugares y temas de sus primeros trabajos.

Heaney fue nombrado catedrático de poesía de la Universidad de Oxford, Inglaterra, en 1988, y recibió el Nobel de Literatura en 1995. Heaney, como Yeats antes que él, se ha aferrado con fuerza a la idea de que la poesía consituye un acto potencialmente redentor, llegando a pensar incluso que «el final del arte es la paz». **SR**

ARRIBA: Heaney se inspira a menudo en el entorno. Fotografía tomada en 1996.

«Poemas de tremedales»

En 1969, a medida que se intensificaba la violencia política, Heaney comenzó a reconsiderar su vocación y a buscar lo que W. B. Yeats llamaba «emblemas apropiados de adversidad». Los encontró en los estudios del arqueólogo danés P. V. Glob sobre sacrificios humanos de la Edad de Piedra conservados en tremedales, pues sugerían un terrorífico paralelismo con las víctimas de las matanzas ritualistas de Irlanda del Norte. El descubrimiento de Glob del hombre de Tollund y el de Grauballe inspiraron los «poemas de tremedales» de Heaney en *Huyendo del invierno* (1972) y *Norte* (1975).

AMOS OZ

Amos Klausner, 4 de mayo de 1939 (Jerusalén, Israel).

Estilo y género: Las obras del novelista, cuentista, ensayista político y activista por la paz Amos Oz están enraizadas en Israel. Entre sus temas destaca la flaqueza de la naturaleza humana.

Obras destacadas

Cuentos

Donde aúllan los chacales y otros cuentos, 1965

Novelas

Quizás en otra parte, 1966

Mi querido Mijael, 1968

Las mujeres de Yoel, 1989

Memorias

Una historia de amor y oscuridad, 2005

El reputado literato y ensayista israelí Amos Oz opina que si tuviese que resumir toda su obra en una sola palabra, esta sería «familias» y, si tuviese que hacerlo en dos, serían «familias infelices». Sus personajes sufren de soledad, conflictos internos y desarraigo, y reflejan las realidades de la vida moderna israelí. Oz es uno de los intelectuales hebreos más influyentes y respetados dentro y fuera de Israel.

Los padres de Oz llegaron a Jerusalén procedentes de Europa del Este. Su madre, depresiva, se suicidó cuando Oz tenía 13 años y, según el propio escritor, ese trauma influyó en su decisión de dedicarse a escribir.

Su primera colección de relatos, *Donde aúllan los chacales y otros cuentos*, apareció en 1965 y es una alegoría de los problemas a los que se enfrenta el Estado de Israel. Un año después publicó *Quizás en otra parte*, una novela sobre la vida en un kibutz israelí. Sin embargo, fue su siguiente novela, *Mi querido Mijael*, la que le daría la fama. Cuenta la historia de una mujer que se refugia en un mundo de fantasía para huir de un matrimonio infeliz y está ambientada en el marco de la turbulenta historia israelí. Entre sus trabajos posteriores destacan sus memorias *Una historia de amor y oscuridad*, donde explica su infancia en un Jerusalén destrozado por la guerra y el efecto que le causó el suicidio de su madre, y analiza 120 años de historia familiar.

«Considero la familia la institución más misteriosa y fascinante del mundo.»

Como prolífico ensayista político, Amos Oz se centra en las complejidades de la relación entre judíos y árabes y aboga enérgicamente por la creación de dos estados para resolver el conflicto. Oz ha recibido, entre otros galardones, el premio de Literatura Israelí en 1998, el Goethe en 2005 y el premio Príncipe de Asturias de las Letras en 2007, y su obra ha sido traducida a más de treinta idiomas. **HJ**

ARRIBA: Oz en el Festival Internacional de Literatura de Roma, el 23 de junio de 2005.

DERECHA: Sus memorias *Una historia de amor y oscuridad* son una sentida saga familiar.

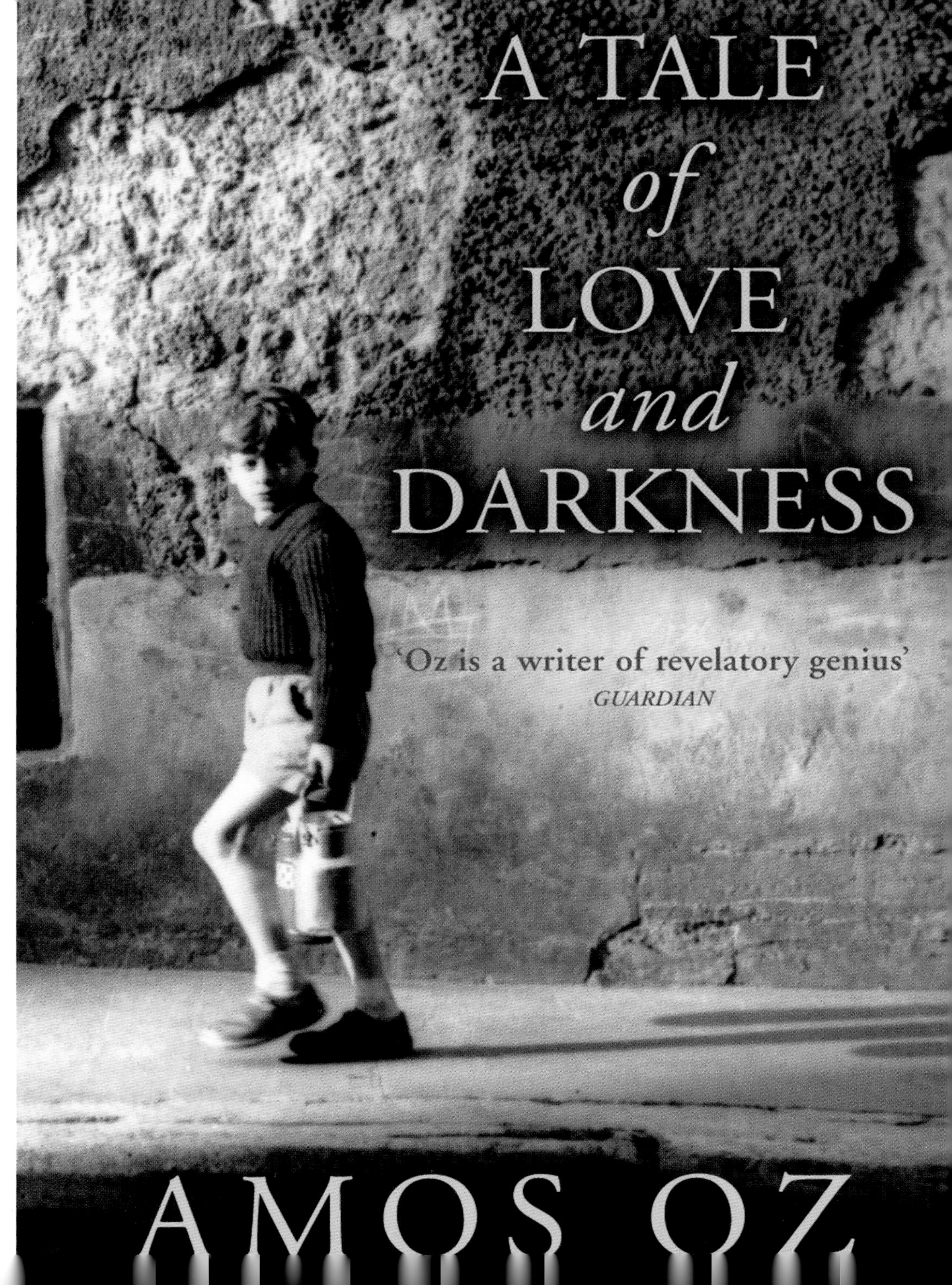
A TALE
of
LOVE
and
DARKNESS
'Oz is a writer of revelatory genius'
GUARDIAN
AMOS OZ

MARGARET ATWOOD

Margaret Eleanor Atwood, 18 de noviembre de 1939 (Ottawa, Canadá).

Estilo y género: Novelista y poetisa canadiense, Atwood combina una fina ironía y una gran inventiva verbal con una penetrante visión sobre asuntos contemporáneos que van desde las relaciones entre los sexos hasta el medio ambiente.

Margaret Atwood rechazó el término «icono literario» en una entrevista, aduciendo que las auténticas celebridades eran «las estrellas del rock o Elizabeth Taylor». Sin embargo, sus últimas novelas han sido éxitos de ventas y de crítica, su prosa y su poesía se han traducido a más de treinta idiomas y Atwood ha recibido 16 títulos honoríficos y ha ganado más de un premio por año desde finales de la década de 1970.

Pese a que suele describírsela como autora feminista, su obra nunca es polémica ni compone meras alegorías políticas. Como dice Atwood: «Yo no inventé el feminismo y desde luego el feminismo no me creó a mí. Pero naturalmente simpatizo con él». Las cuestiones de género constituyen el eje central de su obra y ha explorado los ideales culturales de feminidad, la representación del cuerpo femenino en el arte y las relaciones entre hombres y mujeres, aparte de lo que denomina «el mal comportamiento femenino». Quizá resultaría más preciso definirla como una estudiosa de la psique femenina, que detalla con gran lucidez y un ingenio lleno de dobles sentidos. También aborda temas como el conflicto entre naturaleza y tecno-

Obras destacadas

Novelas

La mujer comestible, 1969
El cuento de la criada, 1985
Ojo de gato, 1988
La novia ladrona, 1993
Alias Grace, 1996
El asesino ciego, 2000
Oryx y Crake, 2003
Penélope y las doce criadas, 2005

Cuentos

Chicas bailarinas, 1979
Wilderness Tips, 1991

Ensayo

Resurgir, 1972
Negotiating with the Dead, 2002

1920–39

ARRIBA: Atwood posa ante una cámara en Toronto, Canadá, en mayo de 2006.

DERECHA: Fotografía de Atwood del 10 de noviembre de 1994, por Sophie Bassouls.

ARRIBA: Atwood en casa con su gato Fluffy, en enero de 1989; el título de su libro *Ojo de gato* hace referencia a un tipo de mármol.

logía, los límites de la racionalidad y el conocimiento histórico y la inevitabilidad de la muerte.

Atwood pasó gran parte de su juventud en el remoto norte de Quebec porque su padre era entomólogo forestal, y no acabó un curso escolar hasta llegar al último de la educación primaria, pero leía mucho. La primera persona que la animó a dedicarse a la literatura fue una profesora de inglés del instituto, que leyó uno de sus poemas y le comentó: «No entiendo ni una palabra de todo esto, cariño, ¡así que debe de ser bueno!». Atwood estudió en la Universidad de Toronto, donde recibió clases de Northrop Frye, y publicó por su cuenta una colección de poesía, que ganó un premio literario universitario. Tras graduarse, escribió otro libro de poesía, *A Circle Game*, y en esa ocasión se llevó el máximo galardón canadiense: el Gover-

«Un divorcio es como una amputación: sobrevives pero queda menos cantidad de ti.»

Reina de la literatura canadiense

Cuando Atwood publicó *Resurgir* en 1972 planteó la siguiente pregunta: ¿por qué debería importarnos la literatura canadiense? La respuesta hoy es obvia, dado que grandes estrellas literarias como Michael Ondaatje, Alice Munro, Carol Shields o Rohinton Mistry (y por supuesto la propia Atwood) proceden de dicho país, pero antes de ellos se conocían pocos escritores canadienses de prestigio. Por supuesto, había escritores canadienses, pero sus compatriotas lectores respondían con indiferencia al talento local. Según Atwood, los canadienses preferían a los escritores extranjeros debido a un profundo sentimiento de inferioridad fruto del duradero legado del esquema mental colonial.

Resurgir, descrita simplemente como «breve y sencilla guía de la literatura canadiense», se vendió extremadamente bien para tratarse de un libro de ensayos. Defendía no solo que existía un canon de literatura canadiense con sus propios temas y asuntos, sino que este debía ser leído y estudiado. Había que hablar sobre él. Este libro ingenioso y apasionado describe a los personajes canadienses como supervivientes con mentalidades de víctima desde la dura época colonial hasta la permanencia de ambas culturas, la inglesa y la francesa, frente a la presión de los vecinos del Sur. *Resurgir*, de tintes nacionalistas, fue el toque de rebato que despertó a la producción cultural canadiense de tal modo que, en la década de 1970, creció el número de editoriales, productoras teatrales y cinematográficas.

DERECHA: Sobrecubierta de *Alias Grace*, publicada por Doubleday, Nueva York, 1996.

nor General's Award. Unos años después publicó su primera novela, *La mujer comestible*, y desde entonces ha alternado ambos géneros; según Atwood, mientras la poesía forma la base de su relación con el lenguaje, en la prosa encapsula su visión moral del mundo.

Atwood despertó la atención internacional a raíz de la publicación de *El cuento de la criada*, novela sobre una teocracia ficticia en Estados Unidos. En esta novela distópica una plaga (o un arma biológica, no queda claro) ha vuelto infértil a la mayoría de la población, y nuestra narradora, Offred, despojada oficialmente de sus derechos y propiedades, es una sirvienta obligada a entregar su hijo a su amo. Atwood insiste en que no se trata de ciencia ficción, aunque aparecen alienígenas y naves espaciales, sino de «ficción especulativa», porque escribe sobre cosas que podrían pasar —y de hecho, las analepsis de Offred revelan un mundo muy similar al nuestro—. La novela se ha adaptado al cine y más recientemente a una ópera. *Oryx y Crake*, su otro experimento con el género de la ficción especulativa, es una advertencia sobre los peligros de la ingeniería genética y los problemas del medio ambiente. Pese a que ambos son libros sobre ideas, sus entornos se evocan con maestría y los personajes están bien dibujados, y además las dos novelas funcionan como comentario social a la vez que como ficción literaria.

En el resto de novelas, Atwood juega con las convenciones literarias, tanto de la alta como de la baja literatura, desde la épica *(Penélope y las doce criadas)* y las novelas de paso a la edad adulta *(Ojo de gato)*, hasta el crimen *(Alias Grace)* y la ficción histórica (*El asesino ciego*, premio Booker en 2000).

Atwood es también una prolífica escritora de críticas y reseñas, guiones, textos radiofónicos y libros infantiles, y su obra ha inspirado diversas adaptaciones teatrales y televisivas. Conocida por su verbo rápido y su ingenio mordaz, ha asustado a más de un entrevistador, pero, como ella misma comenta en su libro *Negotiating with the Dead*, le «llevó bastante tiempo descubrir que el más joven de una familia de dragones también es un dragón para aquellos que temen a los dragones». En 2008 Atwood obtuvo el premio Príncipe de Asturias de las letras. **CQ**

ALIAS GRACE

A NOVEL

MARGARET ATWOOD

GAO XINGJIAN

Gao Xingjian, 4 de enero de 1940 (Ganzhou, China).

Estilo y género: Gao Xingjian fue el primer escritor chino en recibir el premio Nobel de Literatura, pero su literatura, crítica con el régimen comunista, le ha convertido en persona non grata en su país.

La carrera de Gao Xingjian como dramaturgo comenzó al ser nombrado guionista del Teatro del Pueblo de Pekín. Su primera obra, *Señal de alarma*, tuvo buena acogida pero no tardó en caer en desgracia a ojos del régimen. *Parada de autobús*, una sátira inspirada en Samuel Beckett que ofrece una disección de la sociedad de Pekín y en la que se espera un autobús que nunca llega, se consideró «la pieza escrita más perniciosa desde la fundación de la República Popular China» y se convirtió en blanco de la «Campaña de polución antiespiritual» de 1983.

Tras graduarse en 1962 en el prestigioso Instituto de Lenguas Extranjeras de Pekín, donde estudió francés y literatura, Gao Xingjian trabajó como traductor. La violenta y absurda Revolución Cultural (1966-1976) dejó una huella importante en su obra y el escritor desarrolló una fuerte aversión contra la ideología de masas, volviéndose hacia un individualismo introspectivo.

Su lírica novela *La montaña del alma* es una odisea filosófica que lleva al narrador a viajar por el místico sudoeste chino en busca del auténtico sentido de la vida. Aún más personal resulta *El libro de un hombre solo*, publicada en 1999. Empleando una narrativa fragmentada igual que en *La montaña del alma*, el narrador habla como activista político, víctima y observador externo sobre sus experiencias durante la Revolución Cultural.

Tras una invitación para visitar Europa en 1987, decidió no regresar a China. Se estableció en París y obtuvo la ciudadanía francesa en 1998. Sus obras siguen estando prohibidas en China. Ya en París y antes de recibir el Nobel de Literatura (2000), siguió con su carrera literaria al tiempo que triunfaba como pintor. Sus dibujos a tinta aparecen reproducidos en un libro titulado *Return to Paintings*, publicado en 2002. **FHG**

«Comencé a escribir *La montaña del alma* para disipar mi soledad interior [...]»

Obras destacadas

Novelas

Una caña de pescar para el abuelo, 1986

La montaña del alma, 1989

El libro de un hombre solo, 1999

Teatro

Señal de alarma, 1982

Parada de autobús, 1983

La otra orilla, 1986

La huida, 1990

ARRIBA: Gao Xingjian, ganador del Nobel, fotografiado en noviembre de 2006.

EDMUND WHITE

Edmund Valentine White III, 13 de enero de 1940 (Cincinnati, Ohio, EE.UU.).

Estilo y género: White, novelista, crítico literario y biógrafo, es uno de los escritores estadounidenses más prestigiosos. Ha escrito sobre la homosexualidad y el impacto del sida en Estados Unidos y Francia.

Edmund White nació en Cincinnati, Ohio, y creció en Chicago. Tras estudiar chino en la Universidad de Michigan trabajó como periodista en Nueva York. Su primera novela, *Forgetting Elena*, es una ingeniosa exploración de la vida en una comunidad isleña. A esta le siguió una obra de no ficción, *The Joy of Gay Sex*, una guía erótica, emocional y de realización social del estilo de vida homosexual.

Pero *La historia particular de un muchacho*, una sentida ficción autobiográfica, es su libro más famoso. Cuenta la historia de un niño que crece durante la década de 1950 en Estados Unidos y huye de su complicada niñez zambulléndose en el mundo del arte, la literatura y la imaginación. La obra conforma la primera parte de una trilogía que también incluye *La hermosa habitación está vacía*, que narra el paso a la madurez del narrador y el nacimiento de la liberación gay, y *The Farewell Symphony,* titulada así en honor a una obra de Franz Joseph Haydn en que los músicos dejan el escenario de uno en uno hasta que solo queda un violinista, y que cuenta la historia de la expansión del sida y de cómo el narrador sobrevive a casi todos sus amigos. La trilogía es una crónica emotiva de cuarenta años de vida homosexual estadounidense.

En 2000 White publicó *The Married Man*, una inquietante historia sobre un estadounidense de mediana edad en París, considerada por muchos su obra más lograda hasta la fecha. White retomó la autobiografía en 2005 con *My Lives*. Además, es autor de una aclamada biografía del escritor francés Jean Genet, un estudio sobre Marcel Proust y una guía personal de París, *París: paseo por las paradojas de la Ciudad Luz*, que muestra al lector los lugares de la capital francesa que nunca aparecen en las guías turísticas. **HJ**

«Creo que la sinceridad es mi única herramienta estética, y el realismo, mi técnica experimental.»

Obras destacadas

Novelas

Forgetting Elena, 1973

La historia particular de un muchacho, 1982

La hermosa habitación está vacía, 1988

The Farewell Symphony, 1997

The Married Man, 2000

Hotel de Dream, 2007

Ensayo

The Joy of Gay Sex, 1977

Genet: una biografía, 1993

París: paseo por las paradojas de la Ciudad Luz, 2001

Autobiografía

My Lives: An Autobiography, 2005

ARRIBA: Retrato de estudio de Edmund White realizado en 2005.

J. M. COETZEE

John Maxwell Coetzee, 9 de febrero de 1940 (Ciudad del Cabo, Sudáfrica).

Estilo y género: Coetzee, novelista sudafricano ganador del Nobel de Literatura, es conocido por su prosa concisa pero compleja, sus descripciones realistas de la violencia y sus retratos del legado colonial.

No sorprende que, habiendo vivido casi toda su vida bajo el régimen del *apartheid* en Sudáfrica, Coetzee se haya pasado su carrera literaria analizando la relación entre los usos y abusos del poder en lo personal y lo político. Cabe destacar la honestidad intelectual con que trata las realidades que conforman la tortura, la brutalidad y la injusticia, y la dificultad de permanecer como espectador inocente ante cualquier clase de colonialismo.

Coetzee estudió en las universidades de Ciudad del Cabo y Texas, en Austin, donde se doctoró con una tesis sobre Samuel Beckett, autor que, junto a Franz Kafka y Fiódor Dostoievski, continúa ejerciendo gran influencia en su obra. De hecho, dos de sus novelas (*Vida y época de Michael K* y *El maestro de Petersburgo*) beben en gran medida de esos escritores.

En 2003, cuando recibió el premio Nobel de Literatura, la Academia Sueca le describió como «escritor de la soledad». La descripción resulta adecuada: sus novelas reconfiguran constantemente problemas comunicativos, ya sean entre individuos o entre culturas. En *Foe*, su respuesta literaria a *Robinson Crusoe* de Daniel Defoe, Coetzee añade un punto de vista más a la narración original: el de una mujer que ha naufragado en la misma isla. Viernes viaja con ella de vuelta a Londres al morir Crusoe, pero no puede contar su historia porque le han cortado la lengua. En su novela más conocida, *Desgracia*, la hija de un profesor universitario es víctima de un crimen violento, pero ella decide no perseguir a sus atacantes. Su padre tendrá que perder la dignidad antes de ser capaz de aceptar totalmente la dificultad de su posición ética como hombre blanco en Sudáfrica. Esta alegoría de la nación después del *apartheid* no ofrece ningún consuelo al final, lo cual indica la inflexible claridad con que el autor trata sus temas.

El retrato que realizó la Academia Sueca también resulta adecuado porque el novelista valora la soledad en su vida privada. Ni siquiera acudió a recibir sus premios Booker (1983 y

Obras destacadas

Novelas

Esperando a los bárbaros, 1980
Vida y época de Michael K, 1983
Foe, 1986
La edad de hierro, 1990
El maestro de Petersburgo, 1994
Desgracia, 1999
Elizabeth Costello, 2003
Hombre lento, 2005
Diario de un mal año, 2007

ARRIBA: Fotografía de J. M. Coetzee en el International Parliament of Writers en 2005.

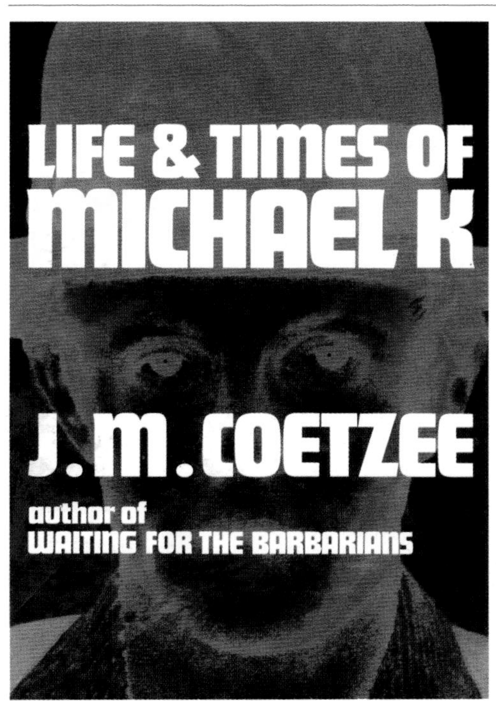

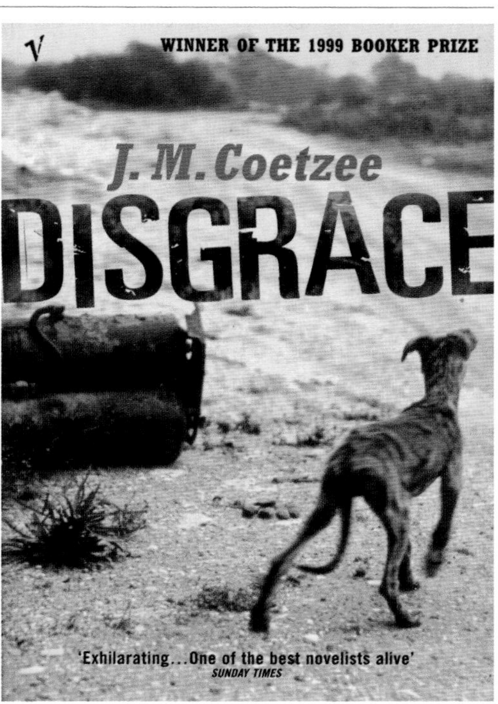

ARRIBA IZQUIERDA: *Vida y época de Michael K* plantea la dureza del *apartheid*.

ARRIBA: *Desgracia* reflexiona sobre la aceptación del final del *apartheid*.

1999) en persona. Sin embargo, sí asistió a la ceremonia del Nobel, arguyendo que su madre estaría orgullosa.

La controversia siempre ha rodeado a Coetzee. En un estudio encargado por el Congreso Nacional Africano (ANC), la novela *Desgracia* se utilizó como ejemplo del tipo de racismo blanco que aún existe en Sudáfrica tras la abolición del *apartheid*, aunque muchos lectores y críticos defendieron a Coetzee. El hecho de que recibiese el Nobel generó un debate parlamentario cuando el partido de la oposición llamó al ANC a disculparse por su crítica estrecha de miras a la novela. En un giro imprevisto de los acontecimientos, el presidente de la República, Thabo Mbeki, animó a la nación a celebrar el éxito de su compatriota. **CQ**

«A veces uno sospecha que el intelecto por sí solo no llevará a ninguna parte.»

ANGELA CARTER

Angela Olive Stalker, 7 de mayo de 1940 (Eastbourne, East Sussex, Inglaterra); 16 de febrero de 1992 (Londres, Inglaterra).

Estilo y género: Carter fue una prolífica novelista, periodista y editora, autora de historias folclóricas de transgresión y deseo.

El doctor Hoffman y las infernales máquinas del deseo, el título de una de sus novelas más conocidas, podría aludir a la propia autora. Sus historias literarias, teatrales o radiofónicas constituyen maravillas de la inventiva. Angela Carter forma parte de una corriente antirrealista de la ficción británica que se remonta a *Sueño de una noche de verano* y que situó en primer término las energías grotescas y sexuales de la fantasía para crear cuentos de hadas para adultos del siglo XX.

Londres constituye una presencia atmosférica en sus libros, especialmente en sus últimas novelas, *Noches en el circo* y *Niños sabios*. Carter heredó las tendencias socialistas de su familia, y sus personajes a menudo observan o son observados a través del cristal del consumismo. El feminismo entró en su vida tras divorciarse de su primer marido y pasar tres años en Japón, entre 1969 y 1972. De regreso en Londres se unió a la recién creada Virago Press que, aparte de rescatar muchas novelas de escritoras vanguardistas, obtuvo su mayor éxito con el estudio de Carter titulado *La mujer sadiana*.

Pese a que sus novelas anteriores a 1969 se caracterizan por su narrativa y su vocabulario febriles y góticos, sus escritos posteriores a la estancia en Japón poseen un refinado sentido del propósito y un ingenio mordaz.

Tras editar una colección de cuentos de hadas procedentes de todo el mundo (incluido el controvertido cuento inuit de Sedna, muy sexual), se inspiró en los relatos morales de Perrault para escribir sus propias historias breves. *En compañía de lobos*, filmada por Neil Jordan con guión de Carter, es la más conocida. Con la habitual voracidad de la escritora, la película es un juego de espejos con cuentos dentro de cuentos dentro de otros cuentos. **SM**

«Quizá sea mejor ser valorado como objeto de pasión que no ser valorado en absoluto.»

Obras destacadas

Novelas

La juguetería mágica, 1967

El doctor Hoffman y las infernales máquinas del deseo, 1972

Noches en el circo, 1984

Niños sabios, 1991

Cuentos

La cámara sangrienta, 1979

Fantasmas de América y maravillas del Viejo Mundo, 1993

Ensayo

La mujer sadiana, 1978

ARRIBA: Angela Carter fotografiada en su oficina durante la década de 1980.

BRUCE CHATWIN

Bruce Charles Chatwin, 13 de mayo de 1940 (Sheffield, South Yorkshire, Inglaterra); 18 de enero de 1989 (Niza, Francia).

Estilo y género: En sus libros de viajes Chatwin entremezcla realidad y ficción con un profundo sentido histórico y una voz narrativa nítida.

Bruce Chatwin fue un historiador del arte convertido en periodista, y celebrado novelista de viajes más que mero escritor de viajes, que llenaba sus libros de tanta imaginación como realidad. En *Los trozos de la canción* explora el mundo de la mitología y la cultura aborigen mientras intercala sus pensamientos e historias entre las tradiciones aborígenes con un estilo criticado por puristas pero recibido con entusiasmo por los lectores. Sus libros de viajes rara vez están escritos desde la perspectiva esperada, y transportan al lector a la mente de Chatwin en la misma medida que al país sobre el que escribe, saltando, mediante reflexiones de ficción, de la historia al periodismo de viajes.

El estilo de Chatwin cambia de un libro a otro. La lírica y evocativa prosa de *En la Patagonia* animó a toda una generación a explorar Argentina y Chile, empujada por el deseo de experimentar el escurridizo viaje que el nómada Chatwin defendía como obra de no ficción. En *Colina negra*, en cambio, pasa de un sujeto pasajero y expansivo al tema claustrofóbico y cerrado de dos gemelos idénticos decididos a permanecer siempre en el mismo lugar. *El virrey de Ouidah* es una novela complicada e incómoda sobre la esclavitud, en la que Chatwin trató de ponerse en la piel de los comerciantes de esclavos. La gran variedad de temas que trata y su exploración de estilos diferentes recalcan las contradicciones de la vida de Chatwin, que fue cambiando drásticamente de estilo y género.

Fue un hombre camaleónico y controvertido que vivió tal y como viajaba, asumiendo riesgos y rechazando lo convencional. Se codeó con las celebridades gay de Nueva York, viajó junto a nómadas y llevó una vida abiertamente homosexual mientras continuaba casado con su querida esposa Elizabeth. **LH**

«Perder el pasaporte era la menor de mis preocupaciones, perder una libreta, una catástrofe.»

Obras destacadas

Novelas

El virrey de Ouidah, 1980

Colina negra, 1982

Antologías

¿Qué hago yo aquí?, 1989

Anatomía de la inquietud, 1997

Otras obras

En la Patagonia, 1977

Los trazos de la canción, 1987

ARRIBA: Chatwin fotografiado en París durante una gira promocional en 1984.

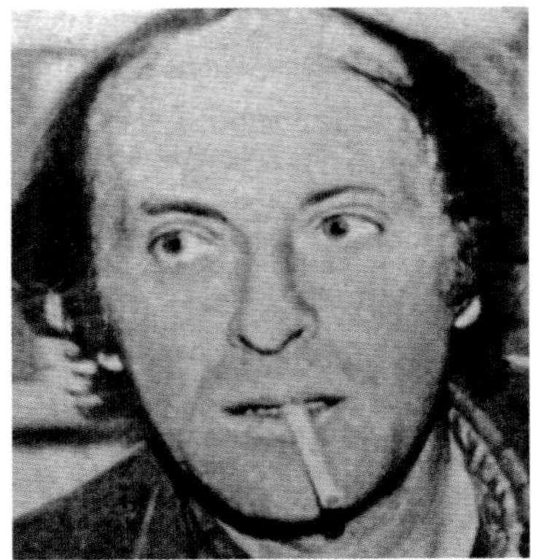

JOSEPH BRODSKY

Iosif Alexandrovich Brodsky, 24 de mayo de 1940 (Leningrado [act. San Petersburgo], Rusia); 28 de enero de 1996 (Nueva York, Nueva York, EE.UU.).

Estilo y género: Brodsky, poeta y ensayista ruso-estadounidense, sobrevivió al gulag y ganó el premio Nobel.

Tras su muerte en 1996 a causa de una insuficiencia cardíaca, Joseph Brodsky se convirtió en uno de los poetas más llorados del siglo XX y su vida se ha recordado en poemas de compañeros galardonados con el Nobel como Derek Walcott y Seamus Heaney o el gran poeta irlandés Paul Muldoon. También tuvo el honor de que le tradujesen algunos de sus contemporáneos más destacados, entre ellos Walcott, Richard Wilbur y Anthony Hecht. Pero Brodsky no era solo «un poeta para poetas»; estaba especialmente dotado para la vida social y la amistad: Robert Lowell le llamó «conversador despilfarrador», y Heaney recordó en su elegía su gusto por el «vodka con pimienta». Estas cualidades se reflejan en la energía, la generosidad y el amor por los detalles mundanos de sus poemas.

Resulta prácticamente milagroso que esas dotes sobrevivieran a las penurias que tuvo que pasar Brodsky debido a su desventaja social por ser un judío ruso. Dejó el colegio a los 15 años y trabajó en empleos de poca monta hasta que conoció a la poetisa rusa Anna Ajmatova, que admiró la combinación entre

Obras destacadas

Poesía

Elegía para John Donne y otros poemas, 1967
Parte de la oración y otros poemas, 1977
Verses on the Winter Campaign, 1980
To Urania: Selected Poems, 1965-1985
Elegía para John Donne y otros poemas, 1967
Lullaby of Cape Cod, 1975
So Forth: Poems, 1996
Discovery, 1999 (publicado póstumamente)

Ensayo

Less than One, 1986

ARRIBA: Joseph Brodsky fotografiado con un cigarrillo.

DERECHA: Brodsky y su editor al enterarse de que había ganado el Nobel en 1987.

IZQUIERDA: La obra de Brodsky despertó el aplauso de todo el mundo y el desprecio de la Unión Soviética.

modernidad y tradición de sus poemas. A los pocos años consiguió cierta fama, pero también despertó las sospechas de las autoridades. En 1964, tras haber sido denunciado por «parásito social» —se le consideró insuficientemente educado: «un pseudopoeta con pantalones de velvetón»—, le condenaron a cinco años de trabajos forzados en una granja estatal al norte de la Unión Soviética. Las protestas internacionales de escritores e intelectuales consiguieron liberarle tras 18 meses picando piedra, transportando estiércol y cortando troncos, pero las autoridades no le dejaron en paz. En 1971 fue expulsado del país y se instaló en Estados Unidos, donde gracias a la ayuda de W. H. Auden se convirtió en poeta residente de la Universidad de Michigan. No tardaron en aparecer traducciones al inglés de su obra y, finalmente, Brodsky comenzó a escribir en ese idioma. Ganó el premio Nobel de Literatura en 1987, y en 1992 fue el primer poeta laureado de la era Clinton. **MS**

Juzgado por «parásito»

En el juicio a Brodsky, cuya transcripción se filtró en 1964 a Occidente, a la pregunta del juez: «¿Quién le ha reconocido como poeta?», el escritor respondió: «Nadie. ¿Quién me ha colocado entre la raza humana?». Al interrogarle sobre por qué no ganaba un salario fijo, contestó: «Tengo un traje, viejo, pero sigue siendo un traje. No necesito otro. Trabajo. Escribo poemas», y habló de su «labor espiritual». El juez le dijo que olvidase «las grandes palabras» y le condenó a cinco años de trabajos forzados, pero el proceso desacreditó y avergonzó a la Unión Soviética.

ANNE TYLER

Anne Tyler, 25 de octubre de 1941 (Minneapolis, Minnesota, EE.UU.).

Estilo y género: Tyler, ganadora del Pulitzer y famosa por documentar la vida de las familias de clase media del siglo xx, posee un sutil y ligero humor y una afilada ironía. Ha creado simpáticos personajes.

Obras destacadas

Novelas

If Morning Ever Comes, 1964
Buscando a Caleb, 1975
El turista accidental, 1985
Ejercicios repiratorios, 1988
A Patchwork Planet, 1998
Cuando éramos mayores, 2001
El matrimonio amateur, 2004
Digging to America, 2006

La escritora estadounidense Anne Tyler es conocida por sus perspicaces descripciones de la vida cotidiana de las familias de clase media estadounidenses. Sus personajes, con frecuencia algo excéntricos, encapsulan personalidades exasperantes pero simpáticas que muy bien podrían corresponderse a nuestros vecinos. Sus libros más conocidos son *El turista accidental*, sobre un infeliz escritor de libros de viajes durante un periplo agridulce de pérdida y recuperación, y *Ejercicios respiratorios*, premio Pulitzer, sobre una pareja que, tras 28 años de matrimonio, analiza su vida de camino a un funeral. Anne Tyler, persona habituada a la reclusión, se negó a conceder entrevistas incluso después de ganar el Pulitzer. **JM**

PETER HANDKE

Peter Handke, 6 de diciembre de 1942 (Griffen, Carintia, Austria).

Estilo y género: Handke, líder vanguardista de la literatura austríaca, es un autor prolífico que trabaja entre géneros: sus obras suelen resultar controvertidas y se caracterizan por la experimentación con el lenguaje.

Obras destacadas

Novelas

Los avispones, 1966
El miedo del portero al penalty, 1970
El año que pasé en la bahía de nadie, 1998

Teatro

Insultos al público, 1966
La hora en que no sabíamos nada los unos de los otros, 1992

Cuentos

La mujer zurda, 1976

Peter Handke es un escritor prolífico. Escribe novelas, obras teatrales y relatos, y colaboró con el director de cine alemán Wim Wenders en el guión de la película *El cielo sobre Berlín* de 1987. Handke llamó la atención pública por primera vez en 1966 con su excitante drama *Insultos al público*, que atacaba los conceptos convencionales del teatro. En la obra, los actores dicen a los espectadores que de hecho son ellos los actores sobre los que gira la trama. Otra obra que socava nuestro concepto del drama teatral es *La hora en que no sabíamos nada los unos de los otros*, que contiene 450 personajes y nada de diálogo. Handke estuvo nominado al premio Heinrich Heine en 2006 pero retiró su candidatura tras su controvertido apoyo a Serbia. **HJ**

DERECHA: Fotografía de fecha desconocida de Peter Handke en Kragujevac, Serbia.

ISABEL ALLENDE

Isabel Allende Llona, 2 de agosto de 1942 (Lima, Perú).

Estilo y género: Allende es una novelista y cuentista chileno-estadounidense con una obra que se caracteriza por el «realismo mágico» y una prosa lírica de ensueño y de temática autobiográfica.

Obras destacadas

Novelas

La casa de los espíritus, 1982
De amor y de sombra, 1984
Eva Luna, 1985
Hija de la fortuna, 1999
Retrato en sepia, 2000
Mi país inventado, 2003
Inés del alma mía, 2006
La suma de los días, 2007
La isla bajo el mar, 2009

Otras obras

Afrodita: cuentos, recetas y otros afrodisíacos, 1998
Paula, 1994

Isabel Allende elabora historias que combinan sus propios recuerdos, sueños y fantasías, en la tradición del «realismo mágico», por lo que se la compara con el gigante literario Gabriel García Márquez. Al igual que el escritor colombiano, las historias de Allende se ambientan en Sudamérica y tienen algo de cuento de hadas, al retratar un mundo romántico pero turbulento habitado por espíritus, supersticiones, pobreza, comunidades y familias encerradas en sí mismas y el peso de las dictaduras. Sin embargo, su obra difiere de la de García Márquez, ya que sus protagonistas suelen ser mujeres y el contenido más abiertamente autobiográfico.

Isabel Allende nació en Perú y era sobrina de Salvador Allende, presidente chileno entre 1970 y 1973. El padre de Isabel fue embajador de Chile, y, tras su «desaparición» en 1945, la familia vivió en Bolivia, Líbano y Chile. Cuando se produjo el golpe de Estado de 1973, liderado por el general Augusto Pinochet y que acabó con la vida de Salvador Allende, Isabel ayudó a escapar del país a diversos disidentes. Sus acciones la pusieron en peligro y se vio forzada a emigrar, primero a Venezuela y finalmente a Estados Unidos. Su primera novela, *La casa de los espí-*

ARRIBA: Isabel Allende en 1984, al comienzo de su carrera literaria.

DERECHA: Allende asistió a la protesta parisina contra la dictadura chilena en 1973.

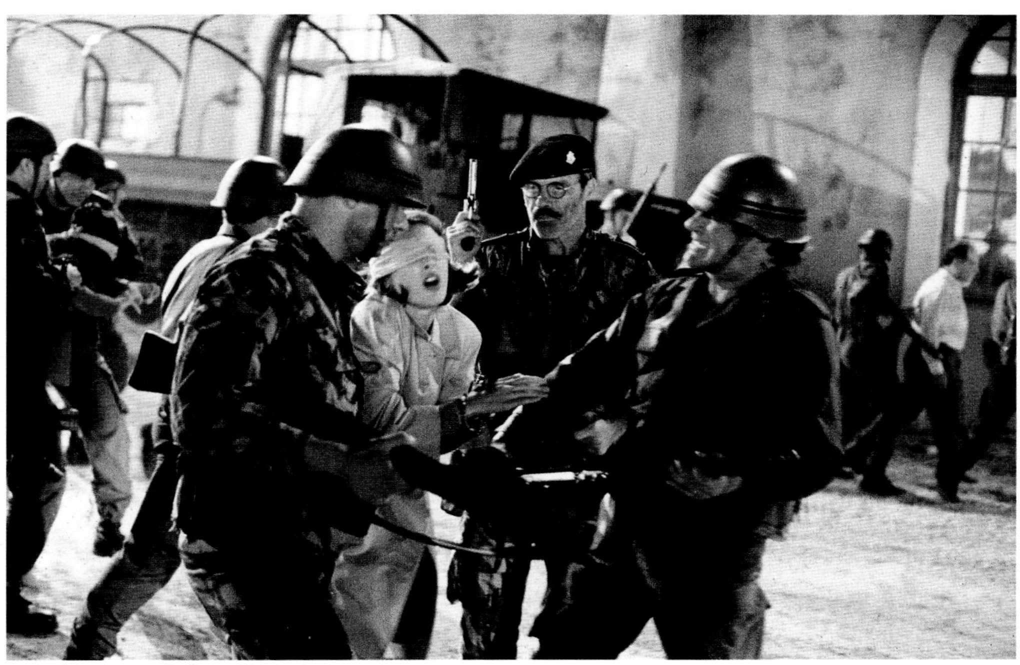

ritus, comenzó siendo una carta a su abuelo, que se encontraba al borde de la muerte. La novela, en parte romance y en parte velada explicación del ascenso al poder de Salvador Allende, narra el crecimiento del socialismo revolucionario en Chile y las secuelas del golpe de Estado en un país que comenzaba a llenarse de policía secreta y desapariciones, de huidas al exilio o simplemente de existencias dominadas por el miedo. La habilidad narrativa de Allende y el «realismo mágico» de la novela logran hacer tolerable la violencia que describe. Su siguiente novela, *De amor y de sombra*, cuenta la historia de dos periodistas que investigan el destino de una joven «desaparecida» bajo el régimen militar chileno.

Allende ha continuado basándose en sus experiencias, por ejemplo, como madre de una hija moribunda. Aborda temas como la injusticia de vivir sometido a la dictadura o la obscenidad de la pobreza, pero ofrece siempre un rayo de esperanza. **CK**

ARRIBA: Winona Ryder protagoniza la película *La casa de los espíritus* (1993).

Honrar a una hija

Paula, las memorias de Isabel Allende, se desarrolla a partir de una carta escrita a su hija Paula, que yace en coma, y relata la historia de la vida de la autora y la enfermedad de su hija. Paula falleció en 1992 y Allende fundó una organización caritativa con su nombre que ofrece educación y cobertura médica a mujeres y niños. Su primer trabajo tras un largo duelo se publicó con el título de *Afrodita: cuentos, recetas y otros afrodisíacos*. Allende comentó al respecto: «Sabía que llegaba al final de un largo túnel de duelo [...] con muchas ganas de comer y de abrazar de nuevo».

PETER CAREY

Peter Philip Carey, 7 de mayo de 1943 (Bacchus Marsh, Victoria, Australia).

Estilo y género: Carey es un novelista poscolonial australiano cuyas historias satíricas y fantásticas destacan por sus juegos con la verdad, el tiempo, la narrativa y la historia; ha ganado el Booker Prize en dos ocasiones.

Obras destacadas

Novelas

Bendito Harry, 1981
El embaucador, 1985
Oscar y Lucinda, 1988
La inspectora de tributos, 1991
La verdadera historia de la banda de Kelly, 2000
Mi vida de farsante, 2003
Robo: una historia de amor, 2006

Cuentos

El supergordo, 1974

Peter Carey pasó un año estudiando zoología antes de entrar a trabajar en una agencia de publicidad en 1962. Su educación literaria comenzó al descubrir la obra de autores como William Faulkner, James Joyce, Franz Kafka y Samuel Beckett. Continuó trabajando en publicidad en Melbourne y Londres, pero se dedicó a escribir en su tiempo libre. Tras 12 años de rechazos, le publicaron *El supergordo*, una colección de relatos que le hizo famoso de la noche a la mañana. En 1980 abrió su propia agencia de publicidad en Sidney y trabajó a tiempo parcial. Luego se estableció en Estados Unidos, donde imparte un curso de escritura en la Universidad de Nueva York y dedica todo el tiempo restante a escribir.

Carey es uno de los dos únicos escritores —el otro es J. M. Coetzee— que ha recibido el Booker Prize en dos ocasiones: por *Oscar y Lucinda*, en 1988, y por *La verdadera historia de la banda de Kelly*, en 2001. La historia de Ned Kelly, presentada como los «auténticos» diarios del fugitivo, es típica de Carey: mezcla libremente personajes históricos y ficticios mientras juega con la verdad, la cronología y la voz narrativa.

Igualmente, una red de improbable realidad y exóticos acontecimientos imaginados forman parte de *Mi vida de farsante*, la historia de un engaño y un contraengaño elaborada en torno a un fraude literario real que tuvo lugar en la década de 1940, mientras que en *El embaucador* el supuesto narrador de 139 años de edad se presenta alegremente como un «terrible mentiroso». A algunos compatriotas críticos les ofende que Carey escriba desde una perspectiva australiana mientras vive fuera del país, pero sus oscuras y humorísticas fábulas pueden considerarse reflejos fantásticos de la sociedad, y satíricas críticas al capitalismo. **MK**

«Tengo más sentido de comunidad en Nueva York que en cualquier otro sitio.»

ARRIBA: Peter Carey fotografiado en enero de 2001.

REINALDO ARENAS

Reinaldo Arenas, 16 de julio de 1943 (Provincia de Oriente, Cuba); 7 de diciembre de 1990 (Nueva York, Nueva York, EE.UU.).

Estilo y género: Arenas fue un poeta revolucionario no solo en sus ideales, sino también en su propia literatura y sexualidad dentro y fuera de la Cuba de Castro.

Quizá Reinaldo Arenas sea conocido sobre todo por la adaptación cinematográfica de su autobiografía póstuma *Antes que anochezca*, dirigida por Julian Schnabel y protagonizada por Javier Bardem. Que un escritor cubano que luchó en las guerrillas de Castro siendo adolescente haya pasado a formar parte de la conciencia colectiva a través de una película estadounidense, encarna las contradicciones que impulsaron la carrera literaria de Arenas. Pese a morir muy joven, Arenas escribió diversas novelas, numerosos poemas, una autobiografía y varias piezas periodísticas, y todo ello bajo la censura estatal, en la cárcel o enfermo de sida.

El viaje de Arenas de pobre muchacho rural hasta la contracultura literaria de Nueva York se explica por su prodigiosa capacidad de reinvención. Utilizando la pluma como defensa personal y modo de definirse, Arenas demostró un valor tan resistente y frágil como una balada. Su narrativa evita cualquier verdad establecida y opta por la mitología pero no como escapismo, sino para huir del dogmatismo.

Su obra está relacionada con el posmodernismo y el «realismo mágico», y se dio a conocer fuera de Cuba, de donde era sacada clandestinamente para ser publicada en el extranjero. En 1980, gracias a un error burocrático, Arenas dejó la isla y se fue a Nueva York, desilusionado con un régimen que no le consideraba persona. En Estados Unidos su escritura creció, y allí representó la experiencia gay de un modo más explicito y polémico (en contextos como campos de trabajos forzados) y reflexionó sobre la tensión entre el dogma político y la libertad personal. En 1990 se suicidó tras concluir la serie de novelas *Pentagonía*, *Antes que anochezca* y un volumen de poesía acerca de su experiencia vital con el sida. **SM**

«Mi mensaje no es un mensaje de fracaso, sino de esfuerzo y esperanza.»

Obras destacadas

Novelas

El mundo alucinante, 1966

Pentagonía

Celestino antes del alba, 1967

El palacio de las blanquísimas mofetas, 1980

Otra vez el mar, 1982

El color del verano, 1982

El asalto, 1982

La vieja Rosa, 1980

El portero, 1990

Autobiografía

Antes que anochezca, 1992

ARRIBA: El poeta y novelista cubano Reinaldo Arenas en París, en 1986.

MICHAEL ONDAATJE

Philip Michael Ondaatje, 12 de septiembre de 1943 (Colombo, Sri Lanka).

Estilo y género: Ondaatje, novelista y poeta canadiense nacido en Sri Lanka y ganador del Booker, es un mago de lo local y lo íntimo, que va cambiando de identidades y alternando prosa rapsódica y poesía observadora.

Obras destacadas

Novelas

Coming Through Slaughter, 1976
Cosas de familia, 1982
En la piel de un león, 1987
El paciente inglés, 1992
El fantasma de Anil, 2000
Divisadero, 2007

Poesía

Las obras completas de Billy el Niño, 1970
There's a Trick with a Knife I'm Learning to Do, 1979

«Estoy aprendiendo a hacer un truco con un cuchillo.» Así tituló Michael Ondaatje su colección de poesía de 1979, ganadora del Governor General's Award. A los 36 años Ondaatje había publicado tres volúmenes de poesía (recopilados en *Trick*) y había recibido con anterioridad otro Governor General's Award, el premio literario canadiense más prestigioso, por su novela en verso *Las obras completas de Billy el Niño*, de 1970.

El refinado truco del cuchillo, que se extiende por toda su obra, es el del hombre que desaparece: desde el inatrapable Billy hasta Ondaatje padre en *Cosas de familia*, el desaparecido músico de jazz Buddy Bolden en *Coming Through Slaughter*, el anónimo y epónimo *El paciente Inglés*, el cadáver sin identificar de *El fantasma de Anil*, o Coop, que además hace desaparecer cartas en *Divisadero*.

En la piel de un león, antecedente de *El paciente inglés* y su obra más emblemática, es un análisis de la impronta que deja lo desaparecido; en este caso, la trama de conexiones que crea la desaparición del millonario Ambrose Small. Al igual que Billy el Niño y Bunny Bolden, Ambrose Small es una figura histórica a la que Ondaatje convierte en centro ausente de un mapa erótico en un Toronto formativo.

«Escribir desde el punto de vista de otra persona duplica la percepción.»

El lenguaje de Ondaatje resulta delicadamente intrusivo, tan sensitivo como sensual. A menudo recurre a un registro o práctica específicos para revelarnos a un personaje: el truco de Kip en *El paciente inglés* es la desactivación de una bomba, y el de Coop, el póquer. La revelación del funcionamiento de estos trucos que aíslan a los personajes hace inconfundible la obra de Ondaatje. El truco del cuchillo de Ondaatje consiste en tomar la ausencia violenta y en hacer magia con ella. Con *El paciente inglés*, obtuvo el premio Booker en 1992. **SM**

ARRIBA: Michael Ondaatje fotografiado en octubre de 2007.

ALICE WALKER

Alice Malsenior Walker, 9 de febrero de 1944 (Eatonton, Georgia, EE.UU.).

Estilo y género: La obra de Walker posee una fuerte carga feminista y de defensa de los derechos humanos y civiles. Tiene un estilo literario hipnótico y lírico y a menudo entreteje antigua mitología africana con historias modernas.

Alice Walker es conocida tanto por su activismo político como por sus novelas y poesías, y se ha convertido en una de las escritoras estadounidenses contemporáneas más queridas. En su obra abarca temas fundamentales sobre la vida de cualquiera que haya sido víctima de algún prejuicio. Su libro más famoso, *El color púrpura*, ganó el premio Pulitzer y fue adaptado al cine, bajo la dirección de Steven Spielberg; en la innovadora novela *En posesión del secreto de la alegría* explora de forma controvertida la mutilación genital de las mujeres en el África tribal. La poesía de Walker gira en torno a temáticas personales y generales, que van desde su propio embarazo no deseado, y su depresión, hasta asuntos mundiales relacionados con la corrupción política.

Walker se crió en una familia pobre estadounidense cuando en el país todavía estaba vigente una estricta segregación racial entre blancos y negros. La joven Walker, sin visión en un ojo y con una cicatriz en el rostro fruto de un accidente de niñez, fue una muchacha nerviosa y dada a recluirse que encontró su identidad en los estudios. Así obtuvo una beca para la Spelman College —una universidad para mujeres negras— en su Georgia natal. Posteriormente, se trasladó a una universidad neoyorquina y pasó un año como alumna de intercambio en África, donde se enamoró del continente, fascinación que influiría en gran parte de su obra.

Apenas comenzada la veintena se casó con un abogado defensor de los derechos civiles del que terminaría divorciándose y con el que tuvo una hija en 1969. Alice Walker ha sido activista del movimiento por los derechos civiles en la década de 1960 —conoció a Martin Luther King en 1962— y de los movimientos feminista, antinuclear y antiapartheid. Vive en California, donde dirige su propia editorial, Wild Trees Press. **LH**

«El pacifista silencioso muere pacíficamente para dejar hueco a hombres que gritan.»

Obras destacadas

Novelas

El color púrpura, 1983

El templo de mis amigos, 1989

En posesión del secreto de la alegría, 1992

Por la luz de la sonrisa de mi padre, 1998

Cuentos

The Way Forward Is With a Broken Heart, 2000

ARRIBA: Fotografía de la escritora y activista política Alice Walker en 1989.

ARMISTEAD MAUPIN

Armistead Jones Maupin, Jr., 13 de mayo de 1944 (Washington, D. C., EE.UU.).

Estilo y género: Maupin, periodista convertido en escritor, documenta la escena gay y otros estilos de vida alternativos de San Francisco y es conocido por su serie *Historias de San Francisco*, que comenzó como serial periodístico.

Como si fueran obra de un Dickens homosexual de esa ciudad californiana, las *Historias de San Francisco* de Maupin resultan a la vez un documento social de incalculable valor y una celebración incontenible. No son solo las sobrecogedoras descripciones y el extenuante ritmo de publicación semanal lo que señalan a la serie como la obra de un antiguo periodista. Puede que Maupin, veterano de la guerra de Vietnam, afilara su pluma en la prensa conservadora de Carolina del Norte durante el turbulento final de la década de 1960, pero fue su traslado a San Francisco en 1971 lo que liberó a la pluma y al hombre.

Como su querido personaje Michael *Mouse* Tolliver, Maupin procede de una familia extremadamente conservadora y descubrió su sexualidad cumplidos ya los 20 años. Sin embargo, a los tres años de vivir en San Francisco, Maupin elaboraba reportajes sobre celebridades, poshippies, protoyuppies, reinonas y monjas sobre patines de su ciudad de adopción. Con el personaje de la casera fumadora de porros Anna Madrigal, Maupin creó una heroína que era «la madre de todos nosotros». La séptima novela de esta serie seguida por lectores de todo el mundo fue publicada en 2007, *Michel Tolliver Lives*. La importancia del título quizá

Obras destacadas

Novelas

Historias de San Francisco, 1978
Más historias de San Francisco, 1980
Nuevas historias de San Francisco, 1982
Babycakes, 1984
El oyente nocturno, 2000
Michael Tolliver Lives, 2007

ARRIBA: Maupin en 2006 en la fiesta de fin de rodaje de *El oyente nocturno*.

DERECHA: Maupin junto a Terry Anderson, coguionista de *El oyente nocturno* (2006).

radique en lo que no dice: «con sida». A partir del cuarto libro de la serie *(Babycakes)*, Maupin fue de los primeros en documentar la «plaga gay» que azotaba saunas, clubs y personajes protagonistas. Sin temer nunca a nada, Maupin adaptó la primera novela de la serie para la televisión pública estadounidense PBS en 1993. La miniserie tuvo el índice de audiencia más alto de las series dramáticas de la cadena y recibió tal sinfín de quejas por las escenas de desnudos, sexo homosexual y consumo de drogas que se desechó la idea de adaptar las secuelas.

La cadena de pago Showtime emitió *Más historias...* y *Nuevas historias de San Francisco* en 1998 y 2001, respectivamente, y la novela de Maupin *El oyente nocturno* se adaptó al cine en 2006 con Toni Collette y Robin Williams. El protagonista, el homosexual presentador de seriales radiofónicos Gabriel Noone, da una visión profunda del mundo de un escritor muy querido y apasionado por la verdad, incluso cuando esta es ficción. **SM**

ARRIBA: Maupin y Terry Anderson, con el que mantuvo una relación sentimental.

Verdad y ficción

Maupin es famoso por eludir la diferencia entre verdad y ficción en su obra. El breve asunto amoroso entre Mouse y una estrella de cine en *Nuevas historias de San Francisco* se basa en la relación de Maupin con Rock Hudson. *Maybe the Moon* es una autobiografía imaginada de Tamara de Treaux, la actriz enana que interpretó a E.T., mientras que *El oyente nocturno* trata sobre el engaño de Antony Godby Johnson, un adolescente traumatizado con sida con el que Maupin se carteaba y que resultó ser la invención literaria de la madre adoptiva del autor.

W. G. SEBALD

Winfried Georg Maximilian Sebald, 18 de mayo de 1944 (Wertach im Allgäu, Alemania); 14 de diciembre de 2001 (Norfolk, Inglaterra).

Estilo y género: Las elegíacas novelas de Sebald se centran en la memoria personal y colectiva y mezclan ficción, historia e imágenes medio recordadas.

W. G. Sebald, conocido como Max, nació en un pueblo situado en los Alpes bávaros durante la Segunda Guerra Mundial. Su padre regresó a casa convertido en un extraño, tras haber sido liberado de un campo de prisioneros francés en 1947, y jamás habló de sus experiencias durante la guerra. El silencio, la memoria y el pasado de Alemania se convertirían en el eje central de la obra del autor.

Sebald estudió literatura alemana en la Universidad de Friburgo y se graduó en 1965. Posteriormente, se trasladó al Reino Unido para convertirse en lector en la Universidad de Manchester y en 1970 obtuvo un puesto de profesor universitario de alemán en la recién creada Universidad de East Anglia. En 1989 se convirtió en director fundador del British Center for Literary Translation.

Sebald comenzó a escribir las idiosincrásicas novelas que le han dado fama después de cumplir los 40 años. Creó una nueva forma literaria que se halla a caballo entre la novela, el libro de viajes, las memorias y el documental. Aparecen pocos diálogos, ninguna separación por párrafos ni capítulos y se incluyen pequeñas imágenes en blanco y negro, ya sean fotografías, recortes de periódico o postales, que dan cierta cualidad ensoñadora a sus obras. Pese a haber pasado más de la mitad de su vida en Inglaterra, Sebald escribió sus novelas en alemán y no se consideraba preparado para traducirlas. Tres de sus cuatro novelas (*Vértigo, Los emigrantes* y *Austerlitz*) exploran el pasado colectivo de Europa, mientras que *Los anillos de Saturno* es una meditación narrada en fragmentos del paseo de un hombre por el paisaje de East Anglia. Sebald era aclamado por la crítica literaria y comenzaba a tener cada vez más lectores cuando falleció en un accidente de coche en Norfolk, en 2001. **HJ**

«[...] quienes carecen de memoria tienen [...] más oportunidades de vivir felices.»

Obras destacadas

Novelas

Vértigo, 1990

Los emigrantes, 1992

Los anillos de Saturno, 1995

Austerlitz, 2001

Ensayo

Sobre la historia natural de la destrucción, 1999

ARRIBA: Fotografía de Sebald en 1999; comenzó a escribir pasados los 40 años.

JOHN BANVILLE

John Banville, 8 de diciembre de 1945 (Wexford, Irlanda).

Estilo y género: Banville practica una prosa elaborada, llena de alusiones, juegos de palabras y humor negro en novelas bien construidas que afrontan cuestiones filosóficas.

En cierto sentido, las novelas de John Banville cuentan una y otra vez la misma historia sobre los caprichos de la percepción y la representación y la resbaladiza naturaleza del ser. Sus primeras novelas analizan ideas metafísicas; cuatro de ellas examinan a científicos (Copérnico, Kepler, Newton y un matemático llamado Swan en *Mefisto*) y una trilogía narra la historia de un artista-asesino que trata de aceptar su crimen (*El libro de las pruebas*, *Ghosts*, *Athena*). Dichas obras están cargadas de alusiones que remiten a clásicos literarios, desde *La tempestad* hasta Nabokov y Proust. El deseo de dotar a su prosa de «el tipo de densidad y complejidad que tiene la poesía» es el vínculo que une toda la obra de Banville.

Banville no estudió en la universidad y desde muy joven trabajó en Aer Lingus; esto le dio la posibilidad de viajar y le ha permitido, como a su héroe Beckett, escribir con comodidad sobre otros entornos europeos aparte del de Irlanda. *Imposturas*, por ejemplo, es la historia de un teórico literario con un pasado secreto que evoca lúcidamente la ciudad de Turín. El privilegiado paisaje de sus novelas, sin embargo, es la psique de los artistas y de las personas que meditan acerca del arte; en *El mar*, la ganadora del premio Booker (2005), un anciano historiador de arte regresa a la casita de la costa donde veraneaba de niño para llorar la pérdida de su esposa. Banville ha dicho: «Cuando comencé a escribir era un gran racionalista y creía que tenía el control absoluto. Pero cuanto más mayor te haces, más confuso estás, y creo que para un artista eso es bueno: permites que penetren más tu yo intuitivo, tus sueños, fantasías y recuerdos. En cierto modo, es más rico». Banville también ha publicado novelas de misterio con el seudónimo de Benjamin Black. **CQ**

«Los escritores son como el resto de personas, pero algo más obsesionadas.»

Obras destacadas

Novelas

Kepler, 1981

La carta de Newton, 1982

Mefisto, 1986

El libro de las pruebas, 1989

Ghosts, 1993

Athena, 1995

Imposturas, 2004

El mar, 2005

Como Benjamin Black

El secreto de Christine, 2006

El otro nombre de Laura, 2007

El lemur, 2008

1940-59

ARRIBA: El escritor irlandés John Banville fotografiado en mayo de 2007.

JULIAN BARNES

Julian Patrick Barnes, 19 de enero de 1946 (Leicester, Inglaterra).

Estilo y género: Barnes es un novelista, ensayista y periodista británico, conocido por su elegante ironía, su manejo de la forma y la convención y lo que Joyce Carol Oates describió como «su humanismo pre-posmodernista».

Julian Barnes ha declarado respecto a su proceso creativo que «para escribir, debes convencerte de que supone una nueva partida no solo para ti, sino para toda la historia de la novela». Y, ciertamente, cada libro suyo dificulta la clasificación de Barnes en una categoría concreta de escritor. Como dijo Martin Amis, «lo que se le da bien es crear suspense en los temas y las ideas, algo poco común».

Los padres de Barnes eran profesores de francés, y de todos es conocida la francofilia del propio Barnes. En su primera novela, *Metrolandia* (la única parcialmente autobiográfica), un adolescente llega a París en mayo de 1968; *Al otro lado del Canal* es una colección de relatos sobre la relación entre Inglaterra y Francia; y *Something to Declare* reúne ensayos sobre el mismo tema. Pero es en *El loro de Flaubert*, su tercera y exitosa novela, donde la compostura británica y la exuberancia francesa chocan del modo más imaginativo. Esta novela, mezcla heterogénea de formas, que comprende desde un bestiario hasta un examen, cataloga la obsesión de un médico retirado a partir de los detalles biográficos del autor de *Madame Bovary*, para exponer gradualmente el dolor que generan sus éxtasis literarios.

El dominio de la voz narrativa y de la forma se evidencian también en el reto a las convenciones que plantea en alguna de sus otras novelas. Así, *Historia del mundo en diez capítulos y medio*, por ejemplo, es un collage de fantasía, revisionismo histórico y crítica de arte; *Inglaterra, Inglaterra* es una sátira ambientada en un futuro próximo; y *Arthur y George* es una exploración imaginativa de un momento perdido de la historia británica, cuando el creador de Sherlock Holmes es citado para defender a un abogado que es acusado injustamente. Toda su obra supone una elocuente combinación entre lánguida ironía y clarividencia emocional que aborda temáticas como el amor, la traición y la naturaleza de la verdad y la autenticidad. **CQ**

Obras destacadas

Novelas

Metrolandia, 1980

El loro de Flaubert, 1984

Historia del mundo en diez capítulos y medio, 1989

Inglaterra, Inglaterra, 1998

Amor, etc, 2000

Arthur y George, 2005

Nothing To Be Frightened Of, 2008

Cuentos

Al otro lado del Canal, 1996

La mesa limón, 2004

Ensayo

Something to Declare, 2002

ARRIBA: Retrato de Julian Barnes en su casa.

DERECHA: Sobrecubierta de *Metrolandia*, evocadora de carteles del metro de Londres.

METROLAND

Julian Barnes

JAMES KELMAN

James Kelman, 9 de junio de 1946 (Glasgow, Escocia).

Estilo y género: Kelman es autor de novelas, piezas teatrales y relatos, y para describir a la clase obrera escocesa, la alienación y la sociedad burguesa recurre al dialecto de Glasgow, los monólogos y la prosa rítmica.

Obras destacadas

Novelas

The Busconductor Hines, 1984

How Late it Was, How Late, 1994

Translated Accounts, 2001

Kieron Smith, Boy, 2008

Cuentos

An Old Pub Near the Angel, 1973

Not Not While the Giro, 1983

James Kelman ha sido comparado con Samuel Beckett, James Joyce y Franz Kafka por su voz airada, el sentido de la alienación, el monólogo interior de sus personajes y el lenguaje prácticamente impenetrable de sus novelas y relatos.

De adolescente, Kelman emigró de Glasgow a Estados Unidos con su familia, pero posteriormente regresó a Escocia. Sus primeras lecturas fueron las típicas de los jóvenes de la época, hasta que se percató de que en la literatura no aparecían escenas sobre la Escocia trabajadora, ni el lenguaje coloquial de los barrios de Glasgow. Kelman, defensor izquierdista de la justicia social, parece considerar esta ausencia casi como un acto político de una sociedad capitalista y burguesa, y prácticamente se ha convertido en un Robert Burns contemporáneo al trasladar la cadencia del lenguaje escocés a los libros. Sus obras revelan la vida del hombre amargado y oprimido, en el pub y con una pinta de cerveza en la mano, y las penurias de la vida urbana cuando se depende del subsidio del Estado o hay que arreglárselas para ganarse la vida.

Kelman empezó a estudiar filosofía en la Universidad de Strathclyde pero abandonó los estudios antes de licenciarse. En 1971 se unió a un grupo de escritores en la Universidad de Glasgow y publicó su primera colección de relatos: *An Old Pub Near the Angel.* En 1994 saltó a la fama con su novela *How Late it Was, How Late*, que obtuvo el premio Booker no sin cierta polémica. El libro narra la historia de un ladronzuelo en paro de Glasgow que se despierta en una celda de la comisaría. Kelman se alejó de su camino habitual en *Translated Accounts*, donde sus personajes viven bajo la ley marcial en un estado no identificado, y, de nuevo, retrata a los desposeídos y explora la politización del lenguaje. **CK**

«Es el rey de la cárcel de la prosa escocesa.»

Tim Adams, *The Observer*

ARRIBA: James Kelman fotografiado en 1994.

PHILIP PULLMAN

Philip Pullman, 19 de octubre de 1946 (Norwich, Norfolk, Inglaterra).

Estilo y género: Pullman es un pedagogo dotado para contar historias de otros mundos y narraciones de ensueño; su serie infantil *La materia oscura* ha agitado corazones, mentes y polémicas entre los católicos.

Hay pocos personajes en la literatura contemporánea más atractivos que Lyra Belacqua, la valiente, ingeniosa y efervescente heroína de la serie *La materia oscura* de Philip Pullman. La trilogía se basa en el viaje de Satán en *El paraíso perdido* de John Milton y comienza en un mundo como el nuestro, pero se desvía cuando John Calvin se convierte en Papa de una Iluminación teológica y cuando su figura satánica, lord Asriel, sorprende a un grupo de académicos con la afirmación de que el Polvo (prueba del pecado original) también es la prueba herética de que existen otros universos y de que se puede viajar hasta ellos. Lyra, la sobrina protegida de Asriel, sigue a su tío hasta el fin de la Tierra y logra entrar en otro universo para acabar con la Muerte.

Lyra, a quien el oso acorazado que se ha erigido en su protector llama Lengua de Plata, personifica lo que Pullman considera la vocación más elevada, la del contador de cuentos, aunque, en realidad, Lyra, como todos los buenos mentirosos, carece de imaginación. En su momento más triunfal, Lyra escarifica el Infierno al contar a las arpías que custodian a los muertos las interesantes historias reales de sus experiencias en la vida material. Las novelas de Pullman dan vida a un mundo sensorial y sensual con personajes jóvenes que no solo son valientes y leales, sino también pragmáticos, frágiles e incondicionalmente reales. Con Sally Lockhart, protagonista de una serie anterior, Pullman nos presenta a una huérfana de la sublevación de los cipayos, que además es una gran tiradora, una proto-nueva-mujer dotada para el trabajo detectivesco que forma una familia alternativa. Como Lyra, Sally aprende a abrir su corazón gracias a las historias que cuenta y que le cuentan e invita al lector a hacer lo mismo. **SM**

«Los hombres pasan ante nuestros ojos como mariposas, criaturas de una breve estación.»

Obras destacadas

Narraciones infantiles

La maldición del rubí, 1985

Sally y la sombra del norte, 1986

Sally y el secreto de los fuegos, 1995

La materia oscura, 1995-2000

1940-59

ARRIBA: Philip Pullman, experto creador de otros mundos, en noviembre de 2003.

ELFRIEDE JELINEK

Elfriede Jelinek, 20 de octubre de 1946 (Mürzzuschlag, Austria).

Estilo y género: Jelinek es una controvertida novelista y dramaturga que utiliza una sátira controlada y mordaz, con un contenido a menudo chocante, para criticar las opresiones sexuales y sociales de la vida contemporánea.

Elfriede Jelinek, feminista extremadamente politizada, hace tiempo que se convirtió en una espina en el costado de la sociedad austríaca convencional. Algunos se opusieron a que recibiese el Nobel de Literatura en 2004 y su novela *Deseo* ha sido calificada de pornográfica. El espíritu combativo de Jelinek contrasta con su introversión sensible.

Según Jelinek, su gran lucha es contra la represión patriarcal de las mujeres, la mentalidad austríaca exageradamente restrictiva (especialmente la católica), la retórica política vacía y el mercantilismo extremo. Otros frentes abiertos son la violencia, el control y la discriminación, especialmente el clasismo, el nacionalismo y el racismo, al que a menudo vincula con el pasado nazi de Austria.

Jelinek, que publicó su primera novela en 1970, procede de una familia en parte judía y estudió en un colegio religioso y en la Universidad de Viena. También aprendió música en el Conservatorio de Viena y a menudo se alaba la musicalidad de su prosa. Otras cualidades literarias que la describen serían su ácida ironía y la experimentación lingüística. Sus personajes parecen cáscaras vacías en mundos brutalmente deconstruidos para los que no da soluciones explícitas. Jelinek opina que su lenguaje pretende ofrecer posibilidades para escapar de la opresión sin dictar qué camino debe tomarse. Su personaje típico es una mujer esclavizada en un entorno doméstico, como la sadomasoquista Erika de *La pianista* (convertida en una polémica película en 2001), una mujer madura que aún vive con su controladora madre. *Bambilandia* combina los reportajes de la CNN sobre la guerra de Irak con la tragedia griega para analizar la política y los medios de comunicación contemporáneos. **AK**

«No hago lo que hago de buen grado, pero tengo que hacerlo.»

Obras destacadas

Novelas

¡Somos reclamos, baby!, 1970
Las amantes, 1975
Los excluidos, 1980
La pianista, 1983
Deseo, 1989
Una novela de entretenimiento, 2000

Teatro

Lo que ocurrió después de que Nora abandonara a su marido o pilares de la sociedad, 1980
Bambilandia, 2003

ARRIBA: Retrato de Elfriede Jelinek en octubre de 1997.

PAUL AUSTER

Paul Benjamin Auster, 3 de febrero de 1947 (Newark, Nueva Jersey).

Estilo y género: Auster es conocido por sus laberínticas y teóricas novelas de aparente simplicidad y ficción detectivesca existencial, atentas a la presencia de la casualidad, el azar y lo inesperado en la cotidianeidad.

Paul Auster, escritor establecido en Brooklyn, vuelve a familiarizar al lector con la extrañeza de la escritura. En sus novelas, los personajes se hacen pasar unos por otros, representan aspectos de un individuo ausente, se llaman «Paul Auster», fingen lo que no son o escriben ficciones cuyas tramas revelan más sobre su autor que la narración del propio autor o aluden a la realidad del lector. Auster utiliza la literatura para investigar las implicaciones del posmodernismo en la relación entre la escritura y el escritor. Comprender que carecemos de acceso directo a la realidad significa que el escritor no puede conocerse a sí mismo. Como el escritor es inherentemente «otro» para sí mismo, en *Ciudad de cristal* y *La invención de la soledad* la consideración del yo desde el exterior posibilita una forma más íntima de autobiografía.

La idea de Auster de que la escritura se basa en la lucha tiene orígenes biográficos y filosóficos. En «Espacios blancos», lo que nos resulta esquivo es lo que «nos impulsa a hablar»: la escritura es el documento de esa lucha por salvar la distancia entre las palabras y los objetos a los que representan. Sin embargo, la carrera de Auster comenzó con años de pobreza en los que, en la práctica, la escritura significaba la miseria voluntaria. Tras dejar un posgrado en Columbia, Auster vivió durante algún tiempo en París, ganándose la vida como traductor. También escribió una novela de detectives, intentó acabar una novela pornográfica (sin conseguirlo), inventó un juego de cartas y colaboró en diversas ediciones y trabajos poco gratificantes. Sus novelas pretenden romper el límite entre la vida y la escritura, pero al hacerlo revelan la incompatibilidad entre ambas esferas. En 2006 Auster recibió el premio Príncipe de Asturias de las Letras. **ER**

«¿Quién eres? Y si crees que lo sabes, ¿por qué sigues mintiendo al respecto?» *Ciudad de cristal*

Obras destacadas

Novelas

La trilogía de Nueva York
- *Ciudad de cristal,* 1985
- *Fantasmas,* 1986
- *La habitación cerrada,* 1986

El palacio de la Luna, 1989
Leviatán, 1992
Tombuctú, 1999
La noche del oráculo, 2003
Brooklyn Follies, 2005
Un hombre en la oscuridad, 2008

Memorias

La invención de la soledad, 1982

Guiones cinematográficos

Smoke, 1995
La vida interior de Martin Frost, 2006

ARRIBA: Auster fotografiado en una gala literaria en Nueva York en abril de 2005.

SALMAN RUSHDIE

Ahmed Salman Rushdie, 19 de junio de 1947 (Bombay, India).

Estilo y género: Rushdie, autor de origen indio, elabora sus obras a base de retales de leyendas hindúes, teología islámica y clásicos de la literatura occidental que buscan responder al Imperio británico y su estela de caos político.

Salman Rushdie creció en la región de Cachemira, en el norte del subcontinente indio. Aunque en la actualidad Cachemira vive polarizada por las disputas entre India y Pakistán, Rushdie declaró en una entrevista que recuerda que en su niñez en la zona imperaba la tolerancia religiosa.

Toda su obra se caracteriza por el deseo de trasladar este aspecto, propio de su país natal, al resto del mundo. Sus combinaciones experimentales entre diferentes símbolos, modos, dialectos y alusiones son un intento de encontrar una nueva experiencia compartida en un mundo que ya no nos ayuda a distinguir entre nosotros y el resto de la gente. Rushdie es un portavoz de la experiencia trasnacional cuya infatigable ficción

Obras destacadas

Novelas

Hijos de la medianoche, 1981

Vergüenza, 1983

Los versos satánicos, 1988

El último suspiro del moro, 1995

El suelo bajo sus pies, 1999

Shalimar el payaso, 2005

La encantadora de Florencia, 2008

Narración infantil

Harún y el mar de las historias, 1990

Ensayo

La sonrisa del jaguar, 1987

Patrias imaginarias: ensayos y críticas, 1981-1991, 1991

ARRIBA: Rushdie fotografiado en 2005 en el Festival del Libro de Edimburgo.

DERECHA: Rushdie posa en 1988 en su casa de Londres.

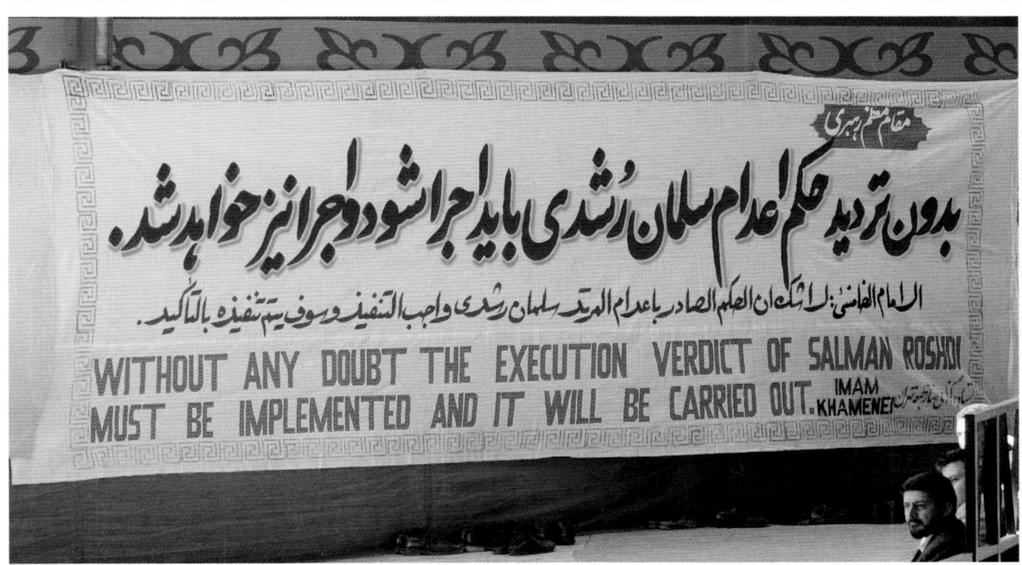

مقام معظم رهبری
بدون تردید حکم اعدام سلمان رشدی باید اجرا شود و اجرا نیز خواهد شد.
WITHOUT ANY DOUBT THE EXECUTION VERDICT OF SALMAN ROSHDI
MUST BE IMPLEMENTED AND IT WILL BE CARRIED OUT.
IMAM KHAMENEI

ARRIBA: Cartel de 2004 en Teherán, Irán, que confirma la fatua de 1989 de Jomeini.

experimental busca constantemente formas nuevas de socavar las viejas dicotomías entre Oriente y Occidente, el progreso y el fundamentalismo, los colonizados y los colonizadores, mostrándose a sí mismo, pese a sus contradicciones personales, como modelo de un nuevo tipo de coherencia.

Con su segunda novela, *Hijos de la medianoche*, dejó su primera huella indeleble en el mundo literario. La novela es una alegoría sobre la independencia de India que reformula hábilmente la narrativa de *Vida y opiniones del caballero Tristram Shandy* de Sterne: los «niños de la medianoche» del título son las 1.001 personas nacidas durante la primera medianoche de independencia india en 1947, cuyos destinos están íntimamente ligados a los de la nueva democracia. Rushdie nació en 1947 y la historia contiene elementos autobiográficos. Esta combinación entre fuentes dispares contribuye en gran medida a que los lectores de Rushdie se sientan testigos del nacimiento de un nuevo mundo de ficción. En 1981, la novela obtuvo el premio

«Ser de Cachemira consistía en valorar más lo que se compartía que lo que dividía.»

La fatua contra Rushdie

Cuando el ayatolá Jomeini interpretó como blasfemia *Los versos satánicos* y pidió a los fieles musulmanes que asesinasen a Salman Rushdie, la amenaza no quedó en nada. Se incendiaron librerías, se quemaron efigies del escritor y el traductor de la novela al japonés murió asesinado. El atentado con bomba de Hezbolá en Gran Bretaña en 1989 parece haber sido un intento de asesinato de Rushdie, y ese mismo año el país rompió sus relaciones con Irán. Durante casi una década, Rushdie dejó de aparecer en público y aún hoy viaja con un extenso cuerpo de seguridad.

En 1998, como condición para restablecer relaciones diplomáticas con Gran Bretaña, Irán se retractó. Pese a que la fatua sigue vigente y la vida de Rushdie se halla en peligro, oficialmente el asesinato del escritor ha dejado de ser un objetivo del gobierno iraní. Incluso antes de este cambio de actitud, Rushdie había relajado sus medidas de seguridad, y participó en un gag del programa *David Letterman Show* en 1995 (la idea consistía en que el programa tenía unos índices de audiencia tan bajos que parecía un buen sitio para esconder a Rushdie). Rushdie ha comentado que la experiencia ha significado «un máster en la falta de valor, tanto mío como general».

Booker, y en 1993 fue elegida «Booker entre Bookers», es decir, la mejor novela de las 25 galardonadas desde que se entregaba el premio. Las ficciones posteriores de Rushdie han seguido utilizando medios surrealistas y fantasmagóricos para explorar asuntos importantes. *Shame* lleva a la ficción la historia de Pakistán por medio de un drama familiar; *Los versos satánicos* es una apocalíptica alegoría de la batalla entre el bien y el mal, la fe y el fanatismo; *Harún y el mar de las historias* comienza como una historia que Rushdie le cuenta a su hijo, pero acaba convirtiéndose en una meditación sobre el papel que desempeña el artista; y *El suelo bajo sus pies* trata el mito de Orfeo, reconvertido en la vida de las estrellas del rock nacidas en India. En *Shalimar el payaso*, Rushdie retoma asuntos políticos importantes con renovada urgencia, ya que el extremismo amenaza con aplastar el pluralismo de varias voces. Pese a la cómica inventiva que hace tan atractivas sus novelas, en todas ellas subyace el mismo imperativo ético basado en el respeto a lo diferente, en vez de recurrir a la brutalidad y la tristeza que causa el que esta premisa no se tome en consideración.

La publicación de *Los versos satánicos* tuvo consecuencias políticas. La novela contiene una reelaboración en clave de ficción de un acontecimiento apócrifo de la historia musulmana en que figura el profeta Mahoma. La descripción del profeta fue interpretada por los islamistas radicales como sacrílega y generó una controversia que culminó en la fatua lanzada por el ayatolá iraní Jomeini pidiendo el asesinato de Rushdie.

Rushdie se ha reafirmado como escritor, en parte por el conflicto entre civilizaciones que originó *Los versos satánicos*, y se ha convertido en una auténtica superestrella literaria hasta el punto de que cabría cuestionarse si algún otro autor vivo merece el mismo título. Rushdie ha utilizado su estatus para criticar abiertamente tanto el islamismo militante como la intervención estadounidense en Oriente Medio, combinación de posturas que le han alejado de casi todo el mundo. Pero también es cierto que Rushdie siempre ha permanecido con un pie a cada lado de la línea y ha tratado de convencer a sus lectores de que deberían hacer lo mismo. **SY**

PAULO COELHO

Paulo Coelho, 24 de agosto de 1947 (Río de Janeiro, Brasil).
Estilo y género: Coelho, autor brasileño preocupado por la iluminación espiritual y la plenitud personal, aboga por tener el valor de reconocer y llevar a cabo los sueños.

Los libros de Paulo Coelho deberían entenderse en el contexto de su viaje hacia la comprensión espiritual y la aceptación personal. Aunque no defiende ninguna fe concreta como «correcta», sus amplias temáticas religiosas beben de elementos del catolicismo, el misticismo oriental y la adoración de los indígenas sudamericanos a la tierra.

Ya de joven se rebeló contra la rígida educación jesuita y contra el deseo de su familia de que se convirtiera en ingeniero, y lo ingresaron en un centro psiquiátrico. Posteriormente, Coelho llevó una vida hippy por Perú, Bolivia y México, antes de triunfar como letrista para estrellas del rock brasileñas. La junta militar consideró que sus planes de fundar una sociedad alternativa radical en Minas Gerais eran subversivos y fue encarcelado y torturado.

En 1986 Coelho realizó el camino de Santiago y esta experiencia forma la base de *El peregrino de Compostela*, donde sugiere que el significado y la verdad se encuentran en la simplicidad y celebra lo extraordinario de lo cotidiano. Las preguntas existenciales que formula en *El alquimista*, las conversaciones con «el niño interno de su alma», llegaron a millones de personas y la novela se convirtió en un éxito internacional durante la década de 1990.

La elección de Coelho como miembro de la Academia de las Letras brasileñas en julio de 2002 resultó controvertida: pese a la popularidad del autor, de sus obras se ha dicho que están mal escritas, que se apoyan demasiado en fuentes externas y que parecen libros de autoayuda. Otros elogian su profundo humanismo y su mensaje universal. Con su prosa fluida invita a los lectores a que se conviertan en «guerreros de la luz» y se embarquen en su propio viaje espiritual, analizando menos y sintiendo más. **MK**

«En la cima, todo parece más pequeño.»

La quinta montaña

Obras destacadas

Novelas

El peregrino de Compostela, 1987
El alquimista, 1988
La quinta montaña, 1996
El demonio y la señorita Prym, 2000
Once minutos, 2003
El zahir, 2005
La bruja de Portobello, 2006
El vencedor está solo, 2009

1940–59

ARRIBA: Paulo Coelho en una sesión fotográfica en agosto de 2003.

STEPHEN KING

Stephen Edwin King, 21 de septiembre de 1947 (Portland, Maine, EE.UU.).

Estilo y género: Las obras de King suelen centrarse en sucesos sobrenaturales que ocurren en lugares poco propicios y con unos protagonistas marginales, poseen un vertiginoso control del ritmo argumental y un suspense escalofriante.

Obras destacadas

Novelas

Carrie, 1974
El misterio de Salem's Lot, 1975
El resplandor, 1977
Cujo, 1981
Christine, 1983
It (Eso), 1986
Misery, 1987
El pasillo de la muerte, 1996
La torre oscura (serie), 1982-2004

Stephen King, autor superventas de más de cincuenta novelas del género de terror, es un maestro a la hora de explotar los miedos cotidianos del lector que provocan los acontecimientos extraordinarios en entornos realistas.

Mientras trabajaba como profesor de inglés, King publicó su primera novela, *Carrie*, la historia de una marginada en el instituto a la que todos atormentan pero que poco a poco descubre que tiene poderes telequinésicos y los utiliza para vengarse. El éxito de la novela permitió a King dedicarse exclusivamente a escribir. *Carrie* expone el tema recurrente de sus novelas posteriores: un pequeño pueblo idílico, víctima de fuerzas sobrenaturales. Así, en *El misterio de Salem's Lot*, dos niños de un pequeño pueblo de Nueva Inglaterra son aterrorizados por vampiros, y en la monumental *It (Eso)* un monstruoso asesino de niños aterroriza al ficticio pueblo de Maine.

En *El resplandor*, el aspirante a escritor Jack Torrance, violento y alcohólico, interrumpe su trabajo por la presencia de espíritus malvados en un hotel encantado y pierde gradualmente la cordura antes de morir. *Misery* cuenta la siniestra historia del novelista Paul Sheldon, rescatado de un accidente de coche por su fan número uno, Annie Wilkes, que le secuestra y le obliga mediante torturas a que escriba otro libro. King se ha dedicado con frecuencia al género fantástico y la ciencia ficción, especialmente en *El pasillo de la muerte*, una colección de seis volúmenes ambientada en el pabellón de los condenados a muerte de una penitenciaría en la década de 1930, y en los siete libros que conforman la serie *La torre oscura*, que narran las aventuras del Pistolero, que existe en un desolado mundo paralelo al nuestro. King recibió la National Book Foundation Medal por su distinguida aportación a las letras estadounidenses. **SG**

«Solo los enemigos dicen la verdad; amigos y amantes mienten [...], atrapados en [...] el deber.»

ARRIBA: Stephen King fotografiado durante el Festival de Sundance en 2006.

DAVID MAMET

David Alan Mamet, 30 de noviembre de 1947 (Chicago, Illinois, EE.UU.).

Estilo y género: Mamet es conocido por sus diálogos aforísticos que pasan de lo tosco a lo barroco, de lo elaborado al puro mal genio. Sus obras teatrales contienen frases de irresistible vitalidad lingüística y estilizadas expresiones.

David Mamet es uno de los dramaturgos más celebrados y prolíficos de Estados Unidos y uno de sus críticos más duros. Sus obras generalmente retratan con minucioso detalle las consecuencias íntimas del aplastante envilecimiento social. Sus personajes más memorables (Ricky Roma de *Glengarry Glen Ross*; Don Dubrow, Bobby y Teach de *El búfalo americano*; Bernie de *Perversidad sexual en Chicago*) viven en unos Estados Unidos superficiales y horteras cuyo principio básico, consistente en aprovechar las oportunidades personales, se convierte en una licencia para el egoísmo. De esta corrupción de la identidad nacional fluyen todas las perversiones sexuales, económicas y políticas que aparecen en sus obras.

Aunque en ocasiones se argumenta que las obras de Mamet no respetan suficientemente las exigencias de la trama convencional, en gran parte de sus mejores trabajos subyace un patrón reconocible de degeneración colectiva en el que algunos puntos álgidos de la alienación social (por ejemplo, el estentóreo capitalismo amoral de *Glengarry Glen Ross*) conducen a una visión más local y personal de la tragedia. En su escenario aparecen charlatanes, aduladores y sinvergüenzas unidos por su pasión por la habilidad para vender —casi siempre a un ser humano.

Mamet crea personajes con los que cuesta identificarse, y difíciles incluso de tolerar moralmente, pero que poseen una extraordinaria vitalidad lingüística. El público a menudo alaba el «realismo» de sus ritmos urbanos, aunque sus frases son expresiones de carácter extremadamente controladas y estilizadas. Su lenguaje es además de una belleza embriagadora. A Mamet le asquea y le deprime la corrupción moral, intelectual e incluso física de la sociedad, pero nunca el declive de un imperio fue tan divertido. **IW**

«Cada reiteración de la idea de que nada importa degrada el espíritu humano.»

Obras destacadas

Teatro

Variaciones sobre el pato, 1972
Perversidad sexual en Chicago, 1974
El búfalo americano, 1977
Edmond, 1982
Glengarry Glen Ross, 1983
Speed-the-Plow, 1988
Oleanna, 1992

ARRIBA: Fotografía de David Mamet realizada en Venecia hacia 2001.

JAMES ELLROY

Lee Earle Ellroy, 4 de marzo de 1948 (Los Ángeles, California, EE.UU.).

Estilo y género: Ellroy es un revisionista de la ficción criminal dura, y sus novelas tienen argumentos tan bizantinos, personajes tan desesperados y una sintaxis tan breve que hacen que Raymond Chandler parezca Henry James.

Se podría argumentar que la autobiografía de James Ellroy, *Mis rincones oscuros*, es el libro más duro de su autor. En él describe con punzante detalle el asesinato de su madre cuando él tenía 10 años, su complicada adolescencia, el crecer con un padre irresponsable y la repercusión que tuvieron estos hechos en su vida adulta, incluidas adicciones típicas (alcohol, drogas) y no tan típicas (allanamiento de moradas) y, afortunadamente para sus lectores, formativas (novelas de crímenes).

Ellroy ya era un escritor establecido cuando abordó un tema especialmente emotivo para él: el asesinato de la «Dalia Negra», una actriz de Hollywood desconocida cuyo cuerpo se descubrió en la misma época que el de su madre. La versión novelada del asesinato generó una serie de novelas que le hicieron muy conocido: *Cuarteto de los Ángeles*. Las cuatro novelas transcurren en Los Ángeles en la década de 1950 y los personajes y las tramas se solapan de un libro a otro. Las tripas de la ciudad asoman a partir de detalles discretos, brevemente bosquejados, sin repetir ni por un momento el camino ya recorrido por Raymond Chandler y Nathaniel West. Ellroy no solo conoce la ciudad donde nació, sino que además evoca sin exagerar la brutal lucha política y el racismo con que se aplicaba la ley durante las décadas que siguen al Telón de Acero y antes de la creación del Departamento de Asuntos Internos.

Sus novelas posteriores aplican esta mentalidad del oportunismo brutal al escenario nacional, novelando el asesinato de John F. Kennedy y sus repercusiones. Aunque flojea en cuanto abandona la inmediatez de Los Ángeles, Ellroy se encuentra en la cima de su capacidad narrativa, creando docenas de personajes y argumentos que resuelve casi milagrosamente. **SY**

«Soy un maestro de la ficción. También soy el mejor escritor de crímenes que ha existido.»

Obras destacadas

Novelas

Cuarteto de Los Ángeles (tetralogía)
La dalia negra, 1987
El gran desierto, 1988
L.A. confidencial, 1990
Jazz blanco, 1992

Cuentos

Ola de crímenes, 1999

Autobiografía

Mis rincones oscuros, 1996

ARRIBA: Retrato del escritor James Ellroy realizado en septiembre de 2006.

IAN McEWAN

Ian Russell McEwan, 21 de junio de 1948 (Aldershot, Hampshire, Inglaterra).

Estilo y género: McEwan es un escritor británico de realismo psicológico despiadado en cuyas obras trata acontecimientos históricos con riguroso detalle y una atmósfera amenazante. Le interesa especialmente la relación entre sexos.

En sus novelas y relatos, Ian McEwan realiza intensos retratos psicológicos de unos protagonistas que se enfrentan a circunstancias extraordinarias —violentas, románticas o ambas— que interrumpen su sentido del ser y en ocasiones de la propia realidad. Las historias de McEwan a menudo se centran en un momento de elección ética y exploran no solo la espinosa decisión, sino también la pregunta que surge a continuación: ¿cómo vivir con ello? La respuesta generalmente viene rodeada de lo que un crítico denominó acertadamente «el arte de la inquietud».

La obra de McEwan se divide en dos períodos: al principio se ganó el sobrenombre de «Ian Macabro» por sus primeros trabajos, oscuros y claustrofóbicos, plagados de incestos, asesinatos y sadomasoquismo. *El jardín de cemento*, por ejemplo, narra la historia de tres niños que deciden enterrar a su madre muerta en el sótano para evitar que les entreguen a los servicios sociales. En *El placer del viajero* una pareja inglesa de vacaciones por Venecia queda atrapada bajo el influjo de un carismático lugareño que pone en peligro su comodidad y sus vidas.

Con sus novelas posteriores, McEwan pareció cambiar de orientación, quizá debido a que, tal y como dijo, después de tener hijos «uno apuesta muchísimo con tal de que el proyecto humano funcione». Sus obras suelen estar ambientadas en períodos o acontecimientos históricos: después de la Segunda Guerra Mundial, en *El inocente* y *Los perros negros*; en una Inglaterra thatcheriana levemente exagerada, en *Niños en el tiempo*; y bajo la sombra del terrorismo, en *Sábado*. *Expiación*, su trabajo más ambicioso, arranca en un hogar de clase alta antes de la Segunda Guerra Mundial y abarca desde la retirada de Dunkerque en 1940 hasta el Londres de 1999. En 1998 McEwan obtuvo el premio Booker por *Amsterdam*. **CQ**

Obras destacadas

Novelas

El jardín de cemento, 1978

El placer del viajero, 1981

Niños en el tiempo, 1987

El inocente, 1990

Los perros negros, 1992

Amsterdam, 1998

Expiación, 2001

Sábado, 2005

Novela corta

Chesil Beach, 2007

Cuentos

Primer amor, últimos ritos, 1975

«Uno debe tener el valor de afrontar su propio pesimismo».

Ian McEwan, *Guardian*, 1983

1940–59

ARRIBA: Ian McEwan fotografiado en 2007, el año que se publicó *Chesil Beach*.

PASCAL QUIGNARD

Pascal Quignard, 23 de abril de 1948 (Verneuil-sur-Avre, Francia).

Estilo y género: Quignard es un escritor francés muy premiado, conocido por su enfoque erudito e iconoclasta, su experimentación con distintos estilos y su fusión de la literatura con otras disciplinas.

Obras destacadas

Novelas

Carus, 1979
Las escaleras de Chambord, 1989
Todas las mañanas del mundo, 1991
El odio a la música, 1996
Las sombras errantes, 2002

Pascal Quignard es reconocido en Francia por una obra ambiciosa y característica que sigue libremente la tradición de otros pensadores como Bataille y Blanchot. Quignard aspira a una literatura «libre de género», pero no para crear un género nuevo o un híbrido, sino para fomentar un diálogo que implique colaboración y contienda entre la creación literaria y las diversas formas del pensamiento crítico (de la antropología al psicoanálisis y más allá). Quignard ha ganado diversos premios prestigiosos, entre ellos el Goncourt (2002) por *Las sombras errantes.* Con todo, quizá sea más conocido por *Todas las mañanas del mundo*, una novela sobre el violista y compositor del siglo XVII Marin Marais, que fue adaptada al cine a comienzos de la década de 1990.

Quignard ha disfrutado de una carrera distinguida y variada: es filósofo, catedrático, músico y musicólogo, traductor (del latín, el griego y el chino) y editor. Estos intereses tan diversos demuestran la magnitud de su obra, caracterizada por la mezcla de elementos de ficción, teoría, diario, sueño, poesía, ensayo, cita y aforismo. Sus novelas resultan poco convencionales debido a sus estructuras narrativas y a la pluralidad de voces. *Las sombras errantes* está escrita, como gran parte de su obra, mediante el principio de fragmentación, con series de segmentos narrativos o extractos que ni comienzan ni terminan. Quignard lo describió como «una secuencia de comienzos de novelas, cuentos, paisajes, fragmentos autobiográficos». Aunque a algunos lectores les parece un mecanismo alienante, Quignard lo sitúa en el centro de su proyecto: «Para escribir busco una sucesión de escenas inconexas de forma que no haga interpretaciones por el lector [...] Los fragmentos de vida siempre son más emotivos.» **ST**

«Experimentar como pensamiento algo que trata de expresarse.» *Las sombras errantes*

ARRIBA: Quignard, fotografiado aquí en 1989, es también musicólogo y filósofo.

PATRICK SÜSKIND

Patrick Süskind, 26 de marzo de 1949 (Ambach am Starnberger See, Baviera, Alemania).

Estilo y género: Süskind, autor de novelas, piezas teatrales, ensayos y guiones, ha escrito extravagantes historias sobre la obsesión y lo absurdo de la vida.

Poco se sabe acerca de la vida privada del huidizo escritor Patrick Süskind, dado que se niega a conceder entrevistas y realizar apariciones públicas. Su padre era periodista y Süskind continuó la tradición, escribiendo guiones y una obra teatral, *El contrabajo*, muy popular entre el público alemán.

La obra que le catapultó a la fama fue su novela corta *El perfume: Historia de un asesino*, adaptada al cine en 2006. Está ambientada en la Francia del siglo XVIII y narra la historia de Jean-Baptiste Grenouille, inadaptado social y misántropo personaje que carece de olor corporal, pero cuyo poderosísimo sentido del olfato le lleva a crear perfumes exitosos. Sin embargo, su obsesión por crear la esencia más pura le perderá. La novela es en parte un *thriller* y sus poderosas descripciones del olor de la gente, los objetos y los lugares —desde el hedor de un mercado hasta los mareantes efluvios de una flor y el seductor aroma de una hermosa muchacha— logran que el lector vaya olisqueando el mundo que le rodea durante días con una conciencia olfativa más desarrollada.

Su siguiente éxito ha sido la novela corta *La paloma*, que lleva al lector a un mundo kafkiano con matices de terror gótico moderno. En esta ocasión, el protagonista es Jonathan Noel, un guarda de seguridad de un banco cuya solitaria pero ordenada existencia se tambalea cuando una paloma se posa en su casa. La capacidad de Süskind para crear escenarios extraños, habitados por personajes solitarios y obsesivos, consigue que sus libros resulten absorbentes. Su narrativa se ha descrito como «realismo mágico», quizá debido a su sentido de lo absurdo, pero también sigue la tradición existencial mientras sus protagonistas tratan de encontrar una dirección, un propósito y un significado. **CK**

> «No huele a nada. Está poseído por el demonio.»
>
> El *perfume: Historia de un asesino*

Obras destacadas

Novela

La historia del señor Sommer, 1991

Teatro

El contrabajo, 1981

Novelas cortas

El perfume, 1985

La paloma, 1987

ARRIBA: Un Süskind pensativo en una fotografía de fecha desconocida.

1940–59

HARUKI MURAKAMI

Haruki Murakami, 12 de enero de 1949 (Kioto, Japón).

Estilo y género: Murakami combina en sus novelas y relatos una prosa conversacional, narrativas serpenteantes y tendencia a lo bizarro, y sus obras se han asociado con casi cualquier género, desde el «realismo mágico» hasta el cyberpunk.

Haruki Murakami se hizo escritor pasados los 30 años. Se hallaba en un partido de los Yakult Swallos en 1978, cuando el jugador estadounidense Dave Hilton consiguió un doble. En ese instante, algo cambió en Murakami y decidió que sería capaz de escribir una novela. Se fue a casa y comenzó a escribir esa misma noche; un año después publicó su primer libro.

Esta historia es la clase de giro inesperado de los acontecimientos que acerca a los lectores al mundo de Murakami. Objetos y acontecimientos aparentemente cotidianos cobran una importancia extraordinaria, como la oveja de *La caza del carnero salvaje* con una marca de nacimiento en forma de estrella, o la botella de Cutty Sark en *Crónica del pájaro que da cuerda al mundo*, relacionada con la proyección astral. Las novelas de Murakami incluyen meditaciones sobre la cultura pop occidental y la colisión entre tradición y posmodernidad en Japón, pero no son novelas «sobre» Japón en sentido estricto; sus personajes son reconocibles para cualquiera que viva en el mundo desarrollado. Tanto en sus novelas realistas *(Tokio Blues)* como en las más especulativas, la temática principal es la ausencia, ya sea de una mujer, de un recuerdo o de una oveja, y siempre subyace la sospecha de que lo que falta no se ha perdido porque en realidad nunca existió.

Su libro de no ficción *Underground: The Tokyo Gas Attack and the Japanese Psyche* es, como indica el título, su reflexión más explícita sobre la cultura japonesa. Pero la forma en que describe los ataques con gas sarín en el metro de Tokio por parte del culto Aum Shinrikio en 1995 también resulta reveladora: Murakami permite que sus entrevistas con miembros de la secta y con los supervivientes de los ataques hablen con voz propia. La compleja pluralidad de las voces es representativa de su mejor literatura: en vez de tomar el control, Murakami se deja llevar por la historia para comprobar hacia dónde se dirige. **SY**

Obras destacadas

Novelas

La caza del carnero salvaje, 1982

Hard-Boiled Wonderland and the End of the World, 1985

Tokio Blues, 1988

Crónica del pájaro que da cuerda al mundo, 1995

Sputnik, mi amor, 1999

Kafka en la orilla, 2002

After Dark, 2004

Cuentos

The Elephant Vanishes, 1985

Ensayo

Underground, 2000

ARRIBA: Murakami fotografiado en una azotea de Tokio en abril de 2004.

DERECHA: Sobrecubierta estadounidense de *Sputnik, mi amor* (1999).

SPUTNIK SWEETHEART • A NOVEL BY HARUKI MURAKAM

MARTIN AMIS

Martin Louis Amis, 25 de agosto de 1949 (Oxford, Inglaterra).

Estilo y género: Martin Amis es un controvertido e imitado novelista y crítico inglés cuyo estilo mareante y extravagante pondera la masculinidad y la violencia, tanto personal como política.

Martin Amis es hijo del novelista inglés Kingsley Amis y, a los 24 años, publicó *El libro de Rachel*, una novela de ingenio precoz y salvaje apetito sexual. Desde entonces, los medios de comunicación han analizado cada uno de sus movimientos, y sus obras le han proporcionado una extraordinaria fama.

A su obra maestra, una trilogía sobre la vida en los bajos fondos y el consumismo del Londres moderno (*Dinero, Campos de Londres* y *La información*), le siguió una reflexión sobre la crisis de la mediana edad en *Experiencia*, donde trataba la muerte de su padre y su propia pérdida de la inocencia. Descubrió su faceta de comentarista político tras los atentados del 11-S, y sigue exponiendo en la prensa sus opiniones acerca del «islamismo».

Amis siempre ha sido un escritor dedicado a su trabajo y preocupado, sobre todo, por escribir frases brillantes. Su estilo resulta inconfundible. Es el mejor creador de nombres de personajes desde Charles Dickens: tan solo en *Dinero* encontramos a John Self (el hombre de la calle de «la década del yo», los años ochenta), Butch Beausoleil, Lorne Guyland (quizá una broma inglesa sobre la pronunciación estadounidense de «Long Island»), Spunk Davis y Caduta Massi.

Amis inventa nuevos verbos y concordancias inesperadas de adjetivos mientras sus párrafos desbordan repeticiones barrocas y listas absurdas. Incluso cuando trata temas serios, como en la novela sobre el holocausto *La flecha del tiempo* o en *La casa de los encuentros*, ambientada en un gulag soviético, Amis siente una irrefrenable necesidad de innovación verbal; en *La flecha del tiempo* los acontecimientos e incluso las frases están colocadas al revés, como una cronología inversa que invita al lector a reconsiderar las causas de las atrocidades históricas. **MS**

> «Solo en el arte el león yace junto al cordero y la rosa crece sin espinas.»

Obras destacadas

Novelas

El libro de Rachel, 1973

Dinero, 1984

Campos de Londres, 1989

La flecha del tiempo o la naturaleza de la ofensa, 1991

La información, 1995

Tren nocturno, 1997

Perro callejero, 2003

La casa de los encuentros, 2006

Ensayo

Experiencia, 2000

La guerra contra el cliché: escritos sobre literatura, 2001

El segundo avión, 2009

ARRIBA: Retrato de Martin Amis realizado en octubre de 2007.

1940–59

PEDRO JUAN GUTIÉRREZ

Pedro Juan Gutiérrez, 27 de enero de 1950 (Matanzas, Cuba).

Estilo y género: Pedro Juan Gutiérrez, escritor, artista y periodista cubano, es un maestro del realismo sucio que se centra en la vida contemporánea de La Habana; sus novelas semiautobiográficas están protagonizadas por su alter ego, Pedro Juan.

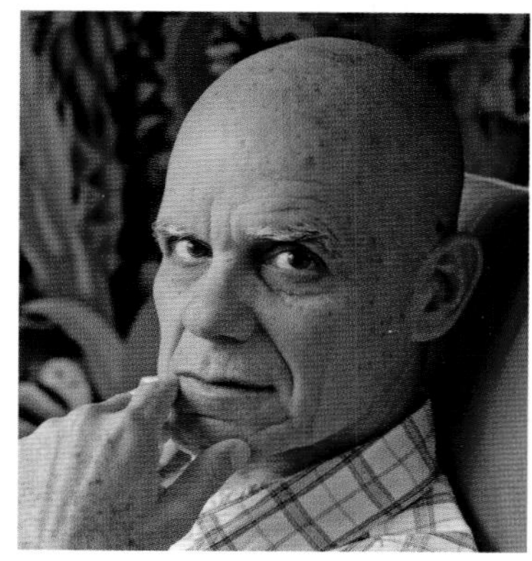

Pedro Juan Gutiérrez escribe historias teñidas de sexo, ron, pobreza y hedonismo con la destartalada ciudad de La Habana como telón de fondo. Su obra ha sido comparada con la de Charles Bukowski, cuyos libros también se caracterizan por la violencia y la imaginería sexual.

Gutiérrez comenzó vendiendo helados y periódicos cuando tenía 11 años y posteriormente trabajó como soldado, instructor de natación, diseñador técnico, periodista, pintor y escultor. En 1994 sufrió una crisis personal e ideológica cuando su matrimonio se disolvió y las dificultades económicas de Cuba llegaron al límite. Fue entonces cuando se decantó por la literatura y escribió *Trilogía sucia de La Habana*, una obra parcialmente autobiográfica en la que su alter ego, Pedro Juan, tiene una serie de encuentros por la ciudad que terminan en sexo o violencia. Pese a que no resulta abiertamente politizada, la novela reflexiona acerca de la vida y los problemas en la Cuba de Castro.

A Gutiérrez se le permitió promocionar el libro en Italia y en España pero al regresar a Cuba perdió su trabajo de periodista y actualmente se dedica exclusivamente a la literatura y el arte. La *Trilogía sucia de La Habana* fue prohibida en Cuba pero se ha publicado en veinte países. Su siguiente novela, *Animal tropical*, retoma las aventuras de Pedro Juan. En esta ocasión visita Suecia, donde le acechan los recuerdos de sus encuentros sexuales con su amante Gloria. En *El insaciable hombre araña* el borracho antihéroe Pedro Juan tiene 50 años y su relación con su esposa Julia se desmorona. A lo largo de una serie de viñetas busca consuelo en el ron y en tórridos encuentros sexuales. Pese a las lúgubres descripciones de la vida cotidiana en Cuba, su obra transmite un amor evidente por la isla y su cultura. **HJ**

«Mis libros no son periodismo, sociología ni antropología en ningún sentido, forma ni clase.»

Obras destacadas

Novelas

Trilogía sucia de La Habana, 2001

Animal tropical, 2002

El insaciable hombre araña, 2005

ARRIBA: Retrato del escritor realizado por Ulf Andersen en 2007.

ANNE CARSON

Anne Carson, 21 de junio de 1950 (Toronto, Ontario, Canadá).

Estilo y género: Carson, esquiva pero volcánica poetisa vanguardista, difumina en su ficción, erudición y poesía los bordes entre lo antiguo y lo contemporáneo, el modernismo y el posmodernismo, lo canadiense y lo estadounidense.

Obras destacadas

Poesía

Glass, Irony and God, 1995

Autobiography of Red, 1998

Men in the Off Hours, 2000

Traducción

Grief Lessons, 2007

En la sobrecubierta de *Glass, Irony and God*, el poemario que situó a Anne Carson entre los más grandes, hay una ilustración de un volcán realizada por la escritora. El volcán reaparece durante el clímax de *Autobiography of Red*, una novela en verso adaptada a partir de textos griegos que supuso un inesperado éxito internacional.

El volcán, sobre el que vuela Gerión, un monstruo de alas rojas de la mitología griega que en *Autobiography of Red* también es un homosexual contemporáneo, es a la vez geográfico y literario. Esta mezcolanza de componentes comienza con el epígrafe, tomado del poema de Emily Dickinson «The Only Secret People Keep». El secreto de Carson radica en la apropiación idiosincrásica y enigmática de las obras de otros gigantes literarios. Samuel Beckett, Gertrude Stein, Emily Brontë, Virginia Woolf, Safo y Catulo aparecen en su obra a modo de agarre, según descripción de la propia autora en *Autobiography of Red*.

Carson es una clasicista cuyos eruditos ensayos, a menudo centrados en cuestiones de género, son tan oblicuos e inventivos en la forma como su poesía. Los académicos la consideran una iconoclasta, y la corriente dominante de la poesía, una intrusa. A muchos críticos les molestó que obtuviera el primer Griffin Poetry Prize y el T. S. Elliot Award —fue la primera mujer en conseguirlo—, pero goza de gran popularidad.

«Cada mañana tenía una visión [...] eran vistazos desnudos de mi alma.»

Carson mantiene como un misterio gran parte de su biografía, a pesar de que ella investiga la vida de otros escritores. Los secretos, con todos sus disfraces y revelaciones, yacen en el corazón de su obra. Carson también ha traducido cuatro obras teatrales de Eurípides, a su vez maestro de las maquinaciones internas del carácter humano, aparte de revelador instigador de acontecimientos volcánicos. **SM**

ARRIBA: Retrato de la poetisa Anne Carson realizado por Allen McInnis.

ARTURO PÉREZ-REVERTE

Arturo Pérez-Reverte, 25 de noviembre de 1951 (Cartagena, Murcia, España).

Estilo y género: Pérez-Reverte, narrador y ex corresponsal de guerra español, es autor de novelas históricas con héroes épicos, en un pasado que recrea con gran precisión histórica y de lenguaje.

Las viejas novelas de héroes y villanos han encontrado en Arturo Pérez-Reverte a su renovador: clásico en los postulados y moderno en el tratamiento. Sus héroes colocan el valor y el honor por encima de todo, como siempre, pero además hay en ellos unas sombras que les dan relieves nuevos, contemporáneos. Es una característica de este gran creador y periodista que durante 21 años vio de cerca las guerras que ensangrentaron las últimas décadas del siglo XX. Cansado de tanto horror, dejó en 1994 el oficio de corresponsal de guerra por el de novelista. Autor de novelas históricas, de enorme éxito, ha creado personajes como el capitán Alatriste que le han trascendido. Es miembro de la Real Academia española desde 2003.

Obras destacadas

Novelas

El maestro de esgrima, 1988
La tabla de Flandes, 1990
El club de Dumas, 1993
La sombra del águila, 1993
Territorio comanche, 1994
La piel del tambor, 1995
Las aventuras del capitán Alatriste (serie), 1996-2006
Cabo Trafalgar, 2004
El pintor de batallas, 1987
Un día de cólera, 2007
Ojos azules, 1993

JAVIER MARÍAS

Javier Marías, 20 de septiembre de 1951 (Madrid, España).

Estilo y género: Marías escribe historias de intriga, amor, espionaje, violencia y misterio. Sus complejas novelas disfrutan de éxito de público y crítica en España y cada vez más en el mundo anglosajón.

Su padre, el filósofo Julián Marías, aceptó un puesto en el Wellesley College de Estados Unidos unos meses después de que Javier naciese. Este temprano contacto con la cultura norteamericana derivó en la fascinación del autor por la literatura inglesa, y de hecho se le considera un gran traductor literario, interés que queda patente en su obra, ya que todos sus protagonistas/narradores son traductores o intérpretes que nunca llegan a identificarse totalmente ni a revelar sus identidades. Como traductor, Marías reconoce el acto de escoger una palabra o frase en vez de otra para captar con la mayor autenticidad el significado del texto original. Esta elección y el espacio que se crea entre dos opciones suelen encontrarse en el eje de sus mejores obras. **REM**

Obras destacadas

Novelas

El hombre sentimental, 1986
Todas las almas, 1989
Corazón tan blanco, 1992
Mañana en la batalla piensa en mí, 1994
Tu rostro mañana
  Fiebre y lanza, 2002
  Baile y sueño, 2004
  Veneno y sombra y adiós, 2007

Cuentos

Mientras ellas duermen, 1990, 2000

ORHAN PAMUK

Ferit Orhan Pamuk, 7 de junio de 1952 (Estambul, Turquía).

Estilo y género: Pamuk, escritor vanguardista cuyos primeros trabajos eran más naturalistas, recurre a técnicas posmodernistas para examinar la tensión que provoca el estilo de vida occidental en un país no occidental.

Obras destacadas

Novelas

La casa del silencio, 1983
El castillo blanco, 1985
El libro negro, 1990
Me llamo Rojo, 1998
Nieve, 2002
El museo de la inocencia, 2008

Ensayo

Otros colores, 1999

Memorias

Estambul: ciudad y recuerdos, 2003

Cuando apareció traducida al inglés la tercera novela de Orhan Pamuk, *El castillo blanco*, el *New York Times* proclamó: «Ha nacido una nueva estrella en el este». Esta publicación le dio fama internacional, siempre vinculada, como ha definido con exactitud el propio escritor, a «lo turco».

Pamuk se formó en un prestigioso colegio de Estambul y posteriormente estudió arquitectura. Sin embargo, a los tres años abandonó esa carrera y comenzó a estudiar periodismo. Al licenciarse, se fue a vivir con su madre mientras escribía su primera novela. El apartamento de Estambul en el que escribe actualmente tiene vistas al Cuerno de Oro, con el palacio Topkapi a un lado y el puente que une Europa con Asia al otro. La celeridad del cambio social en Turquía ocupa un lugar primordial en su obra, y para Pamuk gran parte del esfuerzo del pueblo gira en torno a las dos vistas frente a las que se sienta a observar la occidentalización de Turquía.

Aunque no quiere ser considerado un escritor fundamentalmente político, Pamuk se ha hecho famoso por sus críticas al Estado, especialmente en lo referente a las violaciones de los derechos humanos, los derechos de las mujeres y su incapacidad de avanzar hacia una democracia real, la prohibición de libros y el tratamiento de la cuestión kurda. Fue uno de los primeros escritores de un país musulmán que se manifestó en contra de la fatua contra Salman Rushdie, y ha sido amenazado de muerte por los ultranacionalistas turcos. Como si pretendiese contrarrestar ese contundente contexto político que le ha llevado a ser el autor turco de mayor renombre (recibió el Nobel en 2006), sus novelas actuales combinan misterio, fantasía, debate filosófico y juegos. Pamuk es un narrador persuasivo, capaz de construir tramas complejas con un desapego casi irónico. **JSD**

«Pretendo describir el estado psicológico de la población de una determinada ciudad.»

ARRIBA: Pamuk, fotografiado en 2006, es el primer turco en recibir un premio Nobel.

VIKRAM SETH

Vikram Seth, 20 de junio de 1952 (Calcuta, Bengala Occidental, India).

Estilo y género: La obra de Seth, poeta, novelista, libretista, biógrafo y escritor de libros infantiles y de viajes, se caracteriza por su realismo, su aire satírico y su atención por el detalle.

Vikram Seth ha escrito la novela más larga publicada en un solo volumen de la literatura inglesa: *Un buen partido*, y pese a sus 1.471 páginas alcanzó la lista de las más vendidas, recibió varios premios y aupó a su autor a la fama.

Seth nació en una familia de clase media en Calcuta, se educó en India y posteriormente estudió ciencias económicas en las universidades de Oxford y de Stanton, en California. Pero le interesaba más la literatura, y escribió el primero de sus cinco volúmenes de poesía, *Mappings*, en 1980. Luego publicó *Desde el lago del cielo: viajes por Sinkiang, Tíbet y Nepal*, que le reportó el Thomas Cook Award para libros de viajes. Su primera novela, *The Golden State*, narra en una serie de sonetos las vidas de jóvenes profesionales en San Francisco.

Pero el libro que le situó en el mapa literario fue *Un buen partido*. Ambientada en India después de la independencia, la novela narra las desventuras de una madre que busca un marido adecuado para su rebelde hija. La narración se centra en cuatro familias y tres posibles candidatos y está poblada de personajes dickensianos que se debaten entre las viejas tradiciones y el nuevo paisaje político poscolonial acuciado por las tensiones entre las comunidades hindúes y musulmanas. Con ingredientes de romance, historia y humor, la novela se sostiene en la habilidad de Seth para crear personajes plausibles y describir la vida familiar india, inspirado en la gente que le rodea.

«La escritura sencilla da lecturas complicadísimas y creo que lo contrario también es cierto.»

Desde la publicación de *Un buen partido*, el erudito Seth —que escribe en inglés en vez de su hindi natal— ha publicado poesía, libros infantiles, un libreto, unas memorias familiares y otra novela, *Una música constante*, que cuenta la vida de un violinista y su reencuentro con un antiguo amor. **CK**

Obras destacadas

Novelas

The Golden Gate, 1986

Un buen partido, 1993

Una música constante, 1999

Poesía

Mappings, 1980

The Humble Administrator's Garden, 1985

Libro de viajes

Desde el lago del cielo: viajes por Sinkiang, Tíbet y Nepal, 1983

ARRIBA: Seth fotografiado el Día Internacional del Libro en 2005.

ROBERTO BOLAÑO

Roberto Bolaño Ávalos, 28 de abril de 1953 (Santiago, Chile); 15 de julio de 2003 (Barcelona, España).

Estilo y género: Bolaño combinó en sus novelas sobre los «desaparecidos» y los olvidados las letras libertinas de Jim Morrison con la jerga modernista de James Joyce.

Obras destacadas

Novelas

La literatura nazi en América, 1996

Los detectives salvajes, 1998

2666, 2004 (publicada póstumamente)

Novelas cortas

Estrella distante, 1996

Nocturno de Chile, 2000

Amberes, 2002

Cuentos

Llamadas telefónicas, 2003

El gaucho insufrible, 2003

El secreto del mal, 2007 (obra póstuma)

Poesía

Los perros románticos, 2000

La universidad desconocida, 2007 (obra póstuma)

En 1974 Bolaño fue cofundador de los Infrarrealistas, un grupo de provocadores surrealistas-punk conocido por infiltrarse en lecturas de poesía «burguesa» para gritar sus propios versos. Desde 1993 hasta su muerte publicó una serie de obras innovadoras e intensas sobre lo que denominaba «astronautas de planetas perdidos sin posibilidad de escape». Entre ellas figuran *La literatura nazi en América*, una enciclopedia de autores ficticios; *Estrella distante*, una biografía de un poetastro fascista y asesino; y *Nocturno de Chile*, las confesiones de un sacerdote-poeta colaborador de Pinochet. *Los detectives salvajes* es una novela épica antilírica sobre dos poetas que se pierden mientras buscan a una poetisa desaparecida. Dejó inacabada *2666*. **CH**

ALAN HOLLINGHURST

Alan Hollinghurst, 26 de mayo de 1954 (Gloucestershire, Inglaterra).

Estilo y género: Hollinghurst, autor celebrado por el sofisticado estilo de su sonora prosa, describe la sexualidad, la obsesión, el arte y la sociedad inglesa desde la década de 1980.

Obras destacadas

Novelas

La biblioteca de la piscina, 1988

La estrella de la guarda, 1994

El hechizo, 1998

La línea de la belleza, 2004

Cuando Alan Hollinghurst ganó el premio Booker en 2004 un tabloide publicó: «El sexo entre homosexuales gana el Booker». Lo irónico del caso no solo es que *La línea de la belleza* contiene menos escenas de sexo que casi todas sus obras anteriores, sino que además Hollinghurst escribe con el mismo detalle, el mismo humor seco y la misma perspicacia sobre clases sociales, música, arquitectura, política y vida familiar. También escribe sobre libros: *La línea de la belleza* invoca a Henry James; *La biblioteca de la piscina* reescribe con franqueza la «desviada sexualidad» de las novelas de E. M. Forster, Ronald Firbank y L. P. Hartley; y *La estrella de la guarda* triangula entre *Lolita* de Nabokov, *La muerte en Venecia* de Mann y el simbolismo *fin-de-siècle*. **MS**

DAVID GROSSMAN

David Grossman, 25 de enero de 1954 (Jerusalén, Israel).

Estilo y género: Grossman, uno de los escritores más perspicaces de Israel, utiliza el monólogo interior y otras técnicas narrativas vanguardistas para examinar la vida de palestinos e israelíes en obras de ficción y no ficción.

David Grossman es hijo de Yitzhak Grossman, de origen austríaco, y Michaela, natural de Jerusalén. Desde muy temprana edad se sintió atraído por el periodismo y la narración, y comenzó a trabajar como corresponsal radiofónico a la edad de 10 años. Cumplió el obligatorio servicio militar antes de asistir a la Universidad Hebrea, donde estudió filosofía y teatro.

Continuó con su trabajo radiofónico —su libro *Duelo* fue el primero en ser retransmitido como drama radiofónico en 1982— y presentó un programa infantil y otro de humor hasta 1988, cuando dimitió en señal de protesta contra las restricciones del trabajo periodístico, especialmente en lo referente a asuntos palestinos. Gran defensor de la paz, en 2006 se unió a otros dos reconocidos autores —Amos Oz y Abraham B. Yehoshúa— para pedir que el primer ministro israelí pactase un alto el fuego con las fuerzas de Hezbolá en Líbano. Dos días después, y poco antes del alto el fuego, su hijo de 20 años, Uri, falleció cuando un misil de Hezbolá destruyó su tanque.

Grossman alcanzó la fama literaria en 1983 gracias a su primera novela, *La sonrisa del cordero*, una obra desgarradora que explora las complejidades de las experiencias de un soldado en Cisjordania. Por otro lado, su obra de no ficción *El viento amarillo*, publicada en 1987, describe sus opiniones acerca de los palestinos que viven en Cisjordania bajo ocupación israelí.

El *New York Times* ha comparado la segunda novela de Grossman, *Véase: amor* (1986), con cumbres literarias de la talla de *El ruido y la furia* de William Faulkner, *El tambor de hojalata* de Günter Grass y *Cien años de soledad* de Gabriel García Márquez. Grossman, por su parte, ha citado a Franz Kafka y a Heinrich Böll como sus principales influencias literarias. **REM**

«Las rocas se volverán blancas con el calor y las montañas se desmoronarán [...]» *El viento amarillo*

Obras destacadas

Novelas

La sonrisa del cordero, 1983

Véase: amor, 1986

El libro de la gramática interna, 1991

Chico zigzag, 1997

Entiendo con el cuerpo, 2003

Narración infantil

Duelo, 1982

Ensayo

El viento amarillo, 1987

ARRIBA: El escritor israelí David Grossman en una fotografía de 2003.

Obras destacadas

Novelas

Pálida luz en las colinas, 1982

Un artista del mundo flotante, 1986

Los restos del día, 1989

Los inconsolables, 1995

Cuando fuimos huérfanos, 2000

Nunca me abandones, 2005

Guiones cinematográficos

La música más triste del mundo, 2003

La condesa rusa, 2005

ARRIBA: Ishiguro en 2005, al publicarse su novela *Nunca me abandones*.

KAZUO ISHIGURO

Kazuo Ishiguro, 8 de noviembre de 1954 (Nagasaki, Japón).

Estilo y género: Ishiguro, novelista japonés-británico, explora el poder del inconsciente en unos argumentos elípticos con una prosa sencilla que aborda asuntos de ética personal en un contexto de trauma histórico..

Los narradores de Kazuo Ishiguro suelen tener una característica común: todos son esclavos de sus recuerdos. Les impulsa el deseo de conocer el origen y la identidad, y sienten una necesidad a menudo inconsciente de hacer agradable la historia de su vida. También se parecen en que son poco de fiar: sus narraciones se estructuran en torno a silencios y omisiones y el lector debe construir lo que realmente ha ocurrido a partir de los detalles que los narradores tratan de omitir.

Ishiguro, quien llegó a Inglaterra en 1960 con cinco años de edad, afirma que nunca se sintió como un inmigrante porque hasta que llegó a adulto sus padres siempre pensaron que regresarían a Japón. Finalmente, en 1982 se convirtió en ciudadano británico y olvidó las suposiciones de juventud. Ishiguro cuenta que, mientras esperaba regresar a Japón, siempre había escrito «con las traducciones en mente», lo que explicaría la engañosa superficie calma de su prosa. Sus dos primeras novelas se ambientan a la sombra de los bombardeos de Nagasaki e Hiroshima, respectivamente. En *Pálida luz en las colinas*, Etsuko lamenta el suicido de su hermana mayor mientras revive sus recuerdos anteriores a la guerra, aunque se niega a desvelarlos; en *Un artista del mundo flotante*, el pintor Masuji Ono se esfuerza por reconciliar su fascinación por los ideales imperialistas con la vergüenza de la derrota.

En su siguiente novela, *Los restos del día*, ganadora del premio Booker en 1989, Ishiguro consigue ser más británico que los propios británicos. Esta tranquila y descorazonadora historia narra la vida de Stevens, el veterano mayordomo de Darlington Hall, mientras recorre la campiña británica y revela la profundidad de sus arrepentimientos.

La innovación narrativa de Ishiguro brilla en sus siguientes novelas, que siguen una cierta lógica ensoñadora que cree en el poder que ejerce lo irracional en nuestras vidas. *Los inconsolables* habla sobre un pianista que intenta dar un concierto

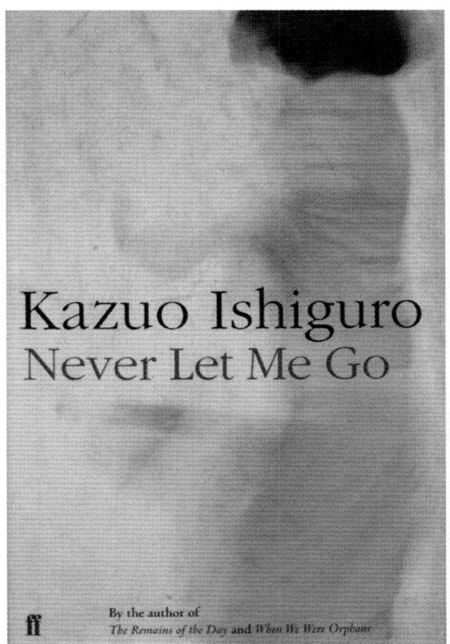

Kazuo Ishiguro
Never Let Me Go
By the author of
The Remains of the Day and When We Were Orphans

ARRIBA: ***Nunca me abandones*** **trata sobre los derechos de los potenciales clones humanos.**

IZQUIERDA: El autor, que toca la guitarra desde joven, posa en su residencia londinense.

muy importante en una ciudad europea anónima; en *Cuando fuimos huérfanos* un célebre detective regresa al Shanghai de la década de 1930 para recuperar a sus padres, desaparecidos desde que era niño. *Nunca me abandones* es una escalofriante parábola que desafía las expectativas del género. Con independencia de la forma elegida, todas las obras de Ishiguro reconfiguran cuestiones de ética personal en situaciones de un trauma histórico. Tanto *Cuando fuimos huérfanos* como *Nunca me abandones* fueron preseleccionadas para el premio Booker (la última quedó entre las finalistas). **CQ**

Escribir para el cine

Ishiguro afirma que es «una especie de aficionado entusiasta en lo referente a guiones». Aparte de algunos guiones para la cadena de televisión BBC, también ha escrito la película canadiense *La música más triste del mundo* (2004). El director Guy Maddin dejó su sello particular en la cinta —como aclara el propio Ishiguro, la prótesis de la pierna llena de cerveza no figuraba en el guión original—, pero la premisa según la cual todo el sufrimiento del mundo debe competir por nuestra simpatía y atención es de un Ishiguro en estado puro.

HANIF KUREISHI

Hanif Kureishi, 5 de diciembre de 1954 (Bromley, Kent, Inglaterra).

Estilo y género: Kureishi, dramaturgo, guionista, realizador, novelista y escritor de relatos, usa material autobiográfico para tratar sobre un Londres global, las relaciones paternofiliales y la gente que se debate entre dos culturas.

Obras destacadas

Novelas
El buda de los suburbios, 1990
El álbum negro, 1995
Intimidad, 1998
El cuerpo, 2003
Algo que contarte, 2008
Teatro y guiones
Sammy y Rose se lo montan, 1987
Mi hermosa lavandería, 1996
My Son the Fanatic, 1997
Venus, 2007

Los habitantes del Londres de Hanif Kureishi han asimilado la ciudad como un híbrido cultural pese a que todavía es un espacio muy segregado. Al poner énfasis en la multiplicidad de las experiencias, Kureishi rechaza con elegancia la creencia de que su literatura representa a un grupo étnico específico.

Las preocupaciones de sus personajes cubren un amplio espectro: la relación entre imaginación y cultura, la elaborada naturaleza del deseo, la experiencia de encontrarse entre dos culturas y las relaciones entre padres e hijos. Kureishi procede de una familia que por parte paterna competía en lecturas y conocimientos, y creció leyendo y escribiendo. El primer éxito le llegó como dramaturgo y guionista. En *Mi hermosa lavandería* dos jóvenes, uno asiático y otro inglés, reflotan una lavandería ruinosa y se enamoran el uno del otro, relación que amigos y familia desean romper. En *Sammy y Rosie se lo montan* la relación de los protagonistas se deteriora cuando el padre de Sammy llega a Londres en pleno auge de las tensiones raciales para enterrar su oscuro pasado político.

Los personajes escritores que crea Kureishi llaman la atención sobre el uso de material autobiográfico: por ejemplo, en *Intimidad*, Jay se describe «escribiendo mientras me leo por dentro».

«Quizá las religiones sean ilusiones, pero son ilusiones importantes y profundas.»

Kureishi ha generado controversia al retratar en sus libros a amigos y amantes de forma poco favorecedora, especialmente en *Intimidad*; aunque mantiene que su obra es esencialmente fruto de su imaginación. En *My Ear at His Heart*, Kureishi compara los recuerdos del pasado compartido por su padre y su tío para mostrar la radical interpretación inevitable en cada versión de los acontecimientos. El modo en que cada versión rellena el contenido omitido por la otra, elimina la posibilidad de que pueda existir una verdad única. **ER**

ARRIBA: Hanif Kureishi fotografiado en Londres en abril de 2007.

COLM TÓIBÍN

Colm Tóibín, 30 de mayo de 1955 (Enniscorthy, condado de Wexford, Irlanda).

Estilo y género: La obra periodística y novelística de Tóibín explora la creatividad y la identidad personal, poniendo atención en el detalle y la cadencia, especialmente en contextos como la tradición irlandesa y la homosexualidad.

Con una familia empapada de historia irlandesa, tanto política como doméstica, no debería sorprender que las primeras novelas de Colm Tóibín aborden esos temas. La primera, *El sur*, trata sobre una joven protestante del condado de Wexford y sus experiencias en Barcelona. Pese a la distancia geográfica, los paralelismos entre la Cataluña franquista y las luchas de Irlanda son evidentes, y Tóibín reconsidera ciertas asunciones sobre su tierra a través del prisma de otro lugar. Sus propias experiencias en la Barcelona inmediatamente posterior a la muerte de Franco tiñen esta novela, a la que le siguió *El brezo en llamas*, un trabajo más irlandés.

Tóibín, que trabajó de periodista durante la década de 1980 en Dublín y Sudamérica, demuestra sensibilidad hacia el detalle y la cadencia, sobre todo en *The Master*, su visión personal de la vida y pensamientos del escritor estadounidense Henry James publicada en 2004. Cuesta creer hasta qué punto comprende a James y, en ocasiones, su prosa meditada y equilibrada no se distingue de la del maestro. La novela refunde la homosexualidad de Tóibín con los deseos reprimidos de James y explora la naturaleza de los sacrificios personales que exige crear grandes obras de arte.

Tóibín aún se dedica al periodismo, tanto en Irlanda como para publicaciones como el *London Review of Books* y su homóloga neoyorquina. En Estados Unidos, ha sido profesor invitado de la Universidad de Stanford, California, y ha dado conferencias en la Universidad Americana de Washington, D.C. Tóibín viaja constantemente y es un consumado escritor de libros de viajes, aunque su colección de relatos de 2006, *Mothers and Sons*, prueba que su corazón sigue, al menos de momento, en Irlanda y, sobre todo, en Dublín. **PS**

«[Su genio] consiste en que nos es imposible dejar sus libros.» *The New Yorker*

Obras destacadas

Novelas

El sur, 1990

El brezo en llamas, 1992

Crónica de la noche, 1996

El faro de Blackwater, 1999

The Master, 2004

Cuentos

Mothers and Sons, 2006

Ensayo

El amor en tiempos oscuros, 2002

ARRIBA: Retrato del escritor irlandés Colm Tóibín en agosto de 2002.

ARTHUR JAPIN

Arthur Japin, 26 de julio de 1956 (Haarlem, Holanda).

Estilo y género: Japin es uno de los novelistas holandeses contemporáneos más apreciados, y la mayoría de sus novelas abordan personajes históricos; también ha escrito guiones y obras teatrales que han sido premiadas.

Arthur Japin estudió lengua y literatura en la Universidad de Amsterdam, y posteriormente, teatro en Londres. Ha actuado en teatros, cine y televisión, y cantó con la Ópera Nacional Holandesa; pero son sus novelas —la mayor parte de ellas basadas en personajes históricos— las que le han dado fama internacional.

La novela *The Two Hearts of Kwasi Boachi* se publicó en 1997 y se convirtió en un éxito instantáneo. Posteriormente, esta obra ha sido adaptada al teatro, al cine y a la ópera. Está basada en una historia real, y cuenta la vida cotidiana de dos princesas africanas, llevadas a Holanda en el siglo XIX como invitadas de la familia real, y que se hallan atrapadas entre dos culturas, sin ser ni africanas ni neerlandesas. La novela se ha comparado con la obra de Joseph Conrad y con la de la gran escritora sudafricana Nadine Gordimer.

Su segunda novela, *The Lion Dreaming*, es una entretenida versión novelada de su relación en Roma con Rosita Steenbeek, la última amante del director italiano Federico Fellini.

La tercera novela, *In Lucia's Eyes*, también trata sobre personajes históricos: se basa en la breve referencia que aparece en las memorias de Giacomo Casanova sobre una mujer de quien este se enamoró a los 17 años y que volvió a encontrarse después en un burdel de Amsterdam terriblemente desfigurada. En esta obra Japin expande la anécdota hasta convertirla en una historia rocambolesca de amor y sacrificio.

Sus novelas se han publicado en veinte países y han recibido diversos premios literarios, entre ellos el Libris Award de 2005 por *In Lucia's Eyes*. Japin ha sido escritor residente en diversas universidades como la de Cambridge y la de Nueva York. **HJ**

«Los primeros diez años de mi vida no fui negra.»

The Two Hearts of Kwasi Boachi

Obras destacadas

Novelas

The Two Hearts of Kwasi Boachi, 1997

The Lion Dreaming, 2002

In Lucia's Eyes, 2003

ARRIBA: Fotografía de fecha desconocida de Japin, que también es actor y cantante.

ILDEFONSO FALCONES

Ildefonso Falcones de Sierra, 2 de febrero de 1959 (Barcelona, España).

Estilo y género: Falcones es autor de novela histórica; con solo dos novelas de gran voluntad realista, se ha colocado al lado de los autores más relevantes del género.

Abogado de profesión, Ildefonso Falcones no publicó hasta los 47 años su primera novela *La catedral del mar* (2006), que se ha convertido en una de las novelas españolas contemporáneas de mayor éxito. A esta le siguió en 2009 *La mano de Fátima*, una novela que significó un desplazamiento temporal y espacial respecto a su obra anterior. La obra de Falcones, tiene como características esenciales la meticulosidad de la reconstrucción histórica —la Barcelona mercantil del siglo XIV, la Andalucía morisca de la segunda mitad del siglo XIV, respectivamente— y el atractivo de unos protagonistas, empeñados en desbordar el estrecho marco de su posición social, dentro de un escenario animado por múltiples personajes perfilados con atractiva verosimilitud. **FV**

Obras destacadas

Novelas

La catedral del mar, 2006

La mano de Fátima, 2009

IRVINE WELSH

Irvine Welsh, 27 de septiembre de 1958 (Leith, Edimburgo, Escocia).

Estilo y género: La obra de Welsh abunda en jergas, comedia negra, tragedias, comportamientos extremos y violentos y abuso del alcohol y narcóticos, todo ello ambientado en el seno de la clase obrera de Edimburgo.

El escritor escocés Irvine Welsh reventó la escena literaria británica con la publicación de su ópera prima, *Trainspotting*, en 1993. Autor controvertido, su amalgama de argumentos retorcidos, personajes imperfectos, dialecto local realista y temáticas extremas ha obtenido un gran éxito. En su siguiente novela, *Pesadilla del Marabú*, el protagonista principal, que está en coma, se aventura en un fantástico safari para evitar enfrentarse a su terrible pasado como víctima y responsable de actos de violencia sexual. Firmemente instalado como uno de los escritores británicos más rentables, Welsh escribió una secuela de *Trainspotting* titulada *Porno*, en la que se reencuentra con Renton y Sick Boy, que intentan entrar en la industria pornográfica. **SG**

Obras destacadas

Novelas

Trainspotting, 1993

Pesadillas del Marabú, 1995

Escoria, 1998

Cola, 2001

Porno, 2002

Secretos de alcoba de los grandes chefs, 2006

Cuentos

Acid house, 1993

Si te gustó la escuela, te encantará el trabajo, 2007

MICHEL HOUELLEBECQ

Michel Thomas, 26 de febrero de 1958 (Reunión, océano Índico).

Estilo y género: Houellebecq, controvertido novelista, aboga en favor del nihilismo, escribe brutalmente sobre sexo y ha sido juzgado por sus opiniones acerca del Islam; sus novelas documentan la desintegración de la cultura europea.

Obras destacadas

Novelas

Ampliación del campo de batalla, 1994

Las partículas elementales, 1998

Plataforma, 2001

La posibilidad de una isla, 2005

Poesía

La Poursuite du bonheur, 1992

Michel Houellebecq siempre ha sido una persona ambigua; sus críticos no se ponen de acuerdo respecto a si es un ingenuo catastrofista o un astuto intérprete que se ha limitado a asumir un papel misántropo para criticar la sociedad europea. Se ha reinventado su biografía a menudo mediante los diversos protagonistas llamados «Michel» de su literatura amarga pero cargada de humor negro. Al parecer durante la década de 1980 fue funcionario, y quizá las descripciones del monótono trabajo de oficina que realiza «Michel» en su primera novela, *Ampliación del campo de batalla*, sean fruto de esa experiencia.

Durante la década de 1990 Houellebecq llevó una vida solitaria en Irlanda. Aunque asegura que buscaba evitar la presión fiscal, se trata de una reubicación simbólica: se había trasladado al oeste de Europa, donde podría sentirse a la vez lejos y cerca del continente. Sus novelas registran la desintegración de la cultura europea en una época en que el mundo económico ofrece un marco no solo para las transacciones comerciales, sino también para las relaciones sexuales. Sus obras describen escenas sexuales que algunos críticos han tildado de pornográficas pero que retan al lector a que considere su parte de complicidad en una sociedad gobernada por el consumo masivo.

«Soy un niño que ya no tiene derecho a las lágrimas.»

La Poursuite du bonheur

Probablemente su novela más famosa hasta la fecha sea *Plataforma*. Publicada en 2001, aparenta condonar el turismo sexual y su protagonista realiza comentarios generales de condena al mundo islámico. La indignación que despertó no se limitó a Francia y el periódico marroquí *Libération* imprimió una foto de Houellebecq con el siguiente titular: «Este hombre te odia». En 2002 varios grupos musulmanes le llevaron a juicio en Francia, aunque fue absuelto de incitar al odio racial tras un polémico fallo. **TM**

ARRIBA: Michel Houellebecq en una foto de septiembre de 2005.

BENJAMIN ZEPHANIAH

Benjamin Obadiah Igbal Zephaniah, 15 de abril de 1958 (Birmingham, Inglaterra).

Estilo y género: Zephaniah es un revolucionario rastafari que ha llevado el «dub poético» a Gran Bretaña, e incendiado los corazones de toda una nación.

Benjamin Obadiah Iqbal Zephaniah, el nombre completo del poeta y novelista, es una voz poética local en la misma medida que lo fue William Wordsworth. Zephaniah procede del distrito de Handsworth, en Birmingham, Inglaterra, una zona habitada principalmente por caribeños que se ha hecho famosa gracias al documental *Handsworth Songs* de John Akomfrah.

Al igual que Akomfrah, Zephaniah formó parte de la ola de artistas radicales e intelectuales caribeños que cambió la cultura británica a comienzos de la década de 1980 cuando plantó cara al Frente Nacional no mediante la asimilación, sino situando el arte negro en primer plano. Zephaniah, que interpretaba su poesía desde los 13 años, fue un iniciador e instigador de la escena de poesía dub que aportó viveza, interpretación, habla local, música y carisma a un mundo literario aburrido y elitista.

Aparte de grabar con la banda de Bob Marley, The Wailers, Zephaniah utilizó su viva lengua callejera para desmontar discursos políticos e ideas preconcebidas. En un programa de la BBC recreó su viaje en tren desde Birmingham hasta Cambridge —desde los márgenes hasta el centro de los privilegios— cuando fue preseleccionado para una beca del Trinity College. No consiguió la beca, pero se resarció con la película, en la que se encuentra con John Keats y con Percy y Mary Shelley y se compara con ellos. Cuando se le concedió la orden del Imperio británico en 2003, Zephaniah habló en contra de órdenes, de lo británico y lo imperial y rechazó el presunto honor. Zephaniah, enfrentado a Tony Blair, consolidó su estatus de héroe de los que no se muerden la lengua y los que carecen de voz. Sus galardonadas novelas y sus poemas infantiles más recientes inspiran a una nueva generación para que se levanten y alcen la voz con él. **SM**

«Los premios [...] y el dinero [...] se están cargando la poesía negra [...]» *Bought and Sold*

Obras destacadas

Novela

Plantar cara, 1999

Poesía

Pen Rhythm, 1980

Talking Turkeys, 1994

Propa Propaganda, 1996

Too Black, Too Strong, 2001

ARRIBA: El escritor rastafari Benjamin Zephaniah en diciembre de 2002.

JEANETTE WINTERSON

Jeanette Winterson, 27 de agosto de 1959 (Manchester, Inglaterra).

Estilo y género: Winterson ha retorcido los géneros con una obra inventiva en la que lo mítico, lo cósmico y lo evangélico envuelven a lo carnal; su primera novela obtuvo el premio Whitbread en 1985.

Jeanette Winterson fue adoptada por una familia pentecostal en una ciudad industrial del norte de Inglaterra, y trabajó sirviendo para convertirse en misionera; ya escribía sermones a los 8 años y predicaba a los 12. En su casa solo había seis libros, entre ellos la Biblia y *La muerte de Arturo* de Thomas Malory, pero de adolescente Winterson compraba libros de segunda mano y leía a escondidas.

Su primera novela, *Fruta prohibida*, es una historia parcialmente autobiográfica sobre el rumbo que tomó su vida: se enamoró de una conversa reciente y se marchó de casa a los 16 años. Con una prosa no lineal aforística y extravagante, esta historia de sexualidad y creatividad cosechó un gran éxito entre la crítica, que la recibió como una voz nueva de la escena literaria londinense. Sus siguientes novelas obtuvieron gran éxito de crítica y público.

Las historias de Winterson combinan triángulos amorosos y androginia con fantásticas versiones de momentos históricos —*La pasión* sigue la historia de amor entre el cocinero de pollo de Napoleón y la hija de un gondoliero veneciano con los pies palmeados— y con su interés por la ciencia y la filosofía —la Gran Teoría Unificada de la física cuántica ofrece el acrónimo de *Simetrías viscerales*—. Cuando la prensa se interesó por los detalles de su vida privada, Winterson respondió con cierto descaro nominando su novela a la mejor del año y difundiendo escandalosos rumores acerca de que había intercambiado favores sexuales con esposas suburbanas a cambio de vajilla Le Creuset. Todo ello solo sirvió para azuzar el escándalo e incrementar su fama, por lo que Winterson se refugió en el campo para escribir y para defender el cultivo orgánico y la caza sostenible. **CQ**

«En la escritura todo comienza por el lenguaje. El lenguaje comienza al escuchar.»

Obras destacadas

Novelas

Fruta prohibida, 1985
La pasión, 1987
Espejismos, 1989
Simetrías viscerales, 1997
The Stone Gods, 2007

ARRIBA: Retrato de la británica Jeanette Winterson en agosto de 2004.

WILL SELF

Will Self, 26 de septiembre de 1961 (Londres, Inglaterra).

Estilo y género: Self, novelista, escritor de relatos, *blogger* y periodista, escribe grotescas y estentóreas sátiras que resultan divertidas y lúcidas a partes iguales; escribe una prosa maníaca de efervescente intelectualidad.

En Inglaterra, Will Self es ubicuo. Afirma haber publicado 350.000 palabras anuales durante ocho años sucesivos y, vista su interminable cantidad de artículos periodísticos, novelas, introducciones críticas y manuales de psicogeografía, podría ser. No está nada mal para un chaval de una familia judía del norte de Londres que empezó a beber a los 13 o 14 años y a consumir heroína antes incluso de comenzar la universidad —en Oxford, nada menos—. Aunque dejó de drogarse en 1998, al principio las drogas eclipsaron su carrera, que comenzó a despegar a raíz de la publicación, en 1991, de *The Quantity Theory of Insanity*, una colección de relatos cuya prosa demencial y efervescente intelectualidad atrajo la atención de crítica y lectores por igual. Durante la década de 1990 publicó novelas y relatos y, coincidiendo con el fracaso de su primer matrimonio, su carrera llegó a su punto álgido hasta la fecha con *Grandes simios* (1997). La novela describe una sociedad donde los simios poseen la inteligencia y los símbolos de la civilización mientras que los humanos son expuestos en zoológicos; es una virulenta sátira sobre la arrogancia y la estupidez humanas. Irónicamente, en esa misma época Self dio muestras de arrogancia y estupidez al fumar heroína en el jet privado del primer ministro John Major mientras realizaba un reportaje sobre las elecciones generales.

Desde que ha dejado las drogas, Self ha demostrado una productividad prodigiosa: ha publicado varias novelas y obras de no ficción. Quizá se haya convertido sobre todo en cronista de Londres, ciudad en la que reside con su segunda esposa, paseando, investigando e imbuyéndose de sus aceras, edificios y vías fluviales. Como dice Self para explicar por qué escribe: «[...] es mi forma de transmitir el mundo tal como lo veo». **PS**

«Lo que me emociona es desbaratar las presunciones básicas del lector.»

Obras destacadas

Novelas

Mi idea de la diversión, 1993

Grandes simios, 1997

Cómo viven los muertos, 2000

The Book of Dave, 2006

The Butt, 2008

Cuentos

The Quantity Theory of Insanity, 1991

Tough, Tough Toys for Tough, Tough Boys, 1998

Ensayo

Psychogeography, 2007

ARRIBA: Fotografía de Will Self en Londres, en septiembre de 2006.

ARUNDHATI ROY

Suzanna Arundhati Roy, 24 de noviembre de 1961 (Shillong, Meghalaya, India).

Estilo y género: Roy es una escritora india ganadora del premio Booker, conocida por su prosa rítmica y sus líricas descripciones de Kerala; también ha escrito varias colecciones de ensayos políticos en defensa de los derechos humanos.

La escritora india Arundhati Roy, de madre católica y padre bengalí hindú, creció en el pequeño pueblo de Aymanam, Kerala, que fue el entorno de su primera y única novela: *El dios de las pequeñas cosas*. A los 16 años se trasladó a Delhi y vivió en una casa ocupada. Actualmente reside en Delhi con su segundo marido, el realizador Pradip Krishen. Pese a haber estudiado arquitectura en la Escuela de Urbanismo y Arquitectura de Nueva Delhi, Roy ha dedicado su vida a la escritura.

Antes de escribir su exitosa novela, escribió dos guiones para películas que dirigió su marido: *In Which Annie Gives It Those Ones*, un film para televisión sobre estudiantes de arquitectura en el que también actúa, y *Luna eléctrica*. También interpretó un papel en la premiada *Massey Sahib* (1985).

En 1992 Roy comenzó a escribir su novela, que terminó en 1996. Esta historia es parcialmente autobiográfica y trata sobre el amor prohibido y una familia problemática; ambientada en la India durante la década de 1960, está narrada a través de la mirada de dos jóvenes gemelas, Rahel y Esthappen.

La novela se publicó con gran éxito internacional y gracias a ella, en 1997, Roy se convirtió en la primera mujer india en ganar el prestigioso premio Booker.

Roy ha desviado su atención hacia la política y se ha convertido en activista social igual que su madre, Mary, que luchó contra la ley de herencias en la India para que las mujeres recibiesen una parte equitativa de las tierras de sus padres. Trabaja como escritora política y se ha involucrado en causas humanitarias protestando, por ejemplo, contra el armamento nuclear o el proyecto Narmada Dam. En 2004 Roy recibió el Sidney Peace Prize por su defensa de la paz y de los derechos humanos. **LP**

Obras destacadas

Novela

El dios de las pequeñas cosas, 1997

No ficción

El precio de vivir, 1999

El álgebra de la justicia infinita, 2002

Power Politics, 2002

Public Power in the Age of Empire, 2004

Guiones cinematográficos

In Which Annie Gives It Those Ones, 1989

Luna eléctrica, 1992

«Las grandes historias son las que conoces y quieres escuchar de nuevo.» *El dios de las pequeñas cosas*

ARRIBA: Arundhati Roy en 1999, dos años después de haber ganado el premio Booker.

BRET EASTON ELLIS

Bret Easton Ellis, 7 de marzo de 1964 (Los Ángeles, California, EE.UU.).

Estilo y género: Ellis es un controvertido novelista y escritor de relatos de culto, famoso por sus personajes jóvenes, vacuos y depravados y sus descripciones de situaciones extremas; a menudo utiliza el monólogo interior.

Es muy difícil no prestar atención a Bret Easton Ellis, odiado y adorado por igual. Sus novelas promulgan y satirizan el vacío moral e intelectual con unos protagonistas unidos por el gusto por la depravación. Ellis puebla sus novelas de personajes que reaparecen en distintos libros y que tienen en común su relación con Camden College, New Hampshire, un lugar aparentemente basado en las experiencias del escritor en Bennington College, Vermont. Ellis, criado en el valle de San Fernando, estudió música en la universidad y a principios de la década de 1980 tocó en diversos grupos musicales. Su primera novela, *Menos que cero*, se publicó mientras aún era estudiante. Visto el éxito del libro, se trasladó a Nueva York, donde formó parte del Brat Pack literario con Tama Janowitz y Jay McInerney y se dedicó a poner en jaque al *establishment* entre finales de los años ochenta y comienzos de la década siguiente.

Con *American Psycho*, su sátira sobre los excesos de los años ochenta, alcanzó su apoteosis. La novela, rechazada por un editor debido a su extrema violencia y su aparente misoginia, acabó publicándose en 1991 y despertando tanta admiración como polémica. Llovieron cartas de odio y amenazas, aunque el libro se vendió extremadamente bien. A raíz de su publicación, Ellis sufrió una especie de crisis y durante los años siguientes tuvo problemas con la bebida, las drogas y las relaciones personales.

«No pensé que nadie de fuera de Los Ángeles fuese a leer *Menos que cero*.»

Su padre —en quien basó su personaje más controvertido, Patrick Bateman— falleció en 1992, y en 2004 murió su amante y amigo Michael Wade Kaplan a los 30 años. Ambas muertes son reseñadas en *Lunar Park*, en la que un personaje llamado Bret Easton Ellis, parodia del autor, es atormentado por fantasmas de su pasado, tanto ficticios como reales. **PS**

Obras destacadas

Novelas

Menos que cero, 1985
American Psycho, 1991
Glamorama, 1998
Lunar Park, 2005

Cuentos

Los confidentes, 1994

ARRIBA: Bret Easton Ellis en marzo de 2006, durante la gira promocional de *Lunar Park*.

J. K. ROWLING

Joanne Rowling, 31 de julio de 1965 (Yate, South Gloucester, Inglaterra).

Estilo y género: En la serie de ficción de Rowling, la más exitosa de todos los tiempos, abundan el humor, la aventura y las alusiones clásicas, y se tratan temas como la amistad, la familia, la identidad y la naturaleza del bien y del mal.

Hay algo que llama la atención al leer la sincera y divertida nota autobiográfica de la página web de J. K. Rowling, y es los muchos momentos importantes de su vida en que aparecen los trenes. No solo sus padres se conocieron en un tren, sino que la idea primigenia del niño mago llamado Harry Potter se le ocurrió en un tren del trayecto Londres-Manchester abarrotado y con retraso que descarriló metafóricamente por la muerte de su progenitora y el hecho de convertirse en madre soltera. La imagen de Rowling garabateando su primera novela en una cafetería de Edimburgo con el cochecito de bebé a un lado ha pasado a formar parte de la mitología moderna tanto como el andén 9¾ de King's Cross, desde donde sale el Hogwarts Express. Este tren ficticio ha transportado a Potter y a toda una generación de lectores a una aventura de una década a través de siete libros épicos tan adorados como menospreciados.

Aún es pronto para determinar si Potter y sus amigos Hermione Granger, Ron Weasley y Neville Longbottom, los adultos guardianes de la Orden del Fénix y sus némesis Severus Snape y el terrorífico lord Voldemort, persistirán en el tiempo como la Alicia de Lewis Carroll o la Dorothy de Frank Baum. Sin embargo, es incuestionable que la serie de Rowling no solo ha revolucionado la fortuna de la editorial independiente Bloomsbury Publishing, sino que también ha revitalizado la literatura infantil y al mismo tiempo ha popularizado la lectura.

La visión humanista de Rowling sobre jóvenes que aprenden a salvar el mundo se refleja también en su apoyo a Children's Voice, una campaña que pretende rescatar a los niños de maltratos y desatenciones similares a los que hacen que Potter escape a un mundo de magia tan conmovedor y efectivo. **SM**

«Escribo lo que quería escribir. Escribo lo que me gusta. Lo hago para mí.»

Obras destacadas

Novelas

Harry Potter y la piedra filosofal, 1997
Harry Potter y la cámara secreta, 1998
Harry Potter y el prisionero de Azkaban, 1999
Harry Potter y el cáliz de fuego, 2000
Harry Potter y la Orden del Fénix, 2003
Harry Potter y el misterio del príncipe, 2005
Harry Potter y las reliquias de la muerte, 2007

Cuentos

Animales fantásticos y dónde encontrarlos, 2001
Los cuentos de Beedle el bardo, 2008

ARRIBA: J.K. Rowling en 2007 durante el estreno de *Harry Potter y la Orden del Fénix*.

DAVID MITCHELL

David Mitchell, 12 de enero de 1969 (Southport, Lancashire, Inglaterra).

Estilo y género: Mitchell es un imaginativo novelista británico autor de obras fantásticas, épicas, que hilan narrativas paralelas e independientes para finalmente concluir con que forman parte de un todo mayor.

David Mitchell comenzó su carrera de forma fulgurante: su primera novela, *Escritos fantasma*, ganó el premio John Llewellyn Rhys en 1999, y en 2003 la revista *Granta* lo eligió entre los veinte mejores escritores jóvenes británicos. Mitchell publicó el libro apropiado en el momento adecuado. *Escritos fantasma* representa la quintaesencia de la novela de fin de siglo: salta del miembro de una secta apocalíptica japonesa a un fantasma que pasa de cuerpo en cuerpo a lo largo de siglos por todo el planeta. Cada capítulo conforma una historia independiente narrada con una voz propia que comparte detalles con otras hasta formar sutiles paralelismos entre ellas, creando la espeluznante sensación de que al final todo está relacionado.

De *number9dream*, más novelístico, la crítica aplaudió su trama sobre un extraño chaval de 19 años que trata de averiguar la identidad de su padre. Mitchell realiza salvajes digresiones hacia mundos cibernéticos, ensoñaciones cinemáticas y —en un extraordinario acto de ventrilocuismo— la mente de un piloto kamikaze de submarino durante la Segunda Guerra Mundial.

El atlas de las nubes retoma el estilo de *Escritos fantasma*, realizando sorprendentes saltos entre géneros y adentrándose en la ciencia ficción. Mitchell se toma libertades: nos ofrece una distopía tecnológica al estilo de Isaac Asimov plagada de clones y hologramas y continúa con una distopía neoprimitiva a lo Riddley-Walker llena de pieles de animales y supersticiones. Algunos encontraron estas yuxtaposiciones insufribles; otros se apuntaron alegremente al viaje.

«Probablemente, en un universo paralelo no muy lejano, trabajo para Nintendo.»

El bosque del cisne negro es una novela parcialmente autobiográfica y más calmada. Su narrador es un niño que se enfrenta a las dificultades de crecer, pero bajo esta historia sobre el paso a la madurez subyacen temas más profundos. **CO**

Obras destacadas

Novelas

Escritos fantasma, 1999

number9dream, 2001

El atlas de las nubes, 2004

El bosque del cisne negro, 2006

ARRIBA: David Mitchell en el Festival del Libro de Edimburgo en agosto de 2004.

SARAH KANE

Sarah Kane, 3 de febrero de 1971 (Brentwood, Essex, Inglaterra); 20 de febrero de 1999 (Londres, Inglaterra).

Estilo y género: La obra dramática de Kane causó en principio indignación pero hoy es considerada un modelo del teatro directo y a flor a piel.

Obras destacadas

Teatro (fechas de los estrenos)

Reventado, 1995
El amor de Fedra, 1996
Purificado, 1998
Ansia, 1998
4:48 Psicosis, 2000

La primera obra teatral de Sarah Kane, *Reventado*, tras ser estrenada en el London's Royal Court —bastión de textos nuevos y controvertidos—, fue calificada por el *Daily Mail* de «Repugnante festín de porquería». Kane había estudiado teatro en las universidades de Bristol y Birmingham, y acababa de terminar un máster a los 23 años cuando se estrenó la obra. Actualmente, está considerada un hito del teatro de la década de 1990.

Kane formaba parte de un grupo de jóvenes «nihilistas» británicos enfrentados a la complacencia y el materialismo de su época. Extremadamente inteligente y muy divertida, Kane combinó emociones profundas con un punto de vista muy provocativo. Durante su adolescencia, el cristianismo de sus padres la había decantado hacia el evangelismo, cuyo fervor dejó huella en su personalidad. Violencia gráfica, sexo extremo y necesidades fisiológicas caracterizan sus viscerales obras, aparte de cuestiones políticas y éticas. *Reventado* comienza en una habitación de hotel y explota en una sangrienta zona de guerra, invitándonos a reflexionar acerca de la situación política contemporánea en Bosnia. Kane dirigió talleres teatrales en Europa y eran pocos —entre ellos Harold Pinter— los que la apreciaban en Gran Bretaña. Kane, influida por escritores tan diversos como Shakespeare o Edward Bond, redujo a cenizas el naturalismo teatral. Por ejemplo, puso énfasis en la imaginería en lugar del diálogo en obras como *Purificado*, ambientada en un campo de concentración. En *Ansia*, un ensayo sobre el amor obsesivo, creó una especie de poema teatral, y también fueron hilos poéticos los que tejieron *4:48 Psicosis*. Esta obra, terminada en 1999, se estrenó en 2000, un año después del suicidio de la dramaturga a causa de una depresión cuando tenía 28 años. **AK**

«Mi responsabilidad es con la verdad, por complicada que sea.»

ARRIBA: Retrato de la dramaturga Sarah Kane hacia 1998.

CHIMAMANDA ADICHIE

Chimamanda Ngozi Adichie, 15 de septiembre de 1977 (Abba, Enugu, Nigeria).

Estilo y género: Adichie es una novelista nigeriana cuya obra explora temas como la comprensión humana general, las filiaciones étnicas, las clases sociales y la raza; utiliza frases igbo cuyo significado evoca sin traducirlas.

Se ha comentado que Chimamanda Adichie está haciendo por la generación actual de escritores nigerianos lo que Chinua Achebe hizo por la suya. No es de extrañar que ella misma cite al abuelo de la narrativa africana como influencia que le llevó a escribir. Sí resulta más curioso que siga sus pasos —literalmente, ya que pasó la niñez en la misma casa que habitó Achebe treinta años antes— para convertirse en una de las escritoras que dan forma al variado paisaje de la literatura nigeriana. Si Achebe exploró el choque entre la cultura colonial británica y la vida tradicional igbo de Nigeria, Adichie bucea en el legado de dicha historia.

Adichie creció en la ciudad universitaria de Nsukka. Publicó su primera colección de poemas antes de acabar el instituto, y estudió medicina antes de marcharse a Estados Unidos para reunirse con su hermana. Tras licenciarse en comunicaciones y ciencias políticas, realizó un máster de escritura creativa.

Su primera novela, *La flor púrpura*, está narrada por la quinceañera Kambili Achike y cuenta la historia de los sufrimientos de una familia nigeriana de padre evangélico durante las agitaciones políticas de la década de 1990 en Nigeria. El libro obtuvo el Commonwealth Writer's First Book y el Hurston/Wright Legacy a una primera novela. Mientras que la joven narradora de *La flor púrpura* se asegura de que la política no se infiltre en la historia, la segunda novela de Adichie, *Medio sol amarillo*, cuenta la vida de tres personajes durante el tumulto político de la guerra civil nigeriana. Adichie ha comentado: «No creo que yo, como persona que escribe literatura realista ambientada en África, deba asumir automáticamente un papel político». Pero desde luego Adichie desempeña un papel en la forja de la literatura nigeriana contemporánea. **JD**

«Una nueva escritora [...] con el talento de los antiguos contadores de historias.» Chinua Achebe

Obras destacadas

Novelas

La flor púrpura, 2003

Medio sol amarillo, 2006

Cuentos

Ghosts, 2004

Tomorrow is Too Far, 2006

ARRIBA: Adichie fotografiada en Londres en junio de 2007 tras ganar el Orange Prize.

COLABORADORES

Richard Cavendish (RC) es historiador. Colaborador habitual de la revista *History Today*.

Claudio Cazzola (CC) enseña literatura, latín y griego en la escuela superior estatal Ludovico Ariosto, en Ferrara. Es también profesor adjunto de lengua latina en la Escuela de Humanidades de la Universidad de Ferrara. Ha publicado ensayos y artículos sobre literatura clásica (Homero, Lucrecio, Horacio), moderna (la cultura en la corte de la Casa de Este) y contemporánea (Giorgio Bassani).

Stephanie DeGooyer (SD) es especialista en filosofía y literatura del siglo XVIII y ha estudiado en la Universidad de Cornell.

Jenny Doubt (JSD) estudió en la Universidad de Sussex y ha trabajado como editora en la publicación de libros ilustrados en Londres. Originaria de Canadá, Jenny trabaja también como autora independiente y se ha especializado en literatura poscolonial.

Fabriano Fabbri (FF) es profesor de historia del arte contemporáneo en la Universidad de Bolonia. Sus libros tratan acerca de la relación entre la cultura culta y la popular, desde la literatura hasta los vídeos musicales.

Simon Gray (SG) estudió periodismo en la Universidad de Sheffield Hallam y se ha especializado en temas de viajes, música y arte.

Reg Grant (RG) es especialista en literatura moderna europea, sobre todo en narrativa francesa posterior a la Segunda Guerra Mundial.

Frederik H. Green (FHG) estudió en el St. John's College, en Cambridge, y en la Universidad de Yale se especializó en literatura china. Ha investigado acerca de la acogida que tuvo el vanguardismo europeo en el este de Asia.

Paul Gareth Gwynne (PG) se licenció en lengua inglesa y latín (Universidad de Reading), profundizó sus estudios en Renacimiento inglés (Universidad de York) y se doctoró en ciencias históricas (Instituto Warburg de Londres). Vive y trabaja en Italia, donde es director de Estudios Interdisciplinarios de la Universidad Americana de Roma.

Lucinda Hawksley (LH) es historiadora del arte, biógrafa y autora independiente especializada en el siglo XIX y comienzos del XX. Sus libros incluyen: *Essential Pre-Raphaelites* y *Katey: The Life and Loves of Dicken's Artist Daughter*.

Colman Hogan (CH) da clases de literatura y cine en la Universidad de Ryerson en Toronto. Es coeditor de *The Camp: Narratives of Internmennt and Exclusion* (2007).

Ian Johnston (IJ) es estudiante de doctorado en la Universidad de Queen's. Trabaja en una tesis sobre literatura sadomasoquista. Vive actualmente en Kingston, Ontario.

Helen Jones (HJ) es periodista independiente. Escribe para periódicos y revistas de Estados Unidos y Reino Unido.

Lara Kavanagh (JK) es licenciada en lengua inglesa y francesa en la Universidad de Leeds y se especializó en literatura del siglo XX en el King's College de Londres. Ha escrito sobre literatura, espectáculos y viajes para publicaciones impresas y digitales.

Ann Kay (AK) estudió literatura inglesa y estadounidense, e historia del arte, en la Universidad de Kent. Se ha interesado especialmente por el teatro y ha desarrollado una extensa carrera como escritora y editora de publicaciones de no ficción.

Carol King (CK) es periodista independiente. Estudió literatura inglesa en la Universidad de Sussex.

Melanie Kramers (MK) es licenciada en lengua inglesa y francesa por la Universidad de Leeds. Posee una larga experiencia en la publicación de libros y revistas. Vive actualmente en Argentina.

John Koster (JK) es natural de Loveland, en Ohio. Se licenció en el Hampshire College en Amherst, Massachusetts, y se ha especializado en literatura y teoría literaria alemana en la Universidad de Toronto.

Thomas Marks (TM) ha estudiado en el Magdalen College, en Oxford, y es especialista en poesía y arquitectura del siglo XIX. Es colaborador habitual de *The Times Literary Supplement* y de otras revistas literarias.

Sophie Mayer (SM) es escritora. Sus trabajos han sido publicados en revistas académicas y de divulgación, y en periódicos de Reino Unido, Estados Unidos, Canadá y Australia. Es autora de *The Cinema of Sally Potter* (Wallflower, 2008) y de la colección de poesía *The Private Parts of Girls* (Salt, 2009).

Jamie Middleton (JM) es autor y editor independiente de varias revistas y libros. Reside en Bath y ha escrito sobre una gran variedad de temas, desde el puente de Millau y los Jaguar hasta los ordenadores portátiles y el vino.

Geoff Mills (GM) estudió lengua inglesa en las universidades de Reading y Londres. Está matriculado actualmente en la llamada «Academia Nacional de Escritores». Enseña inglés en una pequeña universidad privada en Worcestershire.

Robin Elam Musumeci (REM) estudió literatura inglesa en el Trinity College de Hartford, en Connecticut. Ha vivido en Estados Unido e Inglaterra, y le gusta leer, escribir y viajar.

Carrie O'Grady (KO) creció en Toronto y trabaja ahora en *The Guardian* de Londres, en Inglaterra.

Julian Patrick (JP) es profesor de inglés y literatura comparada en la Universidad de Toronto. Ha dirigido un programa de estudios en el Victoria College, y ha editado libros sobre Ben Jonson y teoría literaria.

Laura Pearson (LP) vive en Londres, donde trabaja como editora.

Timothy Perry (TP) es especialista en literatura antigua griega e imparte clases en la Universidad de Toronto.

Tamsin Pickeral (TamP) es autora independiente e investigadora especializada en arte, arquitectura, literatura y caballos.

Mariapia Pietropaolo (MP) se ha especializado en elegías latinas en la Universidad de Toronto.

Cynthia Quarrie (CQ) redacta su tesis doctoral sobre la novela contemporánea británica en la Universidad de Toronto, donde reside.

Pavlina Radia (PR) es profesora en la Universidad de Toronto Scarborough. Se ha interesado especialmente por la literatura, los estudios de género y la escritura.

Erin Rozanski (ER) es estudiante de doctorado en la Universidad de Toronto y especialista en literatura contemporánea.

Stephen Regan (SR) es profesor de inglés en la Universidad de Durham, donde dirige también el Basil Bunting Centre for Modern Poetry. Ha escrito varios libros: *Irish Writing: An Anthology of Irish Writing 1789-1939* (Oxford University Press, 2004) e *Irelands of the Mind: Memory and Identity in Modern Irish Culture* (Cambridge Scholars Press, 2008).

Peter Scott (PS) es periodista y reside en el noroeste de Londres.

Donald Sells (DS) ha estudiado filología clásica en la Universidad de Toronto y se ha interesado por el teatro griego del siglo V a.C. —especialmente por la comedia antigua—, la poesía helenística y la papirología.

Andrew Smith (AS) es neozelandés y, como la mayoría de sus compatriotas, vive actualmente en Australia. Está realizando un doctorado en literatura inglesa en la Universidad de Melbourne y le interesan especialmente las descripciones del paisaje que aparecen en la literatura británica del siglo XVIII y principios del XIX.

Matthew Sperling (MS) es profesor de inglés en Hertford College, Oxford, y escribe una tesis doctoral sobre Geoffrey Hill y la filología.

Julie Sutherland (JS) se doctoró en la Universidad de Durham y es profesora en el Kwantlen University College en Canadá. Dirige también una compañía teatral profesional —Pacific Theatre—, en Vancouver, Columbia Británica.

Sophie Thomas (ST) es profesora de inglés en la Universidad de Sussex, donde enseña literatura de los siglos XVIII y XIX, cultura visual y teoría de la crítica.

Christopher Trigg (CT) estudió literatura medieval en Trinity Hall, en Cambridge. Su tesis doctoral, realizada en la Universidad de Toronto, versa sobre la literatura estadounidense.

Francisco Valero Ibarra (FV), licenciado en ciencias de la comunicación por la Universidad Autónoma de Barcelona, es periodista independiente. Ha dirigido diferentes revistas especializadas y escribe reseñas y artículos culturales y de viajes.

Claire Watts (CW) estudió lengua francesa en el King's College de Londres. Ha sido autora y editora independiente durante los últimos veinte años. Es una lectora empedernida.

Ira Wells (IW) se ha especializado en literatura estadounidense en la Universidad de Toronto. Su tesis doctoral trata sobre el género en el naturalismo literario estadounidense.

Stephen Yeager (SY) se ha doctorado en literatura inglesa. Vive en Toronto.

GLOSARIO

Academia Francesa
Es la autoridad normativa oficial de la lengua francesa. Está formada por miembros elegidos y es responsable de las normas del francés; por ejemplo, la aprobación de los neologismos o de las formas de puntuación que se deben aceptar en la lengua.

Caligrama
Poema o texto en prosa en el cual las palabras se escriben formando una figura que suele representar el tema sobre el que se escribe. Su inventor fue el poeta Guillaume Appollinaire.

Canon
Lista definitiva de las obras de un autor. Debe incluir obras cuya autoría haya sido atribuida sin duda alguna al autor mencionado.

Canto
Nombre de una sección o división de un poema extenso.

Égloga
Poema pastoral o bucólico breve que, a menudo, incluye diálogo.

Épica
Poema extenso u obra en prosa también extensa que se centra en una narración, que habitualmente incluye acciones heroicas o personajes legendarios.

Estructuralismo
Corriente literaria que se caracteriza por el análisis de los procesos lingüísticos.

Expresión idiomática
Expresión coloquial en la cual las palabras tienen un significado distinto al de su interpretación habitual. Una expresión idiomática pierde significado cuando se traduce a otra lengua.

Formalismo
Estilo literario más interesado en la forma que en el contenido creativo.

«Generación Perdida»
Se trata de aquellos escritores posteriores a la Primera Guerra Mundial cuyos valores y experiencias provenían del mundo de preguerra en el que crecieron, pero que ya había dejado de existir.

Metafísico
Algo que trasciende lo corporal, lo físico y las leyes aceptadas de la naturaleza. Se utiliza a menudo para describir un grupo de poetas ingleses que se mantuvo activo durante el siglo XVII.

Metatexto
Un texto escrito que explica o describe otro texto.

Movimiento humanista
Movimiento renacentista que se orientaba al retorno a los sistemas de creencias griego y romano clásicos, en oposición a las formas del pensamiento medieval. Hoy, el movimiento humanista sigue un sistema de creencias que atribuye una importancia superior a los seres humanos y a sus preocupaciones, en oposición a las creencias religiosas o sobrenaturales.

Obra conocida
Obras que aún se conservan, en oposición a las que se sabe que fueron escritas por un autor determinado, pero que han sido destruidas o se han perdido.

Oda
Poema lírico habitualmente complementario que se escribe para, o acerca de, una persona o cosa en particular. En sus orígenes, las odas se escribían para ser cantadas.

OuLiPo
Grupo de escritores franceses cuyo nombre es el acrónimo de *Ouvroir de Littérature Potentielle*.

Poesía improvisada
Poesía creada sin preparación previa.

Poetas *beat*
Escritores asociados al movimiento cultural *beat* de las décadas de 1950 y 1960. La generación Beat estuvo formada por jóvenes que se negaban a mantenerse atados por los convencionalismos, y cuya música y literatura se concentraban en la expresión personal.

Polémica
Ataque, a menudo en forma de ensayo o poema; debate oral; tema por lo general controvertido.

Postestructuralismo
Movimiento derivado del estructuralismo. A menudo crítico de su predecesor, considera la dualidad del lenguaje y de las ideas detrás del estructuralismo y se esfuerza por hacer progresar las lenguas.

Protagonista
Personaje principal o «héroe» en una obra, por lo general, de ficción, aunque se usa en ocasiones para describir un personaje real.

Retórica
Lenguaje persuasivo y efectivo a la hora de hacer llegar un mensaje. Resulta, a menudo, grandilocuente.

Saga
Narración extensa que, por lo general, cuenta el desarrollo heroico de una historia y/o la evolución de una familia durante varias generaciones. Se asocia a menudo con la literatura antigua islandesa y escandinava.

Soneto
Poema de 14 versos, compuesto de dos estrofas de cuatro versos, seguidas de otras dos estrofas de tres versos cada una.

Sturm und Drang
Literalmente: «tormenta e ímpetu». Fue originalmente un término alemán que hoy se refiere a la literatura en la que la pasión y la emoción carecen de límites e imperan libremente.

Terceto
En poesía, tres versos combinados por la rima o de alguna otra forma; por ejemplo, el tema.

Vernácula
Lengua nativa de una región o país en particular. Tal es el caso de los dialectos locales.

ÍNDICE

CRÉDITOS FOTOGRÁFICOS

La editorial ha hecho todo lo posible para localizar los derechohabientes de las imágenes reproducidas en este libro. Nuestras disculpas por cualquier omisión o error no intencionado. Con mucho gusto añadiremos los créditos correspondientes en ediciones posteriores.

8 AKG Images; **8** The Art Archive/Bardo Museum Tunis/Gianni Dagli Orti; **9** The Art Archive/Musée des Beaux Arts Besançon/Gianni Dagli Orti; **10** Museo e Gallerie Nazionali di Capodimonte, Naples, Italy, Lauros/Giraudon/Bridgeman Art Library; **11** Araldo de Luca/Corbis; **12** Private Collection, Ken Welsh/Bridgeman Art Library; **13** Private Collection, Ken Welsh/Bridgeman Art Library; **14** Private Collection, Ken Welsh/Bridgeman Art Library; **15** Bettmann/Corbis; **16** Archives Charmet/Bridgeman Art Library; **16** The Art Archive/Corbis; **17** Musee de la Chartreuse, Douai, France, Giraudon/Bridgeman Art Library; **19** Vatican Museums and Galleries, Vatican City, Italy/Bridgeman Art Library; **21** AKG Images; **22** AKG Images; **23** AKG Images; **24** TopFoto/Arenapal; **25** North Carolina Museum of Art/Corbis; **26** Bettmann/Corbis; **26** Bibliotheque des Arts Decoratifs, Paris, France, Archives Charmet/Bridgeman Art Library; **27** AKG Images; **28** Czartoryski Museum, Cracow, Poland/Bridgeman Art Library; **28** Biblioteca Marciana, Venice, Italy/Bridgeman Art Library; **29** The Art Archive/British Library; **31** The Art Archive/Palazzo Pitti Florence/Dagli Orti; **32** The Art Archive/Bibliothèque Universitaire de Médecine, Montpellier/Dagli Orti; **32** The Art Archive/Musée du Château de Versailles/Dagli Orti; **33** Bridgeman Art Library; **35** Hip/Scala, Florence; **36** AKG Images; **37** AKG Images; **39** Lebrecht Authors; **40** Michael Nicholson/Corbis; **41** Museu Nacional de Arte Antigua, Lisbon, Portugal, Giraudon/Bridgeman Art Library; **42** The Art Archive/Musée du Château de Versailles/Dagli Orti; **43** Bibliotheque de L'Arsenal, Paris, France, Archives Charmet/Bridgeman Art Library; **44** Bettmann/Corbis; **45** AKG Images; **46** Real Academia de la Historia, Madrid, Spain, Index/Bridgeman Art Library; **46** Collection Kharbine-Tapabor, Paris, France/Bridgeman Art Library; **47** Musee des Tapisseries, Aix-en-Provence, France, Lauros/Giraudon/Bridgeman Art Library; **49** AKG Images; **50** Michael Nicholson/Corbis; **51** Bolton Museum and Art Gallery, Lancashire, UK/Bridgeman Art Library; **52** Museo Lazaro Galdiano, Madrid, Spain, Index/Bridgeman Art Library; **53** With kind permission from Corpus Christie College; **54** National Portrait Gallery, London, UK/Bridgeman Art Library; **54** AKG Images; **55** The Art Archive/Tate Gallery London/Eileen Tweedy; **57** Sotheby's/akg-images; **58** National Portrait Gallery, London, UK/Bridgeman Art Library; **59** Private Collection/Bridgeman Art Library; **60** Lebrecht Authors; **62** Private Collection, Madrid, Spain, Index/Bridgeman Art Library; **63** Private Collection, Madrid, Spain, Index/Bridgeman Art Library; **64** Chateau de Versailles, France, Lauros/Giraudon/Bridgeman Art Library; **65** Private Collection, Archives Charmet/Bridgeman Art Library; **66** Private Collection, Ken Welsh/Bridgeman Art Library; **66** Bonhams, London, UK/Bridgeman Art Library; **67** The Art Archive/Tate Gallery London/Eileen Tweedy; **69** Victoria & Albert Museum, London, UK/Bridgeman Art Library; **70** Hulton-Deutsch Collection/Corbis; **71** Musee Jean de la Fontaine, Chateau-Thierry, France, Lauros/Giraudon/Bridgeman Art Library; **72** The Art Archive/Musée du Château de Versailles/Gianni Dagli Orti; **72** The Art Archive/Musée d'Orsay Paris/Alfredo Dagli Orti; **73** Comedie Francaise, Paris, France, Lauros/Giraudon/Bridgeman Art Library; **75** Private Collection/Bridgeman Art Library; **76** Royal Society of Arts, London, UK/Bridgeman Art Library; **77** AKG Images; **78** Chateau de Versailles, France/Bridgeman Art Library; **79** AKG Images; **81** Private collection/Bridgeman Art Library; **82** Private Collection, Ken Welsh/Bridgeman Art Library; **83** Private Collection, Roger-Viollet, Paris/Bridgeman Art Library; **84** Philip Mould Ltd, London/Bridgeman Art Library; **85** AKG Images; **86** Private Collection/Bridgeman Art Library; **87** Worshipful Company of Stationers & Newspapermakers, UK/Bridgeman Art Library; **88** Bibliothèque Nationale, Paris, France, Lauros/Giraudon/Bridgeman Art Library; **88** The Art Archive/Musée du Château de Versailles/Gianni Dagli Orti; **89** Musee des Beaux-Arts, Nantes, France, Giraudon/Bridgeman Art Library; **91** Bibliotheque Mazarine, Paris, France, Archives Charmet/Bridgeman Art Library; **92** Private Collection/Bridgeman Art Library; **93** Private Collection/Bridgeman Art Library; **94** Private Collection/Bridgeman Art Library; **94** Bibliotheque des Arts Decoratifs, Paris, France, Giraudon/Bridgeman Art Library; **95** Bibliotheque Nationale, Paris, France, Flammarion/Bridgeman Art Library; **96** National Portrait Gallery, London, UK/Bridgeman Art Library; **98** Private Collection/Bridgeman Art Library; **99** Interfoto Pressebildagentur/Alamy; **100** Roger-Viollet/Rex Features; **101** Private Collection, Giraudon/Bridgeman Art Library; **102** AKG Images; **102** AKG Images; **103** Mary Evans Picture Library; **104** Musee d'Art Local et d'Histoire Regionale, Amiens, France, Giraudon/Bridgeman Art Library; **105** Stapleton Collection/Corbis; **106** Bonhams, London, UK/Bridgeman Art Library; **106** The Art Archive/Museo di Goethe Rome/Gianni Dagli Orti; **107** Musée d'Orsay, Paris, France, Lauros/Giraudon/Bridgeman Art Library; **109** Bibliothèque de l'Opéra Garnier, Paris, France, Archives Charmet/Bridgeman Art Library; **110** National Portrait Gallery, London, UK/ Bridgeman Art Library; **110** National Portrait Gallery, London, UK/Bridgeman Art Library; **111** The Art Archive; **112** The Art Archive/Tate Gallery London/Eileen Tweedy; **112** The Print Collector/Alamy; **113** The Art Archive/Tate Gallery London/Eileen Tweedy; **113** Fitzwilliam Museum, University of Cambridge, UK/Bridgeman Art Library; **114** Private Collection/Bridgeman Art Library; **115** Private Collection, Ken Welsh/Bridgeman Art Library; **116** Goethe Museum, Frankfurt, Germany, Interfoto/Bridgeman Art Library; **117** Château de Versailles, France/Bridgeman Art Library; **118** Château de Versailles, France, Giraudon/Bridgeman Art Library; **119** AKG Images; **120** Wordsworth Trust/Bridgeman Art Library; **120** Dove Cottage Trust, Grasmere, Cumbria, UK/Bridgeman Art Library; **121** Private Collection/Bridgeman Art Library; **123** The British Library; **125** Wordsworth Trust/Bridgeman Art Library; **126** Private Collection/Bridgeman Art Library; **126** Private Collection/Bridgeman Art Library; **127** The Art Archive; **128** AKG Images; **130** Private Collection, Ken Welsh/Bridgeman Art Library; **131** National Portrait Gallery, London, UK/Bridgeman Art Library; **132** The Art Archive/Château de Blérancourt/Dagli Orti; **132** Rafael Valls Gallery, London, UK/Bridgeman Art Library; **133** Mary Evans Picture Library/Alamy; **134** AKG Images; **135** National Portrait Gallery, London, UK/Bridgeman Art Library; **136** Mary Evans Picture Library/Alamy; **137** AKG Images; **138** Holmes Garden Photos/Alamy; **138** Guildhall Art Gallery, City of London/Bridgeman Art Library; **139** Fitzwilliam Museum, University of Cambridge, UK/Bridgeman Art Library; **139** Fitzwilliam Museum, University of Cambridge, UK/Bridgeman Art Library; **139** Fitzwilliam Museum, University of Cambridge, UK/Bridgeman Art Library; **139** Fitzwilliam Museum, University of Cambridge, UK/Bridgeman Art Library; **140** Mary Evans Picture Library/Rue des Archives; **141** Private Collection/Bridgeman Art Library; **142** Hamburger Kunsthalle, Hamburg, Germany/Bridgeman Art Library; **143** AKG Images; **144** Musée des Beaux-Arts, Tours, France/Bridgeman Art Library; **145** Bibliothèque de la Comédie Française, Paris, France, Lauros/Giraudon/Bridgeman Art Library; **146** The Art Archive/Victor Hugo House Paris/Dagli Orti; **146** Private Collection, Archives Charmet/Bridgeman Art Library; **147** John Springer Collection/Corbis; **148** Private Collection/Bridgeman Art Library; **149** Peabody Essex Museum, Salem, Massachusetts, USA/Bridgeman Art Library; **150** Musée de la Ville de Paris, Musée Carnavalet, Paris, France, Giraudon/Bridgeman Art Library; **151** Atwater Kent Museum of Philadelphia, Courtesy of Historical Society of Pennsylvania Collection/Bridgeman Art Library; **152** Everett Collection/Rex Features; **153** AKG Images; **154** Bettmann/Corbis; **154** Blue Lantern Studio/Corbis; **155** Mary Evans Picture Library; **156** AKG Images; **156** Tretyakov Gallery, Moscow, Russia/Bridgeman Art Library; **157** Tretyakov Gallery, Moscow, Russia/Bridgeman Art Library; **158** Private Collection, Ken Welsh/Bridgeman Art Library; **159** Private Collection, Ken Welsh/Bridgeman Art Library; **160** Private Collection, Ken Welsh/Bridgeman Art Library; **161** Private Collection/Bridgeman Art Library; **162** Private Collection, Ken Welsh/Bridgeman Art Library; **162** Hulton-Deutsch Collection/Corbis; **163** Victoria & Albert Museum, London, UK/Bridgeman Art Library; **165** Private Collection/Bridgeman Art Library; **166** Everett Collection/Rex Features; **167** AKG Images; **168** AKG Images; **169** Private Collection, Ken Welsh/Bridgeman Art Library; **171** Historical Picture Archive/Corbis; **172** Sebastopol Art Museum, Sebastopol, Ukraine/Bridgeman Art Library; **173** CSU Archive/Everett/Rex Features; **174** Private Collection/Bridgeman Art Library; **175** Bettmann/Corbis; **176** CSU Archive/Everett/Rex Features; **177** AKG Images; **178** Bettmann/Corbis; **179** Hulton-Deutsch Collection/Corbis; **180** Stapleton Collection, UK/Bridgeman Art Library; **180** The Art Archive/Musée d'Art et d'Industrie Saint-Étienne/Gianni Dagli Orti; **181** The Art Archive/National Gallery London/Eileen Tweedy; **182** Musée des Beaux-Arts, Rouen, France, Lauros/Giraudon/Bridgeman Art Library; **182** Château de Versailles, France, Lauros/Giraudon/Bridgeman Art Library; **183** The Art Archive/Bibliothèque des Arts Décoratifs Paris/Dagli Orti; **184** Columbia/Kobal Collection; **184** Bridgeman Art Library; **184** Bettmann/Corbis; **185** AKG-images/RIA Nowosti; **187** RIA Novosti/Lebrecht Music & Arts; **187** Bridgeman Art Library; **189** Private Collection, Archives Charmet/Bridgeman Art Library; **190** Private Collection, Avant-Demain/Bridgeman Art Library; **191** Lebrecht Music and Arts Photo Library/Alamy; **192** The Art Archive/Culver Pictures; **192** Lebrecht Authors; **193** Lebrecht Music & Arts/Corbis; **194** Everett Collection/Rex Features; **195** James Marshall/Corbis; **196** Private Collection, Ken Welsh/Bridgeman Art Library; **197** Private Collection, Archives Charmet/Bridgeman Art Library; **198** Private Collection/Bridgeman Art Library; **198** Everett Collection/Rex Features; **199** Private Collection, The Stapleton Collection/Bridgeman Art Library; **201** TS/Keystone USA/Rex Features; **202** AKG Images/P.Nadar; **202** Peter Horree/Alamy; **203** Lebrecht Authors; **204** Topfoto/Arenapal; **205** Bettmann/Corbis; **206** Roger-Viollet/Rex Features; **207** graficart.net/Alamy; **208** Private Collection/Bridgeman Art Library; **209** Harlingue/Rex Features; **211** Lebrecht Authors; **212** Hulton-Deutsch Collection/Corbis; **213** The Art Archive; **214** Roger-Viollet/Rex Features; **215** AKG Images; **216** Château de Versailles, France, Lauros/Giraudon/Bridgeman Art Library; **217** Private Collection, The Stapleton Collection/Bridgeman Art Library; **219** Bettmann/Corbis; **220** Archives Larousse, Paris, France/Bridgeman Art Library; **221** Lebrecht Authors; **222** Torre Abbey, Torquay, Devon, UK/Bridgeman Art Library; **223** Hulton Archive/Getty Images; **224** Roger-Viollet/Rex Features; **224** Zoetrope/United Artists/Kobal Collection; **225** Topfoto/Arenapal; **225** Topfoto/Arenapal; **226** Roger-Viollet/Rex Features; **226** Photos 12/Alamy; **227** Mary Evans Picture Library/Alamy; **228** Harlingue/Roger-Viollet/Rex Features; **229** AKG images; **230** Tretyakov Gallery, Moscow, Russia/Bridgeman Art Library; **231** Harlingue/Roger-Viollet/Rex Features; **233** DeAgostini Picture Library/Scala; **234** Everett Collection/Rex Features; **236** Choumoff/Roger Viollet/Getty Images; **236** EFE/Corbis; **237** Museo de Bellas Artes, Bilbao, Spain, Index/Bridgeman Art Library; **238** George C Beresford/Getty Images; **238** Brian Seed/Alamy; **239** Hulton-Deutsch Collection/Corbis; **240** E.O. Hoppé/Corbis; **241** AKG Images; **242** Roger-Viollet/Rex Features; **243** Mary Evans Picture Library/Alamy; **245** The Art Archive/Domenica del Corriere/Dagli Orti; **246** AKG Images; **247** Private Collection/Bridgeman Art Library; **248** Annebicque Bernard/Corbis Sygma; **249** The Art Archive/Bibliothèque des Arts Décoratifs Paris/Dagli Orti; **250** Topfoto/Arenapal; **251** Corbis; **252** AKG Images; **254** AKG Images; **254** Private Collection, Archives Charmet/Bridgeman Art Library; **255** Collection Bourgeron RA/Lebrecht Authors; **256** AKG Images; **257** E O Hoppé/Getty Images; **258** Private Collection/Bridgeman Art Library; **259** AKG Images; **260** Private Collection/Bridgeman Art Library; **261** Roger-Viollet/Rex Features; **262** Eric Schaal/Time Life Pictures/Getty Images); **263** AKG Images; **264** Roger-Viollet/Rex Features; **265** AKG Images; **266** AKG Images; **266** AKG Images; **267** AKG Images; **269** AKG Images; **271** CSU Archive/Everett/Rex Features; **272** Walter Sanders/Time & Life Pictures/Getty Images; **273** Private Collection, Archives Charmet/Bridgeman Art Library; **275** Private Collection, Joerg Hejkal/Bridgeman Art Library; **276** CSU Archive/Everett/Rex Features; **277** Bettmann/Corbis; **278** Hulton-Deutsch Collection/Corbis; **278** George C Beresford/Getty Images); **279** Tate Images; **281** Courtesy of University of Reading; **282** Hulton-Deutsch Collection/Corbis; **282** National News/Topfoto/Arenapal; **283** CSU Archive/Everett/Rex Features; **285** Lebrecht Authors; **286** George C Beresford/Getty Images; **287** AKG Images; **288** AKG Images; **289** Penguin; **290** AKG Images; **291** Oscar White/Corbis; **292** Hulton Archive/Getty Images; **292** TopFoto/Arenapal; **293** Lebrecht Authors; **294** AKG Images; **295** Bettmann/Corbis; **296** Roger-Viollet/Rex Features; **297** E.O. Hoppé/Corbis; **299** The Art Archive; **300** Rex Features; **301** David E. Scherman/Time Life Pictures/Getty Images; **302** Everett Collection/Rex Features; **303** Ralph Crane/Time Life Pictures/Getty Images; **304** Bettmann/Corbis; **304** TopFoto/Arenapal; **305** Bettmann/Corbis; **307** John Minnion/Lebrecht Music & Arts; **308** Roger-Viollet/Rex Features; **309** Roger-Viollet/Rex Features; **311** Dan Materna/AFP/Getty Images; **312** Roger-Viollet/Rex Features; **313** RA/lebrecht Music & Arts; **314** CSU Archive/Everett/Rex Features; **315** Mary Evans Picture Library/Alamy; **317** AKG Images; **318** Bettmann/Corbis; **319** AKG Images; **320** Lebrecht Authors; **321** RIA Novosti/TopFoto/Arenapal; **322** Bettmann/Corbis; **324** E.O. Hoppé/Corbis; **326** AKG Images; **327** Lipnitzki/Roger Viollet/Getty Images); **329** TopFoto/Arenapal; **330** Bettmann/Corbis; **330** Mary Evans Picture Library/Chris Coupland; **331** Solo Syndication/British Cartoon Archive/University of Kent; **333** Bibliothèque Littéraire Jacques Doucet, Paris, France, Archives Charmet/Bridgeman Art Library; **334** Hulton Archive/Getty Images; **335** Harry Ransom Center; **337** Album AKG; **338** Roger-Viollet/Rex Features; **340** ANSA/Corbis; **341** AKG Images; **342** Alinari/Rex Features; **343** AKG Images; **344** Bettmann/Corbis; **344** Kurt Weill Foundation/Lebrecht; **345** Kurt Weill Foundation/Lebrecht; **346** Loomis Dean/Time Life Pictures/Getty Images; **346** Bettmann/Corbis; **347** American Stock Photos/Getty Images; **349** Lebrecht Authors; **350** Eudora Welty/Corbis; **351** John Springer Collection/Corbis; **352** Horst Tappe/Hulton Archive/Getty Images; **352** MGM/Kobal Collection; **353** Carl Mydans/Time Life Pictures/Getty Images; **354** Horacio Villalobos/Corbis; **354** Charles H. Phillips/Time Life Pictures/Getty Images; **355** Mary Evans Picture Library/AISA; **357** AKG Images; **358** AKG Images; **359** Alain Nogues/Corbis Sygma; **361** Sophie Bassouls/Sygma/Corbis; **362** Bettmann/Corbis; **362** AKG-images/Bianconero; **363** John Springer Collection/Corbis; **363** Lebrecht

Authors; **365** Robert Maass/Corbis; **366** Popperfoto/Getty Images; **367** Lebrecht Authors; **367** Lebrecht Authors; **368** Hulton-Deutsch Collection/Corbis; **369** Jacques Haillot/Sygma/Corbis; **370** Bettmann/Corbis; **371** Lebrecht Authors; **372** Bettmann/Corbis; **374** Neil Libbert/Lebrecht Music & Arts; **374** Bettmann/Corbis; **375** Leemage/Lebrecht Music & Arts; **376** Sophie Bassouls/Sygma/Corbis; **377** Sophie Bassouls/Sygma/Corbis; **378** Louis Monier RA/Lebrecht Authors; **378** Larry Burrows/Time Life Pictures/Getty Images); **379** Lebrecht Authors; **380** James Andanson/Apis/ Sygma/Corbis; **380** RA/Lebrecht; **381** Private Collection, Giraudon/Bridgeman Art Library; **382** AKG/Niklaus Stauss; **384** Jonathan Player/Rex Features; **385** Lebrecht Authors; **387** Leemage/Lebrecht Authors **388** AGIP RA/Lebrecht Authors; **389** John Minihan; **389** John Haynes/Lebrecht Authors; **390** Steve Schapiro/Corbis Outline; **392** Hulton-Deutsch Collection/Corbis; **395** Corbis; **396** Bettmann/Corbis; **396** RA/Lebrecht/Lebrecht Authors; **397** Georges Pierre/Sygma/Corbis; **399** Sophie Bassouls/Sygma/Corbis; **400** Private Collection, Archives Charmet/Bridgeman Art Library; **400** RA/Lebrecht Authors; **401** David Fenton/Getty Images; **402** Colita/Corbis; **403** IT WriterPictures/Lebrecht Authors; **404** By kind permission of the Mervyn Peake Estate; **405** Bettmann/Corbis; **406** John Springer Collection/Corbis; **407** AKG Images; **408** Bettmann/Corbis; **409** Two Arts/CD/Kobal Collection; **410** Gerard Rancinan/Sygma/Corbis; **411** Keystone/Getty Images; **412** EPA/STR/Corbis; **413** RA/Lebrecht Authors; **414** Patrick Riviere/Getty Images; **415** Sergio Gaudenti/Kipa/Corbis; **416** AKG Images; **416** AKG Images; **417** Loomis Dean/Time Life Pictures/Getty Images; **419** Lebrecht Authors; **420** Unknown/Lebrecht Authors; **421** Sophie Bassouls/Corbis Sygma; **422** Bettmann/Corbis; **424** Francis Reiss/Picture Post/Getty Images); **424** Mirrorpix/Lebrecht Authors; **425** Lebrecht Authors; **427** William Coupon/Corbis; **428** Ulf Andersen/Getty Images; **429** Rafael Roa/Corbis; **430** Steve Northup/Timepix/Time Life Pictures/Getty Images); **430** The Nobel Foundation/Bo Larsson/Annika Rucker; **431** Ulf Andersen/Getty Images; **432** Sipa Press/Rex Features; **433** Sipa Press/Rex Features; **434** Everett Collection/Rex Features; **435** Cossu/Keystone/Hulton Archive/Getty Images); **436** ITV/Rex Features; **438** Lavandeira Jr/epa/Corbis; **438** RA/Lebrecht Authors; **439** Colita/Corbis; **440** Leonard McCombe/Time Life Pictures/Getty Images); **441** Oscar White/Corbis; **442** Sahm Doherty/Time Life Pictures/Getty Images; **444** Sophie Bassouls/Sygma/Corbis; **445** Steve Liss/Time Life Pictures/Getty Images; **445** Michael Evstafiev/AFP/Getty Images); **447** Keystone/Getty Images; **448** Assignments/Rex Features; **449** Bettmann/Corbis; **450** Gianni Giansanti/Sygma/Corbis; **451** Julian Calder/Corbis; **452** Jean-Claude Amiel/Kipa/Corbis; **453** Charles Walker/TopFoto/ArenaPAL; **454** AKG Images; **455** Alex Gotfryd/Corbis; **456** Sophie Bassouls/Corbis Sygma; **458** EPA/Martinez De Cripan/Corbis; **459** Lebrecht Authors (Jose Saramago's book *The Double* Dust jacket. Published London, Harvill Press, Random House, 2004); **460** Sipa Press/Rex Features; **461** Sophie Bassouls/Corbis Sygma; **462** Everett Collection/Rex Features; **462** Christies Images; **463** John Cohen/Getty Images; **464** Sipa Press/Rex Features; **465** Daily Express/Hulton Archive/Getty Images); **466** Rex Features; **467** Sipa Press/Rex Features; **468** Marko Shark/Corbis; **469** M L Antonelli/Rex Features; **470** Pelletier Micheline/Corbis Sygma; **471** William Coupon/Corbis; **472** Jean-Paul Guilloteau/Kipa/Corbis; **472** Alinari/TopFoto/ArenaPAL; **473** Sophie Bassouls/Sygma/Corbis; **474** Torgovnik Jonathan/Corbis Sygma; **476** Sophie Bassouls/Corbis Sygma; **477** Ulf Andersen/Getty Images; **478** Slim Aarons/Getty Images; **478** George Rose/Getty Images); **479** Bettmann/Corbis; **481** Patrick Rideaux/Rex Features; **482** CSU Archive/Everett/Rex Features; **484** Tristan Kenton/Lebrecht Authors; **485** Bembaron Jeremy/Corbis Sygma; **486** William Coupon/Corbis; **487** Richard Austin/Rex Features; **488** Joel Robine/AFP/Getty Images; **489** Seitz/Bioskop/Hallelujah/Kobal Collection; **491 492** John Jonas Gruen/Hulton Archive/Getty Images); **493** Colita/Corbis; **494** Rex Features; **495** Alex Macnaughton/Rex Features; **496** Diana Walker/Time Life Pictures/Getty Images; **496** William Coupon/Corbis; **497** Corbis; **498** Matthew Ford/Rex Features; **499** Hallmark Ent/Everett/Rex Features; **500** Courtesy of the Philip K Dick Trust; **500** Reuters/John Gress/Corbis; **501** Vaughan Stephen/Corbis Sygma; **502** Team/Alinari/Rex Features; **505** Sipa Press/Rex Features; **506** Horst Tappe/Hulton Archive/Getty Images; **506** Micheline Pelletier/Corbis; **507** June Kelly Gallery, New York; **508** Nils Jorgensen/Rex Features; **509** Bleddyn Butcher/Rex Features; **510** Derek Hudson/Getty Images); **510** George Konig/Rex Features; **511** Steve Forrest/Rex Features; **512** Ralph Orlowski/Reuters/Corbis; **512** Sutton-Hibbert/Rex Features; **513** Lebrecht Authors; **515** Sophie Bassouls/Corbis Sygma; **516** Carolyn Contino/BEI/Rex Features; **517** Brigitte Hellqoth/AKG Images; **518** Dana Lixenberg/Corbis; **519** Reuters/Corbis; **520** Dan Callister/Rex Features; **522** Andrew Testa/Rex Features; **523** Daniel Michau/Corbis; **524** Sipa press/Rex Features; **525** David Lees/Corbis; **526** Rick Friedman/Corbis; **527** Jonathan Player/Rex Features; **528** CSU Archive/Everett/Rex Features; **529** CSU Archive/Everett/Rex Features; **530** H Thompson/Getty Images); **531** Stephen Barker/Rex Features; **532** Sipa press/Rex Features; **533** United Artists/Kobal Collection; **534** Orjan F. Ellingvag/Dagbladet/Corbis; **535** Eric Charbonneau/Wireimage/Getty Images; **536** Sophie Bassouls/Sygma/Corbis; **537** Marco Secchi/Rex Features; **538** Leemage/Lebrecht Authors; **539** Carlo Bavagnoli/Time Life Pictures/Getty Images); **540** Jorma Valkonen IBL Bildbyra/Lebrecht Authors; **541** Marius Alexander/Rex Features; **542** Sutton-Hibbert/Rex Features; **543** Haga Library/Lebrecht Authors; **544** Christopher J. Morris/Corbis; **545** John Li/Getty Images); **546** Louise Gubb/Corbis; **547** Rex Features; **548** Austral International/Rex Features; **549** Ricki Rosen/Corbis SABA; **551** Rex Features; **552** Jean-Paul Guilloteau/Kipa/Corbis; **552** Etienne George/Sygma/Corbis; **553** Claude Schwartz/Corbis; **554** Liba Taylor/Corbis; **555** Justin Williams/Rex Features; **556** Bettmann/Corbis; **557** Maggie Hardie/Rex Features; **558** Francesco Guidicini/Rex Features; **559** Lynn Goldsmith/Corbis; **560** Everett Collection/Rex Features; **561** Mykel Nicolaou/Rex Features; **562** Gemma Levine/Hulton Archive/Getty Images; **564** Ian Berry/Magnum; **564** Colin McPherson/Colin McPherson/Corbis; **565** Martine Franck/Magnum; **566** Antonelli/Rex Features; **568** KC Armstrong/Corbis; **568** Bassouls Sophie/Corbis Sygma; **569** Evelyn Floret/Time Life Pictures/Getty Images; **571** Lebrecht Authors; **572** Gregory Pace/BEI/Rex Features; **573** Sutton-Hibbert/Rex Features; **574** Andanson James/Corbis Sygma; **575** Lebrecht Authors; **575** Lebrecht Authors; **576** Mike Laye/Corbis; **577** Ulf Andersen/Getty Images; **578** Peter Skingley/Reuters/Corbis; **578** Reuters/Corbis; **579** AKG Images; **579** AKG Images; **581** AFP Photo/STR/Getty; **582** Jan E. Carlsson/AFP/Getty Images; **582** RA/Lebrecht Authors; **583** Interfoto/lebrecht Authors; **584** Tony Buckingham/Rex Features; **585** Sophie Bassouls/Sygma/Corbis; **586** Sipa Press/Rex Features; **587** Peter Brooker/Rex Features; **588** Peter Kramer/Getty Images; **588** Mario Anzuoni/Reuters/Corbis; **589** Kim Komenich/Time Life Pictures/Getty Images; **590** Sipa Press/Rex Features; **591** AGF s.r.l./Rex Features; **592** Sahm Doherty/Time Life Pictures/Getty Images; **593** Lebrecht Authors (Julian Barnes's novel *Metroland*); **594** Nils Jorgensen/Rex Features; **595** Clive Postlethwaite/Rex Features; **596** Sipa Press/Rex Features; **597** Carolyn Contino/BEI/Rex Features; **598** Horst Tappe/Getty Images; **598** Colin McPherson/Corbis; **599** Scott Peterson/Getty Images; **601** Rex Features; **602** Thos Robinson/Getty Images; **603** Kurt Krieger/Corbis; **604** Sipa Press/Rex Features; **605** David Hartley/Rex Features; **606** Sergio Gaudenti/Kipa/Corbis; **607** Sipa Press/Rex Features; **608** Sutton-Hibbert/Rex Features; **609** Lebrecht Authors; **610** Richard Saker/Rex Features; **611** Ulf Andersen/Getty Images; **612** Alan McInnis/Random House; **614** Sipa press/Rex Features; **615** V Alhadeff/Lebrecht Authors; **617** Rex Features; **618** Reuters/Mike Segar/Corbis; **619** Adrian Dennis/Rex Features; **619** Nils Jorgensen/Rex Features; **620** Francesco Guidicini/Rex Features; **621** Sutton-Hibbert/Rex Features; **622** Hollandse Hooqte/Lebrecht Authors; **624** Gino Begotti/Rex Features; **625** Stuart Clarke/Rex Features; **626** Maggie Hardie/Rex Features; **627** Chris Jackson/Getty Images; **628** Robert van der Hilst/Corbis; **629** Karl Schoendorfer/Rex Features; **630** Julian Makey/Rex Features; **631** Maggie Hardie/Rex Features; **632** Manuel Harlan/Arenapal; **633** Francesco Guidicini/Rex Features

AGRADECIMIENTOS

Quint**essence** quisiera agradecer a las siguientes personas su ayuda en la preparción de este libro:

Jemima Dunne-Lord
Lucinda Hawksley
Claire Hubbard
David Hutter
Carol King
Irene Lyford
Lisa Morris
Frank Ritter
Andrew Smith

Agradecimientos

Agradezco a Jodi Gaudet su meticuloso y riguroso trabajo, y le expreso mi más cálida gratitud. También a Jane Laing y Tristan de Lancey, por invitarme a participar; a todos los colaboradores, por sus entradas espléndidas; y un agradecimiento especial a mis compañeros «reclusos» en 25 Friar's Walk y 503 Manning Avenue, por su ayuda y su apoyo.